中国城市轨道交通年鉴

China Urban Rail Transit Almanac

2021

中国城市轨道交通协会年鉴编纂委员会

上海書店出版社
SHANGHAI BOOKSTORE PUBLISHING HOUSE

《中国城市轨道交通年鉴（2021）》
编纂委员会

《中国城市轨道交通年鉴（2021）》
编辑部

编辑说明

一、《中国城市轨道交通年鉴（2021）》（总第五卷）（以下简称“本年鉴”）是系统记述2020年中国城市轨道交通行业发展的资料工具书和史料文献，旨在客观反映中国城市轨道交通年度发展中的大事、要事、新事、特事，全面展示中国城市轨道交通行业发展的面貌和年度特色。本年鉴由中国城市轨道交通协会年鉴编纂委员会主持编纂，协会年鉴编辑部（设在上海申通地铁集团有限公司）具体负责编辑和出版工作。

二、本年鉴所载内容涉及城市轨道交通规划、建设、运营、资源经营等，其核心内容由中国城市轨道交通协会秘书处、专家和学术委员会、各专业委员会、各分会等办事机构和实体机构以及中国城市轨道交通协会会员单位提供和编写。

三、本年鉴记述时限为2020年1月1日至12月31日，为保存资料和保障信息的完整性、系统性和连续性，部分内容、数据涉及时限除外。

四、本年鉴卷首有“速览2020”，卷中的栏目以中文序号标示。其中“专文”“大事记”“综述”“统计资料”采用“文章式”编写体例；“科技创新”“标准规范”“规划发展”“工程建设”“运营服务”“资源经营”采用“栏目—分目—条目”三级结构层次编写体例，记述形式为条目，体裁有述、记、图、表、录等；“行业文选”“企业概况”采用“文章式”编写体例，卷尾有“索引”。全书收录表格287张，图片183幅。

五、本年鉴在各栏目之首，设有概述性内容（除“大事记”），反映各篇章总体情况、记述基本要素、保持各年度相关资料的延续性。

六、自本年鉴起，将原栏目“标准建设”更名为“标准规范”。

七、本年鉴“规划发展”栏目中，仅列出记述时限内建设规划或建设规划调整的城市（新参编的城市除外）；“工程建设”栏目中，仅列出记述时限内新开工项目、建成项目内容（新参编的城市除外）；其他城市的建设规划和续建项目请参见2017年创刊起，逐年连续出版的《中国城市轨道交通年鉴》。

八、自本年鉴起，“运营服务”栏目中，运营指标以《城市轨道交通运营指标体系》（GB/T38374-2019）为准。

九、本年鉴中城市的排列顺序，依据《中华人民共和国行政区划代码》（GB/T2260-2007）的排序规则；各企业依据其所在城市排序，同城企业排序依据本年鉴“企业概况”中“中国城市轨道交通协会暨第一届、第二届常务理事及以上会员单位名录”。

十、本年鉴中使用的“中国”“全国”“国家”“国内”等描述内容及相关数据、资料，暂未包含中国香港、中国澳门、中国台湾地区。

十一、本年鉴使用的党和国家领导机关、部委办等机构的称谓均采用其在颁布法规、文件等时使用的简称。

十二、本年鉴统计资料栏目由中国城市轨道交通协会提供。正文中的数据由中国城市轨道交通协会部分会员单位提供。由于统计口径不尽一致，数值也不尽相同。

十三、本年鉴索引按主题索引、内容分析法，按主题词首字汉语拼音字母顺序排列。自2017年创刊后，历年出版《中国城市轨道交通年鉴》在中国城市轨道交通协会网站（http://www.camet.org.cn/）发布。

速览2020年

规划发展

实施城市轨道交通建设规划城市数　61个

实施建设规划线路长度　7085.5公里（不含已开通运营线路）

城市轨道交通线网规划获批复城市数累计　67个

工程建设

在建线路总长度　6797.5公里

在建线路数　297条（段）

在建线路车站数　4298座（按线路累计计算）

运营服务

开通城市轨道交通城市数	新增 3个，累计 45个
运营线路数	新增 36条，累计 244条
运营里程	新增 1233.5公里，累计 7969.7公里

“十三五”期间新增运营里程累计　4351.7公里

年客运量　175.9亿人次

年进站量　109.5亿人次

年客运周转量　1486.4亿人次公里

资源经营

年收入总额　486.9亿元（即非票务收入）

年收益总额　150.2亿元

中国城市轨道交通协会年鉴编辑部
e-mail:metroyearbook@163.com
联系方式：021-63189188-605442

关于简称：
当同一城市轨道交通由一家以上公司运营/经营管理时，正文各表格/图片中，表头/图注（）中简称表述为：

简称	运营管理公司
北京地铁	北京市地铁运营有限公司
北京京投	北京市基础设施投资有限公司
京港地铁	北京京港地铁有限公司
北京公交	北京公交有轨电车有限公司
沈阳地铁	沈阳地铁集团有限公司
沈阳浑南	沈阳浑南现代有轨电车运营有限公司
上海申通	上海申通地铁集团有限公司
松江有轨	上海松江有轨电车投资运营有限公司
苏州轨道	苏州市轨道交通集团有限公司
苏州高新	苏州高新有轨电车集团有限公司
青岛地铁	青岛地铁集团有限公司

简称	运营管理公司
青岛公交	青岛公交集团轨道巴士有限公司
武汉地铁	武汉地铁运营有限公司
武汉光谷	武汉光谷交通建设有限公司
武汉车都	武汉车都现代有轨电车运营有限公司
长沙轨交	长沙市轨道交通集团有限公司
湖南磁浮	湖南磁浮交通发展股份有限公司
深圳地铁	深圳市地铁集团有限公司
港铁深圳	港铁轨道交通（深圳）有限公司
深圳有轨	深圳市现代有轨电车有限公司
西安轨道	西安市轨道交通集团有限公司
西咸新区	西咸新区轨道交通投资建设有限公司

目录

八 工程建设

九 运营服务

十 资源经营

Contents

VIII Engineering Construction

IX Operation Service

专文

《中国城市轨道交通智慧城轨发展纲要》专栏

本篇章主要包括《中国城市轨道交通智慧城轨发展纲要》的编制、全文和解读。中国城市轨道交通协会印发《中国城市轨道交通智慧城轨发展纲要》，这在中国城市轨道交通发展史上具有里程碑意义，是中国城市轨道交通行业发布首部《纲要》文件，擘画未来15年中国城市轨道交通智慧城市轨道交通发展蓝图，为中国城市轨道交通高质量发展提供行动指南。

鸟瞰上海轨道交通——上海申通

1 《中国城市轨道交通智慧城轨发展纲要》编制

《中国城市轨道交通智慧城轨发展纲要》（简称《纲要》）是全面落实党的十九大交通强国建设决策部署，明确了智慧城市轨道交通建设的发展战略、建设目标、重点任务、实施路径、体制机制和保障措施等行动纲领和顶层设计，是中国智慧城市轨道交通发展（2020－2035）的技术政策、技术规范、发展规划和实施计划的指导性文件，是中国城市轨道交通行业发布的首部《纲要》。

2018年4月，中国城市轨道交通协会启动《纲要》编制工作。2020年3月5日，中国城市轨道交通协会第二届第十三次会长常务办公会会议，审议通过《纲要》送审稿；3月12日，《纲要》正式发布实施；8月5日各成员单位开始贯彻落实《纲要》总体工作安排。

一、时代背景

中国城市轨道交通是全面开启建设社会主义现代化强国的重要支撑，是建设现代化经济体系的先行领域，也是建设交通强国和智慧城市的重要组成部分。城市轨道交通行业要把握时代发展的重大机遇，以推进城市轨道交通信息化，发展智能系统，建设智慧城市轨道交通为载体，开创交通强国建设新局面。

中国城市轨道交通行业信息化建设粗具规模，京、沪、穗等先行城市的智慧车站、智慧线路等建设已经起步，一批后发城市跃跃欲试呈遍及全行业的态势。智慧城市轨道交通的发展呈燎原之势，但在城市轨道交通智慧发展脉搏很强劲的另一面，是表现为步调不一致、思想不统一。中国城市轨道交通协会顺应加强行业指导、进行顶层设计的呼声，提倡城市轨道交通行业信息化健康发展，智慧城轨有序建设，并加强顶层设计，明确发展目标，确立重点任务，谋划实施路径，这才有《纲要》的编制、发布的成果。

二、编制过程

2018年4月，由中国城市轨道交通协会创始会长、资深专家、《纲要》研究编制组组长包叙定主持召开“智慧城轨和智能装备技术发展方向研讨会”，根据会议形成的新兴信息技术与城市轨道交通深度融合的信息化、智能化、智慧化是城市轨道交通技术发展主方向的共识，中国城市轨道交通协会决定组建课题组开展智慧城轨发展战略研究工作。由此，《纲要》的研究编制工作启动。

《纲要》的编制过程是奉行“交通强国，城轨担当”的历史使命，遵循“推进城轨信息化，发展智能系统，建设智慧城轨”的建设主线，历时23个月，编制完成《纲要》。一是施仲衡、傅志寰、丁荣军院士等业内近百名专家权威，在运筹立项、研究探索和文稿审定等关键阶段深度参与，亲自把关定向；运输组织、通信信号、技术装备、建筑工程、信息技术、工程咨询等20多个专业的50多位知名专家参编，贡献大量文稿；召开数十次研讨、统稿、评审会议，大批业界专家参加，奉献真知灼见，提高《纲要》编制的科学性。二是广泛征询于协会会员单位，包括轮值会长单位、副会长单位、先行城市单位、后上城市单位的领导和专家，为课题研究提供颇具价值的意见，特别是京、沪、穗三市城市轨道交通公司提供各自智能智慧项目研究成果，丰富编制内容的实践性。三是编制组的刻苦钻研和无私奉献，研究战略方向、谋划发展蓝图、撰写关键内容，潜心研究，精心编撰，成百上千次的优化完善，字斟句酌，精雕细刻，多易其稿，保证编制内容的可靠性。

三、总体原则

《纲要》以习近平新时代中国特色社会主义思想为指导，全面贯彻落实国家社会主义现代化强国建设和《交通强国建设纲要》的战略部署，牢固树立创新、协调、绿色、开放、共享的发展理念，坚持以人民为中心，坚持世界眼光、中国特色的战略思维，坚持自主创新、安全可控的技术路线，按照统筹规划、目标导向的总体要求，以新兴信息技术与城市轨道交通深度融合为主线，推进城市轨道交通信息化，发展智能系统，建设智慧城轨，实现城市轨道交通由高速度发展向高质量发展的跨越，推动中国城市轨道交通健康可持续发展。

《纲要》准确把握智慧城市轨道交通建设的时代背景，奉行“交通强国、城轨担当”使命感，推进智慧城市轨道交通建设。一是始终坚持以习近平新时代中国特色社会主义思想为指导，谋划城市轨道交通行业助推交通强国的发展战略；二是始终坚持以人民为中心的宗旨，把乘客的安全、便捷、舒适出行放在城市轨道交通行业创新发展的首位；三是始终坚持以党中央、国务院“交通强国”和“智慧城市”决策部署，作为城市轨道交通行业助推交通强国建设的总目标；四是始终坚持瞄准世界交通强国，制定城市轨道交通行业赶超的目标；五是始终坚持把智慧城市轨道交通作为“交通强国”和“智慧城市”建设的抓手，统筹规划系统推进；六是始终坚持把牢“智能化”和“自主化”两手抓的实施策略，有序推进城市轨道交通强国建设；七是始终坚持把关键核心技术作为交通强国的战略高地，予以重点突破；八是始终坚持汇聚全行业磅礴之力，共筑交通强国梦。

四、主要内容

《纲要》由“时代背景”“总体要求”“发展战

略”“建设目标”“建设重点”“建议路径”“保障措施”7章正文和“智慧城轨实现目标和路径表”“示范工程”2个附件组成。提出智慧城市轨道交通建设的指导思想，阐述智慧城市轨道交通的标志和内涵，描绘智慧城市轨道交通建设的蓝图，明确“两步走”总体目标和十大具体目标，构建智慧城市轨道交通的八大重点体系，制定“两手抓”实施策略、4条工作路径和7个保障措施，细化29项主要评价指标和21项示范工程。

中国城市轨道交通协会创始会长、资深专家、《纲要》研究编制组组长包叙定作了题为“同绘智慧城轨图 共筑交通强国梦”的《中国城市轨道交通智慧城轨发展纲要》解读，他就创建“智慧城轨”理念的心路历程；智慧城轨的理论内涵与实践成果；《纲要》名称（标题）的研究与演变；“1-8-1-1”智慧城轨发展蓝图；“两步走”和“两手抓”的实施策略；多策并举推进智慧城轨建设；《纲要》是城市轨道交通全行业领导和专家集体智慧和无私奉献的结晶以及强力组织《纲要》贯彻落实等8个方面作出深刻解读，并提出希望会员单位凝心聚力，以“咬定青山不放松”的韧劲、“不破楼兰终不还”的拼劲，因地制宜、开拓创新、大胆探索、勇于实践，强力组织《纲要》贯彻落实，有序推进智慧城轨建设，助推交通强国建设的新局面。

（中国城市轨道交通协会）

2 《中国城市轨道交通智慧城轨发展纲要》全文

中国城市轨道交通协会

（2020年3月）

引　言

在新一轮科技革命和产业变革的浪潮推动下，我国城轨交通行业信息化建设步入快速发展阶段，信息化建设的成果初具规模，改变了传统的建设模式、服务手段和经营方式。但是，鉴于全国城轨交通建设起步不一，所处阶段不同，特别是对“城轨交通＋信息化”的认识程度深浅有别、信息化标准因地而异，致使各个城市轨道交通的信息化进程参差不齐，应用程度和水平差异较大，服务产品开发和管理信息应用不适应当前形势发展的需要。与此同时，随着云计算、大数据、物联网、人工智能、5G、卫星通信、区块链等新兴信息技术的飞速发展，京沪穗等先行城市的智慧车站建设已经起步，一批后发城市跃跃欲试，将很快遍及全行业，要求加强智能智慧建设的行业指导成为普遍呼声，及时研究相关政策的条件趋于成熟。为了促使我国城轨交通行业信息化的健康发展和智慧城轨的有序建设，亟需进行行业层面的顶层设计，以统筹发展战略，明确建设目标，确定重点任务，谋划实施路径，创新体制机制，制定保障措施，指导和鼓励各城市按照“因地制宜、开拓创新、大胆探索、勇于实践”的原则，有序推进智慧城轨建设。

中国城市轨道交通协会以“交通强国，城轨担当”的使命感，顺应行业呼声，适应发展需要，研究编制了《中国城市轨道交通智慧城轨发展纲要》（以下简称：《纲要》），以此作为城轨交通行业今后一个时期（2020－2035年）制订智慧城轨发展的技术政策、技术规范、发展规划和实施计划的指导性文件。

一、时代背景

城市轨道交通是全面开启建设社会主义现代化强国的重要支撑，是建设现代化经济体系的先行领域，也是建设交通强国和智慧城市的重要组成部分。城轨交通行业要把握当前发展的重大机遇，以推进城轨信息化，发展智能系统，建设智慧城轨为载体，开创交通强国建设新局面。

（一）智慧城轨建设是落实习近平总书记重要指示的行动实践

习近平总书记指出：“城市轨道交通是现代大城市交通的发展方向。发展轨道交通是解决大城市病的有效途径，也是建设绿色城市、智能城市的有效途径”；“要继续大力发展轨道交通，构建综合、绿色、安全、智能的立体化现代化城市交通系统。”习近平总书记的重要讲话指明了城轨交通的发展方向，是发展城轨交通的根本遵循。习近平总书记还特别做出了要发展智能交通的指示，为城轨交通发展明确了路径指向，建设智慧城轨是落实习近平总书记指示的具体行动实践。

（二）智慧城轨建设是交通强国建设的战略突破口

2020年将全面建成小康社会，实现第一个百年奋斗目标，从此将全面开启建设社会主义现代化强国的新征程，同时持续推进交通强国建设。在交通强国建设进程中，智慧城轨建设将成为主要战场之一。城轨行业以“交通强国，城轨担当”的强烈使命感，在智慧城轨建设战略突破口充分发挥引领作用。

（三）智慧城轨建设是智慧城市建设的先导工程

国务院提出开展智慧城市试点工作以来，智慧城市建设蓬勃开展，迄今在建城市已达500多个，占全球在建城市一半左右。前不久，国务院又要求加快推进智慧城市建设，到2020年建成一批特色鲜明的智慧城市。智慧城市建设中，智慧交通要先行，不仅成为智慧城市的重要组成部分，并且起着主导作用。强力推进智慧城市建设的态势，对建设智慧城轨提出了迫切要求，使智慧城轨建设成为一项具有紧迫性的先导工程。

（四）智慧城轨建设是城轨交通高质量发展的主要抓手

在现代化强国和交通强国建设中，城轨交通要加快实现由高速发展向高质量发展的转变。当前新一轮科技革命和产业变革正在深刻影响经济社会全局，数字化、网络化、智能化日益成为重要的发展趋势，也是各国技术竞争和产业竞争的主战场，关乎能否占据未来发展的制高点和主动权。因而，发展智能、智慧技术和产品已经成为加快实现由高速发展转向高质量发展的切入点和主要抓手。

（五）智慧城轨建设是城轨行业自主创新发展的重要平台

我国城轨交通虽已步入交通大国行列，但仍处于成绩与问题共存，机遇与挑战同在的发展阶段，线网规划的前瞻性和科学性、城市内外交通的顺畅性和便利性、乘客服务的智慧化和高品质、运营组织的多元化和智能化、技术装备的自主化和品牌知名度、信息资源的共享度和利用率等方面，与国际先进水平相比仍存在一定差距，部分关键技术装备、核心零部件和设计软件受制于人的状况依然存在。当今世界正处在百年未遇之大变局，我们面临的国内外发展环境纷繁复杂，城轨交通产品技术乃至整个产业的安全可控成为头等大事。为此，研发并应用拥有自主知识产权的技术、产品、模式，掌握关键核心技术和知识软件，形成具有市场竞争力的民族品牌和中国标准，逐步建立自主可控、安全高效、主导发展的城轨交通技术链和产业链，将是我国城轨交通行业面临的主课题。而利用最新科技成果，推进城轨信息化，发展智能系统，建设智慧城轨，大力开创自主创新发展新局面，正可成为实现弯道超车的重要平台。

二、总体要求

（一）指导思想

以习近平新时代中国特色社会主义思想为指导，贯彻落实国家社会主义现代化强国建设和《交通强国建设纲要》的战略部署，以“创新、协调、绿色、开放、共享”的发展理念，坚持以人民为中心，坚持世界眼光、中国特色的战略思维，坚持自主创新、安全可控的技术路线，按照统筹规划、目标导向的总体要求，以新兴信息技术与城轨交通深度融合为主线，推进城轨信息化，发展智能系统，建设智慧城轨，实现城轨交通由高速度发展向高质量发展的跨越，助推交通强国的崛起。

（二）内涵标志

1. 智慧城轨内涵

应用云计算、大数据、物联网、人工智能、5G、卫星通信、区块链等新兴信息技术，全面感知、深度互联和智能融合乘客、设施、设备、环境等实体信息，经自主进化，创新服务、运营、建设管理模式，构建安全、便捷、高效、绿色、经济的新一代中国式智慧型城市轨道交通。

2. 智能与智慧

智能：利用先进技术给物质（设备）赋能，以期实现自动化、无人化。智能具有自然科学特征。如智能装备、智能系统。

智慧：利用先进技术同时赋能于人和物质（设备），以期实现自主采信、学习、决策达到更高效能。智慧具有社会科学和自然科学的双重特征。如智慧城市、智慧城轨。

3. 智能系统与智慧城轨

发展智能系统，建设智慧城轨，这是两者之间的内在关系，意指建设多个成体系的智能系统，最终构成智慧城轨。《纲要》由十大智能系统构成，其显著标志为：实现“智慧乘客服务便捷化”“智能运输效率效益最大化”“智能资源环境绿色化”“智能列车运行全自动化”“智能技术装备自主化”“智能基础设施数字化”“智能运维安全感知化”“智慧网络管理高效化”“城轨云与大数据平台集约化”和“智慧城轨技术标准系列化”。

4. 智慧城轨与城轨信息化

“推进城轨信息化，发展智能系统，建设智慧城轨”是本《纲要》的主题词。新一轮科技革命汹涌澎湃，飞速发展，催生了云计算、大数据、物联网、人工智能、5G、卫星通信、区块链等新兴信息技术，从而将数字化、网络化、智能化提高到全新的高度。因此，从本质上讲，智慧城轨是利用新兴信息技术集成城轨交通各系统和集成各类服务的结晶，是城轨交通领域信息化建设进入新阶段的集中体现，因而信息化建设是智慧城轨建设的核心和基础。可见，城轨信息化和智慧城轨，是相互融合的统一体。本《纲要》是建设智慧城轨的顶层设计，也是城市轨道交通信息化建设的顶层设计。在《纲要》指导下，推进城轨信息化，发展智能系统，建设智慧城轨。

5. 智慧城轨与交通强国

智慧城轨建设是交通强国建设的重要路径和战略突破口。协会以“交通强国，城轨担当”的使命感，经过两年来的深入研究，总结提出了城轨“担当”的主要工作路径，就是智能化和自主化两手抓：一是技术层面抓智能化，新科技革命成果的应用，新兴信息技术与城轨交通深度融合建设智慧城轨；二是体制机制层面抓自主化，突破关键和核心技术，确保技术和产业的安全可控以及市场的主导地位。为此，在自主化前提下，智慧城轨建成之日就是强大的中国城轨崛起之时。

6．智慧城轨标准与城轨信息化规范

信息化建设是智慧城轨建设的基础，因而中国城轨信息化规范体系也是中国智慧城轨技术标准体系的基础和重要组成部分。协会按照“规范研究先行，标准指导建设”的理念和原则，在《纲要》编制阶段，同步进行城轨信息化规范体系的顶层设计，建立并逐步发布“1 3 5 2”四个层级组成的《中国城轨信息化规范体系》。城轨交通信息化规范体系的先行研究和实施，将为智慧城轨技术标准体系研究和制定打下坚实的基础。

围绕智慧城轨建设体系，建立具有中国自主知识产权的技术规范。一是以需求为导向，加强政策研究，实行顶层规划，构建技术规范体系，形成系统全面、协调一致、经济合理、开放融合的标准体系，全面支撑和引领智慧城轨建设；二是着力研究编制一批关键核心技术规范，针对共享关键领域，形成从顶层管理、监督评估、运行应用、平台建设、数据融合到底层感知的系列化标准，指导智慧城轨建设项目的有序高质量开展；三是指导智慧城轨各个专业信息化应用系统的研究、完善和迭代发展；四是主动对接国家主管部门和国际化标准组织，参与国际性标准研编，逐步实现智慧城轨技术标准的国际化。

（三）实施原则

1．高点定位，聚焦目标

聚焦由“大”变“强”的战略目标，明确智慧城轨建设的发展方向，以智慧城轨建设为抓手，助力我国由交通大国向交通强国迈进。

2．整体规划，有序推进

以需求为导向，统筹规划、顶层设计、分步实施，以技术创新和管理创新的双轮驱动，有序推动智慧城轨建设稳步进行。

3．自主创新，安全可控

坚持自主创新的技术路线，攻克关键核心技术，打造具有我国自主知识产权的、具备市场竞争优势的中国品牌，形成安全可控的技术体系和产业链。

4．数字赋能，智能升级

将云计算、大数据、物联网、人工智能、5G、卫星通信、区块链等新兴信息技术与城轨交通业务深度融合，实现大范围、全方位、高效率的运行控制与管理，推进城市轨道交通系统向网联化、协同化和智能化方向发展。

5．经济适用，绿色发展

采用先进成熟、经济适用、节能环保的技术装备，注重技术与投入、成本与效益、发展与环境的相互协调，充分发挥既有资源的作用，努力打造具有中国特色、基于中国标准、生态环境文明的智慧城轨交通体系。

三、发展战略

（一）战略指向

在自主创新基础上，围绕数字化、智能化、网络化，大力应用新技术革命成果并与城轨交通深度融合。一手抓智能化，强力推进云计算、大数据、物联网、人工智能、5G、卫星通信、区块链等新兴信息技术和城轨交通业务深度融合，推动城轨交通数字技术应用，推进城轨信息化，发展智能系统，建设智慧城轨。一手抓自主化，创新创优，增强自主技术创新能力，持续不断研发新技术、新产品；增强自主品牌创优能力，不断研发新产品、新品牌。通过持续不断的智能化和自主化建设，完成城轨交通由高速发展向高质量发展转变，强力助推交通强国建设。

（二）布局蓝图

1．总体布局

面向中国城市轨道交通行业，以强国建设为战略导向，以推进城轨信息化、发展智能系统、建设智慧城轨为主题，以城轨交通的关键核心业务为主线，以数字化、智能化、网络化为手段，构建高度集成的城轨云与大数据平台，建立系统完备的技术标准体系，坚持智能化和自主化“两手抓”的实施策略，准确把握智慧城轨的发展方向，统筹铺画智慧城轨的发展蓝图。（图1-2-1）

2．智慧城轨蓝图

按照“1－8－1－1”的布局结构，即铺画一张智慧城轨发展蓝图；创建智慧乘客服务、智能运输组织、智能能源系统、智能列车运行、智能技术装备、智能基础设施、智能运维安全和智慧网络管理八大体系；建立一个城轨云与大数据平台；制定一套中国智慧城轨技术标准体系。统筹规划、顶层设计、自主创新、重点突破、分步实施。

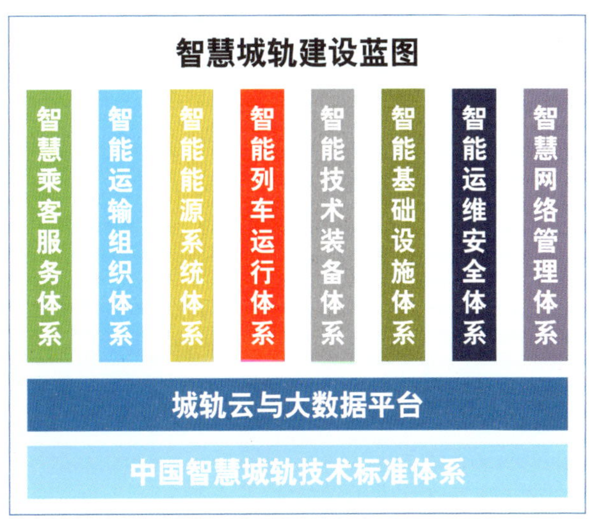

图1-2-1　智慧城轨建设蓝图

四、建设目标

（一）总体目标

力争通过“两步走”实现智慧城轨建设的战略目标。

第一步：2025年，中国式智慧城轨特色基本形成，跻身世界先进智慧城轨国家行列。

实现的总体目标是：中国城轨行业的信息化、智能化、智慧化水平进入世界先进行列，重点智能化关键核心技术得到应用，智能化产业粗具规模。一是智能服务设施和智慧服务手段广泛应用，乘客满意度明显提高。二是智能运输组织水平显著提高，运输效率进入世界先进行列。三是全行业能源系统初步建立绿色建设运维体系，节能率普遍提高，进入国际先进行列。四是自主化列车全自动运行系统成熟完善并大面积推广应用，互联互通取得重大突破，具有自主知识产权的全自动运行系统开始进入国际市场。五是自主化的技术装备研发制造能力大幅提升，部分关键核心技术进入世界先进行列，LTE-M综合承载广泛应用，5G＋取得实质性的推广应用，通信技术进入世界领先行列。六是智能线桥隧技术管理体系建立，基础设施的数字化和智能化达到世界先进水平。七是建立完善的全生命周期智能运维体系，车辆、能源装备及信号等专业系统实现普遍应用，运营维护和安全保障水平跻身世界先进行列。八是健全网络级管理平台，发挥网络层级功能优势，企业网络化管理体系初步建立，运营效率、管理能力达到国际先进水平。九是中国标准的城轨云和大数据平台建设粗具规模，和世界新兴信息技术同步应用。十是智慧城轨技术标准体系基本形成，部分关键技术标准走向世界。

第二步：2035年，进入世界先进智慧城轨国家前列，中国式智慧城轨乘势领跑发展潮流。

实现的总体目标是：中国城轨行业的智能化水平世界领先，自主创新能力全面形成，建成全球领先的智慧城轨技术体系和产业链。一是建成世界领先的智慧乘客服务体系，乘客出行便捷、舒适、畅行。二是智能运输组织能力显著增强，运输效率进入世界先进前列。三是全行业绿色建设运维体系更加完善并取得显著成效，普遍采用绿色能源技术，全行业能源系统节能率大幅提高，达到世界领先水平。四是区域全自动、互联互通列车运行系统广泛应用，智能全自动运行系统关键核心技术进入世界前列。五是自主技术创新创优能力强盛，拥有世界著名自主品牌，主要关键核心技术装备达到世界领先水平。六是基础设施资源集约共享，数字化、全生命周期应用水平大幅度提高，关键技术应用进入世界领先行列。七是智能运维安全保障体系健全完善，全行业运营安全和设备保障等指标达到世界领先水平。八是持续完善网络管理体系和平台，企业网络化管理体系健全完善，运营安全、服务品质和综合效益和网络化管理水平跨入世界前列。九是城轨云与大数据平台实现行业全覆盖、应用业务全覆盖，以城轨云为标志的新一代信息技术应用进入世界领先行列。十是自主化智慧城轨技术标准体系完备，关键技术标准纳入国际标准序列，形成以智慧城轨系列规范引领城轨行业的态势，总体水平处于国际引领地位。

（二）具体目标

在总体目标指导下，聚焦提高系统安全可靠性、提升网络生产效率、完善综合服务水平、提高社会效益和经济效益等目的，制定以下具体目标（量化目标详见附件1：智慧城轨实现目标和路径表）：

智慧乘客服务：

2025年目标：智能售检票的实名制乘车、生物识别、无感支付、语音购票等普遍采用，各城市间乘车畅行无阻，智能票、检合一的新模式普遍应用；智慧车站的自动开关站、语音问询、信息服务、动态引导、环境调控等服务功能齐全；智能列车的信息服务温馨实用、个性化需求多样完善；紧急情况下智能管理、引导与应急疏散客流，乘客服务安全有序；智能线网运力服务精准匹配、安全、快捷、高效。

2035年目标：新兴信息技术和城轨乘客服务全面融合，建成无感进出站、舒适便捷乘车、安全正点通达、网内换乘高效、网外衔接顺畅、智慧服务覆盖的世界领先的智慧乘客服务体系。

智能运输组织：

2025年目标：基本建立面向城市轨道交通网络化运营的智能运输组织理论，部分都市圈、城市群实现轨道交通网络化运营；部分城市建成基于共享数据、智能设备、智能软件的网络化运输组织系统平台，实现客流分布的实时预测、运输计划的智能化编制、运力与客流的精准匹配；智能调度与应急指挥中心深度融合，初步建成智能化线网运输组织辅助决策系统；智慧车站技术装备及运控体系推广应用；部分城市实现市区城轨、市域快轨、城际铁路“三网融合”，运输效率和智能化水平进入世界先进行列。

2035年目标：以智能化辅助决策系统为核心，实现线网运输组织的预测精细化、管理信息化和决策智能化，实现都市圈、城市群轨道交通网络高效智能运转；在市区城轨、市域快轨、城际铁路“三网融合”的基础上，实现城轨交通与铁路、公交、航空等其他运输资源的优化配置、运力匹配和联动调度，有机融入国家现代化综合交通运输体系；运输效率和智能化水平进入世界先进前列。

智能能源系统：

2025年目标：构建自主化轨道交通能源系统智能装备产业链，电能质量优化控制技术得到全面推广；再生制动、新能源等能量综合管理与再利用技术得到广泛推广应用；建立能耗－客流实时耦合模型和能源“供－用”评价评估体系；设备状态监测技术深度应用，建立智能化的故障预警系统；建立以关键设备在线故障监测和诊断为基础的智能运维和能源系统设备健康管理标准并示范应用；全行业能源系统节能率普遍提高，进入国际先进行列。

2035年目标：形成自主化的轨道交通能源系统智能装备产业链，实现能源系统技术装备制造全面自主化；永磁牵引及制动能量反馈技术得到普遍使用；电能质量优化控制技术得到全面推广；智能能源系统技术装备标准和能源评价评估标准在国际同行业应用；智能化的能源系统运维体系全面推广；全行业能源系统节能率大幅提高，进入国际领先行列。

智能列车运行：

2025年目标：城轨全自动运行系统持续完善优化，智能化、标准化、系列化水平进一步提升；全自动运行系统应用范围进一步扩大；兼容不同信号制式、不同线路设备的跨制式通用列控系统研发成功并示范应用；与其他信号制式轨道交通的区域互联互通取得突破性进展；建成环境状态感知、多源传感信息融合、多目标自动决策、协同运行控制的自主化列车控制系统；自主知识产权的全自动运行系统进入国际市场。

2035年目标：市区城轨、市域快轨、城际铁路“三网融合”跨线运营的全自动运行列控系统技术成熟，实现区域内不同制式的轨道交通互联互通，车辆通用、跨线运行以及网络统一调度；全自动运行的关键核心设备批量应用，实现列车运行设备健康管理；自主知识产权的全自动运行系统在国际市场占有率逐步提升，智能自动运行核心技术进入世界前列。

智能技术装备：

2025年目标：实现城轨A型车、B型车、D型车智能化、简统化；应用新一代通信技术和人工智能技术，研制支持灵活编组和协同编队功能的车辆，实现运能运力的精准匹配；多制式中小运量新型城市轨道交通装备成熟运用；信号、牵引、制动等列车控制网络深度融合并广泛推广应用；开放式多网融合的列车网络及列车装备得到普遍应用，列车网络纳入城轨云网络安全等保体系；牵引、制动及车载网络等主要产品达到国际先进水平。LTE-M综合承载广泛应用；LTE-M与5G NSA组网在城轨通信网的融合取得突破进展；城轨通信技术达到世界领先水平。城轨装备制造业普遍采用先进的产品全生命周期管理、资源管理和制造执行系统，建成持续创新能力的创新体系，在主要领域推行智能制造模式；主持和参加部分国际标准修订，建成全球先进的现代化城轨交通装备产业链。

2035年目标：城轨车辆实现智能化、系列化、标准化；多制式中小运量新型城市轨道交通装备按需运用；列车控制系统与车辆控制的深度融合技术广泛推广应用，列车智能化水平跻身世界前列。实现下一代通信网络在城轨交通应用，建成新一代智能通信网络，城轨通信系统整体处于世界领先水平。全行业采用智能制造技术，主要关键核心产品达到国际领先水平；主导部分关键核心技术国际标准修订；建成全球领先的现代化轨道交通装备产业链，占据全球产业链的部分高端市场。

智能基础设施：

2025年目标：基本建立轨道、桥隧状态寿命及维护关键参数评估体系；构建智能化工务运行维护保障体系；初步建成安防智能化检测平台；初步建立振动噪声环境影响监测及智能化仿真分析平台；探索车辆、弓网、轨道、桥隧及环境多元耦合的综合评价分析平台；建设轨道、桥隧状态及振动噪声控制综合智能化管理平台，基础设施的运维数字化和智能化达到世界先进水平。

2035年目标：建立完善的轨道、桥隧状态寿命及维护关键参数评估体系；建成智能化桥隧维护保障体系与管控平台和振动噪声仿真平台；建成安防智能化检测平台；建成高度集成的接触网（轨）、轨道、桥隧及环境多元耦合的综合评价分析平台，智能基础设施关键技术应用进入国际领先行列。

智能运维安全：

2025年目标：车辆、能源、通信、信号等智能运维系统在全行业推广应用，日常检修效率和车辆整体可靠性达到世界先进水平；车辆运维行业技术标准和规范发布实施；建立基于大数据的线桥隧、通信信号以及机电设备等多专业设备智能运维体系和行业标准；基本建成列车调度指挥、运行控制、行车作业等关键系统安全保护和风险评估的标准化体系；建成与城轨交通客流特点相适应智能安检新模式；建成基于乘客行为分析和市政交通的综合应急管理系统；全行业运营安全和设备保障等指标达到世界先进水平。

2035年目标：覆盖城轨全行业的智能运营安全和综合运维体系全面建成；行业技术标准发布实施，部分技术标准进入国际标准体系；全行业运营安全和设备保障等指标达到世界领先水平。

智慧网络管理：

2025年目标：城轨企业网络化管理体系粗具规模，目标计划能力、预测预警能力、执行监督能力、决策管控能力大幅提升。由“自然成网”向“引导成网”的主动式网络化发展理念取得行业共识；涵盖建设管理、运维管理、资源应用、应急管控等网络层级管理架构体系基本建立，涵盖策略策划、计划统筹、运行协同、资源调配、应急指挥、信息共享、规则制定、监管评估、服务指导、联动共治等功能。以城轨云和大数据平台为支撑，普遍采用企业资源管理和全生命周期资产管理系统；打造知识管理系统，完善应用VR/AR等虚拟现实技术的智慧培训体系；城轨企业的智能运维安全、智慧乘客服务及智能决策水平全面提升，建成准确高效管理、智能辅助决策的现代化企业，实现城轨行业的高质量发展。

2035年目标：建成完善的网络管理平台。全面覆盖建设管理、运维管理、资源应用以及其他基础支撑业务。企业网络化管理功能更加智能完善，与网络化管理需求高度匹配。企业网络化管理水平国际领先，网络综合效能位于国际前列，引领行业发展方向。

城轨云与大数据平台：

2025年目标：完善城轨云与大数据平台的体系建设和应用落地。新建城轨交通城市全部采用城轨云；已经建成城轨交通的城市在新建线路采用城轨云及在既有线设备更新升级时移入城轨云与大数据平台；全面完成城轨交通信息化顶层设计标准，形成中国特色城轨云标准体系。城轨云实现对城轨业务的全覆盖，数据共享平台与城轨网络安全体系同步建立；建成城轨云的城市，大数据应用达到世界先进水平。

2035年目标：城轨云成为全行业智慧城轨的支撑平台，网络安全全面达标；中国标准的城轨云走向世界；技术先进、数据准确、安全可靠的数据共享平台全面建成，大数据技术在城轨交通全行业深化应用，成为智慧城市的重要数据来源；城轨网络安全体系自主可控；以城轨云为标志的新一代信息技术应用进入世界领先行列。

中国智慧城轨技术标准体系：

2025年目标：中国智慧城轨标准体系基本完备，实现智慧城轨业务的全覆盖，支撑中国智慧城轨可持续发展；部分自主化关键核心技术标准在国际性标准体系中有所突破；以标准体系和部分关键核心技术标准助力中国技术装备走向世界；智慧城轨标准的整体性、先进性、采纳率在进入世界先进行列。

2035年目标：建成系统、完备的中国智慧城轨标准体系；关键性技术标准处于国际领先水平并形成国际标准，实现对全产业链“走出去”战略的全面支撑。

五、建设重点

（一）智慧乘客服务

创建智慧乘客服务体系，提高乘客服务的便捷化、舒适化、智能化水平。一是提升票务服务的智能化水平。引导推进基于实名制、个人信用体系的跨平台、跨场景乘车票务服务，利用生物识别、无感支付等多制式，提高售检票、乘车智能化水平。扩大基于可信乘车凭证互联互通范围，提高城市间乘车便捷度，丰富智慧城轨移动APP应用功能，提供多种出行、信息及生活服务；二是提供智慧出行咨询，聚合多平台出行服务内容，按乘客出行需求订制化提供多种出行解决方案。同时重点在交通枢纽、出行热点提供更细致服务。实时显示本站、邻站和换乘站客流动态、列车运行时刻，为乘客提供出行路径咨询及建议；三是研发智慧客流管理系统，对日常峰谷、节假日、重大活动预测及动态监测，及时发布疏导信息，为智慧运输提供可知、可调、可控的大数据管理应急处置解决方案；四是建立智能安检（防）系统。研究与城轨交通客流相适应的智慧安检探索票检、安检合一的新模式，采用视频监视、生物识别、人工智能等技术，实现“人”“票”“物”以及异常行为四合一核验，提高效率、安全和服务品质；五是研发智慧车站系统。实时提供车站全场景动态信息服务、显示列车到发时刻、乘客诱导、车厢拥挤度、前方换乘站客流等动态信息。提供车站出入口、服务设施位置，及地面建筑物等信息。实现车站的全息感知、自动运行、全景监控、自主服务及其与周边商业、公共服务设施的一体化信息共享及联动的应用。建立车站智能公共突发事件应急响应管控体系，完善公共突发事件（含卫生安全等）应急预案，在线网应急指挥中心的组织协调下妥善应急处置；六是智能环境动态调控，根据季节、温湿度、客流等变化自动调节温湿度，为乘客提供舒适环境；七是提升列车智能服务水平，实时显示列车运行区间、前方站到发时刻，基于乘客用户画像，为乘客提供可感知、有温度、个性化、推送式服务。

（二）智能运输组织

构建网络化智能运输组织体系和线网运营调度（应急）指挥中心，实现运能运量精准匹配、适应线网运输互联互通、乘客出行快捷便利、网络化运输组织高效的要求。一是建造集调度指挥和应急响应为一体的线网运营调度（应急）指挥中心（NOCC），构建基于云架构的路网数据中心，在数据层面进行信息共享，研究编制满足网络互联互通运营的技术规范，并研发相应的智能化系统；二是研发基于轨道交通网络多源客流数据融合的精准化计算、智能化分析、网络化运营的列车运行计划编制系统，实现网络客流的监测预警、网络运力资源的优化配置、运能运量的精准匹配和全自动列车运行的行车组织；三是研究重要交通枢纽的客流态势演变、客流协同管控以及综合交通协同调度，提高运输效率、保障行车安全；四是深化研究市区城轨、市域快轨、城际铁路“三网”运输功能定位及与铁路、民航、公交等多种运输方式之间的协调衔接，实现在城市主管部门协调组织下的公共交通资源的信息共享和协同运用。

在线网运营调度（应急）指挥中心，部署智能城轨线网运输组织辅助决策系统。一是在共享数据平台基础上与各专业系统数据共享，进一步完善实时监测、信息采集，实现多源数据的融合处理、各专业系统的数据共享以及数据挖掘分析；二是研究城轨线网智能运输组织优化应急响应以及智敏调整的模型、方法和技术体系；三是研究网络突发事件的产生及演变规律、智能应急处置方案的智能生成及触发、多种交通运输方式的协同处置，实现突发事件下的大客流快速、安全疏散，提高运输指挥和应急反应能力；四是构建基于多专业协同联动控制的线路智能综合调度应用；五是建立智能公共突发事件应急响应管控体系，完善社会公共突发事件（含卫生安全等）应急预案，以智能化手段组织指挥全线网实施应急处置。

构建面向乘客管理、设备联动、运行组织的智慧车站管控体系。研发线网大客流预警分析与监控系统、辅助决策系统、应急协调联动、高效能耗管理、环境质量管理及人员绩效管理等系统，实现车站行车及环境设备的自动／半自动运行、泛在感知和安全便捷的乘客服务，进而实现区域站点集中值守和远郊车站无人值守的管理模式。

在实现车辆、供电、信号和轨道桥隧智能运维的前提下，开展正线停车，取消或减少列车专用停车场，大幅降低土地占用。

（三）智能能源系统

研发智能绿色城轨能源综合应用体系，使我国城轨能耗达到世界领先水平。一是构建交流中压环网与推广直流牵引网的双向变流技术，加快直流保护、直流配电开关关键部件的国产化开发应用进度，车站综合节能、可再生能源系统技术装备广泛应用；二是研究能耗－客流的耦合关系，建立能源系统动态模型。研究探索直接使用市电系统供电的方案，实现线网级能源调度，优化行车组织和节能运营图的应用技术规范，建立运营综合场景的能耗关联指标体系，实现智能化能源管理；三是积极推广永磁牵引技术，形成产业链；四是优化城轨能源系统设计理论方法，充分利用客流、车辆、信号、环境控制等综合信息建成性能先进的智能能源系统，通过示范工程引领，逐步在全行业应用推广，使我国城轨交通总体节能率大幅提高。

（四）智能列车运行

一是研发适用于互联互通的全自动运行系统。深化共线、跨线、越行等互联互通的全自动运行典型运行场景设计，研发互联互通全自动运行列车控制技术、多专业协同控制及应急联动技术。研究编制自主化互联互通全自动运行接口标准；二是实现不同制式的轨道交通信号系统互联互通、车辆匹配，实现市区城轨、市域快轨、城际铁路的“三网融合”；三是引入人工智能技术，提升列车智能水平、优化列车驾驶性能和适应性，从效率、节能、舒适性等目标综合优化，实现列车的最佳化运行控制；四是采用新一代车地通信及环境感知系统，加强列车对于行车空间及车上空间的信息感知能力，增强列车自主控制能力，提高轨旁设备利用率，减少轨旁设备，提升列车控制效率；五是采用灵活编组和协同编队技术，实现列车协同最优控制，提升运行效率和运营灵活度。六是推广列车运行设备健康管理技术。突破分级预警、快速重投、远程控制等关键技术，提高列车在异常事件发生时的快速自我愈合能力；七是完善、优化、推广列车全自动运行系统，建立中国标准的智能全自动列车运行体系。

（五）智能技术装备

研制适应不同运量和速度的地铁车辆及多种轨道交通制式车辆，研制智能化列车自主运行控制系统，提升线路运能，降低系统能耗。一是研制标准化A型车、B型车并形成量产，研究适应不同运量的其他智能化新型轨道交通制式的车辆。通过简统化、标准化、系列化提高车辆可靠性、可维修性，降低车辆全生命周期成本；二是研究集约型车辆网络基础平台。推进采用集约型综合承载、开放创新的列车信息网络，实现综合承载非行车安全等多种信息传输业务；三是研究全自动运行系统虚拟连挂的多列车协同编组技术；四是突破车辆控制和信息集成的一体化平台技术瓶颈，实现列车多专业系统深度集成，研究车辆的牵引、制动子系统与车载信号系统直接交互命令控制信息共享技术，提高列车运行控制精度和动态响应特性；五是研究基于模块化的车地和车车无线通信的一体化平台；六是研究客室智能调控系统，提升乘车环境的舒适度；七是研究轨行区障碍物检测系统，辅助车辆安全运行；八是研究车辆智能运维系统，实现车载各系统数据采集、预警、远程监视及诊断分析，为车辆智能运维系统提供数据，提高列车日常检修效率，提升上线列车整体可靠性，促进修程修制变革，降低列车运维成本。

构建智能通信平台。一是推进非行车安全信息车地通信向5G＋融合演进，跟踪5G＋技术的发展方向，形成5G＋城轨产业生态，推动5G＋技术在城轨的应用落地；二是研究超大容量、全分布式组网、智能流量分配的新一代有线承载网络，有力支撑云平台、大数据等应用，有线无线融合发展，提供智能通信网络；三是研究智能多媒体调度系统，建立集语音、图像、数据等多媒体信息为一体的新型调度通信方式，赋能城轨智能调度；四是研究智能通信信息安全，确保通信业务和数据资源的机密性、安全性和完整性。

以行车安全为核心，绿色节能为重点，在车站级集成各弱电专业所有装备信息综合感知与实时控制，结合全自动运行系统（FAO）的深度融合，实现线路、路网级综合显示，通过共享乘客向导系统信息实现车地旅客向导信息一体化；研究基于云架构、大数据、5G＋的人脸识别、智能分析、智能视频感知的智能视频系统。

（六）智能基础设施

深化BIM技术在基础设施的设计、建设、运维等全生命周期的应用，建设基于BIM的基础设施状态智能化管理平台。一是搭建基于BIM的全线基础设施模型，覆盖轨道、路基、高架结构、地下结构、隧道结构和管片、供电、通信、信号以及机电设备设施等各个专业；通过现场检测传感器及5G通信技术感知噪声、振动、位移等信息并与车辆综合检测系统、大型检测检测设备之间实现数据的实时关联共享，实现全线各部位、实时、不间断的综合感知平台，突破现有专业界限，实现基础设施、设施和设备的数据无障碍交换；二是建立综合评估体系，基于实时采集的数据，实现对基础设施模型中各部位振动及变形、各区域噪声等状态参数进行评估，针对传统监测难点，对城市轨道交通线路、隧道、高架结构和桥梁、车辆基地、城市轨道交通保护区以及供电和通信等独立设施，建立区域的和立体的防护和感知空间域。运用各种类型传感、视频系统、周界防范系统、卫星遥感等检测监测技术，形成完整智能监测感知体系；三是建立智能化仿真分析系统，实现对车辆、弓网、轨道、桥隧及环境多元耦合的综合仿真分析、评价、原因分析，实现基础设施的运维数字化和智能化。

搭建基于BIM的基础设施运维管理平台。一是建立以BIM模型为核心的智慧城轨基础设施资产管理平台，实现资产全生命周期管理的信息化、流程化、无纸化，利用大数据分析技术深入挖掘资产数据价值，对资产进行主动式风险监管，提升资产使用效率、提高资产的使用寿命；二是深度融合BIM模型、物联网、移动应用等技术赋能运维业务，提供基于实时数据的可视化监测与海量历史数据的劣化预警等基础设施健康度管理功能，形成集成化、移动化的运维业务管理，建立可视化应急预案，指导突发事件的应急处置，全面提升基础设施运维管理的效率与质量。

（七）智能运维安全

建立智能运维和安全保障体系，稳步提升运维智能化和安全运行水平。一是建设车辆、能源、通信、信号智能运维系统并在全行业推广：完成上海地铁车辆智能运维系统行业示范；建立结合全自动运行系统的信号系统的智能运维体系；建立供配电系统、通信系统、AFC系统、车站机电等系统的智能运维体系。提升城轨装备维护智能化程度、提升运维效率，减少维护人工的作业强度，形成城轨装备智能化运维生产组织模式；二是建设与智能调度体系协调联动的运营保障系统，实现对线路、场站、车辆、供电、通信、信号、人员、备品备件、维修工具等运输资源的动态监测、优化配置、精准调度和协同运转，提高城轨交通的运营效率和安全管控水平；三是研发互联互通的智能运维分析决策系统，结合设备故障预测与健康管理，实现设备全生命周期管理，提升安全运营能力；四是构建城轨运营设备大数据监测安全评估系统，推进安全生产监管的智能化建设，提升基础设施的隐患治理、风险管控能力；五是完善智能化巡检系统，补齐单体设备＋巡逻安检系统存在的短板，利用人工智能技术，逐步降低人工巡检劳动强度；六是优化线网级的综合协调与应急指挥系统，打造设备日常监测、预测预警和应急处置为一体的城轨交通运维安全综合保障体系。七是建立基于BIM的综合运维监管系统，可直观、快速、全面地获取设备运行状态数据，进行设备的健康管理和寿命预测，结合设备定期维护计划和流程，使设备得到适当的维修保养。

（八）智慧网络管理

打造智慧网络管理体系。一是构建智能网络生产体系，实现协同运行的网络生产管理，保障网络生产业务的精准执行。建立网络建设管理系统，包含利用图像识别和地理信息技术建设的施工质量远程控制、利用基于ＢＩM技术的建设项目全生命周期管理；建立网络运营调度与应急指挥、网络客运服务管理、维护保障管理系统、资源经营管理等系统。二是以城轨云和大数据应用构建企业共享信息平台，为智慧企业网络化管理提供全面支撑。全面提升城轨企业目标计划能力、过程管理能力、资金控制能力、成本管控能力、执行监督能力、安全质量监控能力和管理决策能力和网络化管理能力。全面建设企业网络化资源管理体系，建立财务管理、资产管理、人力资源管理、资金项目合同全过程监管、知识管理、培训资源、技术研发、乘客信息管理、信用管理等系统；三是构建完备的网络基础保障体系，实现灵活共享的基础通信与信息支撑，保障企业网络化业务平台运行的安全高效。

（九）城轨云与大数据平台

建设一个自主可控、功能完备、技术领先、安全可靠、可持续发展的城轨云与大数据平台。一是实现对城轨业务应用的统一部署承载，资源动态分配，统一开发运营部署运行环境，为城市轨道交通各类信息系统应用提供服务，助力城轨智能化、智慧化发展；二是建设大数据共享平台。在城轨云上构建数据共享平台，加大数据平台技术架构的自主化研究，突破数据共享的壁垒，重点解决共享数据的采集、传输、加工、存储、安全、分析、管理和服务等难题，为大数据应用奠定坚实基础；三是建设城轨云综合运维管理平台，统一管理城轨信息系统的云服务、计算、网络、存储、安全等资源和IT服务；四是加强网络安全体系建设。遵循“系统自保、平台统保、边界防护、等保达标、安全确保”的策略，系统地采用可信安全与智能协同等技术，与城轨云同步规划、同步建设网络安全纵深防护体系，保障城轨云网及其承载应用持续稳定运行；五是扩大智能创新应用建设。助推大数据、人工智能在城轨交通的智能优质服务、智能运营指挥和智能运维管理等领域的深化应用。

（十）中国智慧城轨技术标准体系

围绕智慧城轨的建设目标，研究制定中国自主知识产权的技术标准体系。一是以需求为导向，加强政策研究，实行顶层设计，构建技术规范体系，形成系统全面、协调一致、经济合理、开放融合的标准体系，全面支撑和引领智慧城轨建设；二是着力研究编制一批关键核心技术标准，针对共享关键领域，形成从顶层管理、监督评估、运行应用、平台建设、数据融合到底层感知的系列化标准，指导智慧城轨建设项目的有序高质量开展；三是指导智慧城轨各个专业的信息化应用系统的研究、完善、迭代发展；四是主动对接国家主管部门和国际化标准组织，参与国际性标准制定，逐步实现智慧城轨技术标准的国际化；五是构建科学、合理、全面的智慧城轨等级划分与评价指标体系，针对智慧城轨的特点，制定一套评估模型与方法，不断迭代与推进智慧城轨的可持续发展。

六、建设路径

（一）技术路径

在“自主创新、安全可控”技术路线指导下，一是以应用科学研究奠定自主创新发展基础，瞄准世界科技前沿，加强应用科学技术的探索，突破生产实践中的基础共性技术的瓶颈，努力取得重大原创性的突破；二是以“引进、消化、吸收、再创新”成功经验为基础，全力突破核心技术的创新，把握自主创新主动权，把握发展主动权；三是以民族品牌创建增强自主创新竞争力，创立自主知识产权的民族品牌，占有更多的市场份额，真正形成自主创新的竞争力；四是以中国标准占领自主创新的高地，用好自主创新重大成果，及时形成标准，主导国内市场并引导国际市场接纳和使用中国标准，提升在国际市场的话语权；五是以基础产品创优打牢自主创新的基石，注重已有应用体系创优和创新体系的融合再创新，培育独角兽公司和整个产业的创新创优，在国际竞争中增强创新发展的韧性和实力。环环紧扣、相互融合、不断深化、逐步积累，在自主创新中实现城轨交通的智能化、智慧化。

（二）工作路径

聚焦智慧城轨的建设目标，大力推进城轨行业关键核心业务体系的智能智慧化建设。一是创建智慧乘客服务体系，提高乘客服务的便捷化、舒适化、智能化水平；二是构建网络化智能运输组织体系和技术平台，提升网络运输互联互通、运能运量精准匹配、乘客出行便捷可达的网络化运输组织水平；三是研发智能绿色能源综合技术应用，使我国城轨能源系统管理达到世界领先水平；四是研发适用于互联互通全自动运行系统；五是研究标准化城轨车辆及适应不同运量的多种轨道交通制式车辆，研制智能化列车全自动车载控制系统；六是搭建基础设施状态智能化及运维管理平台；七是建立智能运维安全保障体系，稳步提升运维安全水平；八是打造智慧网络管理体系，覆盖建设管理、运维管理、资源应用等全部业务，显著提升企业管理及网络化管理水平；九是建设一个自主可控、功能强大、技术领先的城轨云与大数据平台；十是围绕智慧城轨的建设目标，建立中国智慧城轨技术标准体系。

（三）协会工作路径

协会主要抓好五件大事，一是智慧城轨建设顶层设计的指导；二是示范工程的组织协调工作；三是成果应用的促进工作；四是智慧城轨技术标准体系和信息化规范体系的建设工作；五是对政府对企业的衔接工作。

（四）行业工作路径

本《纲要》所述各项工作，总体上讲，应落脚于全行业和各会员单位，特别是业主单位、装备企业和科研院校。因此，作为城轨交通行业信息化智能化建设顶层设计的《纲要》，各单位应结合实际，研究制定本单位的智慧城轨建设方案，形成既有《纲要》顶层设计指导，又有各单位特色的智慧城轨建设方案的崭新局面，共同推进交通强国目标的实现。

七、保障措施

推进城轨信息化、发展智能系统、建设智慧城轨是一项庞大而艰巨的系统工程。需要全行业共同发力，以“交通强国、城轨担当”的使命感、责任感和紧迫感，创新“政、产、学、研、用、协”一体工作机制，凝心聚力，各负其责，共同推进。

（一）国家部委政策指引

在当前新一轮科技革命与产业变革的形势下，“市场主导、政府引导”的双重作用至关重要。建议政府制定鼓励信息化与轨道交通深度融合的政策，支持发展智能化智慧化技术和产品；培育健全创新的市场环境，建立智能智慧新技术、新产品的市场准入制度和容错机制；综合运用政府项目审批、政府采购、技术标准、科技保险、首台套和尽职免责等措施，支持智慧城轨新技术、新产品在城轨建设中的试验、应用。

（二）城轨城市主管指导

作为城轨建设发展主管责任主体的城轨所在地政府，宜将智慧城轨纳入智慧城市的规划和建设中，明确智慧城轨的建设目标和任务，落实智慧城轨工程建设、更新改造及科技研发的资金。加强对智慧城轨建设的规划设计、工程建设、工程验收等审核环节的监督和指导，确保智慧城轨的各项标准落到实处。支持智慧城轨专业人才培养和引进，鼓励智慧城轨相关的创新创业活动。

（三）业主单位主导发展

业主单位在推进城轨信息化、发展智能系统、建设智慧城轨中处于关键地位，左右着建设进程的快慢和市场化的成效，宜应着眼当前成就、放眼未来发展，立足城轨行业、面向交通强国，增强智能智慧创新成果的转化、应用、完善、优化的责任意识、超前意识和慧眼胆识，热情参与创新、主动贡献智慧，自觉营造市场应用环境，与技术装备制造、系统产品研发企业相伴而行、共创共赢。

（四）装备企业主体引领

智能产品和智能系统的关键核心技术的突破及系统集成技术的创新、基础技术研究的升级和应用技术难关的攻克，民族品牌的创立、中国标准的创建，装备制造企业处于首位，应从行业发展需要和用户需求出发，明确重点和目标，发挥城轨创新网络中心对新技术的孵化和系统验证等作用，抓紧研发“卡脖子”技术和引领性产品，形成一批具有国际竞争力的自主品牌。

（五）规划设计前导协同

规划设计咨询单位宜应前瞻性地自觉支持智慧城轨自主技术和产品的研发和应用，注重研究、学习、接纳创新成果，敢于在规划编制和工程设计中应用，为创新成果铺路架桥。

（六）院所院校研究促进

科研院所、高等院校是科研攻关、基础研究、成果转化等智慧城轨创新体系中不可或缺的生力军、突击队。应瞄准世界领先技术的关键核心领域，主动捕捉、研究智慧城轨建设中的痛点、热点、难点，强力组织科研攻关，实现前瞻性基础研究、引领性原创成果重大突破。积极促进创新成果转化，开拓占领自主创新的新高地。

（七）行业协会组织协调

“协会搭台，企业唱戏”，组织调动业界专家、系统厂商和城轨业主联合创新的积极性，开创智能技术和产品协同创新的局面；结合行业统计构建多位一体的自主创新工作机制；通过示范工程、科技成果评奖等鼓励智能产品和系统关键核心技术攻关和创新；通过团体标准、装备认证、技术评价等支持智能智慧产品的应用；通过技术职称评定选拔技术创新的领军人才；积极争取国家相关部门的技术支持、政策扶持，为智慧城轨建设创造良好的政策环境，促进城轨行业高质量发展。协会专家学术委要组织建立智慧城轨评价指标体系，并会同信息化专委会及相关分支机构加强跟踪分析和督促指导，齐心协力，共同推进智慧城轨建设。

八、附件

附件1：智慧城轨实现目标和路径表 表1-2-1

业务分类	指标名称	单位	2025年	2035年	备注
智慧乘客服务	最小发车间隔	秒	<120	<110	
	运营服务时长	小时/日	19	20	部分城市
	列车延误率	次/百万车公里	0.3	0.2	
	电子支付使用率	%	>97.0	>99.0	
	实名制信用消费售检票系统覆盖率	%	>90.0	>99.0	
	乘客服务满意度	%	>85.0	>90.0	
智能运输组织	线网中心建设率（三条线以上）	%	>85.0	>100.0	
	准点率	%	>99.94	>99.98	
	高峰小时列车满载率	%	<120.0	<110.0	
	网络客流计算准确率	%	>90.0	>95.0	
智能能源系统	智能牵引供电设备自主化率	%	>95.0	>95.0	
	能源利用率	%	>78.0	>80.0	国际化指标
	运营能耗下降指标率	%	>15.0	>30.0	
智能列车运行	全自动运行系统里程	公里	>1000.0	>2000.0	
智能技术装备	智能车辆占有率	%	>95.0	100.0	新造车辆
	智能通信系统自主化率	%	>95.0	100.0	LTE-M综合
	应用软件自主化率	%	>90.0	>95.0	
智能基础设施	智能基础设施监测／检测覆盖率	%	>60.0	>85.0	
智能运维安全	运营安全事故率降低	%	>30.0	>50.0	
	车辆故障率降低	%	>8.0	>20.0	
	供电故障率降低	%	>5.0	>15.0	
	信号故障率降低	%	>15.0	>25.0	
智慧网络管理	智慧网络管理实践率	%	>70.0	>95.0	累计值
	标杆性智慧网络管理实践者	%	>5.0	>10.0	累计值
城轨云与大数据平台	新建、升级系统城轨云占有率	%	>90.0	>95.0	
	云平台业务系统承载率	%	>85.0	>100.0	
	云平台基础设施可靠性	%	>99.99	>99.995	
	数据共享平台接入率	%	>75.0	>90.0	
中国智慧城轨	智慧城轨标准采信率	%	>50.0	>90.0	

附件2：示范工程

（一）智慧乘客服务

1.示范工程名称：智慧乘客服务示范工程

构建基于云平台的生物识别、无感支付的自动售检票系统，在全国范围内推广智慧城轨APP，实现多城市的城轨列车一证通乘；研发智慧城轨出行咨询与规划系统；研发智慧客流预测预警管理系统；研发票检、安检合一的智能安检系统；车站和列车环境智能调控；建立列车智能化服务功能。

（二）智能运输组织

2.示范工程名称：智能运输组织体系示范工程

深化线网布局、工程设计、运营管理等方面的研究，建立面向轨道交通网络化运营的智能运输组织体系、理论和方法；研发基于共享数据、智能设备、智能软件的网络运输组织系统平台，实现线网运输组织的分析精细化、管理信息化和决策智能化。

3.示范工程名称：城轨线网智能调度（应急）指挥中心示范工程

研究线路和线网合一、日常运营指挥和应急处置合一的调度指挥中心，将轨道交通的三层管控（线网指挥中心、线路控制中心和车站）优化为两层管控（运营指挥中心和车站）；研发、部署智能城轨线网运输组织辅助决策系统，提高运营效率，增强综合调度（应急）指挥能力。

4.示范工程名称：智慧车站示范工程

构建基于设备全息感知、系统集成联控、终端移动操控、高度自运转的全时全景智慧车站管理系统，实时提供车站全场景动态信息服务、自主服务及其与周边商业、公共服务设施的一体化信息共享及联动，实现车站设备、人员和乘客的智能化管理，创建区域站点集中值守和远郊车站无人值守的管理模式。

（三）智能能源系统

5.示范工程名称：智能供电系统示范工程

引入智能技术装备，借助智能化、物联网、动模仿真、资产全寿命管理技术的推广，实现系统的智能运维和健康管理；大力推广永磁牵引技术；建立城市轨道交通能源“供一用”的评价评估体系和技术标准，形成可复制和推广的智能运维技术规范及系统平台，综合节能率大幅提高。

6.示范工程名称：绿色能源系统示范工程

引入绿色、多元、高效、低碳的可持续绿色能源应用，开展非化石清洁能源在轨道交通系统的应用及分布式智能供电技术研究，掌握分布式光伏发电、网络能耗动态监测、车站环境质量智能监测等技术，推动行业全过程、各系统贯彻绿色理念实施，支撑轨道交通系统绿色环保的可持续发展需求。

（四）智能列车运行

7.示范工程名称：燕房线全自动运行（FAO）示范线（已部署实施）

作为国家战略性新兴示范工程，具有完全自主知识产权，实现了全自动运行，其整体技术达到国际领先水平。

8.示范工程名称：重庆轨道交通互联互通示范工程（已部署实施）

在重庆轨道交通的4条线路，4家不同供应商的设备在统一标准下，不同列车在不同的线路上运行，运营取得突破性进展，其整体技术达到国际领先水平。

9.示范工程名称：青岛地铁列车自主运行系统示范工程（已部署实施）

在青岛6号线一期工程中进行列车自主运行系统TACS的示范应用，实现由列控中心集中控制到列车分布式控制、从列车自动运行向列车自主运行的技术转变，实现列车自主运行模式的创新应用。

10.示范工程名称：城市轨道交通网络化互联互通全自动运行系统示范工程

采用云架构路网控制中心，互联互通全自动运行线路达到3条以上，实现网络化自动运行、弱电系统集成和运输装备智能运维。

（五）智能技术装备

11.示范工程名称：智能通信系统示范工程

研究5G关键技术在车地无线网络中的应用，适应智慧城轨大带宽、低延时等车地通信的需求；研究城轨全分布组网和智能流量关键灵活承载技术，构建大带宽、低时延、可扩展、智能流量分配的智能光通信综合承载网，并实现光通信网资源智能化调度与智能化自愈。

12.示范工程名称：地铁车辆简统化、标准化、系列化示范工程（已部署实施）

实现80km/h、120km/h两个速度等级，A型车、B型车两个型号4种车辆的简统化和标准化，形成批量生产能力，建立相关标准，建成标准化地铁车辆示范线或示范城市。

13.示范工程名称：基于集约型网络、一体化平台的列车装备示范工程

基于大容量、低时延、高可靠的以太网络，开发研究牵引、制动和车载网络等列车子系统融合的一体化平台，全面提升列车控制自动化、智能化和运营维护水平。

（六）智能基础设施

14.示范工程名称：智能基础设施工务运维平台示范工程

建立线桥隧健康管理、感知监测体系和健康度评价模型；建立保护区智能巡检、全球眼、卫星遥感等系统；建立环境影响一体化管理平台；建立作业人员移动巡检的应用系统，实现智能基础设施运维的全过程管理与可视化监控。

（七）智能运维安全

15.示范工程名称：车辆智能运维系统示范工程（已

部署实施）

通过“上海轨道交通车辆智能运维示范工程”进行车辆智能运维系统行业示范，建立车联网系统、轨旁车辆综合检测系统、车辆维护轨迹系统三大系统，创新运维体制，提升运维效率，降低运维成本，编制车辆智能运维的技术标准，整体技术达到世界领先水平。

16. 示范工程名称：多专业智能运维示范工程

实现城轨供电、通信信号、AFC以及车站机电系统的多专业综合应用；推进基于大数据的运维体系建设，构建以城轨云为基础，适应不同管理架构的智能运维核心系统；结合大数据挖掘和海量运营数据治理，为智慧运营辅助决策提供标准化的关键数据，以适应智能运维安全保障需求。

（八）智慧网络管理

17. 示范工程名称：智能城轨建设管理系统

基于ＢＩＭ技术，实现城轨建设的全生命周期管理；建设基于建设项目的状态感知、远程监控、风险和质量管控体系；利用大数据分析平台，实现建设管理过程中风险辨识的准确性、风险防范的主动性、应急处置的高效性。

18. 智慧城轨网络化管理平台

建设智慧城轨网络化管理系统，实现涵盖城轨网络运营生产管理、运营管理、节能管控、建设管理和资源管理的一体化，实现涵盖建设管理、运营管理、维护保障管理、资源经营管理的数据汇聚、信息共享与统筹协调，保障各类业务的开展与推进。提升企业资源管理能力，计划阶段的资源统筹能力、执行阶段的安全控制能力和评估阶段的智能分析能力，提高智慧城轨网络化管理与决策水平。实现网络运营智慧化、企业管理的现代化。

（九）城轨云与大数据平台

19. 示范工程名称：武汉城市轨道交通网络信息化建设示范工程（已部署实施）

该示范工程采用基于云平台、大数据的新ＩＴ架构，构建异地双活的数据中心，实施新建线路和既有线的信息系统全部纳入和迁移到云平台的技术方案，实现云平台对城轨业务的综合承载和数据共享，为智慧城轨建设提供信息技术支撑。

20. 示范工程名称：城轨云示范工程

以呼和浩特城轨云正式上线运行为基础，建立自主可控的城轨云平台，实现城轨业务应用的全覆盖和统一部署承载；在城轨云平台构建数据共享平台，突破数据共享的壁垒，为大数据应用奠定基础；扩大智能创新应用建设，推进大数据在业务领域的深化应用；建成网络安全纵深防护体系；建成适应云平台体系架构的运行维护体系和运行管理机制。

（十）中国智慧城轨技术标准体系

21. 示范工程名称：中国智慧城轨标准化体系

围绕智慧城轨的建设目标，研究制定中国智慧城轨标准化体系。根据需求引领，研究整体的标准化体系分类方法，根据分类的原则和方法，以“科技创新”为驱动、以“业务导向”为目标，从智能化、智慧化的角度，编制各专业智慧城轨标准。

3 《中国城市轨道交通智慧城轨发展纲要》解读
——同绘智慧城轨图 共筑交通强国梦

中国城市轨道交通协会创始会长 研究编制组组长 资深专家 包叙定

（2020年3月12日 北京）

在统筹推进疫情防控和经济社会发展工作取得初步成效之时，城轨交通行业也传佳音：《中国城市轨道交通智慧城轨发展纲要》（以下简称：《纲要》）正式颁布实施。这是我国城轨交通行业颁发的第一个《纲要》、《规划》一类文件，是城轨交通发展史上有意义的一件事。

中国城市轨道交通协会自2011年成立以来，坚持“遵守法规加强自律，发挥桥梁纽带作用，诚为政府企业服务，推动行业科学发展”的宗旨，在政府主管部门指导和广大会员单位支持下，做了力所能及的工作，取得了一定成绩。学习习近平总书记关于大力发展城市轨道交通和智能交通的系列讲话精神，以及党的十九大提出“交通强国”战略和国务院“智慧城市”建设的决策部署，作为社团组织的行业协会，同样备感使命光荣，责任重大。经协会决策，2018年4月，我主持召开了由傅志寰院士、宋敏华副会长和协会资深专家应名洪、沈晓阳等15位业界专家参加的“智慧城轨和智能装备技术发展方向研讨会”。会上我提议：要综合考虑城轨交通的发展需要和发展趋势，探讨城轨交通助推交通强国建设的技术发展方向、目标和路径并做好顶层设计。

两年后的今天，《中国城市轨道交通智慧城轨发展纲要》破茧而出，顺利问世。我作为研究编制组长，看到这部凝聚着行业领导和专家学者集体智慧的成果，倍感欣慰。谨借此机会，将我与工作团队编制《纲要》的心路历程和关键要点与大家共享。

一、创建“智慧城轨”理念的心路历程

（一）21世纪随着网络的普及和应用，迅猛发展的新兴信息技术，日益渗透到经济社会的方方面面，从而将数字化、网络化、智能化提高到全新的高度，“互联网+”闯荡天下，城轨交通领域开花结果身受其益。由此，发展智能城轨的“智能化”逐渐在我管理理念中生根发芽，并视为城轨交通技术发展的主方向。

（二）自2010年科技部等部门举办“中国智慧城市论坛”后，全国兴起一股智慧城市建设热潮，迄今全球千个试点城市我国占半。在这热潮中，我那脑子中的“智能城轨”与“智慧城市”不断碰撞，碰撞出的火花就是智能城轨必须融入智慧城市，成为其重要组成部分并为先导工程。从此，智能化的智能城轨逐渐演进为智慧化的智慧城轨。

（三）2013年中国工程院研究“制造强国”时，我于当年10月受周济院长之托写了几千字的分析文章，提出的核心内容是由大到强关键在于：“自主技术主导产品、中国品牌主导市场。”从此，我机械部长任上的“国产化”管理理念转为城轨会长任上的“自主化”管理理念，并渐渐形成智能化和自主化两手抓以推动城轨发展的新思路。

（四）2017年10月党的“十九大”作出建设交通强国的战略部署，吹响了交通强国建设的号角。学习“十九大”精神时，主要思考的是城轨交通在交通强国建设中扮演一个什么样的角色？协会工作从哪着手？因有“两手抓”推动城轨交通发展的思想基础，便逐渐形成了“以发展智能化自主化、建设智慧城轨为主线，助推交通强国建设”的工作思路。

（五）2018年1月，中国铁路总公司提出“交通强国，铁路先行”，颇受启发。铁路提出“先行”，恰如其分；城轨交通呢？也应有所担当，于是脑海中闪现出“交通强国，城轨担当”一词。城轨担当，可体现城轨人的抱负和志气，亦恰当地表述了城轨交通在交通强国建设中的地位和作用。

（六）2018年4月，专家研讨会后，根据会议形成的新兴信息技术与城轨交通深度融合的信息化、智能化、智慧化是城轨交通技术发展主方向的共识，协会决定组建课题组开展《智慧城轨发展战略研究》工作。由此，《中国城市轨道交通智慧城轨发展纲要》的研究编制工作正式启动。

二、潜心研究智慧城轨的理论内涵与实践成果

理论是行动的指南。研编过程中，深入研究新一轮科技发展趋势，调研总结城轨行业推进信息化、智能化和智慧化建设的实践经验，积极探索构建支撑智慧城轨建设的理论基础。一是贯彻落实习近平新时代中国特色社会主义思想，作为智慧城轨建设的指导思想和理论基础；二是总结提炼创新发展实践的经验，明确以新兴信息技术与城轨交通深度融合的智能智慧特征为智慧城轨关键构成要素的内涵标志；三是科学论证智慧城轨是由若干智能系统组成、是以信息化为核心和基础、是以智能化和自主化两轮驱动、是以信息化规范为基础多专业技术规范组成的智慧城轨标准体系等内在关联。

（一）对“智慧城轨”内涵的研究和探索。

课题启动后，首先遇到的是何谓智能智慧？何谓智慧城轨？《纲要》给出的智慧城轨内涵，历经多次推倒重来或重大修改，前后五易其稿，精雕细刻，集众智而成。

1. 从内容上研究：以“应用云计算、大数据……等新兴信息技术”，阐明:信息化是智慧城轨的核心和基础；又以“全面感知……实体信息”，阐明:信息化最新成果与城轨实时信息相互融合，是城轨智慧“化”的前奏和物质基础；接着经典术语“经自主进化”，作为内涵的画龙点睛之笔，是城轨智慧化精彩内核和“活化”过程，并提示智慧城轨具备采信、学习、记忆、决策、进化、提升的自主性功能；继而以“创新……模式”，阐明：智慧城轨的一切运作模式，包括服务模式、运营模式、管理模式等等，都是在原有基础上创新发展而成的新模式，是应用最新科技成果而成的全新模式。最后以“构建……新一代中国式智慧型……城市轨道交通”，同时昭示多重含义：一是智慧城轨是新一代的城轨，二是新一代城轨是建立在更具安全性、便捷性、经济性和高效化、绿色化的“三性两化”五大基础上的全新城轨，智慧化创造的不是单项冠军，而是一组冠军，是多项成果的综合体现；三是智慧城轨是“自主技术主导产品和中国品牌主导市场”的中国版创新城轨；四是新兴信息技术与城轨交通深度融合迭代创新了新一代、中国式、智慧型的城轨交通。

2. 从文字上归纳：智慧城轨内涵虽有102个字和21个标点符号，但仅仅是一句话，一句长句。这句话用了8个动词、7个形容词、3个副词和23个名词，是一句复杂的长句。虽是复杂长句，但是内涵丰富，层次分明；术语精准，概念清晰；读来顺畅、易懂易解的定义解析。

3. 智慧城轨“内涵”是集体智慧的结晶。一般情况下，凡没有公认的教科书式经典定义前，什么智能智慧、什么智慧城轨，100人会有101种说词，这是常常遇到的情况。这次对于智慧城轨内涵，能够得到大多数专家的认可，关键一点是集体智慧的结晶。

（二）智慧城轨“关系群”的提出和解析

在研究分析过程中，除了智能智慧和智慧城轨外，还陆续遇到智能系统与智慧城轨关系、智慧城轨与城轨信息化关系、智慧城轨建设与交通强国建设关系？智慧城轨建设与智慧城市建设关系、智慧城轨建设与城轨交通高质量发展关系和智慧城轨建设与城轨交通自主创新发展关系，前前后后遇到的对对关系，林林总总，竟有七对关系之多，构成了一个名副其实的智慧城轨“关系群”。

1. 智慧城轨内部的五个关系解析

（1）智能与智慧关系。《纲要》告诉我们，智能、智慧之间的关系，既有内在联系又有原则区别，是同一家族中的不同支系。“智能”是通过“先进技术给物质（设备）赋能”，以期实现自动化、无人化从而质变提升为智能装备、智能系统等等智能物体；“智慧”是通过“先进技术同时赋能于人和物质（设备）”，以期实现自主采信、学习、决策达到更高效能从而迭代升华为智慧城市、智慧城轨等智慧群体。

（2）智能系统与智慧城轨关系。《纲要》明确界定两者之间的关系是“发展智能系统，建设智慧城轨”，就是建设一个个的成体系的智能系统，最终构成智慧城轨。

（3）智慧城轨与城轨信息化关系。《纲要》深入地剖析了两者的关系，提出“从本质上讲，智慧城轨是利用新兴信息技术集成城轨交通各系统和集成各类服务的智慧结晶，是城轨交通领域信息化建设进入新阶段的集中体现，因而信息化建设是智慧城轨建设的核心和基础”。这告诉我们，信息化和智能化、智慧化都是数字技术发展不同阶段所代表的不同特征的新技术。

（4）智慧城轨建设与城轨交通高质量发展关系。《纲要》明确指出：智慧城轨建设是城轨高质量发展的“主战场”并且是“切入点和主要抓手”。建设智慧城轨将强力推动并加快实现城轨交通由高速发展转向高质量发展的进程。

（5）智慧城轨建设与城轨交通自主创新发展关系。《纲要》说的很清楚，智慧城轨建设是城轨交通自主创新发展的有效载体和重要平台，智慧城轨建设将在线网规划的前瞻性和科学性、城市内外交通的顺畅性和便利性、乘客服务的智慧化和高品质、运营组织的多元化和智能化、技术装备的智能化和知名度、信息资源的共享度和利用率等重要环节，承载自主创新发展重任，并结出丰硕成果。

2. 智慧城轨和外部关联的两个关系解析

（1）智慧城轨建设与交通强国建设关系。《纲要》首先指出智慧城轨建设是交通强国建设的“重要组成部分”；接着强调智慧城轨建设是交通强国建设的“重要路径和战略突破口”；最后以强烈使命感喊出了“交通强国，城轨担当”的城轨人的共同心声。

（2）智慧城轨建设与智慧城市建设关系。《纲要》在“时代背景”部分就强调了智慧城轨建设是智慧城市建设不可分割的部分，并将成为其先导工程，说明这两大建设是相互融合的共同体。

（三）期待实践检验

《纲要》总结提出的理论内涵与解析的七大关系，是首次提出的新概念，也是第一次见诸文字。目前看来还可行，但是否科学合理，还有待于实践的检验，我们满怀期待《纲要》在层层落地中日臻完善。

三、《纲要》名称（标题）的演变

（一）《纲要》名称

2018年4月，我主持召开的专家研讨会题目是：“智能装备和智慧城轨技术发展方向与实施路径探讨”，研讨会后决定开展专题研究课题题目是《智慧城轨发展战略研究》，在研编过程中一直沿用《智慧城轨发展研究报告》名称，直到向协会上报《研究报告》前夕才改名《纲要》。2020年1月6日，召开的由5个轮值会长单位、4个有代表性的城轨业主和中车股份以及协会信息化专委会、专家学术委共12个单位的总工程师或信息化主管领导参加的《智慧城轨建设研究报告》研讨会上，有两位轮值会长单位和中车股份的领导提议《研究报告》改为《纲要》，并得到广泛响应，课题组经过慎重研究，才斗胆改名为《纲要》。

（二）“纲要”命题应运而生

1.“纲要”为名，纲举目张。“纲要”为常用题名，一般有发展纲要、规划纲要、战略纲要、建设纲要、实施纲要、行动纲要等六七种之多。“纲要”比“研究报告”规格高，影响大，指导性强，可称为顶层设计，更能起到纲举目张的导向作用，比较适合这次研编成果的应用需求。“纲要”、“规划”一类是层级较高的题名，政府、行业、企业、院校、乃至于街道乡镇，广为应用。往往上级出台“纲要”，下级接着也以“纲要”进行贯彻落实。中央颁布全国的中长期规划，行业上下都出台各自范围内的中长期规划与之相衔接；国家颁布“十三五”发展规划纲要，各地随后出台自己的“十三五”发展规划，还有城市的街道社区也发布实施辖区内的“十三五”发展规划；行业协会也发布行业内的规划纲要之类文件。

2. 信息行业，上颁纲领规划，业界万众创新，是行业发展一大特色。无论中外，信息化智能化智慧化，历来是由下而上的潮涌与由上而下的引领相结合的一个领域。由下而上，百舸争流，充满活力，群星灿烂，汹涌澎湃；由上而下，方向引领，政策扶持，强力推进，易成国势。2008年，美国IBM总裁提出建设“智慧城市”后，第二年奥巴马总统即将其列为国家战略并提出“智慧星球”计划，所以“智慧城市”发端于美国。我国更重视上下联动，仅网上查到的最近五年内，从国家到部委到省市发布的信息化方面的《战略纲要》、《规划纲要》、《中长期规划》、《行动纲领》、《指导意见》、《若干意见》等文件，多达36个之多，其中包括：交通部2011年4月发布的《公路水路交通运输信息化“十二五”发展规划》、2016年4月发布的《交通运输信息化“十三五”发展规划》、2019年7月发布的《数字交通发展规划纲要》和2019年12月发布的《推进综合交通运输大数据发展行动纲要（2020—2025年）》等等。还如：工信部财政部的《智能制造发展规划（2016—2020）》、工信部国家标委会的《国家智能制造标准体系建设指南》和工信部关于《智能制造试点示范项目》等一系列文件。

3. 行业协会，频出纲要。行业协会作为社团组织，也出台了不少规划、纲要一类的文件，以指导行业工作。我们所在的交通行业，早在2012年10月，河南省交通运输协会（现改名为“河南省道路运输协会”）就出台了《河南省城市公共交通近期发展规划纲要》。全国科技界具有权威性的“中国科学技术协会”发布有《学术工作创新发展“十三五”规划》、《科普发展规划》、《事业发展“十三五”规划》。影响人民大众的“中国计划生育协会”发布有《发展规划纲要》、《科学发展规划纲要》、《青春健康工作五年规划》。机械工业系统行业多、门类广，除机械工业联合会外，汽车工业协会、工程机械工业协会、轴承工业协会、重型机械工业协会等都有20来年的编制经验。还有中国橡胶工业协会，中国安全防范产品行业协会，中国钟表协会，中国建设监理协会等社团组织，都走在我们中国城市轨道交通协会前面出台了大量“规划”“纲要”一类文件。这次，中国城市轨道交通协会出台《纲要》，是踏着前辈足迹学习践行的一次尝试。

（三）出台《纲要》——实属勉为其难又顺势而为

搞《纲要》，内容要求高，写作难度大，我们协会力量有限，一直不敢轻举妄动。鉴于城轨行业面临高质量发展的新形势，协会需审时度势，迎难而上。

1. 习近平总书记关于大力发展城市轨道交通和智能交通的系列讲话精神、党的十九大提出“交通强国”战略和国务院“智慧城市”建设的决策部署有待贯彻落实，协会理应以“交通强国，城轨担当”的使命感，在交通强国建设中作出应有贡献。

2. 我国城轨交通行业信息化建设初具规模，京沪穗等先行城市的智慧车站、智慧线路等建设已经起步，一批后发城市跃跃欲试呈遍及全行业的态势，要求加强行业指导成为普遍呼声，进行行业层面顶层设计的条件趋于成熟。

3. 城轨交通拥有大批技术实力雄厚、职业道德良好的专家队伍，这支人才队伍中蕴藏着极大的为交通强国奉献力量的积极性，也亟需协会发挥行业组织作用，鼓励、支持、引导他们为交通强国建设献计、献策、献智慧。《纲要》的问世过程，雄辩的证明这支专家队伍确实发挥了不可替代的中流砥柱作用。

四、科学谋划“1-8-1-1”智慧城轨发展蓝图

基于智慧城轨是交通强国的重要组成部分的战略思考，建设智慧城轨的战略指向是：强调在自主创新基础上，围绕数字化、智能化、网络化，大力应用新技术革命成果并与城轨交通深度融合，准确把握智慧城轨的发展方向，以“推进城轨信息化、发展智能系统、建设智慧城轨”为建设主线，统筹铺画智慧城发展蓝图，经反复多次并不断扩大范围征求相关领域领导和专家的意见，逐步搭建了智慧城轨8大关键核心业务建设体系及其赶超世界先进水平的目标，构建了承载全部智慧城轨业务的云平台和大数据平台及其实现信息技术应用进入世界领先行列的方向，建立了系统完备的技术标准体系及其关键性技术标准达到国际领先水平的瞻望。从而形成了“1-8-1-1”智慧城轨发展的布局结构，铺画了“1张智慧城轨蓝图。8个智能（智慧）体系，1个城轨云与大数据平台，1套智慧城轨标准规范”的智慧城轨发展蓝图。

五、坚持“两步走”和“两手抓”的实施策略

鉴于智慧城轨建设是覆盖范围广、建设体量大、技术难度高、实施周期长的系统性工程，《纲要》提出在统筹谋划、顶层设计的基础上，将智慧城轨建设细化为“两步走（2025年和2035年）”的实施目标：第一步中国特色智慧城轨基本形成，2025年跻身世界先进智慧城轨国家行列。第二步2035进入世界先进智慧城轨国家前列，中国式智慧城轨乘势领跑发展潮流。“两步走”的阶段划分，比较符合城轨交通的现状和发展趋势，目标定义明确，落地实施有序。

聚焦智慧城轨建设的战略目标，坚持“两手抓”的实施策略，即：一手抓智能化，强力推进新兴信息技术和城轨交通业务深度融合，推进城轨信息化，发展智能系统，建设智慧城轨。一手抓自主化，增强自主技术创新能力和自主品牌创优能力，持续不断研发具有自主知识产权的享誉世界的新产品、新品牌。“两手”协力，统筹推进，确保智慧城轨建设目标实现。

六、多策并举推进智慧城轨建设

（一）把控全局，确立实施智慧城轨建设的指导原则。一是高点定位，聚焦目标；二是整体规划，有序推进；三是自主创新，安全可控；四是数字赋能，智能升级；五是经济适用，绿色发展。努力打造具有中国特色、基于中国标准的智慧城轨交通体系。

（二）围绕主线，制定推进智慧城轨建设的实施路径。一是制定先进适用的技术路径，在“自主创新、安全可控”技术路线指导下，把握核心技术自主创新和持续发展的主动权；创立自主知识产权的民族品牌，真正形成自主创新的竞争力；主导和引导国内、国际两个市场接纳和使用中国标准，提升在国际市场的话语权和影响力；实现城轨交通的智能化、智慧化。二是制定创新发展的工作路径，实现8个关键核心体系的创新，搭建承载全部城轨业务的城轨云与大数据平台，建立中国智慧城轨技术标准体系等。三是制定精准服务的协会工作路径，履行协会的职责，重点抓好智慧城轨建设的顶层设计、示范工程建设、成果推广应用、标准体系建设和政府企业衔接等五项工作。四是制定协同推进的行业工作路径，组织引导全行业和会员单位增强信息化智能化建设的主体责任感，因地制宜，与时俱进，研究制定本单位的信息化智能化建设方案，全力推进智慧城轨建设。

（三）聚众合力，安排实现智慧城轨建设目标的保障措施。智慧城轨建设是庞大而艰巨的系统工程，需要全行业共同发力，创新“政、产、学、研、用、协”一体的工作机制，凝心聚力，共同推进。一是国家部委政策指引；二是城轨城市主管指导；三是业主单位主导发展；四是装备企业主体引领；五是规划设计前导协同；六是院所院校主动促进；七是行业协会组织协调。为智慧城轨建设创造良好的生态环境，促进城轨行业高质量发展。

七、《纲要》是行业领导和专家学者主动作为的结晶

这次《纲要》研究编制，经近两年鏖战，充分体现以下几个鲜明特点：一是问计于业内近百名专家权威，施仲衡、傅志寰、丁荣军等院士在运筹立项、研究探索和文稿审定等关键阶段深度参与，亲自把关定向；运输组织、通信信号、技术装备、建筑工程、信息技术、工程咨询等20多个专业的50多位知名专家参编，贡献了大量文稿；召开数十次研讨、统稿、评审会议大批业界专家参加，奉献了真知灼见的建议。二是广泛征询于协会会员单位，包括轮值会长单位、副会长单位、先行城市单位、后上城市单位的领导和专家，为课题研究提供了颇具价值的意见，特别是京、沪、穗三市城轨公司还提供了各自智能智慧项目研究成果，丰富了我们工作团队的知识。三是编制组的刻苦钻研和无私奉献，研究战略方向、谋划发展蓝图、撰写关键内容，他们不分昼夜和节假日，潜心研究，精心编撰，成百上千次的优化完善，字斟句酌，精雕细刻，多易其稿，历时23个月，终于完成《纲要》编制。研究水平得到提升，研究成果得到认可，达到了预期的目的。

八、强力组织《纲要》贯彻落实

《纲要》从行业层面对智慧城轨建设的发展战略、建设目标、重点任务、实施路径、体制机制和保障措施等进行了统筹规划和顶层设计。可作为城轨行业今后一个时期（2020年—2035年）引领我国城轨交通智慧城轨建设的指导性文件。我们期盼业界同仁凝心聚力，同舟共济，以“咬定青山不放松”的韧劲、“不破楼兰终不还”的拼劲，因地制宜、开拓创新、大胆探索、勇于实践，主动积极组织《纲要》的贯彻落实，同绘智慧城轨图，共筑交通强国梦。

二 大事记

中国城市轨道交通行业大事记

1月

7日　中国土木工程集团有限公司与哥伦比亚昆迪纳马卡省政府区域铁路公司正式签署哥伦比亚波哥大西部有轨电车项目特许经营合同。11月22日，中车长客轨道客车股份有限公司与中国土木工程集团有限公司的车辆供货及维护服务合同正式签订。该项目将是哥伦比亚第一个跨网运行的低地板有轨电车项目，其项目模式及车型将为哥伦比亚后续的轨道交通项目起到示范作用。有轨电车项目线路全长约39.6公里，项目包括设计、施工、供货、运营，合同总期限26年。

17日　北京市政府批复实施《北京智慧轨道交通发展行动策划方案（2019-2021）》。

19日　自然资源部办公厅印发《轨道交通地上地下空间综合开发利用节地模式推荐目录》。《目录》总结地方推动节约集约用地的典型经验，印发节地技术和节地模式推荐目录，旨在引导各地提高土地利用效率，以期取得更优成效。

20日　国家发展改革委批复《关于江苏省徐州市城市轨道交通第二期建设规划（2019-2024年）》，同意徐州建设3号线二期、4号线一期、5号线一期和6号线一期等4个项目，全长79.3公里，建设项目总投资为535.9亿元。

同日　青岛城市轨道交通8号线过海隧道大洋站—青岛北站区间泥水盾构右线安全到达接收里程，标志着国内最长的5.4公里过海地铁隧道实现全线贯通。大洋站—青岛北站区间创新采用机械法施工海底联络通道，开创山东省和青岛市隧道联络通道机械法施工的先河。

21日　中国中车股份有限公司与葡萄牙北部波尔图市的铁路运营商正式签署葡萄牙波尔图地铁车辆及相关维保采购项目合同。这是中国中车股份有限公司在欧盟国家城市轨道交通车辆市场的首个订单。根据合同，中车唐山机车车辆有限公司为波尔图地铁公司生产18列4辆编组地铁列车并提供5年的维保服务，并将于2021年至2023年间交付。

23日　国家发展改革委批复《关于调整厦门市城市轨道交通第二期建设规划（2016-2022年）》。将3号线二期终点从厦门火车站南延至厦门大学南门，增设车站4座，增加里程7.4公里，增加投资57.7亿元，项目建设工期4年。

30日　“轨道交通运行控制系统国家工程研究中心南宁分中心暨南宁轨道交通智能运行研究中心”和“广西交控智维科技发展有限公司”揭牌暨成立大会在南宁轨道交通集团有限公司举行。

2月

1日　《合肥市城市轨道交通条例》正式施行。

25日　广州地铁集团联合体与巴基斯坦旁遮普省公共交通管理局签订巴基斯坦拉合尔轨道交通橙线运营及维护服务合同。这是广州地铁首次走出国门获得境外地铁运营项目。中标联合体由北方国际合作股份有限公司、广州地铁集团有限公司和大宇巴基斯坦快速巴士服务有限公司组成，承担拉合尔橙线8年的运营及维护工作。

3月

1日　《东莞市城市轨道交通运营管理办法》修订正式实施。

5日　中国城市轨道交通协会资源经营专业委员会发布《各地铁城市政府疫情期间经营性减免优惠政策汇编》。

9日　人力资源和社会保障部分别与交通运输部、国家铁路局、国家林业和草原局、中华全国供销合作总社等部门（单位）联合颁布机动车检测工、轨道交通信号工、潜水员、轨道列车司机等8个国家职业技能标准。

12日　中国城市轨道交通协会发布《中国城市轨道交通智慧城轨发展纲要》。《纲要》立足于建设交通强国，提出智慧城轨建设的指导思想，阐述了智慧城轨的标志和内涵，描绘智慧城轨建设的“1-8-1-1”蓝图，明确“两步走”总体目标和10大具体目标，部署智慧化建设重点及实施路径，是2020年至2035年中国城市轨道交通行业智慧城轨建设的指导性文件。

17日　国家发展改革委批复《关于安徽省合肥市城市轨道交通第三期建设规划（2020-2025年）》。建设2号线东延线、3号线南延线、4号线南延线、6号线一期、7号线一期、8号线一期工程共6个项目，全长110.0公里。估算总投资798.2亿元。

21日　城市轨道交通首个零代码云平台系统管理应用——佛山城市轨道交通零代码云平台系统正式上线启用。

26日　国家发展改革委批复《关于调整深圳市城市轨道交通第四期建设规划方案》。调整3号线四期、6号线支线二期、12号线二期、13号线二期、16号线二期、7号线二期、8号线三期、11号线二期、20号线一期规划，9条线路全长75.9公里，估算总投资914.5亿元。

27日　全国市域铁路建设隧道直径最大的温州轨道交通S2线一期工程SG5标温州瓯江北口越江隧道盾构工程正式始发。

28日　受新冠疫情影响，停运65天后武汉轨道交通重启运营。一季度中国内地相继有11座城市的轨道交通全部或部分线路暂停运营。

30日　中国城市轨道交通协会以通讯形式召开第二届第六次理事会暨第五次常务理事会。会上作《中国城市轨道交通协会2019年度工作报告》《2019年度协会财务收支状况报告》，颁发《2019年度中国城市轨道交通科技进步奖》，审议《副会长单位代表变更的报告》《增补常务理事和理事及吸收新会员的议案》《中国城市轨道交通协会团体标准管理办法（修订版）》。重庆市轨道交通（集团）有限公司董事长王峙接任新会长，轮值会长交接以视频形式完成。

4月

2日　北京市地铁运营有限公司首都机场线EUHT（超高速无线通信5G）首列车上线，首都机场线EUHT工程是EUHT（5G）技术首次在国内城市轨道交通行业的应用。EUHT实现5G通信技术在地铁线路的示范应用，切实解决车地通讯难题。提升列车运行自动化水平和首都机场线的运营服务品质，为乘客创造更安全、更便捷、更智慧的轨道交通乘坐体验。

10日　国家发展改革委发文《关于促进枢纽机场联通轨道交通的意见》，要求建立健全空铁联程联运管理体制机制，科学指导枢纽机场联通轨道交通，确保枢纽机场轨道交通发展与实际需求相匹配，满足人民群众多样化的出行需求，补短板、强交通，打造现代化综合交通运输体系。

同日　《中国城市轨道交通技术装备发展报告（2019）》发布，由中国城市轨道交通协会技术装备专业委员会编撰，是全国首部城市轨道交通技术装备领域的专业研究报告。

17日　人力资源和社会保障部下发《人力资源社会保障部关于组织开展2020年全国行业职业技能竞赛的通知》，将"全国城市轨道交通行业职业技能竞赛"列入国家级二类竞赛，批准城市轨道交通行车调度员和城市轨道交通通信工两个赛项作为2020年的决赛项目。

22日　中国移动广东公司广州分公司携手中兴通讯股份有限公司以及广州20余家标杆企事业单位，举办共建广州"5G领航城市"的倡议活动。同时，广州移动、中兴通讯及广州地铁发布全球首个地铁5G切片网络系统。

23日　深圳地铁集团有限公司在国家发展改革委、深圳市发展改革委的指导下，于中央国债登记结算公司深圳中心发行全国首单注册制企业债券。发行总金额为60亿元，其中30亿元为7年期，票面利率3.46%；另外30亿元为3年期，票面利率2.39%，本次发行债券边际认购倍数分别为3.07和3.88。

26日　上海地铁四大基地分布式光伏项目正式开工，打造"光伏+地铁"绿色出行方式，助力节能增效，年减少碳排放3万吨。

27日　深圳比亚迪股份有限公司和巴西圣保罗地铁公司正式签署圣保罗市轨道交通17号线项目合同。该项目合同为圣保罗市轨道交通17号线提供云轨解决方案技术服务。17号线是圣保罗的"黄金线"，全长达17.7公里，建成后将与现存的地铁1号线、4号线、5号线及9号线等多条线路接驳。

5月

1日　中国西北地区首条有轨电车——甘肃省天水市有轨电车示范线（一期）工程开通试运营，线路自五里铺站至天水火车站，共设12座车站，开通长度12.9公里。该线路于2018年3月开工建设，2020年5月1日开通试运营。天水成为全国第43座运营城市轨道交通的城市。

7日　中国城市轨道交通协会发布《城市轨道交通2019年度统计和分析报告》。

11日　《中国城市轨道交通协会团体标准管理办法》《中国城市轨道交通协会标准制修订管理实施细则》（修订版）发布实施。

14日　中国城市轨道交通协会印发《疫情下城轨企业信息化发展的思考》的报告，对"后疫情"期间城市轨道交通企业信息化发展进行探索，为各城市轨道交通企业应对突发公共卫生事件提供信息化保障手段和解决方案。

20日　苏州有轨电车运营服务标准化试点获批合格，成为国内首个国家级社会管理和公共服务综合标准化试点项目有轨电车单位。

5月　大连地铁5号线"超级穿海"工程，盾构机安全平稳穿越海底溶洞群，标志着该工程项目攻克地铁盾构施工下穿海域岩溶强烈发育地质这一"世界性难题"。

6月

12日　住房和城乡建设部办公厅印发《城市轨道交通工程建设安全生产标准化管理技术指南》。

同日　中国城市轨道交通协会主编的《中国地铁抗"疫"纪实》在北京举行发布直播活动。

17日　《三亚市有轨电车示范线运营管理暂行办法》发布，自2020年7月21日起执行，有效期至2023年7月20日。

30日　中国城市轨道交通协会发布《关于全面启动城市轨道交通装备产品认证采信工作的通知》，针对第一批CURC认证目录提出统一的获证产品采信起始时间表及其他相关工作建议。

7月

2日　国家发展改革委批复《关于调整福州市城市轨道交通第二期建设规划方案》。优化调整2号线东延线和

6号线东延线工程方案，全长22.2公里。估算总投资167.5亿元。

9-11日　在以“智联世界，共同家园”为主题的2020世界人工智能大会上，中国通号卡斯柯公司与上海市静安区政府就“上海市轨道交通无人驾驶列控系统工程技术研究中心”的平台建设及相关智能产业发展正式签订合作备忘录。

14日　中车株洲电力机车有限公司为伊斯坦布尔新机场线研制的首列地铁列车下线。这是中国首个交付伊斯坦布尔的地铁项目，标志着中国首列出口海外的120公里/小时速度等级全自动无人驾驶大轴重车辆将服务亚欧大陆桥新机场，创造6个月实现新造地铁列车下线的世界纪录。

16日　宁波轨道交通4号线上跨杭深、萧甬铁路转体桥顺时针转动40度，实现精准对接，标志着国内最大曲线偏心转体桥实现转体。

18日　长三角城市轨道交通企业领导人第九次圆桌会议在徐州召开，来自上海、南京、杭州、合肥、宁波、苏州、无锡、常州、温州、南通、绍兴、金华、台州、徐州等14家城市轨道交通企业主要负责人参加会议。会议围绕“轨道交通站城一体化开发探索”及“轨道交通公共卫生突发事件应对对策”主题开展交流。

20日　中国建筑第二工程局与菲律宾马卡蒂市地铁有限公司正式签约菲律宾马卡蒂地铁大交通EPC项目，合同额12.12亿美元，折合人民币约85亿元。项目位于菲律宾马卡蒂市，主要建设一条总长约7.7公里的地铁，包括7个地下车站、1个车辆基地和1个控制中心，涉及土建和机电工程等各系统的设计、采购、施工全过程。

27日　重庆轨道交通集团有限公司与成都轨道交通集团有限公司联动创新举措，推出成渝两地城市轨道交通二维码过闸互通功能，进一步方便成渝两地市民互访出行。

8月

4日　北京市委、市政府召开市管企业合并重组宣布大会，宣布北京市基础设施投资有限公司和北京市轨道交通建设管理有限公司实施合并重组。

7日　城市轨道交通商业资源经营高质量发展推进会暨“东钱湖论坛”2020年会在温州市举行。该次论坛的主题是围绕“城轨交通商业特色街（区）”候选项目展开，重点就地铁商业街（区）的开发、经营、管理和创新等进行交流、展示和研讨。

13-14日　由中国城市轨道交通协会主办、上海申通地铁集团有限公司协办的“2020智慧城轨发展——上海论坛”开幕。该论坛共同探讨智慧城轨的建设、运营和未来发展，以“一场论坛+四处实地参观”的形式，开展为期2天的论坛活动，来自全国22家地铁公司、60家关联企业和院校机构共计270位嘉宾参加会议。

14-15日　由都市轨道交通网和南京轨道交通产业协会联合主办的“2020中国城市轨道交通机电设备创新与发展高峰论坛”在南京召开。会议以“让城市轨道交通更智慧、更安全、更节能”为主题，来自全国30家地铁公司、20家设计单位以及90多家设备厂商等近320位嘉宾参加会议。

16日　中国城市轨道交通城轨易行平台助力城市轨道交通票务互通“长春E出行”APP作为全国首批东北第一个互通城市登录城轨易行平台，与无锡、苏州、福州、南昌等4座城市的城市轨道交通实现互联互通一码畅乘5市轨道交通。

20-22日　由中国城市轨道交通协会主办，协会专家和学术委员会、呼和浩特市城市轨道交通建设管理有限责任公司承办的题为“城轨云规范解读宣贯、工程实践案例分享、技术发展趋势研讨”的《智慧城市轨道交通信息技术架构及网络安全规范》第二期宣贯培训研讨班在呼和浩特举办。

22日　由中车株洲电力机车有限公司研制的全球首列应用于机场捷运系统、可自动驾驶的储能式有轨电车在湖南株洲下线。该车将运行于云南昆明长水国际机场，最大载客量为500人，最高时速70公里。

25日　住房和城乡建设部住房租赁市场发展试点城市济南，首个租赁住房项目——济南城市轨道交通范村车辆基地租赁住房项目开工建设。这是山东省首个中央财政支持租赁住房项目，也是济南第一个开工建设的城市轨道交通车辆基地上盖物业项目。

28日　中国城市轨道交通协会信息化专业委员会组建“智慧城轨数字化研究中心”，启动城轨数字化研究相关工作。

9月

1日　中国城市轨道交通协会现代有轨电车分会在上海组织召开“2020中国有轨电车业主领导人圆桌交流会”。该次会议通过《成立“中国有轨电车业主单位峰会”的倡议书》，多地有轨电车业主单位领导人现场分享建设运营经验等。

4日　由中国土木工程学会轨道交通分会主办、济南轨道交通集团有限公司、北京城建设计发展集团股份有限公司承办的2020中国城市轨道交通关键技术论坛暨第29届地铁学术交流会在济南隆重召开。会议的主题是“轨道交通与城市发展”。

10日　由国家先进轨道交通装备创新中心牵头，联合中车株洲电力机车公司、西南交通大学、国家纳米科学中心、中机生产力促进中心、深圳市地铁集团有限公司等10家单位申报的科技部国家重点研发计划项目“高端装备运行质量检验监测科技服务技术研发与应用”召开启动暨实施方案咨询会。

16-18日　“中国城市轨道交通专家论坛2020”在天津举行。专家论坛由中国城市轨道交通协会专家和学术委员会学术年会、《都市快轨交通》理事会2020年会等多个会议联合组成，主题为“区域轨道交通智慧创新发展”。近700名参会人员，观摩体验技术创新成果，共论区域轨道和智慧城轨建设的融合发展之道。

18日　重庆地铁环线、4号线直快列车上线载客试运营，在全国率先实现“互联互通”。重庆轨道交通互联互通CBTC系统研发及产业化项目，经技术攻关和工程建设，实现重大突破，成功攻克技术难关，研制出了满足互联互通标准接口的列车控制系统设备，实现了装载不同厂家车载设备的列车在不同线路的共线和跨线运行。

26日　全国首台全国产三米级主轴承盾构机在苏州城市轨道交通6号线中新大道东站始发，这是中国突破盾构主轴承自主技术研制瓶颈后，该领域设备首次在轨道交通领域执行地下掘进任务。

27日　成都轨道交通18号线开通初期运营。成都轨道交通18号线兼顾中心城区客流、市域客流、机场客流，集“快慢组合、共线运营”等多种运营组织模式于一体的8A编组复合功能线路，采用国内首创市域A型车，最高时速140~160公里/小时。18号线与成都S3线、S11线、S5线、19号线、17号线等形成互联互通节点和条件，形成一张网的格局，有力地提升城市综合交通承载力和轨道交通服务水平，全力打造轨道上的都市圈。

同日　中国REITs论坛2020年会在上海召开，年会主题为“公募REITs起航中国基础设施REITs的生态建设”，由中国REITs论坛、上海证券交易所、上海市发展改革委、上海市金融工作局共同主办。

29日　中国城市轨道交通协会发布《城市轨道交通分类》（T/CAMET 00001-2020），该标准是结合国内城市轨道交通自主化发展趋势，以《城市公共交通分类标准》（CJJ/T 114-2007）中城市轨道交通分类的中类为基础，参考《城市轨道交通工程项目建设标准》（JB 104-2008）等标准，对现行标准的分类进行补充细化、对其主要技术特征进行阐述。

30日　北京市域快轨怀柔－密云线北京北站开通试运营。怀柔－密云线服务范围覆盖西城区、海淀区、昌平区、怀柔区、密云区五区，运营总里程144.6公里，车站7座，同时实现与城市轨道交通网络多条线路衔接融合。

9月　北京市地铁运营有限公司“超大城市轨道交通系统高效运输与安全服务关键技术”获科技部国家级重大科研项目立项。该项目针对超大城市轨道交通行业存在的“安全管控闭环难、系统运行协调难、乘客出行体验差以及运维模式突破难”等共性问题，通过科学管理和关键技术攻关，建立“主动安全防控、高效韧性运行、全时程服务、网络集约维护”四个超大城市轨道交通运营新模式。

10月

9日　国家发展改革委批复《关于山东省济南市城市轨道交通第二期建设规划（2020-2025年）》。建设3号线二期、4号线一期、6号线、7号线一期、8号线一期、9号线一期共6条线路，总里程约159.6公里，估算总投资1154.4亿元。

10日　海南省首条城市轨道交通工程——三亚有轨电车示范线开通试运营，该示范线是国内首条以PPP模式推进建设的有轨电车线路，线路自建港陆站至三亚火车站，共设15座车站，开通长度8.4公里。该线路于2016年7月开工建设，2020年10月10日开通试运营。三亚成为全国第44座运营城市轨道交通的城市。

13日　召开中国城市轨道交通业主领导人峰会2020重庆年会，围绕“‘十四五’与城轨交通高质量发展”主题，来自47家城市轨道交通业主单位主要领导人与会展开交流探讨，为城市轨道交通“十四五”集思广益，做好规划布局。进一步发挥出中国城市轨道交通业主领导人峰会作为行业权威、高端互动平台的作用，助力智慧城轨和交通强国建设。中国城市轨道交通协会组织开展“城市轨道交通‘十四五’发展战略和发展思路研究”，作为谋划行业“十四五”发展的重要参考。

21-23日　2020北京国际城市轨道交通展览会暨高峰论坛（MetroTrans 2020）在北京国际展览中心静安庄馆开幕，近200家展商、近万名轨道行业专业人员参加展会。2020北京展暨高峰论坛由中国城市轨道交通协会主办，为期三天，以“拥有轨道，拥有未来”为主题，涵盖轨道交通行业全产业链。近2.2万平方米的展示区域，包括业主展区、技术装备展区、通信信号展区、综合展区等，并特别推出智慧城轨主题展区。

同期　中国中车股份有限公司旗下中车株洲电力机车研究所有限公司在2020北京国际城市轨道交通展览会上，首次发布其自主FAO（即全自动运行系统）信号系统，标志着城市轨道交通“全自动”时代有了中国方案，具备为全球提供更加全面的城市轨道交通信号系统解决方案能力。

同期　中国城市轨道交通协会组织部分业主、制造企业、设计院、大学、认证机构等单位代表召开“十四五”城市轨道交通装备自主创新和示范工程研讨会，讨论“十四五”期间城市轨道交通装备发展趋势和自主创新重点领域、发展措施建议、示范应用建议等，国家发展改革委产业发展司派员参会。

22日　广州地铁集团控股子公司广州地铁设计研究院股份有限公司在深圳证券交易所敲钟上市，股票简称：地铁设计，股票代码：003013。成为全国唯一以地铁设计为主业的上市设计院，也是广东省首家依据《国有科技型企业股权和分红激励暂行办法》进行员工股权激励、完成混改并成功上市的国有科技型企业，为公益性国企下属企业探索市场化发展提供样板。

同日　交通运输部科学研究院发布《城市轨道交通蓝皮书：中国城市轨道交通运营发展报告（2019-2020）》。该书客观描述中国城市轨道交通运营发展现状，系统梳理在风险防控、更新改造、运营服务、智慧出行、全自动运行技术发展等方面存在的痛点和难点，并给出对策和建议。

25日　巴基斯坦首条地铁线拉合尔橙线开通运营，线路全长25.6公里。拉合尔橙线是"一带一路"倡议框架下中巴经济走廊首个轨道交通项目，全线采用中国标准、中国技术、中国装备，由广州地铁集团联合体具体实施运营和维护（合同为期8年、合同总额约18亿元）。线路开通后，巴基斯坦正式进入地铁时代。

同日　交直流全自动切换核心技术试验在重庆中车长客轨道车辆有限公司试验线完成。该次试验是将重庆江跳线交直流切换设备搭载到双流制市域快轨列车上，在双流制试验线上对交直流全自动切换核心技术进行试验验证，并取得成功。交直流全自动切换技术属国内首创，此次试验的成功，突破国内双流制轨道交通核心技术的瓶颈，填补了国内双流制轨道交通应用的空白。

26日　北京市基础设施投资有限公司收购德国Logo Motive GmbH公司项目通过德国经济部外商投资审批，完成了在轨道交通全产业链上从设计、投资、制造、建设到运营的所有布局。

10月　深圳地铁工程数字化管理中心上线试运行，深圳地铁工程数字化管理中心充分应用先进的物联网、大数据、云计算、AI智能等技术，将信息化、数字化技术与传统工程建设有机结合，成为全国轨道交通建设首创线网级工程数字化管理中心。

11月

6日　中国中车股份有限公司联合中国城市轨道交通协会等单位在北京举行评审会，邀请工程院院士、轨道交通行业专家和地铁公司用户对系列化中国标准地铁列车车辆技术规格书进行评审。国家发展改革委产业发展司有关负责同志出席会议。在国家发展改革委的指导和中国城市轨道交通协会的支持下，以"安全、便捷、绿色、智慧"为目标，开展系列化中国标准地铁列车研制及试验，以行业自主化技术应用为基础，集先进和成熟技术为一体，打造4个标准产品平台系列，大幅提升零部件标准化和系列化程度，降低全寿命周期成本，对中国轨道交通装备高质量发展有重要意义。

同日　中国城市轨道交通协会主办的中国国际城轨交通发展趋势论坛在上海国际会展中心举办，论坛以"智慧城轨，高质量发展引擎"为主题，与国内外城市轨道交通行业发展转型所面临的高质量诉求和智慧化导向高度契合。论坛通过网络进行直播，共计1.9万人参与。

12日　首都智慧地铁技术研讨会暨北京地铁技术创新研究院揭牌大会在北京举行，会议邀请了业内专家学者，围绕首都智慧地铁技术开展交流研讨，推动一批新技术在北京地铁应用，并发布《首都智慧地铁发展白皮书（2020版）》。

同日　由中国铁建所属中铁十四局集团承建的广州地铁十八号线琶洲西区站至冼村站区间右线隧道贯通，标志着国内地铁施工领域首次长距离小半径下穿珠江的难题挑战成功，全线最难控制性工程被攻克。

16-19日　在南京市举办2020年全国行业职业技能竞赛——"新誉杯"全国城市轨道交通行业职业技能竞赛城市轨道交通通信工赛项决赛。11月18日，南京市政府主管部门领导，竞赛组委会、承办单位领导，以及41家城市轨道交通运营企业的领队、联络员、参赛选手、裁判员等310余人出席开幕式。12月1-4日，在重庆市举办2020年全国行业职业技能竞赛——"新誉杯"全国城市轨道交通行业职业技能竞赛行车调度员赛项决赛。12月2日，重庆市政府主管部门领导，竞赛组委会、承办单位领导，以及41家城市轨道交通运营企业的领队、联络员、参赛选手、裁判员240余人出席开幕式。

19-20日　中国城市轨道交通协会设计咨询专委会年会暨"聚焦设计热点、研讨标准支撑"研讨会在北京召开。此次会议线上线下共有760余人参与，围绕全自动运行与综合问题标准支撑、物业开发相关的建筑消防问题与标准支撑、城轨云下控制系统热点问题与标准支撑、防疫通风与机电抗震支吊架等热点问题与标准支撑、地下混凝土结构耐久性问题与标准支撑共5个专题29个热点进行交流研讨。

24日　国家发展改革委批复《关于调整南昌市城市轨道交通第二期建设规划方案》。优化调整1号线和2号线工程，延长线全长27.1公里，增加投资206.4亿元。

27日　"中国城轨TOD指数"在城市轨道交通资源经营2020贵阳年会上正式发布，这是城市轨道交通行业首个TOD指数。中国城轨TOD指数由中国城市轨道交通协会、西南交通大学TOD研究中心/西南交通大学公共管理与政法学院、中国指数研究院三方共4家单位合作研发编制。

28日　中国城市轨道交通协会技术装备专委会和中车株洲电力机车研究所有限公司在株洲主办“2020年设备设施状态修技术交流会”，会议围绕《轨道车辆智能运维探索与实践》《城轨线路及装备智慧服务维保平台建设》等报告内容开展交流。

30日　国家发展改革委组织召开专题会议，全面部署加快京津冀、长三角、粤港澳大湾区城际铁路和市域（郊）铁路规划建设，整体推进三大区域轨道上的城市群、都市圈发展，打好打赢三大区域城际铁路和市域（郊）铁路建设攻坚战。自然资源部、生态环境部、水利部、林草局、铁路局、军委后勤保障部，京津冀、长三角、粤港澳大湾区8省市，中国国家铁路集团有限公司、国家电网有限公司、中国南方电网有限责任公司有关负责同志参加会议。

同日　广州地铁集团有限公司全力推进城际铁路接管和运营筹备工作，开通运营广清城际（花都站至清城站，38.2公里）、广州东环城际（花都站至白云机场北站，22.6公里）2条共设车站10座，全长60.8公里线路，推动粤港澳大湾区轨道交通实现“一张网、一张票、一串城”一体化运营，加快建设“轨道上的大湾区”。该两条线路是国内首批由地方自主运营的城际铁路，实现了广东城际铁路“省方运营+地铁承接”的实践新模式。

12月

1日　中国施工企业管理协会发布2020至2021年度第一批国家优质工程奖入选工程名单，此次共评选出19个国家优质工程金奖、336个国家优质工程奖，涉及轨道交通国家优质工程奖金奖3项，国家优质工程奖9项。

同日　“北京、上海城市轨道交通乘车二维码互联互通”启动仪式分别在两地以云连线方式举行。至此上海与北京地铁乘车二维码实现互联互通，范围包括北京、上海城市轨道交通所有运营线路及车站。METRO大都会二维码扫码过闸实现北京在内的13座城市轨道交通互联互通。进一步方便市民跨城交通出行、促进城市间绿色出行，同时也对京津冀和长三角区域协同发展，促进区域轨道交通融合共通起到示范效应。

同日　按照人力资源和社会保障部《关于开展城市轨道交通专业职称评审试点工作的复函》和中国城市轨道交通协会工作部署的要求，中国城市轨道交通协会启动2020年度城市轨道交通专业高级职称评审申报工作。

10日　中国城市轨道交通协会在中车长春轨道客车股份公司组织召开“中国标准A型地铁列车研制项目应用示范验证评审会”，技术装备专委会在2018年牵头成立中国标准A型地铁列车统型项目组，经内部审查和协会评审，形成高水平和高质量的29项统型方案，作为深圳地铁10号线列车工程验证与考核依据。评审会上专家一致认为该示范项目开启中国城市轨道车辆标准化的进程，对促进城轨车辆标准化发展具有重大意义。

11日　上海城市轨道交通9号线工作日早高峰再次增能，列车最短运行间隔达到1分50秒，成为上海城市轨道交通全网中间隔最小的线路，也是全国城市轨道交通间隔最小的线路之一。

17日　国家发展改革委批复《关于宁波市城市轨道交通第三期建设规划(2021-2026年)》。建设6号线一期、7号线、8号线一期、1号线西延、4号线延伸等5个项目，总里程约106.5公里，估算总投资875.9亿元。

同日　国务院办公厅转发国家发展改革委等单位《关于推动都市圈市域（郊）铁路加快发展意见的通知》。《通知》明确“市域（郊）铁路”的功能地位和技术标准，创新市域（郊）铁路市场化投融资模式，全面放开市场准入，培育多元投资主体，有序推进都市圈市域（郊）铁路建设，为完善城市综合交通运输体系、优化大城市功能布局、引领现代化都市圈发展提供有力支撑。

同日　工业和信息化部公布2020年团体标准应用示范项目名单。中国城市轨道交通协会发布的团体标准《智慧城市轨道交通 信息技术架构及网络安全规范》（T/CAMET 11001-2019），共3部分入选。

18日　成都轨道交通6号线、8号线、9号线、17号线、18号线五线同步开通初期运营，2020年成都轨道交通版图创下历史之最——新增216.3公里，全市轨道交通运营总里程达到557.8公里。成都轨道交通9号线，是中国中西部首条按UTO（GoA4）等级设计建设的全自动运行线路。

同日　在北京市委市政府的支持下，北京市基础设施投资有限公司统筹“政、产、学、研、用”等优势资源和多元创新资源组建的北京协同创新轨道交通研究院有限公司在北京正式揭牌成立。

同日　中国城市轨道交通协会信息化专委会2020年度大会在南昌召开，大会以“数字城轨·通达未来”为主题，提出智慧城轨建设要倡导开放创新，将企业生产力转化为行业生产力，并通过行业生态力量，推动整个行业的高质量发展。

22日　国务院新闻办公室发布《中国交通的可持续发展》白皮书。这是继2016年12月发布《中国交通运输发展》白皮书之后，国务院新闻办再次以政府白皮书形式，全方位展示交通运输工作及成就。

同日，由郑州地铁集团有限公司、卡斯柯信号有限公司、卡斯柯信号（郑州）有限公司联合成立的高可信智慧城轨工程研究中心揭牌仪式暨座谈会在卡斯柯信号（郑州）有限公司举行。

同日　在苏州市轨道交通集团举办2020年全国行业职业技能竞赛——“新誉杯”全国城市轨道交通行业职业技能竞赛优秀选手代表经验交流直播活动。

同日　上海城市轨道交通14、15、18号线的全自动驾驶列车亮相上海地铁封浜基地，上海地铁列车数正式进入7000辆的新时代。12月26日，10号线二期和18号线一期南段开通初期运营，上海城市轨道交通网络运营规模和车辆保有量均位居世界第一。

26日　上海城市轨道交通18号线一期工程南段开通初期运营。该工程是国内全功能一次性开通最高等级全自动运行的线路，也是国内全线应用BIM智慧运维平台的线路。通过全线引入LEED认证体系的实践，上海申通地铁集团与美国绿色建筑委员会针对城市轨道交通工程编制“LEED v4 BD+C: Transit”标准试行版，并于2018年11月向167个国家及地区发布，对拓展绿色评价标准的适用性、促进全球城市轨道交通项目的可持续发展具有深远意义。

同日　山西省首个城市轨道交通工程——太原城市轨道交通2号线开通试运营，线路自西桥站至尖草坪站，共设23座车站，开通长度23.6公里。该线路于2015年12月开工建设，2020年12月26日开通试运营，列车运行的自动化等级为GoA4。太原成为全国第45座运营城市轨道交通的城市。

28日　国内首列自动驾驶有轨电车在江苏淮安完成正线试验段运行。该次运行实现真实交通环境下的信号灯识别、进站对标、停站开关门、路口鸣笛、障碍物探测、行车制动等自动驾驶功能。

30日　《中国城市轨道交通年鉴（2019）》获第七届全国地方志优秀成果（年鉴类）特等年鉴，该年鉴为第七届评审活动中交通行业领域唯一一部获评特等的专业年鉴。

31日　国家示范工程列车自主运行系统（TACS）完成试验线追踪测试、互联互通测试等全部工作，所有测试、试验、验证结果均满足设计要求，达到示范工程申报目标，基本具备工程应用条件，实现里程牌式的跨越。这对加快TACS系统的应用和推广，实现城市轨道交通路网间联通联运、资源共享，推动城市轨道交通产业升级，具有十分重要的意义。

12月　中国城市轨道交通协会编著的《中国城市轨道交通行业发展报告（2020）》出版发行。该书涵盖全行业各领域的年度报告，包括总报告和规划设计、工程建设、运营管理、资源经营、技术装备、科学技术等6大分报告，为行业提供了一份综合发展报告。

同月　中国城市轨道交通协会编著的《城市轨道交通云计算应用指南》出版发行。该《指南》汇聚2016年至2020年城市轨道交通行业云计算应用优秀案例和最佳实践，为推进城市轨道交通行业信息化、数字化、智能化的变革顶层设计提供阶梯参考和严谨路径。

同月　中国城市轨道交通协会发布《城市轨道交通大数据应用指南》及《城市轨道交通BIM技术应用指南》，为城市轨道交通企业深入应用大数据及BIM技术提供相对客观可实施的指导路径。

（中国城市轨道交通协会）

附表：2020年全国城市轨道交通开通初期运营线路一览表（表2-1-1）

附表：2020年全国城市轨道交通开通初期运营线路一览表　　表2-1-1

开通日期	线路名	制式	开通范围	运营里程（公里）	开通车站（座）	开通状态	开工建设时间
1月20日	石家庄轨道交通3号线	地铁	西三庄－市二中	5.4	4	一期北段	2016年3月
4月23日	杭州轨道交通5号线	地铁	金星－良睦路，善贤－姑娘桥	35.8	27	后通段	2018年12月
4月23日	杭州轨道交通16号线	地铁	九州街－绿汀路	35.1	12	原杭临线	2016年5月
4月29日	沈阳轨道交通10号线	地铁	丁香湖－张沙布	26.8	21	全线	2013年3月
5月1日	天水市有轨电车示范线	有轨电车	五里铺－天水火车站	12.9	12	一期	—
5月30日	宁波轨道交通2号线	地铁	清水浦－聪园路	5.6	3	二期首通段	2015年10月
6月28日	长沙轨道交通3号线	地铁	山塘－广生	35.8	25	一期	2014年1月
6月28日	长沙轨道交通5号线	地铁	水渡河－毛竹塘	21.7	18	一期	2015年11月
7月1日	广州黄埔有轨电车1号线	有轨电车	香雪－永和新丰	14.4	19	全线	—
8月18日	深圳轨道交通6号线	地铁	松岗－科学馆	49.5	32	全线	2015年8月
8月18日	深圳轨道交通10号线	地铁	福田口岸－双拥街	29.3	24	全线	2015年12月
8月26日	石家庄轨道交通2号线	地铁	嘉华路－柳辛庄	15.2	15	一期	2016年10月
9月23日	昆明轨道交通4号线	地铁	金川路－昆明南火车站	43.4	29	全线	2015年12月

附表：2020年全国城市轨道交通开通初期运营线路一览表（续前表） 表2-1-1

开通日期	线路名	制式	开通范围	运营里程（公里）	开通车站（座）	开通状态	开工建设时间
9月23日	昆明轨道交通6号线	地铁	塘子巷－东部汽车站	7.3	4	二期	2014年7月
9月27日	成都轨道交通18号线	地铁	火车南站－三岔	41.2	7	一期	2016年8月
9月27日	宁波轨道交通3号线	市域快轨	明辉路－金海路	15.9	6	后通段	2015年10月
10月1日	呼和浩特轨道交通2号线	地铁	阿尔山－至塔利东路	27.3	24	一期	2016年8月
10月10日	三亚有轨电车示范线	有轨电车	建港路－三亚火车站	8.4	15	全线	2016年9月
10月28日	无锡轨道交通3号线	地铁	苏庙－硕放机场	28.5	21	一期	2016年3月
10月28日	深圳轨道交通2号线	地铁	新秀－莲塘	3.8	3	三期	2015年11月
10月28日	深圳轨道交通3号线	地铁	益田－福保	1.5	1	三期南延	2015年12月
10月28日	深圳轨道交通4号线	地铁	清湖北－牛湖	10.8	8	三期	2016年9月
10月28日	深圳轨道交通8号线	地铁	莲塘－盐田路	12.1	6	一期	2015年12月
11月23日	南宁轨道交通2号线	地铁	玉洞－坛兴村	6.3	5	东延	2017年5月
11月23日	南宁轨道交通4号线	地铁	洪运路－楞塘村	20.7	16	一期西段	2015年12月
11月26日	广州轨道交通8号线	地铁	文化公园－滘心	16.3	13	北段	2013年11月
11月28日	徐州轨道交通2号线	地铁	客运北站－新城区东	24.2	20	一期	2016年2月
12月18日	成都轨道交通6号线	地铁	望丛祠－兰家沟	68.9	56	一、二、三期	2016年1月
12月18日	成都轨道交通8号线	地铁	莲花－十里店	29.1	25	一期	2016年12月
12月18日	成都轨道交通9号线	地铁	黄田坝－金融城东	22.2	13	一期	2016年12月
12月18日	成都轨道交通17号线	地铁	金星－机投桥	26.1	9	一期	2017年2月
12月18日	成都轨道交通18号线	地铁	三岔－机场北	28.8	3	二期	2017年6月
12月23日	宁波轨道交通4号线	地铁	慈城－东钱湖	36.0	25	全线	2015年11月
12月24日	青岛轨道交通1号线	地铁	青岛北站－东郭庄	21.9	15	北段	2016年3月
12月24日	青岛轨道交通8号线	市域快轨	胶州北站－青岛北站	48.3	11	北段	2016年5月
12月26日	太原轨道交通2号线	地铁	尖草坪－西桥	23.6	22	一期	2015年12月
12月26日	上海轨道交通10号线	地铁	新江湾城－基隆路	9.8	6	二期	2014年12月
12月26日	上海轨道交通18号线	地铁	御桥－航头	14.5	8	一期	2015年12月
12月26日	合肥轨道交通5号线	地铁	贵阳路－望湖城西	22.9	20	南段	2017年5月
12月26日	南昌轨道交通3号线	地铁	银三角北－京东大道	28.5	22	全线	2015年12月
12月26日	郑州轨道交通3号线	地铁	新柳路－航海东路	25.5	21	一期	2016年12月
12月26日	郑州轨道交通4号线	地铁	老鸦陈－郎庄	29.2	37	全线	2017年1月
12月27日	福州轨道交通1号线	地铁	福州南站－三江口	5.0	4	二期	2016年6月
12月28日	西安轨道交通5号线	地铁	西安东站－创新港	41.3	31	全线	2015年11月
12月28日	西安轨道交通6号线	地铁	西安国际医学中心－甘家寨	15.2	13	一期	2016年3月
12月28日	西安轨道交通9号线	地铁	香王－秦陵西	24.4	15	一期	2017年1月
12月30日	杭州轨道交通1号线	地铁	下沙滨江－萧山国际机场	11.1	5	三期	2017年1月
12月30日	杭州轨道交通6号线	地铁	双浦－丰北，美院象山－桂花路	49.7	30	一期	2014年12月

附表：2020年全国城市轨道交通开通初期运营线路一览表（续前表） 表2-1-1

开通日期	线路名	制式	开通范围	运营里程（公里）	开通车站（座）	开通状态	开工建设时间
12月30日	杭州轨道交通7号线	地铁	奥体中心－江东二路	39.3	19	首通段	2017年12月
12月31日	北京轨道交通房山线	地铁	郭公庄－东管头南	5.0	4	北延线	2015年12月
12月31日	北京轨道交通亦庄T1线	有轨电车	屈庄－定海园	12.0	14	全线	2017年10月
12月31日	北京轨道交通16号线	地铁	西苑－甘家口	11.0	4	中段	2013年8月
12月31日	重庆轨道交通1号线	地铁	朝天门－小什字	0.8	1	朝小段	2016年8月
12月31日	重庆轨道交通国博线	地铁	悦来－沙河坝	14.0	7	二期	2016年10月

综述

本篇章对行业发展情况、问题与决策进行阐述。2020年是全面推动智慧城市轨道交通建设和谋划城市轨道交通“十四五”发展思路的一年。

“十三五”期间，中国持续优化城市轨道交通网络，优化城市公共交通体系，城市轨道交通新增运营里程4351.7公里，发展迅速，在满足人民群众交通出行、缓解城市交通拥堵、促进经济社会发展方面发挥重要作用。

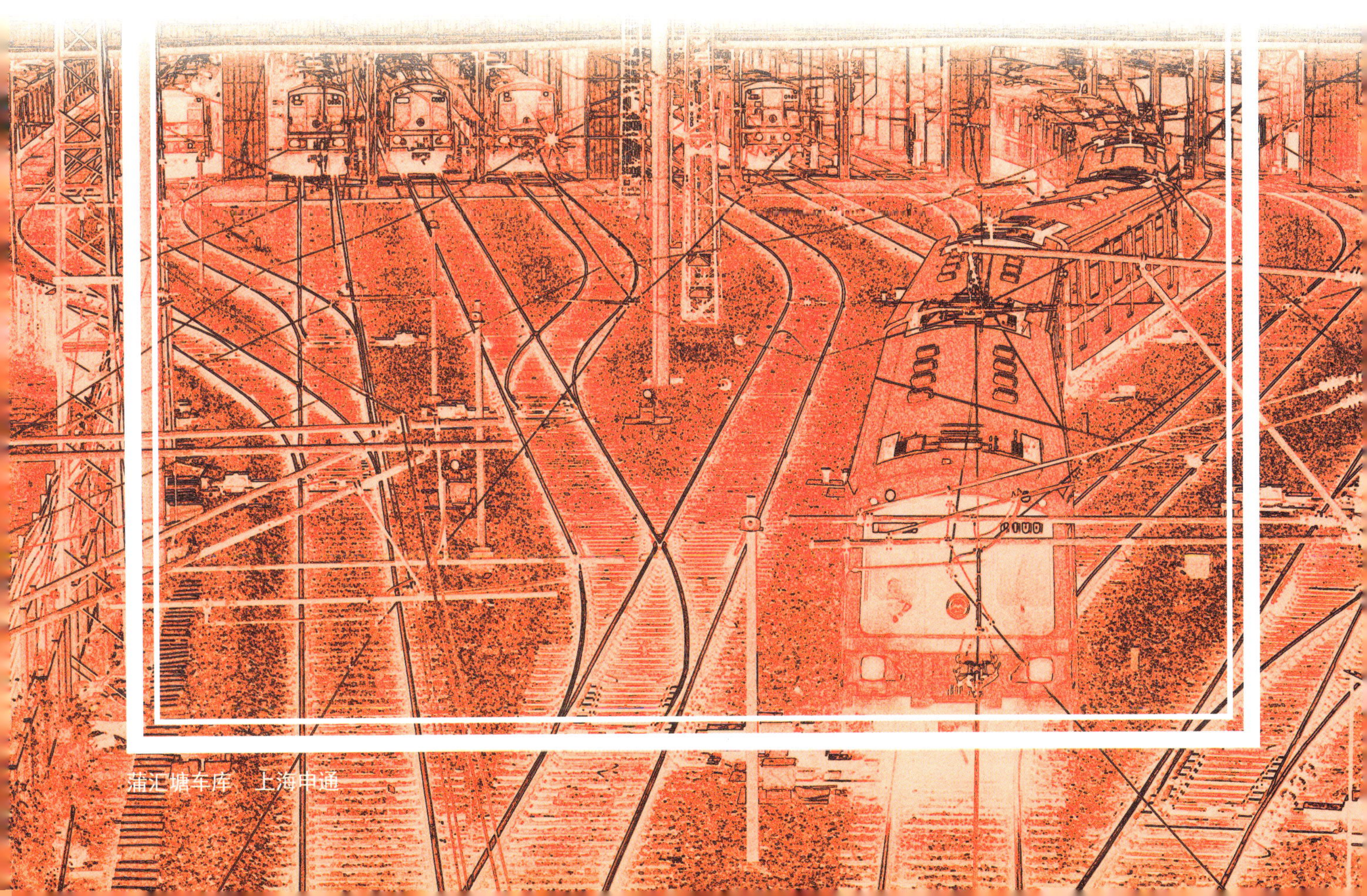

蒲汇塘车库 上海申通

中国城市轨道交通行业综合情况

2020年是新中国历史上极不平凡的一年，也是我国城市轨道交通发展历程上极不平凡的一年。城市轨道交通行业按照党中央的统一部署，在各级政府领导下，守土尽责，全面落实抗疫常态化措施，40个城市的城市轨道交通企业，超过30万的一线运营职工，依托提高管理水平，应用现代技术成果，成功应对新冠肺炎疫情影响，有效保障人民群众安全、健康出行，将疫情对人民群众出行的影响降到最低。

2020年，城市轨道交通继续保持大规模快速发展态势。全年新投运城市轨道交通1233.5公里，新增太原、三亚、天水3市开通运营，运营里程总规模大步迈向“8000公里”时代。至2020年底，共有45个城市开通城市轨道交通运营线路244条，总运营里程达7969.7公里，完成客运量175.9亿人次。北京、上海等继续保持领先地位，上海地铁列车保有量突破7000辆。成都、深圳等加速成网，成都全年新增216.3公里线路，运营里程达到652.0公里；杭州新增169.7公里，深圳开通6条新线106.5公里，线网规模达到422.6公里。太原地铁2号线开通试运营、三亚有轨电车示范线开通载客运营，实现山西省和海南省城市轨道交通零的突破。

2020年，智慧城市轨道交通建设顺利开局。2020年3月12日，中国城市轨道交通协会发布《中国城市轨道交通智慧城轨发展纲要》，是今后一个时期引领我国城市轨道交通行业智慧城轨建设的指导性文件，受到城市轨道交通行业的极大关注和积极响应。5G、人工智能、云计算等加快应用，城市轨道交通正在迈入智能化发展新阶段，智慧化成行业发展新动能。

2020年，都市圈城市群轨道交通加快发展。成都轨道交通18号线、苏州S1线、广清城际、广州东环城际等一批都市圈、城市群轨道交通开通运行，城市轨道交通服务都市圈、城市群发展的能力不断增强。国务院办公厅转发《关于推动都市圈市域（郊）铁路加快发展意见》，要求全面放开市场准入，培育多元投资主体，有序推进都市圈市域（郊）铁路建设，为完善城市综合交通运输体系、优化大城市功能布局、引领现代化都市圈发展提供有力支撑。

“十三五”期间，我国城市轨道交通实现快速发展，5年新增城市轨道交通运营里程4351.7公里，增长率达115%，超过过去50多年建成公里数的总和。“十三五”期间，上海、北京、广州的城市轨道交通运营里程位居世界前三，形成庞大的城市轨道交通路网；深圳、成都、南京等城市建设规模持续增长。城市轨道交通在部分城市承担公共交通三成以上的运输量，逐渐成为大城市人民群众日常出行的首选，在满足人民群众交通出行、缓解城市交通拥堵、促进经济社会发展方面发挥重要作用。“十三五”期间，城市轨道交通在自主创新全自动运行系统、互联互通信号系统工程化、产业化等方面取得突破性进展，形成一批先进经验和典型成果，有力促进城市轨道交通技术装备的发展。

第一部分　行业发展情况

一、运营情况

（一）线路概况

新增线路再创新高。2020年全国新增天水、三亚、太原3市开通运营城轨线路，新增运营线路36条，新增运营线路长度1233.5公里，当年新增运营线路再创历史新高。成都新增216.3公里，居全国首位，杭州新增169.7公里、深圳新增107公里分列第二、三位。西安、青岛、长沙、宁波、昆明增量超过50公里；增长率超过100%的有：杭州增长129.7%、呼和浩特增长125.7%、徐州增长110.7%，宁波、长沙、昆明、石家庄、西安、成都增长率均超过50%。

骨干城市快速成网。至2020年底，全国共有45个城市开通城市轨道交通运营线路244条，总运营里程达7969.7公里。全国投运车站4681座中换乘车站472座，拥有换乘站的城市达到30个，占开通运营城市的67%。共计22个城市的线网规模达到100公里或以上。其中，上海834.2公里，北京799.1公里，2市运营规模在全国逐步形成超大线网规模；成都、广州运营里程超过500公里；深圳超过400公里；南京、武汉、重庆、杭州4市均超过300公里；青岛、郑州、西安、天津、沈阳、苏州6市均超过200公里。

全国28个省级行政区开通城市轨道交通运营线路。江苏省内开通运营6市，为全国开通城市最多的省，开通线路791.8公里。广东省开通运营5市，开通线路1028.9公里，全国最长。浙江省开通运营3市，开通线路508.4公里。另有辽宁、福建、山东、湖南、四川、甘肃6省各有2市，其余19省（含直辖市）各有1市开通城市轨道交通运营。

都市圈城市群城市轨道交通快速发展。长三角城市群11市开通运营线路64条，运营线路长度2247公里，占全国线网总长度的28.2%；京津冀城市群3市开通运营线路35条，运营线路长度1097公里，占有率13.8%；珠三角5市开通运营线路31条，运营线路长度1029公里，占有率

12.9%；成渝城市群2城开通运营线路23条，运营线路长度995公里，占有率12.5%。随着城市群、都市圈经济的快速发展，高铁、城际、市域（郊）、地铁四网融合的推进，带动区域一体化、站城融合、多层次立体交通网络逐步形成。

地铁仍是主流制式。2020年新增运营里程1233.5公里，其中地铁1100.2公里，占比89.2%；市域快轨65公里，占比5.3%；有轨电车47.6公里，占比3.9%。与上年同期相比，地铁制式比上年增幅最大，主要是新开通城市和新开通线路条数增多。市域快轨、有轨电车增量低于上年同期。

全国8种制式同时在运营。至2020年底，全国共有8种制式运营。地铁6280.8公里，占比78.8%；轻轨217.6公里，占比2.7%；跨座式单轨98.5公里，占比1.2%；市域快轨819.6公里，占比10.3%；有轨电车464.6公里，占比5.8%；磁浮交通57.7公里，占比0.7%；自导向轨道系统10.2公里，占比0.1%，电子导向胶轮系统20.7公里，占比0.3%。暂无悬挂式单轨和导轨式胶轮系统运营线路。

拥有2种及以上制式投运的城市有19个，占开通城市轨道交通运营城市的42.2%。其中，上海有5种制式在运营，北京有4种制式在运营，天津、广州、南京、长春、大连、成都、青岛7市各有3种制式在运营，重庆、深圳、武汉、沈阳、苏州、郑州、佛山、长沙、兰州、宁波10市各有2种制式在运营。

（二）客运情况

城市轨道交通客运量占公交出行比进一步提升。2020年全国平均城市轨道交通客运量占公共交通出行总量比率达38.7%，比上年增长4.1%，其中，上海、广州、南京、深圳、北京、成都6座城市的城市轨道交通客运量占公共交通出行比率超过50%。上海最高62.3%，成都跨入50%行列，达到50.2%。

客运量和进站量受疫情影响同比下降。2020年全国城市轨道交通累计完成客运量175.9亿人次，因受新冠肺炎疫情影响，比上年减少61.1亿人次，下降25.8%。全国一季度有11个城市全部或部分线路停运，其中武汉停运时间最长，从1月23日武汉封城至3月28日恢复运营，共停运65天。2月份城市轨道交通客运量下降，其后各月下降幅度收窄并逐渐有所恢复。

2020年全国城市轨道交通完成进站量109.5亿人次，比上年减少40亿人次，下降26.8%。上海完成进站量16亿人次，居全国首位，比上年下降27.7%；广州完成进站量13.4亿人次，比上年下降28.1%；北京完成进站量12.2亿人次，比上年下降42%；深圳完成进站量10.4亿人次，比上年下降13%；成都完成进站量7.4亿人次，比上年下降16%。北京下降幅度最多。

5城市客运量之和占全国总客运量的59.1%。北京全年累计完成客运量22.9亿人次，比上年下降42.1%，降幅较大；上海累计完成客运量28.4亿人次，比上年下降27%；广州累计完成客运量24.2亿人次，比上年下降27%。成都和深圳由于新建线路投入运营，降幅较小。深圳累计完成客运量16.3亿人次，比上年下降9.2%；成都累计完成客运量12.2亿人次，比上年下降12.9%。

日均客运量、客运周转量均相应下降。2020年全国城市轨道交通日均客运总量5131.7万人次，比上年减少1505.4万人次，下降22.7%。全国城市轨道交通完成客运周转量1486.4亿人公里，比上年下降25.8%。

多重因素致客运强度下降。2020年，全国城市轨道交通平均客运强度为0.45万人次/公里日，比上年下降0.27万人次/公里日，下降幅度36.9%。一方面是疫情影响导致客流总体减少；另一方面是新线路投运多，运营里程不断增长，客运强度总体水平呈逐年下降趋势，如成都、杭州、西安、昆明、青岛、石家庄、南宁等城市客运强度比上年均有所下降。

从线网看，全制式综合线网平均客运强度超过1万人次/公里日的有4个城市，依次为广州1.19万人次/公里日、深圳1.13万人次/公里日、上海1.07万人次/公里日、西安1.04万人次/公里日。

从单线看，线路客运强度最高的是广州地铁1号线3.6万人次/公里日，其后依次是广州地铁2号线2.9万人次/公里日、广州地铁5号线2.7万人次/公里日、西安地铁2号线2.5万人次/公里日、广州地铁3号线2.3万人次/公里日、上海地铁1号线2.3万人次/公里日。客运强度超过1万人次/公里日的线路44条，比上年减少29条。分别有上海9条、广州7条、北京6条、深圳6条、成都5条、南京3条、西安3条、杭州2条、长沙2条、沈阳1条。

线路高峰小时最高断面客流量仍有增长。2020年虽然客流量总体下降，但部分城市由于新线开通和网络化运营，集聚更多通勤客流，线路高峰小时最高断面客流仍有增长。广州、深圳、成都、西安、苏州、杭州、郑州、长沙、宁波、昆明、南昌、青岛、福州、南宁、合肥、石家庄、厦门、兰州、徐州等均实现增长。

从线路来看，高峰小时断面客流最高的10条线路依次是：北京6号线5.99万人次、上海9号线5.75万人次、上海11号线5.67万人次、北京4号线5.54万人次、上海1号线5.40万人次、上海7号线5.36万人次、深圳1号线5.16万人次、广州3号线5.09万人次、成都1号线4.95万人次、北京10号线4.95万人次。与上年基本维持以上热门线路，只是峰值略有下降。

（三）安全和服务

运营安全水平持续提高。2020年，据不完全统计，全国共发生5分钟及以上延误事件1023次，平均5分钟及以上延误率0.248次/百万车公里，比上年下降35%，列车退出正线故障共计7405次，平均退出正线运营故障率0.016次/万车公里，比上年下降25.6%。

2020年，全国城市轨道交通日均计划开行列次总计为78135列次，日均实际开行列次总计为78284列次，实际开行列次比上年增加8569列次，增长12.3%。成都、杭州、长沙、南昌、石家庄、西安、昆明、深圳等由于新线的开通，实际开行列次增幅较大，上年新开通城市轨道交通运营的徐州、呼和浩特2市连续2年有新线开通，比上年也有大幅增长。2020年共有37个城市的计划兑现率均达到100%或以上。

高峰小时最小发车间隔不断缩短。2020年全国城市轨道交通高峰小时最小发车间隔平均为287秒。进入120秒及以内的线路共有16条，比上年增加4条。其中，北京10条、上海4条、广州1条、成都1条。北京、上海、广州、深圳、成都、重庆、南京、杭州、天津、西安、武汉、苏州、郑州、宁波、青岛共15个城市的60条城市轨道交通线路高峰小时最小发车间隔进入180秒以内，占总线路条数的25%。

此外，为应对疫情，各地控制满载率，增加车辆投放，采取超常超强运营图，缩小发车间隔。北京地铁1号线、10号线高峰小时最小发车间隔达到105秒，2、4、5、6、8、9、八通线、房山线8条线路跑进120秒。上海地铁9号线达到110秒，6、7、11号线为120秒，广州地铁3号线118秒，成都地铁1号线为120秒。

线网运营服务时长进一步增长。2020年，城市轨道交通平均运营服务时长16.8小时/日，比上年实现增长。城市平均运营服务时长以北京18.7小时/日为最长。城市平均运营服务时长超过18小时/日的有5市，分别为北京、上海、重庆、西安、贵阳。

从线路看，据不完全统计，共有北京、上海、广州、深圳、重庆、武汉、成都、西安、南京、沈阳、大连、苏州、杭州、青岛、昆明、郑州、贵阳17市的99条城市轨道交通线路运营服务时长超过18个小时，其中，北京20条、上海12条、广州10条、深圳9条、重庆8条。与上年同期相比，城市轨道交通线路运营服务时长超过18个小时的线路增加27条。北京地铁14号线和上海地铁1号线线路运营服务时间达到20个小时。

车辆配置、运营车公里持续增长。据不完全统计，至2020年底，全国城市轨道交通累计配属车辆8342列，比上年增加1347列，增长19.3%。全年完成45.5亿车公里，比上年增长11.1%。

运营车公里方面，北京、上海2市均超6亿车公里，广州超过4亿车公里，深圳超过3.5亿车公里，成都超过2.9亿车公里，5市合计占全国运营车公里的52%。重庆、南京2市均超过2亿车公里，武汉、西安、杭州3市均超过1.5亿车公里。

全国平均旅行速度35.1公里/小时。单条线路平均旅行速度以成都地铁18号线91.0公里/小时、南京市域快轨S9线87.4公里/小时、青岛市域快轨13号线66公里/小时位列前三位（上海磁浮线、北京大兴机场线未计入）。地铁的平均旅行速度36公里/小时，其中，东莞53.8公里/小时、成都44.4公里/小时和济南41.8公里/小时，分列城市地铁平均旅行速度的第一、二、三位。

（四）收支和能耗

疫情导致收入支出比下降。2020年，作为重要的城市基础设施和公共交通骨干，城市轨道交通在新冠肺炎疫情期间承受很大压力。面对疫情，城市轨道交通运营企业主动采取降低满载率、延长运营时间，加强通风、消毒、保障防疫物资等措施，在票务收入、资源经营收入下降，运营成本提升的情况下，有效保障城市人民出行的安全可控，保障总体服务水平不降低，将“人民城轨为人民”的服务理念落到实处。

全国平均运营收支比为65%，比上年下降7.7%。总收入比上年下降10.5%，其中，票款收入下降26.1%，资源经营收入下降7.2%，总支出增长31.5%。

成本上升。全国平均单位车公里运营成本24.6元，比上年增长1.2元。平均单位人公里运营成本0.74元，比上年增长0.05元。总成本中人工成本占比52.3%，比上年增加3.5个百分点，电费占比10.2%，同比持平。

收入下降。全国平均单位车公里运营收入15.9元，比上年下降0.8元。平均单位人公里运营收入0.48元，比上年增长0.01元。平均单位票款收入0.26元/人公里，比上年减少0.02元。呼和浩特、贵阳、兰州、石家庄、常州、东莞、深圳、长春8市单位票款收入超过0.3元/人公里。

单位车公里运营收入和单位人公里运营收入均超过全国平均水平的有深圳、贵阳、徐州、温州、厦门、北京6市，均为资源经营收入较高的城市。资源经营收入占总收入比超过50%的城市有温州、徐州、深圳、厦门、合肥、杭州6市。

总体能耗、单位能耗不断增长。随着新建线路增加，总体能耗不断增长。2020年全国城市轨道交通总电能耗172.4亿千瓦时，比上年增长12.9%。其中，牵引能耗84亿千瓦时，比上年增长6.3%。2020年由于疫情防控要求加大空调通风，同时新开通运营线路较多，叠加客流量减少，单位能耗指标较高。全国平均人公里总电能耗0.116千瓦时，比上年增长52.2%。平均人公里牵引能耗0.057千瓦时，比上年增长43.2%。平均车公里总电能耗4.52千瓦时，比上年增长7.8%，平均车公里牵引能耗1.9千瓦时，比上年增长4.7%。

二、建设情况

在建规模持续增长。至2020年底，中国大陆地区有57个城市在建城市轨道交通，在建线路总规模6797.5公里，在建线路297条（段），共有31个城市在建线路为3条及以上，如再合并已运营线路，共有34个城市在建和运营线路超过3条。23个城市的在建线路长度超过100公里。其中，成都市建设规模超过400公里；北京、青岛、天津、深圳、杭州、广州6市超300公里；郑州、西安、合肥、武汉、南京5市超200公里；建设规模在150-200公里之间的有沈阳、苏州、长沙、上海、厦门5个城市，建设规模在100-150公里之间的有福州、佛山、宁波、温州、贵阳、重庆6个城市。

在6797.5公里的在建线路中，地下线5481.9公里，占比80.6%，地面线469.2公里，占比6.9%，高架线846.4公里，占比12.5%。

5种制式在建，地铁占比下降，市域快轨占比增加。在6797.5公里的在建线路中，地铁5662.2公里，占比83.30%，比上年下降2.8%；轻轨5.4公里，占比0.08%；跨座式单轨46.8公里，占比0.69%；市域快轨652.7公里，占比9.60%，比上年增加2.5%；有轨电车430.4公里，占比6.33%，比上年增加0.4%；2020年无磁浮交通、自导向轨道系统、悬挂式单轨、导轨式胶轮系统、电子导向胶轮系统在建。据不完全统计，全国在建线路车站共计4298座（按线路累计计算），其中换乘站1357座（按线路累计计算），换乘站占比为31.6%，比上年增加1.1%。

全年完成建设投资达6286亿元，再创历史新高。从全年整体来看，各地克服新冠肺炎疫情的不利影响，建设项目稳步推进，基本按照原定计划完成当年建设任务。据不完全统计，至2020年底，全国在建线路可研批复投资累计45289.3亿元，初设批复投资累计39365.5亿元。2020年共完成建设投资6286亿元，比上年增长5.5%，再创历史新高，其中车辆购置完成投资（不完全统计）426.9亿元，占年度完成建设投资总额的6.8%。2020年当年完成建设投资约占可研批复总投资的13.9%。

共有11个城市全年完成建设投资超过200亿元，这11市完成建设投资合计3587亿元，占全国完成建设投资总额的57.1%。其中，杭州市全年完成建设投资超650亿元，成都市全年完成建设投资近490亿元，杭州、成都2市合计共完成投资约1140亿元，约占全国完成建设投资总额的18.1%；深圳市完成建设投资均超过300亿元；北京、西安、郑州、武汉、广州、天津、青岛、南京8市全年完成建设投资均超过200亿元。另有苏州、上海、长沙、昆明、合肥、福州、贵阳、厦门、宁波9市全年完成建设投资超100亿元。

三、规划情况

8市新一轮建设规划或规划调整获批。2020年公布的获国家发展改革委批复的城市轨道交通建设规划批复项目涉及新增线路长度共587.95公里，新增计划投资共4709.86亿元。新增项目所涉及的城市轨道交通线路系统制式均为地铁。

新一轮城市轨道交通建设规划获国家发展改革委批复的有徐州、合肥、济南、宁波4市。4市新获批建设规划线路长度共计455.4公里，总投资共计3364.2亿元。获批建设规划分别为徐州市城市轨道交通第二期建设规划（2019-2024年）、合肥市城市轨道交通第三期建设规划（2020-2025年）、济南市城市轨道交通第二期建设规划（2020-2025年）和宁波市城市轨道交通第三期建设规划（2021-2026年）。

城市轨道交通建设规划调整方案获国家发展改革委批复的有厦门、深圳、福州、南昌4市。分别为厦门市城市轨道交通第二期建设规划调整方案（2016-2022年）、深圳市城市轨道交通第四期建设规划调整方案、福州市城市轨道交通第二期建设规划（2015-2021年）调整方案和南昌市城市轨道交通第二期建设规划调整方案。4市获批调整方案涉及项目新增线路长度共计132.6公里，新增总计划投资1345.6亿元。

在实施获批建设规划超7000公里，多地进入网络化。2020年，城市轨道交通计划总投资持续保持平稳，各城市建设规划获批在实施的规模进一步扩大，部分城市启动新一轮建设规划，继一线城市后，绝大部分省会城市和部分发展较快的新兴城市的城市轨道交通相继成网，城市轨道交通网络化程度逐步提高。

至2020年底，全国共有67座城市的城市轨道交通线网规划获批，其中国家发展改革委批复的44个，地方政府批复的23个。扣除获批建设规划线路全部完成建设并投运的呼和浩特、淮安、珠海、三亚、株洲、宜宾6市，2020年有城市轨道交通线网建设规划在实施的城市61个。不计投运线路，35个城市有3条及以上的线路建设规划在实施；27个城市建设规划在实施的规模超100公里，其中，上海、广州、北京、重庆、南京5个城市在实施建设规划规模均超300公里；成都、天津、深圳、武汉、济南、西安、杭州、合肥8市在实施建设规划规模均超200公里。另有郑州、苏州、青岛等14个城市在实施建设规划规模均超100公里。据不完全统计，规划车站总计4439座（按线路累计计算），其中换乘站1211座（按线路累计计算），换乘站占比约为27.3%。

地铁制式为主，多种系统制式共同发展。城市轨道交通规划线路长度7085.5公里包含地铁、轻轨、跨座式单轨、市域快轨、有轨电车5种制式。其中，地铁5426.8公里，占比76.58%；轻轨28.8公里，占比0.41%；跨座式单轨101.9公里，占比1.44%；市域快轨796.1公里，占比11.24%；有轨电车731.9公里，占比10.3%；暂无磁浮交通、自导向轨道系统、悬挂式单轨、导轨式胶轮系统、电子导向胶轮系统线路规划。

可研批复总投资稳步增长，新兴城市快速发力。至2020年底，国家发展改革委批复的44个城市建设规划在实施的项目可研批复总投资达41614.5亿元。其中，上海、广州2市在实施建设规划的投资计划均超过3000亿元；北京在实施建设规划的投资计划超过2000亿元，3市建设规划在实施线路可研批复投资总额达9099.1亿元，占全国建设规划在实施项目可研批复投资总额的21.8%；杭州、天津、深圳、南京、西安、成都6市在实施建设规划的投资计划均超过1500亿元，6市合计投资总额10673.3亿元，占全国建设规划在实施项目可研批复投资总额的25.6%；苏州、郑州、重庆、长沙、合肥、武汉、青岛、福州8市建设规划在实施线路可研批复投资总额均在1000亿元以上；另有贵阳、长春、沈阳、济南、厦门、乌鲁木齐、佛山、南昌8市建设规划在实施线路可研批复投资总额超过500亿元。

四、“十三五”城市轨道交通发展简况

“十三五”期间新增运营里程4351.7公里。年均新增运营里程870.3公里，年均增长率17.1%，创历史新高，比“十二五”期间年均新投运线路长度403.8公里翻了一番还多，“十三五”五年间新增运营线路长度超过“十三五”前的累计总和。

“十三五”期间，累计完成客运量近1000亿人次。“十三五”期间，城市轨道交通累计完成客运量969.4亿人次，年平均客运量194亿人次/年，比“十二五”期间年平均客运量106亿人次/年增长83%。

“十三五”期间累计完成建设投资超26000亿元。“十三五”期间，全国累计完成建设投资26278.7亿元，比“十二五”期间所完成建设投资总额的12289亿元翻一番还多。年均完成建设投资5255.7亿元。“十三五”是中国城市轨道交通建设快速推进的时期，五年间，累计超过60座城市有城市轨道交通项目在建或建成投运。城市轨道交通的蓬勃发展带来巨大的社会效益，投融资方式也逐渐多元化，有政府投资、专项债发行、社会资本参与等多种形式。预计进入“十四五”后，中国城市轨道交通的建设规模和投资还将维持较高的水平，多种资本的参与也将为城市轨道交通的持续快速发展带来新的助力。

“十三五”期间，共有35个城市的新一轮城市轨道交通建设规划或规划调整方案获国家发展改革委批复。获批项目中涉及新增规划线路长度总计4001.7公里，新增计划投资总计29781.9亿元，总计划投资略高于“十二五”期间批复项目的总计划投资。

第二部分　行业工作情况

2020年，城市轨道交通行业以习近平新时代中国特色社会主义思想为指导，坚决落实习总书记对城市轨道交通的重要指示精神，落实《交通强国建设纲要》，不断推动城市轨道交通高质量发展和交通强国建设，各项工作迈上新台阶，取得新成绩。

一、政府部门指导城市轨道交通发展

国务院办公厅转发《国家发展改革委等单位关于推动都市圈市域（郊）铁路加快发展意见》。《意见》要求全面放开市场准入，培育多元投资主体，有序推进都市圈市域（郊）铁路建设，为完善城市综合交通运输体系、优化大城市功能布局、引领现代化都市圈发展提供有力支撑。

国家发展改革委部署市域轨道交通发展。11月，国家发展改革委组织召开专题会议，全面部署加快京津冀、长三角、粤港澳大湾区城际铁路和市域（郊）铁路规划建设，整体推进三大区域轨道上的城市群、都市圈发展，打好打赢三大区域城际铁路和市域（郊）铁路建设攻坚战。国家发展改革委党组成员、副主任胡祖才出席会议并讲话。会议要求，未来五年，三大区域计划新开工建设城际铁路和市域（郊）铁路约1万公里，到2025年基本形成区域城际铁路和市域（郊）铁路骨架网络，形成城市群1-2小时交通圈和都市圈1小时通勤圈。梳理明确三年开工项目计划，建设总规模约6000公里，加快建设一批条件相对成熟的城际和市域（郊）铁路项目。

交通运输部力促疫情期间城市轨道交通运营安全。为应对疫情影响，交通运输部前后两次发文部署城市轨道交通防疫工作。3月1日，交通运输部印发《关于分区分级科学做好客运场站和交通运输工具新冠肺炎疫情防控工作的通知》，3月13日交通运输部印发《关于精准有序恢复运输服务扎实推动复工复产的通知》。

住房和城乡建设部印发《城市轨道交通工程地质风险控制技术指南》。《指南》聚焦城市轨道交通工程建设地质风险控制面临的突出问题，将地质风险控制贯穿于城市轨道交通工程规划、建设、管理全过程，分析城市轨道交通工程建设各阶段所涉及主要施工工法的地质风险，结合近年来典型事故和工程风险，提出有针对性的控制措施，督促各地高度重视复杂地层结构导致的工程风险。同时，提出地质风险评估方法，探索构建城市轨道交通工程地质风险控制长效机制，为确保工程质量安全奠定牢固基础。

自然资源部印发《轨道交通地上地下空间综合开发利用节地模式推荐目录》。《目录》总结北京市五路车辆段上盖综合利用模式、上海市莲花路地铁站复合利用模式、广州万胜广场地上地下空间综合开发模式、深圳市前海综合交通枢纽站城一体化开发模式、杭州市七堡车辆段上盖综合体模式、成都市崔家店停车场综合开发模式等6个典型经验，引导各地提高土地利用效率。

二、城轨行业全力抗击新冠肺炎疫情

新冠肺炎疫情发生以来，城市轨道交通作为城市的重要基础设施和公共交通骨干，承受较大压力，社会各界高度关注。全国40个城市的城市轨道交通企业，超过30万的一线运营职工克服重重困难，落实抗疫常态化要求，多举措打好“疫情防控阻击战”。武汉地铁的下沉社区、停运不停工，北京地铁的超常超强（“双超”）运行图，深圳地铁引进生产线跨界生产口罩，哈尔滨地铁开启戴口罩人脸识别过闸新模式，福州地铁全线网电子屏致敬“抗疫英雄”等等，无不体现着城市轨道交通人的担当和责任，奋力守护着人民群众出行的健康和安全，努力实践着“人民城轨为人民”的承诺。中国城市轨道交通协会作为行业组织，在克服困难保障自身正常运转的同时，通过报送城轨行业动态及政策建议、印发专题调研报告、为组织专题活动等，努力服务好政府部门和会员单位，协助全国抗疫工作。

三、智慧城轨建设扎实推进

行业协会发布《中国城市轨道交通智慧城轨发展纲要》（以下简称《纲要》）。3月12日，中国城市轨道交通协会正式发布《纲要》，并上报国家发展改革委、工业和信息化部、住房和城乡建设部、交通运输部等有关部门。《纲要》立足于建设交通强国，提出智慧城轨建设的指导思想，阐述智慧城轨的标志和内涵，描绘智慧城轨建设的“1-8-1-1”监图，明确“两步走”总体目标和十大具体目标，部署智慧化建设重点及实施路径，是今后一个时期引领我国城市轨道交通行业智慧城轨建设的指导性文件。《纲要》发布后受到城市轨道交通行业的关注和积极响应。

业内单位学习贯彻《纲要》。南京地铁召开党委中心组学习扩大会议学习《纲要》，哈尔滨、长春、沈阳、大连、呼和浩特五市则召开联系会议学习智慧城轨。城市轨道交通公司和装备供应商则纷纷启动智慧城轨建设规划或方案的编制工作，上海申通、北京京投、重庆轨道、中车集团等主要业主单位都形成各自的规划或方案，广州地铁的“五年行动计划”和深圳地铁的《落实方案》也出台；北京、南京、西安、太原、常州、无锡、宁波、贵阳、合肥、南宁等城市业主单位，正在推进标准城轨云的建设；北京、上海、广州、重庆、深圳、南京、哈尔滨的智慧车站也在建设中。

政府部门有力支持智慧城轨建设。国家发展改革委和主管司局一直关心《纲要》发布后的动向。经研究，明确将“智慧城轨”列入“‘十四五’增强制造业核心竞争力五年行动计划”。工业和信息化部装备司《纲要》发布后，表示将在“首台套”等相关政策安排中予以支持，推动成果落地并开花结果。北京市政府批复实施《北京智慧轨道交通发展行动策划方案（2019-2021）》

示范工程取得重要成果。纳入《纲要》并在实施中的7个示范工程，除北京燕房线FAO项目结题外，重庆“CBTC互联互通”和呼和浩特“云平台创新研究与应用”两项，通过专家验收和科技成果评价，均获得“达到国际领先水平”的高度评价；青岛车车通信、上海智能运维、深圳中国标准A型车、武汉网络信息化等都在顺利实施中。示范工程的社会效应也开始显现，北京燕房线现场会前全行业建成的全自动运行系统仅3市61公里，自年底，运营线路将发展到6市近300公里，加上在建和已批待建的工程将有20个城市50条线路1421公里。

行业协会积极助推。中国城市轨道交通协会则采取系列措施积极推动《纲要》落地实施。印发“关于贯彻落实《纲要》总体工作安排”，就协会层面落实《纲要》做系统性和制度性的安排。召开智慧城轨建设领导小组成立会，进一步研究部署贯彻落实《纲要》有关工作。举办6场线上线下《纲要》宣贯会并发表20余篇学习材料，有计划地营造学习贯彻《纲要》的氛围。

智能智慧技术加速应用。EUHT（超高速无线通信5G）首列车在北京首都机场线上线，是EUHT（5G）技术首次在国内城市轨道交通行业的应用，实现5G通信技术在地铁线路的示范应用。南京地铁运营总长378公里的10条线路实现移动5G信号全覆盖，并达到精品5G网络标准。

上海轨道交通10号线二期和18号线一期南段开通试运营，是国际上自动化等级最高的GoA4级线路，也是我国运营里程最长的GoA4级线路（贯通后的轨道交通10号线）。成都轨道交通9号线是我国中西部首条按UTO（GoA4）等级设计建设的全自动运行线路，以此为依托成都还发布《成都市轨道交通全自动运行线路初期运营前安全评估技术规范》和《成都地铁全自动运行线路系统联调实施标准》白皮书，填补了行业相关标准空白。

深圳地铁上线全国首个轨道交通线网级工程数字化管理中心（CDMC），通过大数据+BIM+GIS，全面监管工程建设过程中安全、质量、进度、投资、人员、设备、绿色施工等关键要素。

四、行业基础工作不断夯实

行业统计工作：中国城市轨道交通协会继续发布《城市轨道交通年度统计及分析报告（2020）》，编制《主要运营企业运营数据季度报告》供业主单位对标使用，参与的运营企业达46家。

《中国城市轨道交通年鉴》参加“第七届全国地方志优秀成果（年鉴类）评审”，并获得最高等级的特等年鉴。《年鉴》展示城市轨道交通行业发展的全貌和年度特色，发挥在中国经济社会发展和社会文化强国建设中的重要作用。

人才培养工作：人力资源和社会保障部颁布轨道交通信号工和轨道列车司机国家职业技能标准。

2020年全国城市轨道交通行业职业技能竞赛举办，成为综合性国家级二类职业技能赛事，共有41家单位205名选手参赛，获得前三名的6位个人选手获得全国技术能手荣誉。

城市轨道交通“1+X”证书制度试点工作取得进展。在行业协会帮助下，郑州捷安高科股份有限公司、北京智联友道科技有限公司、神州高铁技术股份有限公司三家培训机构申报成功。城市轨道交通行业共有6家教育培训评价组织的13个职业技能等级证书获批。

标准化工作：2020年城市轨道交通领域批准发布国家标准28项、地方标准29项、团体标准13项。《城市轨道交通分类》《城市轨道交通全自动运行系统规范》《智慧城轨信息技术架构及网络安全规范》等一批热点标准顺利发布实施。其中《智慧城轨信息技术架构及网络安全规范》还获评工信部百项团体标准应用示范项目。

标准化工作的组织机构和工作制度进一步完善。中国城市轨道交通协会标准化技术委员会成立牵引电气设备与系统分技术委员会。“中国城市轨道交通协会标准制修订管理系统与标准信息平台”开发完成并上线运行。中国城市轨道交通协会发布实施《团体标准管理办法》及其实施细则。

装备认证工作：至2020年底，全国共有6家认证机构获批CURC认证资质，28家企业的107个产品通过CURC认证并获得证书。中国城市轨道交通协会发布《关于全面启动城市轨道交通装备产品采信工作的通知》，确定统一的认证采信起始时间表。中国城市轨道交通认证信息平台的上传与信息查询模块正式上线，实现多维度查询产品获证信息等功能。

职称评审工作：2019年中国城市轨道交通协会获得人力资源社会保障部专业技术人员管理司授权开展城市轨道交通行业技术职称评审工作后，开展第一批非公企业的申报和试点评审工作，2020年完成评审。第一批试点评审工作选取4家企业作为试点，申报人数73人，最终有21人取得城市轨道交通专业高级职称。评审结果已完成人社部备案。作为首批开展高级职称评审工作的试点单位，协会初次评审工作得到了人力资源社会保障部的高度评价，认为评审通过的人才水平高，通过率恰当，为社会化评审树立了样板，希望能够继续发扬成绩，做好今后评审工作。

行业评奖工作：“中国城市轨道交通协会科技进步奖”评选工作完成。2020年首次实现网上申报，共收到116项成果申报。经形式审查、推荐审查、初评、复评以及奖励委员会审定，共有27项成果获奖，其中，特等奖1项，一等奖11项，二等奖15项。

城市轨道交通领域“国家优质工程奖”。2020年广州14号线一期工程、深圳市9号线工程、武汉6号线一期工程等3个项目获得金奖。

开展《城市轨道交通“十四五”发展战略和发展思路研究》。《研究》由中国城市轨道交通协会组织，上海申通地铁集团有限公司牵头，《研究》分析城市轨道交通现状与问题、形势与要求，提出“十四五”期间城市轨道交通总体发展战略、重点方向和政策建议。研究成果向国家发展改革委基础司做汇报，获得肯定和支持。

《城市轨道交通发展报告（2020）》出版发行。《行业发展报告》是由中国城市轨道交通协会主编的城市轨道交通第一本全行业发展报告，围绕发展二字，将发展的主线贯穿报告始终，为行业提供一份覆盖各个领域的发展报告，是城市轨道交通系列文献的重要组成，受到各方的关注和肯定。

五、自主创新亮点频现

重庆轨道交通互联互通CBTC项目取得重大成果。项目于2020年6月完成验收，通过示范项目研制出满足互联互通标准接口的列车控制系统设备，实现装载不同厂家车载设备的列车在不同线路的共线和跨线运行，并制定拥有自主知识产权的团体标准，还拥有互联互通装备产业链。项目验收时，专家给予高度评价，认为项目“攻克了CBTC互联互通的世界性难题”，“整体技术处于国际领先水平”，“具有广泛的使用和推广价值”。国际铁路信号工程师协会（IRSE）也高度认可，认为这是“真正意义上的CBTC互联互通的首次应用”，“这一切最终将对世界市场产生影响”。

为推广应用示范成果，中国城市轨道交通协会专门举办示范项目的交流活动。重庆市、国家发展改革委基础司、产业司、住房和城乡建设部城建司、交通运输部运输司等相关人员，以及全国40多家城市轨道交通业主、轨道交通装备制造企业等单位的同志参加活动。

以此项目为依托的“面向网络化运营的互联互通CBTC关键技术及成套装备与示范应用”获2020年度中国城市轨道交通协会科技进步奖特等奖。

列车自主运行系统(TACS）完成试验线追踪测试、互联互通测试等工作。所有测试、试验、验证结果均满足设计要求，达到示范工程申报目标，基本具备工程应用条件，实现里程碑式的跨越。这对加快TACS系统的应用和推广，实现城市轨道交通路网间联通联运、资源共享，推动城市轨道交通产业升级，具有十分重要的意义。

中车株洲电力机车有限公司研制的全球首列应用于机场捷运系统、可自动驾驶的储能式有轨电车成功下线。该车将首先运行于云南昆明长水国际机场。

中国首台全国产三米级主轴承盾构机在苏州轨道交通6号线中心大道东站始发。这是中国突破盾构主轴承自主技术研制瓶颈后，该领域设备首次在轨道交通领域执行地下掘进任务。

六、城市轨道交通“走出去”形势不断向好

中国土木工程集团有限公司与哥伦比亚昆迪纳马卡省政府区域铁路公司正式签署哥伦比亚波哥大西部有轨电项目特许经营合同。该项目线路全长约39.6公里，包括设计、施工、供货、运营，合同总期限26年，将是哥伦比亚第一个跨网运行的低地板有轨电车项目。

中国中车股份有限公司与葡萄牙波尔图市正式签署地铁车辆及维保采购项目合同。这是中国中车在欧盟国家城市轨道交通车辆市场的首个订单。根据合同，中车将为波尔图地铁公司生产18列4辆编组地铁列车并提供5年的维保服务。

比亚迪和巴西圣保罗地铁公司正式签署圣保罗市轨道交通17号线项目合同。该项目将为圣保罗市轨道交通17号线提供云轨解决方案技术服务。

中车株洲电力机车有限公司为伊斯坦布尔新机场线研制的首列地铁列车下线。这是中国首个交付伊斯坦布尔的地铁项目，标志着中国首列出口海外的120公里时速等级全自动无人驾驶大轴重车辆将服务亚欧大陆桥新机场，创造个月实现新造地铁列车下线的世界纪录。

中国建筑集团有限公司与菲律宾马卡蒂市地铁公司正式签约地铁大交通EPC项目。合同额12.13亿美元。建设一条总长约7.7公里的地铁，包括各系统的设计、采购、施工全过程。

巴基斯坦首条地铁拉合尔橙线开通运营。拉合尔橙线是“一带一路”倡议框架下中巴经济走廊首个轨道交通项目，全线采用中国标准、中国技术、中国装备，由广州地铁集团联合体具体实施运营和维护。

北京市基础设施投资有限公司收购德国Logo Motive GmbH公司通过德国经济部外商投资审批。

七、行业活动异彩纷呈

中国城市轨道交通业主领导人峰会2020重庆年会召开。峰会围绕“‘十四五’与城市轨道交通高质量发展”主题，来自47家城市轨道交通业主单位主要领导人在重庆年会展开交流探讨，进一步发挥出中国城市轨道交通业主领导人峰会作为行业权威、高端互动平台的作用，助力智慧城轨和交通强国建设。

北京国际城市轨道交通展览会暨高峰论坛成功举办。“北京展”是2020年城市轨道交通行业内唯一的大型展览，近200家展商、近万名轨道行业专业人员参加展会。克服疫情影响，保持和延续以往的规模、质量和形象，有效提振行业士气。

开展“口述历史”拍摄。为致敬城市轨道交通先行者与开拓者，凝聚和弘扬行业精神，结合城市轨道交通50周年致敬人物，中国城市轨道交通协会2020年开展“中国城轨口述历史”的拍摄活动，以我国城市轨道交通发展历程中的著名人物和资深亲历者为采访对象，挖掘和保存城市轨道交通发展史。

第三部分　思考与建议

一、发展市域快轨，推进多网融合

国家发布京津冀协同发展、长三角一体化发展、粤港澳大湾区建设和成渝双城经济圈的发展规划，同时提出其他一批城市群、都市圈的发展设想，都市圈城市群正在成为承载发展要素的主要空间形式，这将提升市域快轨的重要性和需求量，同时提出既有市郊铁路通勤化的现实要求。2020年国务院办公厅转发《关于推动都市圈市域（郊）铁路加快发展的意见》，要求有序推进都市圈市域（郊）铁路建设。2020年中国城市轨道交通运营里程7969.7公里中，市域快轨819.6公里，占比仅10.28%，发展空间巨大。一是要推进多网融合。综合考虑铁路、公路水运、民航、城市交通等关系，加强与国土空间规划、区域发展规划的统筹衔接。着眼多网融合发展和站城一体化建设，建设高水平综合交通枢纽设施。统筹推进干线铁

路、城际铁路、城市轨道交通多网融合、资源共享、支付兼容，积极推进安检互信，票制互通，提升市域快轨的功能效用和服务水平。二是要发挥城市轨道业主单位作用。围绕群众的出行需求，确立城市轨道业主单位为市域内乃至城际间通勤轨道交通建设运营的负责主体，发挥好市域快轨在市域、城际中长距离大客流运输方面的特点和优势，从而为群众提供更加便捷舒适的都市圈城市群内的出行服务。三是要夯实发展基础。加快完善市域快轨标准规范，弥补市域快轨发展的制约因素。推动技术装备创新，研制和应用双流制市域快轨车辆装备，同时适应快速通勤和大运量高密度的客运需求。与城市建设统一规划、统筹建设、协同管理，加强土地综合开发。四是要有效控制造价。强化技术经济比选，合理确定建设标准，避免过度超前和重复建设，采用自主化技术装备。

二、乘势而上，持续推动智慧城市轨道建设

智能化时代即将来临，新冠肺炎疫情进一步加速智能化发展趋势。2020年3月中国城市轨道交通协会发布《中国城市轨道交通智慧城市轨道发展纲要》，提出要“推进信息化，发展智能系统，建设智慧城市轨道”。《纲要》发布以来，受到各方的响应。城市轨道企业和装备供应商编制智慧城市轨道建设规划或方案，5G、人工智能、云计算等技术在城市轨道行业加快应用，北京燕房线FAO、重庆CBTC互联互通等示范工程实施，社会效益显现。政府部门也将建设智慧城市轨道的重点工作纳入相关规划和政策框架。

一是统筹规划，分步实施。在《纲要》指导下，各地区、各单位因地制宜、开拓创新，制定智慧城市轨道建设规划或实施方案等，共同推进城市轨道交通智能化发展。二是网络布局，整体提升。着眼区域网络布局，发挥线网规划、建设规划的引领和导向作用，在规划编制阶段统筹谋划智能智慧建设。三是自主可控，创新发展。立足创新发展，不断增强自主技术创新能力和自主品牌创优能力，攻克关键核心技术，打造中国品牌，形成安全可控的技术体系和产业链。四是先进可靠，经济适用。重视智慧城市轨道建设的技术与投入、成本与效益的相互协调，发挥好新技术新产品研发应用的波及效应和网络效应，不断提升先进性、安全性；着眼项目全生命周期，需求导向，逐步提升不断提高智慧城市轨道建设的经济性。五是示范引领，有序推进。遴选和建设一批智慧城市轨道示范工程，形成创新工程梯队。积极稳妥扩大示范工程推广应用范围，以点带面，逐步形成规模效益，促进智慧城市轨道建设高质量健康发展。六是产学研用，协同发展。创新“政、产、学、研、用、协”一体化工作机制，形成国家部委政策指引，城市政府主管指导，业主单位主导发展，装备企业主体引领，规划设计前导协同，院所院校主动促进，行业协会组织协调的全行业、全领域工作机制。

三、多措并举，保障城市轨道交通财务可持续发展

全国城市轨道交通企业运营随着网络规模的不断扩张与投运时间的不断推移，票务收入难以覆盖运营成本支出的问题会不断加剧，而导致政府公共支出增加，服务水平大幅降低，安全隐患日益恶化等问题。应采取多种措施保障城市轨道交通财务可持续发展。一是科学合理规划建设。认真贯彻落实国办发〔2018〕52号文件精神，合理选择城市轨道交通线网规模和制式结构，规划建设符合城市发展实际需求和自身实力的城市轨道交通。二是要形成政府、企业、社会合理分摊轨道交通成本的格局。城市轨道交通运维支出远大于建设支出，要树立全寿命周期的发展理念。加大财政扶持力度，将保障公共安全防范所需资金纳入公共财政体系。建立与运营安全和服务质量挂钩的财政补贴机制；建立与社会物价水平和居民收入水平挂钩的轨道交通票价调整机制。三是要鼓励拓展经营，用经营效益反哺运营。鼓励由城市轨道企业作为主体，推进以停车场站为重点的地铁上盖物业开发，以及沿线土地综合开发，通过物业开发积累运营资金。在设计阶段统筹考虑交通功能和综合服务功能，充分挖掘城市轨道交通地下空间的商业经营潜力。四是要加强区域化合作，降低维修成本。依托国家区域一体化发展战略，在长三角、珠三角、京津冀、成渝等重点区域设立共建共享的维护保障点，成立区域化产业链联盟，发挥规模效应、共享维护资源、降低维护成本。

（中国城市轨道交通协会秘书处）

附表：城市轨道交通相关政策文件（表3-1-1～表3-1-3）

附表1：国务院文件目录 表3-1-1

序号	文件名称	发文文号	发文部门	发文日期
1	关于进一步规范行业协会商会收费的通知	国发〔2020〕21号	国务院办公厅	2020.07.10
2	国家科学技术奖励条例	国令第731号	国务院	2020.10.07
3	关于推进对外贸易创新发展的实施意见	国办发〔2020〕40号	国务院办公厅	2020.10.25
4	国务院办公厅转发国家发展改革委等单位关于推动都市圈市域（郊）铁路加快发展意见的通知	国办函〔2020〕116号	国务院办公厅	2020.12.07

附表2：部委文件目录 表3-1-2

序号	文件名称	发文文号	发文部门	发文日期
1	关于印发《轨道交通地上地下空间综合开发利用节地模式推荐目录》的通知	自然资办函〔2020〕120号	自然资源部	2020.01.19
2	关于加快加强PPP项目入库和储备管理工作的通知	财政企函〔2020〕1号	财政部	2020.02.10
3	关于分区分级科学做好客运场站和交通运输工具新冠肺炎疫情防控工作的通知	交运明电〔2020〕84号	交通运输部	2020.03.01
4	关于精准有序恢复运输服务扎实推动复工复产的通知	交运明电〔2020〕95号	交通运输部	2020.03.13
5	建设工程消防设计审查验收管理暂行规定	住房和城乡建设部令第51号	住房和城乡建设部	2020.04.01
6	关于印发《长江三角洲地区交通运输更高质量一体化发展规划》的通知	发改基础〔2020〕529号	国家发展改革委 交通运输部	2020.04.02
7	关于印发《2020年新型城镇化建设和城乡融合发展重点任务》的通知	发改规划〔2020〕532号	国家发展改革委	2020.04.03
8	关于促进枢纽机场联通轨道交通的意见	发改基础〔2020〕576号	国家发展改革委	2020.04.10
9	关于组织开展2020年全国行业职业技能竞赛的通知	人社部函〔2020〕30号	人力资源和社会保障部	2020.04.17
10	关于支持民营企业参与交通基础设施建设发展的实施意见	发改基础〔2020〕1008号	国家发展改革委 财政部 住房城乡建设部 交通运输部 人民银行 市场监管总局 银保监会 证监会 能源局 铁路局 民航局 中国国家铁路集团有限公司	2020.06.28
11	关于印发城市轨道交通工程建设安全生产标准化管理技术指南的通知	建办质〔2020〕27号	住房和城乡建设部办公厅	2020.06.12
12	关于印发客运场站和交通运输工具新冠肺炎疫情分区分级防控指南（第四版）的通知	交运明电〔2020〕196号	交通运输部	2020.06.12
13	关于进一步强化交通运输疫情防控措施坚决防止疫情反弹的通知	交运明电〔2020〕202号	交通运输部	2020.06.18
14	关于延长阶段性降低企业用电成本政策的通知	发改价格〔2020〕994号	国家发展改革委	2020.06.24
15	关于开展2020年百项团体标准应用示范项目申报工作的通知	工信厅科函〔2020〕160号	工业和信息化部办公厅	2020.07.14
16	关于做好基础设施领域不动产投资信托基金（REITs）试点项目申报工作的通知	发改办投资〔2020〕586号	国家发展改革委办公厅	2020.07.31
17	关于组织开展行业协会商会经营服务性收费清理规范工作的通知	发改办价格〔2020〕632号	国家发展改革委办公厅	2020.08.21
18	关于深圳市开展高品质创新型国际航空枢纽建设等交通强国建设试点工作的意见	交规划函〔2020〕585号	交通运输部	2020.08.24
19	关于重庆市开展内陆国际物流枢纽高质量发展等交通强国建设试点工作的意见	交规划函〔2020〕586号	交通运输部	2020.08.24
20	关于广西壮族自治区开展推进交通运输高水平对外开放等交通强国建设试点工作的意见	交规划函〔2020〕587号	交通运输部	2020.08.24

附表2：部委文件目录（续前表）

表3-1-2

序号	文件名称	发文文号	发文部门	发文日期
21	关于浙江省开展构筑现代综合立体交通网络等交通强国建设试点工作的意见	交规划函〔2020〕588号	交通运输部	2020.08.24
22	关于江苏省开展品质工程建设等交通强国建设试点工作的意见	交规划函〔2020〕589号	交通运输部	2020.08.24
23	关于印发城市轨道交通工程地质风险控制技术指南的通知	建办质〔2020〕47号	住房和城乡建设部办公厅	2020.09.30
24	城市轨道交通工程质量安全监管信息平台共享交换数据标准（试行）	建办质〔2020〕56号	住房和城乡建设部办公厅	2020.12.03
25	关于公布2020年团体标准应用示范项目名单的通告	工信部科函〔2020〕341号	工业和信息化部	2020.12.17

附表3：中城轨文件目录

表3-1-3

序号	文件名称	发文文号	发文部门	发文日期
1	关于印发《中国城市轨道交通智慧城轨发展纲要》的通知	中城轨〔2020〕10号	中国城市轨道交通协会	2020.03.12
2	2019年度中国城市轨道交通协会“城市轨道交通科技进步奖”获奖项目名单	中城轨〔2020〕16号	中国城市轨道交通协会	2020.03.29
3	关于印发《疫情下城轨企业信息化发展调研报告》的通知	中城轨〔2020〕28号	中国城市轨道交通协会	2020.05.20
4	关于全面启动城市轨道交通装备产品认证采信工作的通知	中城轨〔2020〕37号	中国城市轨道交通协会	2020.06.30
5	关于转发《城市轨道交通云计算应用指南》的通知	中城轨〔2020〕77号	中国城市轨道交通协会	2020.08.25
6	关于印发《城市轨道交通信息安全专项工作方案》的通知	中城轨〔2020〕81号	中国城市轨道交通协会	2020.12.14

四 统计资料

本篇章内容由中国城市轨道交通协会提供、经国家统计局批准发布的行业各项数据的统计，是政府相关部门制定政策和规划、行业相关单位和专业技术人员进行分析研究的重要参考资料。主要包括城市轨道交通规划年度统计资料、城市轨道交通建设年度统计资料、城市轨道交通运营年度统计资料和城市轨道交通年度统计数据资料。

诸光路站 上海申通

1 城市轨道交通行业年度统计资料

至2020年底，共有67个城市的城市轨道交通线网规划获批（含地方政府批复的21个城市），其中，城市轨道交通线网建设规划在实施的城市共计61个，在实施的建设规划线路总长7085.5公里（不含已开通运营线路）。2020年，共有8个城市新一轮城市轨道交通建设规划或规划调整获国家发展改革委批复并公布，获批项目中涉及新增线路长度587.95公里，新增计划投资4709.86亿元。

2020年全年共完成建设投资6286亿元，比上年增长5.5%，在建项目的可研批复投资累计45289.3亿元，在建线路总长6797.5公里，在建线路规模与上年接近，年度完成建设投资创历史新高。

至2020年底，中国（以下文中涉及全国数据均指中国大陆地区，不含港澳台）共有45个城市开通城市轨道交通运营线路244条，总运营里程7969.7公里。其中，地铁运营里程6280.8公里，占比78.8%；其他制式城市轨道交通运营里程1688.9公里，占比21.2%。当年新增运营里程1233.5公里。

拥有4条及以上运营线路，且换乘站3座及以上的城市22个，占已开通城市轨道交通运营城市总数的49%。2020年全年累计完成客运量175.9亿人次，比上年下降25.8%，总进站量为109.5亿人次，比上年下降26.8%，总客运周转量为1486.4亿人公里，比上年下降25.8%，受新冠疫情影响，一季度运营规模断崖式下降，后期逐渐恢复，与上年同期相比全年整体下降。

2020年中心城市城轨出行量（进站量）占公共交通出行比例38.7%，比上年提升4.1%，其中上海、广州、南京、深圳、北京、成都6市城市轨道交通客运量占公共交通出行比率超过50%。

“十三五”期间，累计共有35个城市的新一轮城市轨道交通建设规划或规划调整获国家发改委批复并公布，获批项目中涉及新增规划线路长度总计4001.74公里，新增计划投资合计约29781.91亿元；累计完成建设投资26278.7亿元，年均完成建设投资5255.7亿元，比“十二五”翻了一番还多；累计新增运营里程为4351.7公里，年均新增运营里程870.3公里，年均增长率17.1%，创历史新高，比“十二五”年均投入运营里程403.8公里翻了一番还多，五年新增运营里程超过“十三五”前的累计总和；规划、建设、运营线路规模和投资跨越式增长，城市轨道交通持续保持快速发展趋势。

（中国城市轨道交通协会统计部）

2 城市轨道交通规划年度统计资料

一、在实施获批建设规划超7000公里，多地进入网络化阶段

至2020年底，据不完全统计，共有67个城市的城轨交通线网规划获批（含地方政府批复的23个城市），扣除获批建设规划线路全部完成建设并投运的呼和浩特、淮安、珠海、三亚、株洲、宜宾6市，2020年仍有城市轨道交通线网建设规划在实施的城市共计61个，在实施的建设规划线路总长达7085.5公里（不含已开通运营线路）。在实施的建设规划情况见表4-2-1，建设规划获批城市汇总表见表4-2-1。

扣除开通运营线路后，35个城市有3条及以上的线路建设规划在实施；27个城市建设规划在实施的规模超100公里，其中，上海、广州、北京、重庆、南京5个城市在实施建设规划规模均超300公里；成都、天津、深圳、武汉、济南、西安、杭州、合肥8市在实施建设规划规模均超200公里。另有郑州、苏州、青岛等14个城市在实施建设规划规模均超100公里。

据不完全统计，规划车站总计4439座（按线路累计计算），其中换乘站1211座（按线路累计计算），换乘站占比约为27.3%。

二、地铁制式为主，多种系统制式共同发展

根据团体标准《城市轨道交通分类》（T/CAMET 00001-2020）将城市轨道交通系统制式分为10类，分别为地铁系统、轻轨系统、市域快轨系统、磁浮交通系统、跨座式单轨系统、悬挂式单轨系统、自导向轨道系统、有轨电车系统、导轨式胶轮系统、电子导向胶轮系统。7085.5公里的规划线路包含地铁、轻轨、跨座式单轨、市域快轨、有轨电车5种制式。其中，地铁5426.8公里，占比76.58%；轻轨28.8公里，占比0.41%；跨座式单轨101.9公里，占比

1.44%；市域快轨796.1公里，占比11.24%；有轨电车731.9公里，占比10.33%；无磁浮交通、自导向轨道系统、悬挂式单轨、导轨式胶轮系统、电子导向胶轮系统线路规划。

三、可研批复总投资稳步增长，新兴城市呈快速发力势头

至2020年底，国家发展改革委批复的44个城市建设规划在实施的项目可研批复总投资达41614.5亿元。其中，上海、广州2市在实施建设规划的投资计划均超过3000亿元；北京在实施建设规划的投资计划超过2000亿元，3市建设规划在实施线路可研批复投资总额达9099.1亿元，占全国建设规划在实施项目可研批复投资总额的21.8%；杭州、天津、深圳、南京、西安、成都6市在实施建设规划的投资计划均超过1500亿元，6市合计投资总额10673.3亿元，占全国建设规划在实施项目可研批复投资总额的25.6%；苏州、郑州、重庆、长沙、合肥、武汉、青岛、福州8市建设规划在实施线路可研批复投资总额均在1000亿元以上；另有贵阳、长春、沈阳、济南、厦门、乌鲁木齐、佛山、南昌8市建设规划在实施线路可研批复投资总额超过500亿元。

四、8市新一轮建设规划或规划调整获批

2020年，新一轮城市轨道交通建设规划获国家发展改革委批复并公布的有徐州、合肥、济南、宁波4市；4市新获批建设规划线路长度共计455.4公里，总投资共计3364.2亿元。另有4市城市轨道交通建设规划调整方案获国家发展改革委批并公布，分别为厦门市、深圳市、福州市和南昌市，4市获批调整方案涉及项目新增线路长度共计132.6公里，新增总计划投资1345.6亿元。2020年获国家发展改革委批复的城市轨道交通建设规划批项目涉及新增线路长度共587.95公里，新增计划投资共4709.86亿元。新增项目所涉及的城市轨道交通线路系统制式均为地铁。

2020年，城市轨道交通计划总投资持续保持平稳，各城市建设规划获批在实施的规模进一步扩大，部分城市启动新一轮建设规划，继一线城市后，绝大部分省会城市和部分发展较快的新兴城市的城市轨道交通相继成网，城市轨道交通网络化程度逐步提高。

五、“十三五”期间，多地新一轮建设规划获批

“十三五”期间，共有35个城市的新一轮城市轨道交通建设规划或规划调整方案获国家发展改革委批复并公布。获批项目中涉及新增规划线路长度总计4001.7公里，新增计划投资总计29781.9亿元，总计划投资略高于“十二五”期间批复项目的总计划投资。

（中国城市轨道交通协会统计部）

2020年全国城市轨道交通在实施的建设规划情况统计表 表4-2-1

序号	城市	规划建设线路长度（公里）	各系统制式线路长度（公里）					车站数（座）	
			地铁	轻轨	跨座式单轨	市域快轨	有轨电车	车站	其中换乘站
1	北京	339.1	236.0	/	/	82.1	21.0	126	52
2	上海	380.2	249.4	/	/	130.8	/	208	80
3	天津	265.5	265.5	/	/	/	/	187	13
4	重庆	305.9	277.9	/	/	28.0	/	126	39
5	广州	366.4	352.0	/	/	/	14.4	193	/
6	深圳	237.9	237.9	/	/	/	/	128	65
7	武汉	234.3	117.6	/	/	116.7	/	82	33
8	南京	300.5	190.2	/	/	110.3	/	134	58
9	沈阳	140.4	140.4	/	/	/	/	62	27
10	长春	162.6	105.6	28.8	/	28.2	/	121	35
11	大连	127.8	85.0	/	/	42.8	/	64	20
12	成都	269.1	201.1	/	/	/	68.0	179	58
13	西安	214.9	214.9	/	/	/	/	147	55
14	哈尔滨	64.1	64.1	/	/	/	/	48	16
15	苏州	186.6	186.6	/	/	/	/	146	49
16	郑州	199.9	168.6	/	/	31.3	/	120	53
17	昆明	41.1	41.1	/	/	/	/	39	15

2020年全国城市轨道交通在实施的建设规划情况统计表（续前表） 表4-2-1

序号	城市	规划建设线路长度（公里）	各系统制式线路长度（公里）					车站数（座）	
			地铁	轻轨	跨座式单轨	市域快轨	有轨电车	车站	其中换乘站
18	杭州	214.6	214.6	/	/	/	/	300	106
19	佛山	126.6	102.5	/	/	/	24.1	80	15
20	长沙	121.3	121.3	/	/	/	/	154	51
21	宁波	152.2	152.2	/	/	/	/	32	13
22	无锡	60.2	60.2	/	/	/	/	30	5
23	合肥	202.4	202.4	/	/	/	/	137	46
24	南昌	70.0	70.0	/	/	/	/	48	10
25	青岛	181.7	121.0	/	/	60.7	/	97	40
26	福州	169.5	169.5	/	/	/	/	78	29
27	南宁	45.0	45.0	/	/	/	/	36	10
28	石家庄	40.1	40.1	/	/	/	/	30	8
29	济南	231.5	196.0	/	/	/	35.5	151	51
30	太原	24.1	24.1	/	/	/	/	24	7
31	兰州	9.4	9.4	/	/	/	/	9	5
32	贵阳	140.9	80.3	/	/	60.6	/	90	24
33	乌鲁木齐	89.7	89.7	/	/	/	/	72	20
34	厦门	162.7	162.7	/	/	/	/	56	21
35	徐州	96.7	96.7	/	/	/	/	76	27
36	常州	27.1	19.8	/	/	/	7.3	25	2
37	东莞	127.5	127.5	/	/	/	/	47	7
38	南通	59.6	59.6	/	/	/	/	45	10
39	温州	104.6	/	/	/	104.6	/	31	4
40	芜湖	46.9	/	/	46.9	/	/	36	2
41	包头	42.1	42.1	/	/	/	/	32	1
42	洛阳	41.3	41.3	/	/	/	/	33	6
43	绍兴	44.9	44.9	/	/	/	/	33	5
44	南平	26.2	/	/	/	/	26.2	9	/
45	泉州	53.7	/	/	/	/	53.7	56	/
46	台州	70.5	/	/	/	/	70.5	73	/
47	黄石	26.9	/	/	/	/	26.9	30	/
48	渭南	55.0	/	/	55.0	/	/	5	/
49	安顺	26.9	/	/	/	/	26.9	32	/
50	红河州	81.2	/	/	/	/	81.2	102	18
51	文山	17.2	/	/	/	/	17.2	18	/
52	德令哈	14.8	/	/	/	/	14.8	20	/
53	天水	21.6	/	/	/	/	21.6	19	/

2020年全国城市轨道交通在实施的建设规划情况统计表（续前表） 表4-2-1

序号	城市	规划建设线路长度（公里）	各系统制式线路长度（公里）					车站数（座）	
			地铁	轻轨	跨座式单轨	市域快轨	有轨电车	车站	其中换乘站
54	毕节	28.1	/	/	/	/	28.1	18	/
55	泸州	44.2	/	/	/	/	44.2	21	/
56	黔南州	22.0	/	/	/	/	22.0	18	/
57	德宏州	35.5	/	/	/	/	35.5	39	/
58	保山	21.0	/	/	/	/	21.0	23	/
59	嘉兴	35.7	/	/	/	/	35.7	53	/
60	张掖	15.6	/	/	/	/	15.6	6	/
61	丽江	20.5	/	/	/	/	20.5	5	/
总计		7085.5	5426.8	28.8	101.9	796.1	731.9	4439	1211

注：1.表中1-44项中地铁、轻轨、跨座式单轨、市域快轨线路为国家发展改革委批复项目，1-44项中的有轨电车线路和44项以后项目均为地方政府批复项目。国家发展改革委审批项目总计6298.6公里，占比88.9%，地方政府审批项目总计786.9公里，占比11.1%；

2.至统计期末，已开通运营的线路不再计入此统计表内；获批情况未公示的项目不计入此统计表内；

3.景区内旅游线路、工业园区内仅供员工使用的通勤线路、科研项目或试验线等不承担城市公共交通职能的线路不计入在内；

4.红河州规划项目在蒙自和弥勒2市，德宏州规划项目在瑞丽市；

5.至2020年，无磁浮交通、自导向轨道系统、悬挂式单轨、导轨式胶轮系统、电子导向胶轮系统5种制式规划。

（中国城市轨道交通协会统计部）

2020年全国城市轨道交通建设规划获批城市汇总表 表4-2-2

一、国家发展改革委批复（44个）

序号	省/自治区/直辖市	地/市	备注
1	北京市		
2	天津市		
3	河北省	石家庄市	
4	山西省	太原市	
5	内蒙古自治区	呼和浩特市	已建成投运
6		包头市	
7	辽宁省	沈阳市	
8		大连市	
9	吉林省	长春市	
10	黑龙江省	哈尔滨市	
11	上海市		
12	江苏省	南京市	
13		无锡市	
14		徐州市	
15		常州市	
16		苏州市	
17		南通市	
18	浙江省	杭州市	
19	浙江省	宁波市	
20		温州市	
21		绍兴市	
22	安徽省	合肥市	
23		芜湖市	
24	福建省	福州市	
25		厦门市	
26	江西省	南昌市	
27	山东省	济南市	
28		青岛市	
29	河南省	郑州市	
30		洛阳市	
31	湖北省	武汉市	
32	湖南省	长沙市	
33	广东省	广州市	
34		深圳市	
35		佛山市	
36		东莞市	

2020年全国城市轨道交通建设规划获批城市汇总表（续前表） 表4-2-2

序号	省/自治区/直辖市	地/市	备注
一、国家发展改革委批复（44个）			
37	广西壮族自治区	南宁市	
38	重庆市		
39	四川省	成都市	
40	贵州省	贵阳市	
41	云南省	昆明市	
42	陕西省	温州市	
43	甘肃省	兰州市	
44	新疆维吾尔自治区	乌鲁木齐市	
二、地方政府批复（23个）			
1	江苏省	淮安市	已建成投运
2	浙江省	嘉兴市	
3		台州市	
4	福建省	泉州市	
5		南平市	
6	湖北省	黄石市	
7	湖南省	株洲市	已建成投运
8	广东省	珠海市	已建成投运
9	海南省	三亚市	已建成投运
10	四川省	泸州市	
11		宜宾市	已建成投运
12	贵州省	安顺市	
13		毕节市	
14		黔南州	
15	云南省	保山市	
16		丽江市	
17		红河州	蒙自、弥勒两市
18		文山市	
19		德宏州	瑞丽市
20	陕西省	渭南市	
21	甘肃省	天水市	
22		张掖市	
23	青海省	德令哈市	

3 城市轨道交通建设年度统计资料

一、在建规模持续增长

至2020年底，中国有57个城市（个别由地方政府批复项目未纳入统计）在建线路总规模6797.5公里（含个别2020年当年仍有建设进展和投资发生的运营项目和2020当年新投运的项目），在建线路297条（段），共有31个城市在建线路为3条及以上，如再合并已运营线路，共有34个城市在建和运营线路超过3条。

23个城市的在建线路长度超过100公里。其中，成都市建设规模超过400公里；北京、青岛、天津、深圳、杭州、广州6市建设规模超过300公里；郑州、西安、合肥、武汉、南京5市建设规模超200公里；建设规模在150～200公里之间的有沈阳、苏州、长沙、上海、厦门5个城市，建设规模在100～150公里之间的有福州、佛山、宁波、温州、贵阳、重庆6个城市。

在6797.5公里的在建线路中，地下线5481.9公里，占比80.6%，地面线469.2公里，占比6.9%，高架线846.4公里，占比12.5%。（表4-3-1）

二、5种制式在建，地铁占比下降，市域快轨占比增加

在6797.5公里的在建线路中，地铁5662.2公里，占比83.30%，比上年下降2.8%；轻轨5.4公里，占比0.08%；跨座式单轨46.8公里，占比0.69%；市域快轨652.7公里，占比9.60%，比上年增长2.5%；有轨电车430.4公里，占比6.33%，比上年增t工0.4%；2020年当年无磁浮交通、自导向轨道系统、悬挂式单轨、导轨式胶轮系统、电子导向胶轮系统在建。据不完全统计，全国在建线路车站共计4298座（按线路累计计算），其中换乘站1357座（按线路累计计算），换乘站占比为31.57%，比上年增长1.1%。

三、全年完成建设投资达6286亿元，再创历史新高

据不完全统计（不含部分地方政府批复项目和个别数据填报不完整的项目的资金情况），至2020年底，中国内地在建线路可研批复投资累计45289.3亿元，初设批复投资累计39365.5亿元。一季度因受新冠疫情的影响，城市轨道交通建设进度有所放缓，部分在建项目出现暂时停工状态，二季度在抓好疫情防控的同时快速推进复工复产，城市轨道交通行业上下游产业链也逐步正常化，从全年整体来看，各地克服新冠疫情的不利影响，建设项目稳步推进，基本按照原定计划完成了当年建设任务。

2020年共完成建设投资6286亿元，比上年增长5.5%，再创历史新高，其中车辆购置完成投资（不完全统计）426.9亿元，占年度完成建设投资总额的6.8%。2020年完成建设投资约占可研批复总投资的13.9%。

共有11个城市全年完成建设投资超过200亿元，11市完成建设投资合计3587亿元，占全国完成建设投资总额的57.1%。其中，杭州市全年完成建设投资超650亿元，成都市全年完成建设投资近490亿元，杭州、成都2市合计共完成投资约1140亿元，约占全国完成建设投资总额的18.1%；深圳市完成建设投资均超过300亿元；北京、西安、郑州、武汉、广州、天津、青岛、南京8市全年完成建设投资均超过200亿元。另有苏州、上海、长沙、昆明、合肥、福州、贵阳、厦门、宁波9市全年完成建设投资均超过100亿元。

四、“十三五”期间累计完成建设投资超26000亿元

“十三五”期间，全国累计完成建设投资26278.7亿元，相比“十二五”期间所完成建设投资总额的12289亿元翻了一番还多。年均完成建设投资5255.7亿元。“十三五”是中国城市轨道交通建设快速推进的时期，5年间，累计超过60座城市有城市轨道交通项目在建或建成投运。城市轨道交通的蓬勃发展带来了巨大的社会效益，投融资方式也逐渐多元化，有政府投资、专项债发行、社会资本参与等多种形式。预计进入“十四五”后，我国城市轨道交通的建设规模和投资还将维持较高的水平，多种资本的参与也将为城市轨道交通的持续快速发展带来新的助力。

（中国城市轨道交通协会统计部）

2020年全国城市轨道交通在建线路情况统计表 表4-3-1

序号	城市	在建线路长度（公里）	各制式线路长度（公里）					各敷设方式线路长度(公里)			车站数（座）	
			地铁	轻轨	跨座式单轨	市域快轨	有轨电车	地下	地面	高架	车站	其中换乘站
1	北京	397.8	364.7	/	/	/	33.1	321.8	41.0	35.0	237	102
2	上海	150.4	128.2	/	/	22.2	/	144.0	/	6.4	98	39
3	天津	321.7	321.7	/	/	/	/	285.0	4.3	32.4	238	65
4	重庆	100.0	72.0	/	/	28.0	/	61.1	3.1	35.8	54	14
5	广州	306.1	291.7	/	/	/	14.4	291.7	13.0	1.4	166	5
6	深圳	316.2	316.2	/	/	/	/	285.7	2.1	28.4	196	89
7	武汉	211.4	118.5	/	/	92.9	/	165.1	2.9	43.4	95	52
8	南京	205.9	160.2	/	/	45.7	/	178.4	2.0	25.5	132	58
9	沈阳	196.6	196.6	/	/	/	/	171.8	0.5	24.3	62	27
10	长春	97.3	91.9	5.4	/	/	/	92.8	/	4.5	77	29
11	大连	79.2	36.2	/	/	43.0	/	36.4	18.2	24.6	36	9
12	成都	459.1	391.4	/	/	38.7	29.0	372.3	33.4	53.4	279	96
13	西安	264.2	264.2	/	/	/	/	223.8	1.2	39.2	178	59
14	哈尔滨	60.9	60.9	/	/	/	/	60.9	/	/	49	16
15	苏州	186.6	186.6	/	/	/	/	186.0	0.6	/	146	49
16	郑州	296.9	265.6	/	/	31.3	/	288.9	0.4	7.6	199	90
17	昆明	99.0	99.0	/	/	/	/	97.9	/	1.1	73	31
18	杭州	312.3	288.8	/	/	23.5	/	300.2	/	12.1	197	66

2020年全国城市轨道交通在建线路情况统计表（续前表）

表4-3-1

序号	城市	在建线路长度（公里）	各制式线路长度（公里）					各敷设方式线路长度(公里)			车站数（座）	
			地铁	轻轨	跨座式单轨	市域快轨	有轨电车	地下	地面	高架	车站	其中换乘站
19	佛山	124.9	101.8	/	/	/	23.1	86.5	14.2	24.2	80	31
20	长沙	164.4	164.4	/	/	/	/	160.2	0.2	4.0	118	36
21	宁波	124.7	103.1	/	/	21.6	/	87.2	/	37.5	83	25
22	无锡	88.6	88.6	/	/	/	/	68.7	0.2	19.7	51	8
23	南昌	99.9	99.9	/	/	/	/	62.3	0.2	37.4	70	16
24	兰州	9.1	9.1	/	/	/	/	9.1	/	/	20	/
25	青岛	339.1	150.4	/	/	188.7	/	234.3	2.7	102.1	174	57
26	福州	149.9	149.9	/	/	/	/	126.9	/	23.0	74	29
27	东莞	58.0	58.0	/	/	/	/	35.4	2.3	20.3	21	5
28	南宁	51.3	51.3	/	/	/	/	51.3	/	/	41	11
29	合肥	224.4	224.4	/	/	/	/	212.8	0.3	11.3	170	53
30	石家庄	79.5	79.5	/	/	/	/	79.5	/	/	/	/
31	济南	58.0	58.0	/	/	/	/	56.4	/	1.6	24	9
32	太原	52.2	52.2	/	/	/	/	52.2	/	/	47	14
33	贵阳	114.0	114.0	/	/	/	/	101.8	/	12.2	74	19
34	乌鲁木齐	88.7	88.7	/	/	/	/	88.7	/	/	72	20
35	厦门	150.0	150.0	/	/	/	/	120.3	2.1	27.6	88	31
36	徐州	71.7	71.7	/	/	/	/	71.7	/	/	76	27
37	常州	28.0	19.8	/	/	/	8.2	18.2	8.6	1.2	23	2
38	温州	117.1	/	/	/	117.1	/	19.6	5.9	91.6	37	4
39	呼和浩特	27.3	27.3	/	/	/	/	27.3	/	/	24	1
40	洛阳	40.8	40.8	/	/	/	/	40.8	/	/	33	6
41	南通	60.0	60.0	/	/	/	/	60.0	/	/	45	12
42	绍兴	44.9	44.9	/	/	/	/	44.9	/	/	33	5
43	芜湖	46.8	/	/	46.8	/	/	1.4	/	45.4	36	2
44	三亚	8.4	/	/	/	/	8.4	/	8.4	/	15	/
45	南平	26.2	/	/	/	/	26.2	/	26.2	/	9	/
46	红河州	32.1	/	/	/	/	32.1	/	29.4	2.7	34	3
47	文山	21.1	/	/	/	/	21.1	/	21.1	/	19	1
48	德宏州	20.5	/	/	/	/	20.5	/	20.5	/	5	/
49	台州	32.4	/	/	/	/	32.4	/	32.4	/	32	1
50	德令哈	15.0	/	/	/	/	15.0	/	15.0	/	20	/
51	天水	21.6	/	/	/	/	21.6	/	18.0	3.6	19	/
52	安顺	26.9	/	/	/	/	26.9	/	25.3	1.6	31	1
53	黔南州	22.0	/	/	/	/	22.0	/	22.0	/	18	/
54	保山	21.0	/	/	/	/	21.0	0.6	16.1	4.3	23	4

2020年全国城市轨道交通在建线路情况统计表（续前表） 表4-3-1

序号	城市	在建线路长度（公里）	各制式线路长度（公里）					各敷设方式线路长度(公里)			车站数（座）	
			地铁	轻轨	跨座式单轨	市域快轨	有轨电车	地下	地面	高架	车站	其中换乘站
55	张掖	15.6	/	/	/	/	15.6	/	15.6	/	6	/
56	泸州	44.2	/	/	/	/	44.2	/	44.2	/	21	/
57	嘉兴	15.6	/	/	/	/	15.6	/	15.6	/	20	/
	总计	6797.5	5662.2	5.4	46.8	652.7	430.4	5481.9	469.2	846.4	4298	1357

注：1. 表中1-43项中的地铁、轻轨、跨座式单轨、市域快轨项目为国家发展改革委审批项目，1-43项中的有轨电车、磁浮交通线路和43项以后项目均为地方政府审批项目。经国家发展改革委审批的在建项目规模总计6367.1公里，占比93.7%，由地方政府审批的在建项目规模总计430.4公里，占比6.3%；

2. 含部分2020年当年仍有建设进展和投资发生的当年新投运项目和既有运营项目；
3. 景区内旅游观光线、工业园区内仅供员工使用的通勤线路、科研试验线等不承担城市公共交通职能的线路不计入；
4. 所有建设规划项目均在2020年前已完成的城市如淮安、珠海等不再列入，2020年当年工程暂停无进展的项目不计入；
5. 红河州建设项目在蒙自和弥勒2市，德宏州建设项目在瑞丽市；
6. 2020年无磁浮交通、自导向轨道系统、悬挂式单轨、导轨式胶轮系统、电子导向胶轮系统5种制式在建。

（中国城市轨道交通协会统计部）

4 城市轨道交通运营年度统计资料

一、运营规模

（一）运营线路

至2020年底，共有45个城市开通城市轨道交通运营线路244条，总运营里程7969.7公里。新增天水、三亚、太原3市，其中，天水、三亚为有轨电车。另依据2020年11月1日生效的团体标准《城市轨道交通分类》（T/CAMET 00001-2020）相关规定，将2018年开通运营的株洲A1线和2019年开通运营的宜宾T1线（均为电子导向胶轮系统）纳入统计，城市轨道交通运营城市累计达45个。

按线路敷设方式来分，地下线5422.3公里，占比68.1%；地面线990.5公里，占比12.4%；高架线1556.9公里，占比19.5%。（表4-4-1）

从新增运营里程看，2020年新增运营线路36条，新增运营里程1233.5公里，当年新增运营线路和累计运营线路长度创历史新高；从运营线网规模看，共计22个城市的线网规模达到100公里或以上；从行政区划来看，共有28个省（含直辖市）开通城市轨道交通运营，其中，江苏省内开通城市轨道交通运营的城市最多，为6市；从城市群拥有城市轨道交通运营线网规模在全国总运营线网规模中的占有率看，长三角城市群占比最高，共11市开通运营线路64条，运营里程2247公里，全线网总长度占有率28.2%。

（二）运营站场

至2020年底，全国城市轨道交通累计投运车站总计4681座（线网车站每个车站只计一次，换乘站不重复计算），其中换乘车站472座。拥有换乘站的城市达到30个，占开通城市轨道交通城市的66.7%。据不完全统计，累计投运车辆段和停车场共计384座。

拥有4条及以上运营线路，且换乘站3座及以上的城市共计22个，占开通城市轨道交通运营城市总数的48.9%。

（三）制式结构

至2020年底，城市轨道交通运营线路中，共有8种制式同时在运营。其中，地铁6280.8公里，占比78.81%；轻轨217.6公里，占比2.73%；跨座式单轨98.5公里，占比1.24%；市域快轨819.6公里，占比10.28%；有轨电车464.6公里，占比5.83%；磁浮交通57.7公里，占比0.72%；自导向轨道系统10.2公里，占比0.13%，电子导向胶轮系统20.7公里，占比0.26%。无悬挂式单轨和导轨式胶轮系统。拥有2种及以上制式投运的城市有19个，占已开通城市轨道交通运营城市的42.2%。

2020年新增运营线路1233.5公里，其中新增地铁1100.2公里，占比89.2%；新增市域快轨65公里，占比

5.3%；新增有轨电车47.6公里，占比3.9%。与上年同期相比，地铁同比增幅最大，主要是新开通城市和新开通线路条数增多。市域快轨、有轨电车增量低于上年同期。

（四）“十三五”期间，新增运营里程超4000公里

“十三五”期间，累计新增运营里程为4351.7公里，年均新增运营里程870.3公里，年均增长率17.1%，创历史新高，比“十二五”期间年均新投运线路长度403.8公里翻了一番还多，“十三五”五年间新增运营里程超过“十三五”前的累计总和。

二、客运情况

（一）客运量、进站量和客运周转量

2020年初，受新冠疫情影响，客流有所下降，据不完全统计，城市轨道交通全年累计完成客运量175.9亿人次，比上年减少61.1亿人次，下降25.8%；完成客运进站量109.5亿人次，比上年减少40亿人次，下降26.8%；完成客运周转量1486.4亿人公里，比上年下降25.8%。（表4-4-2）

虽然与上年同期相比城市轨道交通客运量下降。但随着城市轨道交通运营线路长度的快速增长，线网的织密，中心城市城轨出行量（进站量）占公共交通出行比例也在逐年提高。2020年，城轨出行量（进站量）占公共交通出行比例38.7%，比上年增长4.1%，其中，上海、广州、南京、深圳、北京、成都6个城市轨道交通客运量占公共交通出行比率超过50%。

（二）客运强度

2020年，全国城市轨道交通平均客运强度为0.45万人次/公里日，客运强度比上年下降0.27万人次/公里日，比上年下降36.9%。从线网来看，全制式综合线网平均客运强度超过1万人次/公里日的有广州、深圳、上海、西安4个城市；从单线来看，客运强度超过1万人次/公里日的线路共44条，比上年减少29条。

（三）“十三五”期间，累计完成客运量近1000亿人次

“十三五”期间，城市轨道交通累计完成客运量969.4亿人次，年平均客运量194亿人次/年，比“十二五”期间年平均客运量106亿人次/年增长83%。

三、运营服务和安全

（一）车辆配置、运营里程和平均旅行速度

据不完全统计，至2020年底，全国城市轨道交通累计配属车辆8342列，比上年增加1347列，增长19.3%。全年完成运营里程45.5亿车公里，比上年增长11.1%。

2020年，全国城市轨道交通日均计划开行列次总计为78135列次，日均实际开行列次总计为78284列次，实际开行列次比上年增加8569列次，增长12.3%。2020年共有37个城市的计划兑现率均达到100%。2020年，城市轨道交通平均旅行速度35.1公里/小时。

（二）高峰小时最小发车间隔和线网运营服务时长

2020年，全国城市轨道交通高峰小时最小发车间隔平均为287秒。进入120秒及以内的线路共有16条，比上年增加4条。共15个城市的60条城市轨道交通线路高峰小时最小发车间隔进入180秒以内，占总线路条数的25%。

2020年，城市轨道交通平均运营服务时长16.8小时/日，比上年略有增长。城市平均运营服务时长以北京18.7小时/日为最长。平均运营服务时长超过18小时/日还有上海、重庆、西安、贵阳4市。从线路看，共有17市的99条城市轨道交通线路运营服务时长超过18个小时。

2019年，城市轨道交通平均运营服务时长16.7小时/日，比上年略有增长。

（三）运营安全

2020年，据不完全统计（部分线路数据填报不完整，且不包含部分有轨电车相应数据），共发生5分钟及以上延误事件1023次，平均5分钟及以上延误率0.248次/百万车公里，比上年下降35%，列车退出正线故障共计7405次，平均退出正线运营故障率0.016次/万车公里，比上年下降25.6%。

四、运营经济

（一）运营收入、成本和收支情况

据不完全统计（本次计入35个城市数据，不含部分市域快轨和有轨电车数据和数据填报不完整城市），2020年，全国城市轨道交通平均单位车公里运营成本24.6元，比上年增长1.2元。平均单位人公里运营成本0.74元，比上年增长0.05元。总成本中人工成本占比52.3%，比上年增加3.5个百分点，电费占比10.2%，比上年持平。

全国城市轨道交通平均单位车公里运营收入15.9元，比上年下降0.8元。平均单位人公里运营收入0.48元，比上年增长0.01元。平均单位票款收入0.26元/人公里，比上年减少0.02元。

2020年受疫情影响客流减少，全国平均运营收支比为65%，比上年下降7.7%。总收入比上年下降10.5%，其中，票款收入下降26.1%，资源经营收入下降7.2%，总支出增长31.5%。

（二）能耗情况

2020年，城市轨道交通总电能耗172.4亿千瓦时，比上年增长12.9%。其中，牵引能耗84亿千瓦时，比上年增长6.3%。各城市轨道交通单位平均人公里总电能耗0.116千瓦时，比上年增长52.2%。各城市城市轨道交通单位平均人公里牵引能耗0.057千瓦时，比上年增长43.2%。平均车公里总电能耗4.52千瓦时，比上年增长7.8%，平均车公里牵引能耗1.9千瓦时，比上年增长4.7%。（表4-4-3）

（中国城市轨道交通协会统计部）

2020年全国城市轨道交通运营线路情况统计表

表4-4-1

序号	城市	运营里程（公里）	各系统制式线路长度（公里）										各敷设方式线路长度(公里)			站场数（座）		
			地铁	轻轨	跨座式单轨	市域快轨	有轨电车	磁浮交通	自导向轨道系统	电子导向胶轮系统	导轨式胶轮系统	悬挂式单轨	地下线	地面线	高架线	车站	其中换乘站	车辆段或停车场
1	北京	799.1	653.0	/	/	115.3	8.9	10.0	/	/	/	/	490.4	147.4	161.3	382	62	35
2	上海	834.2	693.8	/	/	56.0	49.0	29.1	6.3	/	/	/	448.8	121.4	264.0	432	65	38
3	天津	238.8	178.6	52.3	/	/	7.9	/	/	/	/	/	163.0	15.8	60.0	157	15	13
4	重庆	343.3	244.8	/	98.5	/	/	/	/	/	/	/	204.1	2.6	136.6	178	20	17
5	广州	531.6	505.7	/	/	/	22.0	/	3.9	/	/	/	416.8	25.7	89.1	277	35	22
6	深圳	422.6	410.9	/	/	/	11.7	/	/	/	/	/	352.8	18.1	51.7	263	48	21
7	武汉	387.5	338.4	/	/	/	49.1	/	/	/	/	/	263.5	42.6	81.4	254	29	25
8	南京	394.3	176.8	/	/	200.8	16.7	/	/	/	/	/	198.2	29.1	167.0	187	13	15
9	沈阳	211.5	114.1	/	/	/	97.4	/	/	/	/	/	114.1	97.4	/	157	13	7
10	长春	117.7	38.7	61.5	/	/	17.5	/	/	/	/	/	42.9	55.0	19.8	119	8	7
11	大连	181.3	54.1	103.8	/	/	23.4	/	/	/	/	/	55.2	55.3	70.8	106	3	7
12	成都	652.0	518.5	/	/	94.2	39.3	/	/	/	/	/	455.5	138.4	58.1	327	46	27
13	西安	239.0	239.0	/	/	/	/	/	/	/	/	/	193.9	2.9	42.2	154	13	14
14	哈尔滨	30.3	30.3	/	/	/	/	/	/	/	/	/	30.3	/	/	26	1	1
15	苏州	210.1	165.9	/	/	/	44.2	/	/	/	/	/	161.2	35.3	13.6	151	9	10
16	郑州	244.0	201.0	/	/	43.0	/	/	/	/	/	/	183.7	44.3	16.0	133	17	12
17	昆明	139.4	139.4	/	/	/	/	/	/	/	/	/	117.5	/	21.9	83	9	9
18	杭州	300.6	300.6	/	/	/	/	/	/	/	/	/	279.2	0.4	21.0	169	20	11
19	佛山	28.1	21.5	/	/	/	6.6	/	/	/	/	/	21.5	6.6	/	25	/	2
20	长沙	157.9	139.3	/	/	/	/	18.6	/	/	/	/	138.4	1.1	18.4	95	12	7
21	宁波	154.3	132.8	/	/	21.5	/	/	/	/	/	/	83.5	/	70.8	97	6	9
22	无锡	87.1	87.1	/	/	/	/	/	/	/	/	/	72.9	0.3	13.9	66	3	6
23	南昌	88.9	88.9	/	/	/	/	/	/	/	/	/	88.9	/	/	70	4	5
24	兰州	86.9	25.9	/	/	61.0	/	/	/	/	/	/	25.9	61.0	/	26	/	3
25	青岛	255.0	71.9	/	/	174.3	8.8	/	/	/	/	/	139.9	10.9	104.2	119	4	14
26	淮安	20.1	/	/	/	/	20.1	/	/	/	/	/	/	20.1	/	23	/	1
27	福州	58.5	58.5	/	/	/	/	/	/	/	/	/	58.5	/	/	45	1	4
28	东莞	37.8	37.8	/	/	/	/	/	/	/	/	/	33.7	0.4	3.7	15	/	1
29	南宁	108.0	108.0	/	/	/	/	/	/	/	/	/	108.0	/	/	80	7	6
30	合肥	112.5	112.5	/	/	/	/	/	/	/	/	/	108.3	/	4.2	80	3	6
31	石家庄	59.0	59.0	/	/	/	/	/	/	/	/	/	59.0	/	/	48	3	4
32	贵阳	34.8	34.8	/	/	/	/	/	/	/	/	/	29.7	1.8	3.3	25	/	2
33	厦门	71.9	71.9	/	/	/	/	/	/	/	/	/	67.2	1.9	2.8	55	1	4
34	珠海	8.8	/	/	/	/	8.8	/	/	/	/	/	/	8.8	/	14	/	1
35	乌鲁木齐	26.8	26.8	/	/	/	/	/	/	/	/	/	26.8	/	/	21	/	2

2020年全国城市轨道交通运营线路情况统计表（续前表） 表4-4-1

序号	城市	运营里程（公里）	各系统制式线路长度（公里）										各敷设方式线路长度（公里）			站场数（座）		
			地铁	轻轨	跨座式单轨	市域快轨	有轨电车	磁浮交通	自导向轨道系统	电子导向胶轮系统	导轨式胶轮系统	悬挂式单轨	地下线	地面线	高架线	车站	其中换乘站	车辆段或停车场
36	温州	53.5	/	/	/	53.5	/	/	/	/	/	/	11.4	3.0	39.1	18	/	1
37	济南	47.7	47.7	/	/	/	/	/	/	/	/	/	31.3	0.2	16.2	24	/	3
38	常州	34.2	34.2	/	/	/	/	/	/	/	/	/	31.6	0.4	2.2	29	/	2
39	徐州	46.0	46.0	/	/	/	/	/	/	/	/	/	45.3	0.1	0.6	37	1	4
40	呼和浩特	49.0	49.0	/	/	/	/	/	/	/	/	/	45.8	0.3	2.9	43	1	4
41	天水	12.9	/	/	/	/	12.9	/	/	/	/	/	/	12.9	/	11	/	1
42	三亚	8.4	/	/	/	/	8.4	/	/	/	/	/	/	8.4	/	15	/	1
43	太原	23.6	23.6	/	/	/	/	/	/	/	/	/	23.6	/	/	22	/	1
44	株洲	3.0	/	/	/	/	/	/	/	3.0	/	/	/	3.0	/	4	/	/
45	宜宾	17.7	/	/	/	/	/	/	/	17.7	/	/	/	17.7	/	19	/	/
总计		7969.7	6280.8	217.6	98.5	819.6	464.6	57.7	10.2	20.7	0	0	5422.3	990.5	1556.9	4681	472	384

注：1. 表中经国家发展改革委审批的线路7047公里，占比89%；地方政府审批的线路592公里，占比7%；原铁道部审批的线路总规模331公里，占比4%；
2. 所有线网，车站数量含换乘站，每车站只计数一次；
3. 按地理区域划分，广佛线在佛山境内21.5公里，车站15个计入佛山市；
4. 有轨电车运营长度含上海松江、沈阳浑南、武汉光谷和长春有轨电车4家共计50.1公里共线运营线路长度。

2020年全国城市轨道交通客运情况统计表 表4-4-2

序号	城市	客运总量（万人次）	日均客运量（万人次）	进站量（万人次）	客运周转量（万人次公里）	客运强度（万人次/日公里）	线路最高日客运量（万人次）	车站最高日客运量		
								最高日客运量（万人次）	发生车站	发生日期
1	北京	229398.4	626.9	121615.2	2116377.7	0.78	193.8	42.27	西直门	2020/01/10
2	上海	283649.0	779.0	160365.3	2618093.1	1.07	170.4	67.23	人民广场	2020/01/17
3	天津	33895.0	92.6	22242.4	269379.6	0.39	44.8	22.38	天津站	2020/01/10
4	重庆	83975.1	229.4	56475.8	733223.3	0.67	108.2	33.03	小什字	2020/08/19
5	广州	241560.2	660.2	134256.2	1930266.9	1.19	262.7	81.10	体育西路	2020/12/31
6	深圳	162672.9	479.4	104219.0	1383327.6	1.13	131.1	49.36	深圳北	2020/12/31
7	武汉	62808.9	207.8	41335.6	511333.3	0.56	121.2	38.59	江汉路	2020/12/31
8	南京	79784.6	218.0	45886.2	668116.9	0.58	125.3	67.79	新街口	2020/12/31
9	沈阳	31627.6	90.9	22153.8	222262.1	0.43	55.5	25.81	青年大街	2020/01/10
10	长春	15503.5	43.3	10774.7	91774.9	0.43	30.0	2.58	长春站北	2020/01/10
11	大连	12467.6	34.1	10203.5	135265.7	0.22	24.1	14.06	西安路	2020/03/08
12	成都	121962.0	399.2	73536.9	983458.5	0.72	108.5	46.79	春熙路	2020/10/01
13	西安	73099.5	247.6	50807.6	573944.2	1.04	119.1	51.27	小寨	2020/05/02
14	哈尔滨	5135.5	14.0	4321.5	35475.8	0.46	28.4	8.41	博物馆	2020/01/20
15	苏州	30918.4	8.45	20177.5	231435.9	0.40	49.3	4.96	察院场	2020/01/01
16	郑州	34100.6	111.9	23083.0	287102.6	0.56	68.9	7.82	郑州东站	2020/12/31
17	昆明	15926.3	51.2	12251.8	154686.9	0.37	45.9	17.01	东风广场	2020/01/10

2020年全国城市轨道交通客运情况统计表（续前表）

表4-4-2

序号	城市	客运总量（万人次）	日均客运量（万人次）	进站量（万人次）	客运周转量（万人次公里）	客运强度（万人次/日公里）	线路最高日客运量（万人次）	车站最高日客运量		
								最高日客运量（万人次）	发生车站	发生日期
18	杭州	58241.4	179.4	39908.3	495696.8	0.60	105.9	32.55	火车东站	2020/09/30
19	佛山	27.5	0.1	27.5	/	0.01	1.0	/	/	/
20	长沙	38576.4	122.0	23714.5	250118.7	0.77	93.5	51.19	五一广场	2020/12/31
21	宁波	15986.0	59.9	10018.3	100707.8	0.39	36.7	16.94	鼓楼	2020/10/01
22	无锡	8722.0	29.7	7205.1	66326.7	0.34	25.8	12.00	三阳广场	2020/11/07
23	南昌	13593.1	50.8	13567.4	93050.5	0.57	74.5	23.38	地铁大厦	2020/12/31
24	兰州	5248.1	14.3	5248.1	48536.1	0.55	30.1	9.14	西站什字	2020/10/01
25	青岛	13976.1	44.6	11078.8	119515.2	0.18	35.2	12.42	五四广场	2020/12/31
26	淮安	620.7	1.9	620.7	/	0.10	4.5	0.39	体育馆	2020/12/30
27	福州	9475.4	25.9	8020.4	67835.2	0.44	31.1	12.64	南门兜	2020/12/31
28	东莞	3505.6	9.6	3505.6	44819.0	0.25	25.7	8.71	鸿福路	2020/12/31
29	南宁	20841.0	61.2	14720.0	226407.8	0.57	73.6	11.75	朝阳广场	2020/12/31
30	合肥	19507.4	56.1	14767.3	152456.1	0.50	44.1	20.19	大东门	2020/12/31
31	石家庄	7171.2	23.0	5514.2	38722.7	0.39	29.0	10.22	新百广场	2020/01/20
32	贵阳	3698.3	10.1	3698.3	39380.6	0.29	17.1	2.59	贵阳北站	2020/01/20
33	厦门	11396.6	31.1	9410.2	91249.6	0.43	34.0	12.53	吕厝	2020/11/21
34	珠海	81.6	0.3	81.6	391.6	0.03	0.5	0.12	水拥坑	2020/10/02
35	乌鲁木齐	1911.4	7.3	1911.4	17144.9	0.22	11.6	2.49	南门	2020/01/15
36	温州	701.2	2.1	701.2	11608.7	0.04	4.5	1.01	奥体中心	2020/01/01
37	济南	867.6	2.4	867.6	6819.7	0.05	3.6	1.71	济南西	2020/10/08
38	常州	2282.0	6.2	2282.0	18803.7	0.18	6.5	1.66	常州火车站	2020/01/01
39	徐州	2093.9	12.1	2014.0	16251.8	0.26	15.2	2.17	徐州东站	2020/12/31
40	呼和浩特	2130.2	11.3	1887.5	12741.2	0.23	12.0	2.33	新华广场	2020/12/31
41	三亚	22.2	0.3	22.2	77.6	0.03	0.6	/	/	/
42	太原	88.5	14.8	88.5	292.5	0.62	21.0	21.26	长风街	2020/12/27
总计/平均		1759250.5	5146.7	1094586.5	14864479.4	0.45	/	/	/	/

注：广佛线全线客流数据计入广州市。

（中国城市轨道交通协会统计部）

2020年各城市轨道交通运营服务情况统计表

表4-4-3

序号	城市	运营车公里（万车公里）	平均旅行速度（公里/小时）	配属列车数（列）	日均计划开行列次（列）	日均实际开行列次（列）	线路高峰小时最小发车间隔（秒）	线网平均运营服务时间（小时/日）
1	北京	67257.0	35.8	1108	10364	10367	105	18.7
2	上海	64317.1	38.8	1038	8306	8337	110	18.3
3	天津	13669.0	36.0	224	1817	1817	180	16.4
4	重庆	23469.9	39.7	328	3426	3427	150	18.1
5	广州	41422.4	36.4	558	7069	7073	118	17.5
6	深圳	34584.8	35.2	532	4633	4677	135	17.8
7	武汉	18687.5	32.2	493	3749	3751	150	17.4

2020年各城市轨道交通运营服务情况统计表（续前表）

表4-4-3

序号	城市	运营车公里（万车公里）	平均旅行速度（公里/小时）	配属列车数（列）	日均计划开行列次（列）	日均实际开行列次（列）	线路高峰小时最小发车间隔（秒）	线网平均运营服务时间（小时/日）
8	南京	21207.0	48.9	291	3143	3140	140	17.7
9	沈阳	8125.0	26.2	180	1698	1700	240	16.2
10	长春	3621.7	31.0	134	1422	1425	300	15.6
11	大连	5379.1	44.1	114	1156	1162	210	16.4
12	成都	29226.5	42.8	472	5057	5062	120	17.8
13	西安	15631.6	36.7	321	3435	3437	135	18.0
14	哈尔滨	1603.0	31.6	31	485	485	270	16.0
15	苏州	12100.5	33.4	221	2197	2198	120	17.8
16	郑州	8217.6	35.1	175	1558	1547	170	16.3
17	昆明	5523.4	37.6	122	1165	1166	240	17.3
18	杭州	15506.3	37.9	325	2864	2862	135	17.6
19	佛山	37.6	20.4	5	75	75	480	13.0
20	长沙	8305.7	36.5	152	1734	1736	209	16.4
21	宁波	6183.1	38.8	150	1525	1523	135	17.0
22	无锡	3318.5	34.8	75	778	780	360	17.0
23	南昌	3883.7	33.0	105	919	920	312	17.4
24	兰州	1320.2	33.8	26	269	270	290	16.0
25	青岛	7340.3	48.0	191	1727	1728	150	17.2
26	淮安	565.4	24.0	26	203	203	420	17.5
27	福州	2937.8	33.0	59	482	482	345	17.0
28	东莞	2040.7	53.8	20	259	259	400	17.0
29	南宁	5595.3	34.7	103	1181	1181	260	17.3
30	合肥	6739.1	32.4	122	1254	1255	290	17.3
31	石家庄	2394.5	32.6	68	696	696	390	16.6
32	贵阳	1888.4	33.9	34	239	276	380	18.0
33	厦门	4691.1	37.0	86	689	687	198	16.0
34	珠海	24.2	17.2	12	94	93	840	15.0
35	乌鲁木齐	869.8	33.0	27	244	244	375	16.0
36	温州	1219.3	53.0	18	189	189	570	16.0
37	济南	2001.2	41.8	42	486	486	420	15.5
38	常州	1694.6	34.7	28	228	228	410	17.0
39	徐州	1126.4	32.6	47	491	491	400	16.0
40	呼和浩特	1348.9	31.6	52	435	435	360	16.0
41	三亚	11.0	14.4	11	157	157	535	17.0
42	太原	22.8	31.9	16	258	258	450	16.0
总计/平均		455108.6	35.1	8342	78135	78284	287	16.8

注：表中广佛线全线数据计入广州。

（中国城市轨道交通协会统计部）

五 科技创新

收入本篇的重大科技奖项有以下项目：

省市科学技术奖	（一等奖）	5项
	（二等奖）	9项
（含增补2019年度奖项，一等、二等奖各1项）		
中国城市轨道交通协会科技进步奖	（特等奖）	1项
	（一等奖）	11项
	（二等奖）	15项
中国土木工程詹天佑奖		5项
国家优质工程奖	（金奖）	3项
	（工程奖）	9项
中国专利奖涉及轨道交通	中国专利金奖	3项
	外观设计金奖	1项
	中国专利银奖	4项
	中国专利优秀奖	29项
	外观设计优秀奖	1项

注：本年度“国家科学技术奖”暂未发布授奖名单。
省市奖项包括计划单列市（大连、青岛、宁波、厦门、深圳）。

1 国家及省市科学技术奖

【概况】

2020年，城市轨道交通行业获地方科学技术奖二等奖以上项目12个，其中一等奖4项、二等奖8项（其中，计划单列市1项），增补2019年度奖项一等、二等奖各1项。“国家科学技术奖”暂未发布授奖名单。（表5-1-1，表5-1-2）

（中国城市轨道交通协会专家和学术委员会）

【GKI-33e铁路信号全电子计算机联锁系统】

项目获2020年度安徽省科技进步一等奖。

该项目是控制铁路站场内信号、道岔与进路之间联锁关系的关键技术保障设备，对于铁路列车运行安全具有重要作用。该项目成果在国内首次提出并设计、实现了一种具有完全自主知识产权的、新型的二乘二取二的计算机联锁系统结构；突破系统中安全电路设计的关键技术，采用多种故障安全设计原理，发明系列基础安全电路；在行业内，率先对计算机联锁系统的安全结构建立多种形式化模型，理论上进行较为完整的建模分析；采用深度学习方法，对软件缺陷进行预测和定位。该项目成果总体技术在工业铁路领域达到国际领先水平，可完全替代进口设备。该成果具有完全自主知识产权，获得国际最高安全完整性等级SIL4证书，申请发明专利30项，其中已授权13项，获得软件著作权3项。成果研制打破国外厂商对工业铁路全电子计算机联锁核心部件的垄断，完全替代进口设备，推动铁路信号装备向全电子计算机联锁方向转变，促进本行业的技术进步。该项目成果在上海宝钢集团公司、马鞍山钢铁股份有限公司、南京扬子石化公司、湛江港集团股份有限公司、黑龙江龙煤矿业控股集团有限公司、首钢京唐钢铁联合有限责任公司等国内数百家大型钢铁、石化、港口、电力、矿山等工业铁路厂站（含专用线与专用铁路）推广应用，并拓展应用到合肥地铁2号线、茶卡盐湖旅游专线；出口越南、伊朗等国，以及“一带一路”沿线国际市场，为保障企业安全高效生产发挥了重要作用，取得了重要的经济与社会效益，市场前景广阔。

（合肥市轨道交通集团有限公司）

【城区超大跨度小净距隧道群建设关键技术及工程应用】

项目获2020年度山东省科学技术奖一等奖。

该项目以国家973计划、国家自然科学基金等计划为牵引，历经近10年科研攻关与工程实践，解决城区超大跨度小净距隧道群勘察、设计和施工难题，形成成套关键技术。突破城区超大跨度小净距隧道群富水泉域地层勘察与设计难题。首创泉域地层面-线-点立体空间勘察体系，研发灾害源精确定位与真实成像的探查装备。提出了泉域绕避-线位抬升-顺势展布-立体互通的隧道群展布型式，建立城区局促空间下超大跨小净距隧道的设计方法。解决超大跨度小净距隧道软弱围岩控制与中隔墙保护技术难题。创新软弱地层隧道紧临建筑群大跨开挖进洞工法，发展软弱围岩支护-防水一体化新型结构型式。系统揭示隧道净距和矢跨比对中隔墙时空承载力变化的作用机制，建立了中隔墙爆破震动控制标准，形成基于减震控爆与分区加固技术的中隔墙保护方法。攻克超大跨度隧道快速安全、绿色环保施工与隧道群风险控制技术难题。首创超大跨隧道快速、安全施工工法体系（III～V级），研发以拱架安装机器人和自感应除尘降温装置为核心的快速、绿色施工装备体系，开发隧道群重大地质灾害和安全风险智能决策平台，实现科学决策和有效主动防控。项目成果在中国公路、铁路、水电等领域应用，解决京沪高速、贵广高铁、济青高铁等国家重难点工程的隧道建设难题，产生经济效益13.32亿元，并推广应用至滨莱高速、鲁南高铁等工程。该项目形成行业标准5项、省级工法7项，授权美国专利1项、中国发明专利17项、实用新型及软著20项，出版专著9部（大跨隧道系列丛书）、发表SCI/EI等文章131篇。项目首次树立富水泉域地层超大跨隧道建设的示范样板工程，获“中国公路勘察设计协会公路交通设计一等奖”。

（济南轨道交通集团有限公司）

【富水岩溶发育条件下复合地层地铁盾构工程成套关键技术研究与应用】

项目获2020年度广东省科技进步奖一等奖。

该项目针对盾构法用于富水岩溶复合地层修建地铁隧道面临问题，在广州地铁2、5、9号线和8号线北延段建设中，开展盾构设备技术、勘察技术、盾构施工工法、施工应急设备创新，形成国际领先水平的“富水岩溶发育条件下复合地层盾构工程成套关键技术”。主要创新成果包括4个方面：（1）首创具有国际领先水平双模盾构成套技术及装备。发明双模盾构切换技术及装备，突破了传统单一模式盾构设备只能适应某一种地层环境的功能局限性；发明双仓并/串联采石箱技术及装备，极大地降低盾构喷涌、滞排概率；发明盾构设备刀具磨损智能检测技术及装备，实现刀具损坏及时发现、及时更换。（2）创建富水岩溶复合地层盾构工程全过程综合勘察智能化数据赋能模型。建立基于现场采集数据与历史数据、钻探数据与物探数据相结合的地质特征分析模型。（3）发明富水岩溶复合地层盾构施工始发/到达、进仓换刀两大环节的平衡稳定技术。首创装配式可循环利用的钢套筒密闭平衡始发/到达技术，保障了盾构安全始发和到达；首创冷冻刀盘换刀技术，研发出具有冷冻加固开挖面的盾构机刀盘，实现快速进仓更换刀具，可在传统加固方法无法实施的工况下换刀。（4）发明世界首台针对富水岩溶地层塌方抢险的同步综合处理工程车。实现盾构掘进同步监控、围蔽、处理，最大程度降低塌方对社会的影响。该项目发明专利10项（其中PCT国际专利1项），实用新型专利2项，软件著作权2项；出版专著3部；参编国家标准1项；获得省级工法4项；发表核心期刊论文2篇，国际论文1篇。项目成果达到国际领先水平。该项目成果不仅应用于广州地铁岩溶区的隧道建设，还推广到杭州、南宁等多个城市。经济效益显著，近三年仅完成单位设备和相关工程的利润达6.83亿元。

（广州地铁集团有限公司）

【土地集约型、环境友好型地铁建设关键技术——深圳地铁7号线工程】

项目获2020年度深圳市科技进步奖一等奖。

该项目作为在城市密集建成区建设的一条地铁线路，工程建设需要面对下穿大量既有建构筑物、施工建设用地紧张、城市高密度区对地铁建设影响敏感等一系列难题。基于众多难题，工程在设计建造过程中始终贯彻"绿色生态地铁系统"的理念，通过土地集约型、环境友好型地铁建设综合技术研究，规划利用市区废弃采石场建设车辆段、全国最大的单体集中式NOCC、地铁大学、文化体育公园综合体，设计华强北站地铁与地下空间工程一体化建设方案、皇岗口岸站与市政主变电所集约建设方案，在既有高架桥、市政道路狭窄的空间范围内多处采用上下重叠敷设线路方案实现正线建设"零拆迁"的目标，同时开展对复杂环境、混合地层条件下地铁修建关键技术的攻关，研发特殊条件下围护结构施工成套技术、超近距"下穿上跨"运营地铁隧道施工方法、城市繁华商业区地下工程近距离减振爆破施工方法、小净距重叠盾构隧道下穿广深铁路26股道轨道群综合应用技术，引进CPIII轨道测量控制和钢弹簧浮置板整体道床创新技术，研制重叠盾构隧道自行移动可穿行式支撑台车系统、地下轨道变跨式铺轨机，确保地铁7号线优质、顺利建成并提前2个月试运营，取得了社会、生态、经济三者的有机统一，综合效益显著。

（深圳市地铁集团有限公司）

【EMS型磁浮列车悬浮系统关键技术及应用】

项目获2020年度上海市技术发明奖二等奖。

磁浮交通能促进城市群综合交通的高效、绿色发展，并催生数千亿元高端装备制造产业，是未来轨道交通发展与高端制造业竞争的新制高点。电磁悬浮（EMS）是国内唯一商用磁浮列车类型，其悬浮系统主要由传感器系统，控制系统和轨道系统组成。通过间隙传感器和有源主动悬浮控制器来保障列车与轨道既不接触又不分离。由于技术难度大，复杂程度高，悬浮系统存在很多挑战性问题。该项目在上海市科委重大项目、湖南省科技重大专项支持下，依托三代试验车，两条工程试验线和一条商业磁浮线的研发攻关，实现多项技术突破，创造性地研制系列产品和装备，技术发明内容：（1）攻克一系列悬浮控制特有的技术难题，显著提高复杂环境下系统适应性。（2）攻克轻量化及冗余容错技术问题，大幅提高系统可靠性和轻量化程度。（3）采用感应线圈印制蚀刻技术、精密检波调理、线性拟合、温漂修正以及感应线圈层叠解耦等技术和创新理念，首次发明出基于四间隙探头冗余架构的悬浮传感器以及中低速磁浮轨道不平顺检测技术。该项目相关合作单位取得知识产权109项（发明专利38项），发表论文60余篇（SCI/EI收录36篇），参与《城市轨道交通中低速磁浮车辆悬浮控制系统技术条件》等国家行业标准4项。鉴定及验收结论认为，该发明具有开创性，达到世界先进水平。该项目相关成果应用在中国首条中低速磁浮运营线——长沙磁浮快线、上海临港轻量化磁浮车、中车大连机车车辆有限公司160公里/小时磁浮工程试验车、中铁工业磁浮公司200公里/小时磁浮工程试验车磁浮列车，相关设备销售额1.5亿元，促进了中国磁浮交通产业的形成，产生了重大的社会经济效益。

（长沙市轨道交通集团有限公司）

【TRANAVI型基于通信的列车控制系统】

项目获2020年度上海科学技术进步奖二等奖。

该项目针对城市轨道交通CBTC信号系统关键技术进行研究，包括车载和轨旁等设备，以列车自主测速、定位和虚拟闭塞为基础，通过WiFi、LTE车地无线通信方式，实现自动列车保护、自动列车驾驶、辅助驾驶、乘客安全乘降防护和综合信息管理，功能和性能全面达到IEEE1474标准要求，安全和可靠性符合EN50126/8/9规范，可实现最小列车追踪间隔75秒，支持列车最高运行速度为180公里/小时，控制列车停站精度为+/-25厘米，系统达到同类产品的国际先进水平。主要创新点有：（1）高安全高可靠的计算机平台技术，研发了故障自检、安全编码、反应和组合故障安全技术，将导向危险侧的失效率控制到SIL4水平，通过专用双系冗余屏蔽单点故障。（2）基于虚拟自动闭塞的列车保护技术，研发了基于纯移动闭塞和列车能量监控的紧急制动控制技术，创新地采用能量预计算方法，监控列车的速度和位置，确保列车的运行安全。（3）列车自动驾驶技术，研发基于滑模预测控制的列车自动驾驶技术，结合线路模型设计节能算法，实现列车的运动轨迹规划和追踪、精确停车和节能运行，同时研发列车参数自动辨识工具，将ATO参数调整的时间比国外同类产品减少三成。（4）基于形式化的系统工程和软件开发方法，在国内同行业首次采用基于形式化的系统工程和软件方法开发ATP软件，自动生成C语言源代码，显著提高软件开发质量。（5）CBTC系统集成和现场部署技术，项目创新性地设计了从CBTC大系统到下属各个子系统的全过程双链自动化部署方法和软件包，使现场项目实施和系统集成更加便捷高效。该项目授权发明专利15项，发表相关学术论文43篇。TRANAVI的研制成功，加强了全自主CBTC在国内的市场地位，创造了显著的社会经济效益。研究成果在上海、北京等多个城市地铁线路中使用，新增产值超13亿元人民币，并出口创汇3300多万美元。

（上海申通地铁集团有限公司）

【城市非开挖大口径深埋电力隧道的建设与运维关键技术】

项目获2020年度上海科学技术进步奖二等奖。

随着城市规模的快速扩张，电网发展和输电线路走廊资源稀缺的矛盾日益突出。采用电力隧道将电网入地输送既能整合稀缺城市空间又能方便电网运维，是解决这一矛盾的有力途径。在复杂城市环境中进行大口径深埋电力隧道的建设和运维具有“理论难预测”“扰动难控制”“标准难制定”的三难特点，阻碍电力电缆隧道技术的推广应用。该项目通过多年的校企联合科技攻关和应用实践，解决大口径非开挖深埋电力隧道建设与运维技术瓶颈背后的核心科学技术问题，形成包含理论基础、设计方法、施工技术以及安全保护标准等的系列研究成果。主要创新点：（1）电力隧道建设运维全过程管土相互作用的仿真模拟平台和物理试验系统。（2）大口径顶管微扰动施工装备研发及穿越敏感建（构）筑物技术。（3）邻近施工影响下运营电力隧道的安全保护管理技术。该项目授权专利13项（其中发明专利7项）、软件著作权1项；获上海市级工法1项；获行业奖2项；发表论文27篇，其中SCI/EI检索15篇。项目成果总体达到国际先进水平。应用于长三角地区总长近20公里的电力隧道的建设和运维，覆盖人口900多万人，为上海、杭州、宁波等城市电网建设提供了重要技术支撑。近3年产生经济效益超过8000万元，社会经济效益显著。

（上海市隧道工程轨道交通设计研究院）

【轨道高性能减振道床系统关键技术及在环境振动和钢轨异常磨耗控制的应用】

项目获2020年度上海科学技术进步奖二等奖。

中国城市轨道交通普遍存在钢轨波浪磨耗及不规则损伤等异常磨耗、振动噪声扰民、减振装备运维成本高且难以更换等突出问题，成为制约城市轨道交通发展的瓶颈。该项目采用产学研用协同创新联合体模式，主要技术成果：（1）创建轮轨柔度差变理论。基于经典轮轨关系，首次建立考虑复杂边界条件的轮轨柔度差变理论及计算模型。揭示轮轨柔度差变对钢轨异常磨耗形成及发展的影响机理，提出通过轮轨特性匹配设计、提高Pinned-Pinned频段阻尼特性等控制柔度差变的方法，为钢轨异常磨耗控制及减振降噪提供指导方向。（2）基于轮轨柔度差变控制方法，首创扣件高扭抗隔振技术，研发上部锁紧式减振扣件，轨道减振量达8分贝以上，破解钢轨异常磨耗及关注的轮轨噪声辐射问题，取得多项原创自主知识产权。（3）基于高扭抗谐振控制方法及结构阻尼特性研究，首创钢轨动态谐振匹配技术，研发高隔振及动力吸振一体的谐振式浮轨扣件，轨道减振量达10分贝以上，同时有效的控制轨道交通的高频振动噪声超标等行业难题。（4）首次提出谐振式道床动力吸振技术及一体化组合设计方法，研发高性能减振组合道床系统，利用可换式道床质量及非线性道床垫吸收轨道振动能量和隔离振动的传递，采用质量弹簧单元的谐振和吸振原理满足轨道特殊减振路段高性能减振要求。该项目共获得授权发明专利10项、实用新型专利6项、公开发表核心以上高水平论文18篇。该项目自主研发的系列化减振技术成果填补国内空白，总体达到国际领先水平。该项目成果近3年推广应用产生的销售额约3.17亿元，分别在上海申通地铁2号线、郑州地铁2号线、青岛地铁11号线、佛山地铁2号线及洛阳地铁1号线等地铁应用。

（上海申通地铁集团有限公司）

【轨道交通供电智能运维平台研发及应用】

项目获2020年度上海市科学技术进步奖二等奖。

该项目立足超大规模网络化供电系统的运维智能化建设，在行业内首创建立集设备状态实时感知预警、全寿命管理、业务流程智能驱动、专家分析四大核心功能于一体的轨道交通超大规模网络化供电智能运维体系，确保了供电运营的安全、可靠与经济性。至2020年底，上海城市轨道交通共有1032座变电站，2200余条公里的接触网/轨，到2035年规模达到1240座变电站，2600余条公里的接触网/轨。该项目将传统的依靠人力、物力叠加式维护模式向数字化、网络化、智能化运维发展转变。主要创新点：（1）突破了多项供电系统核心设备的智能感知技术。针对接触网结构形式多样、检测环境复杂、零部件特征不明显等影响检测质量和效率的问题，提高了供电设备运行状态图像的识别速度和准确率。（2）多源异构多模态海量数据协同优化处理技术。满足大容量数据处理、存储、实时高并发访问、快速分析的需要，实现对数据接收、预处理、大数据搜索、业务数据/监测数据/数据分析等的协同调度。高频数据存储空间减小80%，检索速度提高两倍。（3）基于混沌粒子群神经网络的设备运行趋势预测技术。建立了供电设备维保电气量业务关联指标体系，实现对设备健康状况、风险故障、变化趋势等进行及时准确的研判和预测。（4）基于CPS+EAM+PHM的供电系统智能运维一体化平台。首次将CPS理论和5C技术应用到轨道交通供电系统。解决“能源、业务、数据”多流合一及“管、用、修”业务融合的管控难题，实现对设备、资源和业务的动态监测、优化配置、精准调度和协同运转。该项目授权专利19项（发明专利10项）、软著12项、企业标准6项、论文20篇（SCI/EI4篇）。项目成果水平达到国内首创、国际先进水平。项目成果应用到上海城市轨道交通，运维效率提升33%，运维人员减少40%。并在保险、港口、制造等行业得到应用。通过近3年的技术成果应用，新增产值5.87亿元，新增利税7489.90万元，并取得良好的社会和经济效益。

（上海申通地铁集团有限公司）

【富水软弱地层近接叠交隧道与近贴下穿有压管道关键技术与应用】

项目获2020年度江苏省科学技术奖二等奖。

随着城市轨道交通线网不断加密，受周边地下环境制约，竖向平行小净距叠交隧道、叠交近贴下穿各类复杂管线、垂直叠交下穿既有运营线路等情况必将大量出现。结合苏州轨道交通3号线工程，依托国家自然科学基金、部省及企业课题等，针对4大难题（始发接收下穿既有线难、长距离叠交掘进难、近贴下穿管线难、叠交上部洞门进出难），历时7年攻关，项目研发建立了4项创新技术体系（垂直叠交隧道水平冻结始发接收穿越既有线保护技术、长距离小净距水平叠交隧道掘进技术、水平叠交隧道近贴下穿有压管道施工控制技术、叠交隧道始发接收专用平台+钢套筒一体化技术），形成叠交隧道施工及下穿成套技术。该项目共申请国家专利12项、国家级工法1项、技术指南3项、专著1部、论文10余篇，培养硕/博研究生4名，培育了一批地铁企业技术骨干。项目成果在天津、上海、南京、苏州、无锡等城市10余条地铁盾构隧道施工中应用，与常规布线相比，平行叠交隧道设计选线自由度更大，显著减小施工影响范围、前期拆迁量和协调工作量，避免社会矛盾，也为轨道交通如期通车创造了条件。

（苏州市轨道交通集团有限公司）

【海洋环境混凝土耐久性劣化机理及防护关键技术与应用】

项目获2020年度山东省科技进步奖二等奖。

该项目在国家自然科学基金、国家海洋局科研专项、山东省自然科学基金等支持下历经近12年研究，立足“一带一路”、海洋强国、海洋强省战略，瞄准沿海重要基础设施要求服役寿命100年以上、开裂和实海暴露条件下海工混凝土劣化机理不清、混凝土憎水防护机理与应用关键技术、高性能海工混凝土开发制备及监测等核心难题，探明海洋环境下混凝土耐久性劣化机理，并研制相关防护关键技术。项目在国内首次应用中子成像技术，利用水对中子射线的特殊衰减性，研究混凝土的水分传输机理，克服传统测试技术无法直观探测的局限；自主开发多系列耐久性监测系统，首次在中国沿海地铁工程中实现长期耐久性监测；采用多元复合技术与多尺度调控制备了高性能海工混凝土，解决衬砌混凝土，解决易开裂、难施工、空洞问题，自主开发钢筋锈蚀梯形监测系统、原电池腐蚀监测装置，实现对混凝土结构服役状态监测；基于中子成像，准确测定憎水层内水分分布状况，揭示裂缝对憎水效果的敏感规律，基于长期实海验证，弥补无实际环境暴露数据的不足，为行业标准制定提供了依据；研制成膜型混凝土涂层体系研发与应用关键技术，优化海工结构及冷却塔混凝土结构损伤修复与涂层防护流程，形成规范化修复与防护工艺。该项目取得国家发明专利8项，实用新型20项，发表学术论文112篇（其中SCI论文41篇、EI论文53篇），软件著作权2项，省级工法5项，主编参编省标2项，参编国家行业标准《混凝土结构用渗透型涂料》；成果纳入国内外首部相关专著《渗透型涂料表面处理与混凝土耐久性》。该项目成果应用于青岛地铁1号线、青岛董家口港LNG码头工程、东营广利港区通用码头、华能发电集团电厂冷却塔等山东省沿海重大基础设施工程。相关理论成果编制的规范标准、技术规程等，对中国沿海地区的重大基础设施工程建设具有重要的参考和借鉴作用。

（青岛地铁集团有限公司
青岛益群地下城开发有限公司）

【现代有轨电车安全运行保障技术创新及工程应用】

项目获2020年度湖北省科技进步二等奖。

该项目团队通过跟踪收集近10年有轨电车车辆运行数据，对车辆运行状态及运维情况进行大数据分析，依托武汉、苏州、广州等有轨电车工程，研发有轨电车运行安全状态数字化智能检测预警系统，发明非接触液浸扫描式超声波探伤技术，研制多光束光截图像测量廓形装置和实时动态精准监测车体、车顶关键部件安全状态的关键装备，检测精度提高50%，研发多能源动力储能安全监控系统，检测精度达到±1.5%，储能系统寿命延长50%，实现车载储能与地面供电系统的经济性、可靠性与安全性。研发面向状态修的PB级有轨电车故障诊断专家系统，构建有轨电车车载、轨旁十二大系统PB级数据集成采集平台，提出针对有轨电车故障诊断模型与健康状态评估核心算法，开发基于大数据的故障诊断专家系统，攻克车辆运行全链路智能化故障诊断、维修决策的“状态修”技术难题，将车辆运营事故率降低至0.02次/万列公里，检修效率提高19%。研制精益化、智能化维修关键系统与装备，发明全自动高效上砂和智能吹扫技术，作业效率提高33%，研制柔性化、精益化的转向架、轮轴数字检修流水线及关键装备，填补国内现代有轨电车独立轮转向架检修工艺和装备的空白，实现检修作业时间由15天压缩至12.5天，制定均衡修修程修制和检修新工艺，构建集约高效的均衡修安全保障体系，实现车辆关键部件运行故障率降低33%，检修基地单车占地指标由1000平方米降至800平方米（降低20%），车辆检备率降至12%（地铁20%）。该项目成果构建现代有轨电车安全运行保障体系，主编《现代有轨电车车辆基地设计规范》，设计建造国内首个全独立路权有轨电车系统工程、首个上盖开发有轨电车大架修车辆基地。项目成果获发明专利16项、实用新型专利23项、软件著作权24项，发表核心期刊及以上级别论文12篇。研究成果在武汉、苏州、广州、佛山等地有轨电车工程中应用，获得省部级及以上奖励2项，累计经济效益达3.38亿元，保障有轨电车绿色环保、友好节能、安全高效运行，提升了城市品质，缓解城市交通拥堵，为确保中国现代有轨电车安全运行和健康发展提供有力的技术引领。

（武汉光谷交通建设有限公司）

【南宁强透水复杂地层地铁深大基坑设计施工关键技术创新与应用】

项目获2019年度广西壮族自治区科学技术一等奖。

项目属于土木交通领域。圆砾地层是南宁邕江两岸典型的强透水复杂地层，具有强渗透性、承压性、与邕江内湖水力联系密切的特点，颗粒构成极具地域性。南宁地铁需进行大规模深大基坑建设。但由于本地圆砾地层深大基坑实践案例少，事故多，经验不足、研究缺乏、标准缺失；外地亦未见相关研究成果，已有工程经验也难以简单复制，地铁工程建设将面临着重大安全风险，特别在人群及建筑密集的繁华市区，任何设计或施工不当都可能带来灾难性事故。完成单位经过科研攻关，研发类似地层深大基坑设计施工成套技术，取得实质性的创新，形成地方标准，保障南宁地铁1号线及后续线路的安全实施，缩短工期，节省工程造价，部分成果在国内外多个城市进行成功应用。主要创新成果有：（1）创新力学参数取值方法与设计计算模式。提出合理的圆砾层地铁车站深大基坑力学参数取值方法及设计计算模式，解决参数合理取值、模式不明确的难题。成果纳入地方标准，建造成本降低约10%。（2）创新地连墙安全绿色施工关键技术。发明地连墙接头清理新装置、防渗预处理新方法及检测新设备，解决地连墙接头防水难题。研发槽内清除障碍物新装置及技术，解决障碍物条件下地连墙安全成槽难题。发明地连墙成槽施工的离心机模型试验方法，研发泥浆取样新装置，确定护壁泥浆参数指标，解决圆砾层槽壁稳定难题。研发装配式移动环保泥浆池，解决狭小空间地连墙高效绿色施工难题。发明装配式可调节导墙内支撑架，解决导墙坍塌或变形影响地连墙施工质量问题。（3）创新圆砾层降水设计及施工工艺。提出圆砾层基坑坑外降水设计指导原则及施工工艺，据此取消深度12米以内基坑的止水帷幕，显著降低工程成本。（4）创新深基坑高效开挖工法及地连墙变形全空间监测技术。研发深大基坑大型设备配套快速开挖工法，解决密支撑小空间深基坑安全高效开挖难题。发明地连墙变形的点云测量方法，解决地连墙变形全空间测量难题，实现墙体变形全状态准确监测。开挖效率提高20%。

（南宁轨道交通集团有限责任公司）

【复杂环境砂卵石地层单层导洞大直径中桩暗挖车站关键技术及应用】

项目获2019年北京市科学技术奖二等奖。

该项目针对地铁暗挖车站施工引起的地面沉降及对周围环境影响大、工程风险高，暗挖地下水控制手段单一、地下水资源浪费严重等问题，开展复杂环境砂卵石地层单层导洞大直径中桩暗挖车站关键技术研究，取消洞桩法车站的下层导洞开挖，避免下导洞开挖对降水施工的要求，节约地下水资源，减小群洞效应，降低施工风险及对周边环境的影响，提高暗挖车站机械化施工程度及作业效率。项目技术创新成果：（1）研发适用于不同砂卵石地层的狭小空间内大直径桩基施工系列装备机具以及配套钻具，形成一套砂卵石地层洞内大直径中桩暗挖车站施工技术，为暗挖车站止水施工创造条件，缩短工程降水周期60%以上，地面及管线沉降减小近35%，保证暗挖车站的安全施工的同时满足城市中心区环境保护要求。（2）研究提出一种富水卵石地层中暗挖车站止水施工方法，首次洞内采用RJP高压喷射注浆工艺在砂卵石地层形成桩间止水帷幕，并在16号线万泉河桥站应用，节约地下水抽排约800万立方米，为北京地区暗挖车站止水施工首开先河。（3）首次研发适用于狭小空间内的智能测控多功能钢管柱安装机，高精度的实现钢管柱自动定位及安装，完全避免孔底人工凿桩头、安装定位器，工人作业环境改善，施工安全性和效率显著提高。（4）结合中柱下设置桩基的结构体系，提出桩基及桩周土体对柱端固结约束作用、不同直径中柱嵌入桩基础最小长度的分析方法。依托该项目，获得2项发明专利、4项实用新型专利，发表论文10篇。项目成果先后在北京地铁16、12、3、19号线、机场线西延、昌平线南延以及哈尔滨地铁少（或不）降水等工程中应用，直接经济效益8.9亿元。项目成果的推广应用，推动暗挖地铁车站修建技术进步，带动暗挖工程机械化施工技术及相关产业发展，减少劳动力投入、降低工程实施风险、加快工程建设、有效控制暗挖车站施工中地层变形、保证车站周边环境安全，社会效益显著。同时，对地下综合管廊工程，乃至对地下停车场、地下商业等大跨空间地下工程的建设均具有较大的借鉴意义。

（北京城市快轨建设管理有限公司）

2020年度城市轨道交通行业获省市科学技术奖项目（12个）

表5-1-1

证书编号	获奖类别	获奖等级	项目名称	主要完成单位
J-2020-1-077	安徽省科技进步奖	一等奖	GKI-33e铁路信号全电子计算机联锁系统	合肥工大高科信息科技股份有限公司、合肥市轨道交通集团有限公司、马鞍山钢铁股份有限公司
JB2020-1-21-6	山东省科学技术进步奖	一等奖	城区超大跨度小净距隧道群建设关键技术及工程应用	山东高速建设管理集团有限公司、山东大学、山东省交通规划设计院、西南交通大学、石家庄铁道大学、济南轨道交通集团有限公司、山东省路桥集团有限公司、中铁四局集团有限公司、中铁十二局集团有限公司
J11-1-04	广东省科技进步奖	一等奖	富水岩溶发育条件下复合地层地铁盾构工程成套关键技术研究与应用*	广州地铁集团有限公司、广州轨道交通建设监理有限公司、广州地铁设计研究院股份有限公司、中国铁建重工集团股份有限公司、广东华隧建设集团股份有限公司、广州大学、中铁十一局集团有限公司
2020-J-1-55	深圳市科技进步奖	一等奖	土地集约型、环境友好型地铁建设关键技术——深圳地铁7号线工程	深圳市地铁集团有限公司、中电建南方建设有限公司、中国电建集团铁路建设有限公司、深圳大学、中国铁路设计集团有限公司、中国水利水电第四工程局有限公司、中国水利水电第十四工程局有限公司、中国水利水电第八工程局有限公司、中国水利水电第十一工程局有限公司、中国水利水电第七工程局有限公司
20203017-2	上海市科技发明奖	二等奖	EMS型磁浮列车悬浮系统关键技术及应用	同济大学、中车株洲电力机车有限公司、湖南磁浮交通发展股份有限公司、广州精信仪表电器有限公司
20204050-2	上海市科技进步奖	二等奖	TRANAVI型基于通信的列车控制系统	卡斯柯信号有限公司、上海申通地铁集团有限公司、同济大学
20204057-2	上海市科技进步奖	二等奖	城市非开挖大口径深埋电力隧道的建设与运维关键技术	上海交通大学、国网浙江省电力有限公司、经济技术研究院、上海城建市政工程（集团）有限公司、上海市政工程设计研究总院（集团）有限公司、上海市隧道工程轨道交通设计研究院
20204083-2	上海市科技进步奖	二等奖	轨道高性能减振道床系统关键技术及在环境振动和钢轨异常磨耗控制的应用	上海工程技术大学、洛阳双瑞橡塑科技有限公司、上海申通地铁集团有限公司
20204084-2	上海市科技进步奖	二等奖	轨道交通供电智能运维平台研发及应用	上海申通地铁集团有限公司、上海海事大学、上海玖道信息科技股份有限公司、中铁电气化局集团有限公司、上海电气化工程分公司、上海应用技术大学、上海地铁维护保障有限公司供电分公司、上海电科智能系统股份有限公司
2020-2-54	江苏省科学技术奖	二等奖	富水软弱地层近接叠交隧道与近贴下穿有压管道关键技术与应用	苏州市轨道交通集团有限公司、南京林业大学、中铁上海工程局集团有限公司、中铁一局集团有限公司
JB2020-2-61-4	山东省科技进步奖	二等奖	海洋环境混凝土耐久性劣化机理及防护关键技术与应用	青岛理工大学、中国科学院海洋研究所、青岛益群地下城开发有限公司、中交一航局第二工程公司、青岛市政集团砼业工程有限公司
2020J-228-2-081-052	湖北省科技进步奖	二等奖	现代有轨电车安全运行保障技术创新及工程应用	中铁第四勘察设计院集团有限公司、武汉光谷交通建设有限公司、苏州高新有轨电车集团有限公司、苏州市轨道交通集团有限公司、襄阳国铁机电股份有限公司、湖北远程铁道科技有限公司、唐山百川智能机器股份有限公司、北京北交新能科技有限公司、成都运达科技股份有限公司

注：*该项目同时获得中国城市轨道交通协会科技进步一等奖。

增补2019年度城市轨道交通行业获省市科学技术奖项目（2个）

表5-1-2

证书编号	获奖类别	获奖等级	项目名称	主要完成单位
2019-J-1-005	广西壮族自治区科学技术进步奖	一等奖	南宁强透水复杂地层地铁深大基坑设计施工关键技术创新与应用	南宁轨道交通集团有限责任公司、同济大学、广东省基础工程集团有限公司、中铁隧道局集团有限公司、北京城建勘察设计研究院有限公司、广州地铁设计研究院股份有限公司、广西交通设计集团有限公司、广西大学、中建广西投资发展有限公司
2019-J10-2-04	北京市科技进步奖	二等奖	复杂环境砂卵石地层单层导洞大直径中桩暗挖车站关键技术及应用	北京城市快轨建设管理有限公司、北京市市政工程设计研究总院有限公司、中铁隧道勘测设计院有限公司、中铁十六局集团有限公司、中铁四局集团有限公司、中铁十四局集团有限公司、通宇工程有限责任公司

2 中国城市轨道交通协会科技进步奖

【概况】

中国城市轨道交通科技进步奖由中国城市轨道交通协会2018年设立，是中国城市轨道交通领域重要的科技奖项。为促进中国城市轨道交通行业的科技进步，推动科技创新和成果转化，中国城市轨道交通协会组织开展第三届2020年“中国城市轨道交通科技进步奖”评选工作。2020年度成果申报首次采用线上申报方式，共收到116项成果的申报材料，经形式审查和推荐审查，共有81个项目通过审核，提交至评审委员会进行评审。按照《中国城市轨道交通协会城市轨道交通科技进步奖奖励办法》和《中国城市轨道交通协会城市轨道交通科技进步奖实施细则》的规定，经过评审委员会初评、复评以及奖励委员会的审定，网络公示及异议处理，2020年度共有27个项目获得中国城市轨道交通协会“城市轨道交通科技进步奖”，其中特等奖1项、一等奖11项、二等奖15项。（表5-2-1）

（中国城市轨道交通协会专家和学术委员会）

【面向网络化运营的互联互通CBTC关键技术及成套装备与示范应用】

项目获2020年度中国城市轨道交通协会科技进步奖特等奖。

该项目立足于城市轨道交通孤岛式运营现状，瞄准各线路间信号控制协同性弱的难题，提出轨道交通互联互通CBTC系统，其创新点包括4个方面：（1）首次创建互联互通的CBTC系统架构模型，提出互联互通CBTC系统的设计原则，突破互联互通CBTC系统行车安全保障的关键技术。（2）构建具有完全自主知识产权的互联互通CBTC系统的标准体系，自主研发成套标准装备，填补国内空白。（3）提出基于属性集等价划分的准入测试方法，构建基于ATML（Automated Test Markup Language）标准架构的仿真测试平台通用模型，为有限工期下完成指数级案例测试任务提供高效的解决方案。（4）建立基于关键链的多项目进度管理方法，提出基于动态客流仿真模型的网络化运营组织策略，为后续网络化建设和运营模式的改进奠定基础。依托重庆互联互通CBTC系统示范工程发布团体标准（已被纳入国推认证目录）17部、地方标准1部，发表论文18篇、专利41项。在科技进步方面，互联互通CBTC系统的系列技术标准填补IEEE1474和IEC62290标准在轨道交通互联互通方面的空白。在经济效益方面，初步测算，新建及规划建设的20条线路所配属车辆的检修任务，将共减少用地约60公顷，可节约征地拆迁费用近40亿元，运营收益提高8%～10%。在社会效益方面，该项目的信号厂商市场占比高达70%，提升了自主装备的竞争力。2020年9月，重庆4号线唐家沱站前往环线图书馆站，可无需换乘直接抵达终点，减少出行时间13分钟，提高客运服务水平。

（重庆市轨道交通〔集团〕有限公司）

【饱和软土复杂环境地铁盾构隧道结构安全与耐久性关键技术】

项目获2020年度中国城市轨道交通协会科技进步奖一等奖。

上海地铁具有超大规模网络、软弱土层条件、复杂易变环境等特征，保障百年服役期内隧道的结构安全与耐久是面临的重大挑战。为此，针对盾构隧道的结构安全与耐久展开联合攻关，在多项关键技术方面取得突破，主要创新成果包括3个方面：（1）提出复杂环境中盾构隧道的精细化设计技术，揭示盾构隧道附加静、动荷载的变化特征，建立外部荷变条件下盾构隧道荷载新模式；提出盾构隧道管片的标准化设计，从源头上解决了生产、建设、维养过程中超大规模线网的多方协同难题；针对特殊条件，发明了盾构隧道新型快速接头衬砌结构，成型隧道接缝张开和错台均小于0.5毫米，较现行规范提升一个数量级。（2）研发基于耐久性控制的盾构隧道的材料标准体系与施工控制术。建立盾构隧道混凝土原材料及衬砌、防水成品质量标准体系，研发管片自动生产流水线，有效提升盾构隧道结构部件的耐久性能；提出中心城区盾构隧道掘进-排土-注浆-拼装同步控制技术，大幅减少施工初始缺陷，超过90%隧道的拼装椭圆度小于4‰D，显著优于国内外同类技术。（3）首创运营期盾构隧道健康监测-状态评估-病害整治成套技术。研发运营地铁隧道结构病害快速检测装备，提出盾构隧道结构服役性能评估标准，实现了超大规模线网隧道状态的快速感知。开发盾构隧道结构加固、变形整治、注浆堵漏等工艺及设备平台，整治后隧道横径增量小于0.2%，沉降增量小于10毫米，有效保障轨道交通的安全运营。该项目成果应用于上海超大规模线网盾构隧道的设计、施工及维养工程，推广应用于宁波、杭州、南京等类似软土地层盾构隧道和新加坡地铁工程。该项目专利（发明、实用新型、外观设计）28项，发表论文21篇，形成国家级工法2项，软件著作权6项，出版专著2部，主编参编行业地方标准7部，近3年累积新增产值9亿元，经济、社会、环境效益显著。

（上海申通地铁集团有限公司）

【城市轨道交通云平台创新研究与应用】

项目获2020年度中国城市轨道交通协会科技进步奖一等奖。

该项目在呼和浩特市重大科技专项支持下，经3年技术攻关，紧跟智慧城轨发展方向，瞄准适用于城轨行业分散建设成本高、数据共享能力差、系统信息化程度低等核心难题，攻克多线路多业务综合承载、纵深安全防护体系、线网级系统配置等关键技术，打造城市轨道交通云平台集成创新并完成示范应用。系统主要创新点包括3个方面：（1）建造全业务承载的城轨云平台。（2）创建城轨云纵深防御安全体系。（3）构建城轨云新运维模式。该项目形成专利45项、论文19篇、软件著作权18篇、云平台相关著作2篇、白皮书2份，项目成果达到国际领先水平。在云平台构建方式下，相比传统分散独立建设模式，呼和浩特地铁1、2号线信息化系统成本总体节省约38.4%，并随着后续线路接入云平台，其经济效益将进一步提升。该项目成果可满足全国22座城市超过100条线路的云平台建设需求，预计市场份额达到200亿元。该项目的研究可大幅降低城轨信息化系统建设、维护成本，缩短业务上线周期，提升云平台装备技术水平，发挥示范效应，带动一大批企业开展基于云平台的智慧应用，促进了产业链发展，为中国智慧城轨建设和推广有很大的促进作用。

（呼和浩特市城市轨道交通建设管理有限责任公司）

【轻型跨座式单轨道岔系统关键技术研发及应用】

项目获2020年度中国城市轨道交通协会科技进步奖一等奖。

该项目结合芜湖轨道交通等轻型跨座式单轨项目需求，研发出适用性好、经济性佳、结构简单的轻型跨座式单轨道岔产品，解决制约整个系统发展的道岔技术难题。主要创新成果包括4个方面：（1）首次研究形成整体梁平转道岔技术、直线驱动复合连杆转辙技术、直线锁定与转辙避让联动技术以及道岔参数计算理论及设计方法，研发并产业化应用“单点推拉驱动、二点定心转动、单点伸缩锁定”的换梁型道岔和“单点推拉驱动、单点定心转动、单点伸缩锁定”的枢轴型道岔。（2）国内外首次应用准静态应力因子法对跨座式单轨道岔梁的寿命进行研究，搭建跨座式单轨交通车辆-道岔空间耦合振动模型及单轨道岔梁有限元结构模型，运用载荷识别技术，计算道岔梁结构损伤及疲劳寿命。（3）首次研发形成跨座式单轨道岔智能化实时在线诊断系统，集成应用了传感器技术、AI图像识别技术、神经网络算法及MFC框架平台对道岔的锁销、接缝板、推杆、电机、连接螺栓等关键零部件进行实时监测及状态诊断。（4）研究形成轻型跨座式单轨整体梁一体化生产和现场一次性安装到位技术，通过机加工筋板保证基础件尺寸、高精度工装进行定位、自动化专用双臂机器人进行焊接等一系列新技术和新工艺，确保道岔梁高精度、强结构的要求；实现道岔的高精度安装和装配化施工，大幅度减少了安装工序，有效提高了作业效率。该项目发明专利10项和实用新型专利25项，技术和产品具有完全自主知识产权。并形成团体标准《跨座式单轨交通道岔》1部。该项目成果达到国际先进水平，填补中国轻型跨座式单轨道岔系统空白。研究成果运用于芜湖、柳州等轨道交通项目；为生产单位创收超过1亿元；并在潍坊、邯郸、桂林等多个单轨项目设计中被采用；被纳入国家标准《跨座式单轨交通单开道岔》《跨座式单轨设计标准》及城市轨道交通协会团体标准《轻型跨座式单轨交通设计导则》。

（中铁工程设计咨询集团有限公司）

【轨道交通车载高频辅助变流关键技术研究及其应用】

项目获2020年度中国城市轨道交通协会科技进步奖一等奖。

该项目是事关轨道交通产业核心竞争力、整体自主创新能力和国家经济发展的战略性、基础性、先进性关键技术和平台研发。该项目对LLC谐振软开关、三电平斩波、级联变换系统、分裂电容式三相四线制、比例谐振控制、系统故障诊断与保护等关键技术进行了重点攻关研究。主要创新成果包括4个方面：（1）发明基于LLC谐振软开关技术的功率模块、控制单元、冷却系统和变流器装置；开发出多输入电压制式、多功率等级的高频辅助变流器平台。（2）提出一种基于“孤岛”散热技术和无线隔离驱动电源技术的绝缘系统，首次开发出高压DC3000V供电的高频辅助变流器。（3）提出一种自适应死区最优控制方法、一种箝位式脉宽补偿关断控制方法和一种并联系统的直流电压鲁棒性控制方法，确保辅助变流器安全、可靠运行。（4）发明一种集成式大功率LLC高频变压器，实现变压器小型化、集成化，降低其设计和制造难度。该项目研制的高频辅助变流器功率密度达到284VA/kg，相对既有工频辅变产品提升90%以上；效率达到94.3%，损耗降低40%，并有效降低了电磁噪音，具有良好的环境友好性。该项目专利（发明、实用新型、外设设计）31项，其中发明专利14项，国家标准1项，行业标准2项，论文21篇，技术和产品具有完全自主知识产权。研制的高频辅助变流器在地铁、低地板车、动车组及机车等领域实现装车应用，并成都、杭州、宁波及深圳等地实现了商业运营，累计30个项目，形成商业订单3000台，其中装车约2000台，累计销售额共计约7亿元。该项目成果达到国际领先水平，推动辅助变流产品的高频化、高效化、轻量化和小型化，促进轨道交通高端装备的技术发展。

（株洲中车时代电气股份有限公司）

【城市轨道交通与大型市政道路合建沉管隧道关键技术与应用】

项目获2020年度中国城市轨道交通协会科技进步奖一等奖。

该项目依托工程广州市－佛山市轨道交通地铁二期工程澜石站－世纪莲站区间过江隧道（佛山市东平隧道），是国内断面最宽公铁合建沉管隧道工程，建设过程中面临断面超宽、河道狭窄、水流速度大、轨道交通沉降控制严格、城市核心区环保要求高等诸多难题。项目组历经10年，开展公铁合建沉管隧道沉降控制、管节浮运沉放、水中质量检测、绿色修建等关键技术的研究，主要创新成果包括4个方面：（1）建立成套沉管隧道基础沉降计算理论及控制技术。首次提出一种适用于沉管隧道基础沉降理论，构建沉管隧道砂基础无损检测方法及评价体系，研发新型管节接头限位和减载技术，有效保障城市轨道交通运营安全。（2）研发了大流速、繁忙狭窄航道条件下超宽非对称断面沉管隧道管节安全浮运、精准沉放对接技术。开发超宽非对称断面管节浮运、沉放模型试验平台，提出连续接力绞拖+全球定位精准导航技术，发明可调可重复利用的导向对接系统和高精度定位沉放控制系统。（3）构建沉管隧道管节水中作业质量与安全控制体系。研发系列水下质量检测设备及软件，构建规范化、数字化的管节水中作业质量与安全控制体系。（4）开发系列城市轨道交通沉管隧道绿色修建技术；研发城市轨道交通过江隧道与市政隧道集约用地建设技术、旁建干坞、多维综合爆破控制技术和大流速条件下沉管顶部覆盖层防护技术等系列沉管隧道绿色修建技术。该项目发明专利16项、实用新型专利35项、软件著作权25项；主编国家、地方标准6部，参编国家标准1部；编写专著4部，公开发表学术论文50余篇。成果整体应用于国内外最大规模公铁合建沉管隧道佛山东平隧道，推广应用到南昌、广州多座沉管隧道工程建设中，直接节约工程造价11亿元，节约城市核心区土地8.5万平方米。该项目成果达到国际领先水平。

（中铁隧道勘测设计院有限公司）

【轨道交通智慧车站系统关键技术研究与示范应用】

项目获2020年度中国城市轨道交通协会科技进步奖一等奖。

该项目首创轨道交通智慧车站体系架构，构建智慧车站系统集成平台，实现智慧运营管理目标，技术成果在城市轨道交通行业广泛应用，主要创新成果包括4个方面：（1）率先提出轨道交通智慧车站系统的体系架构，攻克跨网数据摆渡、多源数据融合和智能场景联动等关键技术，研制开发智慧车站系统集成平台，实现车站设备智能运行、车站人员精确定位、车站态势总体感知和车站业务闭环管理，有效提升车站运营管理效率和精细化管理能力。（2）首次应用基于关联系统的设备故障智能诊断方法和故障诊断逻辑网络拓扑排序和存储方法，构建设备智能维护系统，实现轨道交通车站设备健康状态监测与智能预警，有效提升车站设备管理和安全保障能力。（3）首次应用基于历史判决的多频谱感知技术和大数据辅助视频传输技术，实现客流状态智能感知，有效提升系统综合感知能力，支撑智能分析和智能预警系统应用。（4）首次提出车站客流状态多源感知与实时预警的系统方法，为车站客运组织提供智能化和可视化手段；首次采用基于特征检测和规则判断的摄像机定位方法，保障视频分析质量和精准率；首次提出基于位置的乘车智能引导系统，全面提升车站客运服务能力和乘客体验。该项目专利17项（其中发明专利10项、实用新型专利7项），发表论文19篇，登记软著17项，制定技术标准13项（其中国家标准1项，地方标准2项）。研究成果在上海地铁应用，典型车站开站和关站时间从30分钟压缩到8分钟左右，设备巡检实现自动化，操作管理效率提升30%，管理优化和岗位复合3人/站，同时为乘客和特殊人群提供丰富全面的资讯和自助服务，提升了公众的出行体验。技术成果在上海、西安等城市得到广泛应用。该项目成果达到国内领先水平（全球首创）。创造直接经济效益7.5亿元，每年服务乘客出行近亿人次，成为智慧地铁建设和城轨高质量发展的重要抓手。

（上海申通地铁集团有限公司）

【新一代城轨市域列车制动系统关键技术及应用】

项目获2020年度中国城市轨道交通协会科技进步奖一等奖。

该项目在城市轨道交通车辆制动系统关键技术及受国外制约的短板技术领域开展自主研发和创新研究工作，推动城市轨道交通装备产业升级。主要创新成果包括4个方面：（1）突破城轨市域列车以太网控车技术，开发基于以太网的制动控制系统，实现多网融合控制，并率先在国内批量装车运用；掌握减速度闭环控车技术，并率先在国内装车，提升车辆制动控制精度及乘客舒适度。（2）首次自主搭建适用于城轨市域列车的制动系统创新平台，开发基于平台化、模块化、轻量化的车控和架控制动控制系统，积极践行国家能源发展战略和节能环保发展要求；（3）推动中国城市轨道交通行业制动系统及核心部件行业技术标准制定，主编《城市轨道交通车辆制动系统行业技术规范》系列标准，解决中国城市轨道交通制动系统无匹配标准的问题。（4）自主开发城轨车辆用轻量化铝基复合材料制动盘，掌握铝基复合材料制动盘的批量生产工艺和质量控制体系，打破国外技术垄断，在国内首次实现铝基复合材料制动盘批量化装车应用。该项目发明专利2项，计算机软件著作权2项，实用新型5项，发表论文3篇，成果扩充10项城市轨道交通车辆制动系统标准。该项目成果的制动系统应用于32条城市轨道交通线路，至2019年累计收入83337万元，累计新增税收14135万元。掌握核心技术，培养了专业人才，为“交通强国”“科技强国”战略提供了有力支撑。

（北京纵横机电科技有限公司）

【全自动运行信号系统关键技术在机场空侧捷运系统中的研究及应用】

项目获2020年度中国城市轨道交通协会科技进步奖一等奖。

该项目信号系统采用上海富欣智能交通控制有限公司全自主知识产权的JeRail®CBTC信号系统，主要创新成果包括6个方面：（1）特定控区划分：对信号系统控区划分做特殊设计，单线故障时，航站楼至卫星厅的列车运行间隔拉长，客运服务不会中断。（2）客流清分与车门控制：满足运营组织和空防管控时国内、国际乘客不能混流，针对国际反流的旅客，回流区车门开、关应单独进行控制。（3）特定安全防护距离下的精准进站：采用独创性算法实现在ATO控制下以较快速度和较短时间进站，使停车点距离授权点更近，减少安全防护距离，从而确保列车安全、舒适、高效进站。（4）正线无人全自动存车：具备自动进/出站、停站对位自动调整、自动开/关车门、自动休眠/唤醒、工况管理、车辆远程控制等全自动运行功能。（5）自动穿梭模式：设计自动穿梭模式由信号系统主导列车停站时自动换端、提供列车安全防护、控制列车自动运行，捷运列车运营过程中换端切换车头的频次约为传统地铁的10倍。（6）中央集中控制：在车站弱电综合室设置ATS监视工作站，为保障系统可靠性，采用中央同地两级控制方式；项目针对上海浦东国际机场空侧捷运系统既有土建线路条件限制和严格的空防安全管理规定等特殊要求进行研发，实现7×24小时不间断运营、正线在线存车、上下行轨道分隔的联锁控区划分、双线穿梭运行、特定安全防护距离下精准进站算法和防混流门控等信号系统关键技术研究及应用。该项目是中国内地首个采用钢轮钢轨制式的机场空侧捷运系统，于2019年9月16日正式开通运营。该项目成果达到国际先进水平，形成发明专利10项，其他知识产权6项，发布论文9篇。其创新成果在上海、太原、青岛、成都、武汉等城市轨道交通工程中广泛应用，并取得显著的经济、社会效益。主要科技创新技术之一——特定安全防护距离下的精准进站技术的应用为航站楼核心区域节省建筑面积约25.2万平方米，降低了基本建设投资，减少对运营区域的影响，降低不停航施工风险，减少旅客步行距离，提升商业服务和旅客体验感，间接经济效益近30亿元。

（上海机场〔集团〕有限公司）

【温州市域铁路S1线一期工程】

项目获2020年度中国城市轨道交通协会科技进步奖一等奖。

温州市域铁路S1线一期工程（以下简称“温州S1线”）是国内首条交流制式、公交化运营的市域快速轨道交通线路。其推进中国市域快轨发展，引发市域快轨交通建设浪潮。温州S1线主要创新成果包括5个方面：（1）首次建立涵盖企业、团体、地方和行业四个层级，设计、施工、运维三大方面的市域快轨标准体系。（2）研发速度100～160公里/小时、轴重17吨的市域快轨新型轨道成套技术。（3）研发市域快轨五大关键系统：①研制出时速140公里，适应公交化运营的市域D型车；②首次在城轨中采用同相供电技术，有效解决单相工频交流制供电方式带来的不利因素；③采用点式ATC信号系统，填补传统点式ATC系统不足，兼具CBTC系统的主要功能及特点；④采用基于TD-LTE的多网融合的通信系统，实现同一张网络一承载信息传送；⑤采用国内首创的云计算架构方案，中央级和车站级服务器均运用虚拟化技术，大幅提升系统的整体服务水平。（4）创新轨道交通建造工法：解决主城区场地狭小、地质复杂条件下开挖深基坑技术难题；研发国内首创的双幅上承式移动模架施工工艺。（5）采用机电运营一体化管理，提高机电建设与运营管理的契合度；将运营管理融入全省统一平台，实现资源共享；采取委外维养模式，引进专业团队，提高维养效率。该项目形成专利40项，其中发明专利10项。主要技术经济指标：温州S1线速度目标值120公里/小时，采用具备快起快停特点的交流25千伏系统制式市域D型车；市域动车组噪声指数与对外辐射满足相关标准要求；每车公里能耗3.47千瓦时。温州S1线平均每公里投资3.48亿元；2019年1月至2020年11月，乘客约为1343.9万人，客票收入约为5487.04万元；品牌资源经营收入约2000万元。温州S1线承担“国家战略新兴产业示范工程”等3项国家示范试点任务，充分发挥市域快轨建设示范引领作用；科技成果在北京、上海等地推广应用，效果良好。

（温州市铁路与轨道交通投资集团有限公司）

【北京大兴机场线全新型全自动驾驶市域车】

项目获2020年度中国城市轨道交通协会科技进步奖一等奖。

北京轨道交通新机场一期工程电动客车是2017年6月

北京轨道交通建设管理有限公司为北京大兴国际机场提供草桥至大兴机场北航站的城市轨道交通车辆，是连接大兴机场和主城区的主要交通方式，也是京津冀一体化交通的示范性项目。该项目主要研究内容包括7个方面：（1）为打造国内首列时速160公里GoA4全自动驾驶市域车辆。（2）攻克隧道内160公里/小时刚性接触网受流技术。（3）构建智能绿色设计平台，实现以太网控车、智能运维、智能照明和智能变频空调等智能技术应用。（4）对标高铁和航空行业，打造满足大兴机场线专用的商务车、行李车和综合检测车设置。（5）提升综合舒适性、运行平稳性高、气密性能好、车内噪声低和乘坐空间大等特点。（6）考虑车辆使用便捷性，配备蓄电池牵引技术。（7）设置防撞系统提升车辆安全性能。该项目形成发明专利3项，实用新型专利6项，外观专利9项，发表论文3篇，参与起草制订标准1项。首列车从研发、试制、生产到完成试验该共投入约12000万元，取得经济效益2017年9120万元，2019年68232万元。大兴国际机场是超大型国际航空综合交通枢纽，是世界最大空港，也是展现国家形象的新国门。北京新机场线作为服务于大兴国际机场航空客流的专用线路，是连接大兴机场和主城区的主要交通方式，其定位为快速、直达、高品质的轨道交通专线。北京市新机场线首次采用时速160公里市域快轨列车，可为其他区域快速轨道交通项目提供示范作用，同时促进京津冀一体化，在国家新基建的大背景下，为城际、市域轨道交通装备的发展奠定基础。

（中车青岛四方机车车辆股份有限公司）

【全程无网储能式有轨电车关键技术研究及应用】

项目获2020年度中国城市轨道交通协会科技进步奖二等奖。

该项目攻克大功率超级电容制造关键技术，解决车载超级电容储能电源设计制造及停站10秒级充放电技术难题，独创全程无网的间歇式受电模式，打破一百多年来有网连续受电模式的束缚，彻底消除架空电网带来的诸多负面影响。2014年在全球推出这种全程无网运营模式，开通运营5条线路，国内新建设项目中超六成线路选用该模式。德国西门子也跟随采用了这种模式但尚未投入运营，中国成为该领域公认的技术领跑者。该项目主要创新成果包括4个方面：（1）率先提出储能式车辆牵引控制方法和最低能量运行控制方法。与传统电网受电模式相比车辆再生制动能量吸收率从平均40%提升到80%以上，牵引能耗降低30%。建立起覆盖车辆、供电、运营、检修的全程无网储能式轨道交通标准体系，为该模式的推广运用提供系统的技术支撑。（2）发明双电层超级电容器的复合碳电极材料和一种双电层超级电容器制造工艺技术。（3）研制出业界功率最大的MW级车载储能电源，在业界率先实现了有轨电车3公里以上的续航里程；发明利用客室空调废气无功耗直接冷却储能电源的方法，解决大功率储能电源冷却的难题。（4）全球率先实现10秒级快速充电智能控制技术，创新超级电容主动均衡方法，研制出业界最大的2MW高功率充电装置和30A超级电容主动均衡系统。该项目储能式现代有轨电车和动力型炭基双电层超级电容器2项成果，项目成果达到国际领先水平。形成发明专利24项（其中：获中国专利金奖1项），发表论文29篇，编制专著1本、标准21项。2014年以来全程无网储能式技术已在总投资90多亿元的广州、淮安、武汉、深圳、东莞（华为）5条有轨电车线路上投入运用；车辆运营总里程达到1500多万公里，运载旅客过亿人次，其中，近3年广州、深圳、淮安、汉阳、东莞（华为）5个城市运用方实现新增经济效益8.11亿元，社会效益、经济效益显著。

（中车株洲电力机车有限公司）

【高烈度地震区长联大跨连续梁及轨道、大轴力桥梁桩基托换关键技术】

项目获2020年度中国城市轨道交通协会科技进步奖二等奖。

高烈度地震区长联大跨连续梁的抗震设计历来是桥梁设计的难点和关键环节，该项目以西安机场城际渭河特大桥为依托，开展减隔震措施研究和大梁缝处轨道关键技术研究。该项目主要创新成果包括3个方面：（1）西安北至机场城际轨道项目（以下简称“机场城际”）渭河特大桥主河槽采用（50+8×100+50）米连续梁，位处高烈度地震区，采用摩擦摆支座和黏滞阻尼器共同作用的减隔震技术，有效解决了抗震设计难题，并降低了震后修复成本。（2）渭河特大桥最大梁缝600毫米±230毫米，研发上承式梁端伸缩装置（抬枕装置），经车桥耦合动力仿真分析和动静载模型试验检验，安全和疲劳性能满足要求，成功解决大梁缝轨枕间距超限问题。（3）机场城际以隧道方式下穿西安咸阳国际机场既有T3A航站楼主线桥，采用大轴力桩基托换技术，解决隧道下穿桩基设计、施工难题。项目形成2项实用新型专利授权。减隔震技术能够有效解决高烈度地震区长联大跨连续梁的抗震难题，应用前景广泛；上承式梁端伸缩装置指标达到国内先进水平，提高该技术领域的国际竞争能力。应用在机场城际、重庆轨道交通环线、商合杭高速铁路等项目；大轴力桩基托换技术有利于优化线路条件，为市区轨道交通线路选线提供全新的思路。

（陕西城际铁路有限公司）

【基于AI云技术的智慧城轨多专业一体化仿真与验证平台】

项目获2020年度中国城市轨道交通协会科技进步奖二等奖。

该项目以全自动无人驾驶运营场景、系统功能和运维规则为研究对象，探索面向智慧地铁的“全自动运行2.0系统”。除此之外，还可为无人驾驶工程项目的实施提供场景推演、设计验证、接口测试、系统集成和其他运营前置服务，全方位提升工程设计质量，节省工期和成本，保证项目按最高运行等级一次性投用。该项目主要创新成果包括4个方面：（1）通用接口联动仿真技术。首次在轨道交通领域，应用工业控制领域的PLC控制技术，使用克服了原有技术不能仿真全部仿真信号、无法兼容多车辆厂家、扩展性及易用性较差等缺陷。（2）全自动无人驾驶与四智联动云仿真测试架构。在轨交行业内，结合云计算技术，引领性地提出适用云架构和云仿真的平台接口，并应用到轨交全自动场景仿真验证领域，采用云管理的方式实现全自动无人驾驶与四智联动。（3）智慧城轨多专业集成联动。首次具备集成智慧城轨中信号、车辆、综合监控、通信及站台门全部专业，并实现所有专业子系统设备在统一场景管理下联动运行，打破轨交行业内各专业接口间无法互联互通的仿真性应用。（4）AI一体化操作。创造性地应用了AI人工智能技术，将AI人工智能技术运用到智慧城轨仿真应用场景中，并提出从数据采集、数据处理、数据分析、数据可视化显示的数据全生命周期管理。该项目的实施孵化出具备完全自主知识产权的基于AI云技术的智慧城轨多专业一体化仿真与验证平台，完成了包括总体架构自主创新设计、应用软件开发及核心部件国产化等，填补了国内相关领域的空白。该项目形成30多项专利、5项软件著作权及发表了5篇论文。该项目成果实现国产化，因此价格远低于进口系统，累计将为国家节省至少40亿元投资。一体化仿真验证平台应用于埃塞俄比亚轻轨信号系统项目、房山线兼容性CBTC信号系统项目、上海17号线无人驾驶CBTC信号系统项目、呼和浩特2号线互联互通信号系统项目、深圳龙华线现代有轨电车项目、成都蓉2线有轨电车项目等，这充分验证该项目成果的创新性及实用性。

（卡斯柯信号有限公司）

【动态计算机视觉技术在地铁运营巡检中的应用研究】

项目获2020年度中国城市轨道交通协会科技进步奖二等奖。

针对地铁设备结构和实际需求，研发一套地铁接触网悬挂智能巡检系统，解决智能巡检系统的拍摄范围、智能识别、技术参数等问题，实现对地铁刚性、柔性接触网关键零部件高清成像，通过高清成像检测模块清晰拍摄悬挂设备，并通过图像智能分析软件对关键零部件的松动、脱落、缺失、破损等缺陷智能识别。其主要创新成果包括3个方面：（1）提出一种面阵和线阵相机阵列的优化布局，实现了刚性及柔性接触网悬挂定位点自动提取技术。（2）提出面向接触网零部件缺陷的无监督深度学习算法，能够准确识别地铁刚性及柔性接触网关键零部件的缺陷。（3）通过多通道车地无线传输，实现检测设备与地面管理终端的高效数据传输。该项目形成实用新型专利3项、计算机软件著作权1项。该系统针对复杂场景，采用实时高清成像、缺陷自动识别和多径并行无线传输等技术，研制地铁接触网悬挂智能巡检系统。主要解决各地铁运营公司地铁线路接触网日常检修，以压缩劳动力成本、降低劳动强度、节约检修工具及辅助材料支出为目标。其安装的载体形式可包含地铁接触网作业车、综合检测车、电客车等。因此可从国内各大工程车辆厂及电客车厂进行集成式推广。可根据地铁线路特征、实际使用需求进行产品功能配置，以切实满足各地铁线路特征及用户使用为前提，进行产品功能多层级推广。在成都地铁投入应用，具有广泛的应用价值及推广价值。

（成都轨道交通集团有限公司）

【城市轨道交通工程施工质量安全管控成套关键技术研究与应用】

项目获2020年度中国城市轨道交通协会科技进步奖二等奖。

为有效解决新形势下城市轨道交通工程质量管理面临的突出问题，加强工程建设各环节质量管控，该项目针对城市轨道交通工程建设中的重难点进行研究，在质量安全管控领域创新取得多项关键技术。该项目的主要创新成果包括5个方面：（1）形成中国首部《城市轨道交通工程土建施工质量标准化管理技术指南》。（2）创新形成地铁车站超长结构抗裂技术，建立抑制混凝土结构裂缝新路径。自主研发出高性能自防水新型混凝土材料，形成“地铁车站超长大体积混凝土无缝分仓施工”等多项新型工法。（3）搭建基于“BIM+北斗定位技术”的地铁施工远程管控准智能化管理平台。通过BIM技术对设计进行提前优化，解决碰撞问题，减少现场施工过程返工率；引入北斗定位技术，降低建设过程中施工安全风险。（4）提出适合复杂地质条件的盾构施工全过程质量安全管理技术。针对盾构始发、掘进及接收这三大施工步骤创新形成“小空间盾构整体始发”“区间小净距及上下叠加段施工”“富水高压地层钢构套筒辅助接收施工”等关键技术，缩短建设工期，节省大量建设成本。（5）应用大数据分析技术，整合多维安全监测信息资源，创新升级智能化安全风险管控平台。首创建设单位主控的4级预警模式，提升风险响应效率；提高多方参建单位的信息交互共享能力，提升重大危险源管理和生产安全事故的预防预警和应急处理能力。该项目形成住房和城乡建设部行业指南1部、发表论文22篇，发明专利4项、实用新型专利12项以及软件著作权8项。该成套关键技术成果在厦门轨道交通4条线路的施工建设过程中应用。通过研发新材料、新工艺、新技术、新平台，在项目研究的过程中以节省开支的形式创造出的经济效益20.4亿元。《城市轨道交通工程土建施工质量标准化管理技术指南》推广到北京、西安、青岛等全国14个城市的地铁建设质量管理工作中，并取得良好经济效益与社会效益。

（厦门轨道交通集团有限公司）

【四维地质环境信息平台建设关键技术及其在轨道交通中的应用】

项目获2020年度中国城市轨道交通协会科技进步奖二等奖。

济南因泉享誉世界，实现地下水保护与轨道交通建设双赢，是济南轨道交通发展中亟需破解的关键难题。依托“济南城市地质调查”“济南城区四维地质环境可视化信息系统平台建设”等项目，集成济南多部门60余年来的各类勘探数据，历经近10年科技攻关与工程实践，取得创新成果包括3个方面：（1）突破可更新高精度的四维地质环境耦合模型建模的关键技术难题。揭示水文地质边界属性对趵突泉泉域地下水均衡的影响规律，创新了“半自动-交互-自动”三维地质建模方法，实现水流与地质模型的多模型多平台深度融合，首次构建近2000平方公里的可更新高精度四维地质环境耦合模型。（2）攻克地铁建设与泉水保护共融共生的技术难题。建立首个轨道交通多参数、分层监测的水文地质动态监测预警网，定量评价济南泉域地下水补给的影响因素；揭示济南地下水水质时空响应规律，对泉水保护提出了有效防控对策，指导轨道交通建设全生命周期的泉水保护评价工作。（3）突破大数据归一化组织管理、BIM+GIS融合分析、三维时空大数据高效共享等关键技术难题。基于数字孪生理论，建设济南城区四维地质环境可视化信息系统平台，建立济南四维地质环境数字化档案，实现四维、多源地质环境大数据的应用与共享。该项目成果服务于国内多家地勘单位及政府机构，成功借鉴应用于轨道交通建设、水资源开发利用、泉水保护等诸多领域，产生经济效益14亿元。该平台的实施有效推动了城市地质的产学研和成果转化，为“透视山东”建设提供示范，可在国内其他城市推广应用。该项目成果总体达到国际先进水平，在四维地质环境耦合模型构建和应用研究方面达到国际领先水平。该项目形成发明专利6项，实用新型专利6项，软件著作权6项，撰写论文15余篇（SCI、EI收录7篇），形成地方标准2项，著作2部，培养博士后3名，博士生5名，硕士生22名。

（济南轨道交通集团有限公司）

【基于大数据技术的城轨列车数字化智能运维平台】

项目获2020年度中国城市轨道交通协会科技进步奖二等奖。

基于大数据技术的城轨列车数字化智能运维平台，以引领和推动轨道交通行业网络化、智能化为目标，以新一代信息技术、先进的管理方法、系统工程与系统科学理论为基础，建立车载和地面一体化平台，实现了突破距离、时间、设备限制的互联网化、主动化的城轨列车智能运维服务系统。平台采用Hadoop+Spark+关系型数据库的混搭技术架构，实现列车健康状况的实时展现和分析挖掘。基于大数据技术实现数据的采集、解析、处理、存储和应用。该项目主要创新成果包括3个方面：（1）构建基于数据+事件驱动的互联网化、主动化城轨列车智能运维平台，提高运维效率、降低检修服务成本。（2）创新应用大数据技术，实现高通量列车数据实时接收与处理，通过数据挖掘建模实现部分关键故障的预测报警，为列车运行安全提供保障。（3）突破车载健康诊断技术，满足列车健康管理系统的轻量化和快速反应要求。该项目形成发明专利8项。该系统在城市轨道交通指挥中心上线应用，成为列车运营监控和安全保障不可或缺的平台，为降低公司运营成本提供有力支撑。该系统在各地铁公司展开试用，如成都、重庆、郑州、天津等，实现了与城市轨道交通运营服务部门数据共享，信息推送。城轨服务部门能够对车辆故障分析进行高效组织、快速决策，提高故障处置的效率，保障列车稳定可靠地运行，使用及反馈效果良好。

（中车青岛四方机车车辆股份有限公司）

【复杂场景下超大规模轨交线网运营安全风险智能协同调控关键技术】

项目获2020年度中国城市轨道交通协会科技进步奖二等奖。

该项目面向大客流和复杂场景，紧扣城市轨道交通线网运营安全风险难题，研发智能协同调控关键技术，保障上海城轨线网运营和城市安全。该项目主要创新成果包括4个方面：（1）首次提出智能短时客流预测、预警及协同调控方法，提升路网大客流应急协同调控和诱导能力。建立超大城市15分钟预测模型且误差小于2%，实现精细化大客流响应及路网行车客运协同调控，运能和运量匹配度达90%以上。建立突发客流全息负荷评估与预警方法，提升城轨运营组织应急调控效率。研发多方疏运需求推估与最佳启动时机决策模型，提升多方协同应急处置的效能。建立实时信息多元推送系统，实现大客流智能诱导。（2）首次研发并实现智能多模式快速验证及过闸机制，化解车站客运组织大客流安全风险。研发国内种类最全购票及过闸验证设备，解决乘客车站购票、过闸客流积压风险。研发蓝牙双脱机回写技术，解决因通信不畅导致验票困难问题。研发强嘈杂环境下语音购票技术，识别率达93%；建立统一生码规则和系统接口，率先实现城际间“一码通行”，在1000余座车站得到应用。（3）率先研发乘客异常行为检测及预警系统，提升公共安全隐患精准检控能力。研发适用于多场景的异常行为检测和预警系统，实时检测乘客个体和群体性异常行为。研发基于乘客身份的智能安检过滤机制，实现人工安检向自主安检的转变，提升乘客安检通行能力和效率。（4）率先研制并实现多元协同的城轨异地交易安全机制，保障信息交易安全。研发乘客出行信用等级评定方法和城际间乘客信用风控技术，适应“先乘后付”新模式，解决票款资金风控难题；研发数据分布式存储和异步共识，确保异地交易实时安全。该项目形成地方标准3项，国际专利1项、发明专利9项，发表学术论文25篇，对促进区域一体化具有引领支撑作用，提升了乘客出行新体验。该项目成果总体达到国际先进水平。该项目成果运用于上海城市轨道交通线网以及杭州、南京、苏州等20余个城市，实现经济效益16.57亿元。

（上海申通地铁集团有限公司）

【面向智慧客服的地铁网络客流精细化分析与管控技术及其应用】

项目获2020年度中国城市轨道交通协会科技进步奖二等奖。

该项目研究面向智慧客服的地铁线网客流精细化分析与管控技术及其应用，旨在充分挖掘地铁线网客流时空分布特点，进而通过客流管控及全息感知技术，提升地铁客运服务水平。该项目主要创新成果包括3个方面：（1）数据驱动型城市轨道交通客流时空分布挖掘方法。以乘客实际出行信息为数据基础，结合路网拓扑特点及城市轨道交通实际运营结果，充分考虑乘客个体差异性，创新性的提出一种数据驱动的城市轨道交通网络客流时空分布精细化挖掘方法，估计乘客实际出行时空路径，推断乘客出行选择特点及路网客流时空分布。（2）城市轨道交通车站客流管控协同优化技术。将每个车站均视为潜在的客流控制点，以各车站每个时间点进入站台的客流速率为控制变量，以路网客流聚集风险最小以及乘客等待时间最小为目标，考虑列车容量约束、客流控制约束等，创新性建立了多车站客流协同控制的多目标线性整数规划模型，并设计了快速求解的启发式算法。从系统层面优化路网的客流聚集情况，有效缓解客流的局部拥堵。（3）基于App的城市轨道交通服务全息感知技术。突破传统地铁媒体发布城市轨道交通运输服务形式，以乘客历史出行信息为数据基础，利用人工智能、大数据及信息化等技术，提出了基于App的城市轨道交通运输服务全息感知方案，实现乘客出行全过程智能引导、运输服务内容及状态实时感知等，全面提升客运服务水平。该项目形成发明专利3项，外观设计1项，软件著作权11项。此外，受理发明专利2项。项目发表学术论文7篇，其中SCI检索4篇，EI检索2篇。项目经济效益显著，近3年来新增销售额5400万元，新增利润1235万元。项目精细化地研究网络化客流时空分布，针对高峰时段提出客流管控，并基于移动终端研究引流、服务全息感知等智能服务。项目成果整体上提高地铁运力与需求间匹配度，提升地铁运输服务水平，降低运输生产成本和运输组织中各种风险，社会效益显著。项目研究成果在南昌地铁得到全面应用，并逐步推广至无锡地、大连等地铁客运组织中。

（南昌轨道交通集团有限公司）

【杂散电流一体化智能综合分析系统的研究】

项目获2020年度中国城市轨道交通协会科技进步奖二等奖。

该项目就是研发杂散电流监测及防护系统，最大限度地减少杂散电流的泄漏对设备及主体结构的腐蚀和危害，延长设备及轨道洞体结构的使用寿命。其主要创新成果包括5个方面：（1）杂散电流防护系统新技术应用研究：对导通柜、排流柜、钢轨电位限位装置进行一体化综合分析钢轨电位与杂散电流的关系，并对导通柜、排流柜及钢轨电位限制装置作智能化设计，做到科学自动地智能化排流。（2）杂散电流泄漏状况对排流网腐蚀特性研究：监测、记录、分析全线杂散电流泄漏状况、干扰状态和对排流网腐蚀特性。对排流网腐蚀情况作出预估，并作为排流网寿命测算依据，为新建线路的排流网设计提供设计参考依据。（3）智能导通柜、智能排流柜、钢轨电位限制装置综合一体化的研究：综合分析智能导通柜、排流柜、钢轨电位限制装置在动作时对全线杂散电流的影响。根据全线杂散电流控制指标，结合不同设备状态及其与杂散电流系统的耦合情况，对多元参数进行分析运算，给出智能导通柜、排流柜及钢轨电位限制装置一体化最优控制方式。以达到最优化的杂散电流治理效果。（4）智能导通柜导通特性研究：分析各种设置导通柜地点实际情况（隧、桥、坡度等），绝缘结电压，结合列车经过绝缘节时运行方式，杂散电流控制目标及其他关联参数，给出合理的导通策略。（5）杂散电流变化趋势研究：对比全线杂散电流监测数据，分析杂散电流变化趋势，并根据发展趋势预测未来变化走向，及时给出预测、预警等信息，为运行维护新决策提供参考，降低杂散电流危害。该项目形成实用新型专利2项。出版论文3篇。该项目应用于南京地铁宁溧线、南京地铁宁高线，完成库前及车辆段出入线智能导通柜推广应用，解决绝缘节处导通不畅，绝缘节打火烧蚀等现象。在南京地铁2号线车辆段应用智能导通柜，车辆段下方燃气管道未采用智能导通柜之前极化电位超过500毫伏，应用之后燃气管道极化电位降至100毫伏以下。

（南京地铁建设有限责任公司）

【城市轨道交通高效制冷系统关键技术及应用】

项目获2020年度中国城市轨道交通协会科技进步奖二等奖。

为解决中央空调系统能效低、能耗大、控制不精准、施工工法复杂的行业难题。该项目对制冷机房的关键设备的设计方法、关键技术、产品开发、系统控制进行了深入的研究，建成轨道交通行业内首个系统年平均综合能效比6.0以上的超高效制冷机房，研制出行业内首个串联逆流双机头子母配大温差高出水温度的超高效“双一级”冷水机组，研发以通风空调专业主导并创新融合低压配电、弱电节能控制相结合的一体化主动寻优节能控制技术，并在广州地铁轨道交通13号线二期、14号线一期、21号线进行应用。该项目成果达到“国际先进，国内首创”技术水平，项目关键技术应用入选《国家节能中心重点节能技术应用典型案例（2019）》及《广州市节能减排技术与成果推广目录（2020）》。该项目形成知识产权26项（其中发明专利5项），发表核心期刊论文10篇，编写著作2本，发布地方标准3项，发布企业标准4项，在编团体标准1项。该项目研发的超高效制冷机房系统能效水平比行业平均水平提升50%以上，提前十年达到国务院《“十三五”节能减排综合工作方案》及国家发展改革委员会等7部委2019年6月13日下发《绿色高效制冷行动方案》中要求的“到2030年，大型公共建筑制冷能效提升30%，制冷总体能效水平提升25%以上”的指标要求，该技术在广州地铁在建160多个车站推广应用，也在深圳、苏州、宁波、福州、徐州、佛山、郑州等国内其他诸多城市地铁推广应用，带动整个行业的技术进步，对加快轨交行业节能减排以及绿色轨道交通建设具有重要指导意义。

（广州地铁集团有限公司）

【基于云平台的有轨电车智能控制系统】

项目获2020年度中国城市轨道交通协会科技进步奖二等奖。

基于云平台的有轨电车智能控制系统，采用创新的融合架构，完全替代传统有轨电车弱电系统自成体系、相互独立的烟囱式架构。该项目创新成果包括5个方面：（1）实现并实施了面向智慧城轨的开放式统一融合架构。采用微服务技术，建立了统一融合架构，搭建统一的综合自动化系统平台，为实现智慧城轨提供支撑。（2）实现统一标准的数据采集。（3）实现了控制中心云一体化建设。（4）实现实时的高性能的全面大数据应用。（5）研发了车路协同系统。通过以控制中心枢纽，智能对多线路多交路列车行驶过程中，对路口进行统一高效调度、执行相应优先，使得车辆与路口达到执行最高效率，通过数据分析及最优算法预判，实现车路协同对交通信号适配最优化。该项目成果形成发明专利7项、实用新型1项、软件著作权6项；发表论文4篇。该项目系统从2017年开始研发到2018年12月完成全系统开发测试。2018年6月在国家重点工程实验室搭建全系统设备及运行环境，对系统功能和稳定性进行全方位测试验证。2018年12月，系统获SIL2安全认证。2019年1月，该系统开始在青海德令哈有轨电车项目安装调试。2019年9月，德令哈新能源现代有轨电车示范线线路及场站工程全线通过验收。

（北京城建智控科技有限公司）

【无锡地铁远程自动接地系统研究】

项目获2020年度中国城市轨道交通协会科技进步奖二等奖。

该项目开发出不依赖人工观看视频，完全依靠设备自主判断给出接地开关位置的远程接地系统，并且通过试挂，验证设备的可靠性。其创新成果包括2个方面：（1）机器视觉分析技术：在传统可视化接地装置基础上采用计算机视觉分析技术，实现接地刀闸分合闸状态的视觉分析确认，从而进一步提高可视化接地装置信号判定的可靠性，同时降低对人工通过视频判定接地刀闸状态的依赖，减少操作人员的工作，提高轨道交通生产安全性。（2）多组状态检测机构的接地装置：在传统可视化接地装置配备一组状态检测机构的基础上，增设一组状态检测机构用于提供刀闸状态监测，可进一步提高可视化接地装置信号判定的可靠性。该项目形成实用新型专利2项，获“2019年度无锡市安全生产先进工艺、技术和装备推广应用示范项目”称号。该项目有效解决人工挂拆地线作业时间长、效率低，受天气影响大等问题，提高天窗时间轨行区使用效率和运营服务水平。无锡地铁在3号线采用基于视频识别的远程自动接地系统方案实施，3号线自动接地系统与SCADA、综合监控集成兼容性良好，整体达到项目预期目标。后续根据实际情况，计划在1、2号线既有线路推广改造远程自动接地系统。此系统在国内轨道交通行业具有较高的推广价值。

（无锡地铁集团有限公司运营分公司）

【青岛地铁双护盾TBM隧道建造关键技术】

项目获2020年度中国城市轨道交通协会科技进步奖二等奖。

青岛地铁2号线以岩质地层为主、基岩起伏大、局部断层破碎带分布数量多、埋深浅、线间距及转弯半径小、周边既有建（构）筑物分布密集等特点，属典型的复杂环境岩质地层浅埋地铁隧道工程。鉴于传统的矿山法施工风险高、敞开式和单护盾TBM施工地质适应性单一等问题，经科学比选分析，青岛地铁2号线创造性地选用双护盾式TBM进行施工。作为世界上首次采用双护盾TBM建造的地铁隧道工程，无成熟经验可循；课题组采用现场试验、室内试验、理论分析、数值模拟等多种研究方法，取得创新成果包括3个方面：（1）首次在地铁隧道中成功采用双护盾TBM施工方法，开创地铁隧道TBM施工新模式，创建了“地质-地铁特点-复杂周边环境”三因素地铁隧道TBM选型方法。（2）建立了地铁双护盾TBM隧道全系掘进模式下的结构体系，研发并构建了针对双护盾TBM“撑靴+锚喷”“撑靴+管片”、单护盾三种掘进模式下隧道结构型式，并明确各结构体系与地质和TBM掘进模式间的适应性关系，提出复合地层浅埋TBM隧道管片围岩荷载计算方法、“围岩-碎石回填层-管片”计算模型、“围岩-碎石回填层”等效弹性抗力系数计算方法，建立TBM隧道预制管片结构体系设计理论与方法。（3）提出地铁双护盾TBM隧道安全高效施工技术，构建豆砾石回填注浆和双液浆止浆环施做技术、特殊地质及软弱破碎围岩带加固技术；建立先站后隧防交叉干扰及双护盾TBM整机空推曲线高效过站方法，形成城轨双护盾TBM始发、接收、过站、转场等施工全过程土建一体化关键技术解决方案。该项目形成发明专利4项，实用新型专利10项，省级工法1项，企业标准5部，相关论文23篇。研究成果应用于青岛地铁2号线，推广至青岛地铁1、4、6、8号线以及深圳地铁6号线、10号线等工程，累计节省工程造价约4000万元，经济效益显著。青岛地铁双护盾TBM隧道建造技术开创地铁隧道施工新模式，该项目总体达到国际先进水平，其中双护盾TBM力学参数和结构设计技术达到国际领先水平。

（青岛地铁集团有限公司）

【基于BIM的轨道交通机电系统工程项目集成管理平台】

项目获2020年度中国城市轨道交通协会科技进步奖二等奖。

该项目引入BIM理念及相关技术，为施工精细化管理提供统一数据源，解决信息存储、管理和共享的问题。该项目主要创新成果：（1）创新基于BIM的轨道交通工程管理模式与标准研究：包括基于BIM的管理模式、信用数据库、工作流程、编制应用标准指引，实现施工过程信息的数字化存储及竣工模型的数字化移交。（2）轨道交通工程信息模型及建模技术研究：通过BIM三维模型与WBS的关联，实现以4D模型为主的三维可视化工程管理，结合虚拟施工，使工程管理更加形象、易于沟通。（3）基于BIM的轨道交通智能化与精细化管控技术：创新提出以派工单为主线的BIM落地应用模式，连接虚拟与显示，实现人机料法环的闭环精细化管理。（4）完成基于BIM的项目管理平台研发：结合网络、系统、硬件物理架构、4D分析与物联网技术融合，创新各集成管理功能的研究与落地。（5）建立工程造价协同管理体系，实现预算、变更管理、成本控制、生产计划等等方面的精细化管理，实现内数据积累。该项目形成广东省规范/标准2项、出版著作1本、发表论文18篇，软件著作权6项，受理中专利8项；该项目总体达到国际先进水平。该项目成果在3个城市、50余个工程上推广应用。

（广州地铁集团有限公司）

2020年度中国城市轨道交通协会科技进步奖获奖项目（27个） 表5-2-1

证书编号	获奖等级	项目名称	主要完成单位
2020-J-27-1-01	特等奖	面向网络化运营的互联互通CBTC关键技术及成套装备与示范应用	重庆市轨道交通（集团）有限公司、交控科技股份有限公司、北京交通大学、北京华铁信息技术有限公司、通号城市轨道交通技术有限公司、浙江众合科技股份有限公司
2020-J-27-2-01	一等奖	饱和软土复杂环境地铁盾构隧道结构安全与耐久性关键技术	上海申通地铁集团有限公司、同济大学、上海隧道工程有限公司、上海市隧道工程轨道交通设计研究院、上海地铁盾构设备工程有限公司、上海市城市建设设计研究总院（集团）有限公司
2020-J-27-2-02	一等奖	富水岩溶发育条件下复合地层地铁盾构工程成套关键技术研究与应用*	广州地铁集团有限公司、广州轨道交通建设监理有限公司、广州地铁设计研究院股份有限公司、中国铁建重工集团股份有限公司、广东华隧建设集团股份有限公司、广州大学、中铁十一局集团有限公司
2020-J-27-2-03	一等奖	城市轨道交通云平台创新研究与应用	呼和浩特市城市轨道交通建设管理有限责任公司、交控科技股份有限公司、中国铁路设计集团有限公司、华为技术有限公司、北京交通大学

*该项目同时获得广东省科学技术进步一等奖，相关内容请参见第56页（1 国家及省市科学技术奖）。

2020年度中国城市轨道交通协会科技进步奖获奖项目（27个）（续前表） 表5-2-1

证书编号	获奖等级	项目名称	主要完成单位
2020-J-27-2-04	一等奖	轻型跨座式单轨道岔系统关键技术研发及应用	中铁工程设计咨询集团有限公司、芜湖市轨道交通有限公司、芜湖力钧轨道装备有限公司、中铁科工集团有限公司、北京交通大学
2020-J-27-2-05	一等奖	轨道交通车载高频辅助变流关键技术研究及其应用	株洲中车时代电气股份有限公司、成都地铁运营有限公司、中车青岛四方机车车辆股份有限公司、深圳市地铁集团有限公司、杭州市地铁集团有限公司
2020-J-27-2-06	一等奖	城市轨道交通与大型市政道路合建沉管隧道关键技术与应用	中铁隧道勘测设计院有限公司、佛山市新城开发建设有限公司、中铁第六勘察设计院集团有限公司、上海交大海科检测技术有限公司、交通运输部广州打捞局
2020-J-27-2-07	一等奖	轨道交通智慧车站系统关键技术研究与示范应用	上海申通地铁集团有限公司、上海市隧道工程轨道交通设计研究院、上海电科智能系统股份有限公司、国电南瑞科技股份有限公司、上海期安智能科技有限公司、上海电气自动化设计研究所有限公司、同济大学
2020-J-27-2-08	一等奖	新一代城轨市域列车制动系统关键技术及应用	北京纵横机电科技有限公司、中国铁道科学研究院集团有限公司、铁科纵横（天津）科技发展有限公司
2020-J-27-2-09	一等奖	全自动运行信号系统关键技术在机场空侧捷运系统中的研究及应用	上海机场(集团)有限公司、上海申通地铁集团有限公司、上海富欣智能交通控制有限公司、上海国际机场股份有限公司、上海申通轨道交通研究咨询有限公司、上海市政工程设计研究总院(集团)有限公司、上海申凯公共交通运营管理有限公司、中车长春轨道客车股份有限公司、中铁上海设计院集团有限公司
2020-J-27-2-10	一等奖	温州市域铁路S1线一期工程	温州市铁路与轨道交通投资集团有限公司、中铁第四勘察设计院集团有限公司、中车青岛四方机车车辆股份有限公司、西南交通大学、中铁四局集团有限公司、上海宝信软件股份有限公司、中铁宝桥集团有限公司、中铁隧道局集团有限公司
2020-J-27-2-11	一等奖	北京大兴机场线全新型全自动驾驶市域车	中车青岛四方机车车辆股份有限公司、北京市轨道交通建设管理有限公司
2020-J-27-3-01	二等奖	全程无网储能式有轨电车关键技术研究及应用	中车株洲电力机车有限公司、广州有轨电车有限责任公司、宁波中车新能源科技有限公司
2020-J-27-3-02	二等奖	高烈度地震区长联大跨连续梁及轨道、大轴力桥梁桩基托换关键技术	陕西城际铁路有限公司、中铁第一勘察设计院集团有限公司、中铁上海设计院集团有限公司、中国铁道科学研究院集团有限公司铁道建筑研究所、中铁四局集团有限公司
2020-J-27-3-03	二等奖	基于AI云技术的智慧城轨多专业一体化仿真与验证平台	卡斯柯信号有限公司
2020-J-27-3-04	二等奖	动态计算机视觉技术在地铁运营巡检中的应用研究	成都轨道交通集团有限公司、成都唐源电气股份有限公司
2020-J-27-3-05	二等奖	城市轨道交通工程施工质量安全管控成套关键技术研究与应用	厦门轨道交通集团有限公司、合诚工程咨询集团股份有限公司、中交一公局厦门工程有限公司、上海同是科技股份有限公司
2020-J-27-3-06	二等奖	四维地质环境信息平台建设关键技术及其在轨道交通中的应用	济南轨道交通集团有限公司、山东省地质调查院、武汉中地数码科技有限公司、山东省地矿工程勘察院、河海大学
2020-J-27-3-07	二等奖	基于大数据技术的城轨列车数字化智能运维平台	中车青岛四方机车车辆股份有限公司
2020-J-27-3-08	二等奖	复杂场景下超大规模轨交线网运营安全风险智能协同调控关键技术	上海申通地铁集团有限公司、上海工程技术大学、同济大学、阿里巴巴（中国）网络技术有限公司、支付宝（中国）网络技术有限公司
2020-J-27-3-09	二等奖	面向智慧客服的地铁网络客流精细化分析与管控技术及其应用	南昌轨道交通集团有限公司、华东交通大学、江西鹭鹭行科技有限公司
2020-J-27-3-10	二等奖	杂散电流一体化智能综合分析系统的研究	南京地铁建设有限责任公司、中铁第六勘察设计院集团有限公司电气化设计院分公司、南京大全自动化科技有限公司
2020-J-27-3-11	二等奖	城市轨道交通高效制冷系统关键技术及应用	广州地铁集团有限公司、南京天加环境科技有限公司、南京福加自动化科技有限公司

2020年度中国城市轨道交通协会科技进步奖获奖项目（27个）（续前表） 表5-2-1

证书编号	获奖等级	项目名称	主要完成单位
2020-J-27-3-12	二等奖	基于云平台的有轨电车智能控制系统	北京城建智控科技有限公司
2020-J-27-3-13	二等奖	无锡地铁远程自动接地系统研究	无锡地铁集团有限公司运营分公司、成都中工电气工程有限公司
2020-J-27-3-14	二等奖	青岛地铁双护盾TBM隧道建造关键技术	青岛地铁集团有限公司、中铁二院工程集团有限责任公司、西南交通大学
2020-J-27-3-15	二等奖	基于BIM的轨道交通机电系统工程项目集成管理平台	广州地铁集团有限公司、广州轨道交通建设监理有限公司

3 中国土木工程詹天佑奖

【概况】

2020年，第十八届土木工程詹天佑奖共有30项工程获奖。获奖项目涵盖建筑、桥梁、铁道、轨道交通、公路、港口、市政等工程。涉及轨道交通工程共5项。（表5-3-1）

（中国城市轨道交通协会专家和学术委员会）

【郑州市南四环至郑州南站城郊铁路一期工程】

郑州市南四环至郑州南站城郊铁路一期工程是连接郑州市中心城区和航空港经济综合实验区的轨道交通线路，为助力郑州建设国家中心城市、国际航空大都市发挥了重大作用。该工程线路长31.73公里，其中高架线16.03公里，地下线14.43公里，过渡段1.27公里，共设车站14座，其中高架站7座，地下站7座。设孟庄车辆段1座，新建主变电所2座，控制中心设在郑州市轨道交通调度中心。设计最高运行速度为100公里/小时，采用B型车6辆编组，系统最大设计能力30对/小时，采用快慢车运营组织模式，牵引供电制式采用DC1500V架空接触网。该工程共申请国家专利42项，其中发明专利8项、实用新型专利35项；主持或参与编写规范标准4项；工程类奖项21项，技术成果类奖项13项，工法类奖项10项。该工程创新团队在线路规划、车站建筑及装修、桥隧工程和设备系统等四大领域，共突破20余项关键创新技术。2014年4月16日，郑州市南四环至郑州南站城郊铁路工程（南四环至新郑机场段）开工建设。2017年1月12日，城郊铁路一期工程正式开通试运营，首开段31公里14座车站仅用不到3年建设时间即高水平投入运营，创造了国内行业最快纪录。

（郑州地铁集团有限公司
北京城建设计发展集团股份有限公司）

【重庆轨道交通10号线一期（建新东路－王家庄段）工程】

重庆轨道交通10号线一期工程始于嘉陵江边建新东路，止于但家山下王家庄，途经江北区、渝北区等城市核心区，串联火车北站南广场和北广场、江北国际机场、悦来国博中心等重要交通枢纽，是重庆市轨道交通线网主干线路。线路全长33.42公里，其中地下段长26.9公里，高架段长6.38公里，共设车站19座（地下站18座、高架站1座），设车辆段1座、停车场1座、主变电所1座，线路与10条轨道交通线路换乘。线路平面最小曲线半径正线为300米，区间正线最大坡度为45‰；采用山地城市As型车，列车最高运行速度100公里/小时；车辆编组初、近期采用6辆编组、远期采用7辆编组，最大运输能力5.37万人次/小时。

（重庆市轨道交通（集团）有限公司
北京城建设计发展集团股份有限公司）

【天津地铁3号线工程】

天津地铁3号线工程贯穿天津西南至东北方向，联通七个行政区，线路南起天津南站，终点至北辰区小淀，全长33.4公里，设场站28座。工程于2008年3月开工建设，2012年8月竣工，总投资144.4亿元。工程主要创新：（1）首次针对天津富含淤泥质土、粉土粉砂，地下水位高的海陆交互“千层饼”状软土特性，提出了深大长基坑安全精细控制技术，发明了承压水非截断条件下的分仓降水、分仓开挖和双井组合回灌等多项技术。（2）首创基于盾构施工参数敏感性的地层沉降分阶段控制技术，在软土地区下穿设计时速350公里的京津城际和瓷房子、张学良故居等历史风貌建筑群，施工实现了盾构施工对环境影响的毫米级控制。运营8年来，高铁不降速，历史风貌建筑状况完好无损。（3）首次在市中心改扩建天津站大型交通枢纽工程，天津站大型交通枢纽建筑面积18万平米，基坑深33.5米，集国铁、地铁，公交等多种交通方式于一体，是中国首个高速铁路京津城际的重大配套工程。项目开创了国内大型综合交通枢纽的设计先河，首创大型交通工程“设计-建设-运营”集成管理模式。（4）首次建成单体面积最大的线网综合控制中心，围绕“信息化、智能化、智慧化”的目标，加速构建大数据平台、智能调度、智能运维等项目，可实现22条线路的统一调度指挥，为建设智慧城轨夯实基础。（5）装修风格定位为“都市金廊”。该工程获2013～2014年度国家优质工程奖；工程中“深大长基础安全精细控制与节约型基坑支护新技术及应用”获2015年度国家科学技术进步二等奖；“滨海地区深大基坑稳定与变形全过程控制理论与关键技术”获教育部2013年度科学技术进步奖一等奖；“软土地区城市岩土与地下工程安全控制关键技术及应用”获天津市科学技术进步奖一等奖；“天津站交通枢纽工程设计与施工新技术规程研究及工程示范”获2014年度天津市科学技术进步二等奖；“地铁浮置板整体道床快速施工技术研究”获2013年度天津市科学技术进步二等奖。

（天津轨道交通集团有限公司 天津市地下铁道集团有限公司）

【济南轨道交通1号线工程】

济南轨道交通1号线是泉城首条地铁线路，肩负泉域特殊水文地质条件地铁建设技术探索的重要使命。沿线串联创新谷、大学城、济南西站等重点区域，线路全长26.1公里，其中高架段16.2公里，过渡段0.2公里，地下段9.7公里；全线设车站11座，其中高架站7座，地下站4座，车辆综合基地1处，控制中心1座。工程穿越北大沙河、玉符河等济西水源地等泉水主要补给区，沿线分布冲洪积松散地层、寒武系和奥陶系岩溶石灰岩等泉域典型地层，具有水位浅、弱承压、补给快、岩溶裂隙发育等显著特征。工程于2015年7月开工建设，2018年12月完成竣工验收，总投资134亿元。建立泉域地铁建造体系。揭示泉水形成机理与分布规律，提出“绕避升抬、疏堵结合”的规划设计理念，发明泉域富水地层地铁车站降水回灌技术，攻克泉城岩溶灰岩地质盾构施工控制技术难题，实现地铁建设与泉水共融共生，为泉域地铁建设提供了示范。创新轨道交通建筑设计理念。独特的“儒风素语”贯穿了枢纽、车站、区间桥梁、地面附属设施等系列公共空间设计，运用简约朴素的清水混凝土天然雕饰，展现厚重的齐鲁文化，体现建筑美和结构美的高度融合；创建结构侧立面外倾10度的高架车站鱼腹岛式造型，改善车站的空间感受，提升路中车站的景观效果，高架车站轻量化、免维护、节能环保。首创地铁车站预制叠合结构体系。提出预制肋叠合墙、复合立柱、预应力叠合顶板关键技术，解决预制桩三维精准定位、地下叠合结构变形控制与防水技术难题，实现支护结构与主体结构的永临合一，提高工程质量，降低工程造价。形成全生命周期轨道交通绿色建造技术体系。全面实施应用可调通风型站台门、再生制动能回收、光伏发电等40项绿色创新技术，全线综合节能15%。济南轨道交通1号线是住房和城乡建设部绿色施工科技示范工程，获授权发明专利27项、获省级工法14项，主编地方标准4部、专著3部，形成《济南轨道交通1号线工程建造关键技术创新与应用》研究成果，其中泉域地铁保泉技术、地铁车站预制叠合结构建造技术达到国际领先水平。

（济南轨道交通集团有限公司
北京城建设计发展集团股份有限公司）

【武汉东湖国家自主创新示范区有轨电车试验线工程】

武汉东湖国家自主创新示范区有轨电车试验线工程，由T1及T2两条线组成。线路全长32.5公里，设站45座，其中高架站4座，地面站41座，设流芳车辆基地及九峰停车场，采用100%低地板超级电容供电制式车辆。工程总投资约69.8亿元人民币。该项目对光谷地区城市格局、多模式多层次的公共交通系统以及产业发展起到关键推动作用，线路开通运营后有效支撑光谷地区整体升级，同时也是贯彻公交优先战略，实现“公交都市”的重要实践。针对超级电容供电模式下的网络化中运量有轨电车系统带来的运营模式、供电方式、车辆研制、土建实施等重大技术难题进行系统的科学研究，在新系统、新技术、新工艺、新设备等方面形成技术创新。（1）践行绿色科技建设理念，高架大小三通小半径（R-79m）、S曲线、大跨度钢混梁首次采用人字形叠合梁设计方案，关山大道区间跨三环的人字形箱梁3个节段研制小半径拖拉工法；形成成套土建设计施工新技术。（2）采用CPⅢ测量控制网+轨检小车极大提高轨道铺设精度，研制移动式槽型轨小型弯轨机，铺设首个50～60R2异型过渡轨，研制预装式变电站智能环境控制系统，形成成套土建机电设计施工新技术。（3）首创有轨电车网络化运营管理控制系统深度集成中心平台；研发基于超级电容供电模式下有轨电车与道路交通协同组织的网络化运营组织管理技术，实现运营交路里程达建设里程的3倍。（4）研发一种应用轻量化车头及新型转向架的100%低地板有轨电车新型超级电容供电制式车辆；攻克有轨电车超级电容容量小、寿命短、充电时间长的难题，研发一种能够适用于全线无架空电缆快速充电的新型有轨电车的高比能量、高比功率、长寿命、大容量超级电容储能系统。（5）基于超级电容制式下的“离线协调拟合”及与道路交通协同的有轨电车信号优先控制技术研发应用，提高东湖有轨电车旅行速度10%-15%。（6）建成集智慧车场与综合开发一体化车辆基地，应用有轨电车综合规划、一体化建设、智能运维建管新技术。该工程共编写规范9项，其中施行5项，在编4项；主编著作1本；获得专利授权20项，其中发明5项，实用新型15项；省级施工工法6项；软件著作权4项；发表论文23篇。该工程技术先进，研究科学有效，学术价值和应用推广价值高，研究成果经上海科学技术情报研究所鉴定，达到国际先进水平。

（武汉光谷交通建设有限公司）

第十八届中国土木工程詹天佑奖获奖项目（5个） 表5-3-1

项目名称	获奖单位
郑州市南四环至郑州南站城郊铁路一期工程	郑州地铁集团有限公司、北京城建设计发展集团股份有限公司、郑州一建集团有限公司、中铁七局集团有限公司、中铁一局集团有限公司、中铁四局集团有限公司、中铁十一局集团有限公司、上海隧道工程有限公司、中建七局建筑装饰工程有限公司、中国铁路通信信号上海工程局集团有限公司
重庆轨道交通10号线一期（建新东路－王家庄段）工程	中国中铁股份有限公司、重庆市轨道交通（集团）有限公司、北京城建设计发展集团股份有限公司、重庆市勘测院中铁四局集团有限公司、中铁电气化局集团有限公司、中铁三局集团有限公司、中铁八局集团有限公司、中铁六局集团有限公司、中铁武汉电气化局集团有限公司
天津地铁3号线工程	天津市地下铁道集团有限公司、中国铁路设计集团有限公司、天津市市政工程设计研究院、中铁四局集团有限公司、中铁三局集团有限公司、中铁十八局集团有限公司、中铁十六局集团北京轨道交通工程建设有限公司、中铁隧道局集团有限公司、天津城建集团有限公司、天津大学建筑工程学院
济南轨道交通1号线工程	济南轨道交通集团有限公司、北京城建设计发展集团股份有限公司、中国建筑第八工程局有限公司、同济大学中铁十四局集团有限公司、中铁十局集团有限公司、山东省地矿工程勘察院、中铁一局集团有限公司、济南长兴建设集团有限公司、中铁四局集团有限公司
武汉东湖国家自主创新示范区有轨电车试验线工程	武汉光谷交通建设有限公司、上海市城市建设设计研究总院（集团）有限公司、武汉市市政建设集团有限公司、中铁电气化局集团有限公司、中车长春轨道客车股份有限公司、北京城建设计发展集团股份有限公司、中铁宝桥集团有限公司、中铁重工有限公司、上海奥威科技开发有限公司

4 国家优质工程奖

【概况】

国家优质工程奖设立于1981年，是经国务院确认的我国工程建设领域国家级质量奖，国家优质工程奖的评选范围涵盖冶金、有色、煤炭、石油、石化、化工、电力、水利、核工业、林业、航空航天、建材、铁路、公路、市政、水运、通信和房屋建筑等工程建设各个行业（专业），贯穿工程建设各个环节。奖励对象包括建设单位和勘察设计、施工、监理等参与工程建设的相关企业，对获奖项目中特别优秀的授予国家优质工程金质奖荣誉。2020-2021年第一批国家优质工程奖获奖项目涉及城市轨道交通工程共12项，其中最高奖国家优质工程金奖3项。（表5-4-1，表5-4-2）

（中国城市轨道交通协会专家和学术委员会）

【武汉市轨道交通6号线一期工程】

项目获2020-2021年国家优质工程奖金奖。

武汉城市轨道交通6号线一期工程南北跨越汉江，连通汉阳汉口6个中心城区。6号线一期的开通初期运营，大大缓解汉阳、汉口两地之间的过江压力，带动汉口老城区、沌口开发区、常青片区以及金银湖地区的发展。建设过程中，参建各方坚持“质量第一，科技领先”的建设理念，与高等科研院所、企业技术中心开展科研项目16项，攻克了多项技术难题；严谨策划和推广、优化“四新”成果和十大新技术应用。主要科技创新及新技术应用：（1）全球首次实现1.8吉赫专用频段LTE承载列车自动控制系统（CBTC）技术应用，从根本上解决2.4吉赫频段干扰问题，提升系统可实施性、可维护性和可靠性，技术成果达到国际先进水平，引领轨道交通行业车地通信技术的发展前沿。（2）国内首建高挑空、大跨度、无柱中庭的地铁车站——汉正街站，通过创新型的空间设计，创造全国首次侧跨楼板全部打开的先例，实现“在室内再现室外实景”的艺术效果。（3）国内首次实现系统性的盾构机刀盘面板、泥舱内外超高压水刀冲刷装置研发，实现盾构施工过程中高黏性高膨胀性泥岩结泥饼的快速清除，引领了行业技术发展潮流。（4）国内首创采用隧道内组合注浆加固技术，实现6.0百帕高水压透水砂层中盾尾刷快速更换、新增，确保施工安全前提下节约工期2个月以上。⑤采用跟管钻进+PPR管置换和注浆信息化施工技术，解决国内罕见的“砂漏型岩溶”地层中钻孔注浆扰动、流沙漏失引起的岩溶塌陷。⑥自主研发37项专利，创新12项省部级施工工法，解决了施工中盾构刀盘前方障碍清除、敏感建构筑物变形观测、浆液逸散、管片上浮等技术难题。⑦通过盾构隧道参数优化控制、浆液配比、渣土改良技术、自动化监测+注浆补偿加固技术，实现多次近距离穿越既有运营地铁、下穿铁路干线、城际高铁股道群，变形均小于5毫米。长距离一次性下穿65栋老旧历史建筑，文保建筑隆沉变形小于10毫米，无损伤。8次下穿、侧穿高架桥桩，桥桩安全可控。该项目获中国施工管理企业协会科技进步一、二等奖各1项，中国建筑学会科技进步一等奖1项及其他科技进步奖项

10项。获绿色建造设计水平一等成果、北京市优秀工程勘查设计奖、市政公用工程（轨道交通）综合奖一等奖、工程建设奖项10余项、发明10项、实用新型27项。省部级工法12项。开通运营以来，运营成本为国内同期开通线路的较低水平，产生了良好的经济效益与社会效益。稳定的运营状态保障了武汉市轨道交通6号线运营服务质量处于较高水平，受到国家主管部门和同行业及社会各界的好评。

（武汉市市政建设集团有限公司）

【广州市轨道交通14号线一期工程】

项目获2020-2021年国家优质工程奖金奖。

广州城市轨道交通14号线一期工程是中国轨道交通领域首条主支线贯通全天候运营快慢车的市域线路，代表轨道交通技术创新、节能环保和工程建设的先进水平，全过程践行科技地铁、智慧地铁、绿色地铁、人文地铁的建设理念，具有先进性和代表性。工程获发明专利18项、实用新型专利50项，主编行业标准1项、软件著作3项、著作1篇、发表技术成果论文22篇。省部级及以上科技进步奖31项，工法19项、QC成果28项，中国中铁杯优质工程、广东市政金奖、广东省土木工程詹天佑故乡杯奖、全国安全生产标准化建设工地等省市级以上荣誉成果53项。

该工程项目全过程践行科技地铁、智慧地铁、绿色地铁、人文地铁的建设理念：采用国内首个灵活的快慢车信号系统设计技术，中国自主研发的全球首个能解决“移动宽带一体化”通信技术系统，国际首条建成长大区间预制节段拼装全刚构体系桥梁，以及国内首个基于运营性能的轨道选型及技术创新；国内首个自主研发装配式自平衡悬吊体系高架车站；首次提出集成3D打印、双层玻璃材料、装配式技术表达地域文脉，塑造人文地铁站；国内首创新型预制节段梁拼装架桥机；国内首次双模、双螺旋盾构改造技术等65项自主创新技术。工程运用建筑业10大项新技术，应用成果达到国内领先水平。在设计、施工、运营全生命周期推广应用节材、节地、节能、节水和环境保护等多项绿色施工技术，达到国内领先。工程为中国市域轨道交通互联互通，带动区域发展提供样板，具有显著社会效益与经济效益。

（广州地铁集团有限公司）

【深圳市城市轨道交通9号线工程】

项目获2020-2021年国家优质工程金奖。

深圳城市轨道交通9号线是深圳最便捷、最舒适的换乘线路。该工程项目连接香港和前海自贸区，联通粤港澳大湾区，产生巨大的经济效益和社会效益，缓解南山、福田、罗湖三大主城区的交通拥堵状况，对沿线市民出行、对城市发展具有重要意义。该项目获中国施工企业管理协会科技创新成果一等奖等省部级科技奖14项、工程建设项目绿色建造设计水平评价一等成果，中国勘察设计协会一等奖等省部级设计奖10项；获广东省建设工程金匠奖等省部级质量奖15项；获AAA级安全文明标准化工地；2017年广东省建筑业绿色示范工程；获得广东省房屋市政工程安全生产文明施工示范工地及AA级安全文明标准化工地称号；编写规范1部，出版专著7部；国家专利授权57项（其中发明专利授权25项）；省部级工法13项；发表论文82篇。

该工程项目贯彻创新地铁、生态地铁和环保地铁目标，开发高精度液体阻尼预制钢弹簧浮置板，引入高平顺新型地铁9号道岔、单桁架双块式轨枕技术、客专高铁技术中的轨道基础控制网建设测量技术（CPⅢ），首次在轨道交通领域全线盾构区间应用预埋滑槽技术，解决常规工艺粉尘污染、管片结构受损、后期维护难等问题；采用车辆基地与城市公园结合设计形式，侨城东车辆段与城市公园建设相结合，与红树林、滨海生态公园共同成为深圳市的绿色长廊；提出“集中供冷”的设计方法，优化设备选型；创新应用弱电综合UPS电源系统及供电技术，提高地铁安全运营水平；创新研究一种应用于城市轨道交通工程线网全局的层次化的消防联动控制系统及方法，有效指导消防救灾工作。项目设计水平整体达到国内领先，部分达到国际先进。

该工程项目在国际上首次提出基于矿山法隧道开挖的“十字岩体法”理论施工方法；国际上首次提出基于盾构隧道可掘性的地层分类方法；研发应用盾构连续下穿建筑群切除群桩综合技术，安全平稳通过居民楼，创世界纪录；创新研究应用车站隧道同步建造技术，完成了周边强约束条件下盖挖车站及相邻区间安全建造；研发应用五线叠落隧道准同步建造技术，实现近接隧道群安全施工；集成创新低净空条件下地连墙施工技术，保障围护结构质量和基坑开挖安全；创新研发复合地层桩式地连墙、上墙下锚、上墙下桩三种围护结构建造技术；研发土压平衡盾构穿越富水断层破碎带施工技术。整体技术水平达到国际先进，部分技术达到国际领先。

（中国建筑股份有限公司）

2020-2021年国家优质工程金奖（城市轨道交通类）（3个）　　表5-4-1

项目名称	获奖单位	
武汉市轨道交通6号线一期工程	建设单位	武汉地铁集团有限公司
	勘察单位	武汉华中岩土工程有限责任公司
	设计单位	北京城建设计发展集团股份有限公司
	工程监理单位	武汉鸿诚工程咨询管理有限责任公司、上海宏波工程咨询管理有限公司、英泰克工程顾问（上海）有限公司、中工武大诚信工程顾问（湖北）有限公司、上海市市政工程管理咨询有限公司、上海新光工程咨询有限公司、中铁武汉大桥工程咨询监理有限公司、广东工程建设监理有限公司、北京赛瑞斯国际工程咨询有限公司、北京东方华太建设监理有限公司、上海市工程设备监理有限公司、中铁华铁工程设计集团有限公司、铁四院（湖北）工程监理咨询有限公司、中咨工程管理咨询有限公司、武汉市政工程设计研究院有限责任公司、上海建通工程建设有限公司、中铁二院（成都）咨询监理有限责任公司、广东天衡工程建设咨询管理有限公司
	施工总承包单位	武汉市市政建设集团有限公司、中铁十一局集团有限公司、武汉市汉阳市政建设集团有限公司、湖北益通建设股份有限公司、中交一公局集团有限公司、武汉市政特种集团有限公司、中铁三局集团有限公司、湖北省路桥集团有限公司、中铁七局集团有限公司、五矿二十三冶建设集团有限公司、通号工程局集团有限公司、中铁一局集团建筑安装工程有限公司、中铁十七局集团有限公司、中铁十局集团有限公司、中铁武汉电气化局集团有限公司、中铁五局集团有限公司、中铁上海工程局集团有限公司、中铁二局集团有限公司、中铁十二局集团电气化工程有限公司、中铁一局集团有限公司、中铁隧道股份有限公司
	参建单位	武汉市桥梁工程有限公司、中铁十一局集团城市轨道工程有限公司、中铁十一局集团第一工程有限公司、中铁十一局集团第四工程有限公司、中铁十一局集团第六工程有限公司、武汉钟鑫市政建设工程有限公司、武汉致远市政建设工程有限公司、武汉汇科质量检测有限责任公司
广州市轨道交通14号线一期工程	建设单位	广州地铁集团有限公司
	勘察单位	广州地铁设计研究院股份有限公司
	设计单位	广州轨道交通建设监理有限公司
	参建单位	广东省基础工程集团有限公司、中铁隧道局集团有限公司、中铁广州工程局集团有限公司、广东华隧建设集团股份有限公司、中铁二局集团有限公司、中铁大桥局集团有限公司、广州市机电安装有限公司、广东省八建集团装饰工程有限公司、中铁十五局集团有限公司、中铁一局集团有限公司、中铁三局集团有限公司中铁电气化局集团有限公司、广州机施建设集团有限公司、广州市市政集团有限公司、广州建筑股份有限公司、广州市第二市政工程有限公司、广州市恒盛建设工程有限公司
深圳市城市轨道交通9号线工程	建设单位	深圳市地铁集团有限公司
	勘察及设计单位	广州地铁设计研究院股份有限公司
	工程监理单位	铁四院（湖北）工程监理咨询有限公司、铁科院（北京）工程咨询有限公司、中咨工程管理咨询有限公司深圳分公司、北京铁城建设监理有限责任公司、深圳市东部工程咨询有限公司
	施工总承包单位	中国建筑股份有限公司
	参建单位	中国建设基础设施有限公司中建南方投资有限公司、中国建筑第八工程局有限公司、深圳市市政工程总公司、中建交通建设集团有限公司、中国建筑第四工程局有限公司、中国建筑第五工程局有限公司、中建三局集团有限公司、中国建筑一局（集团）有限公司、中建安装集团有限公司、中铁二局集团有限公司、中铁二局集团电务工程有限公司、中铁十局集团有限公司、中铁隧道局集团有限公司、中国建筑土木建设有限公司、中建深圳装饰有限公司、中建五局安装工程有限公司、深圳海外装饰工程有限公司、中国建筑西南勘察设计研究院有限公司、深圳市勘察测绘院（集团）有限公司

2020-2021年国家优质工程奖（城市轨道交通类）（9个）

表5-4-2

项目名称	获奖单位	
深圳市龙华新区现代有轨电车示范线工程BT项目及同步实施工程	建设单位	深圳市龙华区建筑工务署
	工程总承包单位	中国中铁股份有限公司、深圳市地铁集团有限公司
	勘察及设计单位	深圳市勘察测绘院（集团）有限公司、北京城建设计发展集团股份有限公司
	工程监理单位	铁科院（北京）工程咨询有限公司
	施工总承包单位	中铁南方投资集团有限公司、中铁二局集团有限公司、中铁四局集团有限公司、中铁广州工程局集团有限公司、中铁武汉电气化局集团有限公司、深圳市现代有轨电车公司
	参建单位	中铁二局第六工程有限公司、中铁四局集团有限公司第七工程分公司、中铁四局集团有限公司第八工程分公司、中铁四局集团机电设备安装有限公司、中铁广州工程局集团深圳工程有限公司
石家庄市城市轨道交通1号线	建设单位	石家庄市轨道交通有限责任公司
	勘察及设计单位	北京城建设计发展集团股份有限公司
	工程监理单位	西安铁一院工程咨询监理有限责任公司
	施工总承包单位	中国中铁股份有限公司、中铁投资集团有限公司、中铁北方投资发展有限公司
	参建单位	中铁七局集团有限公司、中铁一局集团有限公司、中铁三局集团有限公司、中铁四局集团有限公司、中铁五局集团有限公司、中铁六局集团有限公司、中铁九局集团有限公司、中铁十局集团有限公司、中铁电气化局集团有限公司、中铁北京工程局集团有限公司、中铁隧道局集团有限公司、中铁广州工程局集团有限公司、中铁上海工程局集团有限公司、中铁建工集团有限公司
郑州市轨道交通1号线二期工程	建设单位	郑州地铁集团有限公司
	勘察及设计单位	中铁第四勘察设计院集团有限公司
	工程监理单位	河南长城铁路工程建设咨询有限公司、上海地铁咨询监理科技有限公司、中铁一院集团南方工程咨询监理有限公司、英泰克工程顾问（上海）有限公司、上海同济工程项目管理咨询有限公司、广东铁路建设监理有限公司
	施工总承包单位	中铁隧道局集团有限公司、中铁十六局集团有限公司、中铁四局集团有限公司、中铁十一局集团有限公司
	参建单位	中铁隧道股份有限公司、中铁十六局集团北京轨道交通工程建设有限公司、中铁四局集团有限公司城市轨道交通工程分公司、中铁十一局集团城市轨道工程有限公司、中铁十一局集团第六工程有限公司、上海隧道工程有限公司、郑州一建集团有限公司、中铁电气化局集团有限公司、中铁五局集团有限公司、五矿二十三冶建设集团有限公司、河南省长城通用科技有限公司、中国铁建电气化局集团有限公司
济南轨道交通1号线工程	建设单位	济南轨道交通集团有限公司
	勘察及设计单位	北京城建设计发展集团股份有限公司、北京城建勘测设计研究院有限责任公司、济南市勘察测绘研究院
	工程监理单位	山东能建建设管理有限公司、山东济铁工程建设监理有限责任公司、上海浦桥工程建设管理有限公司、山东三强建设咨询有限公司、中铁济南工程建设监理有限公司、山东营特建设项目管理有限公司、上海市工程建设咨询监理有限公司、山东贝特建筑项目管理咨询有限公司、北京希地环球建设工程顾问有限公司、山东省建设监理咨询有限公司、上海建科工程咨询有限公司、山东众成建设项目管理有限公司、英泰克工程顾问(上海)有限公司
	参建单位	中铁十四局集团有限公司、中国建筑第八工程局有限公司、中铁十局集团有限公司、中铁一局集团有限公司、济南长兴建设集团有限公司、中铁电气化局集团有限公司、中铁四局集团有限公司、中建八局建设有限公司、中铁十四局集团电气化工程有限公司、中国铁路通信信号上海工程局集团有限公司、中建安装集团有限公司

2020-2021年国家优质工程奖（城市轨道交通类）（9个）（续前表）　表5-4-2

项目名称	获奖单位	
西安市地铁4号线工程	建设单位	西安市轨道交通集团有限公司
	勘察及设计单位	广州地铁设计研究院股份有限公司、中铁第六勘察设计院集团有限公司、映西工程勘察研究院有限公司
	工程监理单位	中煤中原（天津）建设监理咨询有限公司、中咨工程管理咨询有限公司
	施工总承包单位	中铁一局集团有限公司、中铁二十局集团有限公司、中铁上海工程局集团有限公司、中铁九局集团有限公司、中铁北京工程局集团有限公司、中铁广州工程局集团有限公司、中铁建工集团有限公司、中铁三局集团有限公司、中国铁建大桥工程局集团有限公司、中铁十二局集团有限公司、中铁十一局集团有限公司
	参建单位	中铁十四局集团电气化工程有限公司、中铁隧道集团机电工程有限公司、中建安装集团有限公司、中铁电气化局集团有限公司、中铁建大桥工程局集团第五工程有限公司、中铁七局集团电务工程有限公司、深圳市华剑建设集团股份有限公司、中铁十八局集团第三工程有限公司、陕西建工集团股份有限公司、中铁一局集团城市轨道交通工程有限公司、中铁一局集团电务工程有限公司、中铁上海工程局集团第七工程有限公司、西安市市政建设（集团）有限公司、中铁五局集团有限公司、中铁五局集团电务工程有限责任公司
成都地铁7号线工程土建工程第10标段川师车辆段与综合基地工程	建设单位	成都轨道交通集团有限公司
	勘察及设计单位	中铁二院工程集团有限责任公司
	工程监理单位	北京铁研建设监理有限责任公司
	施工总承包单位	中铁城市发展投资集团有限公司
	参建单位	中铁六局集团有限公司、中铁六局集团呼和浩特铁路建设有限公司、中铁六局集团电务工程有限公司
厦门市轨道交通1号线一期工程	建设单位	厦门轨道交通集团有限公司、厦门轨道交通集团有限公司建设分公司
	勘察及设计单位	中铁二院工程集团有限责任公司、中铁大桥勘测设计院集团有限公司、中国铁路设计集团有限公司、中铁第四勘察设计院集团有限公司、北京城建设计发展集团股份有限公司、广州地铁设计研究院股份有限公司、上海市隧道工程轨道交通设计研究院、中铁第六勘察设计院集团有限公司
	工程监理单位	铁科院（北京）工程咨询有限公司、乌鲁木齐铁建工程咨询有限公司、中铁华铁工程设计集团有限公司、合诚工程咨询股份有限公司
	施工总承包单位	中国铁建股份有限公司、中国交通建设股份有限公司
	参建单位	中铁海峡建设集团有限公司、中铁十八局集团有限公司、中铁十二局集团有限公司、中铁十七局集团有限公司、中铁二十四局集团有限公司、中铁十一局集团有限公司、中交第三航务工程局有限公司、中交一公局集团有限公司、中交第四航务工程局有限公司、中铁建大桥工程局集团电气化工程有限公司、中国铁建电气化局集团有限公司、中铁一局集团有限公司、中铁二局集团有限公司、中铁电气化局集团有限公司、中铁五局集团电务工程有限责任公司、中国铁路通信信号上海工程局集团有限公司、华东送变电工程有限公司、中铁建设集团有限公司
广州市城市轨道交通13号线首期工程	建设单位	广州地铁集团有限公司
	勘察及设计单位	广州地铁设计研究院股份有限公司、中铁第一勘察设计院集团有限公司
	工程监理单位	中煤中原（天津）建设监理咨询有限公司
	参建单位	中铁一局集团有限公司、中铁十九局集团有限公司、广东水电二局股份有限公司、广东华隧建设集团股份有限公司、中铁电气化局集团有限公司、中铁二局集团有限公司、中铁隧道局集团有限公司、中铁四局集团有限公司、中铁十六局集团有限公司、广州市第四装修有限公司、北京城建设计发展集团股份有限公司、广东省工业设备安装有限公司、中铁十二局集团电气化工程有限公司、中铁七局集团有限公司
乌鲁木齐轨道交通1号线工程百园路车辆基地综合楼	建设单位	乌鲁木齐城市轨道集团有限公司、北京市轨道交通建设管理有限公司第五项目管理中心
	勘察及设计单位	中航勘察设计研究院有限公司、中铁第一勘察设计院集团有限公司
	工程监理单位	新疆成汇工程管理有限公司
	施工总承包单位	新疆天一建工投资集团有限责任公司
	参建单位	江苏省淮海建设集团有限公司、山东省显通安装有限公司（新）

5 中国专利奖（轨道交通类）

【概况】

第二十二届中国专利奖评选工作由国家知识产权局和世界知识产权组织共同主办，中国专利奖设中国专利金奖、中国专利银奖、中国专利优秀奖，中国外观设计金奖、中国外观设计银奖、中国外观设计优秀奖。轨道交通行业获第二十二届中国专利奖共38项，其中中国专利金奖3项、中国外观设计金奖1项、中国专利银奖4项、中国专利优秀奖29项、中国专利外观设计优秀奖1项。（表5-5-1）

【一种桥梁用Q345qDNH耐候钢的焊接方法】

该专利获第二十二届中国专利金奖。

该发明公开了一种桥梁用Q345qDNH耐候钢的焊接方法。该发明针对桥梁用Q345qDNH耐候钢特定的化学成分、适用的技术条件及不同板厚，焊接接头形式采用对接或T型角接，焊接方法采用埋弧焊、药芯CO2气体保护半自动焊或焊条电弧焊，并根据不同板厚确定焊前预热温度。该发明较全面地涵盖桥梁结构的接头形式和厚度规格，技术方案简便、适用性强，实施效果均符合现行桥梁钢及桥梁结构建造相关标准的技术要求，可实际运用于Q345qDNH耐候钢桥梁结构的焊接。

【一种高速轨道车辆转向架】

该专利获第二十二届中国专利金奖。

该发明公开了一种高速轨道车辆转向架，采用内轴箱方式布置，所述铰接构架支撑在所述轮对内侧，能有效改善转向架曲线通过性能，所述铰接构架为双T型结构，两个T型侧梁的圆筒梁中心轴线重合，其中一个圆筒梁伸入另一个圆筒梁内部，所述两个T型侧梁间有两个具有一定横向跨距的轴承，所述两T型侧梁间能自由旋转，转向架的扭转刚度为零，增强转向架的均载能力、线路适应能力、曲线通过性和高速运行稳定性，从根本上解决传统转向架运行稳定性和曲线通过性之间的矛盾，采用两个所述一系悬挂装置能使一系悬挂装置各个方向的定位刚度都由独立的部件确定，使一系悬挂装置各个方向的定位刚度能同时达到最优，参数更加准确可靠。

【敞开式掘进机】

该专利获第二十二届中国专利金奖。

该发明涉及敞开式掘进机，其包括：护盾以及伸缩油缸，所述伸缩油缸构造成能延伸以顶动所述护盾，使所述护盾向外移动。通过这种敞开式掘进机能防止洞径缩小。

【非完全对称渐开线齿轮及其加工方法】

该专利获第二十二届中国专利银奖。

该发明公开了一种非完全对称渐开线齿轮及其加工方法，齿轮端面齿槽齿形包括渐开线段AB、圆弧段BC、直线段CD、圆弧段DE和渐开线段EF，AB和EF相对于轴线Ⅲ不完全对称，所述轴线Ⅲ为端面齿槽宽所对圆心角的角平分线，点A和点F分别是非完全对称渐开线齿轮的端面齿槽齿形的左、右齿面的齿顶点，点B为端面齿槽齿形的左齿面的渐开线起始点，点E为端面齿槽齿形的右齿面的渐开线起始点，直线段CD与轴线Ⅲ垂直且与齿根圆相切，圆弧段BC与直线段CD和直线Ⅰ相切，圆弧段DE与直线段CD和直线Ⅱ相切，加工方法包括采用分度逐齿铣削或分度逐齿线切割待加工件的齿槽。该发明能够使左右齿面获得不同的齿根弯曲强度。

【一种用于大马蹄形断面隧道的可现浇支护的盾构机】

该专利获第二十二届中国专利银奖。

该发明提出一种用于大马蹄形断面隧道的可现浇支护的盾构机，包括设置在前端的刀盘装置、相邻于刀盘装置后部的驱动系统、支撑整个设备的护盾结构、设置在刀盘装置后部的螺旋输送机、后配套系统和主推系统，所述护盾结构的截面呈马蹄形，护盾结构包括前盾、尾盾，前盾和尾盾通过铰接油缸连接，驱动系统安装在前盾内并与前端的刀盘装置连接。该发明是一种高效盾构机，施工效率高，采用土压平衡原理进行掘进，对地层扰动小；在开挖大马蹄形断面时能够很好调节掌子面与前盾的土压力平衡效果，有效地减少了地表沉降，拥有流畅的排渣能力；边开挖边现场衬砌，使异形隧道一次衬砌成型，降低了施工成本、经济实用。

【一种动力分散型轨迹跟随的胶轮低地板智能轨道列车】

该专利获第二十二届中国专利银奖。

该发明公开了一种动力分散型轨迹跟随的胶轮低地板智能轨道列车，其包括：标准车头，包括为一具有两轴支撑的车辆结构，其中标准车头的第一轴具备线控转向功能，第二轴为线控转向机构；所述标准车头在后部预留有与铰接机构连接的标准接口；铰接机构，为一具有上下方向旋转和左右方向旋转二自由度的链接机构；所述铰接机构的两端均有标准接口，用于与标准车头、标准动力车厢、标准拖车车厢之间的连接；标准动力车厢，为具有一轴支撑的车辆结构；标准拖车车厢，包括为一具有两轴支撑的车辆结构；所述标准拖车车厢的拖车第一轴和拖车第二轴均具备线控转向功能。该发明具有多轴转向、动力分散、模块化设计等优点。

【一种盾构到达洞门密封装置及密封施工方法】

该专利获第二十二届中国专利银奖。

该发明提供一种盾构到达洞门密封装置及密封施工方

法。所述密封装置具体施工：在盾构机抵达洞门前，在洞门外的预埋洞门环的外环板上安装带有环状柔性密封构件和外置洞门环，环形柔性密封构件是由环形橡胶帘布和多块帘布压板组成，外置洞门环是由多块弧形钢构件组成；盾构机继续前进，在盾构机推出洞门前，在预埋洞门环上安装环状刚性密封构件，刚性密封构件是由两环形钢板和填充两钢板之间的海绵组成，当盾构机的盾尾尾部端面距离外置洞门环外部30～50厘米时，在盾构机盾尾与外置洞门环之间焊接环形密封钢板进行密封。该发明施工容易操作、安全可靠，并可以完全将浆液密封，密封效果好，整个施工过程安全易行。

（中国城市轨道交通协会专家和学术委员会）

轨道交通行业获第二十二届中国专利奖项目（38项） 表5-5-1

专利号	获奖等级	专利名称	主要完成单位
ZL201210367974.4	金奖	一种桥梁用Q345qDNH耐候钢的焊接方法	中铁山桥集团有限公司
ZL201510061590.3	金奖	一种高速轨道车辆转向架	中车青岛四方机车车辆股份有限公司、中国铁路总公司
ZL201610784961.5	金奖	敞开式掘进机	中国铁建重工集团股份有限公司
ZL201930063921.6	外观设计金奖	轨道车辆车头（2018-02）	中车青岛四方机车车辆股份有限公司
ZL201510309979.5	银奖	非完全对称渐开线齿轮及其加工方法	中车戚墅堰机车车辆工艺研究所有限公司
ZL201510453835.7	银奖	一种用于大马蹄形断面隧道的可现浇支护的盾构机	中铁工程装备集团有限公司
ZL201510803956.X	银奖	一种动力分散型轨迹跟随的胶轮低地板智能轨道列车	中车株洲电力机车研究所有限公司
ZL201710070140.X	银奖	一种盾构到达洞门密封装置及密封施工方法	中铁十一局集团城市轨道工程有限公司，中铁十一局集团有限公司
ZL200610059462.6	优秀奖	楔形调整新型弹片式扣件及扣压方法	中铁宝桥集团有限公司
ZL200710158002.3	优秀奖	交流传动电力机车用模块化冷却装置	中车大连机车研究所有限公司
ZL201110116974.2	优秀奖	超级电容器辅助内燃机车进行柴油机电起动的控制装置	中车戚墅堰机车有限公司
ZL201110436756.7	优秀奖	轨道车辆噪声传播途径测试方法	武汉中车四方维保中心有限公司、中车青岛四方机车车辆股份有限公司
ZL201210380268.3	优秀奖	铁道货车脱轨自动制动装置	中车长江车辆有限公司
ZL201210584473.1	优秀奖	一种定子铁心固定结构及箱式电机	中车株洲电机有限公司
ZL201310115722.7	优秀奖	桥梁缆索的检测系统	中铁大桥科学研究院有限公司、中铁大桥局集团有限公司
ZL201310493600.1	优秀奖	带自锁装置的开闭机构	中车青岛四方车辆研究所有限公司
ZL201310654974.7	优秀奖	双能源机车控制器、控制系统和双能源地铁工程车	中车株洲电力机车有限公司
ZL201410491865.2	优秀奖	接触网整体吊弦恒张力预制平台	中国铁建电气化局集团第二工程有限公司
ZL201410619825.1	优秀奖	一种轻量化轨道车辆车体结构	中车株洲电力机车有限公司
ZL201510192336.7	优秀奖	土层渗透系数原位测试装置及其测试方法	中铁上海设计院集团有限公司
ZL201510708210.0	优秀奖	中低速磁悬浮列车悬浮架的拆装设备	中铁第四勘察设计院集团有限公司、北京新联铁集团股份有限公司
ZL201510717087.9	优秀奖	一种强震后高原寒区隧道两侧松散体地层施工方法	中铁二局集团有限公司、中铁二局第四工程有限公司
ZL201610011583.7	优秀奖	铁路双连杆梁端伸缩装置的变形监测装置及方法	中铁第四勘察设计院集团有限公司
ZL201610186616.1	优秀奖	一种轨道交通车辆用蜂窝式排障吸能装置	深圳市乾行达科技有限公司

轨道交通行业获第二十二届中国专利奖项目（38项）（续前表）　表5-5-1

专利号	获奖等级	专利名称	主要完成单位
ZL201610404755.7	优秀奖	用于轨道车辆中受电弓的控制方法及控制系统	中车唐山机车车辆有限公司
ZL201610720751.X	优秀奖	一种盾构隧道管片三维精细化拼装的建模方法	广州地铁设计研究院股份有限公司
ZL201610738807.4	优秀奖	一种用于TBM的刀盘驱动系统	中国铁建重工集团股份有限公司
ZL201610875300.3	优秀奖	一种适用于储能式有轨电车的主电路系统	中车南京浦镇车辆有限公司
ZL201611050309.7	优秀奖	利用STP和CTC结合实现调车进路控制的方法与装置	卡斯柯信号有限公司
ZL201710203641.0	优秀奖	非等幅域值数据压缩方法及装置	中车齐齐哈尔车辆有限公司
ZL201710339574.5	优秀奖	高架站单双线箱梁架设施工方法	中铁三局集团线桥工程有限公司、中铁三局集团有限公司
ZL201710439925.X	优秀奖	道岔钢轨结构	西南交通大学、中铁宝桥集团有限公司、中铁山桥集团有限公司
ZL201710533817.9	优秀奖	一种泡沫轻质土铁路路基结构及工法	中国铁道科学研究院集团有限公司铁道建筑研究所、中国铁道科学研究院集团有限公司、北京铁科特种工程技术有限公司
ZL201710761045.4	优秀奖	一种TBM在掘岩体状态实时感知系统和方法	中铁工程装备集团有限公司、中铁工程装备集团技术服务有限公司
ZL201721588163.1	优秀奖	一种伸缩式双向运行横向撤离多功能行业车	中铁上海工程局集团有限公司、中铁上海工程局集团华海工程有限公司
ZL201810760796.9	优秀奖	智能压力波保护系统及方法	新誉轨道交通科技有限公司、新誉集团有限公司
ZL201811158080.8	优秀奖	地铁隧道巡检机器人的巡检系统	中国安全生产科学研究院
ZL201730241603.5	外观设计优秀奖	车头（马来西亚机场线）	中车长春轨道客车股份有限公司

六 标准规范

本篇章主要包括政策法规、标准发布和标准管理与应用。

标准规范在围绕中国城市轨道交通行业发展的重点领域或新兴领域，以《城市轨道交通分类》为抓手，制定一批基础核心关键系列标准，引领与促进产业高质量发展。

浦江线自动驾驶系统　上海申通

1 政策法规

【法律法规】

市场监督管理总局对《强制性国家标准管理办法》进行修订，于2020年1月6日发布，自2020年6月1日起施行。《办法》规定取消条文强制、实行技术要求全部强制；强制性国家标准前言中不再标注起草单位和起草人；强制性国家标准对内资企业和外商投资企业平等适用；外商投资企业依法和内资企业平等参与强制性国家标准的制定、修订工作。

市场监督管理总局对《地方标准管理办法》进行修订，于2020年1月16日发布，自2020年3月1日起施行。办法适用于地方标准的制定、组织实施及其监督管理。《办法》规定制定地方标准应当遵循开放、透明、公平的原则，地方标准的技术要求不得低于强制性国家标准的相关技术要求，并做到与有关标准之间协调配套。同时，地方标准要做到技术上先进、经济上合理，要有利于资源的科学合理利用和科学技术成果推广。此外，还明确要求地方禁止通过制定产品质量及其检验方法地方标准等方式，利用地方标准实施妨碍商品、服务自由流通等排除、限制市场竞争的行为。

市场监管总局（国家标准化管理委员会）对《中国标准创新贡献奖管理办法》进行修订，于2020年4月14日发布并施行。该办法为贯彻落实《中华人民共和国标准化法》，推进实施标准化战略，表彰在标准化活动中作出突出贡献的组织和个人，调动标准化工作者的积极性和创造性，促进标准化事业健康发展。

【政策文件】

国家标准化管理委员会于3月10日印发《关于2020年全国标准化工作要点的通知》。《通知》明确抓紧研究编制国家标准化战略纲要，推进海洋工程装备及高技术船舶、先进轨道交通、智能运输系统、航空、卫星空间基础设施、商业航天等领域标准研制。

国家标准化管理委员会于4月15日印发《关于进一步加强行业标准管理的指导意见》。《指导意见》的重点要在以下方面：一是进一步明确行业标准的公益属性；二是为市场标准发展腾出空间；三是提升行业标准制定各环节的公正、公开；行业标准与行业标准、行业标准与团体标准之间的协调性；五是推进行业标准的公开。

（中国城市轨道交通协会标准部）

2 标准发布

【国家标准与行业标准】

2020年，城市轨道交通领域批准发布《城市轨道交通中低速磁浮车辆悬浮控制系统技术条件》《城市轨道交通直线电机车辆通用技术条件》等32项国家标准。国家能源局、工业和信息化部、住房和城乡建设部、卫生部、国家铁路局等部委发布《地铁杂散电流腐蚀防护技术标准》《轨道交通用齿轮钢》等104项行业标准，其中结合2020年新冠疫情需求，卫生部发布《新冠肺炎疫情期间公共交通工具消毒及个人防护技术要求》。详见表6-2-1，表6-2-2。

【地方标准】

北京市、广东省深圳市、内蒙古自治区、甘肃省等多个省、市、自治区批准发布《地铁正线周边建设敏感建筑物项目环境振动控制规范》等29项城市轨道交通领域地方标准。其中部分省市、自治区聚焦地方经济社会发展重点，出台了一批高质量的地方标准，例如深圳市结合新冠疫情需求发布《轨道交通公共场所预防性卫生学评价规范》、四川省宜宾市结合工程应用发布《智能轨道快运系统设计规范》《智能轨道快运系统施工及验收规范》等新型自主化城市轨道交通相关标准。详见表6-2-3。

【团体标准】

城市轨道交通领域团体标准持续做优做强，中国城市轨道交通协会、中国建筑节能协会、中国设备监理协会等多家社会团体持续开展城市轨道交通团体标准制修订工作。

中国城市轨道交通协会完成《城市轨道交通 供电系统 资源共享设计规范》等34项团体标准制修订项目立项，批准发布《城市轨道交通分类》《中低速磁浮交通列车试验规范》等30项团体标准。其中，《城市轨道交通分类》（T/CAMET 00001-2020）是结合国内城市轨道自主化发展趋势，以《城市公共交通分类标准》（CJJ/T 114-2007中城市轨道交通分类）的种类为基础，参考建标《城市轨道交通工程项目建设标准》（JB 104-2008）等标准，对现行标准的分类进行补充细化、对其主要技术特征进行阐述，重新审视、研究类别划分；研究用以反映和区别的主要技术特征、适用范围、运输能力等技术指标，为决策者和技术人员提供技术支撑；与中国建筑节能协会联合发布《轨道交通车站高效空调系统技术标准》1项；自2021年起，协会启动人才培养团体标准制修订工作，已发布标准16项。（表6-2-4，表6-2-5）

（中国城市轨道交通协会标准部）

国家标准目录（涉及城市轨道交通类）

表6-2-1

序号	标准编号	标准名称	代替标准号	发布日期	实施日期
1	GB/T 38519-2020	机车车辆火灾报警系统		2020.03.06	2020.10.01
2	GB/T 28029.1-2020	轨道交通电子设备 列车通信网络（TCN）第1部分：基本结构	GB/T 28029.1-2011	2020.03.06	2020.10.01
3	GB/T 28029.2-2020	轨道交通电子设备 列车通信网络（TCN）第2-1部分：绞线式列车总线（WTB）	GB/T 28029.2-2011	2020.03.06	2020.10.01
4	GB/T 28029.3-2020	轨道交通电子设备 列车通信网络（TCN）第2-2部分：绞线式列车总线（WTB）一致性测试		2020.03.06	2020.10.01
5	GB/T 28029.4-2020	轨道交通电子设备 列车通信网络（TCN）第2-3部分：TCN通信规约		2020.03.06	2020.10.01
6	GB/T 28029.5-2020	轨道交通电子设备 列车通信网络（TCN）第2-4部分：TCN应用规约		2020.03.06	2020.10.01
7	GB/T 28029.6-2020	轨道交通电子设备 列车通信网络（TCN）第2-5部分：以太网列车骨干网（ETB）		2020.03.06	2020.10.01
8	GB/T 28029.7-2020	轨道交通电子设备 列车通信网络（TCN）第2-6部分：车地通信		2020.03.06	2020.10.01
9	GB/T 28029.8-2020	轨道交通电子设备 列车通信网络（TCN）第2-7部分：基于电台的无线列车骨干网（WLTB）		2020.03.06	2020.10.01
10	GB/T 28029.9-2020	轨道交通电子设备 列车通信网络（TCN）第3-1部分：多功能车辆总线（MVB）		2020.03.06	2020.10.01
11	GB/T 28029.10-2020	轨道交通电子设备 列车通信网络（TCN）第3-2部分：多功能车辆总线(MVB)一致性测试		2020.03.06	2020.10.01
12	GB/T 28029.11-2020	轨道交通电子设备 列车通信网络（TCN）第3-3部分：CANopen编组网（CCN）		2020.03.06	2020.10.01
13	GB/T 28029.12-2020	轨道交通电子设备 列车通信网络（TCN）第3-4部分：以太网编组网（ECN）		2020.03.06	2020.10.01
14	GB/T 32383-2020	城市轨道交通直线电机车辆通用技术条件	GB/T 32383-2015	2020.03.31	2020.10.01
15	GB/T 38604.3-2020	公共信息导向系统 评价要求 第3部分：城市轨道交通车站		2020.03.31	2020.10.01
16	GB/T 38695-2020	城市轨道交通无砟轨道技术条件		2020.03.31	2020.10.01
17	GB/T 38707-2020	城市轨道交通运营技术规范		2020.03.31	2020.10.01
18	GB/T 39902-2020	城市轨道交通中低速磁浮车辆悬浮控制系统技术条件		2020.03.31	2020.10.01
19	GB/T 38779-2020	有轨电车道路通行安全技术规范		2020.04.28	2020.11.01
20	GB/T 38955-2020	城市轨道交通车辆用炭滑板		2020.06.02	2020.12.01
21	GB/T 25117-2020	轨道交通 机车车辆 牵引系统组合试验方法	GB/T 25117.1-2010 GB/T 25117.2-2010 GB/T 25117.3-2010	2020.09.29	2021.04.01
22	GB 146.1-2020	标准轨距铁路限界 第1部分：机车车辆限界		2020.10.11	2020.05.01
23	GB 146.2-2020	标准轨距铁路限界 第2部分：建筑限界		2020.10.11	2020.05.01
24	GB/T 39425-2020	城市轨道交通车辆永磁直驱转向架通用技术条件		2020.11.19	2020.06.01
25	GB/T 39426-2020	城市轨道交通永磁直驱车辆通用技术条件		2020.11.19	2020.06.01
26	GB/T 39436-2020	病媒生物防制操作规程 地铁		2020.11.19	2020.06.01
27	GB/T 39559.1-2020	城市轨道交通设施运营监测技术规范 第1部分：总则		2020.12.14	2020.07.01
28	GB/T 39559.2-2020	城市轨道交通设施运营监测技术规范 第2部分：桥梁		2020.12.14	2020.07.01
29	GB/T 39559.3-2020	城市轨道交通设施运营监测技术规范 第3部分：隧道		2020.12.14	2020.07.01
30	GB/T 39559.4-2020	城市轨道交通设施运营监测技术规范 第4部分：轨道和路基		2020.12.14	2020.07.01
31	GB/T 39705-2020	轨道交通用道床隔振垫		2020.12.14	2020.11.01
32	GB/T 25021-2020	轨道检查车（英文版）		2020.12.14	—

行业标准目录（涉及城市轨道交通类）

表6-2-2

序号	标准编号	标准名称	替代标准号	发布日期	实施日期
公安部					
1	GA/T 1708-2020	安全防范视频监控红外热成像设备		2020.02.03	2020.05.01
卫生部					
1	WS 695-2020	新冠肺炎疫情期间公共交通工具消毒及个人防护技术要求		2020.07.20	2020.07.20
国家能源局					
1	NB/T 10445-2020	城市轨道交通直流馈线保护装置通用技术要求		2020.10.23	2021.02.01
工业和信息化部					
1	YB/T 4800-2020	胶轮导轨电车用热轧导向钢轨		2020.04.16	2020.10.01
2	HG/T 5367.2-2020	轨道交通车辆用涂料 第2部分：耐电弧绝缘涂料		2020.04.16	2020.10.01
3	HG/T 5367.3-2020	轨道交通车辆用涂料 第3部分：防滑涂料		2020.12.09	2020.04.01
4	HG/T 5367.4-2020	轨道交通车辆用涂料 第4部分：防火涂料		2020.12.09	2020.04.01
住房和城乡建设部					
1	CJJ/T 49-2020	地铁杂散电流腐蚀防护技术标准	CJJ49-92	2020.04.09	2020.01.01
2	CJJ/T 301-2020	城市轨道交通高架结构设计荷载标准		2020.04.09	2020.10.01
3	CJJ/T 306-2020	城市轨道交通车辆基地工程技术标准		2020.04.09	2020.10.01
4	CJJ/T 305-2020	跨座式单轨交通限界标准		2020.04.09	2020.10.01
5	CJJ/T 303-2020	中低速磁浮交通工程施工及验收标准		2020.04.16	2020.10.01
6	CJJ/T 309-2020	直线电机轨道交通限界标准		2020.04.16	2020.10.01
国家铁路局					
1	TB/T 2942.1-2020	机车车辆用铸钢件 第1部分：技术要求及检验	TB/T 2451-1993 TB/T 2942-2015	2020.01.03	2020.07.01
2	TB/T 3555-2020	机车车辆电气屏柜 高压电器箱		2020.01.03	2020.07.01
3	TB/T 2325.3-2020	机车 辆视听警示装置 第3部分：电笛	TB/T 3051.1-2009	2020.01.03	2020.07.01
4	TB/T 2628-2020	铁路预制普通钢筋混凝土简支梁	TB/T 2628-1995	2020.01.03	2020.07.01
5	TB/T 3556-2020	铁路桥梁用结构钢		2020.01.03	2020.07.01
6	TB/T 3557-2020	铁路大型施工机械隧道凿岩台车		2020.01.03	2020.07.01
7	TB/T 3210.1-2020	铁路煤炭运输抑尘技术条件 第1部分：抑尘剂	TB/T 3210.1-2009	2020.01.03	2020.07.01
8	TB/T 3275-2018	《铁路混凝土》第1号修改单		2020.01.03	2020.01.03
9	TB 10301-2020	铁路工程基本作业施工安全技术规程	TB 10301-2009	2020.02.13	2020.05.01
10	TB 10302-2020	铁路路基工程施工安全技术规程	TB 10302-2009	2020.02.13	2020.05.01
11	TB 10303-2020	铁路桥涵工程施工安全技术规程	TB 10303-2009	2020.02.13	2020.05.01
12	TB 10304-2020	铁路隧道工程施工安全技术规程	TB 10304-2009	2020.02.13	2020.05.01
13	TB 10305-2020	铁路轨道工程施工安全技术规程	TB 10305-2009	2020.02.13	2020.05.01
14	TB 10307-2020	铁路通信、信号、信息工程施工安全技术规程	TB 10306-2009	2020.02.13	2020.05.01
15	TB 10308-2020	铁路电力、电力牵引供电工程施工安全技术规程	TB 10306-2009	2020.02.13	2020.05.01
16	TB 10427-2020	铁路客运服务信息系统工程施工质量验收标准	TB 10427-2011	2020.03.04	2020.06.01
17	TB/T 10423-2020	铁路站场工程施工质量验收标准	TB/T 10423-2011	2020.04.23	2020.08.01
18	TB/T 10422-2020	铁路给水排水工程施工质量验收标准	TB/T 10422-2011	2020.04.23	2020.08.01

行业标准目录（涉及城市轨道交通类）（续前表） 表6-2-2

序号	标准编号	标准名称	替代标准号	发布日期	实施日期
19	TB/T 10450-2020	铁路路基支挡结构检测规程		2020.04.23	2020.08.01
20	TB/T 46-2020	铁路车辆心盘及磨耗盘	TB/T 46-2015 TB/T 3011-2011 TB/T 3270-2011	2020.05.29	2020.12.01
21	TB/T 3475.7-2020	机车、动车组柴油机零部件第7部分：气缸盖	TB/T 2733-2009	2020.05.29	2020.12.01
22	TB/T 3475.8-2020	机车、动车组柴油机零部件第8部分：增压器	TB/T 1383-2011	2020.05.29	2020.12.01
23	TB/T 1558.1-2020	机车车辆焊缝无损检测 第1部分：总则	TB/T 1558.1-2010	2020.09.01	2020.12.01
24	TB/T 1558.3-2020	机车车辆焊缝无损检测 第3部分：射线照相检测	TB/T 1558.3-2010	2020.05.29	2020.12.01
25	TB/T 3558-2020	机车车辆转向架专用量具 闸瓦和闸片量具	TB/T 2456.20-2006	2020.05.29	2020.12.01
26	TB/T 3559-2020	城际铁路站台门 系统		2020.05.29	2020.12.01
27	TB10089-2015	《铁路照明设计规范》局部修订条文		2020.06.09	2020.06.09
28	TB10063-2016	《铁路工程设计防火规范》局部修订条文		2020.06.09	2020.06.09
29	TZJ 2003-2017	《铁路工程预算定额 第三册 隧道工程》第十章局部修订条文	TZJ 2003-2017 第十章废止	2020.06.09	2020.06.09
30	TB10100-2018	《铁路旅客车站设计规范》局部修订条文		2020.06.09	2020.06.09
31	TB/T 10435-2020	铁路列车调度指挥系统及调度集中系统工程检测规程		2020.07.22	2020.11.01
32	TB/T 3560-2020	铁路客车及动车组安全锤		2020.09.01	2021.03.01
33	TB/T 3561-2020	铁路桥梁黏滞阻尼器和速度锁定器		2020.09.01	2021.03.01
34	TB/T 1567.3-2020	铁路闭塞 第3部分：半自动闭塞技术条件	TB/T 2497-1994	2020.09.01	2021.03.01
35	TB/T 2286-2020	电气化铁路接触网预应力混凝土支柱	TB/T 2286.1-2015 TB/T 2286.2-2015	2020.09.01	2021.03.01
36	TB/T 2843-2015	《机车车辆用橡胶弹性元件通用技术条件》第1号修改单		2020.09.24	2020.09.24
37	TB/T 3430-2015	《机车车辆真空断路器》第1号修改单		2020.09.24	2020.09.24
38	TB/T 3486-2017	《轨道车运行控制设备技术条件》第1号修改单		2020.09.24	2020.09.24
39	TB/T 3316-2020	机车车辆转向架 动车组转向架	TB/T 3316-2013	2020.09.24	2021.04.01
40	TB/T 3104.1-2020	机车车辆闸瓦 第1部分：合成闸瓦	TB/T 3196-2015 TB/T 2403-2010	2020.09.24	2021.04.01
41	TB/T 412-2020	标准轨距铁路道岔	TB/T 412-2014	2020.09.24	2021.04.01
42	TB/T 447-2020	高锰钢辙叉	TB/T 447-2014	2020.09.24	2021.04.01
43	TB/T 3307.1-2020	高速铁路道岔制造技术条件 第1部分：制造与组装	TB/T 3307.1-2014	2020.09.24	2021.04.01
44	TB/T 2331-2020	铁路桥梁橡胶支座	TB/T 2331-2013 TB/T 1893-2006	2020.09.24	2021.04.01
45	TB/T 3563-2020	电气化铁路接触网作业车 型号编制方法		2020.09.24	2021.04.01
46	TB/T 3564-2020	电气化铁路接触网作业车 接触网专用平车		2020.09.24	2021.04.01
47	TB/T 1495-2020	弹条I型扣件	TB/T 564-1992 TB/T 1388-1981 TB/T 1495.1-1992 TB/T 1495.2-1992 TB/T 1495.4-1992 TB/T 1495.5-1992 TB/T 2329-2002 部分代替 TB/T 1495.3-1992 部分代替 TB/T 1781-2004 部分代替 TB/T 2626-1995	2020.10.30	2021.05.01
48	TB/T 1911-2020	弹条I型调高扣件	TB/T 1911.1-1987 TB/T 1911.2-1987 TB/T 1911.3-1987	2020.10.30	2021.05.01

行业标准目录（涉及城市轨道交通类）（续前表） 表6-2-2

序号	标准编号	标准名称	替代标准号	发布日期	实施日期
49	TB/T 3065-2020	弹条II型扣件	TB/T 3065.1-2002 TB/T 3065.2-2002 部分代替 TB/T 1495.3-1992 部分代替 TB/T 1781-2004 部分代替 TB/T 2626-1995	2020.10.30	2021.05.01
50	TB/T 3565-2020	CTCS-2级列控车载设备测试规范		2020.10.30	2021.05.01
51	TB/T 2073-2020	电气化铁路接触网零部件技术条件	TB/T 2073-2010	2020.10.30	2021.05.01
52	TB/T 2074-2020	电气化铁路接触网零部件试验方法	TB/T 2074-2010	2020.10.30	2021.05.01
53	TB/T 2075.1-2020	电气化铁路接触网零部件 第1部分：腕臂支撑装置	TB/T 2075.1-2010	2020.10.30	2021.05.01
54	TB/T 2075.2-2020	电气化铁路接触网零部件 第2部分：腕臂底座	TB/T 2075.2-2010	2020.10.30	2021.05.01
55	TB/T 2075.3-2020	电气化铁路接触网零部件 第3部分：限位型定位装置	TB/T 2075.3-2010	2020.10.30	2021.05.01
56	TB/T 2075.4-2020	电气化铁路接触网零部件 第4部分：非限位型定位装置	TB/T 2075.4-2010	2020.10.30	2021.05.01
57	TB/T 2075.5-2020	电气化铁路接触网零部件 第5部分：终端锚固线夹	TB/T 2075.5-2010	2020.10.30	2021.05.01
58	TB/T 2075.6-2020	电气化铁路接触网零部件 第6部分：中心锚结装置	TB/T 2075.6-2010	2020.10.30	2021.05.01
59	TB/T 2075.7-2020	电气化铁路接触网零部件 第7部分：整体吊弦及吊弦线夹	TB/T 2075.7-2010	2020.10.30	2021.05.01
60	TB/T 2075.8-2020	电气化铁路接触网零部件 第8部分：弹性吊索装置	TB/T 2075.8-2010	2020.10.30	2021.05.01
61	TB/T 2075.9-2020	电气化铁路接触网零部件 第9部分：接头连接线夹	TB/T 2075.9-2010	2020.10.30	2021.05.01
62	TB/T 2075.10-2020	电气化铁路接触网零部件 第10部分：线岔	TB/T 2075.10-2010	2020.10.30	2021.05.01
63	TB/T 2075.11-2020	电气化铁路接触网零部件 第11部分：电连接装置	TB/T 2075.11-2010	2020.10.30	2021.05.01
64	TB/T 2075.12-2020	电气化铁路接触网零部件 第12部分：滑轮补偿装置	TB/T 2075.12-2010	2020.10.30	2021.05.01
65	TB/T 2075.13-2020	电气化铁路接触网零部件 第13部分：棘轮补偿装置	TB/T 2075.13-2010	2020.10.30	2021.05.01
66	TB/T 2075.14-2020	电气化铁路接触网零部件 第14部分：弹簧补偿装置	TB/T 2075.14-2010	2020.10.30	2021.05.01
67	TB/T 2075.15-2020	电气化铁路接触网零部件 第15部分：坠砣及坠砣限制架	TB/T 2075.15-2010	2020.10.30	2021.05.01
68	TB/T 2075.16-2020	电气化铁路接触网零部件 第16部分：软横跨支撑固定装置	TB/T 2075.16-2010	2020.10.30	2021.05.01
69	TB/T 2075.17-2020	电气化铁路接触网零部件 第17部分：软横跨连接装置	TB/T 2075.17-2010	2020.10.30	2021.05.01
70	TB/T 2075.18-2020	电气化铁路接触网零部件 第18部分：软横跨悬吊装置	TB/T 2075.18-2010	2020.10.30	2021.05.01
71	TB/T 2075.19-2020	电气化铁路接触网零部件 第19部分：接地线夹及连接装置	TB/T 2075.19-2010	2020.10.30	2021.05.01
72	TB/T 2075.20-2020	电气化铁路接触网零部件 第20部分：附加导线通用零件	TB/T 2075.20-2010	2020.10.30	2021.05.01
73	TB/T 2075.21-2020	电气化铁路接触网零部件 第21部分：隧道水平悬挂装	TB/T 2075.21-2010	2020.10.30	2021.05.01
74	TB/T 2075.22-2020	电气化铁路接触网零部件 第22部分：隧道支撑及定位装置	TB/T 2075.22-2010	2020.10.30	2021.05.01
75	TB/T 2075.23-2020	电气化铁路接触网零部件 第23部分：隧道下锚补偿装置	TB/T 2075.23-2010	2020.10.30	2021.05.01
76	TB/T 2075.24-2020	电气化铁路接触网零部件 第24部分：预绞式金具		2020.10.30	2021.05.01
77	TB 10095-2020	铁路斜拉桥设计规范		2020.12.03	2021.03.01
78	TB 10127-2020	铁路桥梁钢管混凝土结构设计规范		2020.12.03	2021.03.01
79	TB/T 3208-2008	《散装颗粒货物运输用防冻液技术条件》第1号修改单		2020.12.10	2020.12.10
80	TB/T 3600-2020	350km/h高速电动车组通用技术条件		2020.12.21	2021.07.01
81	TB/T 2344.1-2020	钢轨 第1部分：43kg/m~75kg/m钢轨	TB/T 2344-2012 TB/T 3276-2011 TB/T 2635-2004 TB/T 1354-1979	2020.12.21	2021.07.01
82	TB/T 2344.2-2020	钢轨 第2部分：道岔用非对称断面钢轨	TB/T 3109-2013 TB/T 1779-1993	2020.12.21	2021.07.01

行业标准目录（涉及城市轨道交通类）（续前表） 表6-2-2

序号	标准编号	标准名称	替代标准号	发布日期	实施日期
83	TB/T 3147-2020	铁路轨道检查仪	TB/T 3147-2012	2020.12.21	2021.07.01
84	TB/T 1353-2020	铁路道岔和交叉名词术语	TB/T 1353-1979	2020.12.21	2021.07.01
85	TB/T 2860.2-2020	电空转辙机 第2部分：ZK4型转辙机	TB/T 2860.2-2011	2020.12.21	2021.07.01
86	TB/T 3202-2020	铁路信号点灯单元	TB/T 3202-2008	2020.12.21	2021.07.01
87	TB/T 2687-2020	铁路危险货物运输包装	TB/T 2687-1996	2020.12.21	2021.07.01
88	TB/T 30001-2020	铁路接发列车作业		2020.12.21	2021.07.01
89	TB/T 30002-2020	铁路调车作业		2020.12.21	2021.07.01
90	TB/T 30003-2020	铁路车机联控作业		2020.12.21	2021.07.01
91	TB 10624-2020	《市域（郊）铁路设计规范》		2020.12.24	2021.02.01
废止标准					
1	TB10109-95	铁路隧道辅助坑道技术规范		2020.10.15	2020.10.15
2	TB10011-2012	铁路房屋建筑设计标准		2020.10.15	2020.10.15
3	TB10026-2000	铁路光（电）缆传输工程设计规范		2020.10.15	2020.10.15
4	TB/T10034-2005	铁路无人值守机房环境远程监控系统工程设计规范		2020.10.15	2020.10.15
5	TB10036-2000	铁路时分数字程控电话交换工程设计规范		2020.10.15	2020.10.15
6	TB10039-2012	铁路光伏发电系统及应急柴油发电站技术规范		2020.10.15	2020.10.15
7	TB10060-99	铁路数字微波通信工程设计规范		2020.10.15	2020.10.15
8	TB10071-2000	铁路信号站内联锁设计规范		2020.10.15	2020.10.15
9	TB10072-2000	铁路通信电源设计规范		2020.10.15	2020.10.15
10	TB10073-2000	铁路通信用户接入网设计规范		2020.10.15	2020.10.15
11	TB10075-2000	铁路电力牵引供电隧道内接触网设计规范		2020.10.15	2020.10.15
12	TB10076-2000	铁路枢纽电力牵引供电设计规范		2020.10.15	2020.10.15
13	TB10078-2001	铁路工业站、港湾站设计规范		2020.10.15	2020.10.15
14	TB10080-2002	铁路电力牵引变电所所用电系统设计规范		2020.10.15	2020.10.15
15	TB10085-2009	铁路图像通信设计规范		2020.10.15	2020.10.15
16	TB10086-2009	铁路数字调度通信系统及专用无线通信系统设计规范		2020.10.15	2020.10.15
17	TB10087-2010	铁路数据通信网设计规范		2020.10.15	2020.10.15
18	TB10108-2011	铁路路基填筑工程连续压实控制技术规程		2020.10.15	2020.10.15
19	TB10110-2011	铁路混凝土梁支架法现浇施工技术规程		2020.10.15	2020.10.15
20	TB10111-94	铁路电力牵引供电自耦变压器方式技术规范		2020.10.15	2020.10.15
21	TB10118-2006	铁路路基土工合成材料应用设计规范		2020.10.15	2020.10.15
22	TB10117-2008	铁路供电调度系统设计规范		2020.10.15	2020.10.15
23	TB10122-2008	铁路路堑边坡光面（预裂）爆破技术规程		2020.10.15	2020.10.15
24	TB10212-2009	铁路钢桥制造规范		2020.10.15	2020.10.15
25	TB10441-2009	铁路建设项目现场管理规范		2020.10.15	2020.10.15
26	TB10442-2009	铁路建设项目工程试验室管理标准		2020.10.15	2020.10.15
27	TBJ214-92	铁路钢桥高强度螺栓连接施工规定		2020.10.15	2020.10.15

地方标准目录（涉及城市轨道交通类）

表6-2-3

序号	标准编号	标准名称	发布省地市	发布日期	实施日期
1	DB4403/T 44-2020	轨道交通公共场所预防性卫生学评价规范	深圳市	2020.02.21	2020.03.01
2	DB15/T 1857-2020	地铁反恐怖防范要求	内蒙古自治区	2020.02.25	2020.03.25
3	DB62/T 4111-2020	城市轨道交通雷电防护装置检测技术规范	甘肃省	2020.03.16	2020.04.01
4	DB11/T 1714-2020	城市轨道交通工程动态验收技术规范	北京市	2020.03.24	2020.07.01
5	DB11/T 1715-2020	城市轨道交通安全保护区测量技术规范	北京市	2020.03.24	2020.07.01
6	DB11/T 1716-2020	城市轨道交通全自动运行线路试运行基本条件	北京市	2020.03.24	2020.07.01
7	DB4403/T 52-2020	胶轮有轨电车系统雷电防护安全要求及检测规范	深圳市	2020.04.08	2020.05.01
8	DB43/T 1763-2020	中低速磁浮交通运营管理规范	湖南省	2020.05.15	2020.08.15
9	DB15/T 500.4-2020	防雷装置检测技术规范 第4部分：城市轨道交通（替代DB15/T 500-2011）	内蒙古自治区	2020.06.28	2020.07.28
10	DB11/T 1744-2020	城市轨道交通车站安检设计标准	北京市	2020.06.28	2020.10.01
11	DB11/T 1735-2020	地铁正线周边建设敏感建筑物项目环境振动控制规范	北京市	2020.06.30	2020.10.01
12	DB11/T 1737-2020	城市轨道交通牵引电能车载计量器具功能要求	北京市	2020.06.30	2020.10.01
13	DB45/T 2126-2020	城市轨道交通接触网（轨）运行检修规程	广西壮族自治区	2020.07.13	2020.07.30
14	DB45/T 2127-2020	城市轨道交通运营线路结构监测技术规范	广西壮族自治区	2020.07.13	2020.07.30
15	DB32/T 3761.15-2020	新型冠状病毒肺炎疫情防控技术规范 第15部分：城市轨道交通	江苏省	2020.07.29	2020.08.29
16	DB4401/T 97-2020	轨道交通衔接设施规划标准	广州市	2020.09.24	2020.11.01
17	DB11/ 1762-2020	城市轨道交通车辆基地上盖综合利用工程设计防火标准	北京市	2020.09.29	2021.04.01
18	DB5115/T43-2020	智能轨道快运系统设计规范	宜宾市	2020.11.02	2020.11.10
19	DB5115/T44-2020	智能轨道快运系统施工及验收规范	宜宾市	2020.11.02	2020.11.10
20	DB52/T 1516-2020	城市地铁交通防雷装置检测技术规范	贵州省	2020.11.13	2021.03.01
21	DB34/T 3712-2020	跨座式单轨交通运营管理规范	安徽省	2020.11.27	2020.12.27
22	DB11/T 1164.1-2020	城市轨道交通自动售检票系统技术规范 第1部分：系统结构及功能（代替DB11/T 1164.1-2015）	北京市	2020.12.22	2021.04.01
23	DB11/T 1164.2-2020	城市轨道交通自动售检票系统技术规范 第2部分：接口数据格式（代替DB11/T 1164.2-2015）	北京市	2020.12.22	2021.04.01
24	DB11/T 1164.3-2020	城市轨道交通自动售检票系统技术规范 第3部分：数据传输（代替DB11/T 1164.3-2015）	北京市	2020.12.22	2021.04.01
25	DB11/T 1164.7-2020	城市轨道交通自动售检票系统技术规范 第7部分：终端（代替DB11/T 1164.7-2017）	北京市	2020.12.22	2021.04.01
26	DB11/T 1164.8-2020	城市轨道交通自动售检票系统技术规范 第8部分：检测（代替DB11/T 1164.8-2017）	北京市	2020.12.22	2021.04.01
27	DB11/T 1164.9-2020	城市轨道交通自动售检票系统技术规范 第9部分：技术指标体系（代替DB11/T 1164.9-2017）	北京市	2020.12.22	2021.04.01
28	DB2102T 0014-2020	地铁车站公共卫生间设施与管理规程	大连市	2020.12.22	2021.01.22
29	DB13/T 5317-2020	地铁消防设施检测技术规程	河北省	2020.12.29	2021.01.29

团体标准目录

表6-2-4

序号	标准编号	标准名称	团体组织名称	发布日期	实施日期
1	T/CAMET 00001-2020	城市轨道交通分类	中国城市轨道交通协会	2020.09.29	2020.11.01
2	T/CAMET 03001-2020	地铁振动源强测量规程	中国城市轨道交通协会	2020.09.29	2021.01.01
3	T/CAMET 05001-2020	城市轨道交通隧道抗风压防火门	中国城市轨道交通协会	2020.09.29	2021.01.01
4	T/CAMET 05002-2020	城市轨道交通隧道抗风压防火门工程技术规范	中国城市轨道交通协会	2020.09.29	2021.01.01
5	T/CAMET 08007-2020	中低速磁浮交通列车试验规范	中国城市轨道交通协会	2020.09.29	2021.01.01
6	T/CAMET 08008-2020	中低速磁浮交通接触轨系统技术规范	中国城市轨道交通协会	2020.09.29	2021.01.01
7	T/CAMET 08009-2020	中低速磁浮交通列车制动系统技术规范	中国城市轨道交通协会	2020.09.29	2021.01.01
8	T/CAMET 08010-2020	中低速磁浮车辆悬挂系统技术规范	中国城市轨道交通协会	2020.09.29	2021.01.01
9	T/CAMET 11002-2020	城市轨道交通云平台构建技术规范	中国城市轨道交通协会	2020.10.19	2021.03.01
10	T/CAMET 11003-2020	城市轨道交通大数据平台技术规范	中国城市轨道交通协会	2020.10.19	2021.03.01
11	T/CAMET 11004-2020	城市轨道交通云平台网络架构技术规范	中国城市轨道交通协会	2020.10.19	2021.03.01
12	T/CAMET 11005-2020	城市轨道交通云平台网络安全技术规范	中国城市轨道交通协会	2020.10.19	2021.03.01
13	T/CAMET 11006-2020	城市轨道交通线网运营指挥中心系统技术规范	中国城市轨道交通协会	2020.10.19	2021.03.01
14	T/CAMET 02003-2020 T/CABEE 008-2020	轨道交通车站高效空调系统技术标准	中国城市轨道交通协会 中国建筑节能协会	2020.12.24	2021.03.01

其他协会团体标准目录（涉及城市轨道交通类）

表6-2-5

序号	标准编号	标准名称	团体组织名称	发布日期	实施日期
1	T/CAPEC 5-2019	城市轨道交通工程供电系统监理技术要求	中国设备监理协会	2020.01.01	2020.01.01
2	T/CAPEC 6-2019	城市轨道交通工程信号系统监理技术要求	中国设备监理协会	2020.01.01	2020.01.01
3	T/CAPEC 7-2019	城市轨道交通工程通信系统监理技术要求	中国设备监理协会	2020.01.01	2020.01.01
4	T/CAPEC 8-2019	城市轨道交通工程自动售检票系统监理技术要求	中国设备监理协会	2020.01.01	2020.01.01
5	T/QX 003-2020	轨道交通车辆外表面清洗剂	中国工业清洗协会	2020.05.28	2020.07.01
6	T/CECS 702-2020	城市轨道交通附属广告设施结构技术规程	中国工程建设 标准化协会	2020.05.14	2020.11.01
7	T/ZZB 1670-2020	轨道交通用铝合金焊丝	浙江省品牌建设联合会	2020.06.30	2020.07.30
8	T/CECS 724-2020	绿色城市轨道交通建筑评价标准	中国工程建设 标准化协会	2020.07.20	2021.01.01
9	T/VSTR 004-2020	轨道交通车站用红外智能测温系统设备技术要求	中关村轨道交通视频 与安全产业技术联盟	2020.07.21	2020.08.01
10	T/QDAS 045.2-2020	健康企业建设及评级实施指南 第2部分：轨道交通智能制造行业	青岛市标准化协会	2020.07.31	2020.08.01
11	T/ZZB 1842-2020	轨道交通用偏心式自锁防松螺母	浙江省品牌建设联合会	2020.11.29	2020.11.30
12	T/CECA 43-2020	轨道交通设备用TJ22系列推拉矩形连接器	中国电子元件行业协会	2020.12.08	2020.12.15
13	T/CECA 46-2020	轨道交通牵引系统用YH400推拉式快速 锁紧圆形电连接器	中国电子元件行业协会	2020.12.08	2020.12.15
14	T/CECA 47-2020	轨道交通用WSC系列外接电源连接器	中国电子元件行业协会	2020.12.08	2020.12.15
15	T/SHSBJL 3-2020	设备监理方法 轨道交通设备电气安装目视检验	上海市工程设备监理 行业协会	2020.12.23	2021.01.01
16	T/CCIAT 0027-2020	轨道交通地下防水工程细部构造技术规程	中国建筑业协会	2020.12.24	2021.02.10
17	T/CECS 788-2020	城市轨道交通盾构隧道结构病害检测技术规程	中国工程建设 标准化协会	2020.12.25	2021.05.01

3 标准管理与应用

【团体标准试点与培优】

中国城市轨道交通协会作为国家标准化管理委员会第二批团体标准试点单位，在试点结束后总结工作开展情况，包括工作制度建设、组织建设、体系建设、人才培养情况、标准项目研制情况、团体标准推广实施等方面的成效，并提供典型案例。编制形成《团体标准试点工作总结》，根据组织单位对总结文件的评定，推荐中国城市轨道交通协会作为优秀试点单位，宣贯试点优秀经验。

《城市轨道交通车地综合通信系统（LTE-M）》《城市轨道交通基于通信的列车运行控制系统（CBTC）互联互通》两项2019年工业通信业百项团体标准应用示范项目提交《实施效果自评估报告》。《智慧城市轨道交通信息技术架构及网络安全规范》（共3部分）被评为工业和信息化部百项团体标准应用示范项目。

【团体标准宣贯培训】

结合政策法规的修订内容，2020年7月，组织《中国城市轨道交通协会团体标准管理办法》（修订版）《中国城市轨道交通协会标准制修订管理实施细则》（修订版）、标准制修订管理系统与标准信息平台线上培训。2020年受新冠疫情影响，中国城市轨道交通协会团体标准宣贯培训多以线上方式进行，开展3批次10项团体标准培训班。

【团体标准组织与制度建设】

中国城市轨道交通协会于2020年1月正式成立牵引电气设备与系统分技术委员会，旨在依托会员单位的标准化经验和力量，推动协会团体标准向行业标准、国家标准的转化工作，也同步推进团体标准走出去等国际标准化工作。

根据国家标准化管理委员会和民政部联合发布《团体标准管理规定》的相关要求，修订完成的《中国城市轨道交通协会团体标准管理办法》《中国城市轨道交通协会标准制修订管理实施细则》于5月正式发布实施。

【标准制修订管理系统与标准信息平台】

中国城市轨道交通协会标准制修订管理系统与标准信息平台正式上线运行，系统平台包含团体标准制修订全流程管理、组织架构管理、标准体系管理以及现有团体标准体系内包含的国家标准、行业标准、地方标准、协会团体标准的检索阅览等功能。

【标准化行业交流】

受中国科协学会服务中心委托，中国标准化协会依托团体标准化发展联盟，总结科技社团开展团体标准制定的原则、方法、流程和经验，组织编制《团体标准制定工作手册》，中国城市轨道交通协会作为参编单位参与，手册计划于2021年出版。

（中国城市轨道交通协会标准部）

七 规划发展

至2020年底，全国共有67座城市获得国家发展改革委及地方政府批复轨道交通建设，其中61座城市正在实施建设。在实施的建设规划线路总长度7085.5公里，批复车站数为4439座（其中换乘站1211座）。

本篇共有8个获批城市规划纳入，分别是：徐州、宁波、合肥、福州、厦门、南昌、济南、深圳。其中，徐州、宁波、合肥、济南4市为新一轮城市轨道交通建设规划，福州、厦门、南昌、深圳为城市轨道交通建设规划方案调整。

本篇中8城市共获国家发展改革委批复项目36个（均为地铁建设项目），规划（含调整）涉及线路总长度588.1公里，规划车站400座，总投资额4710.5亿元。

17号线高架区间 上海申通

1 江苏省徐州市

【建设规划】

2020年1月20日，国家发展改革委批复《徐州市城市轨道交通第二期建设规划（2019–2024年）》。线网由4条线路构成，建设规模79.3公里。总投资535.9亿元。

3号线二期工程，自后蟠桃村站至下淀站，线路长6.5公里，设站5座，投资50.2亿元，项目建设期为4年。

4号线一期工程，自桥上村站至驮蓝山路站，线路长25.4公里，设站19座，投资173.5亿元，项目建设期为5年。

5号线一期工程，自奥体中心南站至徐矿城站，线路长24.6公里，设站20座，投资168.3亿元，项目建设期为5年。

6号线一期工程，自黄山路站至徐州东站站，线路长22.8公里，设站15座，投资143.9亿元，项目建设期为5年。

至2024年，徐州市轨道交通规模将达到6条城市轨道交通线路，线网总长度约143.4公里。（表7–1–1）（图7–1–1）

【主要技术指标】

3号线二期，车辆采用B型车，初、近、远期为4/6辆编组混跑模式，远期全部为6辆编组，最高运行时速80公里。

4号线一期、5号线一期、6号线一期，车辆均采用B型车，初、近、远期均为6辆编组，最高运行时速80公里。

（徐州地铁集团有限公司 杨野）

徐州市城市轨道交通建设规划（2019–2024年）项目情况表

表7–1–1

序号	项目	线路制式	起讫点	线路长度（公里）	车站数（座）	投资（亿元）	建设期（年）
1	3号线二期	地铁	后蟠桃村－下淀	6.5	5	50.2	4
2	4号线一期	地铁	桥上村－驮蓝山路	25.4	19	173.5	5
3	5号线一期	地铁	徐矿城－奥体中心南	24.6	20	168.3	5
4	6号线一期	地铁	黄山路－徐州东站	22.8	15	143.9	5
合计				79. 3	59	535. 9	

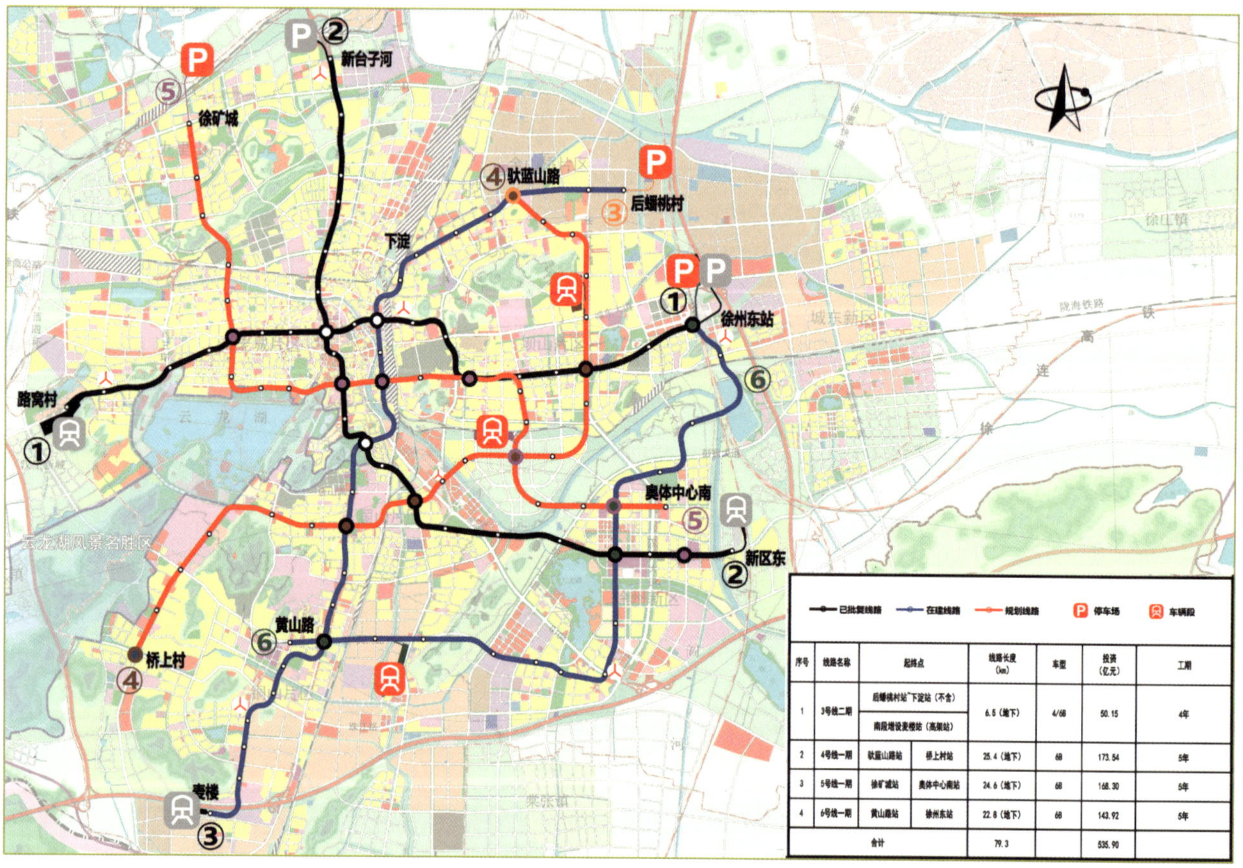

图7–1–1 徐州市城市轨道交通近期建设规划示意图

2 浙江省宁波市

【建设规划】

2020年12月14日，国家发展改革委批复《宁波市城市轨道交通第三期建设规划（2021-2026年）》。线网由5条线路构成，建设规模106.5公里。总投资875.9亿元。

1号线西延工程，自高桥西站至石路头站，线路长1.5公里，设站1座，投资5.2亿元，项目建设期为3.5年。

4号线西延伸工程，自慈城站至慈城西站，线路长2.5公里，设站1座；4号线东延伸工程，自东钱湖站至国际会议中心站，线路长2.5公里，设站1座。投资17.5亿元，项目建设期为3.5年。

6号线一期工程，自黄古路站至红联站，线路长38.6公里，设站24座，投资315.3亿元，项目建设期为5.0年。

7号线工程，自云龙站至俞范路站，线路长38.8公里，设站25座，投资338.9亿元，项目建设期为5.0年。

8号线一期工程，自姜村站至江北大道站，线路长22.6公里，设站18座，投资199.0亿元，项目建设期为5.0年。（表7-2-1）

至2026年，宁波市轨道交通规模将达到8条城市轨道交通线路，总线路长度约278.7公里；1条市域线，线网总长度约21.6公里。（图7-2-1）

【主要技术指标】

1号线西延、4号线西延及东延、6号线一期、7号线、8号线一期，车辆均采用B型车，近、中、远期均为6辆编组，最高运行时速80公里。

（宁波市轨道交通集团有限公司）

宁波市城市轨道交通建设规划（2021-2026年）项目情况表

表7-2-1

序号	项目	线路制式	起讫点	线路长度（公里）	车站数（座）	投资（亿元）	建设期（年）
1	1号线西延	地铁	高桥西－石路头	1.5	1	5.2	3.5
2	4号线西延伸	地铁	慈城－慈城西	2.5	1	17.5	3.5
	4号线东延伸	地铁	东钱湖－国际会议中心	2.5	1		
3	6号线一期	地铁	黄古路－红联	38.6	24	315.3	5
4	7号线	地铁	云龙－俞范路	38.8	25	338.9	5
5	8号线一期	地铁	姜村－江北大道	22.6	18	199.0	5
合计				106.5	70	875.9	

3 安徽省合肥市

【建设规划】

2020年3月17日，国家发展改革委批复《安徽省合肥市城市轨道交通第三期建设规划（2020-2025）》。线网由6条线路构成，建设规模110.0公里。总投资798.1亿元。

2号线东延线工程，自大众路站至泉香路站，线路长14.5公里，设站11座，投资101.1亿元，项目建设期为4年。

3号线南延线工程，自方兴大道站至馆驿路站，线路长11.3公里，设站8座，投资89.7亿元，项目建设期为4年。

4号线南延线工程，自丰乐河路站至金刚台路站，线路长12.9公里，设站7座，投资70.7亿元，项目建设期为4年。

6号线一期工程，自鸡鸣山路站至东风大道站，线路长27.3公里，设站17座，投资205.9亿元，项目建设期为5年。

7号线一期工程，自松林路站至巢湖南路站，线路长21.0公里，设站17座，投资168.8亿元，项目建设期为5年。

8号线一期工程，自北城高铁站站至阜阳路站，线路长23.0公里，设站12座，投资162.0亿元，项目建设期为5年。（表7-3-1）

至2025年，合肥市轨道交通规模将达到11条城市轨道

序号	线路名称	起讫点	线路全长（km）		总投资（亿元）	建设年限
			总长度	其中地下线		
1	6号线一期	黄古路站-红联站	38.6	33.1	315.28	5年
2	7号线	云龙站-俞范路站	38.8	38.8	338.85	5年
3	8号线一期	姜村站-江北大道站	22.6	22.6	199.00	5年
4	1号线西延	高桥西站-石路头站	1.5	0	5.23	3.5年
5	4号线延伸	慈城站-慈城西站	5	0	17.53	3.5年
		东钱湖站-国际会议中心站		2.5		
合计			106.5	97	875.89	

图7-2-1 宁波市城市轨道交通近期建设规划示意图

交通线路，线网总长度约285.7公里。（图7-3-1）

【主要技术指标】

2号线东延线、3号线南延线、4号线南延线、7号线一期，车辆均采用B型车，近、中、远期均为6辆编组，最高运行时速80公里。

6号线一期、8号线一期，车辆均采用B型车，近、中、远期均为6辆编组，最高运行时速100公里。

（合肥市轨道交通集团有限公司）

合肥市城市轨道交通建设规划（2020-2025年）项目情况表　　表7-3-1

序号	项目	线路制式	起讫点	线路长度（公里）	车站数（座）	投资（亿元）	建设期（年）
1	2号线东延线	地铁	大众路－泉香路	14.5	11	101.1	4
2	3号线南延线	地铁	方兴大道－馆驿路	11.3	8	89.7	4
3	4号线南延线	地铁	丰乐河路－金刚台路	12.9	7	70.7	4
4	6号线一期	地铁	鸡鸣山路－东风大道	27.3	17	205.9	5
5	7号线一期	地铁	松林路－巢湖南路	21.0	17	168.8	5
6	8号线一期	地铁	北城高铁站－阜阳路	23.0	12	162.0	5
合计				110.0	72	798.1	

注：国家发展改革委批复的总投资额为798.08亿元，因小数位原因，表述为798.1亿元。本表中各线投资额累计与合计偏差原因相同。

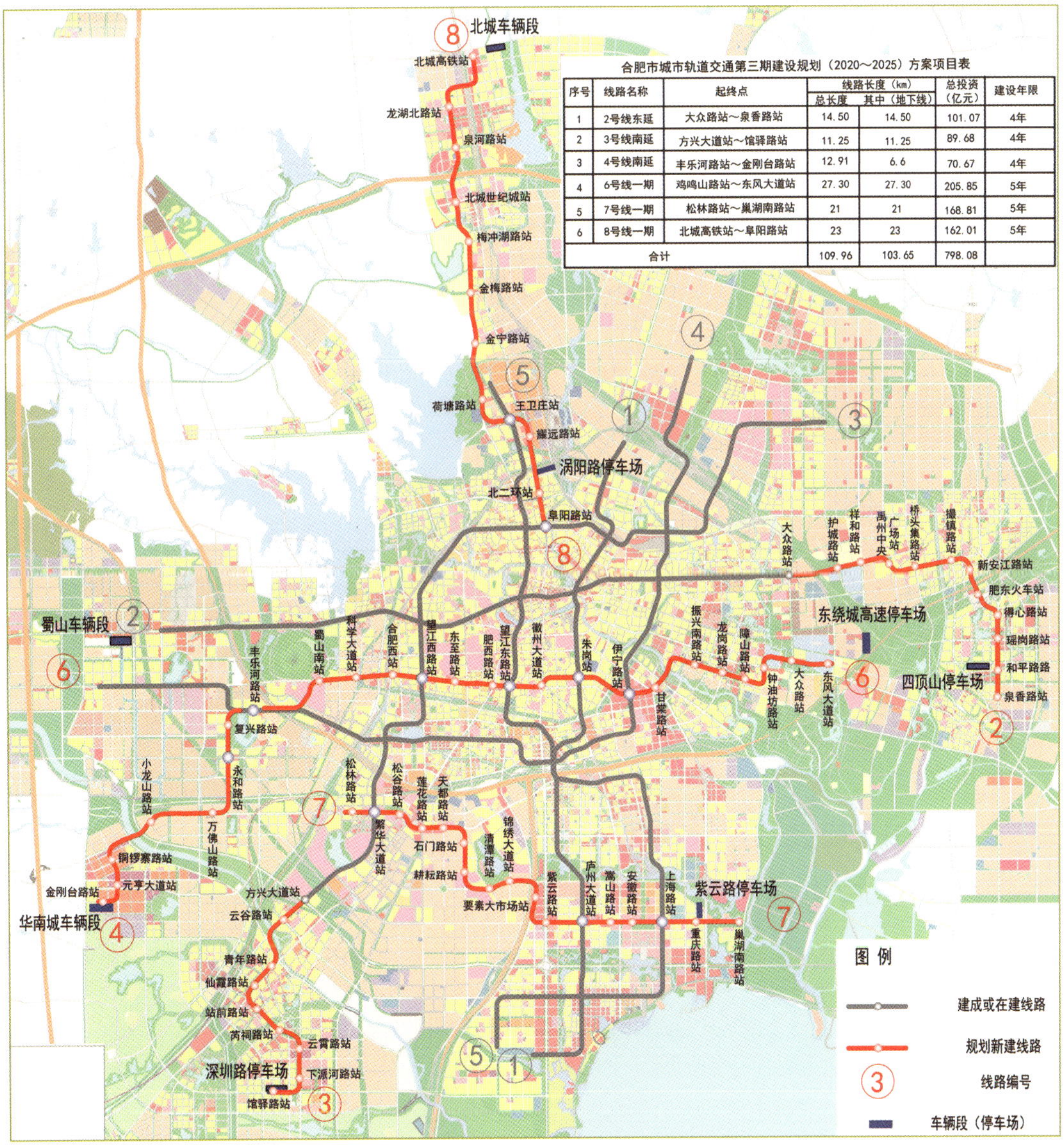

图7-3-1 合肥市城市轨道交通近期建设规划示意图

4 福建省福州市

【建设规划】

2020年7月2日，国家发展改革委批复《关于调整福州市城市轨道交通第二期建设规划方案》。线网由2号线东延线和6号线东延线构成，建设规模22.2公里。总投资168.4亿元。

2号线东延线工程，自鼓山站东延至马尾港站，线路长16.9公里，设站12座，投资127.1亿元，项目建设期为4年。

6号线东延线工程，自万寿站至国际学校站，线路长5.3公里，设站6座，投资41.3亿元，项目建设期为5年。（表7-4-1）

至2024年，福州市轨道交通规模将达到5条城市轨道交通线路，总线路长度约168.8公里；1条城际铁路线，线网总长度约62.4公里。（图7-4-1）

【主要技术指标】

2号线东延线、6号线东延线，车辆均采用B2型车，近、中、远期均为6辆编组，最高运行时速100公里。

（福州地铁集团有限公司）

福州市城市轨道交通建设规划（2015-2024年）项目情况表

表7-4-1

序号	项目	线路制式	起讫点	线路长度（公里）	车站数（座）	投资（亿元）	建设期（年）
1	2号线东延线	地铁	鼓山－马尾港	16.9	12	127.1	4
2	6号线东延线	地铁	万寿－国际学校	5.3	6	41.3	5
合计				22.2	18	168.4	

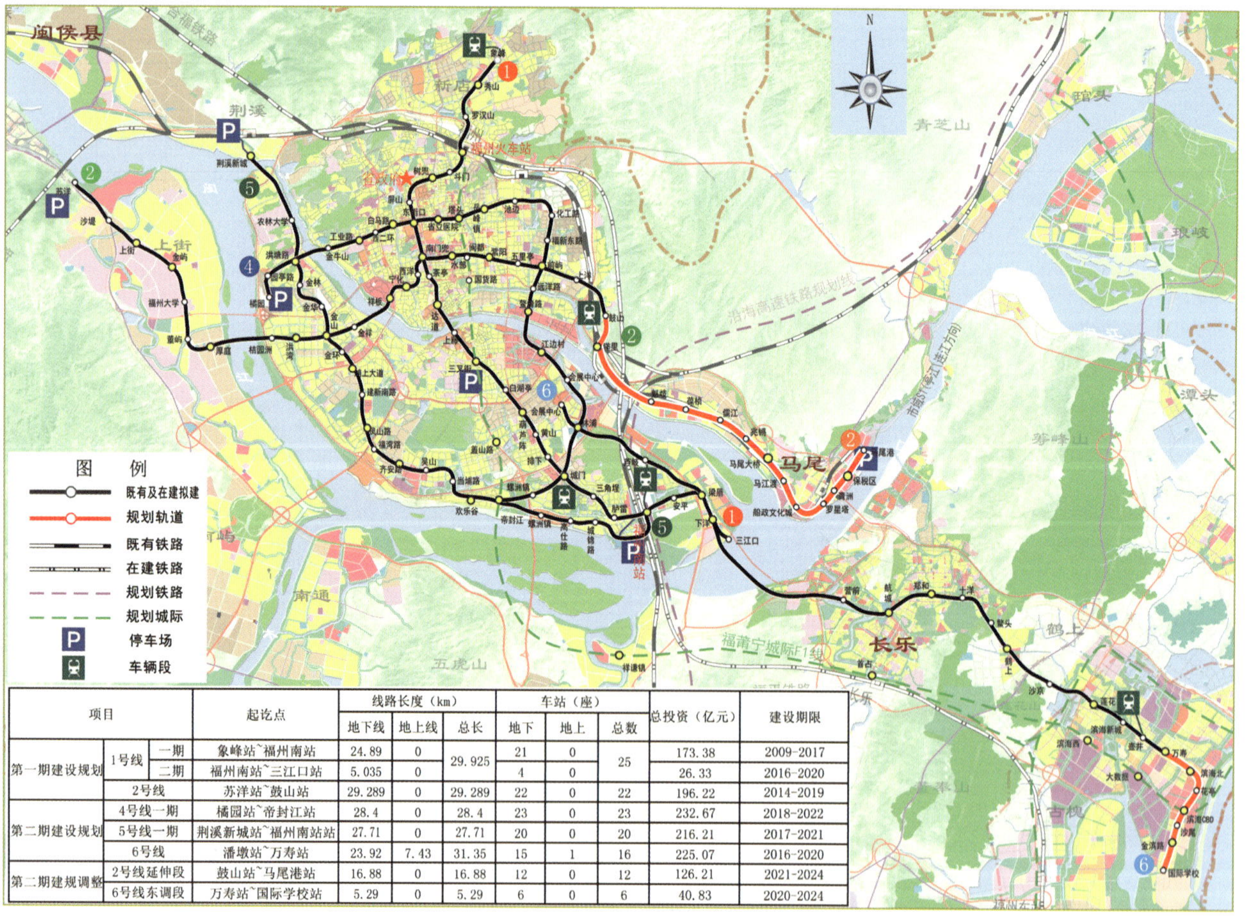

项目			起讫点	线路长度（km）			车站（座）			总投资（亿元）	建设期限
				地下线	地上线	总长	地下	地上	总数		
第一期建设规划	1号线	一期	象峰站~福州南站	24.89	0	29.925	21	0	25	173.38	2009-2017
		二期	福州南站~三江口站	5.035	0		4	0		26.33	2016-2020
	2号线		苏洋站~鼓山站	29.289	0	29.289	22	0	22	196.22	2014-2019
第二期建设规划	4号线一期		橘园站~帝封江站	28.4	0	28.4	23	0	23	232.67	2018-2022
	5号线一期		荆溪新城站~福州南站站	27.71	0	27.71	20	0	20	216.21	2017-2021
	6号线		潘墩站~万寿站	23.92	7.43	31.35	15	1	16	225.07	2016-2020
第二期建规调整	2号线延伸段		鼓山站~马尾港站	16.88	0	16.88	12	0	12	126.21	2021-2024
	6号线东调段		万寿站~国际学校站	5.29	0	5.29	6	0	6	40.83	2020-2024

图7-4-1 福州市城市轨道交通近期建设规划示意图

5 福建省厦门市

【建设规划】

2020年1月23日，国家发展改革委批复同意调整《厦门市城市轨道交通第二期建设规划（2016–2022年）》。线网由原规划调整将3号线二期终点从厦门火车站南延至厦门大学南门，建设规模增加7.4公里。总投资增加57.7亿元。

3号线二期工程，自厦门火车站站至厦门大学南门站，线路长7.4公里，设站4座，投资57.7亿元，项目建设期为4年。（表7–5–1）

至2022年，厦门市轨道交通规模将达到5条城市轨道交通线路，线网总长度约231公里。（图7–5–1）

【主要技术指标】

3号线二期，车辆采用B型车，近、中、远期均为6辆编组，最高运行时速80公里。

（厦门轨道交通集团有限公司）

厦门市城市轨道交通建设规划（2016–2022年）项目情况表　　表7–5–1

序号	项目	线路制式	起讫点	线路长度（公里）	车站数（座）	投资（亿元）	建设期（年）
1	3号线二期	地铁	厦门火车站－厦门大学南门	7.4	4	57.7	4
合计				7.4	4	57.7	

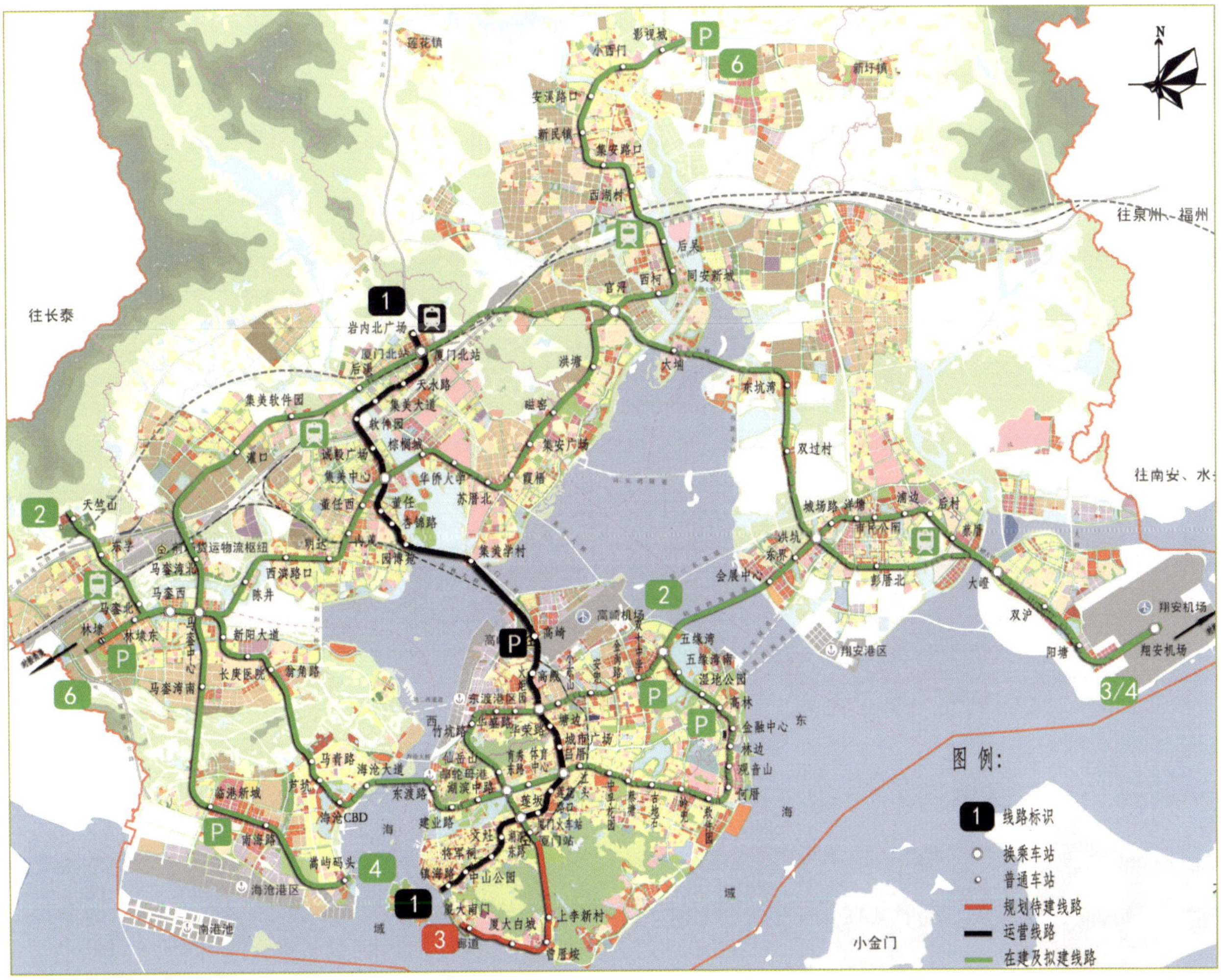

图7–5–1 厦门市城市轨道交通近期建设规划示意图

6 江西省南昌市

【建设规划】

2020年11月24日，国家发展改革委批复《关于调整南昌市城市轨道交通第二期建设规划方案的批复》。线网由2条线路构成，建设规模27.1公里。总投资206.4亿元。

1号线北延线工程，自双港站（不含）至昌北机场站，线路长16.6公里，设站8座，投资103.4亿元，项目建设期为5年。

2号线东延线工程，自辛家庵站（不含）至南昌东站站，线路长10.5公里，设站9座，投资103.0亿元，项目建设期为5年。（表7-6-1）

至2025年，南昌市轨道交通规模将达到4条城市轨道交通线路，线网总长度约160.4公里。（图7-6-1）

【主要技术指标】

1号线北延线，车辆采用B型车，近、中、远期为6辆编组，最高时速80公里。

2号线东延线，车辆采用B型车，近、中、远期为6辆编组，最高运行时速80公里。

（南昌轨道交通集团有限公司 邱友根）

南昌市城市轨道交通第二期建设规划调整（2020～2025年）项目情况表

项目名称	起讫点	线路长度（km）				总投资（亿元）	工期
		总长	地下	地面	高架		
1号线北延线	双港站（不含）→昌北机场站	16.62	11.86	3.23	1.53	103.41	5年
2号线东延线	辛家庵站（不含）→南昌东站	10.52	10.52	0.00	0.00	103.01	5年
总计		27.14	22.38	3.23	1.53	206.42	

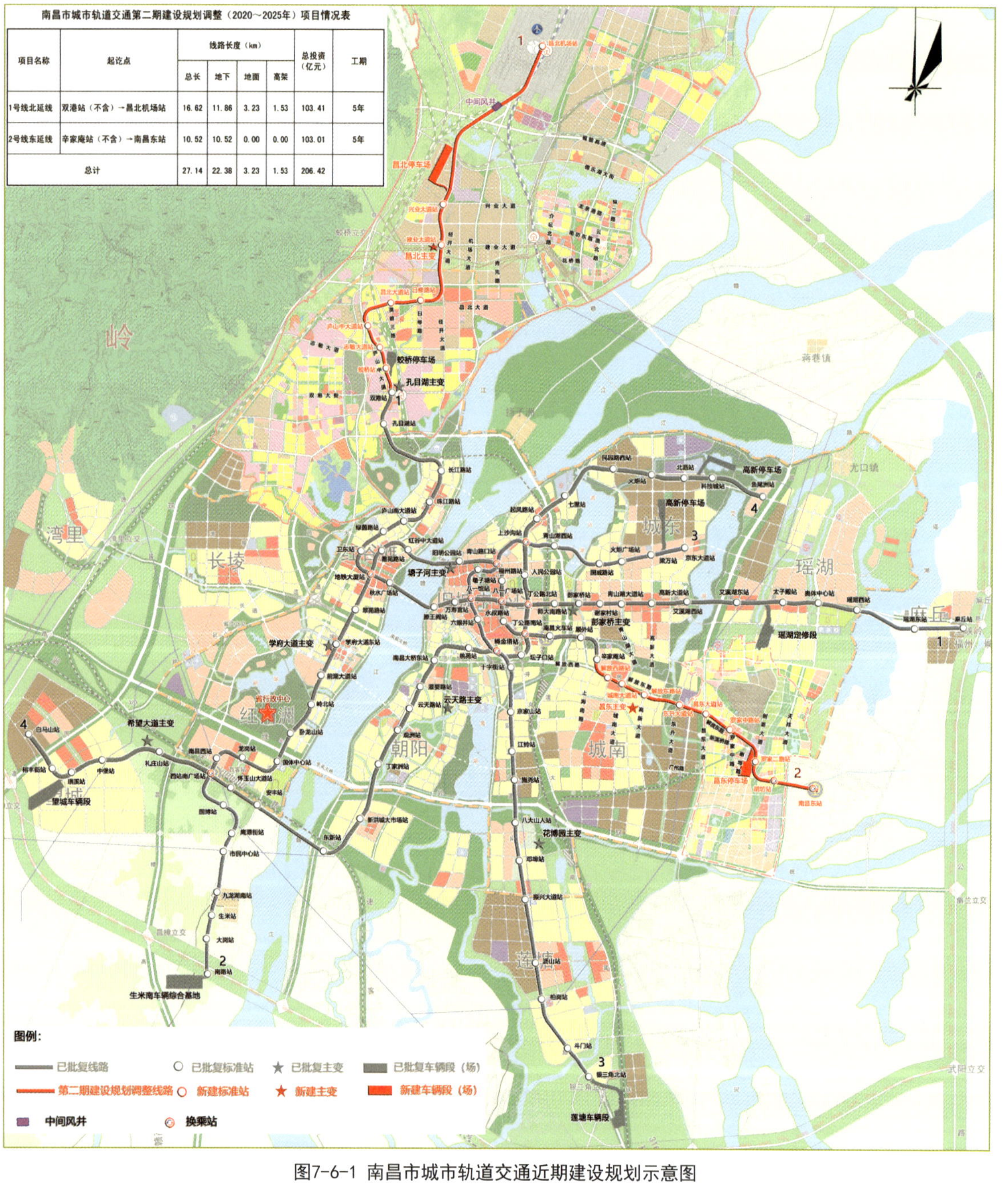

图7-6-1 南昌市城市轨道交通近期建设规划示意图

南昌市城市轨道交通建设规划（2020-2025年）项目情况表　　表7-6-1

序号	项目	线路制式	起讫点	线路长度（公里）	车站数（座）	投资（亿元）	建设期（年）
1	1号线北延线	地铁	双港（不含）－昌北机场	16.6	8	103.4	5
2	2号线东延线	地铁	辛家庵（不含）－南昌东站	10.5	9	103.0	5
合计				27.1	17	206.4	

7 山东省济南市

【建设规划】

2020年10月9日，国家发展改革委批复《济南市城市轨道交通第二期建设规划（2020-2025年）》。线网由6条线路构成，建设规模159.6公里。总投资1154.4亿元。

3号线二期工程，自滩头站后至遥墙机场站，线路长12.9公里，设站5座，投资61.0亿元，项目建设期为4年。

4号线一期工程，自小高庄站至彭家庄站，线路长40.2公里，设站32座，投资311.8亿元，项目建设期为8年。

6号线工程，自位里庄站至梁王东站，线路长39.1公里，设站32座，投资317.8亿元，项目建设期为7年。

7号线一期工程，自凤凰南路站至济北站，线路长30.0公里，设站22座，投资240.2亿元，项目建设期为6年。

8号线一期工程，自邢村站至山东大学站，线路长22.6公里，设站10座，投资118.3亿元，项目建设期为6年。

9号线一期工程，自黄河南岸站至毛庄站，线路长14.8公里，设站11座，投资105.3亿元，项目建设期为6年。（表7-7-1）

至2028年，济南市轨道交通规模将达到8条城市轨道交通线路，线网总长度约243.7公里。（图7-7-1）

【主要技术指标】

3号线二期，车辆采用B型车，近、中、远期均为6辆编组，最高运行时速100公里。

4号线一期、6号线、9号线一期，车辆采用A型车，近、中、远期均为6辆编组，最高运行时速80公里。

7号线一期、8号线一期，车辆采用A型车，近、中、远期均为6辆编组，最高运行时速100公里。

（济南轨道交通集团有限公司）

济南市城市轨道交通建设规划（2020-2025年）项目情况表　　表7-7-1

序号	项目	线路制式	起讫点	线路长度（公里）	车站数（座）	投资（亿元）	建设期（年）
1	3号线二期	地铁	滩头（不含）　遥墙机场	12.9	5	61.0	4
2	4号线一期	地铁	小高庄－彭家庄	40.2	32	311.8	8
3	6号线	地铁	位里庄－梁王东	39.1	32	317.8	7
4	7号线一期	地铁	凤凰南路－济北站	30.0	22	240.2	6
5	8号线一期	地铁	邢村－山东大学	22.6	10	118.3	6
6	9号线一期	地铁	黄河南岸－毛庄	14.8	11	105.3	6
合计				159.6	112	1154.4	

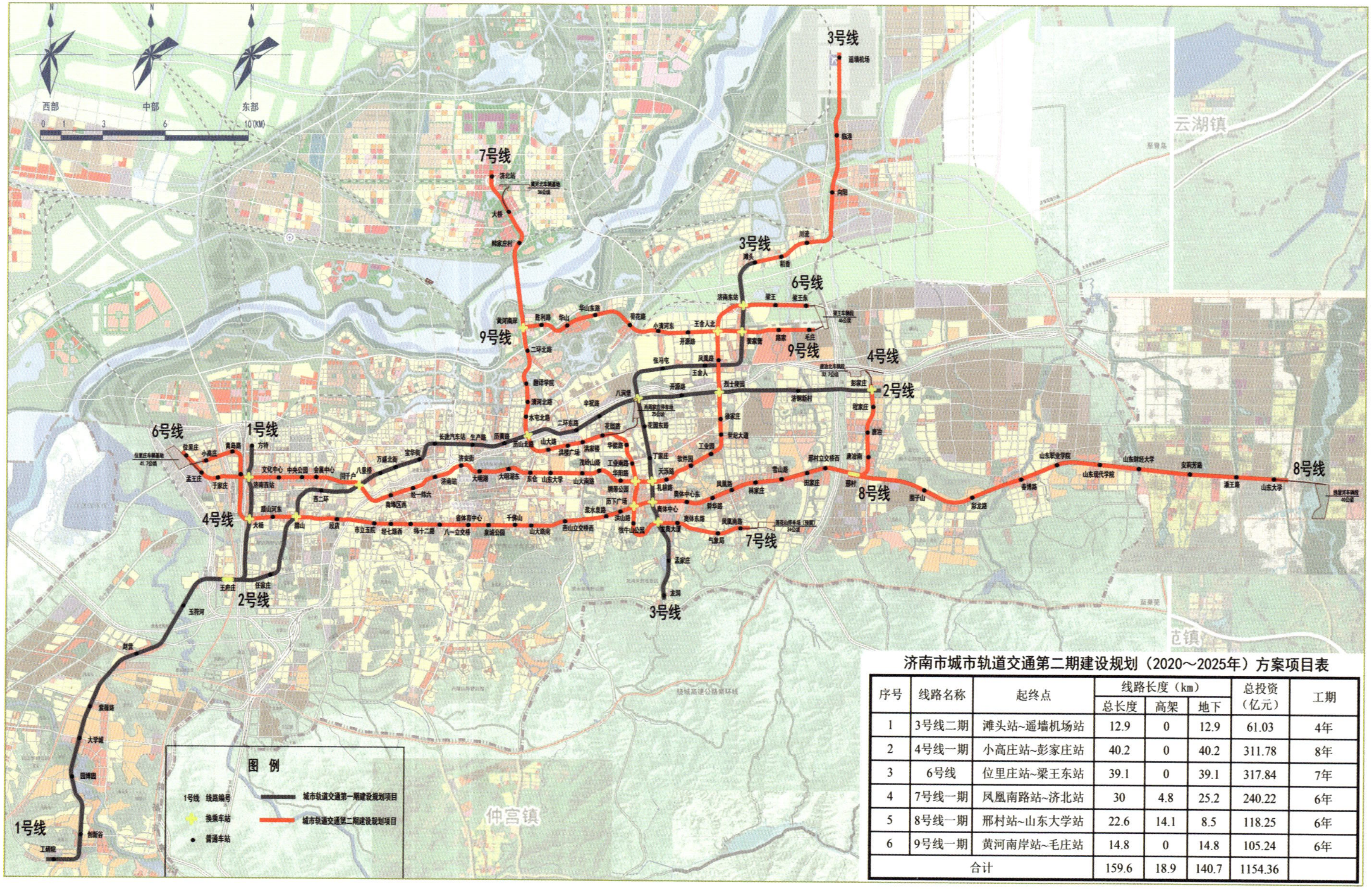

济南市城市轨道交通第二期建设规划（2020～2025年）方案项目表

序号	线路名称	起终点	线路长度（km）			总投资（亿元）	工期
			总长度	高架	地下		
1	3号线二期	滩头站~遥墙机场站	12.9	0	12.9	61.03	4年
2	4号线一期	小高庄站~彭家庄站	40.2	0	40.2	311.78	8年
3	6号线	位里庄站~梁王东站	39.1	0	39.1	317.84	7年
4	7号线一期	凤凰南路站~济北站	30	4.8	25.2	240.22	6年
5	8号线一期	邢村站~山东大学站	22.6	14.1	8.5	118.25	6年
6	9号线一期	黄河南岸站~毛庄站	14.8	0	14.8	105.24	6年
合计			159.6	18.9	140.7	1154.36	

图7-7-1 济南市城市轨道交通近期建设规划示意图

8 广东省深圳市

【建设规划】

2020年3月26日，国家发展改革委批复《深圳市城市轨道交通第四期建设规划调整（2017-2022年）》。线网由10条线路构成，建设规模75.9公里。总投资914.5亿元。

3号线四期工程，自双龙站至坪地六联站，线路长9.4公里，设站7座，投资107.8亿元，项目建设期为5年。

6号线支线二期工程，自翠湖站至光明城站，线路长4.9公里，设站3座，投资37.3亿元，项目建设期为4年。

7号线二期工程，自西丽湖站至学府医院站，线路长2.4公里，设站2座，投资28.1亿元，项目建设期为4年。

8号线三期工程，自小梅沙站至溪涌站，线路长4.3公里，设站1座，投资83.2亿元，项目建设期为5年。

11号线二期工程，自福田站至红岭南站，线路长5.6公里，设站3座，投资66.3亿元，项目建设期为4年。

12号线二期工程，自海上田园东站至松岗站，线路长8.2公里，设站5座，投资90.9亿元，项目建设期为5年。

13号线二期（北延）工程，自上屋站至公明北站，线路长18.8公里，设站11座，投资229.2亿元，项目建设期为5年。

13号线二期（南延）工程，自深圳湾口岸站至东角头站，线路长4.5公里，设站3座，投资49.6亿元，项目建设期为5年。

16号线二期工程，自大运站至西坑站，线路长9.5公里，设站8座，投资110.0亿元，项目建设期为5年。

20号线一期工程，自会议中心站至机场北站，线路长8.4公里，设站5座，投资112.1亿元，项目建设期为3年。（表7-8-1）

至2024年，深圳市轨道交通规模将达到15条城市轨道交通线路，线网总长度约650公里。（图7-8-1）

【主要技术指标】

3号线四期，车辆采用B型车，初、近、远期均为6辆编组，最高运行时速100公里。

6号线支线二期，车辆采用B型车，初、近、远期均为6辆编组，最高运行时速120公里。

7号线二期、8号线三期、12号线二期、16号线二期，车辆均采用A型车，初、近、远期均为6辆编组，最高运行时速80公里。

11号线二期、20号线一期，车辆均采用A型车，初、近、远期均为8辆编组，最高运行时速120公里。

13号线二期（北延）、13号线二期（南延），车辆均采用A型车，初、近、远期均为8辆编组，最高运行时速100公里。

（深圳市地铁集团有限公司 闫铭）

深圳市城市轨道交通建设规划（2017-2022年）项目情况表　　表7-8-1

序号	项目	线路制式	起讫点	线路长度（公里）	车站数（座）	投资（亿元）	建设期（年）
1	3号线四期	地铁	双龙－坪地六联	9.4	7	107.8	5
2	6号线支线二期	地铁	翠湖－光明城	4.9	3	37.3	4
3	7号线二期	地铁	西丽湖－学府医院	2.4	2	28.1	4
4	8号线三期	地铁	小梅沙－溪涌	4.3	1	83.2	5
5	11号线二期	地铁	福田－红岭南	5.6	3	66.3	4
6	12号线二期	地铁	海上田园东－松岗	8.2	5	90.9	5
7	13号线二期(北延)	地铁	上屋－公明北	18.8	11	229.2	5
8	13号线二期(南延)	地铁	深圳湾口岸－东角头	4.5	3	49.6	5
9	16号线二期	地铁	大运－西坑	9.5	8	110.0	5
10	20号线一期	地铁	会议中心－机场北	8.4	5	112.1	3
合计				75.9	48	914.5	

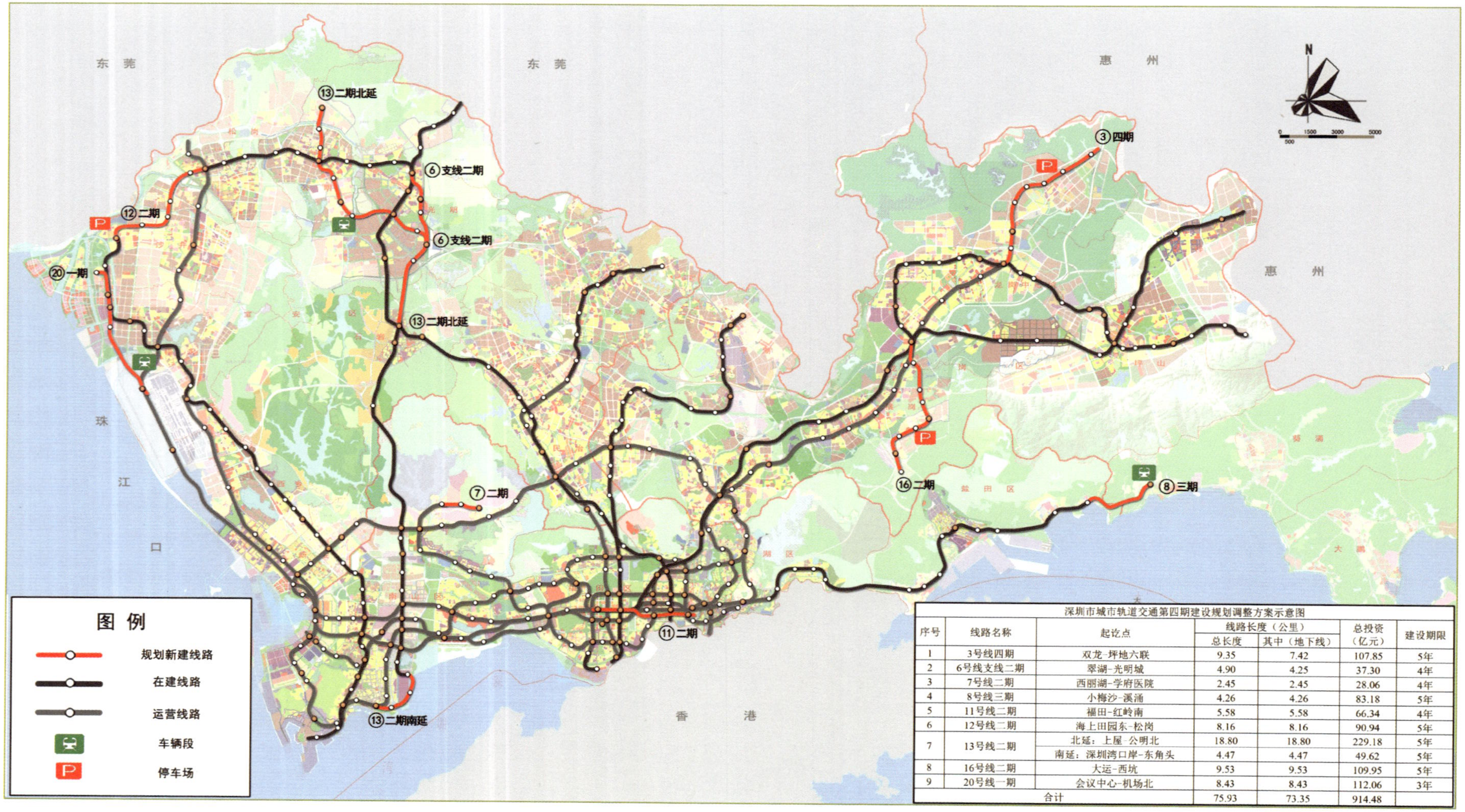

深圳市城市轨道交通第四期建设规划调整方案示意图

序号	线路名称	起讫点	线路长度（公里）		总投资（亿元）	建设期限
			总长度	其中（地下线）		
1	3号线四期	双龙-坪地六联	9.35	7.42	107.85	5年
2	6号线支线二期	翠湖-光明城	4.90	4.25	37.30	4年
3	7号线二期	西丽湖-学府医院	2.45	2.45	28.06	4年
4	8号线三期	小梅沙-溪涌	4.26	4.26	83.18	5年
5	11号线二期	福田-红岭南	5.58	5.58	66.34	4年
6	12号线二期	海上田园东-松岗	8.16	8.16	90.94	5年
7	13号线二期	北延：上屋-公明北	18.80	18.80	229.18	5年
		南延：深圳湾口岸-东角头	4.47	4.47	49.62	5年
8	16号线二期	大运-西坑	9.53	9.53	109.95	5年
9	20号线一期	会议中心-机场北	8.43	8.43	112.06	3年
	合计		75.93	73.35	914.48	

图7-8-1 深圳市城市轨道交通近期建设规划示意图

八 工程建设

至2020年底，中国有57座城市在建城市轨道交通，在建线路297条（段），在建线路长度6797.5公里。23座城市的在建线路超过100公里，其中，成都市建设规模超过400公里；北京、青岛、天津、深圳、杭州、广州6市建设规模超过300公里。

在6797.5公里的在建线路中，地铁5662.2公里，占比83.30%；轻轨5.4公里，占比0.08%；跨座式单轨46.8公里，占比0.69%；市域快轨652.7公里，占比9.60%；有轨电车430.4公里，占比6.33%；2020年当年无磁浮交通、自导向轨道系统、悬挂式单轨、导轨式胶轮系统、电子导向胶轮系统在建。

本篇中，共有44座城市在建城市轨道交通，在建线路262条（段，含城际铁路），线路长度5788.6公里，车站3643座。其中，建成线路60条（段），续建线路155条（段），新开工线路47条（段）。

15号线建设工地　上海申通

1 北京市

【概况】

北京市城市轨道交通工程建设由北京市轨道交通建设管理有限公司、北京城市快轨建设管理有限公司、北京公交有轨电车有限公司分别承担。

2020年，由北京市轨道交通建设管理有限公司承担的建设项目11个，共223.3公里，130座车站。其中续建项目10个（3号线一期、8号线三期、12号线、13号线、14号线剩余段、17号线、19号线一期、28号线、昌平线南延一期、新机场线北延），建成项目1个（房山线北延）。完成车站开工79座（3号线一期8座、8号线三期3座、12号线19座、14号线剩余段5座、17号线21座、19号线一期10座、28号线1座、昌平线南延一期8座、房山线北延4座），车站封顶38座（3号线一期1座、8号线三期剩余段2座、12号线5座、14号线剩余段4座、17号线11座、19号线一期10座、昌平线南延一期1座、房山线北延4座），轨道铺设31.9公里。完成投资342.8亿元。1个项目共5.3公里（房山线北延）主体结构贯通。

至2020年底，北京市轨道交通建成线路有24条（段），总线路长度726.9公里，车站总数428座。（表8-1-1）

（北京市轨道交通建设管理有限公司）

2020年，由北京城市快轨建设管理有限公司部分承担的建设项目5个，共117.4公里，46座车站。其中续建项目4个（11号线西段、16号线南段、22号线、机场线西延），建成项目1个（16号线中段）。车站封顶6座（11号线3座、16号线南段2座、机场线西延1座），轨道铺设11.2公里。完成投资69.7亿元。1个项目共11.4公里（16号线中段）主体结构贯通。（表8-1-1）

（北京城市快轨建设管理有限公司）

2020年，由北京公交有轨电车有限公司承担的建设项目1个，共11.9公里，15座车站。其中建成项目1个（亦庄T1线）。完成车站开工14座（亦庄T1线14座），车站封顶14座（亦庄T1线14座，老观里站缓建），轨道铺设23.8公里。1个项目共11.9公里（亦庄T1线，老观里站缓建）主体结构贯通。

至2020年底，北京公交有轨电车有限公司轨道交通建成线路有1条（亦庄T1线），总线路长度11.9公里，车站总数14座。（表8-1-1）

（北京公交有轨电车有限公司）

【北京轨道交通房山线北延工程建成项目】

房山线北延工程起点为白盆窑站，终点为东管头南站。线路长度5.3公里，全部为地下线。设车站4座，在首经贸站与10号线换乘，在东管头南站与16号线换乘。控制中心设在小营指挥中心；配置车辆、供电、低压系统及动力照明、自动售检票、给排水、通风空调、综合监控、火灾自动报警、办公自动化、自动扶梯及电梯、站台门、通信、信号、乘客信息、安检等运营系统设备。车辆选用B型车，最高运行速度100公里/小时，第三轨直流750伏授电，6辆编组，动拖比为2:1，初、近、远期配车44列/264辆。工程总投资50.0亿元，经济指标9.5亿元/公里。房山线北延工程于2015年12月7日开工，于2020年开通初期运营。（图 8 -1-1）

图8-1-1 北京轨道交通房山线北延示意图

至2020年底，车站开工4座、结构封顶累计4座，盾构推进累计6.8公里，轨道铺设累计11.2公里。

（北京市轨道交通建设管理有限公司）

【北京轨道交通16号线中段工程建成项目】

16号线中段工程起点为西苑站，终点为甘家口站。线路长度11.4公里，全部为地下线。设车站7座，在苏州街站与10号线、12号线换乘，在国家图书馆站与4号线、9号线换乘，在二里沟站与6号线换乘，在甘家口站与3号线换乘。控制中心接入小营控制中心；配置供电、通信、信号、通风空调、给排水与消防、设备监控、防灾报警、屏蔽门、自动售检票、电梯及自动扶梯等运营系统设备。车辆选用A型车，最高运行速度80公里/小时，接触网直流1500伏授电，8辆编组，动拖比为3:1，中段配车12列/96辆。工程总投资122.9亿元，经济指标10.3亿元/公里。16号线中段工程于2013年8月开工，于2020年12月31日开通初期运营。（图8-1-2）

2020年，此项目完成投资52.8亿元，至2020年底，车站开工7座、结构封顶。

（北京城市快轨建设管理有限公司）

2020年北京市城市轨道交通建设项目汇总表 表8-1-1

序号	线路名称	起讫点	线路长度（公里）	车站（座）	开工时间（年月）	预计通车时间（年）	工程建设情况	重大工程节点
1	房山线北延	白盆窑－东管头南	5.3	4	2015.12	2020	建成	12月31日开通初期运营
2	3号线一期	东四十条－曹各庄北	20.8	15	2015.12	2024	续建	年底，全线14座车站，累计封顶1座车站
3	8号线三期	珠市口－中国美术馆	4.3	3	2013.12	2021	续建	年底，全线3座车站，累计封顶2座车站
4	12号线	四季青－管各庄西	29.6	21	2015.12	2022	续建	年底，全线21座车站，累计封顶5座车站
5	13号线	13A:车公庄－天通苑东	30.2	18	2019.12	2026	续建	年底，完成线路初步设计评审
		13B:东直门－马连洼	32.0	15	2019.12	2023		
6	14号线剩余段	西局－北京南站	4.0	5	2010.12	2021	续建	年底，全线5座车站，累计封顶4座车站
7	17号线	未来科技城北－亦庄站前区南	49.7	21	2015.12	2023	续建	年底，全线21座车站，累计封顶11座车站
8	19号线一期	新宫－牡丹园	22.4	10	2015.12	2021	续建	年底，全线10座车站，累计封顶10座车站
9	28号线	东大桥－广渠东路	8.9	9	2017.12	2023	续建	年底，完成线路初步设计评审
10	昌平线南延一期	西二旗－蓟门桥	12.6	8	2016.12	2022	续建	年底，全线8座车站，累计封顶1座车站
11	新机场线北延	草桥－丽泽商务区	3.5	1	2019.12	2023	续建	年底，完成线路初步设计评审
合计1			223.0	130				
12	16号线中段	西苑－甘家口	11.4	7	2013.08	2020	建成	12月31日实现开通试运营
13	11号线西段（冬奥支线）	金顶街－首钢	4.2	4	2019.12	2021	续建	金顶街站完成30%，其余3站完成100%，金－北、新首－终区间累计完成100%；金－金区间完成56%
14	16号线南段	甘家口－宛平城	18.7	13	2013.08	2021	续建	区间双线累计完成80.4%，累计完成10个车站主体结构，占总13座车站的77%。新增榆树庄北站，完成初设评审
15	22线	东大桥－平谷	81.2	21	2016.12	2025	续建	完成总体设计预评审，坊站－马昌营站区间复工
16	机场线西延	东直门－北新桥	1.9	1	2015.12	2021	续建	北新桥站完成100%；区间完成90%
合计2			117.4	46				
17	亦庄T1线	屈庄－定海园	11.9	14	2017.10	2020	建成	亦庄T1线屈庄－定海园段于5月8日开始分段试运行，12月31日开通初期运营

注1. 序号1—11工程项目、工程建设由北京市轨道交通建设管理有限公司承担；序号12—16工程项目、工程建设由北京城市快轨建设管理有限公司承担。序号17工程项目，工程建设由北京公交有轨电车有限公司承担。
2. 表中“合计1”为项目1—11的工程项目统计，“合计2”为项目12—16的工程项目统计，项目合计数均不包含第17项。
3. 房山线北延工程原樊羊路—丰益桥南为线路规划阶段车站名称，2020年10月北京市规划和自然资源委员会命名线路站名为白盆窑—东管头南。
4. 亦庄T1线已开通屈庄—定海园，老观里段缓建，通车时间不确定。

【北京轨道交通亦庄有轨电车T1线工程建成项目】

亦庄T1线工程起点为屈庄站，终点为定海园站。线路长度11.9公里，全部为地面线。设车站14座，在荣昌东街站与亦庄线换乘。在老观里站设车辆段1处；在屈庄站设临时停车场1处。控制中心在车辆段；配置供电、通信、信号、通风空调等运营系统设备。车辆选用5模块有轨电车，最高运行速度70公里/小时，接触网+储能装置直流750伏授电，5模块编组，动拖比为2:1，初期配车19列。亦庄T1线工程于2017年10月1日开工，于2020年开通初期运营。（图8-1-3）

（北京公交有轨电车有限公司）

【项目管理】

疫情防控成效显著。北京市轨道交通建设管理有限公司成立疫情防控领导小组，定期召开专题会议30余次，下发防疫工作方案、应急预案等文件30余份。组织开展涉重点区域人员排查、隔离及核酸检测工作，建立员工健康日报告、弹性工作制度。施工现场成立工程疫情防控指挥部指导防疫工作。建立常态化防疫机制，将防疫工作纳入隐患排查治理体系，累计排查并消除防疫隐患1985项。施工现场全封闭分区分级，按照“项目中心”“施工单位”两级管理。开发“施工现场人员信息报送系统”，覆盖所辖

图8-1-2 北京轨道交通16号线中段走向示意图

图8-1-3 北京轨道交通亦庄T1线走向示意图

施工工地212个标段，快速准确收集和掌握建设者每日健康状况。累计对所辖工程施工现场28498人核酸检测。系统内未发现疑似或确诊患者，防疫形势整体可控。

复工复产全面实现。明确“2月29日消除线路复工空白点”“3月10日消除标段复工空白点”及“3月31日消除工点复工空白点”三个阶段目标，制定《各线路各标段复工计划》及《劳务人员返京返岗日计划》。劳务人员返京经远端筛查，“大巴车点对点”及“集中乘坐高铁”进场到岗。统筹解决生产中“渣土消纳”“建筑材料供应不足”等问题。3月28日建设工程全面实现复工，5月全面达产。

安全质量管理平稳可控。始终把安全质量作为工作重中之重。安全质量管理体系日趋完善，明确三级管理文件体系组成，进一步夯实管理基础。安全质量基础管理系统上线运行。全年排查安全质量隐患75000余条。安全质量监察机制建立并运行，针对参建单位违规违章作业及建设单位安全质量主体责任落实情况，下发安全质量监察建议。加强安全风险管理文化建设和理论创新，编著出版城市轨道交通工程建设安全风险管理系列丛书。健全完善双随机检查、专项治理、状态评估机制。成立专班开展暗挖法施工专题研究，监测并动态分析全网在施27座PBA暗挖车站钢管柱受力数据。开展全系统施工突发事故应急现场演练，应急指挥系统可实现平时管理与应急处置结合、多终端信息共享。搭建智慧工地建设多项实用功能，积极探索智慧化项目管控研究。

（北京市轨道交通建设管理有限公司）

严抓细管，北京城市快轨建设管理有限公司管理迈上新台阶。2020年，不断完善招投标和合同管理，制定多项招标、合同、招标代理、内部竞标管理办法等制度。“建立三重一大”事项党总支前置集体研究、办公会决策制度；建立内控体系，涵盖23个方面、137个制度。

强本固基，标准化质量管理，精细化进度管理。结合该公司所辖轨道交通建设工程特点，以《快轨建设公司标准化图集》（2019年版）的建设标准为基础，加强部门协作，优化设计方案及关键线路方案，创造平行作业条件，建立进度预警制度，及时发现滞后点。按照年度总体计划制定月度计划和下发月节点任务；对现场进度滞后情况建立蓝、黄、橙、红四种级别进度预警，并按周根据月度节点任务累计完成情况发布相应级别预警，以及时发现滞后点和按天督促滞后整改情况。

守住底线，夯实安全管理。定期研判，严格落实和强化安全生产责任；通过日常检查、专项检查、小组督查及领导“四不两直”等多种方式，不断加强开复工、消防、汛期、特保期、绿色文明施工等关键节点的安全检查，并通过安全质量风险隐患管控平台实现隐患立行立改，提升全员安全管理意识。

全年发布安全风险预警354次；根据周边环境风险及工艺工法，确定重点管控部位13个，通过每天的风险巡视、每周的现场巡视，及时研判风险源状态，并优化风险视频监控手段；针对现场突出风险组织专家巡视7次；安全通过特级风险源2处、一级风险源153处，确保现场风险持续受控。隐患排查治理不断强化。领导干部“四不两直”深入施工现场检查落实69次，排查安全质量隐患197项；相关部室安全巡察991次。应急体系建设成果显著。配合上级部门开展两次市级大型突发事故应急综合演练和消防应急演练活动；组织施工标段开展防汛演练及桌面推演29次。

疫情常态防控，重点盯防盯控。2020年，紧绷疫情防控这根弦，继续关注重点人群、重点区域和重要环节，紧盯工地现场人群密集区域的防空措施。坚持疫情常态化防控措施，坚决落实市委市政府、各级主管部门的疫情防控工作要求，一手抓疫情防控，一手抓工程建设，将疫情防控融入日常管控，持续做好疫情防控工作。

（北京城市快轨建设管理有限公司）

加强人员培训实操。结合亦庄T1线车辆及设备设施的特点，有针对性地开展各专业培训练兵工作，开展驾驶员、维修工列车撞钩救援、车辆机械及电气设备操作、手持台及车载台的使用培训和练兵；组织调度员开展调度台、ATS系统、CCTV使用等培训，共计122人次。成立技术专业抢修小组，常备工程抢险车，明确职责划分，并开展培训和实操。

严守疫情防控工作。针对每日上班人数，进行详细统计。坚持上、下班每日测温两次，出京返京人员隔离14天等一系列防范措施，各施工单位也进行相应的防范措施。每周进行详细检查，特别针对施工单位住宿标准进行检查，坚持每人4平方米，每间宿舍不超过6人。每日收集各施工单位人员体温情况并检查备案。

（北京公交有轨电车有限公司）

【新工艺工法】

昌平线南延采用暗挖隧道新型拼装式初衬结构技术。新型拼装式衬砌结构技术是一种替代地铁隧道传统格栅混凝土喷锚的绿色施工工艺，通过螺栓连接模块化波纹钢板对隧道进行初期支护。这是地下工程首次在暗挖隧道采用波纹钢板做为初期支护方式施工，解决传统钢格栅混凝土施工过程中，使用电焊机、喷锚材料等所产生的粉尘烟雾，极大改善作业环境。同传统作业比，可实现开挖面快封闭、有效减少工序时间，提高工效；波纹钢板来自工厂化生产，构件模块制作及现场安装精度得到有效保障，且满足隧道初支强度和变形要求，施工质量更便于控制。

（北京市轨道交通建设管理有限公司）

地铁16号线针对城市轨道交通暗挖隧道工程特点，研发多功能暗挖主机装备、初衬模筑施工设备及后配套运输设备，实现超前支护、土方开挖、格栅架设及后配套运输等施工环节的机械化作业，降低劳动力强度。形成一套城市轨道交通浅埋暗挖机械化施工工法，编制一项轨道交通暗挖工程开挖支护机械化安全施工的地铁建设单位企业标准。此工法可适用于粉土、粉质黏土、砂卵石等多种地层中的城市轨道交通工程暗挖隧道建设。施工进度由日进尺1.5米提高至日进尺4米，初衬混凝土施工速度由每环90分钟提高至每环50分钟，提高施工效率，提升施工安全性保障。每立方米空气中含10%以上游离二氧化硅粉尘不超过2毫克，改善工人作业环境，向绿色施工的目标又迈进一步。

（北京城市快轨建设管理有限公司）

2 天津市

【概况】

天津市中心城区轨道交通工程建设由天津市地下铁道集团有限公司承担；其中，7号线、11号线、4号线北段、8号线为PPP项目。

2020年，天津市中心城区轨道交通建设项目7个，共150.0公里，125座车站。其中续建项目5个（4号线南段、10号线、6号线二期、7号线、11号线），新开工项目2个（4号线北段、8号线）。完成车站开工23座（4号线北段13座、8号线10座），车站封顶26座（4号线南段12座、10号线7座、6号线二期工程〔梅林路站-咸水沽西站〕7座），轨道铺设46.5公里。完成投资238亿元。1个项目共19.9公里（4号线南段）主体结构贯通。

至2020年底，天津轨道交通建成线路有7条（1号线、2号线、3号线、5号线、6号线、9号线），总线路长度238.8公里，车站总数157座。（表8-2-1）

（天津轨道交通集团有限公司）

天津市滨海新区轨道交通工程建设由天津滨海新区轨道交通投资发展有限公司承担。

2020年，天津市滨海新区建设项目1个，共31.5公里，22座车站。为续建项目（B1线一期），车站封顶6座。完成投资50.2亿元。（表8-2-1）

（天津滨海新区轨道交通发展有限公司）

【天津轨道交通4号线北段工程新开工项目】

4号线北段工程起点为小街站，终点为河北大街站。线路长度24.4公里，全部为地下线。设车站18座，在西站与1号线、6号线换乘。在小街设停车场1处。设柳东道主变。控制中心设在华苑综合控制中心。车辆选用B型车，最高运行速度80公里/小时，接触网直流1500伏授电，6辆编组，动拖比为2:1。4号线北段工程于2020年1月24日开工，计划于2024年开通初期运营。（图8-2-1）

2020年，此项目完成投资22亿元，至2020年底，车站开工13座。

【天津轨道交通8号线工程新开工项目】

8号线工程起点为绿水公园站，终点为渌水道站（不含）。线路长度19.0公里，全部为地下线。设车站17座，在鞍山西道站与6号线换乘，在下瓦房站与1号线、5号线换乘。设绿水公园主变。控制中心设在华苑综合控制中心。车辆选用A型车，最高运行速度80公里/小时，接触网直流1500伏授

2020年天津市城市轨道交通建设项目汇总表 表8-2-1

序号	线路名称	起讫点	线路长度（公里）	车站（座）	开工时间（年月）	预计通车时间（年）	工程建设情况	重大工程节点
1	4号线南段	东南角－新兴村	19.9	14	2016.03	2021	续建	土方开挖完成50.9%，主体结构完成20.6%
2	6号线二期	梅林路－咸水沽西	14.9	10	2019.02	2022	续建	土方开挖全部完成，铺轨完成31%，设备安装单位进场
3	7号线	喜峰道－赛达路	27.0	21	2017.03	2024	续建	完成车站开工9座，车辆段、出入段线及区间风井开工建设
4	10号线	屿东城－于台	21.7	23	2016.05	2022	续建	土方开挖、区间盾构完成总量的81%；铺轨施工完成总量的16%；设备安装完成总量的12%
5	11号线	水上公园西路－东丽六经路	23.1	22	2019.07	2024	续建	完成开工车站20座。围护结构完成80.1%，主体结构完成20.6%，盾构区间完成4.1%，车辆段主体结构完成54%
6	4号线北段	小街－河北大街	24.4	18	2020.01	2024	新开工	完成13座车站（段）的开工，包括12座车站，1个车辆段
7	8号线	绿水公园－渌水道（不含）	19.0	17	2020.01	2024	新开工	4座车站地连墙完成5%，其余6座车站正在进行管线切改
	合计		150.0	125				
8	B1线一期	欣嘉园东－新城四	31.5	22	2017.05	2025	续建	9月首条隧道贯通；至年底，共计7条隧道贯通

注1. 序号1—7工程项目，工程建设由天津轨道交通集团有限公司承担（含PPP）。序号8工程项目，工程建设由天津滨海新区轨道交通投资发展有限公司承担。
2. 表中“合计”为项目1—7的工程项目统计，不包含第8项。
3. 以往年鉴中的项目名“4号线一期”现更名为“4号线南段”。

电，6辆编组，动拖比为2:1。8号线工程于2020年1月24日开工，计划于2024年开通初期运营。（图8-2-2）

2020年，此项目完成投资45亿元，至2020年底，车站开工10座。

（天津轨道交通集团有限公司）

【项目管理】

（1）防疫复工取得重大成果。采取“一站式”返岗运输、包保“一对一”定点服务等措施，出台“战时机制”“四严禁、六必须”等规定，严格封闭管理，率先实现满产复工。

（2）工程建设取得阶段性进展。合理确定工期计划，重难点问题清单化管理，层层压实责任；坚持双周施工例会和月度监理例会机制，现场每月碰头，全力推进工程建设，守住节点、攻克难点、创新亮点；以劳动竞赛为抓手，营造比学赶超大干氛围，超额完成年度建设任务目标。

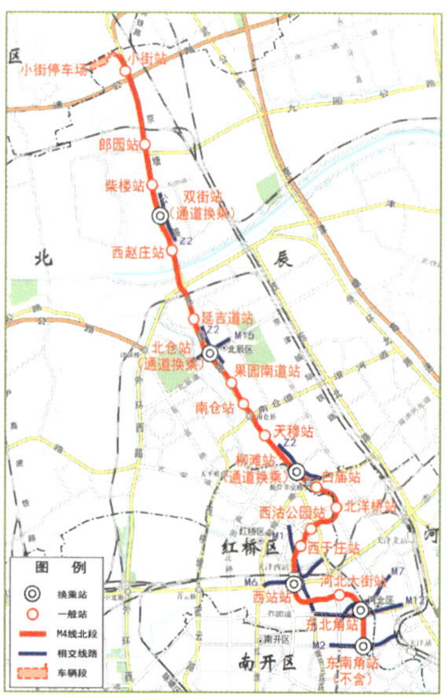

图8-2-1 天津轨道交通4号线北段走向示意图

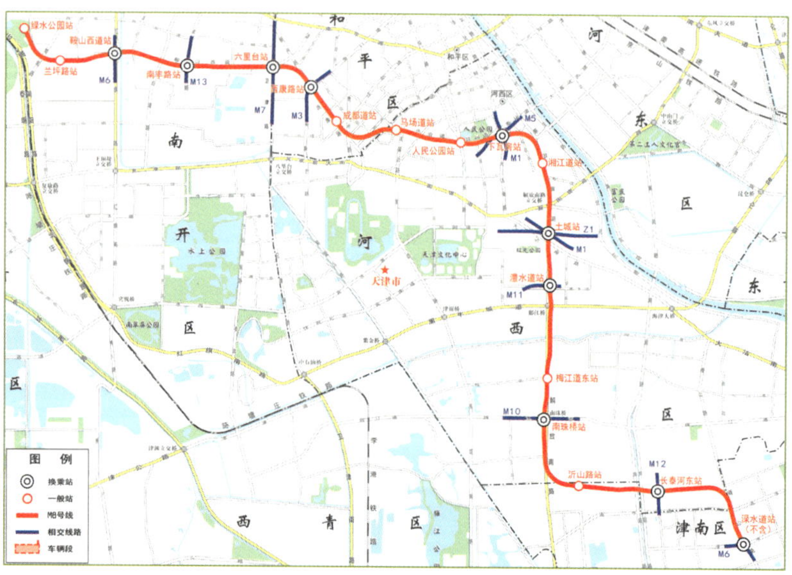

图8-2-2 天津轨道交通8号线走向示意图

（3）项目前期管理水平持续提升。成立前期工作领导小组，完善顶层设计。建立联合审查工作机制，提前稳定新线方案，提高工程可实施性。全面加强勘察设计管理，推行勘察设计“十必查、十必究”，强化履约检查。推动科技创新工作，印发《科技创新三年发展规划》《技术标准化建设规划》。

（4）安全管理水平迈上新台阶。编制修订盾构施工微扰动控制标准、洞门始发接收加固处理标准、参建单位履约评价实施细则、谨慎选择分包单位名录等20项管控文件，扎实推进安全管理标准化、制度化；成立盾构风险管控小组，利用安全监控平台和应急抢险基地，强化技术管理、施工管控、数据监控、应急管理，有力提升质量安全管控水平；成立创优领导小组，统筹推进创优工作，编制创优规划和任务清单，确定“保、争、冲”奖项目标。

（5）工程经济管控水平显著提高。概算管控实现限额控制、动态跟踪、集团统筹、分级管控，为实现全过程投资控制奠定基础。全面推行阶段性结算，强化过程管理。设施迁改模式实现良性转变，发挥总包优势，缩短施工周期。创新招标模式，首次采用多专业集成概算下浮完成6号线二期设备安装和装修工程招标，缩短招标周期、控制工程造价。

（天津轨道交通集团有限公司）

在管理提升活动过程中，施工项目结合“精细化管理”和“落实之要，贵在执行”的要求，注重人员素质的发挥、工作效率的提升、执行力的提升、避免简单复制。采取组建有力的管理团队，为项目管理提供组织保证、贯彻新标准及相应规章制度，为项目管理提供制度保证、选择优质承包商，从源头上保障施工质量、加强施工过程管理，保证地铁工程质量与进度等措施，使得所有施工企业认识到推行精细化管理的企业发展的必然趋势，也是解决企业目前存在的管理粗放现象的有效方法。

2020年，公司会同各参建单位对计划节点、关键节点、里程碑节点进行再次精细化研究，确认2020年度计划节点24个，关键节点17个，里程碑节点14个。通过定期召开工程计划月度例会，详细了解计划节点执行情况，针对滞后节点，及时分析原因，制定措施；协调项目解决建设过程中遇到的困难，确保工程建设有序进行。管理过程中，本着科学计划，提前部署、及时协调的原则，对各个施工点位施工所需的人力、设备、物资等资源方面，做到提前组织，及时足量进场。

（天津滨海新区轨道交通发展有限公司）

【新工艺工法】

天津地铁7号线肿瘤医院站为地下四层三线换乘车站，作为施工难度最大的地铁车站，地连墙深度达到70.3米之深，属于天津市首例。项目部通过深入研究超深地连墙的重点、难点、控制要点，将地连墙施工的核心步骤、工序转换和各项关键数据都掌握在项目部手中，使项目以劳务分包模式代替传统的专业分包。项目部通过自采优质复合钠基膨润土，掌握槽壁稳定性核心要素，超前把控施工风险；引进泥浆干化系统，破解大体量泥浆置换难题，引领绿色施工风潮；针对天津首例70米深的超深地连墙，按照方案严格控制泥浆质量，从新浆制备到泥浆废弃的流程全部由技术管理人员直接管控，加强泥浆质量控制；项目部自采国内最先进的超声波检测设备UDM100，地连墙成槽过程中管理人员随时进行超声波检测，确保地连墙成槽质量，加强过程控制，降低地连墙质量事故发生的可能性；通过钢筋笼吊装方案的深入探讨，将原体钢筋笼改成分节钢筋笼，减小履带吊机械型号，由600吨变为400吨，减少机械设备租赁费。

（天津轨道交通集团有限公司）

3 河北省石家庄市

【概况】

石家庄市城市轨道交通工程建设由石家庄市轨道交通集团有限责任公司承担。

2020年，石家庄轨道交通建设项目5个，共38.9公里，33座车站。其中续建项目3个（1号线二期〔剩余段〕、3号线一期〔东段〕、3号线二期），建成项目2个（2号线一期、3号线一期北段）。完成车站开工19座（2号线一期15座、3号线一期北段4座），车站封顶19座（2号线一期15座、3号线一期北段4座），轨道铺设162公里。完成投资62.9亿元。1个项目共14.8公里（3号线二期）主体结构贯通。（表8-3-1）

至2020年底，石家庄轨道交通建成线路有5条（1号线一期、1号线二期、2号线一期、3号线一期中间段、3号线一期北段），总线路长度61.6公里，车站总数48座。

（石家庄市轨道交通集团有限责任公司 赵雷）

【石家庄轨道交通2号线一期工程建成项目】

2号线一期工程起点为西古城站，终点为嘉华站。线路

2020年石家庄市城市轨道交通建设项目汇总表

表8-3-1

序号	线路名称	起讫点	线路长度（公里）	车站（座）	开工时间（年月）	预计通车时间（年）	工程建设情况	重大工程节点
1	2号线一期	嘉华－西古城	15.5	15	2016.09	2020	建成	8月26日，开通初期运营
2	3号线一期（北段）	西三庄－市二中（不含）	5.4	4	2016.04	2020	建成	1月20日，开通初期运营
3	1号线二期（剩余段）	福泽（不含）－东洋	3.1	2	2017.06	—	续建	1号线二期一共8座车站，从洨河大道-南牛停车场，2019年6月通车从洨河大道-福泽6个车站，剩余2站1停车场缓建
4	3号线一期（东段）	石家庄站（不含）－三教堂	7.5	7	2016.04	2021	续建	5月25日实现"轨通"；10月18日实现"电通"
5	3号线二期	三教堂（不含）－北乐乡	7.4	5	2018.05	2021	续建	5月6日实现"洞通"，9月15日实现"轨通"，10月18日实现"电通"
	合计		38.9	33				

长度15.5公里，全部为地下线。设车站15座，在北国商城站与1号线换乘，在石家庄站与3号线换乘。在嘉华设车辆段1处，占地7.8公顷。设蓝天圣木主变。控制中心设在秦岭大街；配置供电、通信、信号、通风空调、给排水与消防、设备监控、防灾报警、屏蔽门、自动售检票、电梯及自动扶梯等运营系统设备。车辆选用A型车，最高运行速度80公里/小时，接触网直流1500伏授电，6辆编组，动拖比为2:1，初期配车18列/108辆。工程总投资123.2亿元，经济指标7.9亿元/公里。2号线一期工程于2016年10月1日开工，于2020年8月26日开通初期运营。（图8-3-1）

2020年，此项目完成投资19.6亿元，至2020年底，车站开工15座、结构封顶累计15座，盾构推进累计15.5公里。

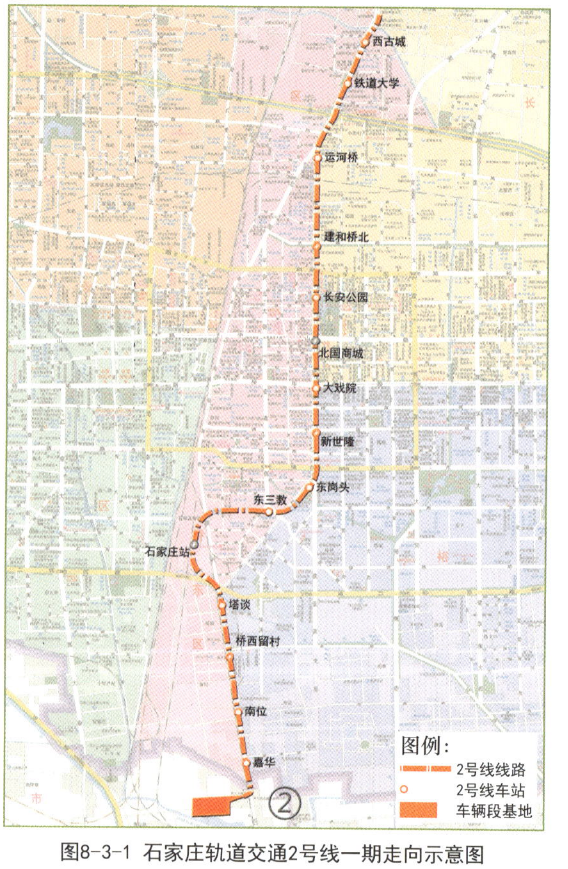

图8-3-1 石家庄轨道交通2号线一期走向示意图

【石家庄轨道交通3号线一期（北段）工程建成项目】

3号线一期（北段）工程起点为西三庄站，终点为市二中站。线路长度5.4公里，全部为地下线，设车站4座。控制中心设在秦岭大街；配置供电、通信、信号、通风空调、给排水与消防、设备监控、防灾报警、屏蔽门、自动售检票、电梯及自动扶梯等运营系统设备。车辆选用A型车，最高运行速度80公里/小时，接触网直流1500伏授电，6辆编组，动拖比为2:1。3号线一期（北段）工程于2016年3月1日开工，于2020年1月20日开通初期运营。（图8-3-2）

至2020年底，车站开工4座、结构封顶累计4座，盾构推进累计5.4公里。

图8-3-2 石家庄轨道交通3号线一期（北段）走向示意图

【项目管理】

石家庄市轨道交通工程自开工以来，以建设优质、安全、环保的工程项目为宗旨，吸纳全国其他城市先进的建设管理经验，制定和完善质量、安全、进度、投资等各方面的管理体系，形成石家庄轨道交通集团有限责任公司和总承包单位优势互补，相关单位共同监督共同促进的项目管理模式，崇尚科技创新、追求卓越品质。在建设过程中克服征地拆迁、管线迁改、交通疏解、绿化迁移、扬尘治理等各方面的困难，也遇到线路穿越铁路、高速公路、房屋、既有地铁线路、河流、桥梁基础等技术难题，参建人员通过采取各种措施解决难题。在进度控制上动态调整里程碑工期计划和短期节点计划，通过进度计划预警机制、节点目标专项考核、开展劳动竞赛等措施，持续推进全面精细化管理，及时对计划完成情况进行分析、预警和督导。

【新工艺工法】

2号线长安公园站-蓝天圣木站区间桩基托换工程采用主动托换方式，在原旧承台下部施工托换新桩基及托换新承台，采用托换承台+托换新桩的方式在托换承台与旧承台之间设置千斤顶加载，使上部结构有微量位移，同时使托换新桩基的大部分沉降通过千斤顶的预压来完成，在预压完成且沉降变形稳定后，再截断被托换旧桥桩，最后施工竖井及横通道进行人工破除影响盾构区间范围的残桩；回填破除的孔洞及横通道、竖井后盾构穿越托换区域。

3号线一期东段及3号线二期工程通风空调工程全线设计采用超低音冷却塔。对于地面冷却塔安装条件困难的车站采用蒸发冷凝式冷水机组，将机组设置在地下机房内。采用蒸发冷凝式冷水机组方案与传统的水冷冷水机组配合冷却塔的方案相比，不再需要地面冷却塔设备，同时也消除地面设备噪声、飘水和对周围环境的影响。

针对通风空调系统运营能耗大的问题，通风空调系统运行模式和设备配置充分考虑运营节能，按不同季节、不同运营时段调节系统运行模式及设备运行数量。3号线一期工程空调水系统采用冷水群控系统，3号线二期工程采用节能控制系统，对通风空调系统进行节能控制。节能控制系统采用负荷预测技术，动态调整风系统变风量、变送风温度运行及水系统变流量运行。通过节能控制系统的优化控制，可大幅降低通风空调系统的总体能耗，解决风水环节交叉影响大、系统综合控制难的问题，保持通风空调系统高效运行。同时节能控制系统采用集中管理平台实现对地铁站点空调设备及参量集中统一监控和便捷化管理。

北乐乡车辆段接触网支柱基础螺栓的防腐采用尼龙螺栓帽，取代传统的混凝土基础帽，解决混凝土基础帽内部锈蚀后维护困难的问题。

3号线往车辆段库内接触网悬挂采用预留底座方式。传统方式安装困难，施工效率低，本次车辆段库内接触网悬挂均采用预留底座方式，施工单位施工便捷，后期运营维护简单。

（石家庄市轨道交通集团有限责任公司 毛佳艳）

4 山西省太原市

【概况】

太原市城市轨道交通工程建设由太原市轨道交通发展有限公司承担。

2020年，太原城市轨道交通建设项目2个，共52.3公里，47座车站。其中续建项目1个（1号线一期），建成项目1个（2号线一期）。完成车站开工23座（2号线一期23座），车站封顶23座（2号线一期23座），轨道铺设64.4公里。2号线一期完成投资52.0亿元。1个项目共23.6公里（2号线一期）主体结构贯通。（表8-4-1）

至2020年底，太原市轨道交通建成线路有1条（2号线一期），总线路长度23.6公里，车站总数23座。

【太原轨道交通2号线一期工程建成项目】

2号线一期工程起点为尖草坪站，终点为西桥站。线路长度23.6公里，全部为地下线。设车站23座，在大南门站与1号线换乘。在贾家寨设车辆段1处，占地39公顷。设龙城大街主变和北大街主变。控制中心设在太原地铁线网控制中心；配置供电、信号、通信、云平台、清分、轨道、人防及疏散平台、电梯及自动扶梯、站台门、通风空调、给排水与消防、气体灭火、综合监控、BAS、FAS、AFC、PIS、低压配电与照明等运营系统设备。车辆选用A型车，

2020年太原市城市轨道交通建设项目汇总表　　表8-4-1

序号	线路名称	起讫点	线路长度（公里）	车站（座）	开工时间（年月）	预计通车时间（年）	工程建设情况	重大工程节点
1	2号线一期	尖草坪–西桥	23.6	23	2015.12	2020	建成	5月4日首列车抵达车辆段，8月进入联调联试，9月开始空载试运行，12月26日举行通车仪式
2	1号线一期	西山矿务局–武宿机场	28.7	24	2019.12	2024	续建	7月15日完成社会资本方招标，8月份施工方陆续进场，全线9座车站进行管线迁改、围护结构施工
合计			52.3	47				

注：2号线一期原起讫点“西涧河－人民南路”为工程起讫点，开通初期运营后的正式起讫点站名为“尖草坪－西桥”。

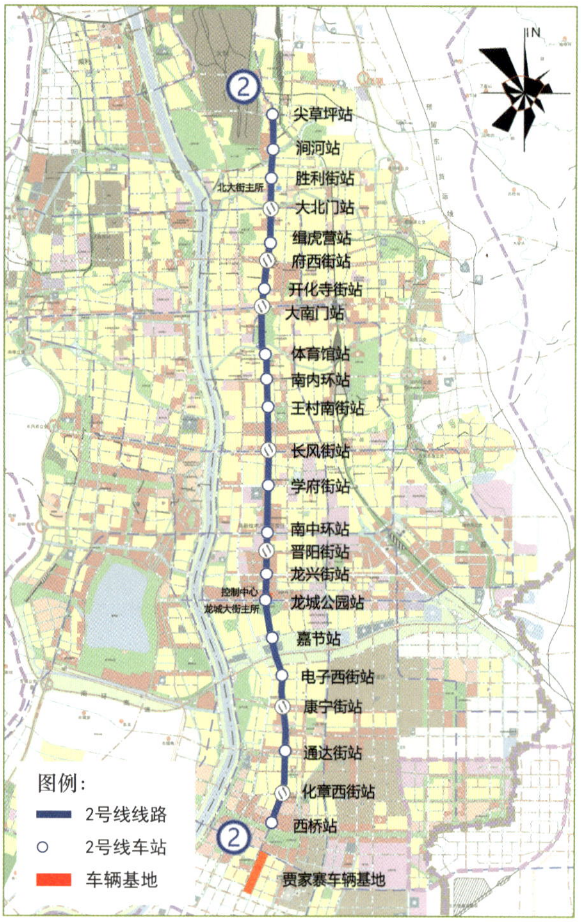

图8-4-1 太原轨道交通2号线一期走向示意图

最高运行速度80公里/小时，接触网直流1500伏授电，6辆编组，动拖比为2:1，初期配车24列/144辆。工程总投资208.6亿元，经济指标8.8亿元/公里。2号线一期工程于2015年12月开工，于2020年12月26日开通初期运营。（图8-4-1）

【项目管理】

2020年，面对新冠疫情影响，太原市轨道交通发展有限公司调动各方资源，调整供货商厂家、实行驻厂监造，加快复工复产；解决施工人员复工难、材料供应难、设备生产难、国际物流难等问题，应用信息化等手段，工程建设有序推进。为确保年底通车目标，成立“2号线一期工程保通车指挥部”，对全线参建单位进行全面、系统调度指挥，研究解决工程推进中存在的困难和问题，全年召开253次调度例会。制定《地铁2号线一期土建工程进度考核办法》《地铁2号线一期机电工程进度考核办法》，对各标段日进度、工序和关键节点进行考核，做到日进度三天考核，工序周考核，关键节点按计划考核。同时组织各参建单位按时完成单位工程验收、专项验收、工程项目验收、竣工验收和初期运营安全评估；多次召开专题协调会，对各类验收问题进行梳理、分析并提出整改解决方案，确保2号线一期工程开通。配合太原市住建局完成解放路、长治路和人民路提质改造，实现2号线一期工程和市政道路同步开通。

为推进1号线一期工程建设，召开管线迁改、征地拆迁协调会及现场会，对实施过程中存在问题及时协调解决，加快推进现场施工。全面推进工地标准化、智慧化建设，严格落实扬尘治理、环境保护、文明施工及“六个百分百”具体要求，安全质量有序可控。

【新工艺工法】

2号线一期工程体育馆站、电子西街站采用新型环控系统技术，提升系统整体性能，降低系统运行能耗，创新之处一是通风方式的选择，根据公共区域的空气流通及环控需求，充分利用从出入口流入的渗透风，合理设计公共区域内的风管与风道，自然补风，以降低公共区域内的二氧化碳浓度。二是选用磁悬浮离心式压缩机，取消冷冻水泵及管路、调节阀门，降低环控系统的复杂程度。三是供冷季时通过变频调节排风机的排风量，实现调节自然补入新风量的目的。四是配置消声器、电动风阀等附属设备，变频运行排风机与送风机。2座车站被列入国家重点研发计划项目示范工程。

2号线一期工程规划设计、建造阶段，通过BIM技术的仿真模拟功能来进行全线土建、机电设施设备的虚拟建设，为项目方案优化和科学决策提供依据，减少建设过程中各类资源的消耗与浪费。其间，通过编制设施设备分类与编码、模型建模、模型交付、模型应用等四部企业标准及山西省城市轨道交通四部BIM系列地方标准，规范技术和管理要求，缩短建设工期，减少资源浪费，同时针对城市轨道交通建设期建立“数字化交付管理平台”，指导参与单位完成数字化竣工交付，并通过交付平台在全生命期实现收集模型、属性、现场实景照片及文档档案资料等功能，提高参建单位执行效率。

（太原市轨道交通发展有限公司）

5 内蒙古自治区呼和浩特市

【概况】

呼和浩特市城市轨道交通工程建设由呼和浩特市城市轨道交通建设管理有限责任公司承担。

2020年，呼和浩特城市轨道交通建设项目1个，共27.3公里，24座车站。其中建成项目1个（2号线一期）。完成车站开工24座（2号线一期），车站封顶24座（2号线一期），轨道铺设73.9公里。完成投资161.5亿元。1个项目共27.3公里（2号线一期）主体结构贯通。（表8-5-1）

至2020年底，呼和浩特市城市轨道交通建成线路有2条（1号线一期、2号线一期），总线路长度49.0公里，车站总数44座。

【呼和浩特轨道交通2号线一期工程建成项目】

2号线一期工程起点为塔利东路站，终点为阿尔山路站。线路长度27.3公里，全部为地下线。设车站24座，在新华广场站与1号线换乘。在喇嘛营设车辆段1处，占地21.5公顷；在塔利设停车场1处，占地11.2公顷。设下新营、水上公园主变。控制中心设在东端；配置供电、通信、信号、通风空调、给排水与消防、综合监控、防灾报警、自动售检票、站台门、电梯及自动扶梯等运营系统设备。车辆选用B型车，最高运行速度80公里/小时，接触网直流1500伏授电，6辆编组，动拖比为2:1，一期配车28列/168辆。工程总投资204.3亿元，经济指标6.7亿元/公里。2号线一期工程于2016年8月1日开工，于2020年10月1日开通初期运营。（图8-5-1）

2020年，此项目完成投资161.5亿元，至2020年底，车站开工24座、结构封顶累计24座，盾构推进累计40.4公里，轨道铺设累计73.9公里。

【项目管理】

呼和浩特市地铁1号线、2号线均采用PPP合同模式开展项目建设工作。在项目执行中，使PPP项目中的各个参与方增强对工程建设的重视，遵守合同条款规范。明确项目参与各方的职责界限，建立工筹进度管理制度、制定进度目标和进度计划、落实责任、实施进度控制、编制和报送进度报告等，从实际出发，更好地处理和解决工程项目实际问题。轨道公司作为其中一方，参与工程立项、规划、设计、建设准备、施工、竣工验收等项目全周期管理。

图8-5-1 呼和浩特轨道交通2号线一期走向示意图

【新工艺工法】

中压能馈装置在呼和浩特地铁得到应用。使用中压逆变型再生能回馈装置，对列车再生能量回收再利用,不仅能在列车牵引时为列车提供能量，还在列车制动时将多余的再生制动能量反馈回交流电网。能有效抑制直流网压的大范围波动，减小直流电压纹波，提高供电质量；还能避免列车再生制动能量在能耗电阻上的消耗，节约电能。

（呼和浩特市城市轨道交通建设管理有限责任公司）

2020年呼和浩特市城市轨道交通建设项目汇总表　　表8-5-1

序号	线路名称	起讫点	线路长度（公里）	车站（座）	开工时间（年月）	预计通车时间（年）	工程建设情况	重大工程节点
1	2号线一期	阿尔山路－塔利东路	27.3	24	2016.08	2020	建成	1月8日全线“轨通”，2月20日全线“电通”，5月20日试运行，9月12日竣工验收，10月1日该项目开通初期运营
	合计		27.3	24				

6 辽宁省沈阳市

【概况】

沈阳市城市轨道交通工程建设由沈阳地铁集团有限公司承担。

2020年，沈阳轨道交通建设项目6个，共166.2公里，121座车站。其中续建项目3个（2号线南延线、3号线一期、4号线一期），新开工项目2个（1号线东延线、6号线一期），建成项目1个（10号线）。完成车站开工11座（2号线南延线6座、3号线一期5座），车站封顶7座（2号线南延线5座、4号线一期2座）。（表8-6-1）

至2020年底，沈阳轨道交通建成线路有4条（1号线、2号线、9号线、10号线），总线路长度117.0公里，车站总数85座。

【沈阳轨道交通10号线工程建成项目】

10号线工程起点为丁香湖站，终点为张沙布站。线路长度27.2公里，全部为地下线。设车站21座，在淮河园站与9号线换乘，在百鸟公园站与8号线换乘，在中医药大学站与2号线换乘，在北塔站与6号线换乘，在合作街站与4号线换乘，在东北大马路站与7号线换乘，在滂江街站与1号线换乘，在万莲站与5号线换乘，在江东街站与3号线、5号线换乘，在长青南街站与9号线换乘。在丁香湖站北侧设停车场1处，占地7.3公顷；在张沙布站东南侧设车辆段1处，占地34.7公顷。设塔湾主变、上园主变和营城子主变。控制中心设在滂江街控制中心；配置供电、通信、信号、通风空调、给排水与消防、设备监控、防灾报警、屏蔽门、自动售检票、电梯及自动扶梯等运营系统设备。车辆选用交流异步牵引电机、VVVF调速控制B型车，最高运行速度80公里/小时，接触网直流1500伏授电，6辆编组，动拖比为2:1，初期配车27列/162辆。工程总投资190.5亿元，经济指标7.0亿元/公里。10号线一期工程于2013年3月22日开工，于2020年4月29日开通初期运营。（图8-6-1）

2020年，此项目完成投资6.7亿元。

【沈阳轨道交通1号线东延线工程新开工项目】

1号线东延线工程起点为黎明广场站，终点为世博园东站。线路长度16.2公里，全部为地下线。设车站10座，在东大营街站与13号线换乘。在中水街站、伯官大街站设停车场1处，占地12.6公顷。设东陵路主变。控制中心接入1号线张士控制中心；配置供电、通信、信号、通风空调、给排水与消防、设备监控、防灾报警、站台门、自动售检票、电梯及自动扶梯等运营系统设备。车辆选用交流异步电机、VVVF调速控制B型车，最高运行速度80公里/小时，接触网直流1500伏授电，6辆编组，动拖比为1:1，初期配车27列/162辆。工程总投资101.5亿元，经济指标6.3亿元/公里。1号线东延线工程于2020年12月26日开工，计划于2024年开通初期运营。（图8-6-2）

2020年，此项目完成投资0.7亿元。

【沈阳轨道交通6号线一期工程新开工项目】

6号线一期工程起点为鸭绿江北街站，终点为迎春街站。线路长度35.3公里，其中地下线27.0公里，地面线0.5公里，高架线7.8公里。设车站30座，在西窑站与13号线换乘，在北塔站与10号线换乘，在沈阳大学站与4号线换乘，在中街站与1号线、7号线换乘，在热闹路站与5号线换乘，在南关路站与12号线换乘，在南塔站与3号线换乘，在市图书馆站与2号线、8号线换乘，在长白岛站与4号线换乘，在浑河站与9号线换乘，在苏家屯站与10号线换乘。在鸭绿江北街站西北侧设车辆段1处，占地26.2公顷；在迎春街站西南侧设停车场1处，占地14.5公顷。设文官主变、苏家屯主变和沙岗子主变（与4号线共用文官主变、与10号共用苏家屯主变、与9号线共用沙岗子主变）。控制中心接入10号线

2020年沈阳市城市轨道交通建设项目汇总表　　表8-6-1

序号	线路名称	起讫点	线路长度（公里）	车站（座）	开工时间（年月）	预计通车时间（年）	工程建设情况	重大工程节点
1	10号线	丁香湖－张沙布	27.2	21	2013.03	2020	建成	于4月29日正式开通初期运营
2	2号线南延线	全运路－桃仙机场	13.7	7	2019.08	2023	续建	6座车站封顶
3	3号线一期	宝马新工厂－新泰街	41.3	30	2019.12	2024	续建	5座车站、2个区间的进场施工
4	4号线一期	望花街－创新路	32.5	23	2015.11	2023	续建	2座车站封顶，盾构推进14公里
5	1号线东延线	黎明广场－世博园东	16.2	10	2020.12	2024	新开工	于12月26日正式开工建设
6	6号线一期	鸭绿江北街-迎春街	35.3	30	2020.12	2025	新开工	于12月26日正式开工建设
		合计	166.2	121				

图8-6-1 沈阳轨道交通10号线走向示意图

图8-6-2 沈阳轨道交通1号线东延线走向示意图

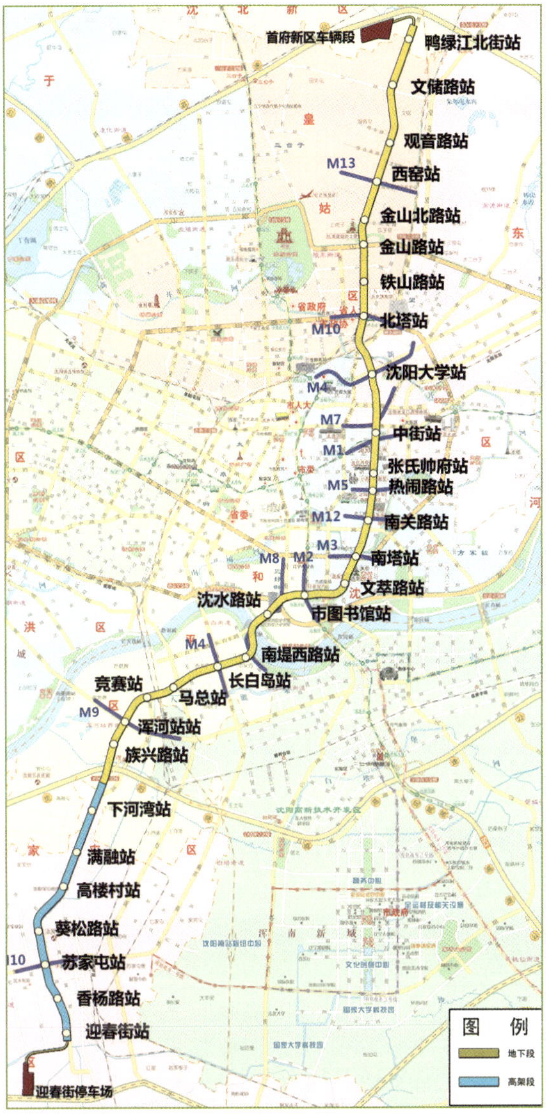

图8-6-3 沈阳轨道交通6号线一期走向示意图

滂江街控制中心；配置供电、通信、信号、通风空调、给排水与消防、综合监控、安防系统、防灾报警、站台门、自动售检票、电梯及自动扶梯等运营系统设备。车辆选用交流异步电机、VVVF调速控制B型车，最高运行速度80公里/小时，接触网直流1500伏授电，6辆编组，动拖比为2:1，初期配车43列/258辆。工程总投资262.4亿元，经济指标7.4亿元/公里。6号线一期工程于2020年12月26日开工，计划于2025年开通初期运营。（图8-6-3）

2020年，此项目完成投资1.0亿元。

【项目管理】

2020年会同各参建单位对计划节点、关键节点、里程碑节点进行再次精细化研究，确认2020年度计划节点13个，关键节点8个，里程碑节点5个。通过定期召开工程计划月度例会，详细了解计划节点执行情况，针对滞后节点，及时分析原因，制定措施，协调施工单位解决建设过程中遇到的困难，确保工程建设有序进行。2020年召开工程计划例会、工程计划专题会、工程建设协调会、工程建设推进会等各项大小会议20余次，及时跟踪各项计划节点、关键节点、里程碑节点执行情况，督促纠偏措施落实情况，确保实现既定目标。

【新工艺工法】

4号线一期工程沈阳北站站中立柱桩首次在沈阳地铁设计与施工中引入OMR大直径旋挖扩底桩工艺。该工艺采用分段式扩底施工的方法，液压撑开扩幅刀刃，先后旋转切削扩底部位土体上部与下部，施工效率高、振动少、噪音低。施工过程中采用SCS反循环清底工艺，清底能力强、清孔时间短、清渣彻底，且可视化程度高，保证在相对隔水泥砾层和富水深厚砂层中超宽、超深扩底桩的成孔安全和扩底成功率。

（沈阳地铁集团有限公司）

7 辽宁省大连市

【概况】

大连市城市轨道交通工程建设由大连地铁集团有限公司承担。

2020年，大连轨道交通建设项目3个，共79.4公里，36座车站。全部为续建项目（2号线二期〔北段〕、5号线、13号线一期）。完成车站开工1座（5号线1座），车站封顶2座（5号线2座），轨道铺设40.0公里。完成投资42亿元。1个项目共10.2公里（5号线）主体结构贯通。（表8-7-1）

至2020年底，大连轨道交通建成线路有5条（1号线、2号线、3号线、3号线延伸线、12号线），总线路长度157.9公里，车站总数70座。

【项目管理】

（1）坚持疫情防控和工程推进“两手抓、两手硬”。在建项目实行全封闭式管理，建立网格化管理体系，严格落实“1人1屋14天”的隔离要求，精准采用点对点包车接送工人等一系列有力措施，确保2月底前就实现在全市重大项目中率先复工复产，根据疫情防控要求，因时因势采取更换设备物流方式等务实管用办法，保障工程按节点推进。组织全线各参建单位开展“抗疫情、保增长”百日劳动竞赛，

（2）积极申请专项债券。加强与政府相关沟通与协调，建立沟通联络长效机制，争取有关政策和专项债券资金支持。指派专人跟踪办理，全力推进项目手续审批，确保建设资金按时到位，为项目正常推进提供有力资金保障。

（3）科学筹划，压实责任。科学制定项目具体实施计划和推进关键时间节点。以完成任务指标为导向，倒排工期，按月分解制定形象进度计划和完成投资额，细化各个项目月度任务分解表，制定任务路径，把任务层层分解，明确责任部门，责任到人。

（4）精心组织，加强监管和调度。遵循轨道交通工程建设的客观规律和基本程序，合理配备资源，优化现场施工组织，同时加强建设工程监管和调度力度，各层级管理人员深入项目部和施工一线落实工程进度计划，排查质量安全隐患，全面掌握各项任务的进展情况，及时解决阻碍项目推进问题，确保各项任务精准发力、同步推进。

【新工艺工法】

（1）开发BIM+GIS三维动态模拟管理平台，攻克5号线海底岩溶地层盾构掘进关键性施工难题。组织5号线项目公司、中铁一局、中铁六院等单位构建智能化信息管理系统，研发盾构集群远程监控与智能决策支持系统、盾构隧道线性监控系统、基于BIM+GIS三维动态模拟管理平台、海底隧道结构健康监测与智能安全预警系统等信息化技术平台等各类信息化管理系统，运用“互联网+”、大数据、云计算等信息化技术手段，实现三维可视化施工管理，指导岩溶地层处理及盾构掘进。

（2）5号线全线开展BIM技术，确保站后工程顺利推进。以全线18座车站为独立单元建立BIM模型，实现系统设备及管线综合，利用BIM模型合理确定综合管线布设位置，充分考虑水平及竖向、安装顺序、材料搬运存储及运营期预留检修空间等因素，实现服务施工、服务运营，并直接形成资产移交和固定资产资料。

（大连地铁集团有限公司）

2020年大连市城市轨道交通建设项目汇总表

表8-7-1

序号	线路名称	起讫点	线路长度（公里）	车站（座）	开工时间（年月）	预计通车时间（年）	工程建设情况	重大工程节点
1	2号线二期（北段）	辛寨子－大连北站	11.8	7	2010.02	2022	续建	前中、辛前区间初支累计完成4678米，占工程总量的93.15%；中革至南关岭6座车站风水电工程设备和装饰装修全部工程
2	5号线	虎滩新区－后关村	24.4	18	2017.03	2023	续建	5月，火梭区间跨海段“海宏号”盾构机穿越海域段；9月，后关村车辆段轨道工程开工；12月，控制中心主楼结构封顶
3	13号线一期	九里－振兴路	43.2	11	2010.08	2021	续建	12月，先后完成区间全线冷滑试验；首段接触网送电；与既有3号线接驳贯通；首次热滑试验；全线轨道铺设贯通等重大工程节点
合计			79.4	36				

8 吉林省长春市

【概况】

长春市城市轨道交通工程建设由长春市轨道交通集团有限公司承担。

2020年，长春轨道交通建设项目7个，共97.4公里，77座车站。其中续建项目5个（2号线西延、2号线东延、3号线东延、4号线南延、6号线），新开工项目2个（5号线一期、7号线一期）。完成车站开工77座（2号线西延3座、2号线东延6座、3号线东延4座、4号线南延5座、6号线22座、5号线一期18座、7号线一期19座），轨道铺设9.8公里。完成投资60.0亿元。（表8-8-1）

至2020年底，长春轨道交通建成线路有5条（1号线、2号线、3号线、4号线、8号线），总线路长度100.1公里，车站总数93座。

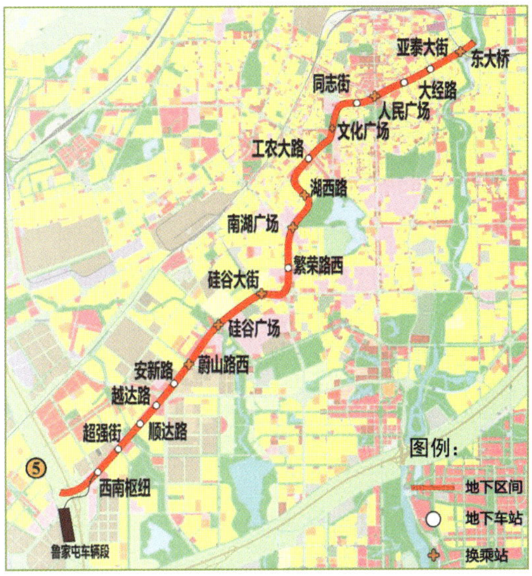

图8-8-1 长春轨道交通5号线一期走向示意图

【长春轨道交通5号线一期工程新开工项目】

5号线一期工程起点为西南枢纽站，终点为东大桥站。线路长度19.7公里，均为地下线。设车站18座，在文化广场站与2号线换乘、在硅谷大街站与3号线换乘、在南湖广场站与4号线换乘、在东大桥站与7号线换乘，在蔚山路西站与9号线换乘，在硅谷广场站与6号线换乘。在西南侧设鲁家屯车辆段1处，占地8.4公顷。设硅谷广场主变。控制中心设在南四环站；配置供电、通信、信号、通风空调、给排水与消防、设备监控、防灾报警、屏蔽门、自动售检票、电梯及自动扶梯等运营系统设备。车辆选用B2型车，最高运行速度80公里/小时，接触网直流1500伏授电，6辆编组，动拖比为2:1，初期配车22列/辆。工程总投资212.0亿元，经济指标10.8亿元/公里。5号线一期工程于2020年8月15日开工，计划于2026年开通初期运营。（图8-8-1）

2020年，此项目完成投资8.2亿元，至2020年底，车站开工18座。

【长春轨道交通7号线一期工程新开工项目】

7号线一期工程起点为汽车公园站，终点为东环路站。线路长度23.2公里，均为地下线。设车站19座，在汽车公园站与2号线换乘，在飞跃广场站与6号线换乘，在南湖大路站与3号线换乘，在南湖广场站与5号线换乘，在南湖新村

2020年长春市城市轨道交通建设项目汇总表　　表8-8-1

序号	线路名称	起讫点	线路长度（公里）	车站（座）	开工时间（年月）	预计通车时间（年）	工程建设情况	重大工程节点
1	2号线西延	汽车公园－西湖	4.4	3	2018.12	2021	续建	至年底，车站主体土建工程全部完成，附属结构土建工程除西湖站尚未完成外，全部完成。轨道铺设全部完成。计划2021年5月试运行
2	2号线东延	东枢纽－赵家岗东	10.6	6	2019.09	2024	续建	全线5条区间开始施工，计划完成1条区间双线贯通
3	3号线东延伸线	西安桥－伪满皇宫	5.4	4	2014.08	2021	续建	2020年主要进行西辽区间路基段、辽宁路站东广场站附属、车辆段施工，进行设备单调及联调，空载试运行，试运行评估
4	4号线南延伸线	天工路－何家屯	4.5	5	2019.09	2022	续建	正线5座车站装饰装修完70%。机电工程完成21个标段招标，机电安装完成70%
5	6号线	双丰－长影世纪城	29.6	22	2019.08	2024	续建	至年底，长春西站主体结构已代建完成，21座在建车站主体结构已完成封顶2个
6	5号线一期	西南枢纽－东大桥	19.7	18	2020.08	2026	新开工	至年底，全线16个站点主体结构全面开始施工。全线5条区间开始施工，计划完成1条区间单线贯通
7	7号线一期	汽车公园－东环路	23.2	19	2020.04	2025	新开工	至年底，全线19座车站主体结构全面开始施工。全线计划15台盾构下井始发，15条区间开始施工
合计			97.4	77				

站与10号线换乘，在工农广场站与1号线换乘，在东南湖大路站与4号线换乘，在东环路站与2号线换乘。在东风大街以北设靠山屯车辆段1处，占地8.7公顷。设会展大街、飞跃广场主变。控制中心设在南四环站；配置供电、通信、信号、通风空调、给排水与消防、设备监控、防灾报警、屏蔽门、自动售检票、电梯及自动扶梯等运营系统设备。车辆选用B2型车，最高运行速度80公里/小时，接触网直流1500伏授电，6辆编组，动拖比为2:1，初期配车20列/辆。工程总投资191.7亿元，经济指标8.3亿元/公里。7号线一期工程于2020年4月15日开工，计划于2025年开通初期运营。（图8-8-2）

2020年，此项目完成投资12.0亿元，至2020年底，车站开工19座。

图8-8-2 长春轨道交通7号线一期走向示意图

【项目管理】

坚持稳中求进工作总基调，把握高标准建设要求，统筹促前期、保开工、抓建设、防风险、重稳定各项工作，确保项目建设快速有序推进。为应对多个项目同时建设的复杂局面，建设事业总部进一步强化“项目制”组织架构，选派骨干人员加强项目管理团队，负责初步设计、施工、验收、结算、交接等全过程工程管理，责任主体明确，项目管理收到良好效果。

【新工艺工法】

预制装配式地铁车站技术在2号线一期工程袁家店车站（通车后更名为双丰站）首发试验，并系统开展研究工作。至年底，有4条轨道交通线路的18座车站采用预制装配式地铁车站施工工艺。

装配式车站与常规车站相比较，有着自身独特的空间特点，主要体现在站厅层单拱无柱的空间结构形式，对车站布局而言更加灵活、多样。本研究主要利用其空间特点对车站规模、综合管线系统的敷设及车站环境设计等方面进行相应的优化研究，以达到布局合理、空间利用充分、控制车站土建规模及提升车站环境品味的目的。

（长春市轨道交通集团有限公司　王瀑）

9 黑龙江省哈尔滨市

【概况】

哈尔滨市城市轨道交通工程建设由哈尔滨地铁集团有限公司承担。

2020年，哈尔滨轨道交通建设项目2个，共60.9公里，50座车站。均为续建项目（2号线一期、3号线二期）。完成车站开工4座（3号线二期西北环4座），车站封顶3座（3号线二期西北环3座），轨道铺设38.6公里。完成投资81.5亿元。2个项目共52.4公里（2号线一期28.7公里、3号线二期东南环19.2公里、3号线二期西北环4.5公里）主体结构贯通。（表8-9-1）

至2020年底，哈尔滨轨道交通建成线路有2条（1号线，3号线一期），总线路长度31.8公里，车站总数26座。

【项目管理】

（1）计划管理精细化。一是根据总体工程筹划，对关键节点、里程碑节点进行精细化研究，合理确定年度、季度、月度施工计划，对照月度计划的完成情况，分析可能

2020年哈尔滨市城市轨道交通建设项目汇总表　　表8-9-1

序号	线路名称	起讫点	线路长度（公里）	车站（座）	开工时间（年月）	预计通车时间（年）	工程建设情况	重大工程节点
1	2号线一期	江北大学城－气象台	28.7	19	2016.04	2021	续建	至年底，2号线一期工程实现“电通”“车通”
2	3号线二期	征仪路－工农大街	32.2	31	2016.04	2021	续建	3号线二期工程分为东南环和西北环两期建设。至年底，东南环实现“车通”；西北环启动11座车站的主体结构施工
	合计		60.9	50				

存在的困难，对滞后的工程提出整改措施。二是对工程的进度进行动态跟踪管理，及时掌握各工点工程进展情况及资源配置情况，发现问题，及时处理。三是继续加强对内对外协调工作，做好与规划部门、交管部门、城管部门、电业部门、供水集团等管理单位及产权单位的沟通协调工作，保证工程顺利推进。

（2）安全质量管理常态化。通过采取日常检查与重点检查相结合的方式确保工程安全质量可控。对所有在建工点进行日常检查。依据住房和城乡建设部5项主要管理办法，监督检查包括项目公司在内的各参建单位是否按照办法要求建立自身管理制度及责任落实。组织自身现场工程管理人员，不间断地对所有在建工点进行检查。对涉及工程安全质量的重要环节、重点工序进行重点检查。对富水地区明挖车站基坑土方开挖、暗挖车站及区间、盾构施工等项目采取加大检查频次方式进行重点检查。重点检查以自身组织对现场的日常检查为主，对易造成重大安全质量事故的关键环节和重点工序，利用专家的经验，邀请专家亲临现场指导检查为辅。一旦发现重大问题，第一时间召集各方力量，研究解决办法，消除安全隐患。

（3）文明施工管理标准化。进一步细化文明施工标准，督促各相关参建单位严格按照标准执行。组织2、3号线参建各管理单位、施工单位签订《文明施工承诺书》，规范文明施工行为，增强文明施工行为约束性。形成常态化检查模式，夯实文明施工管理成果。采取不定期抽查和重要节假日等关键节点定期专项检查等形式，及时发现问题并督促其整改，维护地铁良好形象。本着“少占地，快开放”的原则，科学谋划，精心组织，工程完工一处拆除一处，同时采取冬季施工，加快建设，尽可能缩短占道时间，为市民出行提供便利。

（哈尔滨地铁集团有限公司）

10 上海市

【概况】

上海市城市轨道交通工程建设由上海申通地铁集团有限公司承担。

2020年，上海轨道交通建设项目6个，共150.4公里，98座车站。其中续建项目3个（14号线、15号线、18号线北段），新开工项目1个（崇明线一期），建成项目2个（10号线二期、18号线一期南段）。车站封顶9座（14号线6座，15号线1座，18号线一期2座），盾构推进14.7公里，轨道铺设110.0公里。完成投资261.0亿元。（表8-10-1）

至2020年底，上海市轨道交通建成线路有18条（含磁浮），总线路长度729.3公里，车站总数430座。

【上海轨道交通10号线二期工程建成项目】

10号线二期工程起点为新江湾城站，终点为基隆路站。线路长度10.1公里，其中地下线3.4公里，地面线0.4公里，高架线6.3公里。设车站6座，在港城路站与6号线换乘。在高桥西站、高桥站设停车场1处，占地17.1公顷。设港城路主变。控制中心接入10号线一期工程吴中路控制中心及中山北路备用控制中心；配置供电、通信、信号、通

2020年上海市城市轨道交通建设项目汇总表　　表8-10-1

序号	线路名称	起讫点	线路长度（公里）	车站（座）	开工时间（年月）	预计通车时间（年）	工程建设情况	重大工程节点
1	10号线二期	新江湾城－基隆路	10.1	6	2014.12	2020	建成	至年底，开通初期运营
2	18号线一期南段	御桥－航头	15.0	8	2015.12	2020	建成	至2020年底，累计封顶8座车站，盾构推进27公里，区间贯通。御桥站-航头站区段开通初期运营
3	14号线	封浜－桂桥路	39.0	31	2014.12	2021	续建	至年底，累计封顶31座车站，盾构推进58公里，区间贯通
4	15号线	顾村公园－紫竹高新区	42.3	30	2015.12	2021	续建	至年底，累计封顶30座车站，盾构推进72.3公里，区间贯通
5	18号线一期北段	长江南路－御桥	21.8	18	2015.12	2021	续建	至年底，累计封顶17座车站，盾构推进34.7公里，区间贯通
6	崇明线一期	金吉路－长兴岛	22.2	5	2020.12	2027	新开工	12月，工程初步设计获得市建管委批复
合计			150.4	98				

风空调、给排水与消防、设备监控、防灾报警、屏蔽门、自动售检票、电梯及自动扶梯等运营系统设备。车辆选用交流异步电机、VVVF调速控制A型车，最高运行速度80公里/小时，接触网直流1500伏授电，6辆编组，动拖比为2:1，初期配车12列/72辆。工程总投资72.6亿元，经济指标7.3亿元/公里。10号线二期工程于2014年12月开工，于2020年12月26日开通初期运营。（图8-10-1）

2020年，此项目完成投资8.0亿元，至2020年底，车站开工6座、结构封顶累计6座，盾构推进累计6.0公里，轨道铺设累计19.0公里。

【上海轨道交通18号线一期南段工程建成项目】

18号线一期南段工程起点为御桥站，终点为航头站。线路长度15.0公里，均为地下线。设车站8座，在御桥站与11号线换乘。在下盐路站设航头定修段1处，占地30.0公顷。设罗山路主变（与11号线、16号线共用罗山路主变）和歇浦路主变（与14号线共用歇浦路主变）。控制中心接入蒲汇塘控制中心；配置供电、通信、信号、通风空调、给排水与消防、设备监控、防灾报警、屏蔽门、自动售检票、电梯及自动扶梯等运营系统设备。车辆选用全自动驾驶 A型车，最高运行速度80公里/小时，架空接触网直流1500伏授电，6辆编组，动拖比为2:1，初期配车50列/300辆。工程总投资388.8亿元，经济指标10.5亿元/公里。18号线一期南段工程于2015年12月开工，于2020年12月26日年开通初期运营。（图8-10-2）

2020年，此项目完成投资45.5亿元，至2020年底，车站开工26座、结构封顶累计25座，盾构推进累计61.6公里，轨道铺设累计71.0公里。

【上海轨道交通崇明线一期工程新开工项目】

崇明线一期工程起点为金吉路站，终点为长兴岛站。线路长度22.2公里，全部为地下线。设车站5座，在申江路站与12号线换乘。在高宝路站、凌空北路站设车辆段1处，占地26.5公顷。工程总投资116.3亿元，经济指标7.3亿元/公里。崇明线一期工程于2020年12月开工，计划于2027年开通初期运营。（图8-10-3）

2020年，此项目完成投资0.5亿元。

图8-10-1 上海轨道交通10号线二期走向示意图

【项目管理】

开展建设质量目标考核责任制。对标国内轨道交通和上海“十三五”已建成项目的质量最高水平，从土建、轨道、安装、装饰、系统等各方面确立质量标杆；把“标准化建设、精细化管理”贯彻在质量控制全过程，着重提升车站、区间、旁通道自身结构的质量水平，打造一批“无渗漏、无碎裂”结构工程，提升土建施工为装修安装提供便利的能力，最终实现建设为运营服务、不给运营留遗憾的目标；风险防控和高品质发展相结合，保障剩余的几个重大风险项目实现安全优质、构建装饰安装高质量建设标准化体系，在上一轮通车水平的基础上力争再有所提升。

大力推进智慧地铁建设。推进全自动驾驶、LTE综合承载与互联互通、自动扶梯智能化远程控制、智慧车站建设等四新技术在新线的研究与应用；15号线结合全自动驾驶线路特点及其运营应用场景，对机电调试UTO关键质量标准量化KPI指标进行控制管理，为后续线路全面采用全自动运行模式积累宝贵经验。

推进工程建设信息化各项平台深入应用，逐步实现建设管理平台与BIM模型融合。上海地铁18号线在建设时提前考虑运营需求，研发部署基于BIM的车站智慧运维管理平台。该平台以建设阶段交付的BIM竣工模型数据为基础，搭建三维轻量化数字化运维模型场景，集成运营期间各类静态、动态数据，包括设备厂商产品模型与资料、资产信息、设备运行状态信息、视频监控、人员定位信息等，数字化模型与车站实际运行状态相对应，初步实现“数字孪生”。平台具备设备管理、人员管理、事件管理、站务管理和统计分析等五项功能，支持面部识别、触屏操作等智能化交互，桌面端、网页端和移动端形成多端互联，实现数据自动化集成和轻量化共享，为车站运营减负增效，为将来智慧城轨、智慧城市打下基础。

【新工艺工法】

（1）14号线在上海轨道交通建设领域首次建立了场外首件样板基地，要求涉及的所有8大专业（通信、信号、接触网、自动售检票、综合监控、安全门、供电、风水电安装），在样板间进行“首件样板”展示、优化。通过对116种安装工艺的展示，满足14号线工程优中择优的目的。场外施工样板按照“预防为主、先导试点”的原则，将抽象的设计要求和繁复的质量标准、规范、规程等具体化、实物化，使施工管理人员尤其现场操作工人能看得见、摸得着。通过推行施工样板工程，以样板工程为示范，引领后续同类工程的标准化施工，提高施工工艺水平和技术质量管理水平，从而提高工效、降低质量隐患。通过“首件制”“首件样板”标准化流程创建优质过程，通过优质过

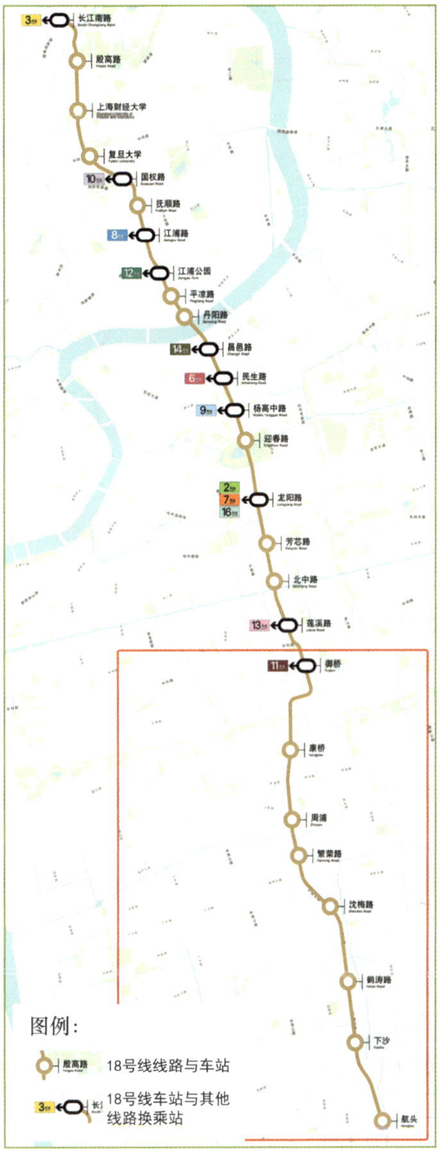

图8-10-2 上海轨道交通18号线一期走向示意图

图8-10-3 上海轨道交通崇明线一期走向示意图

程打造精品工程、示范工程。

（2）15号线是国内首条一次性开通里程最长（42.3公里）且具备最高等级（UTO）全自动运行轨道交通线路，信号系统采用基于无线通信并满足自动化等级GoA4的全自动运行系统。15号线全自动运行的建设与开通，有效的缩短了行车间隔及折返时间，提高了平均旅行速度，提供更高的安全性和可靠性，降低运营成本，提升系统整体技术水平，提升了运营服务质量与广大乘客乘坐体验。

（3）18号线是上海地铁首条全线应用智慧运维平台，提升服务管理水平。18号线践行“智慧地铁”发展理念，是上海第一条以建设/运营单位为主导、全线应用智慧运维平台的地铁线路，项目聚焦数字化，实现全生命周期管理，运营维护保障单位利用建筑信息模型(BIM)数据，创新实现集成化应用和管理：首次实现数字资产信息从建设期到运维期的无缝传递；首次在竣工交付时同步交付数字资产和BIM运维平台；首次将基于BIM的运维管理平台从单个车站推广到全线；首次采用融合定位系统，满足不同区域的定位精度需求，最高达到60厘米。通过智慧车站和智慧运维平台的“点线结合”，进一步提升服务管理水平。

（上海申通地铁集团有限公司）

11 江苏省南京市

【概况】

南京市城市轨道交通工程建设由南京地铁集团有限公司下属南京地铁建设有限责任公司承担。

2020年，南京轨道交通建设项目10个，共201.5公里，131座车站。其中续建项目9个（1号线北延、2号线西延、5号线、6号线、7号线、9号线一期、10号线二期、S6线〔宁句线〕、S8线〔宁天线〕南延），新开工项目1个（4号线二期）。完成车站开工31座（5号线2座、6号线工程11座、9号线一期工程11座、10号线二期工程6座、S6线〔宁句线〕1座），车站封顶31座（1号线北延线1座、2号线西延2座、5号线6座、6号线1座、7号线11座、S6线〔宁句线〕9座、S8线〔宁天线〕南延1座），轨道铺设38.2公里。完成投资210.8亿元。（表8-11-1）

至2020年底，南京市轨道交通建成线路有10条，总线路长度378.0公里，车站总数174座。

【南京轨道交通4号线二期工程新开工项目】

4号线二期工程起点为珍珠泉站，终点为龙江站。线路长度10.0公里，全部为地下线。设车站6座，在中央商务区站与11号线、13号线换乘，在滨江站与13号线、15号线换乘。在珍珠泉站附近设停车场1处，占地21.3公顷。设紫金山北主变（与4号线一期共用紫金山北主变，与11号线共用浦江主变）。控制中心接入灵山控制中心；配置供电、通信、信号、通风空调、给排水与消防、设备监控、防灾报警、屏蔽门、自动售检票、电梯及自动扶梯等运营系统设备。车辆选用B型车，最高运行速度100公里/小时，接触网直流1500伏授电，6辆编组，动拖比为2:1，初期配车12列/72辆。工程总投资88.0亿元，经济指标8.8亿元/公里。4号线二期工程于2020年12月开工，计划于2024年开通初期运营。（图8-11-1）

2020年，此项目完成投资5.0亿元。

【项目管理】

推进智慧工地建设，提升在建工程形象。所有在建工地必须按要求、高标准建设好“八达标两承诺一公示、五设备一平台”的硬件设施；安装车辆自动冲洗设备。渣土车出场，必须经过自动冲洗平台冲洗，冲洗干净无泥后，方可放行；安装车辆监控抓拍设备。对冲洗台临近区域地面设置感应线圈，系统对冲洗台出水量、冲洗时间进行感应，对不从冲洗台区域通过的大型车辆实现自动识别与抓拍功能；与城建集团的扬尘监测系统实现联动，当扬尘监测系统显示扬尘超标时，围挡喷淋、雾炮等设备自动开启降尘；安装实名制门禁系统，通过人脸识别等技术手段，对进入施工现场的人员施行实名制准入管理。

2020年南京市城市轨道交通建设项目汇总表　　表8-11-1

序号	线路名称	起讫点	线路长度（公里）	车站（座）	开工时间（年月）	预计通车时间（年）	工程建设情况	重大工程节点
1	1号线北延	迈皋桥－二桥公园	6.5	5	2017.08	2023	续建	至年底，处于土建施工阶段，1座车站主体结构封顶，3条盾构隧道始发，累计推进1.8公里
2	2号线西延	油坊桥－鱼嘴	5.4	4	2018.07	2021	续建	至年底，处于土建施工阶段，全部4座车站主体结构封顶，盾构区间贯通，开始进入轨道等后配套系统施工阶段
3	5号线	方家营－吉印大道	37.4	30	2016.09	2023	续建	至年底，处于土建施工阶段，11座车站主体结构封顶，21条盾构隧道始发，累计推进14.7公里
4	6号线	南京南站－栖霞山站	28.0	18	2019.12	2024	续建	至年底，处于土建施工阶段，1座车站主体结构封顶，4条盾构隧道始发，累计推进0.9公里
5	7号线	仙新路－西善桥	35.5	27	2017.09	2024	续建	至年底，处于土建施工阶段，18座车站主体结构封顶，40条盾构隧道始发，累计推进37.4公里
6	9号线一期	丹霞路－滨江公园	19.7	16	2019.12	2024	续建	至年底，处于土建施工阶段，11座车站开工
7	10号线二期	安德门–石杨东路	13.3	10	2019.12	2024	续建	至年底，处于土建施工阶段，6座车站开工，2条盾构隧道始发，累计推进0.1公里
8	S6线（宁句线）	马群－句容高铁站	43.6	13	2018.12	2022	续建	至年底，处于土建施工阶段，9座车站主体结构封顶，18条盾构隧道始发，累计推进23.3公里，进入后配套系统施工阶段
9	S8线南延（宁天线）	泰山新村－大桥	2.1	2	2018.01	2021	续建	至年底，1座车站主体结构封顶，4条盾构隧道始发，累计推进2.1公里
10	4号线二期	龙江－珍珠泉	10.0	6	2020.12	2024	新开工	至年底，处于土建准备阶段
合计			201.5	131				

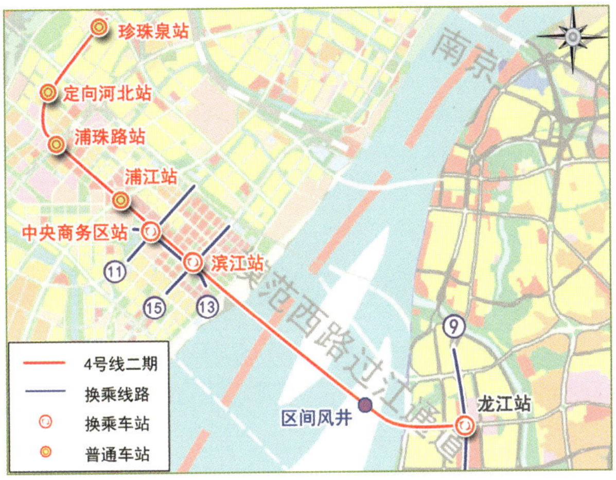

图8-11-1 南京轨道交通4号线二期走向示意图

【新工艺工法】

4号线二期滨江站-江心洲中间风井过江大盾构分体始发技术，超高水压下盾构进出洞TRD搅拌桩加固+JRP高压旋喷桩接缝止水+水中进洞+素墙止水技术，为国内类似工程之首创。针对本工程的重难点，在全国范围内展开调研，并有针对性地编制“大盾构分体始发专题研究”“超高水压下盾构进出洞加固技术专题研究”。大盾构分体始发运用数值模拟分析、与施工单位多次对接，解决大盾构分体始发存在的技术细节问题，确保下部施工顺利安全推进；超高水压下盾构进出洞技术经数值模拟、室内试验、现场试验等方法逐步优化改良进出洞加固施工工艺参数，为盾构安全进出洞顺利实施打下坚实的基础。

4号线二期滨江站受越江段冲刷深弘线的影响，在线路采用极限坡的情况下，滨江站最大埋深达50.1米，且处于长江漫滩极差地质环境，国内外基坑尚属罕见。面对超深、超复杂基坑，设计采用半顺半逆作施工工法，以确保工程工期和基坑稳定安全；设置“T”形幅，加强地墙的承载能力；采用套铣接头，以增强超深地连墙的接缝防水能力；逆做钢管混凝土柱以减小立柱截面尺寸、增加柱子承载力、增强车站整体空间效果。

（南京地铁集团有限公司）

12 江苏省无锡市

【概况】

无锡市城市轨道交通工程建设由无锡地铁集团有限公司承担。

2020年，无锡轨道交通建设项目3个，共83.0公里，48座车站。其中续建项目2个（4号线一期、无锡至江阴城际），建成项目1个（3号线一期）。轨道铺设41.0公里。完成投资78.6亿元。（表8-12-1）

至2020年底，无锡市城市轨道交通建成线路有3条（1号线及南延线、2号线、3号线），总线路长度89.2公里，车站总数66座。

【无锡轨道交通3号线一期工程建成项目】

3号线一期工程起点为苏庙站，终点为硕放机场站。线路长度28.5公里，全部为地下线。设车站21座，在无锡火车站与1号线换乘，在靖海站与2号线换乘，在盛岸站与4号线换乘。设硕放车辆段1处；设幸福停车场1处。设新区主变和盛岸主变（与4号线共用盛岸主变）。控制中心设在地铁大厦。车辆选用B型车，最高运行速度80公里/小时，第三轨直流1500伏受电，6辆编组，动拖比为2:1。3号线一期工程于2016年3月30日开工，于2020年10月28日开通初期运营。（图8-12-1）

【项目管理】

无锡地铁积极参与行业安全质量标准化工作，分别承担并完成国家住建部《城市轨道交通工程建设安全生产标准化管理技术指南》、江苏省住建厅《城市轨道交通创

2020年无锡市城市轨道交通建设项目汇总表

表8-12-1

序号	线路名称	起讫点	线路长度（公里）	车站（座）	开工时间（年月）	预计通车时间（年）	工程建设情况	重大工程节点
1	3号线一期	苏庙－硕放机场	28.5	21	2016.03	2020	建成	10月28日，开通初期运营
2	4号线一期	刘潭－贡湖大道	24.1	18	2017.03	2021	续建	年初，所有车站主体结构封顶；9月，实现“洞通”
3	无锡至江阴城际	江阴外滩－堰桥	30.4	9	2019.10	2024	续建	10月，车站结构正式启动施工
合计			83.0	48				

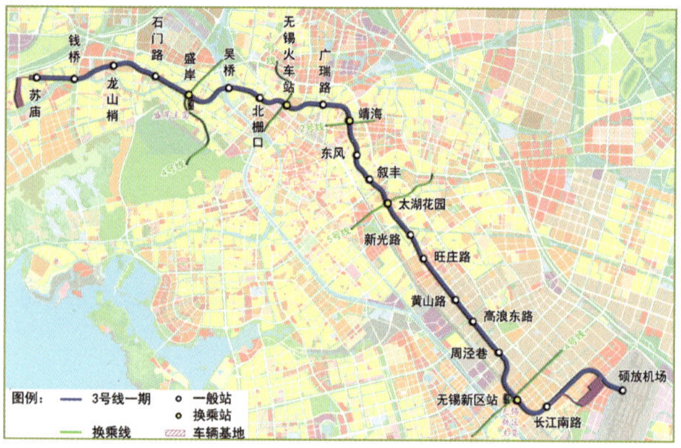

图8-12-1 无锡轨道交通3号线一期走向示意图

精品工程实施指南》等行业规范的编制任务，系统性规范城市轨道交通工程建设中创精品工程的具体做法，填补城市轨道交通行业创精品工程的空白，创立黄山路站土建样板、长江南路站机电样板等样板工地，对提升中国城市轨道交通工程建设水平，具有很强的指导意义。

【新工艺工法】

为解决地铁车站二次结构施工的系列痛点，无锡地铁自主开展地铁车站二次结构应用预制装配式构件关键技术研究。该课题首次系统性提出地铁车站装配式轨顶风道、站台板、楼梯等二次结构预制构件标准化划分方法与接口优化技术，自主研发适用于地铁车站装配式二次结构的配套机械安装设备及套筒连接工艺，构建地铁车站装配式二次结构力学特性评价和安全评估模型，形成地铁车站二次结构预制装配式构件系列关键技术，将传统现浇建造方式转变为工厂预制、现场拼装的作业方式，为推进绿色建造装配式产业发展提供切实有效的无锡方案，荣获2020年度江苏省土木建筑学会土木建筑科技奖二等奖。

（无锡地铁集团有限公司）

13 江苏省徐州市

【概况】

徐州市城市轨道交通工程建设由徐州地铁集团有限公司承担。

2020年，徐州轨道交通建设项目4个，共71.7公里，58座车站。其中续建项目1个（3号线一期），新开工项目2个（3号线二期、6号线一期），建成项目1个（2号线一期）。完成车站开工22座（3号线二期6座、6号线一期16座），车站封顶3座（3号线一期3座），轨道铺设44.1公里。完成投资50.5亿元。2个项目共42.3公里（2号线一期、3号线一期）主体结构贯通。（表8-13-1）

至2020年底，徐州轨道交通建成线路有2条（1号线一期、2号线一期），总线路长度46.0公里，车站总数38座。

【徐州轨道交通2号线一期工程建成项目】

2号线一期工程起点为客运北站，终点为新城区东站。线路长度24.2公里，全部为地下线。设车站20座，在彭城广场站与1号线换乘，在淮塔站与3号线换乘，在师范大学站、新元大道站与规划5号线换乘，在七里沟站与规划4号线换乘，在市政府站与规划6号线换乘，在奔腾大道站与规划7号线换乘。在新城区东设车辆段1处，占地26.0公顷；在新台子河设停车场1处，占地10.6公顷。设新区东主变和七里沟主变。控制中心接入徐州轨道交通线网控制中心；配置供电、通信、信号、通风空调、给排水与消防、设备监

2020年徐州市城市轨道交通建设项目汇总表

表8-13-1

序号	线路名称	起讫点	线路长度（公里）	车站（座）	开工时间（年月）	预计通车时间（年）	工程建设情况	重大工程节点
1	2号线一期	新台子河－新区东	24.2	20	2016.02	2020	建成	11月28日开通初期运营
2	3号线一期	下淀－创业园	18.1	16	2016.08	2021	续建	至年底，实现“洞通”“电通”
3	3号线二期	北段：后蟠桃村至下淀（不含），南段：麦楼	6.5	6	2020.11	2025	新开工	实现开工建设
4	6号线一期	黄山路－徐州东站	22.9	16	2020.12	2025	新开工	实现开工建设
合计			71.7	58				

注：2号线一期工程建设期间均采用项目报批批复站名，2016年更改后站名予以公示，2020年11月28日2号线开通后统一标识新站名，原“新区东站”变更为“新城区东站”。

控、防灾报警、屏蔽门、自动售检票、电梯及自动扶梯等运营系统设备。车辆选用交流异步电机、VVVF调速控制B型车，最高运行速度80公里/小时，接触网直流1500伏授电，6辆编组，动拖比为2:1，初期配车19列/114辆。工程总投资169.6亿元，经济指标7.0亿元/公里。2号线一期工程于2016年2月22日开工，于2020年11月28日开通初期运营。（图8-13-1）

2020年，此项目完成投资27.4亿元。至2020年底，车站开工20座、结构封顶累计20座，盾构推进累计30.3公里，轨道铺设累计48.3公里。

【徐州轨道交通3号线二期工程新开工项目】

3号线二期工程起点为后蟠桃村站，终点为下淀站（不含），南段增设麦楼站（高架站）。线路长度6.5公里，全部为地下线。设车站6座，在驮蓝山路站与规划4号线换乘，在徐钢医院站与规划7号线换乘。在后蟠桃村站设停车场1处，占地8.5公顷。设铜山副中心主变、七里沟主变（与3号线共用铜山副中心主变、七里沟主变）。控制中心接入徐州轨道交通线网控制中心；配置供电、通信、信号、通风空调、给排水与消防、设备监控、防灾报警、屏蔽门、自动售检票、电梯及自动扶梯等运营系统设备。车辆选用交流异步电机、变频变压（VVVF）逆变器调速B型车，最高运行速度80公里/小时，接触网直流1500伏授电，初、近期采用4/6辆编组混跑模式，远期全部采用6辆编组，动拖比为2:1，初期配车13列/78辆。工程总投资55.0亿元，经济指标8.5亿元/公里。3号线二期工程于2020年11月28日开工，计划于2024年开通初期运营。（图8-13-2）

2020年，此项目完成投资6亿元，至2020年底，车站开工6座。

【徐州轨道交通6号线一期工程新开工项目】

6号线一期工程起点为黄山路站，终点为徐州东站。线路长度22.9公里，全部为地下线。设车站16座，在铜山副中心站与3号线换乘，在新城区客运站与S2线换乘，在市政府站与2号线换乘，在紫金路站与5号线换乘，在京沪高铁西站与7号线换乘，在徐州东站与1号线、7号线换乘。在长兴路站、黄河东路站设车辆段1处，占地27.1公顷；在徐州东站设停车场1处，占地11.2公顷。设京沪高铁西主变（与3线共用铜山副中心主变）。控制中心接入赵武控制中心；配置供电、通信、信号、通风、空调与采暖、给排水与消防、动力照明、综合监控、火灾自动报警、环境与设备监控系统、自动售检票系统、自动扶梯及电梯、站台门、门禁系统、公共安全防范系统、人防等运营系统设备。车辆选用B型车，最高运行速度80公里/小时，接触网直流1500伏授电，6辆编组，动拖比为2:1，初期配车23列/138辆。工程总投资169.9亿元，经济指标7.4亿元/公里。6号线一期工程于2020年12月31日开工，计划于2025年开通初期运营。（图8-13-3）

2020年，此项目完成投资10.0亿元，至2020年底，车站开工16座。

【项目管理】

（1）稳步推进工程建设，确保节点目标顺利实现。制

图8-13-1 徐州轨道交通2号线一期走向示意图

图8-13-2 徐州轨道交通3号线一期、二期走向示意图

图8-13-3 徐州轨道交通6号线一期走向示意图

定年度轨道交通工程推进计划，确认计划节点37个、关键节点5个、里程碑节点3个。通过定期召开月度例会、攻坚调度会，掌握计划节点执行情况，针对滞后节点及时分析原因、制定措施，协调解决建设过程中遇到的困难，确保工程建设有序进行。

（2）强化全生命周期质量安全管理，积极推进标准化、智慧化工地建设。运用物联网技术将BIM运用于项目全生命周期，从初步设计到建设、运营维保阶段，整合项目工程各类管理数据、管理表单及管理流程。将6号线项目数据接入BIM建设管理平台，打造BIM创新型质量安全管理模式，实现流程化、数字化、可视化管理；积极推进文明施工标准化建设，推广实名制考勤、大型机械监控、扬尘污染监控、自动化监测等技术应用；围绕安全风险分级与隐患排查双重预控机制，加大科研创新投入，实现安全风险实时动态评估、一般安全隐患自动预警等，提升文明施工长效化管理能力。

（3）坚持设计贴合现场，推动设计管理质量提升。抓计划管理，建立出图节点考核机制，明确延迟出图处罚措施；抓质量管理，严格审核设计方案，建立出图质量追责制；抓接口管理，明确各设计单位之间管理界面，协调土建与站后专业之间的技术对接；持续推进技术总结，全面推广施工图设计技术指南，对于风险性较大的基坑、盾构区间、矿山法区间提出施工控制要点，从施工技术上明确标准做法；加强变更管理，推广限额设计，实行分级分类管理，在各专业、各阶段严格按限额设计进行管理，有效控制工程投资。

（4）细化物资管理措施，强化全过程管控力度。计划先行，根据工程建设需求做好物资采购及供应计划，全面保障在建工程的物资材料供应；规范流程，进一步规范物资招标、供应、到货验收、现场物资使用管理等；严控质量，严格落实“红黄牌”管理制度，持续做好合格供应商名录的动态管理，进一步加大现场巡检力度，加大抽检频率，确保进场材料质量合格。

【新工艺工法】

编制出《徐州市轨道交通预制围挡标准设计图集》，为徐州市轨道交通工程围挡施工提供技术指导，3号线二期及6号线一期工程开展预制围挡施工。预制围挡可重复利用，具有标准高、造价低、进度快等优点。

（徐州地铁集团有限公司 陈晓娟）

14 江苏省常州市

【概况】

常州市城市轨道交通工程建设由常州市轨道交通发展有限公司承担。

2020年，常州轨道交通建设项目1个，共19.8公里，15座车站。其中续建项目1个（2号线一期）。完成车站开工15座（2号线一期），车站封顶15座（2号线一期），轨道铺设19.8公里。完成投资30亿元。1个项目共19.8公里（2号线一期）主体结构贯通。（表8-14-1）

至2020年底，常州轨道交通建成线路有1条（1号线一期），总线路长度34.2公里，车站总数29座。

【项目管理】

常州市轨道交通工程实行建设、勘察、设计、施工、监理五方责任主体，以安全、文明、优质、高效完成工程建设任务为目标，专门成立建设分公司作为建设方主体，对工程建设进行全过程管理，强化现场管理，促进生产进度，预防事故发生，扬先促后，奖优罚劣，科学地检查和评价施工生产情况，实现检查考核工作标准化、规范化、程序化，督促各方认真履行管理职责，确保建设目标的实现。

【新工艺工法】

（1）开展新型预制装配式无砟轨道系统研究和应用。充分吸收高速铁路技术，结合地铁接口和使用需求，研发新型预制装配式轨道系统，预制轨道板结构由钢轨、扣件、预制轨道板、自密实混凝土、板间装配结构、后浇带连接结

2020年常州市城市轨道交通建设项目汇总表

表8-14-1

序号	线路名称	起讫点	线路长度（公里）	车站（座）	开工时间（年月）	预计通车时间（年）	工程建设情况	重大工程节点
1	2号线一期	青枫公园－五一路	19.8	15	2017.02	2021	续建	全线车站主体结构及高架区间结构完成，15座车站均开始附属出入口和风亭施工；实现全线“洞通”“轨通”“电通”；全线18个联络通道全部完成；综合联调稳步推进，全线轨行区移交运营临管
合计			19.8	15				

构、两侧水沟等组成。该轨道系统可应用于地铁一般地段和高等减振地段，轨道重量轻，方便施工运输，后期养护可解锁装配长板即可完成对轨枕板单元的更换调整，具有良好的技术先进性和复杂应用适应性。施工工序较目前地铁板式轨道更为简单，施工精度和施工效率大幅提升。

（2）轨道中高等减振降噪技术研究与产品开发。结合目前市场上中等减振扣件的应用现状，研发地铁新型减振扣件。该扣件为弹性分开式扣件，适用于无挡肩式混凝土轨枕或道床，主要包括紧固螺母、弹条、T型螺栓、轨距块、螺旋道钉、平垫圈、定位扣板、预埋套管、铁垫板、轨下垫板、弹性垫板、绝缘缓冲垫板、绝缘缓冲套、连杆、重型弹簧垫圈等。相对地铁压缩型减振扣件简单，仅一层铁垫板，零部件较少，降低减振投资，节省工程费用，具有良好的经济效益和技术效益。该项目在1号线、2号线得到运用。

（常州市轨道交通发展有限公司）

15 江苏省苏州市

【概况】

苏州市城市轨道交通工程建设由苏州市轨道交通集团有限公司承担。

2020年，苏州轨道交通建设项目5个，共186.7公里，146座车站。其中续建项目5个（5号线、6号线、7号线、8号线、S1线）。完成车站开工51座（6号线8座、7号线10座、8号线20座、S1线13座），车站封顶15座（6号线6座、S1线9座），轨道铺设72.3公里。完成投资191.4亿元。1个项目共44.1公里（5号线）主体结构贯通。（表8-15-1）

至2020年底，苏州市轨道交通建成线路有4条（1号线、2号线、3号线、4号线），总线路长度165.9公里，车站总数135座。

（苏州市轨道交通集团有限公司 蔡汉正 王偲聪）

【项目管理】

（1）精细工程质量管控。严格规范“钢筋连接工艺试验”检测管理，制定相应的管理要求和处罚措施。高质量

2020年苏州市城市轨道交通建设项目汇总表

表8-15-1

序号	线路名称	起讫点	线路长度（公里）	车站（座）	开工时间（年月）	预计通车时间（年）	工程建设情况	重大工程节点
1	5号线	集散中心－阳澄湖	44.1	34	2016.06	2021	续建	6月，全线盾构区间贯通；8月，全线铺轨工程贯通；10月，全线正线接触网送电
2	6号线	苏州新区火车站－新庆路	36.1	31	2018.11	2024	续建	4月，首座车站结构封顶；5月，首台盾构机始发
3	7号线	莫阳－红庄	29.6	25	2019.12	2024	续建	7月，首座车站（澄湖东路站）实质性开工
4	8号线	西津桥－车坊	35.6	28	2019.09	2024	续建	9月，首座车站（时家桥站）围护结构封闭；11月，首座车站（时家桥站）基坑开挖
5	S1线	唯亭－花桥	41.3	28	2018.11	2023	续建	4月，首座车站结构封顶；5月，首台盾构机始发；10月，首个区间贯通
合计			186.7	146				

注：8号线西津桥为3号线、8号线换乘站，结合3号线正式用名修改，原华山路站为设计用名；6号线苏州新区火车站站为3号线、6号线换乘站，结合3号线正式用名修改，原苏州新区站为设计用名。

组织工程质量验收，对每座车站的第一段结构施工和第一幅墙施工组织首件验收，从源头抓质量。加强试验检测管理，确保原材料、构配件、半成品及实体质量受控。加强商品砼质量控制，对原材料、配合比、计量误差、生产拌制、砼运输、现场检测进行全过程监控。

（2）精准工程安全管控。从完善风险管控体系着手，编制《土建工程施工期风险管理办法》及系列图册。提出“风险管理等级”的理念，将施工单位项目团队的风险管控能力纳入风险管理工作中。制定危大工程安全风险管控清单，对照清单逐项进行施工前条件核查。落实起重作业“吊装令+黑名单”双重管理机制，强化吊装安全管理。联合工程保险单位举办应急演练和比武，提高参建单位管理人员和抢险队员的应急处置能力。加强集宿区安全管理，通过实施安全电压供电、安装电气火灾在线监控系统和开展消防安全检查等“人防+技防”双重措施确保用电安全。

（3）精确工程进度管控。开展劳动竞赛，鼓励施工单位调配精兵强将，加大人材机投入，狠抓计划落实，形成“比学赶超”的大干局面。组织开发“苏州轨道交通市政迁改项目管理平台”，通过平台及时反映市政设施迁改现场的进度及需要协调解决的问题，推进现场迁改实施。细化进度管控措施，制定进度控制指标，对后续施工计划编排明确标准，提高进度管理精度，强化责任落实。

【新工艺工法】

5号线首次采用新型自变形轮胎式铺轨车进行预制板式道床施工，具有外观整洁美观、施工便捷、质量可靠等优点，加快铺轨进度；首次采用矩形顶管法施工出入口地下过街通道。7号线、8号线全线采用泥浆压滤系统对地连墙、钻孔桩的废弃泥浆进行压滤处理，泥浆固液分离后，将废渣外运，压滤水收集再利用。

（苏州市轨道交通集团有限公司 王偲聪）

16 江苏省南通市

【概况】

南通市城市轨道交通工程建设由南通城市轨道交通有限公司承担。

2020年，南通轨道交通建设项目2个，共60.0公里，45座车站。其中续建项目2个（1号线一期、2号线一期）。车站封顶18座（1号线一期6座、2号线一期12座），轨道铺设64.3公里。完成投资79.1亿元。2个项目共42.3公里（1号线一期32.8公里、2号线一期9.5公里）主体结构贯通。（表8-16-1）

【项目管理】

（1）系统统筹，全速推进工程建设。紧扣正线“洞通”，轨道、内外廊道通电，平东车辆段运营入驻等关键节点任务，系统梳理工筹，先后组织开展各类工筹汇报12次。在工筹和关键节点的基础上，逐层细化、分解任务，形成三级的“进度目录”，将进度管控的关键落实到具体可量化、操作、可考核的目标，并由此明确各管理层级责任范围。实施过程中，对建设进度和存在问题每周梳理、每月总结纠偏、每季开展考核，坚持以周保月，以月保季，以季保年。对存在的一般问题现场协调，即知即办，复杂问题专题协调，集中会办。通过多层级、全过程的进度管控，有力促进工程的快速有序推进。

（2）多措并举，全面深化源头管控。实行清单管理，重点盯控源头，全过程、严管整改落实等管理措施，针对联络通道施工、盾构进出洞、混凝土质量管控下发验收清单3份；聚焦关键管理，每周、每月系统梳理危大工程风险点，形成危大工程关键质量安全管控清单。深化巡查管理，针对夜间和节假日管理薄弱环节，部门不间断地组织开展夜间巡查，并根据现场施工进展和所处的风险施工阶段，动态更新风险施工巡查内容。部门全员落实24小时现场不间断值班制度，形成巡查记录60份，有效促进环中

2020年南通市城市轨道交通建设项目汇总表

表8-16-1

序号	线路名称	起讫点	线路长度（公里）	车站（座）	开工时间（年月）	预计通车时间（年）	工程建设情况	重大工程节点
1	1号线一期	平潮－振兴路	39.2	28	2017.12	2022	续建	4月10日，1号线铺轨工程开始施工
2	2号线一期	幸福镇－先锋镇	20.8	17	2018.10	2023	续建	11月，2号线首个联络通道施工（园林路站－汽车东站区间）
合计			60.0	45				

区间安全、平稳贯通。落实属地管理，发布轨行区管理办法，明确进入轨行区施工各单位须遵守的规定以及相关手续办理流程，组织开展公司级、部门级、项目级的专项培训和交底。在江苏省相关部门的监督检查中，工程的质量安全管控得到高度评价；13个标段获得省级和市级标准工地，129个分部验收通过。

【新工艺工法】

在前期规划设计阶段开始系统谋划BIM应用工作，总结出一套符合南通城市轨道交通特色的综合BIM管理方法。

一是以建设企业级数字资产库为目标，稳步推进数字资产收集工作。为最终形成南通城市轨道交通数字资产库，服务后期智能运维，1号线、2号线稳步推进数字资产收集建设工作，全面提升运营阶段城市轨道交通运营可靠性、应急处理能力和信息化管理水平；二是通过探索机电系统正向三维BIM设计，实现精细化设计。为实现精细化设计，减少出现碰撞，增进不同专业间的协同设计，1号线、2号线进行机电三维正向设计尝试。在施工图设计阶段，选取部分车站进行机电正向设计探索，实现数字化移交，减少施工阶段不必要的返工和资源浪费，目前产生经济效益约2393.5万元。三是持续推进设计施工配合，实现BIM应用落地。为配合机电系统施工建设，提升工程质量安全管理水平，根据施工现场实际情况，进行机房深化、机电预制工法研究、墙面箱柜整合等施工阶段BIM应用，减少不同专业之间的碰撞，提升施工精细化管理水平。

（南通城市轨道交通有限公司 陈雯）

17 浙江省杭州市

【概况】

杭州市城市轨道交通工程建设由杭州市地铁集团有限责任公司承担。

2020年，杭州轨道交通建设项目17个，共381.0公里，207座车站。其中续建项目9个（3号线一期〔含北延〕、4号线二期、5号线西延段〔剩余段〕、6号线二期、7号线后通段、8号线一期、9号线一期、10号线一期、机场轨道快线），建成项目8个（1号线三期、5号线一期〔不含首通段〕、5号线二期、5号线西延段〔后通段〕、6号线一期、7号线首通段、16号线、6号线杭富段）。完成车站开工15座（3号线一期〔含北延〕10座、机场轨道快线5座），车站封顶67座（1号线三期1座、4号线二期7座、6号线一期4座、6号线杭富段2座、6号线二期5座、7号线9座、8号线5座、9号线8座、3号线14座、10号线7座、机场线5座），轨道铺设290.0公里。完成投资653.6亿元。5个项目共117.0公里（1号线三期、6号线一期、6号线杭富段、7号线首通段、8号线一期）主体结构贯通。（表8-17-1）

至2020年底，杭州市轨道交通建成线路有7条（1号线、2号线、4号线、5号线、6号线、7号线、16号线），总线路长度307.0公里，车站总数169座。

【杭州轨道交通1号线三期工程建成项目】

1号线三期工程起点为下沙滨江站（不含），终点为萧山机场站。线路长度11.2公里，全部为地下线。设车站5座，在萧山机场站与机场轨道快线、7号线换乘。在民山东路东延线南侧地块设南阳停车场1处，占地11.7公顷。控制中心接入七堡控制中心；配置供电、通信、信号、通风空调、给排水与消防、设备监控、防灾报警、屏蔽门、自动售检票、电梯及自动扶梯等运营系统设备。车辆选用B型车，最高运行速度80公里/小时，接触网直流1500伏授电，6辆编组，动拖比为2:1，初期配车16列/96辆。工程总投资84.5亿元，经济指标7.3亿元/公里。1号线三期工程于2017年1月3日开工，于2020年12月30日开通初期运营。（图8-17-1）

2020年，此项目完成投资31.5亿元，至2020年底，车站开工5座、结构封顶累计5座，盾构推进累计22.4公里，轨道铺设累计11.2公里。

图8-17-1 杭州轨道交通1号线三期走向示意图

2020年杭州市城市轨道交通建设项目汇总表

表8-17-1

序号	线路名称	起讫点	线路长度(公里)	车站(座)	开工时间(年月)	预计通车时间(年)	工程建设情况	重大工程节点
1	1号线三期	下沙滨江(不含)－萧山机场	11.2	5	2017.01	2020	建成	12月30日开通初期运营
2	5号线一期(不含首通段)	善贤－姑娘桥;良睦路－创景路	30.8	24	2015.03	2020	建成	4月23日开通初期运营
3	5号线二期	创景路－绿汀路	3.2	2	2017.11	2020	建成	5号线二期纳入5号线一期（不含首通段），4月23日开通初期运营
4	5号线西延段(后通段)	绿汀路(不含)－金星	2.7	1	2018.12	2020	建成	5号线西延段（后通段）与5号线一期（不含首通段）于4月23日一起开通初期运营
5	6号线一期	双浦－丰北(不含)	27.0	18	2014.12	2020	建成	12月30日开通初期运营
6	6号线杭富段	美院象山－桂花路	23.5	11	2017.07	2020	建成	4月23日与6号线贯通，开通初期运营
7	7号线首通段	奥体－江东二路	39.3	19	2017.08	2020	建成	12月30日开通初期运营
8	16号线	九州街－绿汀路	35.1	12	2017.02	2020	建成	16号线（原城际铁路杭临线）于4月23日开通初期运营
9	3号线一期(含北延)	文一西路－星桥路、小和山－百家园路	57.7	39	2017.11	2021	续建	
10	4号线二期	彭埠(不含)－紫金港路	23.9	15	2017.12	2022	续建	
11	5号线西延段(剩余段)	金星(不含)－老余杭	2.7	1	2018.12	2022	续建	5号线西延段（剩余段）将于2022年建成
12	6号线二期	丰北－机场路	8.4	7	2017.11	2020	续建	
13	7号线后通段	吴山广场－奥体	8.2	4	2017.08	2021	续建	7号线后通段将于2021年建成
14	8号线一期	文海南路(不含)－新湾路	17.1	8	2017.12	2021	续建	
15	9号线一期	四季青－客运中心、临平－昌达路	16.9	14	2017.01	2020	续建	
16	10号线一期	浙大－新兴路	14.2	12	2017.11	2021	续建	
17	机场轨道快线	苕溪－靖江	59.1	15	2019.07	2022	续建	
	合计		381.0	207				

注：5号线原沈半路更名为善贤，原香樟路更名为姑娘桥；原仓前更名为良睦路，原中央公园更名为创景路。

【杭州轨道交通5号线一期（不含首通段）工程建成项目】

5号线一期（不含首通段）工程起点为善贤站（原沈半路站）-姑娘桥站（原香樟路站）；良睦路站（原仓前站）至创景路站（原中央公园站）。线路长度30.8公里，全部为地下线。设车站24座，在打铁关站与1号线换乘，在建国北路站与2号线换乘。在余杭区五常街道设五常车辆基地1处，占地51.4公顷；在萧山设姑娘桥停车场1处，占地18.1公顷。设五常车辆基地主变（与1号线共用火车东站主变、与2号线共用建设一路主变）。控制中心接入七堡控制中心；配置供电、通信、信号、通风空调、给排水与消防、设备监控、防灾报警、屏蔽门、自动售检票、电梯及自动扶梯等运营系统设备。车辆选用B型车，最高运行速度80公里/小时，接触网直流1500伏授电，6辆编组，动拖比为2:1，初期配车58列/348辆。工程总投资360.6亿元，经济指标7.4亿元/公里。5号线一期（不含首通段）工程于2015年3月5日开工，于2020年4月23日年开通初期运营。（图8-17-2）

至2020年底，车站开工24座、结构封顶累计24座，盾构推进累计61.2公里，轨道铺设累计30.6公里。

【杭州轨道交通5号线二期工程建成项目】

5号线二期工程起点为创景路站站（不含），终点为绿汀路站。线路长度3.2公里，全部为地下线。设车站2座，在绿汀路站与地铁3号线、16号线换乘。设火车东站、奥体中心、建设一路、五常主变电所主变（与5号一期工程线共用）。控制中心接入七堡控制中心；配置供电、通信、信号、通风空调、给排水与消防、设备监控、防灾报警、屏蔽门、自动售检票、电梯及自动扶梯等运营系统设备。车辆选用B型车，最高运行速度80公里/小时，接触网直流1500伏授电，6辆编组，动拖比为2:1，初期配车58列/348辆。工程总投资18.5亿元，经济指标5.8亿元/公里。5号线

图8-17-2 杭州轨道交通5号线一期、二期走向示意图

二期工程于2017年11月1日开工，于2020年4月23日开通初期运营。（图8-17-2）

至2020年底，车站开工2座、结构封顶累计2座，盾构推进累计6.4公里，轨道铺设累计3.2公里。

【杭州轨道交通5号线西延段（后通段）工程建成项目】

5号线西延段（后通段）工程起点为绿汀路站，终点为金星站。线路长度2.7公里，全部为地下线。设车站1座，在绿汀路站与16号线换乘。设五常主变电所主变（与5号线共用）。控制中心接入七堡控制中心；配置供电、通信、信号、通风空调、给排水与消防、设备监控、防灾报警、屏蔽门、自动售检票、电梯及自动扶梯等运营系统设备。车辆选用B型车，最高运行速度80公里/小时，接触网直流1500伏授电，6辆编组，动拖比为2:1，初期配车58列/348辆。工程总投资30.4亿元，经济指标6.1亿元/公里。5号线西延段（后通段）工程于2018年12月5日开工，于2020年4月23日开通初期运营。（图8-17-2）

2020年，此项目完成投资2.1亿元，至2020年底，车站开工1座、结构封顶累计1座，盾构推进累计4.6公里，轨道铺设累计2.3公里。

【杭州轨道交通6号线一期工程建成项目】

6号线一期工程起点为双浦站，终点为丰北站。线路长度27.0公里，全部为地下线。设车站19座，在钱江世纪城站与2号线换乘，在江陵路站与1号线换乘，在长河站与5号线换乘。在双浦镇板桥横浦设双浦车辆段1处，占地27.0公顷。设中医药大学站主变、奥体站主变。控制中心接入七堡控制中心；配置供电、通信、信号、通风空调、给排水与消防、设备监控、防灾报警、屏蔽门、自动售检票、电梯及自动扶梯等运营系统设备。车辆选用B型车，最高运行速度80公里/小时，接触网直流1500伏授电，6辆编组，动拖比为2:1，初期配车30列/180辆。工程总投资179.8亿元，经济指标6.7亿元/公里。6号线一期工程于2014年12月5日开工，于2020年12月30日开通初期运营。（图8-17-3）

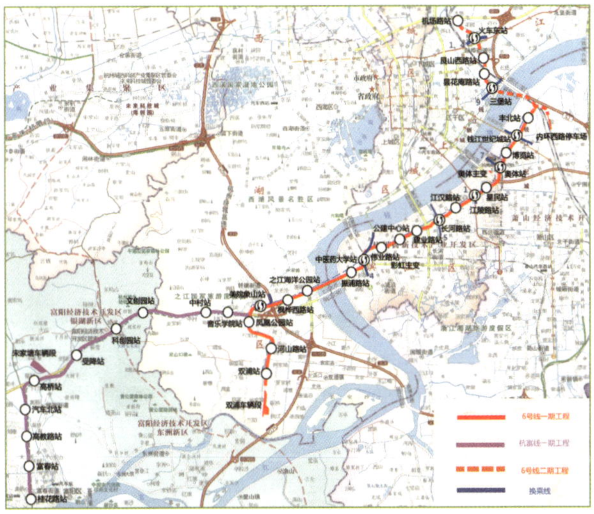
图8-17-3 杭州轨道交通6号线一期、二期与杭富段走向示意图

2020年，此项目完成投资45.6亿元，至2020年底，车站开工19座、结构封顶累计19座，盾构推进累计53.9公里，轨道铺设累计27.0公里。

【杭州轨道交通6号线杭富段工程建成项目】

6号线杭富段工程起点为美院象山站，终点为桂花路站。线路长度23.5公里，全部为地下线。设车站11座，在美院象山站与6号线换乘。在宋家塘村设宋家塘车辆段1处，占地41.2公顷。设彩虹主变（与6线共用）。控制中心接入七堡控制中心；配置供电、通信、信号、通风空调、给排水与消防、设备监控、防灾报警、屏蔽门、自动售检票、电梯及自动扶梯等运营系统设备。车辆选用AH型车，最高运行速度100公里/小时，接触网直流1500伏授电，6辆编组，动拖比为2:1，初期配车12列/72辆。工程总投资132.9亿元，经济指标5.6亿元/公里。6号线杭富段工程于2016年2月19日开工，于2020年4月23日开通初期运营。（图8-17-3）

2020年，此项目完成投资46.1亿元，至2020年底，车站开工11座、结构封顶累计11座，盾构推进累计47公里，轨道铺设累计23.5公里。

【杭州轨道交通7号线首通段工程建成项目】

7号线首通段工程起点为奥体站，终点为江东二路站。线路长度39.3公里，全部为地下线。设车站19座，在奥体站与6号线换乘，在建设三路站与2号线换乘，萧山国际机场站与1号线换乘。在盈中村设盈中车辆段1处，占地21.5公顷；在江东三路设停车场1处，占地25.7公顷。设奥体中心主变、南阳主变、江东三路主变主变（与6线共用奥体中心主变；与1号线共用南阳主变和江东三路主变）。控制中心接入七甲河控制中心；配置供电、通信、信号、通风空调、给排水与消防、设备监控、防灾报警、屏蔽门、自动售检票、电梯及自动扶梯等运营系统设备。车辆选用A型车，最高运行速度100公里/小时，接触网直流1500伏授电，6辆编组，动拖比为2:1，初期配车34列/204辆。工程总投资297.3亿元，经济指标6.3亿元/公里。7号线首通段工程于2017年12月1日开工，于2020年12月30日开通初期运营。（图8-17-4）

2020年，此项目完成投资106.3亿元，至2020年底，车站开工19座、结构封顶累计19座，盾构推进累计78.6公里，轨道铺设累计39.3公里。

【杭州轨道交通16号线工程建成项目】

16号线（原城际铁路杭临线）工程起点为九州街站，终点为绿汀路站。线路长度35.1公里，其中地下线20.3公里，高架线13.8公里。设车站12座，在绿汀路站与5号线换乘。在临安设上泉车辆段1处，占地22.0公顷。控制中心接入七堡控制中心；配置供电、通信、信号、通风空调、给排水与消防、设备监控、防灾报警、屏蔽门、自动售检票、电梯及自动扶梯等运营系统设备。车辆选用B型车，最高运行速度120公里/小时，接触网直流1500伏授电，4辆编组，动拖比为3:1，初期配车21列/84辆。工程总投资128.9亿元，经济指标3.7亿元/公里。16号线工程于2016年5月1日开工，于2020年4月23日开通初期运营。（图8-17-5）

至2020年底，车站开工12座、结构封顶累计12座，盾构推进累计40.6公里，轨道铺设累计20.3公里。

【项目管理】

2020年，杭州地铁先后两次新线开通，实现市辖十城区地铁全覆盖。8号线一期工程实现“洞通”开始铺轨。一是卯足“一股劲”破难题。紧扣地铁工程建设节点目标，逐线、逐站动态梳理建设时序，积极对接省市相关部门，有效化解征地拆迁、资金到位、管线迁改、交通组织等制约工程形象进度问题，创造地铁建设的“杭州速度”。二是拧成“一股绳”抓保障。全力推进三期工程各项目施工图审查提交。全年完成各类招标295个，签订各类合同1361个。到位各类资金291.9亿元，争取政府专项债65亿元，签订机场轨道快线银团贷款322亿元合同。完成征借土地256.3公顷、单位拆迁交地383家、居民和农户征迁251户。顺利完成宋家塘变、江东三路变、丰北变和南阳变投用。围绕“美丽杭州”创建，全力整治地铁工地周边环境，有效提升地铁文明施工水平。三是织密“一张网”保安全。坚守“三全一严”要求，压实安全生产“四个体系”。全年完成94项规章制度修订；开展安全文明施工日常巡查3859次，下发整改通知单1510张，公开、集中曝光处置隐患459条，巡查处置地铁控制保护区违规作业83处、发送隐患告知书111份，隐患排查治理系统排查上报整改闭合隐患36105条。

（杭州市地铁集团有限责任公司 鲁铖）

图8-17-4 杭州轨道交通7号线走向示意图

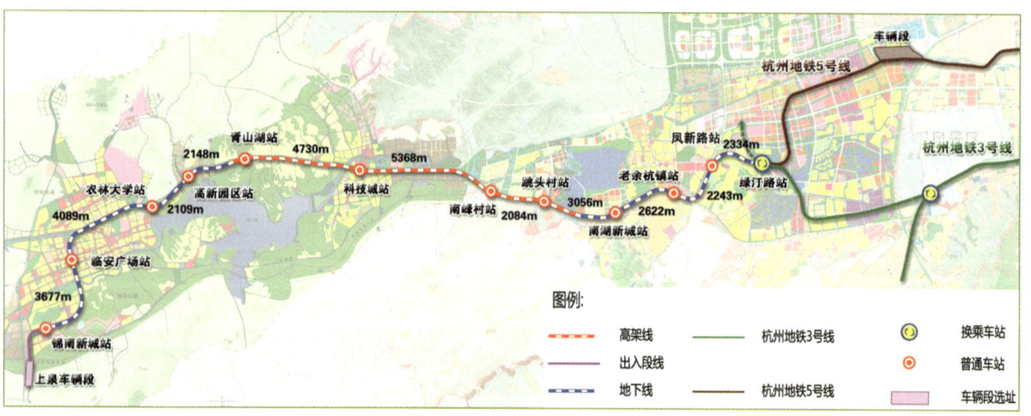

图8-17-5 杭州轨道交通16号线（原杭州至临安城际铁路）走向示意图

18 浙江省宁波市

【概况】

宁波市城市轨道交通工程建设由宁波市轨道交通集团有限公司承担。

2020年，宁波轨道交通建设项目6个，共97.3公里，63座车站。其中续建项目3个（2号线二期后通段、3号线二期、5号线一期），建成项目3个（2号线二期首通段、宁波至奉化城际铁路后通段、4号线）。完成车站开工2座（3号线二期2座），车站封顶11座（5号线一期11座），轨道铺设19.8公里。完成投资102.4亿元。（表8-18-1）

至2020年底，宁波轨道交通建成线路有5条（含城际铁路），总线路长度154.3公里，车站总数103座。

【宁波轨道交通2号线二期首通段工程建成项目】

2号线二期首通段工程起点为清水浦站（不含），终点为聪园路站。线路长度5.6公里，其中地下线1.9公里，高架线3.7公里。设车站3座。设双桥主变、夏禹主变（与2号线一期共用）。控制中心接入宁波市轨道交通运营控制中心；配置供电、通信、信号、通风空调、给排水与消防、设备监控、防灾报警、屏蔽门、自动售检票、电梯及自动扶梯等运营系统设备。车辆选用VVVF变频变压调速控制B型车，最高运行速度80公里/小时，接触网直流1500伏授电，6辆编组，动拖比为2:1，初、近、远期配车9列/54辆、12列/72辆、15列/90辆。工程总投资43.5亿元，经济指标7.8亿元/公里。2号线二期首通段工程于2015年10月30日开工，于2020年5月30日开通初期运营。（图8-18-1）

2020年，此项目完成投资4亿元，至2020年底，车站开工3座、结构封顶累计3座，盾构推进累计2.3公里，轨道铺设累计11.3公里。

图8-18-1 宁波轨道交通2号线二期走向示意图

【宁波轨道交通4号线工程建成项目】

4号线工程起点为慈城站，终点为东钱湖站。线路长度36.0公里，其中地下线24.5公里，高架线11.5公里。设车站25座，在大卿桥站与1号线换乘，在宁波火车站与2号线换乘，在儿童公园站与3号线换乘。在小洋江站设车辆段1处，占地31.5公顷；在官山河站设停车场1处，占地10.8公顷。设谢家主变、甬兴主变（与2号线共用夏禹主变）。控制中心接入宁波市轨道交通运营控制中心；配置供电、通信、信号、通风空调、给排水与消防、设备监控、防灾报警、屏蔽门、自动售检票、电梯及自动扶梯等运营系统设备。车辆选用VVVF变频变压调速控制B型车，最高运行速度80公里/小时，接触网直流1500伏授电，6辆编组，动拖比为2:1，初、近、远期配车36列/216辆、43列/258辆、53列/318辆。工程总投资247.1亿元，经济指标6.9亿元/公里。

2020年宁波市城市轨道交通建设项目汇总表 表8-18-1

序号	线路名称	起讫点	线路长度（公里）	车站（座）	开工时间（年月）	预计通车时间（年）	工程建设情况	重大工程节点
1	2号线二期首通段	清水浦(不含)－聪园路	5.6	3	2015.10	2020	建成	5月30日开通初期运营
2	4号线	慈城－东钱湖	36.0	25	2015.11	2020	建成	12月23日开通初期运营
3	宁波至奉化城际铁路（后通段）	明辉路(不含)－金海路	15.9	6	2015.12	2020	建成	9月27日开通初期运营
4	2号线二期后通段	聪园路(不含)－红联	2.9	2	2015.10	2022	续建	12月盾构区间贯通
5	3号线二期	兴庄路(不含)－骆驼北	9.0	5	2019.12	2024	续建	
6	5号线一期	布政－兴庄路	27.9	22	2016.09	2021	续建	5月车辆段开工，12月全部车站主体结构封顶，轨道开始施工
合计			97.3	63				

注：2号线二期首通段和2号线二期后通段原为一个项目，因分段开通，项目分别表述为“建成”与“续建”。

图8-18-2 宁波轨道交通4号线走向示意图

4号线工程于2015年11月30日开工，于2020年12月23日开通初期运营。（图8-18-2）

2020年，此项目完成投资48.6亿元，至2020年底，车站开工25座、结构封顶累计25座，盾构推进累计39.8公里，轨道铺设累计73.6公里。

【宁波轨道交通宁波至奉化城际铁路后通段工程建成项目】

宁波至奉化城际铁路后通段工程起点为明辉路站（不含），终点为金海路站。线路长度15.9公里，全部为高架线。设车站6座。在金海路站设停车场1处，占地15.6公顷。设蒋家主变（与1号线共用樱花公园主变、与2号线共用双桥主变）。控制中心接入宁波市轨道交通运营控制中心；配置供电、通信、信号、通风空调、给排水与消防、设备监控、防灾报警、屏蔽门、自动售检票、电梯及自动扶梯等运营系统设备。车辆选用VVVF变频变压调速控制B型车，最高运行速度80公里/小时，接触网直流1500伏授电，6辆编组，动拖比为2:1，初、近、远期配车38列/228辆、66列/396辆、22列/132辆。工程总投资58.1亿元，经济指标3.7亿元/公里。宁波至奉化城际铁路后通段工程于2015年12月30日开工，于2020年9月27日开通初期运营。（图8-18-3）

2020年，此项目完成投资8.6亿元，至2020年底，车站开工6座、结构封顶累计6座，轨道铺设累计34.6公里。

【宁波轨道交通3号线二期工程续建项目】

3号线二期工程起点为兴庄路站（不含），终点为骆驼北站。线路全长9.0公里，均为地下线。设车站5座；在骆驼北站设停车场1处，占地15.1公顷。与2号线共用双桥主变、与4号线共用甬兴主变。控制中心接入宁波市轨道交通运营控制中心；配置供电、通信、信号、通风空调、给排水与消防、设备监控、防灾报警、屏蔽门、自动售检票、电梯及自动扶梯等运营设备系统。车辆选用VVVF变频变压调速控制B型车，最高运行速度80公里/小时，接触网直流1500伏授电，6辆编制，动拖比为2:1，初期配置8列/48辆，近期配置15列/90辆，远期配置15列/90辆。工程总投资72.6亿元，经济指标8.1亿元/公里。3号线二期工程于2019年12月2日开工，计划于2024年开通初期运营。（图8-18-4）

2020年，此项目完成投资1.6亿元，至2020年底，车站开工2座。

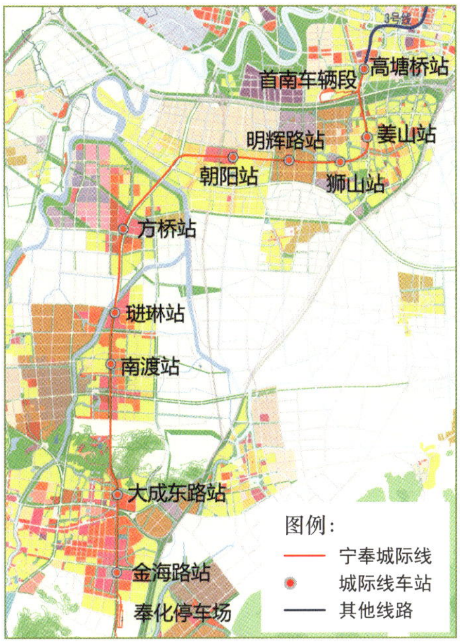

图8-18-3 宁波轨道交通宁波至奉化城际铁路后通段走向示意图

图8-18-4 宁波轨道交通3号线二期走向示意图

【项目管理】

（1）搭建建设项目进度多级化管理体系。为满足进度管理对实时了解工程进度、计划编制和进度分析的需求越来越多，分析越来越细的要求，系统管理各线路的每个阶段，优化工程筹划，理顺移交条件，合理搭接工期，搭建轨道交通建设项目进度多级化管理体系，以线路的整体视角，加强统筹管理，加强分级管理，抓住关键路径，强化进度分析、预警协调，问题跟踪，提高对进度的分析能力、管控能力，进一步做到精细化、实时化。

（2）保节点、促生产。在4号线逐站明确移交界面、移交时间，明确关键站点土建、机电、装修移交相关原则，确定部分移交界面，制定移交计划，共安排节点超过500个。同日启动每周现场进度巡查工作，并以4号线的界面移交节点为主要巡查点，每周进行工程进度巡查，检查完成情况，对比分析目标进展。抓关键线路、关键工序转换，抓工序转换的效率，提高施工效率。

（3）总协调、解难题。调度计划部门将线路进度相关会议进一步升级为线路专题协调会，同时针对具体问题组织专题会进一步讨论，通过协调会和专题会，将现场发现的问题及时进行协调解决，共解决问题数10个。

【新工艺工法】

宁波至奉化城际铁路后通段受地下线下穿节点控制，跨景江路处线路标高受限，上部结构采用常规简支箱梁，桥下净空高度仅4.5米，车辆通行时存在刮擦梁底的安全风险。因此，跨景江路桥梁截面创新地采用“山”字型U梁设计，有效减小结构高度，桥下净空高度超过5米，充分满足道路通行需求。同时，两侧受力的腹板兼做桥面系栏杆、中央紧急疏散平台，节省工程费用。

4号线高架区间线路跨越杭甬客运专线的桥梁，为尽量减小施工对运营铁路的影响，采用转体法施工。该桥为68+138+95米的曲线连续刚构桥，桥梁中心线为半径350米的圆曲线，由于采用不对称布跨，大T构最大悬臂长度达86米，相当于主跨175米的对称悬臂施工连续刚构，桥梁采用先悬臂浇筑后转体合龙的施工方法。这种集不对称、曲线、悬臂浇筑、转体施工等设计施工特点于一体的连续刚构桥的成功实施，无论是转动体长度还是平曲线曲率，均为国内转体施工连续桥梁中前所未有。

4号线高架段大部分为公铁两用的共建段，为浙江省首条“公轨合建”的一体化高架工程，国内首条设置有存车线及折返线的共建工程。采用传统柔性接触网平斜腕臂安装形式，存在净空高度不足以及斜腕臂侵入机车设备限界情况。经过优化，采用CAD建模及BIM技术模拟、软件计算弓形腕臂弯曲角度及长度、样板试装等研究，形成低净空弓形腕臂悬挂安装和双线短吊弦安装、承力索36千牛张力补偿安装等技术，现场安装一次性成型。

4号线采用架空接触网结合专用轨回流供电方案，为国内外首创供电系统制式方案，是国内第一条全线采用此方案线路。在安装条件上充分利用盾构隧道内的空间，在保证既有系统扰动最小的情况下达到牵引网系统优化升级的目的。负极电流通过专用回流轨返回变电所，不再通过走行轨，从根本上解决轨道交通杂散电流的泄漏和腐蚀危害，提高土建结构、内部管线及沿线市政管线的寿命，为轨道交通安全运营提供保障。专用轨回流还降低轨道安装的施工要求，取消站台门绝缘安装，减少牵引变电所设置数量，经济和社会效益明显。

（宁波市轨道交通集团有限公司）

19 浙江省温州市

【概况】

温州市城市轨道交通工程建设由温州市铁路与轨道交通投资集团有限公司承担。

2020年，温州轨道交通建设项目2个，共66.4公里，21座车站。其中续建项目1个（S2线一期），新开工项目1个（S3线一期，由城发集团代建）。完成车站开工6座（S2线5座、S3线1座），车站封顶1座（S2线塘下站）。完成投资58.5亿元。（表8-19-1）

至2020年底，温州市轨道交通建成线路有1条（S1线），总线路长度53.5公里，车站总数18座。

【温州轨道交通S3线一期工程（与温瑞大道南段快速路一期共廊道段）新开工项目】

S3号线一期工程（与温瑞大道南段快速路一期共廊道段）工程起点为老殿后河站，终点为帆海西路站。线路长度2.8公里，其中地面线0.6公里，高架线2.2公里。设车站1座。S3线一期工程（与温瑞大道南段快速路一期共廊道段）工程于2020年5月12日开工，计划于2025年开通初期运营。（图8-19-1）

【项目管理】

（1）以理念转变促方式创新，质安管控更加有力。一是线性工程从“人海战术”转变为“机器换人”。S2线全线推行机械化施工，并配备钢筋自动滚焊机、数控套丝机、数控切割机、智能张拉压浆等一批先进数控设备，达到“机器换人”，有效提高工程施工质量，减少施工人员投入及降低劳动强度，从而减少安全事故的发生。二是从粗放型“放养式”管理转化为精细化网格化管理。全线建立“三纵四横”质量安全网格化管理网络，共划分49个网格责任区，设置各级网格化责任人190个，在各工点醒目位置挂设网格化管理公示牌，明确各级网格人员职责，进一步提升现场质量安全管理水平。三是以“项目部”管理转化为“班组化”管理。

2020年温州市城市轨道交通建设项目汇总表　　表8-19-1

序号	线路名称	起讫点	线路长度（公里）	车站（座）	开工时间（年月）	预计通车时间（年）	工程建设情况	重大工程节点
1	S2线一期	乐清市下塘－瑞安市人民路	63.6	20	2015.12	2023	续建	3月盾构始发，5月完成S2线上跨S1线施工，12月底塘下站、永兴站、黄华站车站主体结构完成
2	S3线一期（与温瑞大道南段快速路一期共廊道段）	老殿后河－帆海西路	2.8	1	2020.05	2025	新开工	5月正式开始施工，9月完成第一榀梁
合计			66.4	21				

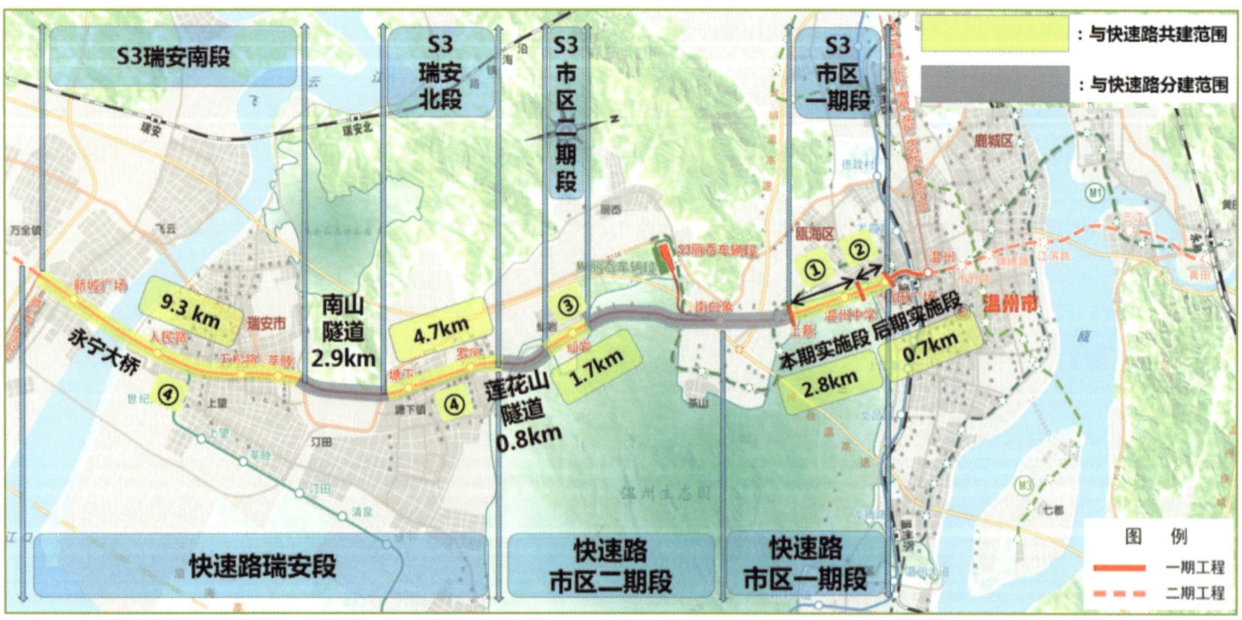

图8-19-1 温州轨道交通S3线一期（与温瑞大道南段快速路一期共廊道段）走向示意图

将业主方管理进行下沉，深入班组级别，与班组面对面交流安全相关事项，建立微信群，每天各班组把班前交底视频、移动小喇叭视频发到微信群进行打卡，增强作业人员安全意识，降低安全风险。

（2）以风险分级促日常管控，隐患排查更加彻底。引入专业的第三方风险咨询单位，着力构建安全风险分级管控与隐患排查双重预防机制。一是对全线安全风险辨识，确定安全风险等级并按风险等级逐一落实各参建单位及主要负责人的管控责任，确保安全风险始终处于受控范围。二是每月发布《重大风险源清单》及风险管控措施，并由风险咨询单位专业人员每日对全线工点风险隐患进行排查，形成每日或每月风险评估报告，2020年形成日常动态安全评估报告5000余份，排查重大风险源184项，检查闭合安全隐患问题共计837项，隐患排查更加彻底。

（3）以考核强化促工作落实，质安水平全面提升。通过开展"综合检查""立功竞赛检查"等方式对参建单位实行考核排名。并设置工程专项奖励金，对于排名靠前（比如A类B类的单位）实行奖励措施，对于排名靠后比如被评为C类的单位采取处罚并约谈措施，2020年度共发放奖励416万元，处罚30.8万元，约谈相关单位5家。以排名制抓考核管理，以通报制促工作落实，以约谈制筑质量安全红线，以奖惩制促干事激情，有效保障各项保障制度的现场执行。

【新工艺工法】

温州轨道交通S2线瓯江北口隧道江北接收井，基坑开挖达到52米，基坑开挖及支护结构入岩最多达20米，项目创新采用双轮铣槽机+十字冲孔工艺，成功施做大深度嵌岩地下连续墙，基坑开挖过程中采用微扰动爆破工艺，保障基坑支护结构及周边环境的稳定性，为成功实施52米超深明挖法基坑提供支撑。

S2线瓯江北口隧道江中盾构段采用全国首个超大直径隧道复合衬砌技术，克服传统盾构法隧道在淤泥层运营期沉降大等问题，研发国内首个超大直径盾构隧道二衬台车及成套装备技术，保障施工质量及安全。为克服盾构在瓯江北口隧道沼气地层施工安全，盾构机实施全防爆改造，包含防爆灯、防爆开关、防爆阀门等，并且在盾构机及后配套台车内设置14个沼气传感器，沼气浓度超过规定值即可进行报警并辅助人员进行疏散，联动大功率风机将沼气排出隧道外。为实时掌控复合衬砌隧道受力情况，引入大断面复合衬砌隧道实时监测系统，即通过在管片内部埋设钢筋应力计，管片外侧水土压力计、管片螺栓应力计、二衬钢筋应力计及沉降点等，通过物联网实施远程自动化防灾监测，保障隧道安全。

温州轨道交通桥梁段桩基施工克服温州超厚软土层，改进软土中超长桩快速反循环钻进工艺、软土与夹层土超长桩反循环钻进实操工艺、大斜坡脚冲击入岩施工工艺，桩基质量全部合格，一类桩比例达到95%以上。现浇桥梁支架采用贝雷梁支架+整体同步卸落工艺，取代满堂支架工艺，不但增加施工功效，同时也降低施工风险。

（温州市铁路与轨道交通投资集团有限公司 洪成波）

20 浙江省绍兴市

【概况】

绍兴市城市轨道交通工程建设由绍兴市轨道交通集团有限公司承担。

2020年，绍兴轨道交通建设项目4个，共129.2公里，54座车站。其中续建项目3个（1号线、绍兴城际铁路二期、杭绍线），新开工项目1个（2号线一期）。完成车站开工44座（1号线23座、2号线一期9座、绍兴城际铁路二期2座、杭绍线10座），车站封顶23座（1号线13座、杭绍线10座），轨道铺设20公里。完成投资74.7亿元。（表8-20-1）

至2020年底，绍兴市轨道交通建成线路有1条（绍兴城际铁路），总线路长度48.0公里，车站总数3座。

【绍兴轨道交通2号线一期工程新开工项目】

2号线一期工程起点为越西路站，终点为越兴路站。线路长度10.8公里，全部为地下线。设车站9座，在梅山广场站与1号线换乘。控制中心设在镜湖新区；配置供电、通信、信号、通风空调、给排水与消防、动力照明、综合监控、火灾自动报警系统、环境与设备监控系统、站台门、安检系统、自动售检票系统、电梯及自动扶梯等运营系统设备。车辆选用B型车，最高运行速度100公里/小时，架空接触网直流1500伏授电，4辆编组，动拖比为3:1，初期配车11列/44辆。工程总投资101.3亿元，经济指标9.4亿元/公里。2号线一期工程于2020年3月1日开工，计划于2023年开通初期运营。（图8-20-1）

2020年，此项目完成投资4.77亿元，至2020年底，车站开工9座。

【绍兴城际铁路二期工程续建项目】

绍兴城际线是充分利用既有萧甬铁路富余能力开行动车组列车，在绍兴境内西起柯桥钱清，东至上虞驿亭，全长

2020年绍兴市城市轨道交通建设项目汇总表 表8-20-1

序号	线路名称	起讫点	线路长度（公里）	车站（座）	开工时间（年月）	预计通车时间（年）	工程建设情况	重大工程节点
1	1号线	笛扬路(不含)－芳泉	34.1	23	2017.07	2022	续建	13座车站及1座区间风井主体封顶，7段区间双线贯通
2	绍兴城际铁路二期	钱清－驿亭	64.0	12	2017.12	2023	续建	二期工程主要为区间新增站点，迪荡站加快建设，金柯桥大道站于年底进场施工
3	杭绍线	姑娘桥－笛扬路	20.3	10	2016.07	2021	续建	桥梁主体及附属工程土建完工，电客车进驻车辆基地
4	2号线一期	越西路－越兴路	10.8	9	2020.03	2023	新开工	9座车站开工全面建设，其中3座车站进入基坑施工阶段
合计			129.2	54				

约64公里，规划建设12座车站。其中城际线先行段三站一场于2017年12月开工建设，2018年投入运营，运营里程约49公里。二期建设为中间加密站点方案。

2019年7月10日，与宁波城铁贯通运营，余姚、宁波站由宁波城铁出资建设和管理；12月，二期工程中迪荡站启动建设。2020年7月1日，连接杭州南站，由绍兴城际负责出资改造；12月，二期工程中柯桥站启动建设。至2020年底，迪荡站仍在建设中。（图8-20-2）

【项目管理】

会同各项目公司、参建单位明确以关键线路为重点、关键里程碑工期为保障，围绕“洞通、轨通、电通”三条关键路径展开，以运营开通为控制点，在不同施工阶段确定重点控制对象，制定具体计划，对1号线、2号线一期计划节点、关键节点、里程碑节点进行再次优化，同时，通过定期召开工程计划月度例会，详细了解计划节点执行情况，针对滞后节点，及时分析原因，制定措施，协调解决建设过程中遇到的困难，确保工程建设有序进行。绍兴城际铁路二期工程以加密站点和“进杭”运营为建设目标，利用既有线路、既有车站实现跨市域联合运营，充分利用既有资源实现有效投资。

（绍兴市轨道交通集团有限公司）

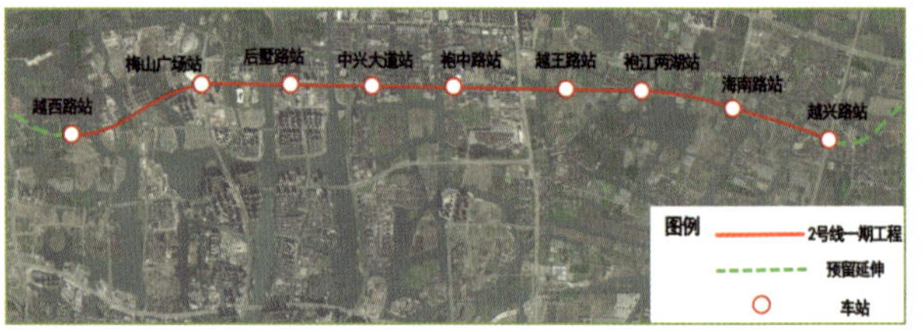

图8-20-1 绍兴轨道交通2号线一期线走向示意图

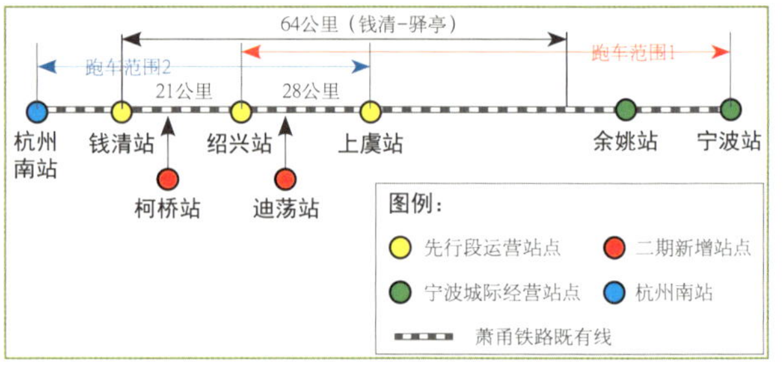

图8-20-2 绍兴城际铁路二期工程走向示意图

21 安徽省合肥市

【概况】

合肥市城市轨道交通工程建设由合肥市轨道交通集团有限公司承担。

2020年，合肥轨道交通建设项目10个，共195.2公里，139座车站。其中续建项目3个（1号线三期、4号线、5号线北段），新开工项目6个（2号线东延、3号线南延、4号线南延、6号线一期、7号线一期先行段、8号线一期），建成项目1个（5号线南段）。完成车站开工55座（2号线东延11座、3号线南延7座、4号线南延7座、6号线一期10座、7号线一期先行段15座、8号线一期5座），车站封顶8座（4号线6座、5号线北段2座），轨道铺设60公里。完成投资169.9亿元。（表8-21-1）

至2020年底，合肥市轨道交通建成线路有4条（1号线、2号线、3号线、5号线南段），总线路长度112.5公里，车站总数95座。

2020年合肥市城市轨道交通建设项目汇总表 表8-21-1

序号	线路名称	起讫点	线路长度（公里）	车站（座）	开工时间（年月）	预计通车时间（年）	工程建设情况	重大工程节点
1	5号线南段	贵阳路－祁门路	22.9	20	2017.05	2020	建成	至年底，该项目建成，并开通初期运营
2	1号线三期	瑶海公园－天水路	4.5	3	2017.12	2021	续建	2座车站主体结构封顶，盾构累计推进6公里
3	4号线	鸡鸣山路－东方大道	41.4	31	2017.05	2021	续建	31座车站主体结构封顶，盾构累计推进65公里；轨道累计铺设42.6公里
4	5号线北段	祁门路站（不含）－汲桥路	17.3	13	2017.05	2022	续建	8座车站主体结构封顶，盾构累计推进54公里
5	2号线东延	三十埠（不含）－泉香路	14.5	11	2020.09	2024	新开工	11座车站全部开工
6	3号线南延	馆驿路－幸福坝（不含）	11.3	8	2020.09	2024	新开工	7座车站开工
7	4号线南延	金桥路－丰乐河路（不含）	14.0	8	2020.10	2024	新开工	7座车站开工
8	6号线一期	鸡鸣山路－东风大道	27.5	17	2020.10	2026	新开工	10座车站开工
9	7号线一期先行段	松林路－天津路	18.8	16	2020.11	2025	新开工	15座车站开工
10	8号线一期	一里井－北城高铁站	23.0	12	2020.11	2025	新开工	5座车站开工
	合计		195.2	139				

【合肥轨道交通5号线南段工程建成项目】

5号线南段工程起点为贵阳路站，终点为祁门路站。线路长度22.9公里，全部为地下线。设车站20座，在高铁南站与1号线换乘，在云谷路站与1号线换乘。在贵阳路站南侧设停车场1处，占地7.0公顷。设珠江路主变（与4号线共用高铁南站主变）。控制中心接入1号线控制中心大楼；配置供电、通信、信号、通风空调、给排水与消防、设备监控、防灾报警、屏蔽门、自动售检票、电梯及自动扶梯等运营系统设备。车辆选用交流异步电机、VVVF调速控制B型车，最高运行速度80公里/小时，接触网直流1500伏授电，6辆编组，动拖比为2:1，初期配车23列/138辆。工程总投资153.0亿元，经济指标6.7亿元/公里。5号线南段工程于2017年5月20日开工，于2020年开通初期运营。（图8-21-1）

2020年，此项目完成投资49.4亿元，至2020年底，车站开工20座、结构封顶累计20座，盾构推进累计35.0公里，轨道铺设累计47.0公里。

图8-21-1 合肥轨道交通5号线南段走向示意图

【合肥轨道交通2号线东延工程新开工项目】

2号线东延线工程起点为三十埠站（不含），终点为泉香路站。线路长度14.5公里，全部为地下线。设车站11座。在瑶岗路站、泉香路站设停车场1处，占地12.1公顷。设相城路主变。控制中心接入1号线控制中心大楼；配置供电、通信、信号、通风空调、给排水与消防、设备监控、防灾报警、屏蔽门、自动售检票、电梯及自动扶梯等运营系统设备。车辆选用交流异步电机、VVVF调速控制B型车，最高运行速度80公里/小时，接触网直流1500伏授电，6辆编组，动拖比为2:1，初期配车12列/72辆。工程总投资97.4亿元，经济指标6.7亿元/公里。2号线东延工程于2020年9月29日开工，计划于2024年开通初期运营。（图8-21-2）

2020年，此项目完成投资4.9亿元，至2020年底，车站开工11座。

【合肥轨道交通3号线南延工程新开工项目】

3号线南延工程起点为馆驿路站，终点为幸福坝站（不含）。线路长度11.3公里，全部为地下线。设车站8座。在馆驿路站设停车场1处，占地18.8公顷。设站前路主变。控制中心接入3号线控制中心；配置供电、通信、信号、通风空调、给排水与消防、设备监控、防灾报警、屏蔽门、自动售检票、电梯及自动扶梯等运营系统设备。车辆选用交流异步电机、VVVF调速控制B型车，最高运行速度80公里/小时，接触网直流1500伏授电，6辆编组，动拖比为2:1，初期配车18列/108辆。工程总投资91.1亿元，经济指标8.1亿元/公里。3号线南延工程于2020年9月29日开工，计划于2024年开通初期运营。（图8-21-3）

2020年，此项目完成投资2.2亿元，至2020年底，车站开工7座。

【合肥轨道交通4号线南延工程新开工项目】

4号线南延工程起点为金桥路站，终点为丰乐河路站（不含）。线路长度14.0公里，其中地下线6.6公里，地面线0.3公里，高架线7.1公里。设车站8座。在周公山路站、金桥路站设车辆段1处，占地29.3公顷。设丰乐河主变。控制中心接入4号线控制中心；配置供电、通信、信号、通风空调、给排水与消防、设备监控、防灾报警、屏蔽门、自动售检票、电梯及自动扶梯等运营系统设备。车辆选用交流异步电机、VVVF调速控制B型车，最高运行速度80公里/小时，接触网直流1500伏授电，6辆编组，动拖比为2:1，初期配车5列/30辆。工程总投资72.9亿元，经济指标5.2亿元/公里。4号线南延线工程于2020年10月31日开工，计划于2024年开通初期运营。（图8-21-4）

2020年，此项目完成投资2.4亿元，至2020年底，车站开工7座。

【合肥轨道交通6号线一期工程新开工项目】

6号线一期工程起点为鸡鸣山路站，终点为东风大道站。线路长度27.5公里，全部为地下线。设车站17座，在洪岗站与3号线换乘，在望江东路站与5号线换乘，朱岗站与1号线换乘，在伊宁路站与4号线换乘。在东方大道站东侧设停车场1处，占地10公顷。设东至路主变、高亮路主变（与4线共用丰乐河主变）。控制中心设在合肥轨道交通线网控制中心；配置供电、通信、信号、通风空调、给排水与消防、设备监控、防灾报警、屏蔽门、自动售检票、电梯及自动扶梯等运营系统设备。车辆选用交流异步电机、VVVF调速控制B型车，最高运行速度100公里/小时，接触网直流1500伏授电，6辆编组，动拖比为2:1，初期配车42列/252辆。工程总投资204.2亿元，经济指标7.4亿元/公里。6号线一期工程于2020年10月31日开工，计划于2025年开通初期运营。（图8-21-5）

2020年，此项目完成投资15.4亿元，至2020年底，车站开工10座。

【合肥轨道交通7号线一期先行段工程新开工项目】

7号线一期先行段工程起点为松林路站，终点为天津路站。线路长度18.8公里，全部为地下线。设车站16座，在繁华大道站与3号线换乘，在紫庐站与1号线换乘，在上海路站与5号线换乘。在天津路站东侧设车辆段1处，占地19.7公顷。设莲花路主变（与1线共用庐州大道主变）。控制中心接入方兴大道线网（应急）指挥中心；配置供电、通信、信号、通风空调、给排水与消防、设备监控、防灾报警、屏蔽门、自动售检票、电梯及自动扶梯等运营系统设备。车辆选用交流异步电机、VVVF调速控制B型车，最高运行速度80公里/小时，接触网直流1500伏授电，6辆编组，动拖比为2:1，初期配车19列/114辆。工程总投资146.8亿元，经济指标7.8亿元/公里。7号线一期先行段工程于2020年11月30日开

图8-21-2 合肥轨道交通2号线东延走向示意图

图8-21-3 合肥轨道交通3号线南延走向示意图

工，计划于2025年开通初期运营。（图8-21-6）

2020年，此项目完成投资0.2亿元，至2020年底，车站开工15座。

【合肥轨道交通8号线一期工程新开工项目】

8号线一期工程起点为一里井站，终点为北城高铁站。线路长度22.5公里，全部为地下线。设车站12座，在一里井站与3号线换乘，在清河路站与5号线换乘。在北城高铁站北侧设车辆段1处，占地35.8公顷。设北城主变、耀远路主变。控制中心接入方兴大道线网（应急）指挥中心；配置供电、通信、信号、通风空调、给排水与消防、设备监控、防灾报警、屏蔽门、自动售检票、电梯及自动扶梯等运营系统设备。车辆选用交流异步电机、VVVF调速控制B型车，最高运行速度100公里/小时，接触网直流1500伏授电，6辆编组，动拖比为2:1，初期配车19列/114辆。工程总投资155.6亿元，经济指标6.9亿元/公里。8号线一期工程于2020年11月30日开工，计划于2025年开通初期运营。（图8-21-7）

2020年，此项目完成投资1.2亿元，至2020年底，车站开工5座。

【项目管理】

（1）推行清单化管理，进一步强化工作实效。在5号线南段剩余工程攻坚和三期线路招标工作及开工准备工作中，推行清单化管理。针对5号线南段剩余工程实行全

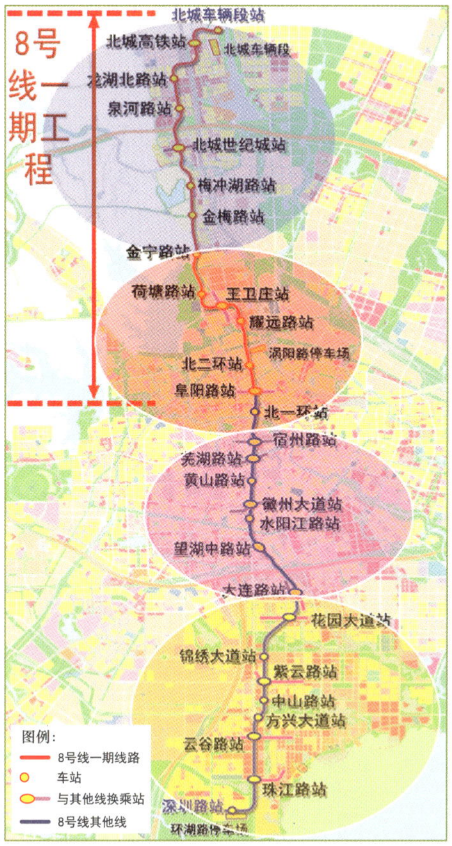

图8-21-7 合肥轨道交通8号线一期走向示意图

图8-21-4 合肥轨道交通4号线南延走向示意图

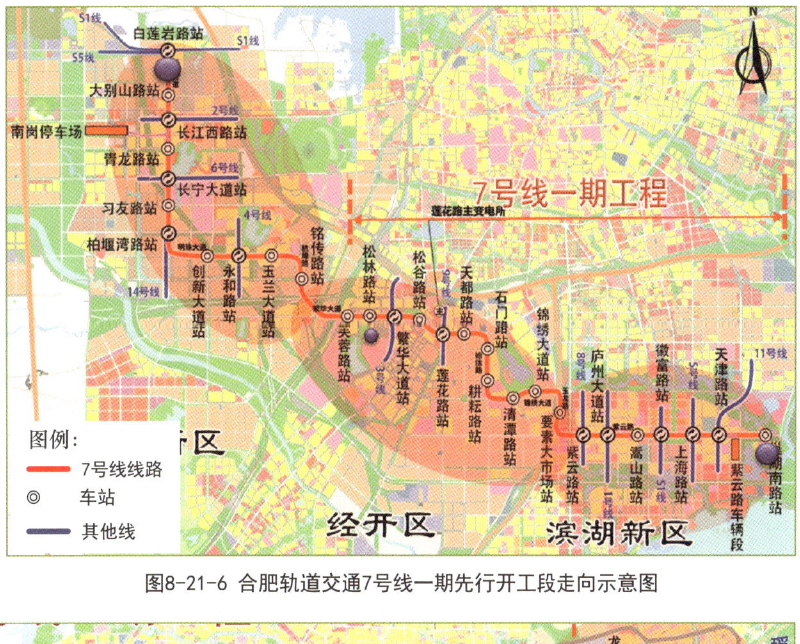

图8-21-6 合肥轨道交通7号线一期先行开工段走向示意图

图8-21-5 合肥轨道交通6号线一期走向示意图

专业、各站点剩余工程全方位梳理，形成剩余工程任务清单；针对三期线路招标工作及开工准备工作中，对招标方案、专题研究、招标需求、开工准备等梳理任务清单64项。对梳理的任务清单明确时间节点要求、责任人员，做到责任到人、挂图作战、限时销号，在5号线南段剩余工程攻坚和三期线路招标及开工准备工作中取得较好的实效。

（2）强化样板引路，持续推进标准化建设。持续在样板引路上下功夫，全面提升合肥轨道建设的质量标准。一方面，强化工程质量源头管控，牢牢把握各阶段施工质量管控要点，严格执行施工单位自检、监理单位平行检验、第三方见证检测单位抽检制度，检测合格后方可进场。施工过程中组织专项检查，以真实准确的测量、检测数据发现质量问题根源，及时消除隐患。另一方面，严格按照每条线有样板站、每个标段有样本站、每道工序有样板段的原则，严格抓好样板建设和样板验收，确保每一道工序有章可循，促进工程标准化、统一化，从而带动工程整体质量水平。

【新工艺工法】

5号线南段全线中压环网电缆采用数字电流保护，数字电流保护主要由跳闸逻辑以及信号逻辑两部分组成，通过两者之间的结合，既能够对地铁电力系统的环网电缆提供准确、具有选择性的快速保护，又能大幅减少环网电缆的投资。

5号线南段珠江路出入场线采用智能导通装置，智能导通装置将普通的二极管更换为晶闸管，即正、反方向均采用晶闸管。可根据列车出入库情况及正线供电情况控制晶闸管的通断，防止正线流向基地和基地流向正线的杂散电流。在没有列出进出车辆段时，将正向晶闸管关断，隔断从车辆段（停车场）流向正线的回路，可大幅降低停车场轨电位，保证人员安全和设备运行安全。

（合肥市轨道交通集团有限公司）

22 安徽省芜湖市

【概况】

2020年，芜湖轨道交通建设项目2个，共46.2公里，36座车站，均为PPP项目。其中续建项目2个（1号线、2号线一期）。完成车站开工36座（1号线25座、2号线一期11座），车站封顶31座（1号线23座、2号线一期8座），轨道铺设46公里。完成投资43.9亿元。（表8-22-1）

【项目管理】

项目公司合理配置资源，有效组织施工，项目全年完成建安产值20.6亿元，占年度计划18.7亿元的110%。影响项目主体结构的征地全部完成，影响轨道交通主体迁改点已全部完成；设计工作有序推进，累计完成土建施工图纸884册，占总册数的99.3%。积极协调政府主管部门、设计单位优化设计方案；主要形象进度实现突破。轨道梁预制全部完成，轨道梁的架设完成总量的98.4%。控制中心顺利封顶，北京路站地上二层主体结构全部完成；梦溪路车辆基地、白马山车辆基地、保顺路停车场土建工程完成100%；全线35座车站全面进入装饰装修阶段；文化路站－北京路站高架区间、弋文区间转体梁、政务中心站等控制性工程实现有效推进；1号线先导段（红花山路站至白马山出入段线）六站五区间土建施工完成，具备热滑条件。2020年底，完成1号线先导段“六站五区间”热滑验证试验。

【新工艺工法】

新型跨座式单轨车辆的采用。采用中车浦镇庞巴迪运输系统有限公司引进的庞巴迪INNOVIA300型跨座式单轨车辆，具有先进的安全设计和智能控制理念，代表当前国内外跨座式单轨系统的最高水平。为国内首条GoA4级全自动驾驶单轨线路。

（芜湖市轨道交通有限公司 杨涛
芜湖市运达轨道交通建设运营有限公司）

2020年芜湖市城市轨道交通建设项目汇总表 表8-22-1

序号	线路名称	起讫点	线路长度（公里）	车站（座）	开工时间（年月）	预计通车时间（年）	工程建设情况	重大工程节点
1	1号线	保顺路－白马山	30.4	25	2017.07	2021	续建	先导段6站5区间施工完成并进行热滑验收试验
2	2号线一期	万春湖路－北京路	15.8	11	2017.06	2021	续建	弋文区间2-70米T构转体梁、控制中心主体结构封顶、北京路站主体结构完成
	合计		46.2	36				

23 福建省福州市

【概况】

福州市城市轨道交通工程建设由福州地铁集团有限公司承担。

2020年，福州轨道交通建设项目5个，共154.9公里，78座车站。其中续建项目3个（4号线一期、5号线一期、6号线），新开工项目1个（福州至长乐机场城际铁路〔F1线〕），建成项目1个（1号线二期）。完成车站开工14座（福州至长乐机场城际铁路〔F1线〕14座），车站封顶22座（4号线一期12座、5号线一期7座、6号线1座、福州至长乐机场城际铁路〔F1线〕2座），轨道铺设19.6公里。完成投资165.2亿元。（表8-23-1）

至2020年底，福州市轨道交通建成线路有2条（1号线、2号线），总线路长度58.4公里，车站总数46座。

【福州市轨道交通1号线二期工程建成项目】

1号线二期工程起点为福州南站（不含），终点为三江口站。线路长度5.0公里，全部为地下线。设车站4座，在梁厝站、下洋站与6号线换乘。在象峰站附近设新店车辆段1处，占地30.5公顷；在胪雷站附近设清凉山停车场1处，占地7.8公顷。设黄山主变和茶亭主变。控制中心设在达道控制中心；配置供电、通信、信号、通风空调、给排水与消防、设备监控、防灾报警、屏蔽门、自动售检票、电梯及自动扶梯等运营系统设备。车辆选用交流异步电机、VVVF调速控制市域B型车，最高运行速度80公里/小时，采用接触网直流1500伏授电，6辆编组，动拖比为2:1，初期配车28列/168辆。1号线二期工程于2016年6月30日开工，于2020年12月27日开通初期运营。（图8-23-1）

2020年，此项目完成投资5.2亿元，至2020年底，车站开工4座、结构封顶累计4座，盾构推进累计7.3公里，轨道铺设累计9.7公里。

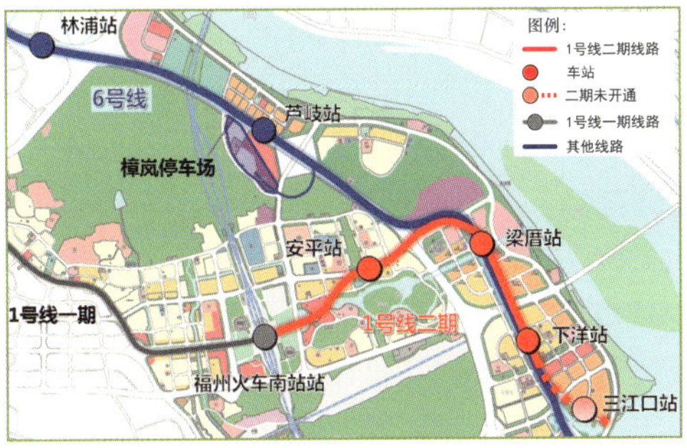

图8-23-1　福州轨道交通1号线二期走向示意图

【福州轨道交通福州至长乐机场城际铁路（F1线）工程新开工项目】

福州至长乐机场城际铁路（F1线）工程起点为福州火车站，终点为文岭站。线路长度62.4公里，其中地下线35.9公里，高架线14.4公里，山岭隧道11.0公里，路基1.1公里。设车站15座，在福州火车站与1号线换乘，在东门站与4号线换乘，在闽都站与2号线换乘，在三叉街站与1号线、规划线换乘，在盖山与规划线换乘，在帝封江站与4号线、5号线换乘，在祥谦站与规划线换乘，在首占站可换乘国铁（长乐站），在滨海西与规划线换乘，在大数据站与规划线换乘，在滨海新城站与6号线东延段换乘。在文岭站附近设文岭车辆段（大架修车辆段）1处，占地35.5公顷；在三叉街站附近设东升停车场（地下停车场）1处，占地1.1公顷。设东升、首占及大鹤主变。控制中心设在帝封江控制中心；配置供电、通信、信号、通风空调、给排水与消防、设备监控、防灾报警、屏蔽门、自动售检票、电梯及自动扶梯等运营系统设备。车辆选用交流异步电机、VVVF调速控制市域A型车，最高运行速度140公里/小时，采用

2020年福州市城市轨道交通建设项目汇总表　　表8-23-1

序号	线路名称	起讫点	线路长度（公里）	车站（座）	开工时间（年月）	预计通车时间（年）	工程建设情况	重大工程节点
1	1号线二期	安平－三江口	5.0	4	2016.06	2020	建成	4月全线轨通；6月接触网送电、热滑；8月项目工程验收、开始试运行；12月27日开通初期运营
2	4号线一期	橘园－帝封江	28.4	23	2017.12	2023	续建	至年底，全部16座车站结构封顶，22个盾构8个区间双向贯通
3	5号线一期	荆溪新城－福州南站	27.7	20	2017.11	2022	续建	至年底，19座车站主体封顶
4	6号线	潘墩－国际学校	36.6	21	2016.12	2022	续建	9月长乐段“轨通”，11月长乐段送电成功
5	福州至长乐机场城际铁路(F1线)	福州火车站－文岭	62.4	15	2020.03	2024	新开工	至年底，全线站点（除帝封江站外）全面开工
	合计		154.9	78				

注：根据福州市城市轨道交通第二期建设规划调整（2015—2022年），6号线不再前往长乐机场，线路长度和车站数为36.6公里，21座车站，其中6号线一期31.3公里，6号线东调段5.3公里。

接触网交流25千伏授电，6辆编组，动拖比为2:1，初期配车30列/180辆。工程总投资383.6亿元，经济指标6.2亿元/公里。福州至长乐机场城际铁路（F1线）工程于2020年3月7日开工，计划于2024年开通初期运营。（图8-23-2）

2020年，此项目完成投资22.2亿元，至2020年底，车站开工14座、结构封顶累计2座。

【项目管理】

（1）优化方案，为榕“保绿”。研讨最优方案，尽可能让道路树木“就地保护”，会同市园林中心、市交警支队以及设计单位进行现场踏勘，不断优化施工方案，减少施工站点周边行道树的移植。根据各站的特点，将市区6个站点树木移植数量减少668棵，减少绿化迁移。

（2）优化管理团队。为解决项目建设管理上效率低、工作环节多等问题，从前期部、总工室、安监部、合约部等4个部门各抽调1名业务能力较强的人员作为F1线业务专职牵头负责人，归集至项目部统一管理，实现偏平化管理，提高服务意识、工作效率。

（3）成立专班全力攻坚。针对F1线防护配套附属工程未能及时动建情况，经过研究及专家论证，优化实施方案，基本规避农保地法律风险，节约复垦费约0.7亿元，实现动建；针对火车站220千伏电力迁改方案复杂、涉及面广、已困扰一年等情况，通过多方沟通、优化方案、责任人驻扎一线等措施，于1月中旬进场施工；针对东门站受新冠疫情、前期迁改及数字峰会等影响，工期已滞后的情况，通过现场调研、与市建设局、市交警支队、市园林中心等对接措施，确定方案并报请市政府审定；针对工程用地审批滞后问题，多方沟通、解释，最终于2月初通过国土部部务会审查。

【新工艺工法】

4号线东街口站位于福州商业中心东街口，东百廊桥横跨西端头井基坑，下部净空仅8.8米。由于廊桥的商业价值及既有工况条件限制，需在现有条件下进行车站围护结构施工。参建单位通过深化槽壁加固、低净空成槽、分节吊装钢筋笼、优化泥浆护壁参数一系列施工方案，槽壁加固采用MJS施工工艺，同时对传统成槽机设备进行低净空改造，钢筋笼分节拼接，并采用折臂机进行低净空吊装等一系列措施，攻克低净空下围护结构施工的重大技术难关。

5号线螺洲镇站－高仕路站区间联络通道及泵房破除采用机器人开挖工艺。该联络通道开挖采用Brokk170破除机器人，采用三臂结构，实现液压臂多方向作业，电动力遥控操控进行开挖，比传统人工开挖在进度、安全、技术、经济等方面提升，为后续福州地铁联络通道施工提供可靠的技术经验。

F1线大直径盾构钢套筒始发掘进技术施工工法。滨海西站－大数据站区间盾构始发端为富水粉细砂层，具有流塑性强、含水量大的特点，8580毫米大直径土压平衡盾构机采用钢套筒进行始发，有效保障盾构始发的密闭性及安全性；设计采用基准环采用内外环形式、钢套筒各拼块采用O型圈+止水条的方式；对始发过程中容易出现的洞门圈开裂、拼缝漏水、反力架位移等问题，与厂家进行对接，在过程中应用总结；辅以质量管理人员严格要求安装班组执行到位，完成始发，形成大直径盾构钢套筒始发掘进技术施工工法。

F1线大直径盾构皮带机出渣施工工法。目前盾构出渣采用电瓶车编组应用较多，皮带机出渣应用较少，中间风井始发空间较小，无法采用“大编组”电瓶车出渣方案，采用“小编组”电瓶车出渣工效较低。鉴此，滨海快线3标段4工区以机场站-文岭站区间为依托，开展“大直径盾构皮带机出渣系统水平运输关键技术研究”的科研计划，针对长区间大直径盾构出渣展开研究，确定经济有效的出渣方法，为该工程盾构出渣提供数据及理论支撑。项目实施成功后对国内地铁施工的相关企业有参考价值，对地铁盾构施工工效有提升作用。

（福州地铁集团有限公司）

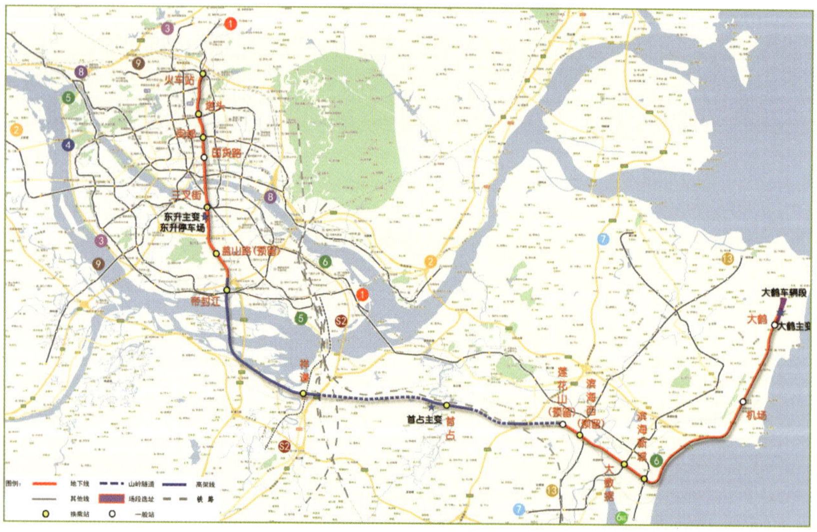

图8-23-2 福州轨道交通福州至长乐机场城际铁路（F1线）走向示意图

24 福建省厦门市

【概况】

厦门市城市轨道交通工程建设由厦门轨道交通集团有限公司承担。

2020年，厦门轨道交通建设项目3个，共100.3公里，51座车站。其中续建项目3个（3号线、4号线、6号线）。完成车站开工11座（3号线1座、4号线1座、6号线9座），车站封顶2座（4号线2座），轨道铺设36.1公里。完成投资141.6亿元。1个项目共26.4公里（3号线火车站至蔡厝段）主体结构贯通。（表8-24-1）

至2020年底，厦门市轨道交通建成线路有2条（1号线、2号线），总线路长度71.9公里，车站总数55座。

【项目管理】

优化招投设计管理。通过现场踏勘、方案研究，吸取已建、在建线路建设管理经验，重点从线站位稳定、出入口设置及施工措施预留等方面与设计单位对接施工招标方案，工程拆迁总面积减少，主要意见在招标图中得到落实，增强方案可实施性，降低发生重大工程变更的风险。结合在建线路施工合同执行过程中暴露的缺陷和不足，修订完善招标文件中关于渣土外运、基岩处理、合同条款、资质要求等主要条款，规避可能的合同执行风险。

【新工艺工法】

3号线项目：建立综合地质超前预报分析系统。过海段矿山法区间地质条件复杂，围岩突变频繁，基岩裂隙水发育，且水头压力高，施工风险大。超前地质预报是施工的关键，为确保施工安全，施工过程中对技术和管理进行创新。在项目实施过程早期采用TSP202/203系统、地质雷达、红外探水、地质素描，中后期创新增加三臂凿岩台车打设超前水平探孔、加深炮孔及HSP等多种手段形成综合地质超前预报分析系统，尽最大可能探明掌子面前方地质情况，在堵水、爆破及支护中起到重要作用，提高效率、保证施工安全，取得良好的社会效益和经济效益。

创新过海段盾构机在矿山法隧道内快速接收方法。盾构机在60米深海成功解体，并在30天内完成“洞内盾构机弃壳解体”工作。

首次开展自主化列车控制系统（即以LCF型ATP/ATO为核心的CBTC信号系统）工程应用实践。完成设备安装和调试，一次性实现CBTC全功能，拓宽自主化技术在厦门地铁的应用领域，积累自主化技术工程应用实践经验。

地铁供电系统采用主变有载调压控制技术，针对不同时间段，结合线路的负荷情况对主变有载调压控制的灵敏度进行相应设定，通过主变自动调档使整条地铁线路35千伏及以下网压保持稳定，从而提高地铁电网质量，保证地铁所有系统设备能够稳定运行。

动态无功补偿SVG装置散热采用水冷方式。此方式解决设备长期处于高温状态加速元器件老化的问题，降低设备元件故障率，而且也解决风冷方式带来的粉尘问题，减少运营检修、维护工作。

4号线项目：针对大嶝海域特点，优化临时作业通道设计，采用透水性钢栈桥及钢辅助平台替代填筑海堤通道方案，尽最大可能保留海域原貌和海床固有生态环境，减小对海洋生态环境影响。

（厦门轨道交通集团有限公司）

2020年厦门市城市轨道交通建设项目汇总表

表8-24-1

序号	线路名称	起讫点	线路长度（公里）	车站（座）	开工时间（年月）	预计通车时间（年）	工程建设情况	重大工程节点
1	3号线	厦门火车站－翔安机场	36.7	26	2016.11	2021	续建	火车站至蔡厝段全线“洞通”“轨通”；岛内岛外段列车上线
2	4号线	软三东－翔安机场	44.6	12	2017.02	2024	续建	后溪至蔡厝段车站主体结构封顶，厦门北至蔡厝段区间“洞通”
3	6号线	林埭西－华侨大学	18.8	13	2017.02	2025	续建	车站全部开工建设，区间盾构始发掘进
合计			100.3	51				

注：3号线2021年开通火车站至蔡厝段，机场段与机场同步开通。4号线开通时间与机场同步开通。

25 江西省南昌市

【概况】

南昌市城市轨道交通工程建设由南昌轨道交通集团有限公司承担。

2020年，南昌轨道交通建设项目2个，共68.1公里，51座车站。其中续建项目1个（4号线一期），建成项目1个（3号线）。车站封顶11座（4号线一期11座），轨道铺设34.5公里。完成投资61.4亿元。1个项目共28.5公里（3号线）主体结构贯通。（表8-25-1）

至2020年底，南昌市轨道交通建成线路有3条（1号线、2号线、3号线），总线路长度81.1公里，车站总数74座。

【南昌轨道交通3号线工程建成项目】

3号线工程起点为银三角北站，终点为京东大道站。线路长度28.5公里，全部为地下线。设车站22座，在八一馆站与1号线换乘，在青山路口站与2号线换乘。在银三角立交桥东南角、向塘北大道东侧、京九铁路西侧的地块内设莲塘车辆段1处，占地17.9公顷；在高新大道东侧、高新五路西侧、火炬三路北侧、东元路南侧的地块内设高新停车场1处，占地6.9公顷。设塘子河、八大山人主变（与2号线共用塘子河主变）。控制中心接入地铁大厦控制中心；配置供电、通信、信号、通风空调、给排水与消防、设备监控、防灾报警、屏蔽门、自动售检票、电梯及自动扶梯等运营系统设备。车辆选用交流异步电机、VVVF调速控制B型车，最高运行速度80公里/小时，接触网直流1500伏授电，6辆编组，动拖比为2:1，初、近、远期配车32列/192辆。工程总投资215.9亿元。3号线工程于2015年12月30日开工，于2020年12月26日开通初期运营。（图8-25-1）

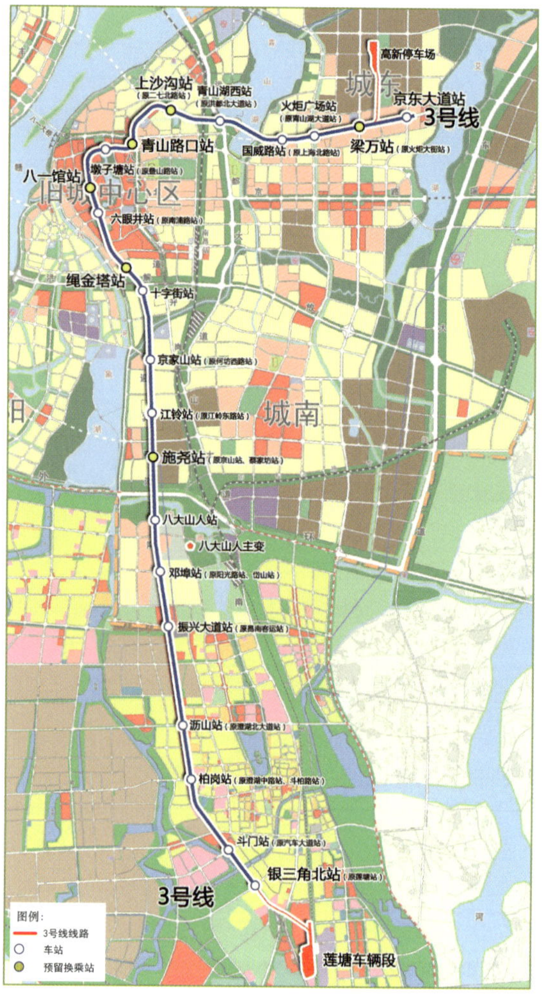

图8-25-1 南昌城市轨道交通3号线走向示意图

【项目管理】

3号线沿线建筑物多、年代久远、场地狭窄，周边环境复杂、安全风险高、施工难度大，需下穿青山湖、象山南路老旧房屋、文物保护区等上百处重大风险源。秉承“工期不变、任务不减、防疫不断、安全不松”的原则，成立3号线突击队，在“急难险重”项目施工区域设立责任区，攻坚克难、挂图作战；组织PPP公司召开工程调度会议40余次，现场巡查100余次，完成A、B、C类节点共121个，攻克青山路口站、八大山人站工期紧、任务重、周边环境复杂等难题。

【新工艺工法】

3号线盾构接收创新性采用钢套筒+玻璃纤维筋技术、混凝土箱体+玻璃纤维筋技术；首次采用衡盾泥、克泥效、减沉泥等新材料，确定适应南昌地层的渣土改良配比，优化盾构机配置，其中7项技术已申报国家专利。建立南昌地铁“智慧大脑”——盾构信息化施工管控平台，攻克小半径盾构割线始发及上软下硬盾构掘进的技术难题。

（南昌轨道交通集团有限公司 万宁）

2020年南昌市城市轨道交通建设项目汇总表

表8-25-1

序号	线路名称	起讫点	线路长度（公里）	车站（座）	开工时间（年月）	预计通车时间（年）	工程建设情况	重大工程节点
2	3号线	银三角北－京东大道	28.5	22	2015.12	2020	建成	12月26日开通初期运营
3	4号线一期	白马山－鱼尾洲	39.6	29	2017.12	2021	续建	
	合计		68.1	51				

26 山东省济南市

【概况】

济南市城市轨道交通工程建设由济南轨道交通集团有限公司承担。

2020年，济南轨道交通工程建设项目1个，共36.4公里，19座车站。其中续建项目1个（2号线一期）。车站封顶3座（2号线一期3座），轨道铺设96.0公里。完成投资82.5亿元。1个项目共36.4公里（2号线一期）主体结构贯通。（表8-26-1）

至2020年底，济南市轨道交通建成线路有2条（1号线、3号线一期），总线路长度47.7公里，车站总数24座。

【项目管理】

问题导向，合力攻坚。2号线一期工程是济南市建设的第一条东西向横穿市中心的主干线路，异常复杂的水文地质条件成为施工最大的制约。宝华街－长途汽车站区间穿越中风化闪长岩，强度最高可达260兆帕，且夹杂大量孤石和空洞，盾构掘进困难，通过不断优化掘进参数，采取物探、勘察等手段实现对孤石精确定位，旋挖置换，提高掘进效率。在长途汽车站-生产路区间，联合国内高校研制适应济南地层的“气泡泥浆”材料，通过“浓泥闭气”法进行10余次开仓换刀作业，降低施工风险，为全线“洞通”，继而“轨通”“电通”和“车通”提供前提和保障。

科学施工，力保通车。面对严峻的工期要求和繁重的施工任务，开展多种形式的劳动竞赛，激发调动各参建单位的积极性，推动工程节点完成。项目施工实施科学化组织、精准化推进，土建、轨道施工以后续专业进场为导向，采取分区分段方式流水施工，如期实现“洞通”“轨通”；供电、弱电、机电、装修施工采取“见缝插针、找缝插针、造缝插针”式作业，实现各专业施工无缝衔接，实现“电通”；综合联调及系统测试实施“以调促建、以评促调”，采用先分段调试、再全线调试的步骤，在保证工程建设如期完成的同时，高质量、高标准完成全部调试工作，为保障2号线通车打下基础。

安全为本，品质为先。秉承“安全地铁、绿色地铁、智慧地铁、品质地铁”建设理念，树立安全质量红线底线思维，严格落实三级安全管控机制，狠抓安全隐患整治和风险管控，现场安全始终处于可控状态。突出质量标准化工作抓手，狠抓质量管理，通过事前抓质量预控、事中抓工序严控、事后抓验收把控，并定期开展质量问题专项整治活动等，确保工程建设质量。

【新工艺工法】

2号线一期工程按照全自动GoA4等级建设，车辆最高运行速度100公里/小时，是省内第一条自主知识产权全自动运行轨道交通线路，通车后可与1号线、3号线衔接，使济南轨道交通初步成网，后期还将与二期建设规划的4号线、6号线、7号线等多条线路实现多站点换乘。

开展高渗风化岩地层泥浆成膜技术研究，形成整套泉域地层带压开舱技术，实现在泉域富水地层安全进行10余次开仓换刀。针对溶洞等复杂地层，研发空洞探测装备和透水填充材料，实现泉域地下空洞的精确定位、真实成像及绿色快速充填。通过埋设布里渊光纤、研发巡检机器人，建立智能监测和巡检系统，实现对隧道结构的实时监测和地铁结构体系运营安全的智能监测和智能巡检。

（济南轨道交通集团有限公司）

2020年济南市城市轨道交通建设项目汇总表　　表8-26-1

序号	线路名称	起讫点	线路长度（公里）	车站（座）	开工时间（年月）	预计通车时间（年）	工程建设情况	重大工程节点
1	2号线一期	王府庄－彭家庄	36.4	19	2016.11	2021	续建	10月“洞通”“轨通”，11月“电通”
合计			36.4	19				

注：2号线原名R2线一期，为规划建设阶段名称，后1号线、3号线开通运营后，所有线路统一名称为1号线、2号线、3号线。

27 山东省青岛市

【概况】

青岛市城市轨道交通工程建设由青岛地铁集团有限公司承担。

2020年，青岛轨道交通建设项目7个，共186.4公里，107座车站。其中续建项目5个（1号线南段、2号线一期工程调整方案〔轮渡-泰山路段〕、4号线、6号线一期、8号

2020年青岛市城市轨道交通建设项目汇总表 表8-27-1

序号	线路名称	起讫点	线路长度（公里）	车站（座）	开工时间（年月）	预计通车时间（年）	工程建设情况	重大工程节点
1	1号线北段	青岛北站－东郭庄	21.9	15	2016.03	2020	建成	年底，北段实现初期运营
2	8号线北段	青岛北站－胶州北站	48.3	11	2017.05	2020	建成	年底，北段实现初期运营
3	1号线南段	峨眉山路－青岛北站	38.1	26	2016.03	2021	续建	盾构推进8.9公里，铺轨32公里
4	2号线一期调整方案	轮渡－泰山路	3.8	3	2019.01	2023	续建	至年底，1个暗挖站、2个明挖站进入主体结构施工阶段
5	4号线	人民会堂－大河东	30.7	24	2016.12	2022	续建	至年底，12座车站主体结构封顶。TBM/盾构区间掘进累计14.7公里
6	6号线一期	辛屯路－生态园	30.5	21	2019.12	2024	续建	至年底，前期工作全部完成，45个工点主体全面开工建设，2座明挖车站开挖见底
7	8号线南段	五四广场－青岛北站	13.1	7	2017.05	2024	续建	5座车站主体开挖完成
	合计		186.4	107				

线南段），建成项目2个（1号线北段、8号线北段）。车站封顶12座（4号线12座），轨道铺设47.6公里。完成投资175.6亿元。2个项目共70.2公里（1号线北段、8号线北段）主体结构贯通。（表8-27-1）

至2020年底，青岛市轨道交通建成线路有6条（3号线、2号线、11号线、13号线、1号线北段、8号线北段），总线路长度246.0公里，车站总数109座。

【青岛轨道交通1号线北段工程建成项目】

1号线工程起点为青岛北站，终点为东郭庄站。线路长度21.9公里，全部为地下线。设车站15座，在青岛北站与3号线、8号线换乘，在兴国路站与7号线换乘，在流亭机场站与10号线换乘，在正阳路站与9号线换乘。在东郭庄站设东郭庄车辆段1处，占地14.3公顷；在安顺路站设安顺车辆段1处，占地15.5公顷，在瓦屋庄站设瓦屋庄车辆段（停车场）1处，占地17.8公顷。设灵山卫主变（与6号线、13号线共用灵山卫主变）。控制中心设在长江西路与峨眉山路交叉口东南角；配置供电、通信、信号、动力照明、通风空调、给排水与消防、综合监控、门禁、安检、防灾报警、站台门、自动售检票、电梯及自动扶梯等运营系统设备。车辆选用三相4极异步电动机、VVVF控制的B1型车，最高运行速度100公里/小时，第三轨直流1500伏授电，6辆编组，动拖比为2:1，初期配车67列/402辆。工程总投资399.9亿元，经济指标6.4亿元/公里。1号线北段工程于2016年3月开工，于2020年开通初期运营。（图8-27-1）

2020年，此项目完成投资54.5亿元，至2020年底，车站开工15座、结构封顶累计15座，盾构推进累计14.3公里，轨道铺设累计21.9公里。

图8-27-1 青岛轨道交通1号线走向示意图

【青岛轨道交通8号线北段工程建成项目】

8号线北段工程起点为胶州北站，终点为青岛北站。线路长度48.3公里，其中地下线41.4公里，高架线6.4公里，过渡段长0.5公里。设车站11座，在胶州北站与14号线换乘，在胶东机场站与16号线支线换乘，在大涧站与8号线支线换乘，在红岛火车站与10号线、12号线换乘，在红岛科技馆（方特）站与9号线换乘，在青岛北站与1号线、3号线换

图8-27-2 青岛轨道交通8号线走向示意图

乘。在胶州北设车辆基地1处，占地36.7公顷；在大涧站西北设河套停车场1处，占地23.7公顷。设河套主变。控制中心设在河西地铁大厦；配置供电、通信、信号、通风空调、给排水、综合监控、火灾自动报警系统（FAS）、环境监控系统（BAS）、自动售检票、电梯及自动扶梯、屏蔽门等运营系统设备。车辆选用交流异步电机、VVVF调速控制B型车，最高运行速度120公里/小时，第三轨直流1500伏授电，6辆编组，动拖比为2:1，初期配车38列/224辆。工程总投资380.5亿元，经济指标5.1亿元/公里。8号线北段工程于2017年5月6日开工，于2020年开通初期运营。（图8-27-2）

2020年，此项目完成投资35.8亿元，至2020年底，车站开工11座、结构封顶累计11座，盾构推进累计19.2公里，轨道铺设累计48.3公里。

【项目管理】

（1）建设速度刷新行业新纪录。践行“时间用足，空间占满，争分夺秒”原则，全员参与、集中突击。通过专题调度、现场督查、统筹协调、交叉施工等管理手段将空间和时间充分利用；两年零七个月实现国内最长地铁海底隧道施工，且泥水盾构实现220米/月的掘进速度；32天完成过海隧道5.8公里铺轨铺设；18天完成过海隧道540公里的光电缆敷设；30天完成过海隧道供电施工等；民用通信工程在试运行初期便完成车站及区间信号覆盖，是青岛第一条试运行初期便实现民用通信功能的线路；工程进度屡创“青岛速度”，8号线北段整体仅用3年7个月开通48.3公里岩石地铁线路，建设速度创造轨道交通行业新纪录。

（2）青岛地铁全面使用电子雷管。为提高青岛地铁爆破作业质量，4月1日起各在建线路全面使用电子雷管进行爆破作业。该新型起爆材料的应用，对城市隧道周边复杂环境条件下进行爆破施工“减振降噪”发挥重要作用。

（3）健全完善渣土运输处置管理机制。严格渣土运输处置管理，提升整治行动，健全完善渣土运输处置管理机制，严格落实源头、过程、处置“三管好”要求。全面推行“渣土运输三联单”，实现车辆实时监控、签订“地铁工程规范渣土运输处置承诺书”，责任压实到人，有效解决渣土私自倒卖和违规乱弃现象。

（4）整合科技，全面打造智慧工地。利用互联网+、大数据、人工智能、5G等现代信息技术，打通数据链条，实现人、机、物的数字化集约管理，建设“智慧工地信息化集成管理系统”，形成一朵工程管理的“轨道云”，实时、全面掌控一线信息，实现安全质量的数字化管理。完成施工现场的隐患排查智能抓拍、工程车辆轨迹追踪、环境实时监测、实名制劳务管理、爆破震动自动化监测等方面的智慧化改造，随平台建设逐步实现智慧管控、智能抓拍、智能统计，实现智慧管理目标。

【新工艺工法】

6号线设计建造6座装配式车站，是大规模应用装配式技术、采用桩撑支护体系转化下施工的地铁线，实现车站公共区装配率100%；6号线在青岛地铁首次采用可循环使用的装配式围挡，美观大方、免维护；在全省首次采用预制轨道板，施工速度快、质量好，施工速度提升50%；全线调流路全部采用人造路沿石代替花岗岩，保护绿水青山，节约投资约百万元；采用液压旋挖桩头，此钻头在土层钻挖过程中，采用液压方式把钻头内土挤压出来，避免钻头抖动甩土产生的噪音，降低对周围环境的噪音污染。

4号线在顶板施工中引入单组份聚氨酯喷涂防水材料取代传统的聚氨酯防水涂料，相比传统工艺，新工艺施工速度快，和混凝土基面贴合度更高，对混凝土基面的处理基本无要求，比常规防水涂料用料更加节省，已在部分车站推广引用；4号线共6座过街通道，埋深浅且地面交通流量大，项目公司多次研究，在人民会堂站、劲松四路站等车站采用顶管法施工，是在青岛地铁的首次应用，解决明挖管线迁改和交通调流协调难、费用高、周期长以及暗挖风险大、进度慢的问题，具有良好社会效益和经济效益；在沙子口站引进渣土环保再生设备，渣土环保再生设备系统的泥浆循环系统在运行时，可以分离出适宜隧道盾构泥浆循环要求的泥浆，最后供给盾构掘进系统循环使用，可减少盾构掘进系统膨润土新浆制浆量，降低盾构施工的费用。设备分离出的砂可直接用于管片后同步注浆砂浆的制作，节省盾构机施工费用。渣土环保再生设备系统进行土压盾构渣土处置，可消除渣土运输、堆置对环境造成的污染，解决渣土外运对项目施工的影响，具有良好的社会、环境、经济效益。

（青岛地铁集团有限公司 车增军）

28 河南省郑州市

【概况】

郑州市城市轨道交通工程建设由郑州地铁集团有限公司承担。

2020年，郑州轨道交通建设项目11个，共263.9公里，170座车站。其中续建项目3个（10号线一期、南四环至郑州南站城郊铁路二期、郑州机场至许昌市域铁路〔郑州段〕），新开工项目6个（3号线二期、6号线一期首通段、6号线一期东北段、7号线一期、8号线一期、12号线一期），建成项目2个（3号线一期、4号线）。完成车站开工69座（3号线二期4座，6号线10座，7号线一期17座，8号线一期27座，12号线一期11座），车站封顶28座（3号线一期4座、郑州机场至许昌市域铁路〔郑州段〕2座、3号线二期1座、6号线10座、7号线一期1座、10号线一期10座），轨道铺设134.2公里。完成投资326.0亿元。（表8-28-1）

至2020年底，郑州市轨道交通建成线路有7条（1号线、2号线、3号线一期、4号线、南四环至郑州南站城郊线铁路一期、5号线、14号线一期），总线路长度206.4公里，车站总数153座。

【郑州轨道交通3号线一期工程建成项目】

3号线一期工程起点为新柳路站，终点为航海东路站。线路长度25.5公里，全部为地下线。设车站21座，在新柳路站与4号线换乘，在东风路站与8号线换乘，在海滩寺站与5号线换乘，在金水路站与7号线换乘，在二七广场站与1号线换乘，在东大街站与2号线换乘，在未来大道站与6号线换乘，在中州大道站与4号线换乘，在黄河东路站与12号线换乘，在省骨科医院站与5号线换乘，在博学路站与8号线换乘。在航海东路设车辆段1处，占地33.7公顷；在北端头贾鲁河设停车场1处，占地16.8公顷。与1号线共用新华主变，与5号线共用稼轩主变。控制中心设在国铁郑州东站南侧；配置供电、通信、信号、通风空调、给排水与消防、设备监控、防灾报警、屏蔽门、自动售检票、电梯及自动扶梯等运营系统设备。车辆选用A型车，最高运行速度80公里/小时，接触网直流1500伏授电，6辆编组，动拖比为2:1，初期配车15列/90辆。工程总投资206.0亿元，经济指标8.1亿元/公里。3号线一期工程于2016年12月1日开工，于2020年12月26日开通初期运营。（图8-28-1）

2020年郑州市城市轨道交通建设项目汇总表

表8-28-1

序号	线路名称	起讫点	线路长度（公里）	车站（座）	开工时间（年月）	预计通车时间（年）	工程建设情况	重大工程节点
1	3号线一期	新柳路－航海东路	25.5	21	2016.12	2020	建成	12月26日实现初期运营
2	4号线	老鸦陈－郎庄	29.2	27	2016.12	2020	建成	12月26日实现初期运营
3	南四环至郑州南站城郊铁路二期	新郑机场－郑州南站	9.1	4	2017.12	2021	续建	至年底，“洞通，轨通，电通”，风水电安装累计完成60%以上
4	郑州机场至许昌市域铁路(郑州段)	机场北站－郑州与许昌市界	33.4	16	2017.12	2022	续建	至年底，全线车站全部封顶，实现15个区间双线贯通，区间隧道累计完成97%，轨道安装累计完成46%，风水电安装全面开工
5	10号线一期	郑州火车站－郑州西站	21.7	12	2017.11	2022	续建	预计2021年车站全部封顶、全线“洞通、轨通、电通”，2022年全线通车试运行
6	6号线一期首通段	贾峪镇－临湖路	17.6	10	2017.11	2021	续建	盾构推进14.2公里，完成铺轨27.6公里
7	3号线二期	航海东路－经南十五路	6.3	4	2020.03	2022	新开工	预计2021年车站全部封顶，2021年全线“洞通、轨通”，2022年全线“电通”、通车试运行
8	6号线一期东北段	冯湾－龙湖北	25.8	18	2020.06	2023	新开工	正在有序施工
9	7号线一期	东赵－侯寨	26.8	20	2020.06	2023	新开工	预计2021年车站全部开工建设，2022年车站全部封顶，2023年全线“洞通、轨通、电通”、通车试运行
10	8号线一期	天健湖－绿博园	51.5	27	2020.05	2023	新开工	正在进行主体结构施工
11	12号线一期	圣佛寺－龙子湖东	17.0	11	2020.06	2023	新开工	至年底，全线11座车站全部开工；12月31日全线首台盾构机：出入段线–圣佛寺站区间右线盾构始发
	合计		263.9	170				

注：南四环至郑州南站城郊铁路二期将与郑州南站同期运营。
郑州机场至许昌市域铁路工程（郑州段）含同步实施规划17号线港区北站（含）一机场北站（不含）一站一区间。
郑州10号线一期项目为补录。

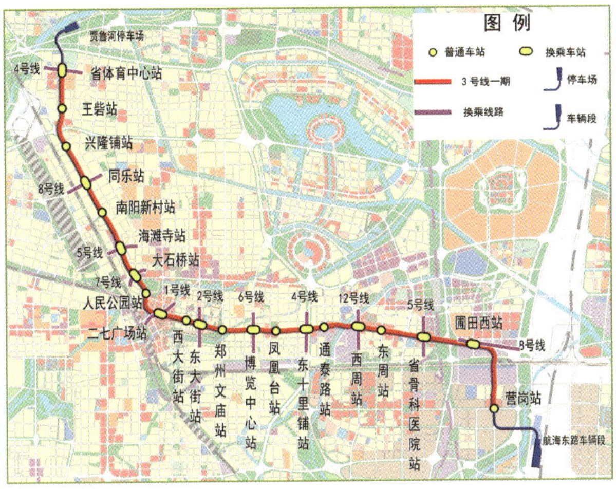

图8-28-1 郑州轨道交通3号线一期走向示意图

2020年，此项目完成投资33.7亿元，至2020年底，车站开工21座、结构封顶累计21座，盾构推进累计30.2公里，轨道铺设累计58.7公里。

【郑州轨道交通4号线工程建成项目】

4号线工程起点为老鸦陈站，终点为郎庄站。线路长度29.2公里，全部为地下线。设车站27座，在东十里铺站与3号线换乘，在文化路站与7号线换乘，在国基路站与2号线换乘，在龙源八街站与6号线换乘，在龙湖中环路站与8号线换乘，在如意湖北站与5号线换乘，在会展中心站与1号线换乘，在商都路站与3号线换乘，在航海东路站与5号线换乘，在星火路站与12号线换乘，在河西北路站与16号线换乘。在高新区欢合村设车辆段1处，占地31.3公顷；在管城区郎庄村设停车场1处，占地10公顷。与1号线共用会展中心主变，与2号线共用国基路主变。控制中心设在国铁郑州东站南侧；配置通信信号、综合监控、供电工程、通风和空调、站台门、给排水及消防、自动扶梯及电梯、自动售检票系统、安防系统、门禁系统、电气火灾监控系统、人防工程及车辆段工艺设备等运营系统设备。车辆选用B型车，最高运行速度80公里/小时，接触网直流1500伏授电，6辆编组，动拖比为2:1，初期配车31列/186辆。工程总投资195.7亿元，经济指标6.7亿元/公里。4号线工程于2017年1月1日开工，于2020年12月26日开通初期运营。（图8-28-2）

2020年，此项目完成投资167亿元，至2020年底，车站开工27座、结构封顶累计27座，盾构推进累计28.5公里，轨道铺设累计83.8公里。

【郑州轨道交通10号线一期工程续建项目】

10号线一期工程起点为郑州西站，终点为郑州火车站。线路长度21.7公里，全部为地下线。设车站12座，在郑州西站与21号线换乘、在市委党校站与14号线换乘、在市中心医院站与5号线换乘、在绿城广场站与1号线和9号线换乘、在医学院站与1号线和7号线换乘、在郑州火车站与1号线换乘。在红石坡设停车场1处，占地30.6公顷。设郑州西

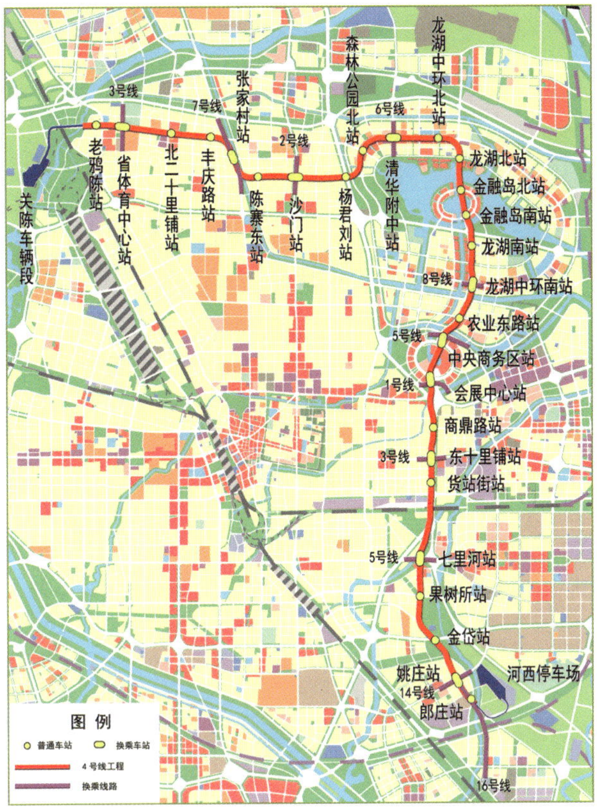

图8-28-2 郑州轨道交通4号线走向示意图

站主变。控制中心设在第二调度中心；配置供电、通信、信号、通风空调、给排水与消防、设备监控、防灾报警、屏蔽门、自动售检票、电梯及自动扶梯等运营系统设备。车辆选用A型车，最高运行速度100公里/小时，接触网直流1500伏授电，6辆编组，动拖比为2:1，初期配车18列/108辆。工程总投资153.3亿元，经济指标4.5亿元/公里。10号线一期工程于2017年11月1日开工，计划于2022年开通初期运营。（图8-28-3）

2020年，此项目完成投资21.3亿元，至2020年底，车站开工12座、结构封顶累计12座，盾构推进累计34.4公里。

【郑州轨道交通3号线二期工程新开工项目】

3号线二期工程起点为航海东路站，终点为经南十五路站。线路长度6.3公里，全部为地下线。设车站4座，在司庄站与11号线换乘，在南曹站与14号线换乘。与1号线共用新华主变，与5号线共用稼轩主变。控制中心设在郑州东站西侧；配置供电、通信、信号、通风空调、给排水与消防、设备监控、防灾报警、屏蔽门、自动售检票、电梯及自动扶梯等运营系统设备。车辆选用A型车，最高运行速度80公里/小时，接触网直流1500伏授电，6辆编组，动拖比为2:1，初期配车10列/60辆。工程总投资38.2亿元，经济指标6.1亿元/公里。3号线二期工程于2020年3月13日开工，计划于2022年开通初期运营。（图8-28-4）

2020年，此项目完成投资7.3亿元，至2020年底，车站

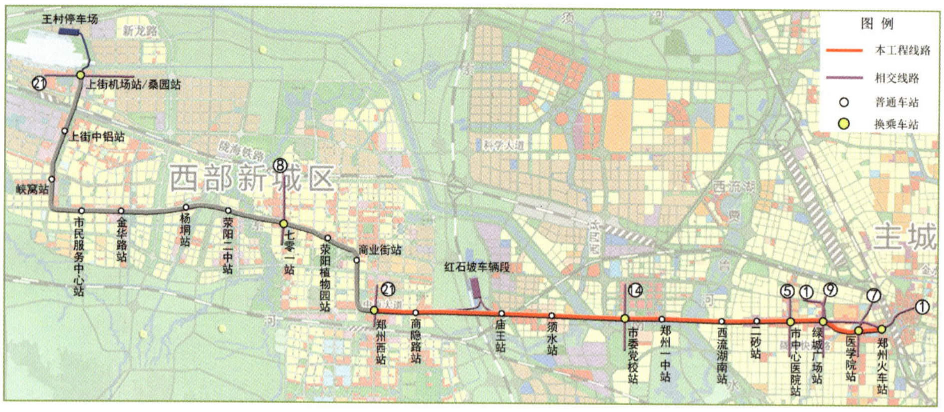

图8-28-3 郑州轨道交通10号线一期走向示意图

图8-28-4 郑州轨道交通3号线二期走向示意图

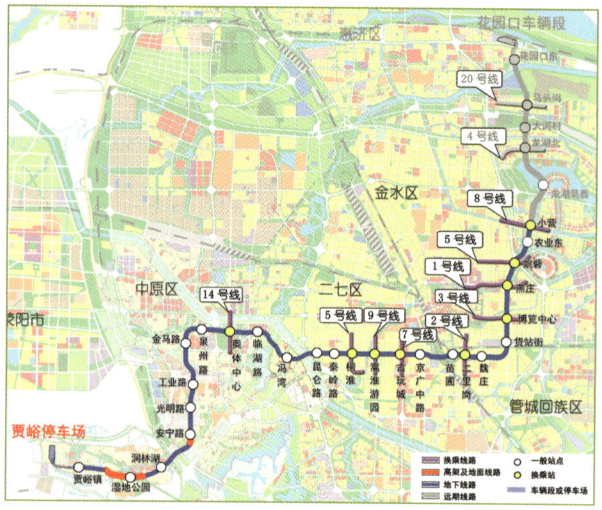

图8-28-5 郑州轨道交通6号线一期走向示意图

开工4座、结构封顶累计1座，盾构推进累计2.2公里。

【郑州轨道交通6号线一期首通段工程新开工项目】

6号线一期首通段工程起点为贾峪镇站，终点为临湖路站。线路长度17.6公里，其中地下线14.8公里，地面线2.8公里。设车站10座，在奥体中心站与14号线换乘。在贾峪镇站西侧设贾峪停车场1处，占地36.1公顷。设置9座牵引降压混合变电所（其中停车场设置牵引降压混合变电所1座），降压变电所2座，跟随式降压变电所4座。临时控制中心设在贾峪停车场；配置供电、通信、信号、通风空调、给排水与消防、设备监控、防灾报警、屏蔽门、自动售检票、电梯及自动扶梯等运营系统设备。车辆选用A型车，最高运行速度80公里/小时，接触网直流1500伏授电，6辆编组，动拖比为2:1，初期配车15列/90辆。工程总投资127.0亿元，经济指标8.9亿元/公里。6号线一期首通段工程于2017年11月1日开工，计划于2021年开通初期运营。（图8-28-5）

2020年，此项目完成投资22.7亿元，至2020年底，车站开工10座、结构封顶累计10座，盾构推进累计14.2公里，轨道铺设累计27.6公里。

【郑州轨道交通6号线一期东北段工程新开工项目】

6号线一期东北段工程起点为冯湾站，终点为龙湖北站。线路长度25.8公里，均为地下线。设车站18座，在桐淮、姚砦站与5号线换乘，在古玩城站与7号线换乘，在嵩淮游园站与9号线换乘，在二里岗站与2号线换乘，在博览中心站与3号线换乘，在燕庄站与1号线换乘，在小营站与8号线换乘，在龙湖北站与4号线换乘。在贾峪镇站设贾峪停车场1处，占地36.1公顷。设置13座牵引降压混合变电所，独立式降压变电所5座，跟随式降压变电所6座主变。临时控制中心设在贾峪停车场；配置供电、通信、信号、通风空调、给排水与消防、设备监控、防灾报警、屏蔽门、自动售检票、电梯及自动扶梯等运营系统设备。车辆选用A型车，最高运行速度80公里/小时，接触网直流1500伏授电，6辆编组，动拖比为2:1，初期配车40列/240辆。工程总投资171.5亿元，经济指标6.9亿元/公里。6号线一期东北段工程于2020年6月1日开工，计划于2023年开通初期运营。（图8-28-5）

2020年，此项目完成投资9.1亿元，至2020年底，车站开工18座。

【郑州轨道交通7号线一期工程新开工项目】

7号线一期工程起点为东赵站，终点为侯寨站。线路长度26.8公里，全部为地下线。设车站20座，在黄河迎宾馆站与2号线换乘，在张家村站与4号线换乘，在白庙站与8号线换乘，在郑州人民医院站与5号线换乘，在大石桥站与3号线换乘，在医学院站与1号线和10号线换乘，在古玩城站与6号线换乘，在孙八寨站与5号线换乘，在王胡砦站与14号线换乘，在南环公园站与15号线换乘，在侯寨站与9号线换乘。在东赵站北设停车场1处，占地10.9公顷；在侯寨站南端设南环车辆段1处，占地22.2公顷。设鼎盛大道和郑州北主变（与3号线、7号线共用郑州北主变）。控制中心设在第二调度中心；配置供电、通信、信号、通风空调、给排水与消防、设备监控、防灾报警、屏蔽门、自动售检票、电梯及自动扶梯等运营系统设备。车辆选用A型车，最高运行速度100公里/小时，接触网直流1500伏授电，6辆编组，动拖比为2:1，初期配车30列/180辆。工程总投资230.5亿元，经济指标8.6亿元/公里。7号线一期工程于2020年6月15日开工，计划于2023年开通初期运营。（图8-28-6）

2020年，此项目完成投资10.9亿元，至2020年底，车站开工19座，结构封顶累计1座。

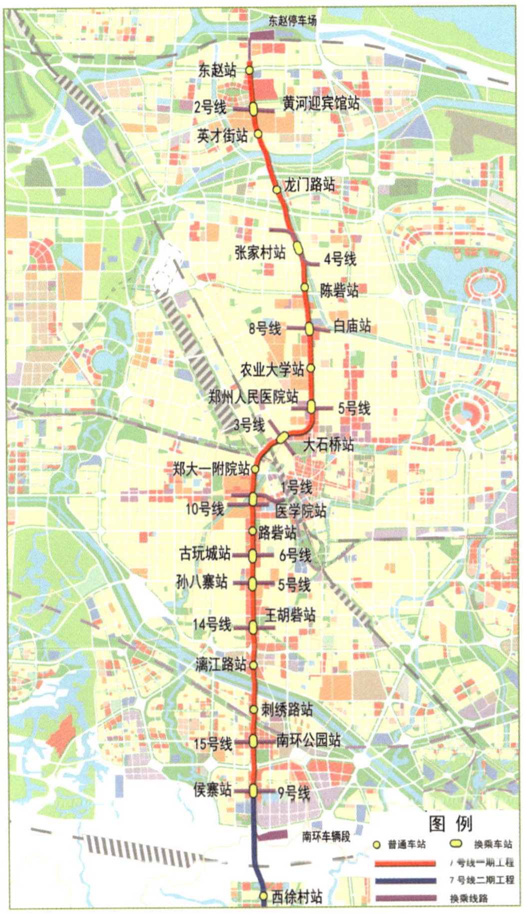

图8-28-6 郑州轨道交通7号线一期走向示意图

【郑州轨道交通8号线一期工程新开工项目】

8号线一期工程起点为天健湖站，终点为绿博园站。线路长度51.5公里，全部为地下线。设车站27座，在郑州大学站与1号线换乘，在五龙口西站与9号线换乘，同乐站与3号线换乘，白庙站与7号线换乘，在东风路站与2号线换乘，在小营站与6号线换乘，在龙湖中环路站与4号线换乘，在胡庄站与12号线换乘，在郑州东站与1号线换乘，在圃田西站与3号线换乘，在小南岗站与20号线换乘，在李湖桥站与13号线换乘。在梧桐街设停车场1处，占地14.9公顷；在圃田设车辆段1处，占地31.5公顷。设东风路主变（与13号线、20号线共用绿博大道主变）。控制中心设在第二调度中心；配置通信信号、综合监控、供电工程、通风和空调、站台门、给排水及消防、自动扶梯及电梯、自动售检票系统、安防系统、门禁系统、电气火灾监控系统、人防工程及车辆段工艺设备等运营系统设备。车辆选用A型车，最高运行速度100公里/小时，接触网直流1500伏授电，6辆编组，动拖比为2:1，初期配车31列/186辆。工程总投资272.0亿元，经济指标6.3亿元/公里。8号线一期工程于2020年5月5日开工，计划于2023年开通初期运营。（图8-28-7）

2020年，此项目完成投资14.4亿元，至2020年底，车站开工27座。

【郑州轨道交通12号线一期工程新开工项目】

12号线一期工程起点为圣佛寺站，终点为龙子湖东站。线路长度17.0公里，全部为地下线。设车站11座，在圣佛寺站与14号线换乘，在福塔东站与5号线换乘，在西周站与3号线及K2线换乘，在黄河南路站与1号线换乘，在儿童医院站与5号线换乘，在胡庄站与8号线换乘，在龙子湖站与1号线换乘。在南四环与机场高速交叉口西北象限设车辆段1处，占地28.3公顷。设经开主变和郑信路主变。控制中心设在国铁高铁东站南侧；配置供电、通信、信号、通风空调、给排水与消防、设备监控、防灾报警、屏蔽门、自动售检票、电梯及自动扶梯等运营系统设备。车辆选用B型车，最高运行速度100公里/小时，接触网直流1500伏授电，6辆编

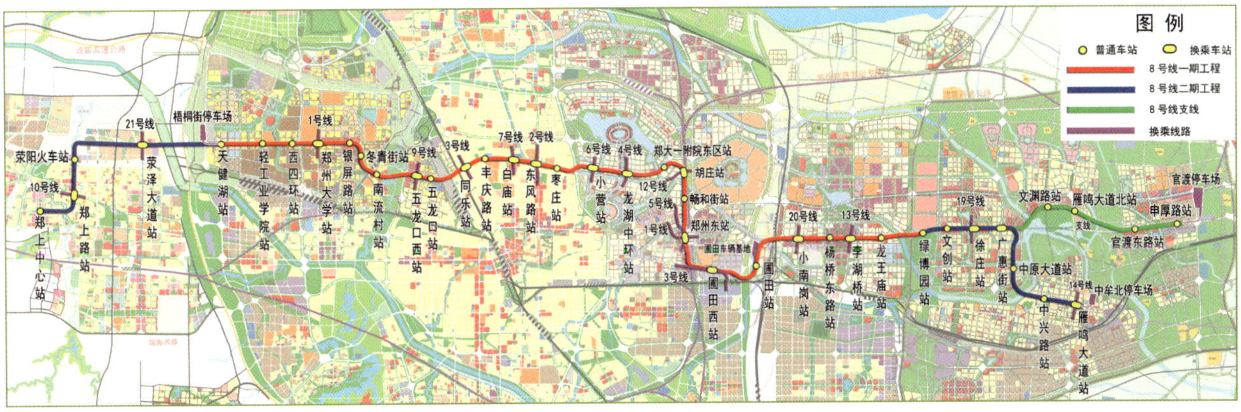

图8-28-7 郑州轨道交通8号线一期走向示意图

组，动拖比为2:1，初期配车16列/96辆。工程总投资130.0亿元，经济指标7.6亿元/公里。12号线一期工程于2020年6月30日开工，计划于2023年开通初期运营。（图8-28-8）

2020年，此项目完成投资10.0亿元，至2020年底，车站开工11座。

【项目管理】

充分发挥“管”的作用，强化整体作战能力；提升“理”的水平，全面推进标准体系化建设。严格落实“三三制”工程管理工作机制，坚持抓重点、抓关键、抓控制节点和抓源头、控过程、重验收工作思路，重点做好重大风险源专项治理和施工组织方案的专家论证、评审工作，紧盯关键节点条件核查，以高标管理“管”出高品质地铁工程。通过构建智慧工地建设标准、质量安全管理标准、履约评价标准、精细化文明施工标准等为主要内容的一体化管理标准体系，形成富有郑州地铁文化标识、广受参建单位认同的工程建设管理模式。以2号线二期“零问题”开通“个例”变成“常态”为目标，持续用好“运营倒逼”机制，优化固化新线介入问题分级、分类管理机制，深化细化问题现场整改、对接沟通、争议问题处理三大工作机制，新线介入问题整改效率、效果大幅提升。4号线初期运营前，安全评估发现的问题实现全专业“清零”。以文明城市复审、卫生城市复审、“一周一节”活动为契机，持续开展精细化管理提升活动。37个工地获得“绿牌工地”称号，城郊铁路二期工程获得“河南省市政工程省级文明工地”。

坚持“质量第一、安全先行”“进度服从质量安全”原则，按照“定制式、菜单式”管理方式，从设计环节着手，精准辨识风险类别、风险等级，细分管理和技术要求，加强施工组织设计方案审核把关，区别性地采取评审、备案、审批、分级授权等管理策略，管控好质量安全风险源头。高水平建设应急救援基地和应急抢险队伍，积极推动建设“以公司为主导、施工单位为核心、救援队伍为保障、领域专家为指导”应急管理体系，切实提升应急响应与决策、现场指挥与协调、应急联动保障等能力，筑牢安全底线。

图8-28-8 郑州轨道交通12号线一期走向示意图

【新工艺工法】

郑州机场至许昌市域铁路工程（郑州段）盾构区间穿越城郊线区间隧道时，盾构下穿影响区域长达56米，正穿长度达23米，区间隧道与既有城郊线隧道最小净距仅2.5米，这是郑州首例无预加固措施穿越（裸穿）既有运营地铁线，施工风险大。为确保掘进过程中将道床形变量严格控制在设计范围内，施工项目部通过设立试验段模拟下穿施工并总结掘进各项参数、布置深层沉降孔以模拟既有线隧道沉降情况，下穿期间采用克泥效工法、深孔注浆，自动化监测等技术手段，实现区间下穿既有城郊线累计隆沉值控制在±1毫米以内，安全顺利完成盾构下穿施工。

郑州机场至许昌市域铁路工程（郑州段）盾构区间穿越新郑机场。隧道要先后下穿机场第一跑道、联络道、H滑道、G滑道，T1航站楼。穿越机场飞行区期间，每日数百架次航班的起降，对地表沉降要求高。穿越航站楼期间，盾构机距离其桩基最小距离仅3米，同时还叠加小曲率半径转弯、不利地层等多种风险，施工难度前所未有。为确保盾构机顺利穿越机场，在盾构始发前，多次召开专题会议，组织技术骨干对专项施工方案和各项应急预案进行优化，并邀请盾构施工专家进行评审。盾构机始发后，通过试推阶段的实验，确定穿越机场时的各项参数范围，并利用自动化监测系统，实时采集机场内地面沉降数据，动态调整施工参数，始终将沉降值控制在3毫米以内，远小于允许的10毫米限值。

3号线未来大道站采用的大直径污水干管修复工艺技术为郑州地铁首创。未来大道站南侧5米处存在一根DN2000污水管，埋深9米，为郑州市区污水主干管，设计流量36万立方米/天，沿郑汴路东西向敷设，上跨车站1号出入口。本技术采用将污水过桥抽排，从管道内部对破损段进行修复，取得较好的应用效果。该技术在不封闭交通的情况下，从管道内部对DN2000污水主干管进行修复，规避明挖施工对环境的污染和破坏，避免上方管线的改迁。修复质量经检测合格，延长污水干管的服务年限，得到建设单位、产权单位的充分肯定，为其他类似工程提供可参考的技术数据。

（郑州地铁集团有限公司）

29 河南省洛阳市

【概况】

洛阳市城市轨道交通工程建设由洛阳市轨道交通集团有限责任公司承担。

2020年，洛阳轨道交通建设项目2个，共43.6公里，34座车站。其中续建项目2个（1号线、2号线一期）。完成车站开工34座（1号线19座、2号线15座），车站封顶34座（1号线19座、2号线15座），轨道铺设110.5公里。完成投资91.5亿元。2个项目共41.5公里（1号线17个盾构区间实现双向贯通、2号线13个盾构区间实现双向贯通）主体结构贯通。（表8-29-1）

【项目管理】

2020年，以计划管理为牵引，绩效考核为抓手，建立集团公司内部三级和各参建单位的外部三级计划管理体系，制定完善《生产经营计划管理办法》《组织绩效管理办法》（初稿）。为保障1号线顺利开通初期运营，7月，制定并发布《洛阳市轨道交通1号线保通实施方案》，制定关键节点16项，关键节点129项。根据保通方案组织计划人员深入现场开展进度及质量巡检，动态跟踪管控计划执行情况，编制1号线月度保通工作简报，及时发现存在的问题，提出节点预警，并建立例会协调工作机制，每月召开1号线保通领导小组会议，每周召开总经理保通工作例会，协调解决1号线保通工作事项。为有效贯彻落实《1号线保通内部实控方案》中各项目标和任务，组织开展1号线专项绩效考核，制定《1号线保通目标责任考核实施细则（试行）》，组织集团公司分管领导、各部门、参建单位签订《1号线保通目标责任书》，每月组织督查考核小组对1号线保通目标进行现场检查、考核、评价，双月出具考核报告并进行通报，激励各部门工作的积极性，保障1号线顺利开通运营。

（洛阳市轨道交通集团有限责任公司 牟岩松）

2020年洛阳市城市轨道交通建设项目汇总表 表8-29-1

序号	线路名称	起讫点	线路长度（公里）	车站（座）	开工时间（年月）	预计通车时间（年）	工程建设情况	重大工程节点
1	1号线	谷水－杨湾	25.3	19	2017.06	2021	续建	至年底，实现全线“电通”“冷滑”“热滑”，顺利通过项目验收
2	2号线一期	二乔路－八里唐	18.3	15	2018.12	2022	续建	至年底，15座车站主体建设全部完工
	合计		43.6	34				

注：2号线一期站名原经三路至龙门大道，调整为：二乔路至八里唐。

30 湖北省武汉市

【概况】

武汉市城市轨道交通工程建设由武汉地铁集团有限公司承担。

2020年，武汉轨道交通建设项目11个，共230.0公里，118座车站。其中续建项目6个（5号线一期、6号线二期、11号线东段二期、11号线三期、19号线、汉南线），新开工项目3个（12号线江北段、12号线武昌段、前川线），建成项目2个（8号线二期、11号线葛店段）。完成车站开工15座（11号线三期1座，19号线5座，前川线9座），车站封顶17座（5号线一期3座，6号线二期2座，8号线二期1座，11号线葛店段1座，19号线1座，汉南线7座，前川线2座），轨道铺设104.0公里。完成投资336.4亿元。2个项目共21.3公里（8号线二期、11号线葛店段）主体结构贯通。（表8-30-1）

至2020年底，武汉市轨道交通建成线路有9条（1号线、2号线〔含机场线〕、3号线、4号线、6号线、7号线〔含纸坊线〕、8号线、11号线东段及葛店段、21号线〔阳逻线〕），总线路长度360.0公里，车站总数240座。

【武汉轨道交通8号线二期工程建成项目】

8号线二期工程起点为梨园站，终点为野芷湖站。线路长度17.6公里，其中均为地下线。设车站12座，在街道口站与2号线换乘，在马房山站与11号线东段二期换乘。在

2020年武汉市城市轨道交通建设项目汇总表

表8-30-1

序号	线路名称	起讫点	线路长度（公里）	车站（座）	开工时间（年月）	预计通车时间（年）	工程建设情况	重大工程节点
1	8号线二期	梨园－野芷湖	17.6	12	2016.10	2020	建成	至年底，该项目建成，具备通车运行条件
2	11号线葛店段	左岭－葛店南	3.7	1	2019.05	2020	建成	至年底，该项目建成，具备通车运行条件
3	5号线一期	南三环－武汉火车站	35.2	25	2016.12	2021	续建	至年底，车站开工25座、结构封顶累计24座，盾构推进累计38公里，轨道铺设累计65公里
4	6号线二期	金银湖公园－富民南路	7.0	5	2017.07	2021	续建	至年底，车站开工5座、结构封顶累计5座，盾构推进累计9.4公里，轨道铺设累计14.4公里
5	11号线东段二期	光谷火车站－武昌火车站	12.5	7	2016.12	2023	续建	至年底，车站开工6座、结构封顶累计2座，盾构推进累计2.2公里
6	11号线三期	武昌火车站－张家湾停车场	4.0	2	2018.12	2023	续建	至年底，车站开工1座
7	19号线	武汉火车站－高新二路	21.2	6	2019.02	2024	续建	至年底，车站开工6座、结构封顶累计1座
8	汉南线	周家河－国博中心南	32.3	12	2017.07	2021	续建	至年底，车站开工12座、结构封顶累计11座，盾构推进累计11.5公里，轨道铺设累计22.3公里
9	12号线武昌段	科普公园（不含）－青菱	22.0	14	2020.03	2024	新开工	至年底，车站开工13座、结构封顶累计1座
10	12号线江北段	科普公园－青菱（不含）	37.9	23	2020.11	2025	新开工	至年底，车站开工4座
11	前川线	黄陂广场－园博园北	36.5	11	2020.05	2024	新开工	至年底，车站开工10座、结构封顶累计2座，盾构推进累计1.3公里
	合计		230.0	118				

注：因小数进位原因，线路合计长度实际为230.0公里。

野芷湖设停车场1处，占地10.6公顷。8号线二期与4号线共用铁机村主变、与7号线共用野芷湖主变。控制中心设置在铁机路线网管理服务中心；配置供电、通信、信号、通风空调、给排水与消防、设备监控、防灾报警、屏蔽门、自动售检票、电梯及自动扶梯等运营系统设备。车辆选用交流异步电机、VVVF调速控制A型车型车，最高运行速度80公里/小时，第三轨直流1500伏授电，6辆编组，动拖比为2:1，初期配车22列/132辆。工程总投资147.1亿元，经济指标8.4亿元/公里。8号线二期工程于2016年10月1日开工，于2020年通车运行。（图8-30-1）

2020年，此项目完成投资21.2亿元，至2020年底，车站开工12座、结构封顶累计12座，盾构推进累计35.2公里，轨道铺设累计35.2公里。

【武汉轨道交通11号线葛店段工程建成项目】

11号线葛店段工程起点为左岭站，终点为葛店南站。线路长度3.7公里，全部为地下线。设车站1座。与11号线一期共用未来三路主变、与2号线南延共用光谷广场主变电所主变。控制中心设在光谷控制中心；配置供电、通信、信号、通风空调、给排水与消防、设备监控、防灾报警、屏蔽门、自动售检票、电梯及自动扶梯等运营系统设备。车辆选用交流异步电机、VVVF调速控制A型车，最高运行速度100公里/小时，第三轨直流1500伏授电，6辆编组，动拖比为2:1，初期配车3列/18辆。工程总投资16.3亿元，经济指标4.4亿元/公里。11号线葛店段工程于2019年7月29日开工，于2020年通车运行。（图8-30-2）

2020年，此项目完成投资8.2亿元，至2020年底，车站开工1座、结构封顶累计1座，盾构推进累计3.7公里，轨道铺设累计3.7公里。

【武汉轨道交通12号线武昌段工程新开工项目】

12号线武昌段工程起点为科普公园站（不含），终点为青菱站。线路长度22.0公里，全部为地下线。设车站14座，在园林路站与4号线换乘，在武昌火车站与4号线、7号线换乘。在板桥设停车场1处。控制中心设在国博控制中心；配置供电、通信、信号、通风空调、给排水与消防、设备监控、防灾报警、屏蔽门、自动售检票、电梯及自动扶梯等运营系统设备。车辆选用A型车，最高运行速度120公里/小时，第三轨直流1500伏授电，6辆编组，动拖比为2:1。12号线武昌段工程于2020年3月30日开工，计划于2024年开通初期运营。（图8-30-3）

2020年，此项目完成投资24.4亿元，至2020年底，车站开工13座、结构封顶累计1座。

【武汉轨道交通12号线江北段工程新开工项目】

12号线江北段工程起点为青菱站（不含），终点为科普公园站。线路长度37.9公里，全部为地下线。设车站23座，在兴业路站与3号线换乘，在十里铺站与4号线换乘。在丹水池设车辆段1处；在复兴村设停车场1处。控制中心

图8-30-1 武汉轨道交通8号线二期走向示意图

图8-30-3 武汉轨道交通12号线武昌段/江北段走向示意图

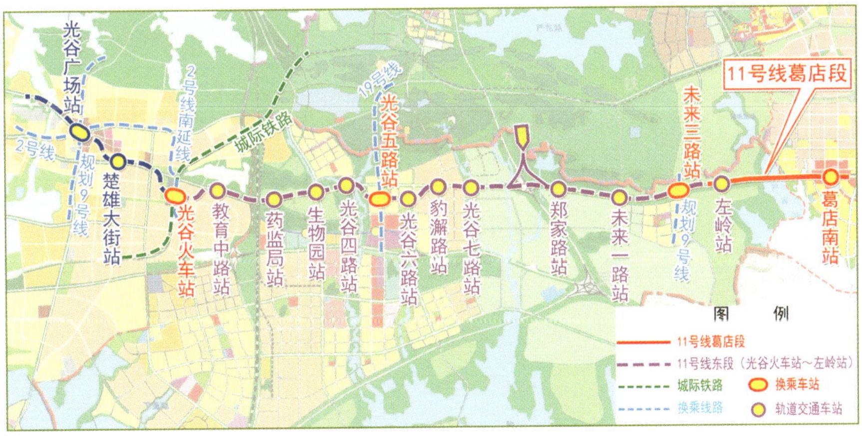

图8-30-2 武汉轨道交通11号线葛店段走向示意图

设在国博控制中心；配置供电、通信、信号、通风空调、给排水与消防、设备监控、防灾报警、屏蔽门、自动售检票、电梯及自动扶梯等运营系统设备。车辆选用A型车，最高运行速度120公里/小时，第三轨直流1500伏授电，6辆编组，动拖比为2:1。12号线江北段工程于2020年11月30日开工，计划于2025年开通初期运营。（图8-30-3）

2020年，此项目完成投资5.0亿元，至2020年底，车站开工16座。

【武汉轨道交通前川线工程新开工项目】

前川线工程起点为黄陂广场站，终点为园博园北站。线路长度36.5公里，其中地下线12.8公里，地面线1.1公里，高架线22.6公里。设车站11座，在巨龙大道站与2号线换乘。在前川新城设车辆段1处，占地40.4公顷。设川龙主变。控制中心设在三金潭控制中心。车辆选用A型车，最高运行速度120公里/小时，第三轨直流1500伏授电，6辆编组，动拖比为2:1，初期配车30列/180辆。工程总投资175.6亿元，经济指标4.8亿元/公里。前川线工程于2020年5月31日开工，计划于2024年开通初期运营。（图8-30-4）

2020年，此项目完成投资24.0亿元，至2020年底，车站开工10座、结构封顶累计2座，盾构推进累计1.3公里。

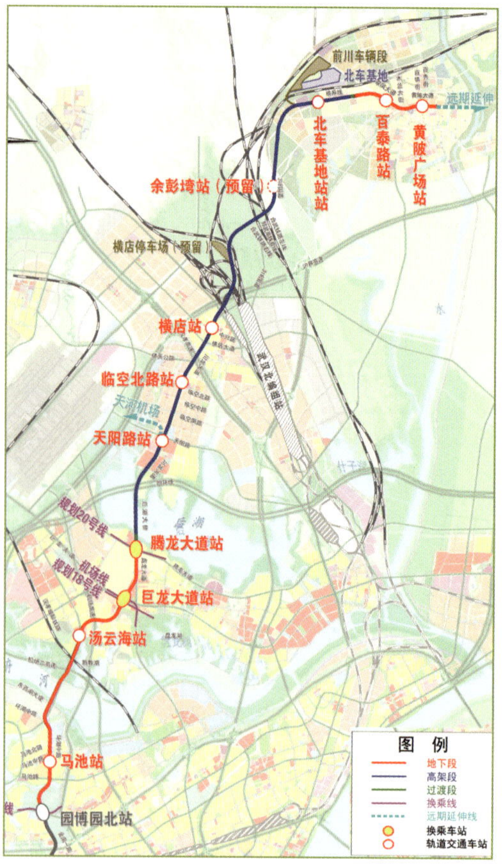

图8-30-4 武汉轨道交通前川线走向示意图

【项目管理】

全面实行首件验收和“三检制”，深入推行质量标准化和样板工地建设。突出全过程质量控制，坚决遏制各类质量问题苗头，对渗漏水、管片错台等出现较多的质量问题专题研究，专项整改。编制《建设事业总部管片质量管理办法》，加强进场材料质量管控，开展车站结构和区间渗漏水、商砼质量、道路恢复质量等专项检查，突击检查8家管片厂、15家供应量较大的商砼站，对发现的问题及时跟踪督办。强化工程质量标准化管理，开展盾构施工质量安全观摩活动，不断推广总结质量管理好经验、好做法。2020年，武汉轨道交通6号线一期工程荣获国家优质工程金奖。

【新工艺工法】

11号线三期葛店段工程土建工程施工工期紧张，现场多个单位交叉施工，为满足其他单位作业条件，同时施工中板及轨顶风道混凝土，需要在洞口下方搭设门式支架，预留好其他单位作业空间及轨道试运营条件，形成“单侧悬挂式门式支架施工工法”。运用在11号线三期葛店段工程土建工程中板（厚度400毫米）及轨顶风道（厚度200毫米）门式架跨度5.5米、长23.0米混凝土板浇筑，在保证作业人员安全的前提下，节约多个单位的施工时间，施工进度得到保证。该单侧悬挂式门式支架施工工艺在现场施工中实施，取得预期效果。

（武汉地铁集团有限公司 李沛）

31 湖南省长沙市

【概况】

长沙市城市轨道交通工程建设由长沙市轨道交通集团有限公司承担。

2020年，长沙轨道交通在建设项目5个，共134.3公里，90座车站。其中续建项目1个（6号线），新开工项目2个（1号线北延一期、长株潭城际西环线一期），建成项目2个（3号线一期、5号线一期）。完成车站开工22座（1号线北延一期5座、6号线9座、长株潭城际西环线一期8座），车站封顶17座（3号线一期2座、6号线13座、长株潭城际西环线一期2座），轨道铺设122.1公里。完成投资147.8亿元。（表8-31-1）

至2020年底，长沙轨道交通建成线路有6条（1号线一期、2号线一期、3号线一期、4号线一期、5号线一期、磁浮快线），总线路长度161.0公里，车站总数114座。

【长沙轨道交通3号线一期建成项目】

3号线一期工程起点为山塘站，终点为广生站。线路长度36.5公里，均为地下线。设车站25座，在侯家塘站与1号线换乘，在长沙火车站与2号线换乘，在阜埠河站与4号线换乘，在月湖公园北站与5号线换乘，在朝阳村站与6号线换乘。在坪塘镇南三环南侧、规划联江路北侧设洋湖垸车辆段1处，占地30.0公顷；在长沙县星沙镇龙角路东侧、开元路南侧、东十一路西侧地块、319国道北侧地块设龙湘停车场1处，占地14.0公顷。设星沙主变和铁道学院主变（与1号线共用铁道学院主变）。控制中心接入2号线杜花路控制中心；配置供电、通信、信号、通风空调、给排水与消防、设备监控、防灾报警、屏蔽门、自动售检票、电梯及自动扶梯等运营系统设备。车辆选用B型车，最高运行速度80公里/小时，接触网直流1500伏授电，6辆编组，动拖比

2020年长沙市城市轨道交通建设项目汇总表 表8-31-1

序号	线路名称	起讫点	线路长度（公里）	车站（座）	开工时间（年月）	预计通车时间（年）	工程建设情况	重大工程节点
1	3号线一期	山塘－广生	36.5	25	2014.01	2020	建成	6月28日开通初期运营
2	5号线一期	毛竹塘－水渡河	22.5	18	2015.11	2020	建成	6月28日开通初期运营
3	6号线	谢家桥－黄花机场西	48.1	34	2017.11	2022	续建	至年底，全部34座车站中，已累计封顶31座车站，盾构累计推进63.7公里
4	1号线北延一期	彩霞路－开福区政府	9.9	5	2020.11	2024	新开工	
5	长株潭城际西环线一期	湘潭北站－山塘	17.3	8	2020.09	2023	新开工	至年底，全部8座车站中，已累计封顶2座车站
	合计		134.3	90				

为2:1，初期配车34列/204辆。工程总投资260.0亿元。3号线一期工程于2014年1月3日开工，于2020年6月28日开通初期运营。（图8-31-1）

2020年，此项目完成投资29.6亿元，至2020年底，结构封顶累计25座，盾构推进累计59.5公里，轨道铺设累计98.7公里。

【长沙轨道交通5号线一期建成项目】

5号线一期工程起点为毛竹塘站，终点为水渡河站。线路长度22.5公里，均为地下线。设车站18座，在板塘冲站与8号线换乘，在大塘站与9号线换乘，在圭塘站与4号线换乘，在芙蓉区政府站与6号线换乘，在万家丽广场站与2号线换乘，在火炬村站与7号线换乘，在月湖公园北站与3号线换乘。在万家丽北路以西、捞刀河以南的石子村以及高沙村之间设车辆段1处，占地24.0公顷。设长善路主变和天际岭主变。控制中心接入2号线杜花路控制中心；配置供电、通信、信号、通风空调、给排水与消防、设备监控、防灾报警、屏蔽门、自动售检票、电梯及自动扶梯等运营系统设备。车辆选用永磁同步牵引电机、VVVF调速控制B型车，最高运行速度80公里/小时，接触网直流1500伏授电，6辆编组，动拖比为2:1，初期配车24列/144辆。工程总投资163.3亿元。5号线一期工程于2015年11月29日开工，于2020年6月28日开通初期运营。（图8-31-2）

2020年，此项目完成投资39.8亿元，至2020年底，结构封顶累计18座，盾构推进累计35.4公里，轨道铺设累计56.9公里。

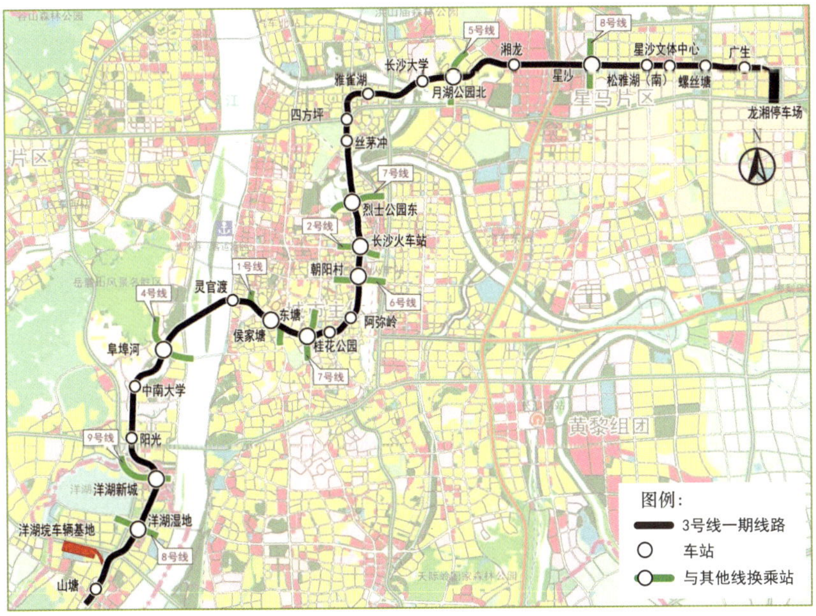

图8-31-1 长沙轨道交通3号线一期走向示意图

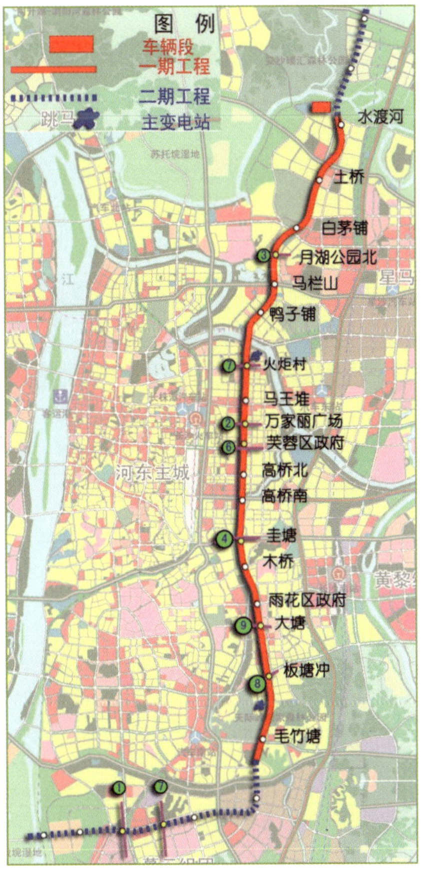

图8-31-2 长沙轨道交通5号线一期走向示意图

图8-31-3 长沙轨道交通1号线北延一期走向示意图

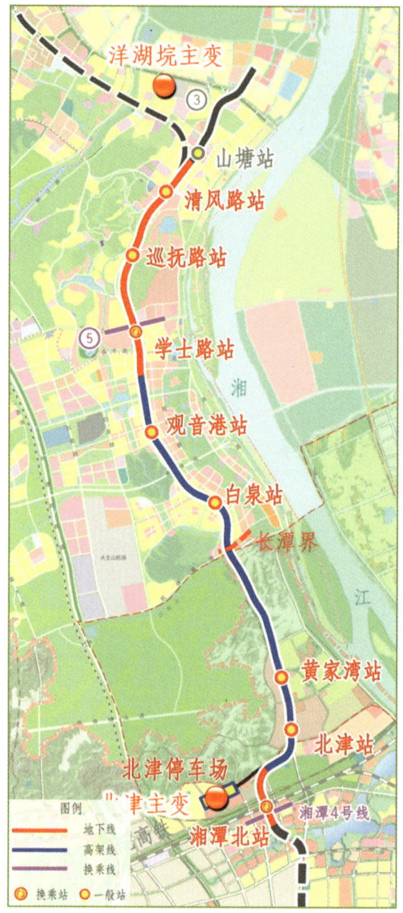

图8-31-4 长株潭城际轨道交通西环线一期走向示意图

【长沙轨道交通1号线北延一期新开工项目】

1号线北延一期工程起点为彩霞路站，终点为开福区政府站。线路长度9.9公里，其中地下线5.8公里，地面线0.5公里，高架线3.6公里。设车站5座，在周南中学站与10号线换乘。在彩霞路站北侧设沙河停车场1处，占地15.4公顷与1号线共用盛世主变。控制中心接入杜花路控制中心；配置供电、通信、信号、通风空调、给排水与消防、设备监控、防灾报警、屏蔽门、自动售检票、电梯及自动扶梯等运营系统设备。车辆选用B型车，最高运行速度80公里/小时，接触网直流1500伏授电，6辆编组，动拖比为2:1，初期配车18列/108辆。工程总投资59.9亿元。1号线北延一期工程于2020年10月16日开工，计划于2024年开通初期运营。（图8-31-3）

2020年，此项目完成投资3.7亿元，至2020年底，车站开工5座。

【长株潭城际轨道交通西环线一期新开工项目】

长株潭城际西环线一期工程起点为湘潭北站，终点为山塘站。线路长度17.3公里，其中地下线7.4公里，地面线0.5公里，高架线9.4公里。设车站8座，在湘潭北站与沪昆高铁及规划湘潭4号线换乘，在学士路站与5号线西延线换乘。在北津站设停车场1处，占地30.3公顷。设北津和洋湖垸主变。控制中心接入杜花路控制中心；配置供电、通信、信号、通风空调、给排水与消防、设备监控、防灾报警、屏蔽门、自动售检票、电梯及自动扶梯等运营系统设备。车辆选用B型车，最高运行速度80公里/小时，接触网直流1500伏授电，6辆编组，动拖比为2:1，初期配车16列/96辆。工程总投资95.0亿元。长株潭城际轨道交通西环线一期工程于2020年4月15日开工，计划于2023年开通初期运营。（图8-31-4）

2020年，此项目完成投资15.8亿元，至2020年底，车站开工8座、结构封顶累计2座。

【项目管理】

在年度安全生产工作大会部署安全生产工作任务和“全面夯实企业安全生产主体责任年”活动各项工作要求，加强与参建单位“结对共建”，组织全线各参建单位，制定年度建设目标，细化节点计划，定期召开工程计划调度会，不定期召开现场调度会议，对比进度计划落实情况，针对进度滞后的站点，及时分析原因，制定措施，确保工程建设按计划有序推进。

【新工艺工法】

1号线北延一期工程在长沙地铁中首次采用钢－混组合结构（青竹湖路站），发挥钢－混组合结构受力性能合理、抗震性能良好、施工方便快捷等优势，一定程度地避免传统预应力混凝土高架站结构体量大、构件截面大、城市景观差的特点，同时避免预应力施工周期长、占地面积大、对周边交通出行影响大的不足。钢－混组合结构使得混凝土抗压、钢梁抗拉，提高整体稳定性和抗裂性。钢－混组合结构的预制程度高，施工方便快捷，临时支撑少，减少施工过程中对周边交通环境的影响。

（长沙市轨道交通集团有限公司）

32 广东省广州市

【概况】

广州市城市轨道交通工程建设由广州地铁集团有限公司承担。

2020年，广州城市轨道交通建设项目12个，共308.0公里，160座车站。其中续建项目11个（3号线东延段、5号线东延段、7号线西延段、7号线二期、10号线、11号线、12号线、13号线二期、14号线二期、18号线、22号线），建成项目1个（8号线北延文化公园至滘心段）。完成车站开工29座（3号线东延段2座、5号线东延段3座、10号线10座、11号线1座、12号线5座、13号线二期6座、14号线二期1座、22号线1座），车站封顶22座（3号线东延段1座，7号线西延段5座、11号线6座、12号线1座、13号线二期1座、18号线7座、22号线3座），轨道铺设46公里。完成投资279亿元。1个项目共16.3公里（8号线北延段文化公园至滘心段）主体结构贯通。（表8-32-1）

至2020年底，广州轨道交通建成线路有14条（1号线、2号线、3号线、4号线、5号线、6号线、7号线、8号线、9号线、13号线、14号线、21号线、广佛线、APM线），总线路长度531.1公里，车站总数282座。

【广州轨道交通8号线北延段建成项目】

8号线北延段文化公园至滘心段工程起点为文化公园站，终点为滘心站。线路长度16.3公里，全部为地下线。设车站13座，在文化公园站与6号线换乘，在陈家祠站与1号线换乘，在西村站与5号线换乘，在聚龙与12号线换乘。在滘心站设白云湖车辆段1处，占地35公顷。设白云湖主变。控制中心设在赤沙车辆段（接入）控制中心；配置供电、通信、信号、通风空调、给排水与消防、设备监控、防灾报警、屏蔽门、自动售检票、电梯及自动扶梯等运营系统设备。车辆选用交流异步电机、VVVF调速控制A型车，最高运行速度80公里/小时，接触网直流1500伏授电，6辆编

2020年广州市城市轨道交通建设项目汇总表 表8-32-1

序号	线路名称	起讫点	线路长度（公里）	车站（座）	开工时间（年月）	预计通车时间（年）	工程建设情况	重大工程节点
1	8号线北延段	文化公园－滘心	16.3	13	2013.11	2020	建成	11月26日建成开通，与8号线万胜围站至文化公园站贯通运营
2	3号线东延段	番禺广场－海傍	9.6	4	2018.11	2023	续建	4座车站中，1座封顶，3座进行土建施工；4个区间中，2个进行土建施工
3	5号线东延段	文冲－黄埔客运港	9.8	6	2018.11	2022	续建	6座车站中，4座进行土建施工；6个区间中，3个已进行土建施工
4	7号线二期	大学城南－水西北	21.9	11	2018.11	2023	续建	11座车站全部进行土建施工；11个区间中，6个已进行土建施工
5	7号线西延段	广州南站－美的大道	13.4	8	2016.06	2020	续建	8座车站全部主体结构封顶并进行机电施工；8个区间全部贯通
6	10号线	西塱－石牌桥	19.1	14	2018.11	2023	续建	14座车站中，12座进行土建施工；14个区间中，1个正在进行土建施工
7	11号线	火车站－东站－琶洲－白鹅潭－中山八－火车站	42.8	31	2016.09	2022	续建	32座车站，2座建成开通，7座主体结构封顶，23座土建施工；32个区间中，1个建成开通，3个区间贯通，15个区间土建施工
8	12号线	浔峰岗－大学城南	37.6	25	2018.11	2023	续建	19座车站中，1座车站封顶，17座正在进行土建施工；24个区间中，7个区间进行土建施工
9	13号线二期	朝阳－鱼珠	33.5	23	2017.12	2022	续建	23座车站中，1座封顶，20座土建施工；23个区间中，2个区间贯通，11个土建施工，凰岗停车场出入场线进行土建施工
10	14号线二期	广州火车站－嘉禾望岗	11.9	8	2018.11	2022	续建	8座车站中，5座正在进行土建施工；8个区间中，1个贯通
11	18号线	万顷沙－广州东站	61.3	9	2017.10	2022	续建	9座车站中，8座主体结构封顶；8个区间中，4个已贯通，4个土建施工；万顷沙车辆段、陇枕停车场进行机电安装施工
12	22号线	番禺广场－白鹅潭	30.8	8	2017.10	2022	续建	8座车站中，4座封顶并进行机电施工，2座土建施工；7个区间，2个贯通，2个土建施工。陈头岗停车场“三权”移交
合计			308.0	160				

注：3号线东延段长度为9.55公里；10号线长度为19.15公里。（因格式需要，故3号线东延段填写为9.6公里，10号线填写为19.1公里，保持总长度不变）

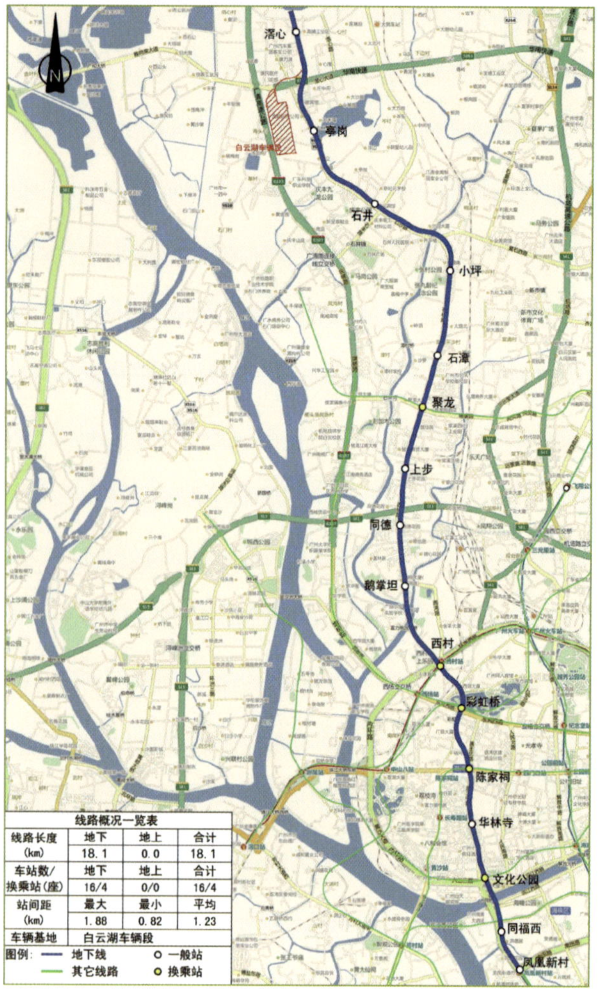

图8-32-1 广州轨道交通8号线北延段走向示意图

组，动拖比为2:1，初期配车24列/144辆。8号线北延段文化公园至滘心段工程于2013年11月15日开工，于2020年开通初期运营。（图8-32-1）

至2020年底，车站开工13座、结构封顶累计11座，盾构推进累计16.3公里，轨道铺设累计32.6公里。

【项目管理】

（1）制定科学合理的施工方案。结合8号线北延段施工场地的环境位置特点，施工组织在确保实现招标文件要求的工期、质量、安全目标的同时，突出文明施工及环保要求，把良好的交通和经济秩序作为总平面布置、施工顺序安排的前提和原则，树立工程建设的良好形象。妥善处理各分项工程间的衔接关系，减少施工干扰。严格按网络计划施工，抓好关键工序，确保各里程碑工期及总工期目标的实现。充分考虑环境保护、环境卫生及减少对外界噪音、粉尘污染的原则，设置围挡及各种隔音、消音等必须的环境保护及卫生设施。

（2）开展技术攻关。面对8号线北延段土建工程建设难度大、难点多的挑战，为化解各类安全风险，骨干人员带领参建各方开展技术攻关，岩溶区软弱砂土层层衡盾泥开仓换刀、溶土洞处理施工技术、盾构楔形滚刀施工、水下盾构接收、联络通道长距离冷冻法应用等技术推广应用及攻关陆续成功，为工程的安全推进打下坚实的保证基础。

（3）加强安全管理。8号线北延段引进安全质量隐患排查系统、门禁视频监控系统、龙门吊人脸识别系统、龙门吊监控设施、轨行区联合调度系统等多种高科技管理方式，完善项目安全管理。针对重大风险施工严格执行领导带班、安全员旁站监控，严格执行安全管理制度，以制度为先导，以标准化为方向，严格规范项目安全管理。

【新工艺工法】

（1）13号线二期珠村至鱼珠区间采用盾构渣土环保处理技术用于废弃渣土处理，该技术实用性强，环保、经济效益明显，渣土装载及外运文明施工显著增强，同时土方外运量减少，减少了因渣土无法外运引起的盾构停机现象，提高了施工功效。此外，E44盾构井空间狭小，无法采用常规电瓶车编组出渣，改用安装1套井口垂直提升系统和左右线洞内水平连续皮带，盾构掘进功效提升，洞内水平运输和安全文明施工进一步改善。

（2）7号线二期姬堂站端头和中部受110千伏和10千伏高压线影响，该范围内地下连续墙施工受限，在采用常规施工工艺无法顺利完成时，引进新型低净空成槽机设备，钢筋笼采用分节吊装，解决受高压线影响的连续墙成槽施工，而无须进行管线迁改施工。

（3）18号线、22号线等在建新线首次使用公共区一体化边门，边门使用24伏直流无刷伺服电机驱动，运行时平稳无振动，可以实现低维护或者是免维护。扇门部件是标准扇门，在电路板的设计上进行了电路的优化，元件多采用工业级贴片电器元件，增加非接触IC卡、远程控制等功能来满足使用者的要求，使电路板更稳定、高速、少能耗。电路板设计采用防水防潮防火的三防保护，保障电路板的高质量和稳定性，减少故障发生率。边门上设置人脸指纹读卡器，采用深度学习算法，人脸识别速度快、准确率高；支持人脸、指纹、刷卡多种验证方式，支持人脸识别管控门禁电锁。与既有线边门相比，不仅从外观造型上进行改造，在硬件上也进行系统性的布局来增强设备的方便性、易维护性以及稳定性。

（4）为应对8号线北延段的施工风险，与政府相关部门实现政企联动，同时还联合参建单位多次进行技术研讨活动，总结形成了全断面砂层条件下利用衡盾泥密封带压开仓施工工法，解决在浅埋全断面富水砂层条件下常压开仓及利用膨润土无法带压开仓施工的问题。

（广州地铁集团有限公司）

33 广东省深圳市

【概况】

深圳市城市轨道交通工程建设由深圳市地铁集团有限公司承担。

2020年，深圳市地铁集团有限公司建设项目22个，共327.4公里，212座车站。其中建成项目6个（2号线三期、3号线三期〔南延〕、6号线、6号线二期、8号线一期、10号线），续建项目8个（5号线〔黄贝岭站后-大剧院段〕、6号线支线、8号线二期、12号线、13号线、14号线、16号线、20号线一期），新开工项目8个（3号线四期、6号线支线二期、7号线二期、11号线二期、12号线二期、13号线二期北延段、13号线二期南延段、16号线二期）。完成车站开工18座（3号线四期、11号线二期、12号线、13号线二期北延），车站封顶51座，轨道铺设34.2公里。完成投资452亿元。（表8-33-1）

2020年深圳市城市轨道交通建设项目汇总表 表8-33-1

序号	线路名称	起讫点	线路长度（公里）	车站（座）	开工时间（年月）	预计通车时间（年）	工程建设情况	重大工程节点
1	2号线三期	新秀－莲塘	3.8	3	2015.12	2020	建成	年底，该项目建成，开通初期运营
2	3号线三期（南延）	益田－福保	1.5	1	2015.12	2020	建成	年底，该项目建成，开通初期运营
3	6号线	深圳北－松岗	37.6	20	2015.08	2020	建成	年底，该项目建成，开通初期运营
4	6号线二期	深圳北－科学馆	11.8	7	2016.06	2020	建成	年底，该项目建成，开通初期运营
5	8号线一期	莲塘－盐田路	12.1	6	2015.12	2020	建成	年底，该项目建成，开通初期运营
6	10号线	福田口岸－双拥街	29.3	24	2015.12	2020	建成	年底，该项目建成，开通初期运营
7	5号线（黄贝岭站后－大剧院段）	黄贝岭－大剧院	2.9	3	2019.08	2025	续建	进行主体及区间结构施工
8	6号线支线	翠湖－科学城东	6.1	4	2018.01	2022	续建	主体及区间施工
9	8号线二期	盐田路(不含)－小梅沙	8.0	4	2019.08	2024	续建	进行主体及区间结构施工
10	12号线（含9支）	左炮台－海上田园东	40.5	33	2018.01	2022	续建	进行主体及区间结构施工
11	13号线	深圳湾口岸－上屋北	22.4	16	2018.01	2022	续建	进行主体及区间结构施工
12	14号线	岗厦北－沙田	50.3	17	2018.01	2022	续建	进行主体及区间结构施工
13	16号线	大运－田心	29.2	24	2018.01	2023	续建	进行主体及区间结构施工
14	20号线一期	机场北－会议中心	8.4	5	2016.08	2021	续建	预计2021年开通初期运营
15	3号线四期	双龙－六联	9.3	7	2020.08	2025	新开工	2020年开工建设
16	6号线支线二期	翠湖－光明城	4.9	3	2020.12	2025	新开工	2020年开工建设
17	7号线二期	西丽湖－学府医院	2.4	2	2020.12	2025	新开工	2020年开工建设
18	11号线二期	福田－红岭南	6.0	4	2020.08	2025	新开工	2020年开工建设
19	12号线二期	海上田园东－松岗	8.2	6	2020.08	2025	新开工	2020年开工建设
20	13号线二期北延段	上屋北（不含）－公明北	18.8	11	2020.08	2025	新开工	2020年开工建设
21	13号线二期南延段	深圳湾口岸－东角头	4.5	3	2020.12	2025	新开工	2020年开工建设
22	16号线二期	大运－西坑	9.5	8	2020.12	2025	新开工	2020年开工建设
合计			327.4	212				
23	4号线三期	清湖－牛湖	10.8	8	2016.06	2020	建成	10月28日，4号线三期开通初期运营

注：1.序号1—22工程项目，工程建设由深圳市地铁集团有限公司承担；序号23工程项目，工程建设由港铁轨道交通（深圳）有限公司承担。
2.表中合计数不包含第23项。

至2020年底，深圳市地铁集团有限公司轨道交通建成线路有19条（1号线东段、1号线续建、2号线初期、2号线东段、2号线三期、3号线一期、3号线三期〔南延〕、3号线西延段、4号线南段、5号线、5号线二期、6号线、6号线二期、7号线、8号线一期、9号线、9号线二期、10号线、11号线），总线路长度380.4公里，车站总数262座。

（深圳市地铁集团有限公司 练敏青）

深圳市城市轨道交通4号线三期工程由港铁技术咨询（深圳）有限公司承担。

2020年，港铁技术咨询（深圳）有限公司建设项目1个，共10.8公里，8座车站，为建成项目（4号线三期工程）。完成投资18.6亿元。（表8-33-1）

（港铁轨道交通〔深圳〕有限公司 辛颖）

【深圳轨道交通2号线三期工程建成项目】

2号线三期工程起点为新秀站后折返线，终点为莲塘站。线路长度3.8公里，全部为地下线。设车站3座。设莲塘主变。控制中心设在深圳市轨道交通网络运营控制中心NOCC；配置供电、通信、信号、通风空调、给排水与消防、设备监控、防灾报警、屏蔽门、自动售检票、电梯及自动扶梯等运营系统设备。车辆选用A型车，最高运行速度100公里/小时，接触网直流1500伏授电，6辆编组，动拖比为2:1，初期配车15列/90辆。工程总投资33.8亿元，经济指标8.9亿元/公里。2号线三期工程于2015年12月28日开工，于2020年开通初期运营。（图8-33-1）

2020年，此项目完成投资4.2亿元，至2020年底，车站开工3座、结构封顶累计3座，盾构推进累计2.0公里，轨道铺设累计7.6公里。

【深圳轨道交通3号线三期(南延)工程建成项目】

3号线三期（南延）工程起点为益田站，终点为福保站。线路长度1.4公里，全部为地下线。设车站1座。与3号线共用文化中心主变。控制中心接入既有3号线控制中心；配置供电、通信、信号、通风空调、给排水与消防、设备监控、防灾报警、屏蔽门、自动售检票、电梯及自动扶梯等运营系统设备。车辆选用B型车，最高运行速度100公里/小时，第三轨直流1500伏授电，6辆编组，动拖比为2:1，初期配车84列/504辆。工程总投资11.9亿元，经济指标8.2亿元/公里。3号线三期南延工程于2015年12月28日开工，已于2020年开通初期运营。（图8-33-2）

2020年，此项目完成投资1.9亿元，至2020年底，车站开工1座、结构封顶累计1座，盾构推进累计1.8公里，轨道铺设累计2.9公里。

【深圳轨道交通6号线工程建成项目】

6号线工程起点为深圳北站，终点为松岗站。线路长度37.6公里，其中地下线5.6公里，地面线7.4公里，高架线24.6公里。设车站20座，在深圳北站与4、5号线换乘，在红山站与4号线换乘，在上屋站与13号线换乘，在长圳站与18号线换乘，在凤凰城站与13号线换乘，在光明站与6号线支线换乘，在公明广场站与13号线换乘，在松岗站与11号线换乘。在长圳站西侧设车辆段1处，占地20.4公顷。设松岗、光明主变（与4号线共用龙胜主变）。控制中心设在深圳市轨道交通网络运营控制中心NOCC；配置供电、通信、信号、通风空调、给排水与消防、设备监控、防灾报警、屏蔽门、自动售检票、电梯及自动扶梯等运营系统设备。车辆选用A型车，最高运行速度100公里/小时，下部受流器和上部受电弓双制式直流1500伏授电，6辆编组，动拖比为2:1，初期配车36列/216辆。工程总投资204.5亿元，经济指标5.4亿元/公里。6号线工程于2015年8月28日开工，于2020年开通初期运营。（图8-33-3）

2020年，此项目完成投资23.6亿元，至2020年底，车站开工20座、结构封顶累计20座，盾构推进累计9.2公里，轨道铺设累计75.2公里。

【深圳轨道交通6号线二期工程建成项目】

6号线二期工程起点为深圳北站，终点为科学馆站。线路长度11.7公里，其中地下线10.7公里，地面线0.2公里，高架线0.8公里。设车站7座，在银湖站与9号线换乘，在八卦岭站与7号线换乘，在体育中心站与24号线换乘，在通新岭站与3号线换乘，在科学馆站与1号线换乘。在梅林关站西侧设停车场1处，占地8.5公顷。与4、7号线共用龙胜、体育北主变。控制中心设在深圳市轨道交通网络运营控制中心NOCC；配置供电、通信、信号、通风空调、给排水与消防、设备监控、防灾报警、屏蔽门、自动售检票、电梯及自动扶梯等运营系统设备。车辆选用A型车，最高运行速度100公里/小时，接触轨直流1500伏授电，6辆编组，动拖比为2:1，初期配车15列/90辆。工程总投资87亿元，经济指

图8-33-1 深圳轨道交通2号线三期走向示意图

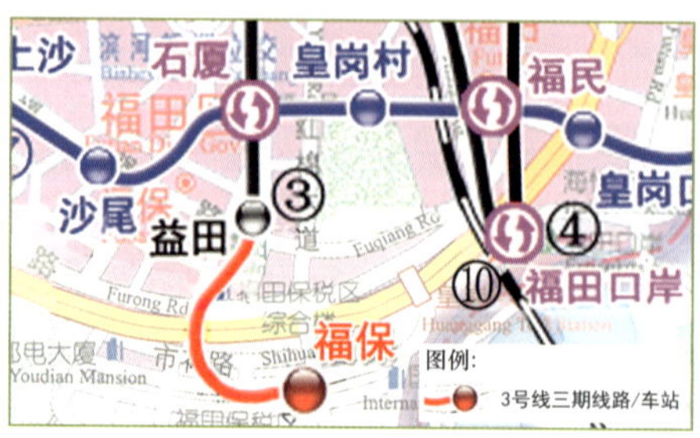

图8-33-2 深圳轨道交通3号线三期（南延）走向示意图

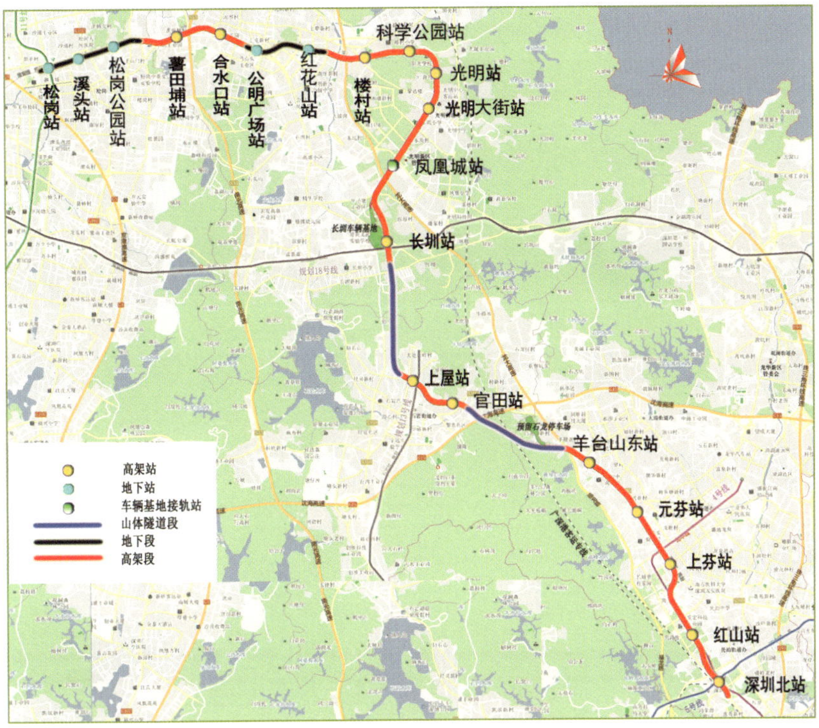

图8-33-3 深圳轨道交通6号线走向示意图

图8-33-4 深圳轨道交通6号线二期走向示意图

标7.3亿元/公里。6号线二期工程于2016年6月28日开工，于2020年开通初期运营。（图8-33-4）

2020年，此项目完成投资9.3亿元，至2020年底，车站开工7座、结构封顶累计7座，盾构推进累计16.3公里，轨道铺设累计23.5公里。

【深圳轨道交通8号线一期工程建成项目】

8号线一期工程起点为莲塘站，终点为盐田路站。线路长度12.1公里，全部为地下线。设车站6座，在盐田路站与18号线换乘。在望基湖设停车场1处，占地20.7公顷。设莲塘主变。控制中心设在深圳市轨道交通网络运营控制中心NOCC；配置供电、通信、信号、通风空调、给排水与消防、设备监控、防灾报警、屏蔽门、自动售检票、电梯及自动扶梯等运营系统设备。车辆选用A型车，最高运行速度80公里/时，牵引网直流1500伏授电，6辆编组，动拖比为2:1，初期配车24列/144辆。工程总投资108.1亿元，经济指标8.9亿元/公里。8号线一期工程于2015年12月28日开工，于2020年开通初期运营。（图8-33-5）

2020年，此项目完成投资17.2亿元，至2020年底，车站开工6座、结构封顶累计6座，盾构推进累计12.4公里，轨道铺设累计24.3公里。

【深圳轨道交通10号线工程建成项目】

10号线工程起点为福田口岸站，终点为双拥街站。线路长度29.3公里，全部为地下线。设车站24座，在福田口岸站与4号线换乘，在福民站与4、7号线换乘，在岗厦站与1号线换乘，在岗厦北站与2号线换乘，在孖岭站与9号线换乘，在五和站与5号线换乘。在凉帽山设车辆段1处，占地35.9公顷；在益田设停车场1处，占地3.2公顷。设福田党校、雪象北主变。控制中心设在深圳市轨道交通网络运营控制中心NOCC；配置供电、通信、信号、通风空调、给排水与消防、设备监控、防灾报警、屏蔽门、自动售检票、电梯及自动扶梯等运营系统设备。车辆选用A型车，最高运行速度80公里/小时，接触网直流1500伏授电，8辆编

图8-33-5 深圳轨道交通8号线一期走向示意图

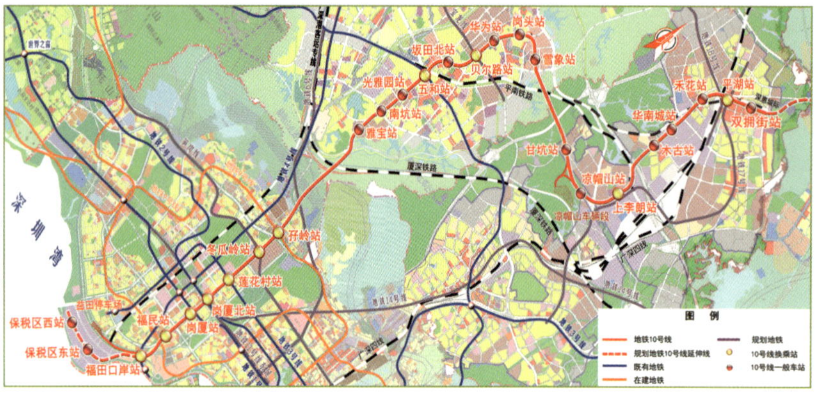

图8-33-6 深圳轨道交通10号线走向示意图

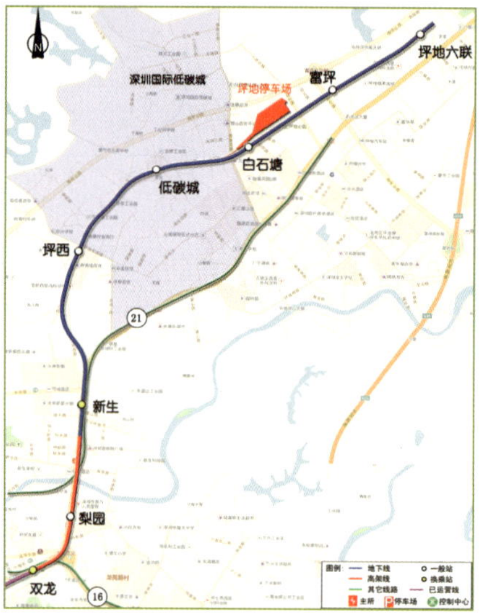

图8-33-7 深圳轨道交通3号线四期走向示意图

组，动拖比为3:1，初期配车35列/280辆。工程总投资319.6亿元，经济指标10.9亿元/公里。10号线工程于2015年12月28日开工，于2020年开通初期运营。（图8-33-6）

2020年，此项目完成投资36.7亿元，至2020年底，车站开工24座、结构封顶累计24座，盾构推进累计30.8公里，轨道铺设累计58.6公里。

【深圳轨道交通3号线四期工程新开工项目】

3号线四期工程起点为双龙站，终点为坪地六联站。线路长度9.3公里，其中地下线7.5公里，地面线0.4公里，高架线1.4公里。设车站7座，在新生站与21号线换乘。在坪地振兴路北侧、教育路东侧设停车场1处，占地9.4公顷。与16号线共用双龙主变。控制中心设在深圳市轨道交通网络运营控制中心NOCC；配置供电、通信、信号、通风空调、给排水与消防、设备监控、防灾报警、屏蔽门、自动售检票、电梯及自动扶梯等运营系统设备。车辆选用B型车，最高运行速度100公里/小时，第三轨直流1500伏授电，6辆编组，动拖比为2:1，初期配车18列/108辆。工程总投资109.3亿元，经济指标11.8亿元/公里。3号线四期工程于2020年8月18日开工，计划于2025年开通初期运营。（图8-33-7）

2020年，此项目完成投资2.7亿元，至2020年底，车站开工5座。

【深圳轨道交通6号线支线二期工程新开工项目】

6号线支线二期工程起点为光明城站，终点为光明站。线路长度4.9公里，其中地下线4.6公里，高架线0.3公里。设车站3座，在光明城站与13、18号线换乘，在光明小镇站与29号线换乘。控制中心设在深圳市轨道交通网络运营控制中心NOCC；配置供电、通信、信号、通风空调、给排水与消防、设备监控、防灾报警、屏蔽门、自动售检票、电梯及自动扶梯等运营系统设备。车辆选用B型车，最高运行速度120公里/小时，接触网直流1500伏授电，6辆编组，动拖比为2:1，初期配车4列/24辆。工程总投资45.2亿元，经济指标9.2亿元/公里。6号线支线二期工程于2020年12月29日开工，计划于2025年开通初期运营。（图8-33-8）

2020年，此项目完成投资0.2亿元。

图8-33-8 深圳轨道交通6号线支线二期走向示意图

【深圳轨道交通7号线二期工程新开工项目】

7号线二期工程起点为学府医院站，终点为西丽湖站。线路长度2.4公里，全部为地下线。设车站2座，在学府医院站与27号线换乘。与7条轨交线路共用侨城东主变。控制中心设在深圳市轨道交通网络运营控制中心NOCC；配置供电、通信、信号、通风空调、给排水与消防、设备监控、防灾报警、屏蔽门、自动售检票、电梯及自动扶梯等运营

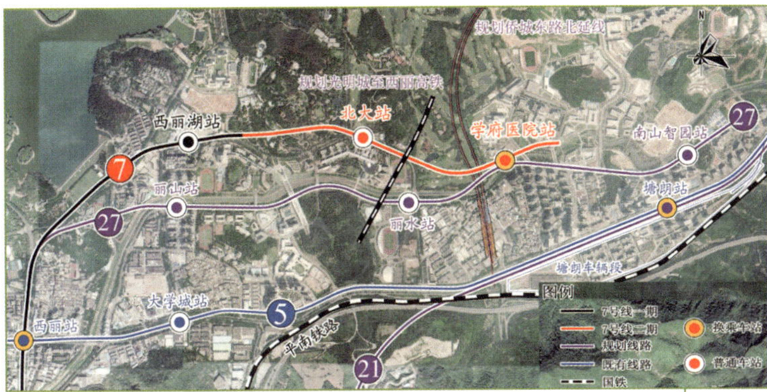

图8-33-9 深圳轨道交通7号线二期走向示意图

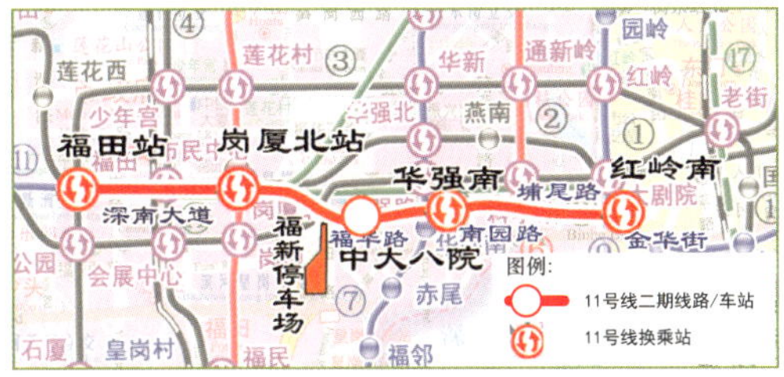

图8-33-10 深圳轨道交通11号线二期走向示意图

图8-33-11 深圳轨道交通12号线二期走向示意图

系统设备。车辆选用A型车，最高运行速度80公里/小时，接触网直流1500伏授电，6辆编组，动拖比为2:1，初期配车64列/384辆。工程总投资28亿元，经济指标11.5亿元/公里。7号线二期工程于2020年12月29日开工，计划于2025年开通初期运营。（图8-33-9）

【深圳轨道交通11号线二期工程新开工项目】

11号线二期工程起点为福田站，终点为红岭南站。线路长度6.0公里，全部为地下线。设车站4座，在岗厦北站与2、10、14号线换乘，在华强南站与7号线换乘，在红岭南站与9号线换乘。与14条轨道交通路线共用福新主变。控制中心设在深圳市轨道交通网络运营控制中心NOCC；配置供电、通信、信号、通风空调、给排水与消防、设备监控、防灾报警、屏蔽门、自动售检票、电梯及自动扶梯等运营系统设备。车辆选用A型车，最高运行速度120公里/小时，接触网直流1500伏授电，8辆编组，动拖比为3:1，初期配车5列/40辆。工程总投资61.7亿元，经济指标10.3亿元/公里。11号线二期工程于2020年8月18日开工，计划于2025年开通初期运营。（图8-33-10）

2020年，此项目完成投资1.7亿元，至2020年底，车站开工3座。

【深圳轨道交通12号线二期工程新开工项目】

12号线二期工程起点为海上田园东站，终点为松岗站。线路长度8.1公里，全部为地下线。设车站6座，在松岗站与6、11号线换乘。在东宝河设停车场1处，占地11.1公顷；与6、11号线共用松岗主变。控制中心设在深圳市轨道交通网络运营控制中心NOCC；配置供电、通信、信号、通风空调、给排水与消防、设备监控、防灾报警、屏蔽门、自动检售票、电梯及自动扶梯等运营系统设备。车辆选用A型车，最高运行速度80公里/小时，接触网直流1500伏授电，6辆编组，动拖比为2:1，初期配车20列/120辆。工程总投资90.9亿元，经济指标11.1亿元/公里。12号线二期工程于2020年12月29日开工，计划于2025年开通初期运营。（图8-33-11）

2020年，此项目完成投资1亿元。

【深圳轨道交通13号线二期北延段工程新开工项目】

13号线二期(北延)工程起点为上屋北站，终点为公明北站。线路长度19.2公里，全部为地下线。设车站11座，在光明城站与6号线支线二期、18号线换乘，在观光站与6号线换乘，在东周路站与29号线换乘，在公明广场站与6号线换乘，在公明北站与26号线换乘。在塘尾设车辆段1处，占地37.9公顷。与13号线、6号线共用罗租、光明主变。控制中心设在深圳市轨道交通网络运营控制中心NOCC；配置供电、通信、信号、通风空调、给排水与消防、设备监控、防灾报警、屏蔽门、自动检售票、电梯及自动扶梯等运营系统设备。车辆选用A型车，最高运行速度100公里/小时，接触网直流1500伏授电，8辆编组，动拖比为3:1，初期配车33列/264辆。工程总投资234.3亿元，经济指标12.2亿元/公里。13号线二期北延段工程于2020年8月18日开工，计划于2025年开通初期运营。（图8-33-12）

2020年，此项目完成投资4.7亿元，至2020年底，车站开工10座。

【深圳轨道交通13号线二期南延段工程新开工项目】

13号线二期南延段工程起点为深圳湾口岸站，终点为东角头站。线路长度4.1公里，全部为地下线。设车站3座，在东角头站与2号线换乘。控制中心设在深圳市轨道交通网络运营控制中心NOCC；配置供电、通信、信号、通风

图8-33-12 深圳轨道交通13号线二期北延段走向示意图

图8-33-13 深圳轨道交通13号线二期南延段走向示意图

空调、给排水与消防、设备监控、防灾报警、屏蔽门、自动售检票、电梯及自动扶梯等运营系统设备。车辆选用A型车，最高运行速度100公里/小时，接触网直流1500伏授电，8辆编组，动拖比为3:1，初期配车5列/40辆。工程总投资49.6亿元，经济指标11.1亿元/公里。13号线二期南延段工程于2020年12月29日开工，计划于2025年开通初期运营。（图8-33-13）

【深圳轨道交通16号线二期工程新开工项目】

16号线二期工程起点为大运站，终点为西坑站。线路长度9.5公里，全部为地下线。设车站8座，在园山站与19号线换乘，在安良站与深汕城际、18号线换乘。在西坑设停车场1处，占地4.8公顷。与3线共用银海主变。控制中心设在深圳市轨道交通网络运营控制中心NOCC；配置供电、通信、信号、通风空调、给排水与消防、设备监控、防灾报警、屏蔽门、自动售检票、电梯及自动扶梯等运营系统设备。车辆选用A型车，最高运行速度80公里/小时，接触网直流1500伏授电，6辆编组，动拖比为2:1，初期配车12列/72辆。工程总投资110亿元，经济指标11.5亿元/公里。16号线二期工程于2020年12月29日开工，计划于2025年开通初期运营。（图8-33-14）

2020年，此项目完成投资0.7亿元。

（深圳市地铁集团有限公司 练敏青）

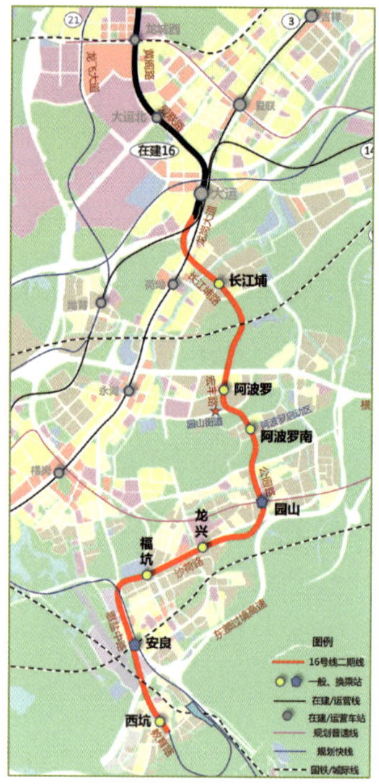

图8-33-14 深圳轨道交通16号线二期走向示意图

【深圳轨道交通4号线三期建成项目】

4号线三期工程建设项目起点为清湖北站，终点为牛湖站，全长10.8公里，其中地下线8.9公里，过渡段0.2公里，高架1.6公里。设车站8座，长湖站与规划轨道交通18号线换乘，松元厦站与规划轨道交通22号线换乘，在观澜站与龙华有轨电车示范线换乘。在观澜设停车场1处，占地14.5公顷；控制中心接入原4号线控制中心；配置供电、通信、信号、通风空调、给排水与消防、设备监控、防灾报警、

图8-33-15 深圳轨道交通4号线三期走向示意图

屏蔽门、自动售检票、电梯及自动扶梯等运营系统设备。车辆选用A型车，最高运行速度80公里/小时，接触网直流1500伏授电，6辆编组，动拖比为1:1，初期配车24列/144辆。工程总投资98亿元，经济指标9.1亿元/公里。2020年，4号线三期完成投资18.6亿元。于10月28日顺利开通运营。（图8-33-15）

（港铁轨道交通〔深圳〕有限公司 安建平）

【项目管理】

2020年通过增加设备和人员投入、提供资金保障等措施对工程进度进行管控，在工程重大节点上取得如下成果：一是通过“一体化平台”的参建各方联动，切实落实征拆、设计、材料检验等多维度的协调和管控，共同加强进度管理的落实，精细化实行“日保周、周保月、月保季度、季度保年度、年度保总进度”的进度控制措施。二是加强技术措施，通过应用“安全管理平台”“BIM技术应用综合平台”“CDMC”“智能招采平台”等平台，提升管控效率和速度；运用“盾构渣土减量化处理”“双模

盾构科研”“装配式车站”“全自动驾驶实验中心”等技术，提升进度管控精益化水平。三是加强组织措施，优化《深圳地铁建设工程土建施工单位考核办法》等办法，编制《深铁建设业务指引》，进行《深基坑预应力装配式型钢组合支撑设计试点》；首个智能化轨道板预制配送中心投产。举办盾构司机学习班和盾构施工技术交流，提升管控标准，并实现安全、质量、进度、投资等工程总目标。四是疫情期间，为参建人员提供充足的物资保障，制定《疫情期间工程项目计价调整方案》，向参建单位发放防疫补贴8000余万元。

（深圳市地铁集团有限公司 练敏青）

2020年是4号线三期工程开通运营的关键年。布置落实疫情防控要求，针对诸多不利因素，公司项目管理团队统筹发挥技术和资源优势，精准稳妥推进复工复产，项目于3月底实现全面复工，陆续开展车站出入口及风亭施工，停车场及各车站风水电安装及装饰装修，设备安装及单体调试、系统联调联试、空载试运行等工作。针对专业交叉施工多、协调困难、接口复杂，项目管理团队主动对接协调各参建单位，不定期召开协调推进会，优化调整节点计划、工艺工序及措施，加强监督执行，确保项目进度有序推进，实现“长轨通”“电通”“网通”及冷热滑、单系统调试和联调等控制性工期节点，通过环保验收、人防验收、无障碍验收、节能、特种设备验收、安全评价等专项验收、部分专业取（认）证、政府专项验收及试运营条件评估等工作，并于10月25日通过初期运营前的安全评估，于10月28日开通初期运营。

（港铁轨道交通〔深圳〕有限公司 安建平）

【新工艺工法】

（1）通过对2019年制冷季能耗数据进行采集和验证，南山书城站实现采用非双一级能效制冷主机建成高效冷水机房的目标。成为深圳地铁首个车站COP在5.0以上工程示范项目，深圳地铁正式迈进了COP5.0时代。

（2）14号线布吉站－石芽岭站中间风井在区间施工过程中，成功完成对地铁3号线高架段的桩基托换。在沉降要求及其严苛和不中断既有线路运营的情况下，将托换过程中的顶升、截桩及封桩等工序安排细化到每一小时。在对托换桩及托换梁的顶升过程中，采取“等变形、等荷载”的分级加载原则，分成10级逐步施加顶升力；在安装托换桩顶及承台位置的精度达0.01毫米的电子位移计和倾角仪等监测设备的严密监测下，5根直径1.5米的桩基被截断，桩基原本所承受的重力顺利转移到新建的托换结构上，这是深圳地铁建设史上首次对运营中的地铁线路进行桩基托换施工。

（3）内支撑体系下结构全装配式车站施工项目。内支撑体系下结构全装配式车站施工技术在国内外尚无应用，属于创新技术项目，项目对富水复杂地层轨道交通装配式车站进行了适应性研究并探索了设计施工关键技术，首次提出内支撑体系下装配式车站因构件在工厂生产，降低对周边环境的影响，减少噪音扰民；配套专有机械设备的应用，改善施工作业条件、提高施工效率，在绿色节能环保方面效益明显，是深圳地铁践行先行示范理念、推行智慧建造、构建一流建设体系的重要举措。

（4）深圳地铁在10条区间隧道采用双护盾TBM工法，降低炸药对城市施工的制约，减少对周边居民和商业的影响。

（5）减小对城市环境景观的破坏，部分闹市区的冷却塔采用地下鼓风式冷却塔方案或下沉式冷却塔方案。

（深圳市地铁集团有限公司 练敏青）

34 广东省佛山市

【概况】

广东省佛山市城市轨道交通工程建设由佛山市铁路投资集团有限公司承担。

2020年，佛山市城市轨道交通项目建设项目2个，共101.9公里，54座车站。均为续建项目（2号线一期、3号线）。完成车站开工52座（2号线一期17座，3号线35座），车站封顶47座（2号线一期16座，3号线31座），轨道铺设65公里。完成投资255.2亿元。2个项目共106.9公里（2号线一期42.45公里，3号线64.45公里）主体结构贯通。（表8-34-1）

至2020年底，佛山市轨道交通建成线路有2条（广佛线38.9公里，高明有轨电车6.5公里），总线路长度45.4公里，车站总数35座。

（佛山市铁路投资集团有限公司 柒雯 蒋鸿翔）

佛山市南海区城市轨道交通工程建设由佛山市南海区铁路投资有限公司承担。

2020年，佛山市南海区铁路投资有限公司建设项目1个，共14.3公里，15座车站。为续建项目（南海区新型公共交通系统试验段〔桂城至三山枢纽段〕工程）。完成

2020年佛山市城市轨道交通建设项目汇总表　　表8-34-1

序号	线路名称	起讫点	线路长度（公里）	车站（座）	开工时间（年月）	预计通车时间（年）	工程建设情况	重大工程节点
1	2号线一期	南庄－广州南站	32.4	17	2014.07	2021	续建	5月实现2座主所送电，11月完成绿岛湖－石湾高速热滑
2	3号线	顺德客运港－科技学院	69.5	37	2016.11	2022	续建	除不稳定段的2座车站外，其余车站均开工，31座车站封顶（含合建4座）、20个区间“洞通”。逐步开始移交轨道及机电施工
合计			101.9	54				
3	南海区新型公共交通系统试验段（桂城至三山枢纽段）	蠕岗－林岳东	14.3	15	2014.01	2021	续建	年底，该项目开展车辆调试启动仪式

注：1. 序号1、2工程项目，工程建设由佛山市铁路投资建设集团有限公司承担；序号3工程项目，工程建设由佛山市南海区铁路投资有限公司承担。
2. 表中“合计”不包含第3项。

车站开工12座，车站封顶12座，轨道铺设13.3公里。完成投资47.5亿元。1个项目共13.3公里主体结构贯通。（表8-34-1）

（佛山市南海区铁路投资有限公司）

【项目管理】

（1）2号线一期：2020年在确保做好疫情防控及工程安全质量的前提下，以年底绿岛湖至花卉世界站列车试运行为目标，以分部分项工程验收移交为重心，不断优化工期安排与资源调配。公司全年组织开展多次月度和季度安全质量检查、飞行检查和专项检查，排查和治理多项专项隐患问题，实现全年安全生产“双零”目标。通过定期召开安全生产例会、建设运营协调会、总经理办公会、领导班子会等大小会议，详细了解各节点执行情况，针对滞后节点，及时分析原因，制定措施，面对建设过程中遇到的困难积极协调解决，确保工程建设有序进行。

每个月按时按质上报2号线一期工程投资完成情况，保障工程建设固定资产投资数据科学统计、及时上报，实现轨道交通投资统计大数据管理专业化。编制完成符合市轨道局、市统计局要求的2020年公司轨道交通工程投资和用款的年度计划表。

（2）3号线2月25日实现全面复工，提前实现佛山市政府要求重点工程2月底全面复工目标；紧抓疫情防控和复工复产，超额完成年度生产目标。

强化计划管理，全面推行标准化建设：在保持年度计划基本盘不变的前提下，及时调整工作及生产计划，合理布局，在第二季度实现生产的正常化；推进标准化建设，完善标准化管理手册，加强管理，自开工以来，未出现一般以上安全质量事故。通过全程值班、跟踪监测、加强施工组织、完善施工方案、研判风险走向、完备应急准备等系列措施，成功穿越既有运营地铁广佛线、城际广佛环线、中石化成品油管道、多条高速公路及多条河流，保障最多26台盾构机同时掘进施工顺利及累计多达百次的开仓安全。应对各种异常情况，保障工程质量、降低工程风险。

（佛山市铁路投资集团有限公司　柒雯　蒋鸿翔）

编制里水有轨电车项目工程筹划，对项目建设时序、设备采购模式、工程招标模式、标段划分等关键方案进行详细分析，对项目关键节点进行分析、排序，确保项目按期进行；组织勘察设计单位对车站站位、规模、线路走向逐一摸排，组织对各专业施工图设计审查。

（佛山市南海区铁路投资有限公司）

【新工艺工法】

3号线在桂城－南海广场区间开仓更换刀具时，采用电火花取断丝锥取螺栓技术，成功将刀盘与主驱动连接的断裂螺栓取出；在中山公园站等存在溶洞的地段，采用水泥膏浆注浆处理技术，利用其粘度大、流动性小、抗剪切强度大等特点，保障地基处理效果；在高压线下有限空间进行地连墙施工时，采取地连墙钢筋笼整体吊装入槽再平移到位的工法，避免前期高压线迁改滞后的影响，提高施工进度；车站结构砼采用透水模板布，提升砼表面外观质量；运用泥水压滤分离设备对泥浆进行处理，实现对泥浆的干化固结、无害处理，降低泥浆外运成本、减少对环境的污染等。

在铺轨过程中，采用低噪音、零排放、节能环保的纯电动轨道车，实现轨道交通绿色施工。同时为确保安全、高效及精度，沿用高速铁路精密测量轨道控制网（CPⅢ）、城轨工程运输调度及轨行区管理系统等行业内先进技术。

（佛山市铁路投资集团有限公司　柒雯）

35 广东省东莞市

【概况】

广东省东莞市城市轨道交通工程建设由东莞市轨道交通有限公司和东莞市轨道一号线建设发展有限公司承担。

2020年，东莞轨道交通建设项目1个，共58.0公里，21座车站。为续建项目（1号线一期）。完成车站开工20座（1号线一期20座），车站封顶6座（1号线一期6座）。完成投资26.6亿元。1个项目共1.4公里（1号线一期）主体结构贯通。（表8-35-1）

至2020年底，东莞轨道交通建成线路有1条（2号线），总线路长度37.8公里，车站总数15座。

（东莞市轨道交通有限公司 黄思婧）

【项目管理】

推动征地拆迁，全年共完成永久征地41.6万平方米，拆迁1.6万平方米，开工车站新增13座，区间工点进场新增12个，2处站场实现局部开工。加强成本控制，主抓1号线项目管理，降低各类成本超1.2亿元。调整站线位，减少高压线路对车站影响，优化调整铺轨基地，调整风井位置，降低拆迁成本，管线迁改统一挖沟、分层布管，降低综合成本。

（东莞市轨道交通有限公司 萧嘉政）

2020年东莞市城市轨道交通建设项目汇总表

表8-35-1

序号	线路名称	起讫点	线路长度（公里）	车站（座）	开工时间（年月）	预计通车时间（年）	工程建设情况	重大工程节点
1	1号线一期	望洪－黄江中心	58.0	21	2016.09	2024	续建	8月26日首跨高架桥梁架设，28日首台盾构机始发，11月18日首座高架站主体封顶，12月25日首批地下站主体封顶
合计			58.0	21				

36 广西壮族自治区南宁市

【概况】

南宁市城市轨道交通工程建设由南宁轨道交通集团有限责任公司建设分公司承担。

2020年，南宁轨道交通建设项目4个，共51.3公里，41座车站。其中续建项目2个（4号线一期东段、5号线一期），建成项目2个（2号线东延、4号线一期西段）。车站封顶5座（5号线5座），轨道铺设61.4公里。完成投资82.4亿元。1个项目共27.0公里（5号线27.0公里）主体结构贯通。（表8-36-1）

至2020年底，南宁轨道交通建成线路有4条（1号线、2号线、3号线、4号线），总线路长度108.0公里，车站总数80座。

【南宁轨道交通2号线东延工程(玉洞-坛兴村)建成项目】

2号线东延工程（玉洞-坛兴村）起点为玉洞站，终点

2020年南宁市城市轨道交通建设项目汇总表

表8-36-1

序号	线路名称	起讫点	线路长度（公里）	车站（座）	开工时间（年月）	预计通车时间（年）	工程建设情况	重大工程节点
1	2号线东延	玉洞－坛兴村	6.3	5	2017.05	2020	建成	11月23日正式开通初期运营
2	4号线一期（西段）	洪运路－楞塘村	20.7	16	2015.12	2020	建成	11月23日正式开通初期运营
3	4号线一期（东段）	楞塘村－龙岗	3.9	3	2015.12	－	续建	
4	5号线	那洪－金桥客运站	20.4	17	2017.09	2021	续建	结构封顶车站累计5座
合计			51.3	41				

为坛兴村站。线路全长6.3公里，全部为地下线，设车站5座，在玉洞站与2号线衔接，在平良立交站与3号线换乘。设停车场1座。车辆采用B型车，4动2拖。初、近、远期均采用6辆编组，初期配属车辆为7列/42辆。2017年5月26日开工建设。本项目计划总投资48.98亿元，于2020年11月23日开通初期运营。（图8-36-1）

2020年，此项目完成投资11.06亿元。

【南宁轨道交通4号线一期（西段）工程建成项目】

4号线一期工程起点为南站大道站，终点为龙岗站，线路全长24.6公里，全部为地下线。设车站19座，在大沙田站与2号线换乘，在总部基地站与3号线换乘。车辆段、停车场各1座。车辆采用B2型车，4动2拖。初、近、远期均采用4-4-6辆编组，初期配属车辆为29列/116辆。2015年12月28日开工建设，2016年6月底全线动工建设。该项目计划总投资174.09亿元，西段20.7公里（洪运路站－楞塘村站）于2020年11月23日正式投入初期运营。（图8-36-2）

图8-36-1 南宁轨道交通2号线东延走向示意图

2020年，此项目完成投资33.39亿元。

【项目管理】

2020年在做好疫情防控常态化管理工作同时，科学筹划、有序推进项目建设，重视安全质量管控，强化施工现场管理，积极推进“四化一绿”管理理念，完成4号线西段及2号线东延工程开通初期运营，完成5号线的车站主体结构封顶，17个双线区间贯通，为5号线迈入轨通奠定基础。

【新工艺工法】

5号线一期工程新秀公园站－广西大学站区间在明秀大学路口以55度斜角穿越1号线广西大学站，新广区间在下穿过程中盾构直接切削既有结构地连墙，容易造成刀盘偏磨，致使盾构姿态失控，同时盾构磨墙会产生较大的施工振动，易使车站结构出现动力疲劳从而影响车站的运营安全，严重时还会导致结构开裂，不均匀变形等风险。针对上述重难点，通过理论计算、数值模拟、室内试验、现场测试等手段对下穿时盾构姿态控制、磨墙振动监测、开挖面稳定性、渣土改良工艺展开研究，提出下穿时盾构分组推力方案，掘进参数控制值，渣土改良优化参数，明确车站结构振动响应规律，确保盾构成功穿越既有车站，为后续类似工程提供技术支撑。

（南宁轨道交通集团有限责任公司 朱鸿德）

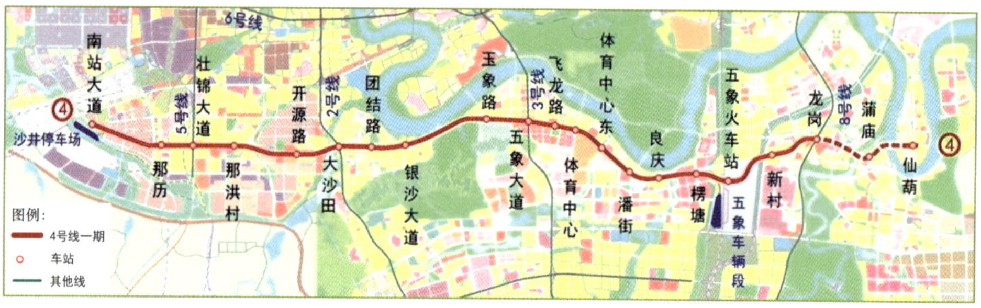

图8-36-2 南宁轨道交通4号线一期（西段）走向示意图

37 海南省三亚市

【概况】

三亚市城市轨道交通工程建设由三亚市轨道交通有限公司承担。

2020年，三亚有轨电车示范线建设项目1个，共8.4公里，15座车站。为建成项目1个（三亚有轨电车示范线）。车站封顶15座（三亚有轨电车示范线15座），轨道铺设8.4公里。完成投资1.4亿元。1个项目共8.4公里（三亚有轨电车示范线）主体结构贯通。（表8-37-1）

至2020年底，三亚轨道交通建成线路有1条（三亚有轨电车示范线），总线路长度8.4公里，车站总数15座。

【三亚有轨电车示范线工程建成项目】

有轨电车示范线工程起点为建港路站，终点为三亚火车站。线路长度8.4公里，全部为地面线8.4公里。设车站15座。在下抱坡设车辆段处。控制中心设在下抱坡车辆段内；配置供电、通信、信号、通风空调、设备监控、防灾报警、自动售检票等运营系统设备。车辆选用储能式有

2020年三亚市城市轨道交通建设项目汇总表　　表8-37-1

序号	线路名称	起讫点	线路长度（公里）	车站（座）	开工时间（年月）	预计通车时间（年）	工程建设情况	重大工程节点
1	三亚有轨电车示范线	建港路－三亚火车站	8.4	15	2016.09	2020	建成	4月30日，该项目开通试运行；10月10日，该项目正式开通初期运营
	合计		8.4	15				

图8-37-1 三亚有轨电车示范线走向示意图

轨电车型车，最高运行速度70公里/小时，5模块，动拖比为2:1，初期配车14列。工程总投资14.8亿元。三亚有轨电车示范线工程于2016年9月1日开工，于2020年开通初期运营。（图8-37-1）

2020年，此项目完成投资1.4亿元，至2020年底，车站开工2座、结构封顶累计15座，轨道铺设累计8.4公里。

【项目管理】

征地拆迁工作为本项目的重点、难点和亮点。虽然按照与政府方签订的PPP合同中的职责分工，征地拆迁工作属于政府方职责，但为推进施工进度，确保工程顺利完工，项目公司安排一名分管领导和一名员工专职负责征地拆迁事宜。从市住房和城乡建设局到市交通局，从天涯区政府到吉阳区政府，责任人充分协调拆迁主管部门，加快征地拆迁力度，为本项目推进做出贡献。在项目公司协调下，经过努力，终于在2020年7月对影响线路和车站的6栋房子进行拆除。

（三亚市轨道交通有限公司　柳春仪）

38 重庆市

【概况】

2020年，重庆城市轨道交通工程建设由重庆市轨道交通（集团）有限公司承担的建设项目7个，共71.7公里，47座车站。其中续建项目5个（5号线一期〔忠恕沱至跳磴段〕、5号线北延伸段、9号线二期、10号线二期、环线〔华龙经重庆西至凤鸣山段〕），建成项目2个（1号线小什字至朝天门段、国博线二期）。完成车站封顶4座（9号线二期从岩寺站、花石沟，国博线二期清溪河站、思源站），轨道铺设56.5公里。完成投资111.7亿元。4个项目共41.0公里主体结构贯通。（表8-38-1）

至2020年底，重庆轨道交通建成线路有10条（1号线、2号线、3号线、6号线、5号线一期北段、10号线一期、4号线一期、国博线、环线东北半环、环线西南环），总线路长度343.3公里，车站总数177座。

（重庆市轨道交通〔集团〕有限公司　吴华鹏）

2020年，由重庆市铁路集团有限公司承担的市郊铁路建设项目3个，共31.8公里，8座车站。其中续建项目2个（市郊铁路〔轨道交通延长线〕跳磴至江津线、市郊铁路磨心坡至合川线一期工程），新开工项目1个（市郊铁路壁铜线节点工程）。（表8-38-1）

（重庆市铁路〔集团〕有限公司　李勇　漆睿）

【重庆轨道交通国博线二期工程建成项目】

国博线二期工程起点为悦来站，终点为沙河坝站。线路长度14.0公里，其中地下线9.0公里，高架线5.0公里。设车站7座，在王家庄站与10号线换乘。在草家湾设草家湾车辆段处。设平场、大坝寺主变（与10线共用大坝寺主

2020年重庆市城市轨道交通建设项目汇总表

表8-38-1

序号	线路名称	起讫点	线路长度（公里）	车站（座）	开工时间（年月）	预计通车时间（年）	工程建设情况	重大工程节点
1	1号线（小朝段）	小什字－朝天门	0.8	1	2016.08	2020	建成	12月31日开通初期运营（遗留段完成）
2	国博线二期	悦来－沙河坝	14.0	7	2016.01	2020	建成	12月31日开通初期运营
3	5号线一期	忠恕沱－跳磴	22.7	15	2014.06	2023	续建	跳磴至石桥铺段已基本完成建设工作，正在开展试运行
4	5号线北延伸段	园博中心－悦港北路	8.9	7	2019.01	2022	续建	累计完成土建工程总量的50%
5	9号线二期	兴科大道－花石沟	7.8	5	2018.01	2022	续建	累计完成土建工程总量的80%
6	10号线二期	兰花路－鲤鱼池	9.9	8	2016.01	2020	续建	累计完成土建工程总量的75%
7	环线	华龙－重庆西－凤鸣山段	7.6	4	2013.01	2020	续建	基本完成建设工作，正在开展试运行
	合计1		71.7	47				
8	市郊铁路（轨道交通延长线）跳磴至江津线	跳磴－圣泉寺	28.2	6	2015.06	2022	续建	预计2021年完成土建工程施工，2022年第一季度完成站后工程施工并通车运营
9	璧铜线节点工程	铜梁－铜梁新城站区间	1.7	1	2019.11	2025	续建	市郊铁路璧山至铜梁线项目节点工程，初设于2020年2月24日获得市住房城乡建委批复
10	市郊铁路磨心坡至合川线一期	磨心坡－磨心坡北场	1.9	1	2020.06	2025	新开工	10月12日，新建市郊铁路磨心坡至合川线项目（渝合线）获国铁集团接轨批复
	合计2		31.8	8				

注：序号1~7工程项目，工程建设由重庆市轨道交通〔集团〕有限公司承担，合计1为此1~7项合计数；序号8~10工程项目，工程建设由重庆市铁路〔集团〕有限公司承担，合计2为此8~10项合计数。

变）。控制中心设在大竹林控制中心；配置运营系统设备。车辆选用地铁B型车，最高运行速度100公里/小时，接触网直流1500伏授电，6辆编组，动拖比为2:1，初期配车12列/72辆。工程总投资74.7亿元，经济指标5.3亿元/公里。国博线二期工程于2016年10月28日开工，于2020年开通初期运营。（图8-38-1）

（重庆市轨道交通〔集团〕有限公司 吴华鹏）

【重庆市郊铁路（轨道交通延长线）跳磴至江津线工程续建项目】

市郊铁路江跳线工程起点为跳磴站，终点为圣泉寺站。线路长度28.2公里，其中地下线5.8公里，地面线2.7公里，高架线19.7公里。设车站6座，在跳磴站与5号线换乘。在滨江新城设车辆段处，占地36.7公顷。设双福西、滨江新城主变。控制中心与双福车辆段合建；配置自动等运营系统设备。车辆选用As型车，最高运行速度120公里/小时，接触网直流1500伏授电，初期4辆编组，动拖比为3:1，运营初期配车6列/24辆。工程总投资87.0亿元，经济指标3.8亿元/公里。市郊铁路江跳线工程于2015年5月16日开工，计划于2022年开通初期运营。（图8-38-2）

2020年，此项目完成投资68.8亿元，至2020年底，车站开工6座、结构封顶累计4座，轨道铺设累计32.2公里。

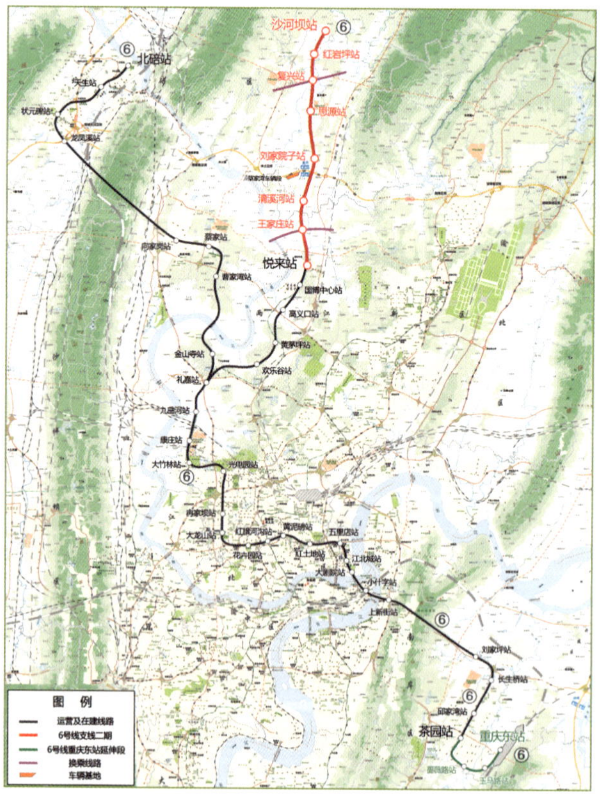

图8-38-1 重庆轨道交通国博线二期线路走向示意图

【重庆市郊铁路璧山至铜梁线节点工程续建项目】

市郊铁路璧山至铜梁线节点工程起点为铜梁站，终点为铜梁新城站。全部为高架线。设车站1座。车辆选用城轨快线型车，最高运行速度140公里/小时，接触网27.5千伏授电。工程总投资2.6亿元。市郊铁路璧山至铜梁线节点工程于2019年11月29日开工，计划于2025年开通初期运营。（图8-38-3）

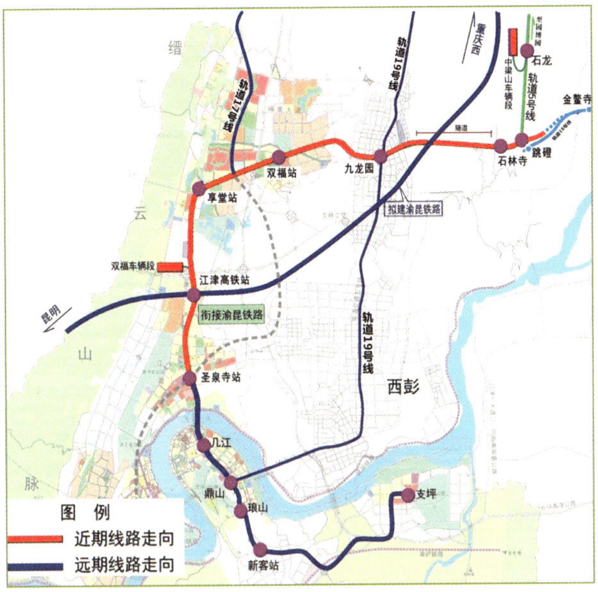

图8-38-2 重庆市郊铁路（轨道交通延长线）跳磴至江津段走向示意图

至2020年，此项目完成投资1.2亿元。

【重庆市郊铁路磨心坡至合川线一期工程新开工项目】

市郊铁路磨心坡至合川线项目一期工程起点为磨心坡，终点为磨心坡北场。线路长度1.9公里，全部为地面线。设车站1座。车辆选用客车动车组、货机HXD3b型车，最高运行速度160公里/小时，接触网交流25千伏授电，8辆编组，动拖比为1:1，初期配车6列/48辆，远期配车9列/72辆。工程总投资11.9亿元，经济指标6.3亿元/公里。市郊铁路磨心坡至合川线项目一期工程于2020年6月30日开工，计划于2022年开通初期运营。（图8-38-4）

2020年，此项目完成投资8.3亿元。

（重庆市铁路〔集团〕有限公司 李勇 漆睿）

【项目管理】

（1）推进现场文明施工。夯实建设品质，提升文明施工水平，做好施工围挡及大门、建筑施工垃圾处理和扬尘治理。联合专业院校开展噪声防控关键技术研究，督促施工单位加快推进尖璧段、环线朝天门大桥、高家花园大桥及鹅公岩大桥声屏障建设。

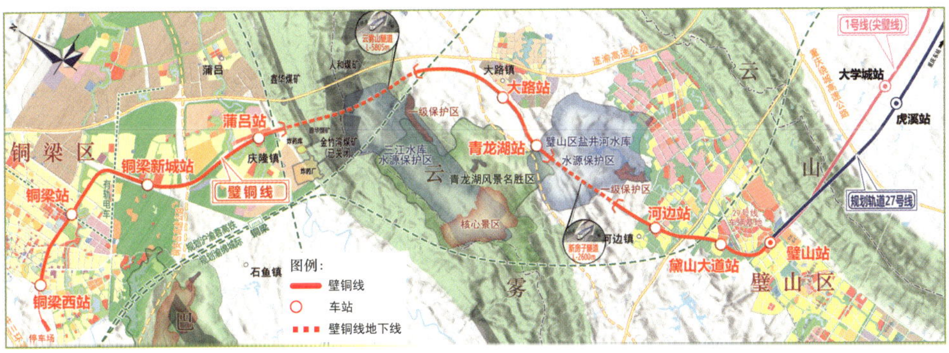

图8-38-3 重庆市郊铁路璧铜线走向示意图

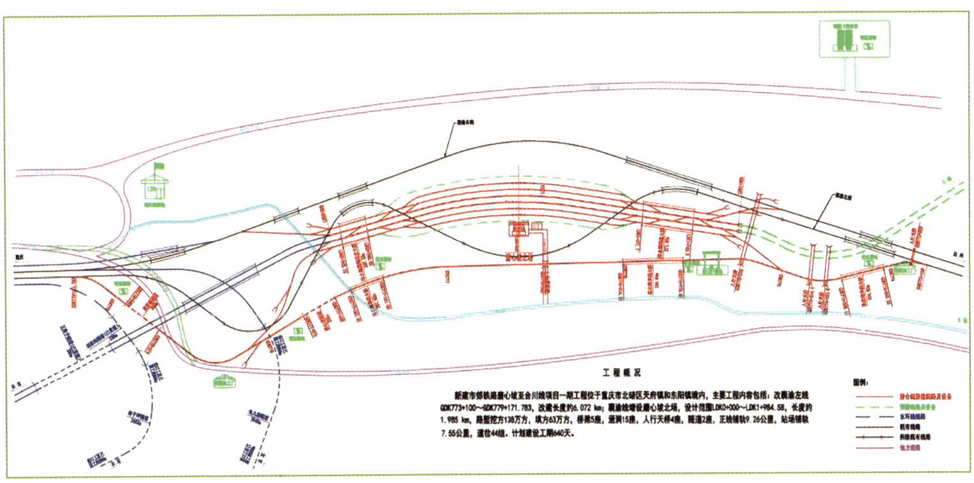
图8-38-4 重庆市郊铁路磨心坡至合川线一期位置示意图

（2）加强车站文化建设。通过对重庆市历史背景、地理位置和地域文化的综合分析，结合重庆城市发展总体定位，编制重庆轨道交通文化建设的主题，2020年完成10号线重庆北站北广场站“闻香识景”和4号线头塘站“美好之路”文化建设工作，留住城市历史记忆、丰富城市文化内涵。

（3）开展智慧车站建设。推进车站数字化和智慧化建设，提高智慧车站建设水平。2020年完成环线重庆西站和凤鸣山站智慧车站的建设工作，实现智慧能源管控、智慧乘客服务及智能运输组织等应用，为乘客提供更便捷的出行服务，并降低能耗。

（4）狠抓风险管控。加强对重大安全风险源的管理，编制操作性强、具有针对性的安全专项方案和技术措施，对危险性较大的工程安全专项方案，严格要求施工单位组织专家论证，降低安全风险；制定《关键节点施工前条件验收管理办法》，严格执行关键节点风险管控程序，认真落实关键节点风险管控责任；持续深入开展大排查大整治，全面推行“日周月”隐患排查制度，对照问题清单，及时整改隐患。

（5）积极推动科技兴安工作。在5号线北延伸段及后续新建线路中全面开展智慧工地建设工作；结合集团管理现状及管理需求，推动重庆轨道交通工程建设安全管理中心的建设工作；开展BIM全生命周期应用，分步骤开展BIM校核与正向设计，在施工期间施工单位建立施工模拟模型、预制加工模型、进度管理模型、质量与安全管理模型等BIM应用，应用科技手段保证建设工程安全。

（重庆市轨道交通〔集团〕有限公司 吴华鹏）

重庆市铁路集团会同项目各参建单位、对项目重难卡点进行梳理，倒排工期计划，定期召开月度例会，了解项目进度执行情况，对项目安全、质量、投资等进行严格管控，通过信息化手段提升项目管理水平，确保工程建设有序进行。

（重庆市铁路〔集团〕有限公司）

【新工艺工法】

朝天门站是重庆首座采用1岛2侧3站台设计的车站，能够有效实现乘客进出站分流。列车到站后同时打开两侧车门，进站乘客由中间岛式站台上车，出站乘客从侧式站台下车，出站乘客和进站乘客不相交，避免客流拥堵，提高乘客出行效率。

（重庆市轨道交通〔集团〕有限公司 吴华鹏）

重庆市铁路集团分别在重庆江跳线两站一区间BIM技术应用试点（机电设备）、重庆璧铜线节点工程BIM技术应用试点（土建工程），探索形成基于BIM技术的工程项目管理提供可借鉴、可复制的经验模式。推行数字化建设管理，构建“标准、管理办法、技术导则、考核办法、招标要求”五维一体管控体系。在璧铜线，城轨快线15、27号线勘察设计及施工阶段开展BIM建模及应用工作，打通轨道交通全生命期数据的建设、存储、使用的数据链条，为实现智慧建设、智慧运维、三铁融合打下了坚实基础。

依托BIM建设可视化协同管理平台，聚焦进度、投资、质量、安全等工程管理，利用平台、流程、表单、数据4大管理工具，执行PDCA循环闭环管理，实现从项目设计、施工建设以及未来项目运维全生命周期的信息化管理目标和以运维为导向的数字化交付，用数据驱动高效管理。

（重庆市铁路〔集团〕有限公司 雷霆 谭红波）

39 四川省成都市

【概况】

成都市城市轨道交通工程建设由成都轨道交通集团有限公司承担。

2020年，成都轨道交通建设项目16个，共430.3公里，237座车站。其中续建项目5个（10号线三期、13号线一期、17号线二期、18号线三期、19号线二期），新开工项目4个（8号线二期、27号线一期、30号线一期、资阳线），建成项目7个（6号线一二期、6号线三期、8号线一期、9号线一期、17号线一期、18号线一期、18号线二期）。完成车站开工85座（8号线二期4座、27号线一期19座、30号线一期20座、资阳线1座、10号线三期3座、13号线一期14座、17号线二期16座、18号线三期5座、19号线二期3座），车站封顶3座（13号线一期1座、19号线二期2座）。完成投资514.7亿元。（表8-39-1）

至2020年底，成都轨道交通建成线路有13条（含有轨电车），总线路长度557.8公里，车站总数373座。

【成都轨道交通6号线一二期工程建成项目】

6号线一二期工程起点为望丛祠站，终点为观东站。线路长度46.8公里，全部为地下线。设车站38座，在蜀新大道站与22号线换乘，在犀浦站与2号线换乘，在梓潼宫站与28号线换乘，在兴盛站与9号线换乘，在金府站与27号线换乘，在西南交大站与7号线换乘，在西北桥站与5号线换

2020年成都市城市轨道交通建设项目汇总表　　表8-39-1

序号	线路名称	起讫点	线路长度(公里)	车站(座)	开工时间(年月)	预计通车时间(年)	工程建设情况	重大工程节点
1	6号线一二期	望丛祠－观东	46.8	38	2016.01	2020	建成	年底，该项目开通初期运营
2	6号线三期	观东(不含)－兰家沟	22.1	18	2017.03	2020	建成	年底，该项目开通初期运营
3	8号线一期	莲花－十里店	29.1	25	2016.12	2020	建成	年底，该项目开通初期运营
4	9号线一期	金融城东－黄田坝	22.2	13	2016.12	2020	建成	年底，该项目开通初期运营
5	17号线一期	金星－机投桥	26.1	9	2017.02	2020	建成	年底，该项目开通初期运营
6	18号线一期	火车南站－天府新站	41.2	8	2016.08	2020	建成	年底，该项目开通初期运营
7	18号线二期	三岔－机场北站	28.8	5	2017.06	2020	建成	年底，该项目开通初期运营
8	10号线三期	人民公园－太平园(不含)	5.9	5	2019.12	2024	续建	至年底，目前所有站点打围，5座车站进入主体施工阶段
9	13号线一期	七里沟－龙华寺	29.1	21	2019.12	2024	续建	至年底，所有站点打围，18座车站、2个明挖区间、2个中间风井进入主体施工阶段。2台盾构始发
10	17号线二期	机投桥(含)－高洪村	24.8	18	2019.12	2024	续建	至年底，所有站点打围，18座车站进入主体施工阶段，其中，7座车站开始进入主体结构施工
11	18号线三期	（含北延段、临江段和三站一区间）	13.6	5	2019.12	2025	续建	至年底，所有站点均打围，7个工点进入主体施工阶段。（提前实施工程三站一区间通车）
12	19号线二期	九江北－合江	42.9	12	2019.11	2023	续建	至年底，2座车站封顶，剩余车站进行结构施工，盾构完成18.5%
13	8号线二期	西南延：龙港－莲花（不含）；东北延：十里店（不含）－桂龙路	7.8	7	2020.05	2023	新开工	至年底，4座车站打围，3座车站进行围护桩施工，剩余车站进行前期准备工作
14	27号线一期	石佛－蜀鑫路	24.9	23	2020.05	2024	新开工	至年底，19座车站打围，3座车站进入主体结构施工阶段，其余车站进行场地建设等准备工作
15	30号线一期	双流机场2号航站楼－白鹤林	26.3	23	2020.05	2024	新开工	至年底，20座车站及2个区间（玉石站–分水站暗挖、出入段线明挖段 ）完成打围
16	资阳线	福田－资阳北	38.7	7	2020.11	2024	新开工	至年底，1座车站打围，开展前期工作
	合计		429.4	237				

乘，在人民北路站与1号线换乘，在前锋路站与3号线、16号线换乘，在建设北路站与14号线换乘，在玉双路站与4号线换乘，在牛王庙站与2号线换乘，在三官堂站与13号线换乘，在琉璃场站与7号线换乘，在金石路站与30号线换乘，在金融城东站与9号线换乘，在张家寺站与33号线换乘，在陆肖站与11号线换乘。在望丛祠站设车辆段1处，占地35.7公顷；在张家寺站、陆肖站设停车场1处，占地19.4公顷。设蜀新大道主变，金府主变，琉璃场主变（与22号线共用蜀新大道主变，与9号线共享金府主变，与8号线共享琉璃场主变）。控制中心接入崔家店控制中心；配置供电、通信、信号、通风空调、给排水与消防、设备监控、防灾报警、屏蔽门、自动售检票、电梯及自动扶梯等运营系统设备。车辆选用交流异步电机、VVVF调速控制A型车，最高运行速度80公里/小时，接触网直流1500伏授电，8辆编组，动拖比为3:1，初期配车75列/600辆。工程总投资378.9亿元，经济指标8.1亿元/公里。6号线一二期工程于2016年10月开工，于2020年开通初期运营。（图8-38-1）

2020年，此项目完成投资112.4亿元。

【成都轨道交通6号线三期工程建成项目】

6号线三期工程起点为观东站，终点为兰家沟站。线路长度22.1公里，全部为地下线。设车站18座，在蒲草堂站与25号线换乘，在麓山大道站与17号线换乘，在沈阳路站与26号线换乘，在昌公堰站与15号线换乘，在天府商务区站与19号线换乘，在西博城站与1、18号线换乘，在秦皇寺站与16号线换乘，在松林站与26号线换乘，在回龙站与5号线换乘。在兰家沟站设停车场1处，占地36.9公顷（与5号线共址）。设庙儿堰主变、回龙主变（与5号线共用回龙主变）。控制中心设在（接入）崔家店控制中心；配置供电、通信、信号、通风空调、给排水与消防、设备监控、防灾报警、屏蔽门、自动售检票、电梯及自动扶梯等运营系统设备。车辆选用交流异步电机、VVVF调速控制A型车，最高运行速度80公里/小时，接触网直流1500伏授电，8辆编组，

图8-39-1 成都轨道交通6号线一二期走向示意图

图8-39-2 成都轨道交通6号线三期走向示意图

动拖比为3:1，初期配车33列/264（一、二、三期）辆。工程总投资156.2亿元，经济指标7.1亿元/公里。6号线三期工程于2017年3月开工，于2020年开通初期运营。（图8-39-2）

2020年，此项目完成投资40亿元。

【成都轨道交通8号线一期工程建成项目】

8号线一期工程起点为莲花站，终点为十里店站。线路长度29.1公里，全部为地下线。设车站25座，在文星站与15号线换乘，在珠江路站与30号线、33号线换乘，在三元站与9号线换乘，在石羊站与29号线、30号线换乘，在高朋大道站与7号线换乘，在九兴大道站与5号线换乘，在倪家桥与1号线、18号线换乘，在川大望江校区站与16号线换乘，在东光站与6号线换乘，在净居寺站与13号线换乘，在东大路站与2号线换乘，在双桥路站与4号线换乘，在理工大学站与7号线换乘，在十里店站与32号线换乘。在顺风站、石羊站设车辆段1处，占地18.2公顷。设元华主变（与5号线、9号线共用元华主变）。控制中心接入崔家店控制中心；配置供电、通信、信号、通风空调、给排水与消防、设备监控、防灾报警、屏蔽门、自动售检票、电梯及自动扶梯等运营系统设备。车辆选用交流异步电机、VVVF调速控制A型车，最高运行速度80公里/小时，接触网直流1500伏授电，6辆编组，动拖比为2:1，初期配车43列/258辆。工程总投资207亿元，经济指标7.2亿元/公里。8号线一期工程于2016年12月开工，于2020年开通初期运营。（图8-39-3）

2020年，此项目完成投资70.4亿元。

图8-39-3 成都轨道交通8号线一期走向示意图

【成都轨道交通9号线一期工程建成项目】

9号线一期工程起点为金融城东站，终点为黄田坝站。线路长度22.2公里，全部为地下线。设车站13座，在金融中心东站与6号线换乘，在心岛站与16号线换乘，在孵化园站与1号线和18号线换乘，在锦城大道与5号线换乘，在三元站与8号线换乘，在华兴站与10号线和33号线换乘，在武青南路站与3号线换乘，在机投桥站与17号线和29号线换乘，在培风站与13号线换乘，在成都西站与4号线换乘，在黄田坝站与27号线换乘。在培风站、机投桥站设车辆段（定修段）1处，占地26.5公顷；在三元站、锦城大道站设停车场

1处，占地12.0公顷。设武青和元华主变。控制中心设在武青车辆段，备用控制中心设在元华停车场；配置供电、通信、信号、通风空调、给排水与消防、设备监控、防灾报警、屏蔽门、自动售检票、电梯及自动扶梯等运营系统设备。车辆选用交流异步电机、VVVF控制A型车，最高运行速度100公里/小时，接触网直流1500伏授电，8辆编组，动拖比为3:1，初期配车25列/200辆。工程总投资194.9亿元，经济指标8.8亿元/公里。9号线一期工程于2016年12月开工，于2020年开通初期运营。（图8-39-4）

2020年，此项目完成投资55.7亿元。

【成都轨道交通17号线一期工程建成项目】

17号线一期工程起点为金星站，终点为机投桥站。线路长度26.1公里，其中地下线21.0公里，高架线4.8公里。设车站9座，在凤溪河站与4号线换乘，在九江北站与19号线换乘，在机投桥站与9号线换乘。在金星站设定修段1处，占地31.4公顷；在九江北站设停车场1处，占地18.4公顷。设永义主变（与19号线共用五桐庙主变）。控制中心接入新苗控制中心；配置供电、通信、信号、通风空调、给排水与消防、设备监控、防灾报警、站台门、自动售检票、电梯及自动扶梯等运营系统设备。车辆选用交流异步电机、VVVF调速控制A型车，最高运行速度140公里/小时，接触网交流25000伏授电，8辆编组，动拖比为3:1，初期配车20列/160辆。工程总投资169.0亿元，经济指标6.5亿元/公里。17号线一期工程于2017年2月开工，于2020年开通初期运营。（图8-39-5）

2020年，此项目完成投资40.9亿元。

【成都轨道交通18号线一期工程建成项目】

18号线一期工程起点为火车南站，终点为天府新站（含龙泉山隧道，孵化园站）。线路长度41.2公里，全部为地下线。设车站8座，在火车南站与1、7号线换乘，在锦城广场东站与1、23、29号线换乘，在世纪城站与1、33号线换乘，在海昌路站与1、21号线换乘，在西博城站与1、6号线换乘，在兴隆站与16、S7号线换乘，在天府新站与19、26、S7、S15号线换乘。在天府新站设车辆段1处，占地35.8公顷。设香山主变、合江主变（与1号线共用香山主变）。控制中心设在新苗控制中心；配置供电、通信、信号、通风空调、给排水与消防、设备监控、防灾报警、屏蔽门、自动售检票、电梯及自动扶梯等运营系统设备。车辆选用CBTC信号系统控制A型车，最高运行速度140公里/小时，接触网交流25000伏授电，8辆编组，动拖比为3:1，初期配车20列/160辆。工程总投资222.5亿元，经济指标5.4亿元/公里。18号线一期工程于2016年8月开工，于2020年开通初期运营。（图8-39-6）

2020年，此项目完成投资25.6亿元。

【成都轨道交通18号线二期工程建成项目】

18号线二期工程起点为三岔站，终点为机场北站。线

图8-39-4 成都轨道交通9号线一期走向示意图

图8-39-5 成都轨道交通17号线一期走向示意图

图8-39-6 成都轨道交通18号线一期走向示意图

路长度28.8公里，其中地下线12.5公里，地面线1.4公里，高架线14.9公里。设车站5座，在三岔站与S2线换乘，在福田站与线S3线换乘，在天府机场3号4号航站楼站与S13号线换乘，在天府机场1号2号航站楼站与S13号线换乘，在机场北站与S13号线换乘。设三岔主变。控制中心设在新苗控制中心；配置供电、通信、信号、通风空调、给排水与消防、设备监控、防灾报警、屏蔽门、自动售检票、电梯及自动扶梯等运营系统设备。车辆选用CBTC信号系统控制A型车，最高运行速度140公里/小时，接触网交流25000伏授电，8辆编组，动拖比为3:1，初期配车6列/48辆。工程总投资80.3亿元，经济指标3.2亿元/公里。18号线二期工程于2017年6月开工，于2020年开通初期运营。（图8-39-7）

2020年，此项目完成投资0.3亿元。

【成都轨道交通8号线二期工程新开工项目】

8号线二期工程分西南延和东北延两段，其中西南延起点为龙港站，终点为莲花站（不含）；东北延起点为十里店站（不含），终点为桂龙路站。线路长度7.8公里，全部为地下线。设车站7座，在龙港站与19、25号线换乘，在同乐站与9号线换乘，在桂龙路站与S12号线换乘。在桂龙路站设龙潭寺停车场1处，占地14.9公顷。设龙潭寺主变（与9号线共用龙潭寺主变）。控制中心接入崔家店控制中心；配置供电、通信、信号、通风空调、给排水与消防、设备监控、防灾报警、屏蔽门、自动售检票、电梯及自动扶梯等运营系统设备。车辆选用三相异步电机、VVVF调速A型车，最高运行速度80公里/小时，接触网直流1500伏授电，6辆编组，动拖比为2:1，初期配车11列/66辆。工程总投资79.6亿元，经济指标10.5亿元/公里。8号线二期工程于2020年5月开工，计划于2023年开通初期运营。（图8-39-8）

2020年，此项目完成投资4.2亿元，至2020年底，车站开工4座。

【成都轨道交通27号线一期工程新开工项目】

27号线一期工程起点为石佛站，终点为蜀鑫路站。线路长度24.9公里，其中地下线17.4公里，高架线7.5公里。

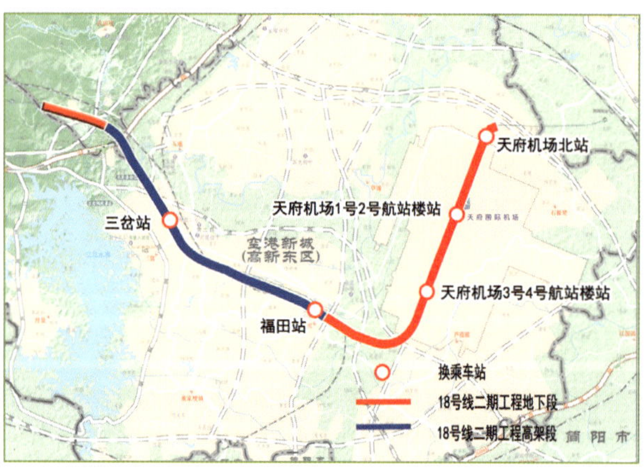

图8-39-7 成都轨道交通18号线二期走向示意图

图8-39-8 成都轨道交通8号线二期走向示意图

设车站23座，在兴城大道站与S10号线换乘，在范家巷站与28号线换乘，在赖家店站与1、9号线换乘，在韦家碾站与1号线换乘，在双水碾站与18号线换乘，在洞子口站与5号线换乘，在金府站与6号线换乘，在金牛公园站与12号线换乘，在羊犀立交站与2号线换乘。在石佛站设大丰车辆基地1处，占地32.4公顷。设大丰主变、韦家碾主变。控制中心接入新苗控制中心；配置供电、通信、信号、通风空调、给排水与消防、设备监控、防灾报警、屏蔽门、自动售检票、电梯及自动扶梯等运营系统设备。车辆选用交流异步电机、VVVF调速控制B型车，最高运行速度80公里/小时，接触网直流1500伏授电，6辆编组，动拖比为2:1，初期配车29列/174辆。工程总投资171.2亿元，经济指标6.9亿元/公里。27号线一期工程于2020年5月开工，计划于2024年开通初期运营。（图8-39-9）

2020年，此项目完成投资4.7亿元，至2020年底，车站开工19座。

【成都轨道交通30号线一期工程新开工项目】

30号线一期工程起点为双流机场2号航站楼站，终点为白鹤林站。线路长度26.3公里，全部为地下线。设车站23座，在双流机场2号航站楼站与10、19号线换乘，在光明站与15号线换乘，在珠江路站与8、33号线换乘，在石羊站与8、29号线换乘，在市一医院站与5号线换乘，在府城桥站与16号线换乘，在金石路站与6号线换乘，在棬子树站与20号线换乘，在娇子立交站与13号线换乘，在海桐街站与11号线换乘，在惠王陵站与2号线换乘，在玉石站与32号线换乘，在分水站与9号线换乘，在白鹤林站与20号线换乘。在珠江路站、大同站设车辆段1处，占地36.5公顷；在白鹤林站设停车场1处，占地8.3公顷。设高碑坝主变、洪家桥主变。控制中心设在新苗控制中心二期；配置供电、通信、

图8-39-9 成都轨道交通27号线一期走向示意图

图8-39-10 成都轨道交通30号线一期走向示意图

信号、通风空调、给排水与消防、设备监控、防灾报警、屏蔽门、自动售检票、电梯及自动扶梯等运营系统设备。车辆选用三相异步电机，VVVF调速控制B型车，最高运行速度80公里/小时，接触网直流1500伏授电，6辆编组，动拖比为2:1，初期配车36列/216辆。工程总投资211.0亿元，经济指标8.0亿元/公里。30号线一期工程于2020年5月开工，计划于2024年开通初期运营。（图8-39-10）

2020年，此项目完成投资4.4亿元，至2020年底，车站开工20座。

【成都轨道交通资阳线工程新开工项目】

资阳线工程起点为福田站，终点为资阳北站。线路长度38.7公里，其中地下线10.4公里，地面线4.8公里，高架线23.5公里。设车站7座，在福田站与18号线换乘。在临空经济区站、线路中部临空经济区范围内设车辆段(定修段)1处，占地24.6公顷。设南骏大道主变（与18号线共用三岔主变）。控制中心设在临空车辆段内；配置供电、通信、信号、通风空调、给排水与消防、环境与设备监控、火灾自动报警等运营系统设备。车辆选用市域A型车，最高运行速度160公里/小时，接触网交流25000伏授电，4辆编组，动拖比为3:1，初期配车11列/44辆。工程总投资129.0亿元，经济指标3.3亿元/公里。资阳线工程于2020年11月开工，计划于2024年开通初期运营。（图8-39-11）

2020年，此项目完成投资0.2亿元，至2020年底，车站开工1座。

【项目管理】

（1）革新理念，以设计管理为龙头提升建设品质。总结前三期项目建设过程中暴露出的质量通病并结合专家评

图8-39-11 成都轨道交通资阳线走向示意图

审、日常运营中发现的各项问题，开展设计“回头看”和建设项目后评价工作，深入落实可研标准、初设要求，以设计管理为龙头开展品质提升行动和技术标准优化工作，为项目建设提供保障。在施工图设计管理方面，充分融合TOD、资源开发、运营各方需求，采取多方会签，确保需求落地；严把设计方案、工程数量及工程造价审核主导权，在建设公司内部落实以管施工为主的设计管理协调推进机制，明确各个环节建设公司内部人员职责，形成问责清晰、考核到位的设计工作运转体系。

（2）坚守底线，以末端管理为抓手夯实安全基础。贯彻“安全、文明、平稳”总体要求，按照“顾大局、树标准、强末端、高质量、严考核”的管理理念，提前筹划解决前期和设计问题，促进项目均衡化生产，为安全施工创造先决条件。强化全方位、全过程末端管理，狠抓专职安全管理人员到岗履职，将安全管理延伸至各施工作业面，建立作业人员准入机制及习惯性违规违章失信人员数据库。加强过程资金管控，防止出现拖欠农民工工资情况，降低维稳风险。以大运会为契机，推行绿色标杆工地建设，提升微环境治理水平。

（3）积极创新，探索多措并举提升项目建设质效。系统梳理国土、规划、施工许可等报规报建工作机制，简化各产权单位管线综合方案审核流程，打通项目建设堵点。

探索采用新工艺、新设备，统筹建设时序、优化工序转换等方式，全面提升建设品质和建设效率。如：优化主体附属结构施工工序及离壁沟施工工艺、设备区采用混凝土隔墙、全面推广BIM技术应用、采用胶轮式铺轨机等措施，开展用户需求书标准化建设、推行设备区裸装工艺等。

【新工艺工法】

17号线一期九江北站采用双岛四线车站，该站配线按既能独立运营又能贯通运营设置，为成都市首创；同时优化配线方案，配线设置充分考虑满足列车折返、调度、出入段（场）、停放及故障组织临时运营交路的需要，一期工程共9座车站，其中有6座车站设置不同功能配线，充分满足运营需求；凤溪河站和九江北站率先在初步设计阶段采用了BIM建模，在施工图阶段对一期工程的全部车站进行BIM建模，为管线布置和空间优化提供支持。结合时速140公里的城市轨道交通A型车的特点及供电需求，采用25千伏交流牵引供电制式方案。

30号线盾构区间管片拼装引入快速连接件，取消传统管片螺栓连接形式，提高施工效率，优化结构接头性能。盾构区间首次在成都轨道交通使用“预埋套筒+外挂槽道”的轨旁设备安装方式，取代传统的锚栓连接，提高安装效率、方便后期维护。30号线车站的出入口首次在成都轨道交通采用矩形顶管法下穿城市主干道，减少对地面交通及管线影响，降低施工风险。

9号线是成都市的第一条大运量市域快线，是西部地区的第一条城市轨道交通市域快线环线，具有线路长、换乘节点多、站间距大、速度目标值高等特点。工程为中国首条采用互联方案、达到最高级全自动驾驶技术等级（GoA4级）的城市轨道交通线路；针对无人驾驶、大运量级环线、分期开通、内外环客流量级差异、客流重心偏西半环等特点，进行行车组织、轨道等专业研究并提出成套解决方案；车辆最高运行速度100公里/小时，综合考虑限界、空气动力学、全自动驾驶运营及防灾救援模式、“砂卵石-砂泥岩”复合地层盾构施工控制与后期运营维护等相关因素，正线区间盾构隧道统一采用内径6.0米、外径6.7米断面尺寸，并统一采用提高管片拼装质量的定位榫发明专利技术。

（成都轨道交通集团有限公司）

40 贵州省贵阳市

【概况】

贵州省贵阳市城市轨道交通工程建设由贵阳市城市轨道交通集团有限公司承担。

2020年，贵阳轨道交通建设项目3个，共83.6公里，61座车站。全部为续建项目（2号线一期、2号线二期、3号线一期）。车站封顶14座（3号线一期14座），轨道铺设42.2公里。完成投资88.6亿元。1个项目共13.0公里（2号线二期）主体结构贯通。（表8-40-1）

至2020年底，贵阳轨道交通建成线路有1条（1号线），总线路长度35.1公里，车站总数25座。

（贵阳市城市轨道交通集团有限公司　朱小辉）

【新工艺工法】

3号线一期工程师范学院-东风镇站盾构试验段隧道顺利贯通，全长1080米，标志着3号线首次在喀斯特地貌采用盾构法施工取得阶段性成果。

（贵阳市城市轨道交通集团有限公司）

2020年贵阳市城市轨道交通建设项目汇总表　　表8-40-1

序号	线路名称	起讫点	线路长度（公里）	车站（座）	开工时间（年月）	预计通车时间（年）	工程建设情况	重大工程节点
1	2号线一期	七机路口－油榨街	27.6	24	2015.08	2021	续建	7月实现“轨通”，8月实现“电通”，9月实现“通信通”，12月实现“试运行”
2	2号线二期	贵钢－水淹坝	13.0	8	2017.02	2021	续建	7月实现“洞通”，9月实现“轨通”“电通”“通信通”，12月实现“试运行”
3	3号线一期	桐木岭－洛湾	43.0	29	2018.12	2023	续建	
合计			83.6	61				

41 云南省昆明市

【概况】

云南省昆明市城市轨道交通工程建设由昆明轨道交通集团有限公司（昆明市轨道交通4号线、5号线则采用PPP模式建设）承担。

2020年，昆明市轨道交通建设项目5个，共99.0公里，73座车站。其中续建项目5个（1号线西北延、2号线二期、4号线、5号线、6号线二期），建成项目2个（4号线、6号二期）。完成车站开工2座（1号线西北延1座、2号线二期1座），车站封顶60座（1号线西北延2座、2号线二期7座、4号线29座、5号线18座、6号线二期4座），轨道铺设63.2公里。完成投资174.0亿元。2个项目共50.7公里（4号线、6号线二期）主体结构贯通。（表8-41-1）

至2020年底，昆明市轨道交通建成线路有5条（1、2号线首期工程〔含1号线支线〕、3号线、4号线、6号线），总线路长度139.4公里，车站总数83座。

【昆明轨道交通4号线工程建成项目】

4号线项目工程起点为金川路站，终点为昆明南火车站站。线路长度43.4公里，全部为地下线。设车站29座，在昆明南火车站站与1号线支线换乘，在联大街、斗南站与1号线换乘，在菊华站与6号线换乘，在大树营站与3号线换乘，在火车北站与2、5号线换乘。在金川路站设大漾田车辆段（定修段）1处，占地38公顷；在玉缘路站设广卫停车1处，占地19.9公顷。设3座主变（与1、2、5号线共用彩云、火车北站主变）。控制中心设在昆明地铁线网控制中心；配置供电、通信、信号、通风空调、给排水与消防、设备监控、防灾报警、站台门、自动售检票、电梯及自动扶梯等运营系统设备。车辆选用B型车，最高运行速度100公里/小时，接触轨直流1500伏授电，6辆编组，动拖比为2:1，初期期配车36列/216辆。工程总投资303.0亿元，经济指标7.0亿元/公里。昆明轨道交通4号线项目工程于2015年12月31日开工，于2020年开通初期运营。（图8-41-1）

图8-41-1 昆明轨道交通4号线走向示意图

2020年，此项目完成投资303.0亿元，至2020年底，车站开工29座、结构封顶累计29座，盾构推进累计43.4公里，轨道铺设累计43.4公里。

【昆明轨道交通6号线二期工程建成项目】

6号线二期工程起点为塘子巷站，终点为东部汽车站（不含）。线路长度7.3公里，其中地下线6.1公里，地面线0.1公里，高架线1.1公里。设车站4座，在塘子巷站与2号线换乘，在菊华站与4号线换乘，在东部汽车站与3号线

2020年昆明市城市轨道交通建设项目汇总表　　表8-41-1

序号	线路名称	起讫点	线路长度（公里）	车站（座）	开工时间（年月）	预计通车时间（年）	工程建设情况	重大工程节点
1	4号线	金川路－昆明南火车站	43.4	29	2015.12	2020	建成	9月23日开通初期运营
2	6号线二期	塘子巷－东部汽车站（不含）	7.3	4	2014.07	2020	建成	9月23日开通初期运营
3	1号线西北延	教场北路－环城南路（不含）	7.6	7	2016.03	2022	续建	
4	2号线二期	环城南路（不含）－海东公园	14.3	11	2015.08	2022	续建	
5	5号线	世博园－宝丰村	26.4	22	2016.08	2022	续建	
合计			99.0	73				

换乘。与6号线一期共用蝴蝶谷主变。控制中心接入6号线一期控制中心；配置通信、信号、供电、综合监控、AFC、CCTV、PIS、通风空调、给排水及消防、FAS、BAS等运营系统设备。车辆选用B1型车，最高运行速度100公里/时，接触轨直流750伏授电，6辆编组，动拖比为2:1。工程总投资65.5亿元，经济指标8.7亿元/公里。6号线二期工程于2014年7月1日开工，于2020年9月23日开通初期运营。（图8-41-2）

至2020年底，车站开工4座、结构封顶累计4座，盾构推进累计9.8公里，轨道铺设累计14.6公里。

图8-41-2 昆明轨道交通6号线二期走向示意图

【项目管理】

（1）优化管理层级，强化目标责任。成立建设管理中心，着重从线网层面统筹协调全网建设管理，突出对关键工期目标的管控，加大重大问题的统筹协调，集团层面“管政策、管标准、管规范”，子公司层面负责落实。全资子公司建管公司对建设目标进行分解细化，压实责任；以项目为单位成立建设指挥部，整合土建、机电、征拆、市政迁改协调各方面，强化各环节的有机衔接，推进项目建设。4号线、5号线PPP项目强化履约责任，突出各PPP项目公司的管理职责，从建设标准、建设规模、工程范围、工期目标等方面加强监督。

（2）高位统筹协调，确保工期目标。定期召开轨道交通工程建设推进会、综合调度会等，针对4号线、6号线二期年内开通的目标，在攻坚阶段每周召开一次推进会，围绕开通初期运营涉及的重大问题进行统筹协调；请市政府召开推进会，请市督导组进行现场督导，对接相关行政主管部门、各辖区政府，及时解决工程建设中遇到的重大问题，确保工程建设顺利推进。

（3）细化分部转序，提高衔接效率。提高土建与机电安装工程的转序衔接效率，抢抓时间。针对4号线、6号线二期开通所面临的时间紧、任务重的实际，在疫情影响下土建工程进度滞后的情况，一是督促土建单位加大资源投入，抢抓施工进度，采用分区分段验收、验收一段移交一段的方式向站后专业移交施工场地；二是围绕“三通”目标，采用“先设备区、后公共区，先关键设备房、后普通设备间”的移交方式加强施工组织，针对急需施工的设备房间提前筹备、优先施工、分部移交；三是形成综合调度联络机制，建立协调联络群，及时沟通协调解决各方重点问题，提高土建、机电专业间的转序衔接效率，赢得时间。

（昆明轨道交通集团有限公司）

42 陕西省西安市

【概况】

西安市城市轨道交通工程建设由西安市轨道交通集团有限公司承担。

2020年，西安轨道交通建设项目10个，共225.3公里，153座车站。其中续建项目4个（2号线二期、6号线二期、8号线、14号线），新开工项目3个（1号线三期、10号线一期、15号线一期），建成项目3个（5号线一期、6号线一期、9号线）。完成车站开工61座（1号线三期7座、2号线二期4座、6号线二期8座、8号线29座、10号线一期10座、15号线一期3座），车站封顶8座（6号线二期6座、14号线2座），轨道铺设92.1公里。完成投资246.7亿元。4个项目共84.5公里（5号线一期、6号线一期、9号线、14号线）主体结构贯通。（表8-42-1）

至2020年底，西安轨道交通建成线路有7条（1号线、2号线、3号线一期、4号线、5号线一期、6号线一期、9号线），总线路长度210.4公里，车站总数157座。

（西安市轨道交通集团有限公司）

西安市西咸新区轨道交通工程建设由西咸新区轨道交通投资建设有限公司承担。

2020年，西咸新区轨道交通建设项目2个，共35.0公里，22座车站。其中续建项目2个（5号线二期、16号线一期），建成项目1个（5号线二期）。完成车站开工4座（16号线一期），轨道铺设18.7公里。完成投资41.7亿元。1个项目共19.9公里（5号线二期）主体结构贯通。（表8-42-1）

至2020年底，西咸新区轨道交通建成线路有2条（1号线二期、5号线二期），总线路长度26公里，车站总数17座。

（西咸新区轨道交通投资建设有限公司）

2020年西安市城市轨道交通建设项目汇总表　　表8-42-1

序号	线路名称	起讫点	线路长度（公里）	车站（座）	开工时间（年月）	预计通车时间（年）	工程建设情况	重大工程节点
1	5号线一期	西安东站－和平村	25.4	21	2015.11	2020	建成	12月28日开通初期运营
2	6号线一期	西安南站－西北工业大学	20.1	15	2016.03	2020	建成	12月28日开通初期运营
3	临潼线（9号线）	纺织城－秦陵西	25.3	15	2017.01	2020	建成	12月28日开通初期运营
4	2号线二期	北段:草滩北－北客站 南段:韦曲南(不含)－常宁	6.9	4	2019.10	2023	续建	年底，全线3座明挖车站围护结构施工完成
5	6号线二期	西北工业大学(不含)－纺织城	19.5	17	2016.12	2022	续建	年底，累计6座车站主体结构封顶
6	8号线	电子城–电子城(环线)	49.9	37	2019.10	2025	续建	年底，累计8座车站主体围护结构施工完成
7	14号线	北客站－贺韶村	13.7	8	2018.08	2021	续建	9月18日，全线变电所带电，全线实现“电通”
8	1号线三期	咸阳秦都高铁站－沣河森林公园	10.6	7	2020.03	2024	新开工	3月25日，1号线三期开工建设
9	10号线一期	杨家庄－高陵水景公园	34.4	17	2020.07	2024	新开工	7月1日，10号线一期开工建设
10	15号线一期	细柳－韩家湾	19.5	13	2020.09	2024	新开工	9月29日，15号线一期开工建设
合计1			225.3	153				
11	5号线二期	阿房宫南－创新港	19.9	13	2017.02	2020	建成	4月“轨通”；5月“电通”；8月通过项目工程验收；9月开始试运行；12月通过竣工验收；12月28日，开通初期运营
12	16号线一期	沣东小镇－能源三路	15.1	9	2019.12	2024	续建	至年底车站全部开工，全面进入土建施工阶段，4座车站开始结构板施工
合计2			35.0	22				

注：序号1~10工程项目，工程建设由西安市轨道交通集团有限公司承担，合计1为此1~10项合计数；序号11、12工程项目，工程建设由西咸新区轨道交通投资建设有限公司承担，合计2为此11~12项合计数。

【西安轨道交通5号线一期工程建成项目】

5号线一期工程起点为和平村站，终点为西安东站。线路长度25.4公里，其中地下线24.2公里，高架线1.2公里。设车站21座，在阿房宫南站与规划11号线换乘，在汉城南路站与规划12号线换乘，在西北工业大学站与6号线一期换乘，在边家村站与规划7号线换乘，在南稍门站与2号线换乘，在马腾空站与规划8号线换乘，在建筑科技大学·李家村站与4号线换乘，在青龙寺站与3号线换乘。在阿房宫车辆段设停车场1处；在雁鸣湖设停车场1处。设阿房宫和荣家寨主变。控制中心在航天城车辆段内；配置供电、通信、信号、通风空调、给排水与消防、设备监控、防灾报警、屏蔽门、自动售检票、电梯及自动扶梯等运营系统设备。车辆选用B型车，最高运行速度80公里/小时，接触网直流1500伏授电，6辆编组，动拖比为2:1，初期配车31列/186辆。工程总投资187.4亿元，经济指标7.4亿元/公里。5号线一期工程于2015年11月开工，于2020年12月28日年开通初期运营。（图8-42-1）

2020年，此项目完成投资53.9亿元，至2020年底，车站

图8-42-1　西安轨道交通5号线一期走向示意图

开工20座、结构封顶累计19座，盾构推进累计26.1公里，轨道铺设累计55公里。

【西安轨道交通6号线一期工程建成项目】

6号线一期工程起点为西安南，终点为西北工业大学。线路长度20.1公里，全部为地下线。设车站15座，在丈八四路站与规划12号线号线换乘，在科技八路站与规划8号线换乘，在科技六路站与规划8、11号线换乘，在西安南站与规划12号线换乘，在西北工业大学站与5号线换乘。在侧坡设车辆段1处，主变电站1座。新建1座主变（与3号线共用博文路主变）。控制中心在航天城车辆段内与4、5号线共用；配置供电、通信、信号、通风空调、给排水与消防、设备监控、防灾报警、屏蔽门、自动售检票、电梯及自动扶梯等运营系统设备。车辆选用B型车，最高运行速度80公里/小时，接触网直流1500伏授电，6辆编组，动拖比为2:1，初期配车25列/150辆。工程总投资139.5亿元，经济指标6.9亿元/公里。6号线一期工程于2016年3月开工，于2020年12月28日年开通初期运营。（图8-42-2）

2020年，此项目完成投资41.5亿元，至2020年底，车站开工12座、结构封顶累计12座，盾构推进累计22.5公里，轨道铺设累计50.7公里。

【西安轨道交通临潼线（9号线）工程建成项目】

9号线一期工程起点为纺织城站，终点为秦陵西站。线路长度25.3公里，全部为地下线。设车站15座，在纺织城站与1号线、6号线换乘，在洪庆站与规划7号线换乘，在芷阳广场站与规划渭北支线换乘。在王站接轨、莫灵庙村附近设车辆段与综合维修基地1处，占地29.9公顷；在纺织城站和芷阳广场站附近设主变电站2处（与6号线共用纺织城主变，与规划的渭北支线资源共用芷阳广场站主变）。控制中心与地铁4、5、6号线资源共享，设于地铁4号线航天城车辆段内；配置供电、通信、信号、通风空调、给排水与消防、设备监控、防灾报警、站台门、自动售检票、电梯及自动扶梯、门禁等运营系统设备。车辆选用交流异步电机、VVVF调速控制B型车，最高运行速度80公里/小时，接触网直流1500伏授电，6辆编组，动拖比为2:1，初期配车29列/174辆。工程总投资144.3亿元，经济指标5.7亿元/公里。临潼线（9号线）号线一期工程于2017年1月9日开工，于2020年12月28日年开通初期运营。（图8-42-3）

2020年，此项目完成投资34.1亿元，至2020年底，车站开工15座、结构封顶累计15座，盾构推进累计31.6公里，轨道铺设累计67.3公里。

【西安轨道交通1号线三期工程新开工项目】

1号线三期工程起点为秦都站，终点为沣河森林公园站。线路长度10.6公里，全部为地下线。设车站7座。在珠泉路设停车场1处。设秦皇南路主变。控制中心在渭河车辆段内；配置供电、通信、信号、通风空调、给排水与消防、设备监控、防灾报警、屏蔽门、自动售检票、电梯及自动扶梯等运营系统设备。车辆选用B型车，最高运行速度80公里/小时，接触网直流1500伏授电，6辆编组，动拖比为1:1，初期配车15列/90辆。工程总投资83.3亿元，经济指标7.9亿元/公里。1号线三期工程于2020年3月25日开工，计划于2024年开通初期运营。（图8-42-4）

2020年，此项目完成投资7.3亿元，至2020年底，车站开工7座。

【西安轨道交通10号线一期工程新开工项目】

10号线一期工程起点为杨家庄站，终点为高陵水景公园站。线路长度34.4公里，其中地下线11.9公里，高架线22.5公里。设车站17座，在桑家村站与站与规划17号线号线换乘，在水景公园站与规划22号线换乘。设高陵车辆段1处；在环园中路设停车场1处。新建高陵、泾河主变2座，并共享14号线学府路主变电所。控制中心在高陵车辆段和规划8号线长鸣路车辆段各1座；配置供电、通信、信号、通风空调、给排水与消防、设备监控、防灾报警、屏蔽门、自动售检票、

图8-42-2 西安轨道交通6号线一期走向示意图

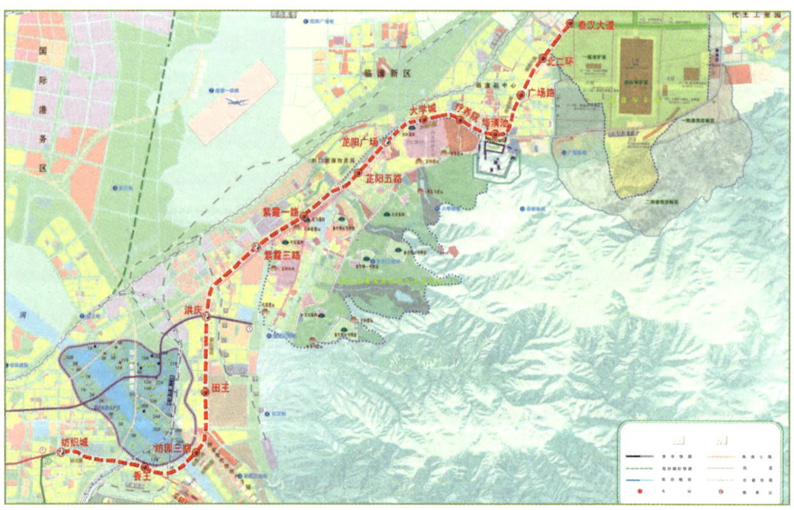

图8-42-3 西安轨道交通9号线（临潼线）走向示意图

电梯及自动扶梯等运营系统设备。车辆选用B2型车，最高运行速度100公里/小时，接触网直流1500伏授电，6辆编组，动拖比为2:1，初期配车30列/180辆。工程总投资208.5亿元，经济指标6.1亿元/公里。10号线一期工程于2020年7月1日开工，计划于2024年开通初期运营。（图8-42-5）

图8-42-4 西安轨道交通1号线三期走向示意图

图8-42-5 西安轨道交通10号线一期走向示意图

2020年，此项目完成投资8.8亿元，至2020年底，车站开工10座。

【西安轨道交通15号线一期工程新开工项目】

15号线一期工程起点为细柳站，终点为韩家湾站。线路长度19.5公里，全部为地下线。设车站13座，在细柳站与规划16号线换乘，在府君庙村站与规划12号线换乘，在郭杜西站与6号线一期换乘，在樱花广场站与规划20号线换乘，在邮电学院站与规划7号线换乘，在航天城站与2号线换乘。在细柳站设车辆段1处。设细柳主变电所1座（与4号线共用飞天主变电所1座）。控制中心在长鸣路车辆段内；配置供电、通信、信号、通风空调、给排水与消防、设备监控、防灾报警、屏蔽门、自动售检票、电梯及自动扶梯等运营系统设备。车辆选用A型车，最高运行速度100公里/小时，接触网直流1500伏授电，6辆编组，动拖比为2:1，初期配车17列/102辆。工程总投资168.8亿元，经济指标8.7亿元/公里。15号线一期工程于2020年9月29日开工，计划于2024年开通初期运营。（图8-42-6）

2020年，此项目完成投资3.7亿元，至2020年底，车站开工3座。

（西安市轨道交通集团有限公司）

【西安轨道交通5号线二期工程建成项目】

5号线二期工程起点为创新港站，终点为阿房宫南站（不含）。线路长度19.9公里，其中地下线7.3公里，地面线0.4公里，高架线12.2公里。设车站13座，在欢乐谷站与16号线换乘。在西江渡设停车场1处，占地18.5公顷。设创新港主变。控制中心接入航天城控制中心；配置供电、通信、信号、通风空调、给排水与消防、设备监控、防灾报警、站台门、自动售检票、电梯及自动扶梯等运营系统设备。车辆选用VVVF交流牵引传动系统B型车，最高运行速度80公里/小时，接触网直流1500伏授电，6辆编组，动拖比为2:1，初期配车36列/216辆。工程总投资95.1亿元，经济指标4.8亿元/公里。5号线二期工程于2017年2月18日开工，计划于2020年12月28日年开通初期运营。（图8-42-7）

2020年，此项目完成投资37.6亿元，至2020年底，车站开工13座、结构封顶累计13座，盾构推进累计10.9公里，轨道铺设累计46.8公里。

（西咸新区轨道交通投资建设有限公司）

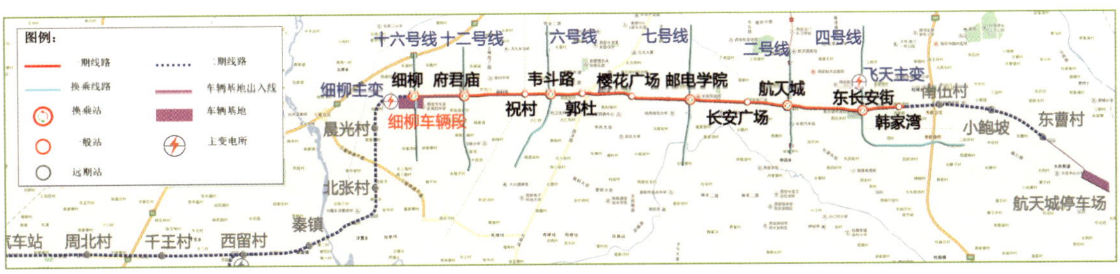

图8-42-6 西安轨道交通15号线一期走向示意图

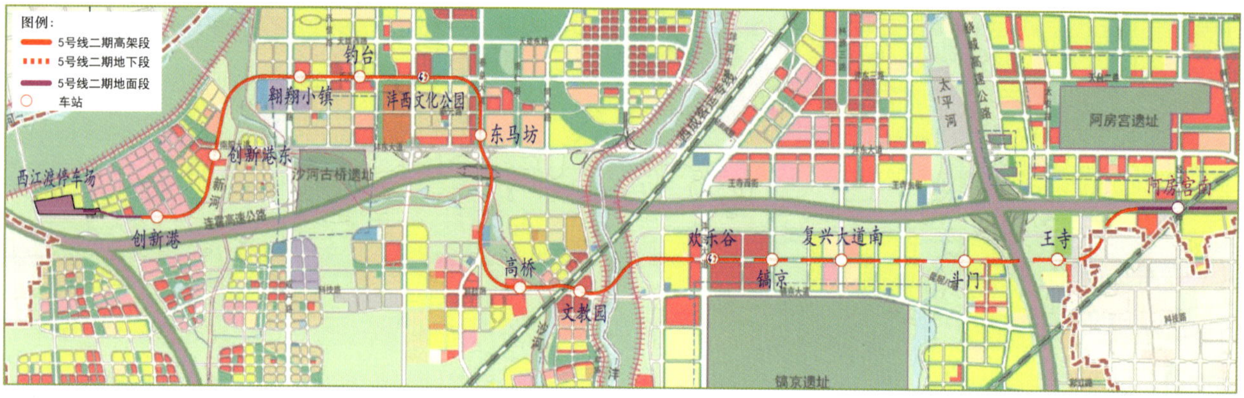

图8-42-7 西安轨道交通5号线二期走向示意图

【项目管理】

（1）坚持精细化管理。为最大限度降低疫情对工程建设造成的延误与影响，保障项目建设进度，组织各参建单位对年度目标任务、关键节点进行梳理，确定了计划节点510个，关键节点168个，里程碑节点12个，通过定期召开生产例会，了解计划执行情况，分析滞后原因，优化工筹措施，推进项目建设进度。同时，成立工作专班，及时协调解决设备生产供应等问题，确保项目按期建成通车。

（2）规范质量过程管控。通过加强监理对工程质量的监管职能和责任心，督促各方高度重视工程试验和测量监测工作，加强施工过程控制和细节处理，加强隐蔽工程的检查和验收，确保车站主体及隧道施工质量。

（3）强化安全生产管理。始终坚守安全红线，健全完善安全风险分级管控及隐患排查治理双重预防机制，通过建立施工人员、机械设备、管线保护、安全风险和危大工程“5本清单”，将安全生产工作抓实抓细。

（西安市轨道交通集团有限公司）

（4）为最大限度降低疫情对工程建设造成的延误与影响，通过加强计划管理，优化工筹措施，加大全过程管控，推进项目建设进度。同时，成立工作专班，及时协调解决设备生产供应等问题，确保项目按期建成通车。

（5）开展精细化管理。为保障项目建设进度，组织各参建单位对年度目标任务、关键节点进行梳理，确定计划节点510个，关键节点168个，里程碑节点12个，通过定期召开生产例会，了解计划执行情况，针对滞后节点，分析原因，制定针对性解决措施，确保项目建设有序推进。

（西咸新区轨道交通投资建设有限公司）

【新工艺工法】

（1）6号线一期在侧坡车辆段轨道工程施工中，停车列检库L9～L24股道为地裂缝设防地段采用梯形轨枕道床施工技术，提高结构的承载能力和耐久性，增加了轨道高度和减振性能的可调整性。

（2）6号线二期在施工过程中使用钢筋笼纹丝头保护装置，此技术将钢筋笼两端套装保护，避免钢筋笼因运输吊装产生的碰撞而导致的损害，便于钢筋笼的码放和存储，进一步提高施工的安全和质量。

（3）14号线辛王路站至体育中心站区间3#联络通道（兼泵房）、4#联络通道处于灞河下方，埋深约30米，河道水位高，地质为大厚度砂层，地下水与河流有较强水力联系且无法降水，采用传统的施工工艺存在涌水、涌砂风险。为此，设计创新采用冷冻法等新工艺，固结地下水，降低施工风险，减少环境污染，确保施工安全。

（4）15号线一期外部电源沟道土建设计采用BIM设计，通过BIM技术构建城市轨道交通工程的标准化建筑信息模型及BIM可视化施工管控系统；将BIM模型与GIS地理信息相结合，集成应用具有实景模型效果的BIM-GIS城市轨道交通管理平台；开发智慧工地管控平台BIM应用子系统，并围绕施工现场开发相应功能模块，构建集各管理业务为一体的综合管控平台。

（5）15号线一期推行主体结构钢筋标准化加工厂。采用数控钢筋锯切套丝生产线、智能套丝机器人、数控钢筋弯箍机等数控设备；车站主体侧墙采用组合式钢模板，高支模全部采用盘扣式脚手架施工、板墙分开浇筑方案，极大提高车站主体结构施工质量标准、安全系数和生产效率。

（6）15号线一期府君庙村站－祝村站盾构隧道贯通后，在地裂缝设防长度范围内先注浆加固后拆除管片施做，扩大断面的二次衬砌及地裂缝处特殊变形缝；工筹可以实现盾构提前始发10个月以上工期，节约直接投资2000万元以上，达到工期成本双可控指标。

（7）15号线一期施工总承包4标段采用销键型脚手架及支撑架技术，全部杆件系列化、标准化，便于储藏运输；低合金结构钢绿色环保，产品寿命长；搭拆快、易管理、功效高，技术经济效益明显。

（西安市轨道交通集团有限公司）

43 甘肃省兰州市

【概况】

兰州市城市轨道交通工程建设由兰州市轨道交通有限公司承担。

2020年，兰州轨道交通建设项目1个，共9.1公里，9座车站。为续建项目1个（2号线一期工程）。完成车站开工9座（2号线一期工程），车站封顶7座（2号线一期工程）。完成投资40.2亿元。（表8-43-1）

至2020年底，兰州轨道交通建成线路有1条（1号线一期），总线路长度25.9公里，车站总数20座。

【项目管理】

加强监理单位的全过程管理作用，现场管理采用过程抽查，目标考核的形式予以管理；在兰州市轨道交通有限公司各级会议中对各参建方给予工作部署，加强现场跟踪落实，安排专业工程师对未按时完成工期节点的参建单位进行督查督办；加强对标管理，严格按照相关行业规范、法规及管理制度执行，严肃层级管理，层层落实，严格目标考核；加强现场安全质量方面的检查，明确现场施工生产以安全生产为前提，以质量把控为生命线，以生产进度为效益目标，加大对现场安全质量的检查，对施工现场进行定期和不定期的全面检查工作，对检查发现的问题以业主指令的形式下发至施工、监理单位，并督促施工单位及时整改，整改完成后组织监理单位进行复检，复检合格后形成报告，确保施工现场各项问题整改落实到位。

（兰州市轨道交通有限公司 胡斌）

2020年兰州市城市轨道交通建设项目汇总表　　表8-43-1

序号	线路名称	起讫点	线路长度（公里）	车站（座）	开工时间（年月）	预计通车时间（年）	工程建设情况	重大工程节点
1	2号线一期	东方红广场－雁北路	9.1	9	2016.05	2022	续建	7座车站主体结构封顶，区间实现“洞通”
合计			9.1	9				

44 新疆维吾尔自治区乌鲁木齐市

【概况】

新疆维吾尔自治区乌鲁木齐市城市轨道交通工程建设由乌鲁木齐城市轨道集团有限公司承担。

2020年，乌鲁木齐轨道交通建设项目1个，共19.3公里，16座车站。为续建项目1个（2号线一期）。完成车站开工10座（2号线一期），车站封顶8座（2号线一期）。（表8-44-1）

至2020年底，乌鲁木齐轨道交通建成线路有1条（1号线），总线路长度27.6公里，车站总数21座。

【乌鲁木齐轨道交通2号线一期工程续建项目】

2号线一期工程起点为延安路站，终点为华山街站。线路长度19.35公里，均为地下线。设车站16座，在南门站与1号线换乘。在八户梁设停车场1处，占地8.99公顷；在华山街站设车辆段1处，占地26.12公顷。设南门主变（与1号线共用）和高铁主变。控制中心接入线网控制中心；配置供电、通信、信号、通风空调、给排水与消防、设备监控、防灾报警、屏蔽门、自动售检票、电梯及自动扶梯等运营系统设备。车辆选用A型车，最

2020年乌鲁木齐市城市轨道交通建设项目汇总表　　表8-44-1

序号	线路名称	起讫点	线路长度（公里）	车站（座）	开工时间（年月）	预计通车时间（年）	工程建设情况	重大工程节点
1	2号线一期	延安路－华山街	19.3	16	2015.11	2023	续建	2座车站封顶，1个区间贯通
合计			19.3	16				

高运行速度80公里/小时，接触网直流1500伏授电，6辆编组，动拖比为2:1，初期配车20列/120辆。工程总投资162.6亿元，经济指标8.4亿元/公里。2号线一期工程于2015年11月开工。计划于2023年开通初期运营。（图8-44-1）

2020年，此项目完成投资8.6亿元。

【项目管理】

2020年以消除事故隐患、防控安全风险为重点，完善安全风险管控和安全质量隐患排查与治理“二体系”建设，督促各参建单位落实主体责任，强化过程履约管理，突出预控管理。完成安全风险、隐患排查、盾构施工3个信息化管理系统建设。组织召开各类安全生产专题会4次、安全质量风险例会8次，研判风险状态并督促参建单位责任落实。隐患排查过程中发现并治理各类隐患共11104条。开展冬季停工、疫情防控、五一节前、全国两会等安全专项检查，发现各类安全问题380余项，下发检查记录196份。全年实现安全无责任事故。

（乌鲁木齐城市轨道交通集团有限公司 柴江明）

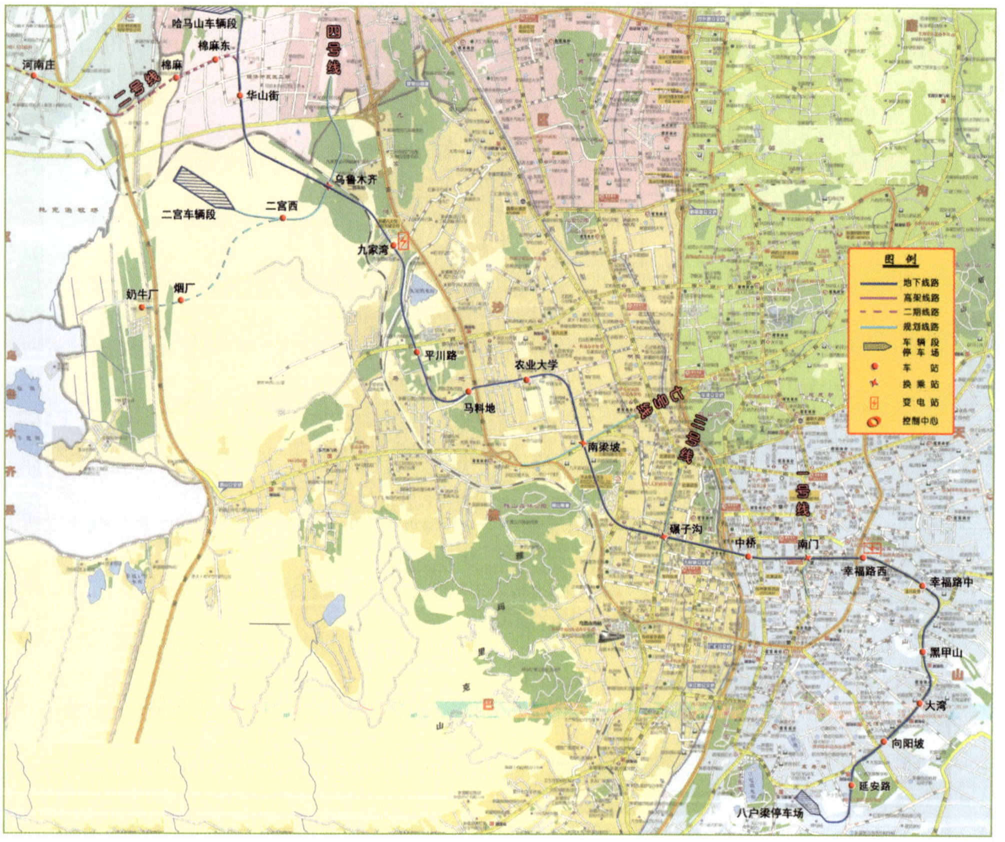

图8-44-1 乌鲁木齐轨道交通2号线一期走向示意图

九 运营服务

2020年，全国城市轨道交通新增天水、三亚、太原3座城市，新增运营线路长度1233.5公里，运营里程总规模达7969.7公里。

全年累计客运量175.9亿人次，进站量109.5亿人次，客运周转量1486.4亿人公里。平均客运强度0.45万人次/公里日。平均旅行速度35.1公里/小时，线路高峰小时平均最小发车间隔为287秒。平均运营服务时长16.8小时/日。

在本篇中，共有42个城市的53个运营企业参编，占45座已开通城市轨道交通城市的93.3%。据不完全统计，运营线路规模最大的城市为上海：759.9公里，年客运量最大的城市为上海：28.4亿人次，线路高峰小时发车间隔最小为105秒（北京1号线、10号线），线路最大断面客流为5.7万人次/时（上海11号线）。

本篇记录了至2020年底，全国有太原、上海、广州、成都4城市共6条线路开通全自动运营，运营线路总里程115.6公里，开通车站95座。其中等级为GoA3的1条，GoA4为5条。运营速度最高的为100公里/小时（成都9号线）。

安全疏导　上海申通

1 北京市地铁运营有限公司

【概况】

至2020年底，北京市地铁运营有限公司在北京市轨道交通全网运营线路16条，总运营里程525.0公里，总运营车站318座，网络换乘站62座。从事既有运营线路运营维护的职工总数33619人，司机总数3269人。

2020年运送乘客186599.2万人次，比上年下降41.7%，占全市公共交通出行量的比重45%。全年线网日均客运量509.8万人次/日，其中线网日均进站量268.8万人次/日，单日最高日客运量达到1064.6万人次/日（2020年1月10日），线网日均客运周转量4701.1万人次公里/日。

2020年线网实际开行列次286.5万列次，线网运营车公里53099.1万车公里，高峰时段最小行车间隔105秒，运营总能耗172064.6万千瓦时。采用按里程计，全年实现运营票款收入428000万元，比上年下降42.0%。（表9-1-1）（图9-1-1）

2020年度主要运营指标完成情况见表9-1-2，表9-1-3。

【双“超”模式实现防疫目标】

落实地铁“满载率控制在50%以内”要求，突破运营常规，制定“超常超强”运输措施应对措施，先后5批次编制实施13条线路“超常超强”列车运行图，在保障防疫期间地铁出行安全的同时，实现降本增效的目的，取得“多、快、好、省”的综合成效，实现员工“零传染”，乘客“零传播”的目标。

【网络运输效能大幅提升】

落实防疫阶段“高峰小时列车满载率不超过50%”的目标要求，把握网络客流时空分布规律，运用和配置网络资源，监测实时列车满载率，优化调整工作日和双休日列车运行图，精准投放运力，10条线路最小运行间隔跑进2分钟，4条线达到1分45秒，最大运力提升83%，网络运输整体效能显著提升，基本消除站外限流、站台滞留、车厢拥挤等问题。

【列车旅行速度显著提高】

编制实施常态化下工作日和双休日超强列车运行图，采取多交路套跑、大站快车、不平衡运行等方式，提高运输效率，特别是6号线利用越行线开行大站快车，单程运行时间缩短7分钟，有效提高旅行速度10%。

【乘客出行体验显著提升】

开展导流围栏拆除和客流流线优化工作，减少乘客排队绕行时间。完成6号线等5条线的ATS系统与PIS系统、广播系统接口升级，实现运营信息灵活发布。实现1、2、13号线车站AED设备配置全覆盖。落实站车消毒标准，持续保持车站公共区域全新风运行模式，完成1、2号线、首都机场线等16座车站卫生间改造。实现与地面公交以及上海、呼和浩特等城市地铁的“一码通乘”。

【实现降本增效】

制定降本增效三年行动计划，挖掘增收节支、提质增效潜能。优化实施超常超强列车运行图，减少低效走行公里2700万车公里。通过关闭区间和车站的部分照明等精细化管理措施，有效减少能源支出。通过优化生产组织方式、储备人员转岗分流等措施，进一步提高用工效率。优化安保人员配置标准，减少安检员、列车乘务管理员、保安员。

（北京市地铁运营有限公司）

北京市城市轨道交通（北京地铁）运营线路历年开通时间情况表　　表9-1-1

线路名	分段开通名称	开通日期	开通范围	运营里程(公里)
1号线	1号线	1969年10月1日	苹果园－四惠东	31.0
2号线	2号线	1984年9月20日	环线（西直门－积水潭）	23.0
5号线	5号线	2007年10月7日	宋家庄－天通苑北	28.0
6号线	一期	2012年12月30日	海淀五路居－草房	30.4
	二期	2014年12月28日	草房－潞城	12.4
	西延	2018年12月30日	金安桥－海淀五路居	10.3
7号线	7号线	2014年12月28日	北京西站－焦化厂	24.0
	7号线东延	2019年12月28日	焦化厂－花庄	17.0
8号线	8号线	2008年7月19日	朱辛庄－中国美术馆	31.0
	8号线南延	2018年12月30日	珠市口－瀛海	16.0
9号线	9号线	2011年12月31日	国家图书馆－郭公庄	17.0
10号线	10号线	2008年7月19日	环线（巴沟－火器营）	57.0

北京市城市轨道交通（北京地铁）运营线路历年开通时间情况表（续前表）

表9-1-1

线路名	分段开通名称	开通日期	开通范围	运营里程(公里)
13号线	13号线	2003年9月28日	西直门－东直门	41.0
15号线	15号线	2010年12月30日	清华东路西口－俸伯	42.0
八通线	八通线	2003年12月27日	四惠－土桥	19.0
	八通线南延	2019年12月28日	土桥－花庄	4.0
昌平线	昌平线	2010年12月30日	西二旗－昌平西山口	31.0
	昌平线改	2010年12月30日	西二旗－昌平西山口	1.0
房山线	房山线	2010年12月30日	阎村东－郭公庄	25.0
	房山线北延	2020年12月31日	郭公庄－东管头南	5.0
首都机场线	机场线	2008年7月19日	东直门 － 2号航站楼	28.0
亦庄线	亦庄线	2010年12月30日	宋家庄 － 亦庄火车站	23.0
S1线	S1线	2017年12月31日	金安桥 － 石厂	9.0
	S1线改	2017年12月31日	金安桥 － 石厂	1.0

北京市城市轨道交通（北京地铁）运营线路年度基础数据统计表

表9-1-2

序号	运营线路名	系统制式	车辆制式	列车编组(辆)	运营里程(公里)				车站数(座)	换乘站(座)	车辆基地(座)	首班车时间	末班车时间	线路运营时间(时.分)	运营单位
					总里程	地下	地面	高架							
1	1号线	地铁	B	6	32.0	—	—	—	23	10	2	4:58	23:30	18.32	北京地铁运营有限公司
2	2号线	地铁	B	6	23.0	—	—	—	18	10	1	5:04	23:00	17.56	北京地铁运营有限公司
3	5号线	地铁	B	6	28.0	—	—	—	23	10	2	5:00	23:11	18.11	北京地铁运营有限公司
4	6号线	地铁	B	8	53.0	—	—	—	32	10	3	4:52	23:36	18.44	北京地铁运营有限公司
5	7号线	地铁	B	8	41.0	—	—	—	29	7	2	5:10	23:15	18.05	北京地铁运营有限公司
6	8号线	地铁	A	6	45.0	—	—	—	31	8	2	5:10	23:00	17.50	北京地铁运营有限公司
7	9号线	地铁	A	6	17.0	—	—	—	13	7	1	5:00	23:19	18.19	北京地铁运营有限公司
8	10号线	地铁	B	6	57.0	—	—	—	45	18	3	4:49	22:55	18.06	北京地铁运营有限公司
9	13号线	地铁	B	6	41.0	—	—	—	17	8	1	5:00	23:45	18.45	北京地铁运营有限公司
10	15号线	地铁	B	6	42.0	—	—	—	20	4	2	5:30	23:18	17.48	北京地铁运营有限公司
11	八通线	地铁	B	6	23.0	—	—	—	14	3	1	5:20	23:40	18.20	北京地铁运营有限公司
12	昌平线	地铁	B	6	32.0	—	—	—	12	2	2	5:45	23:35	17.50	北京地铁运营有限公司
13	房山线	地铁	B	6	30.0	—	—	—	15	3	1	5:11	23:14	18.03	北京地铁运营有限公司
14	首都机场线	地铁	L	4	28.0	—	—	—	4	2	1	6:00	23:10	17.10	北京地铁运营有限公司
15	亦庄线	地铁	B	6	23.0	—	—	—	14	1	2	5:23	23:20	17.57	北京地铁运营有限公司
16	S1线	磁浮交通	磁浮	6	10.0	—	—	—	7	1	1	5:30	23:30	18.00	北京地铁运营有限公司
合计					525.0	—	—	—	318	62	27				

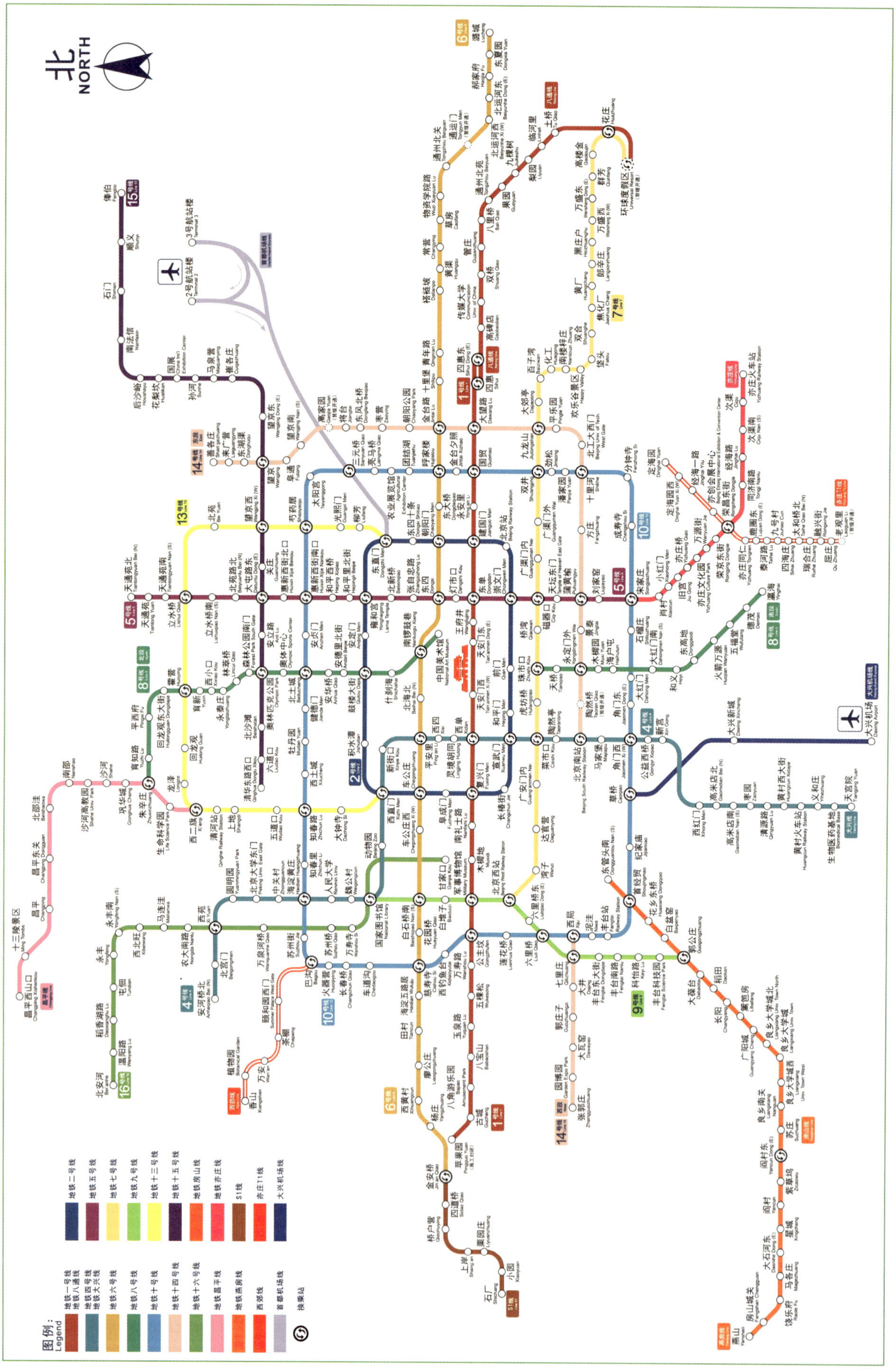

图9-1-1 北京市城市轨道交通运营网络示意图

北京市城市轨道交通（北京地铁）运营线路年度运营数据统计表　　表9-1-3

序号	运营线路名	客运量（万人次）	进站量（万人次）	客运周转量（万人次公里）	最大断面客流（万人次/小时）	配属列车数（列）	运营车公里（万车公里）	日均实际开行列次（列）	最小发车间隔（秒）	旅行速度（公里/小时）	牵引能耗（万千瓦时）	运营总能耗（万千瓦时）
1	1号线	18297.0	8866.1	129351.0	4.1	70	4371.8	652.9	105	33.8	8164.1	14730.3
2	2号线	16068.9	7897.7	81591.0	2.8	50	2790.6	529.5	120	31.4	5067.8	8962.8
3	5号线	19532.2	9901.0	160788.0	4.3	61	3369.8	547.9	120	32.6	7129.6	12565.3
4	6号线	21331.4	12269.2	255567.0	4.7	84	7932.7	572.8	120	38.2	13845.7	25996.3
5	7号线	11656.4	6332.4	92402.0	2.0	68	4212.0	429.4	180	34.5	7121.5	17148.3
6	8号线	9821.6	5299.1	88693.0	2.2	111	3901.2	811.3	120	33.4	6921.7	14379.6
7	9号线	11196.8	4280.7	71149.0	4.0	38	2096.8	561.8	120	30.6	2927.4	6967.6
8	10号线	34113.6	17847.1	298268.0	5.0	116	7168.8	688.1	105	32.9	10936.1	25209.4
9	13号线	14366.0	7476.0	154379.0	3.8	56	4276.4	542.4	140	42.2	5618.7	7720.3
10	15号线	8909.4	5210.1	126616.0	2.3	34	3346.0	408.7	193	43.0	5996.1	10935.1
11	八通线	5510.6	3432.5	55386.0	2.7	37	2205.5	489.4	120	46.1	3825.6	5003.4
12	昌平线	5566.6	3584.5	77817.0	2.3	32	2412.0	397.0	144	49.0	4432.9	7142.6
13	房山线	4043.3	2167.4	60313.0	3.4	44	2229.0	462.3	124	43.4	3669.2	5595.1
14	首都机场线	456.7	456.7	10810.0	0.2	10	744.6	187.8	690	61.8	1241.4	2124.5
15	亦庄线	4752.5	2814.5	52239.0	2.0	23	1558.4	303.1	180	40.0	2382.1	4884.2
16	S1线	976.2	563.1	5246.6	0.9	10	483.5	244.4	330	28.6	1862.6	2699.8
合计		186599.2	98398.1	1720615.6	—	844	53099.1	—	—	—	91142.5	172064.6

2 北京市基础设施投资有限公司

【概况】

至2020年底，北京市基础设施投资有限公司下辖北京市轨道运营管理有限公司在北京市轨道交通全网运营线路2条，总运营里程55.8公里，总运营车站12座，网络换乘站2座。企业职工总数2093人，司机总数152人。

2020年运送乘客1100.9万人次，比上年增长19.9%。全年日均客运量3.0万人次，其中进站客流量2.5万人次，单日最高日客运量达6.8万人次（2020年9月30日），日均客运周转量68.5万乘次公里。

2020年线网实际开行列次191万列次，加开50列次，线网日均运营车公里8.43万车公里，燕房线高峰时段最小行车间隔5分钟，大兴机场线高峰时段最小行车间隔8分钟。线网牵引总能耗5692.2万千瓦时。（表9-2-1）（图9-2-1）

2020年度主要运营指标完成情况见表9-2-2，表9-2-3。

【大兴机场线“4、8编组”列车混跑上线载客运营】

9月26日，大兴机场线开通运营一周年，大兴机场线4编组列车正式载客，是北京市唯一一条实现8编组和4编组地铁列车混跑的轨道交通线路。全新的4编组列车采用3节普通车

北京市城市轨道交通（北京京投）运营线路历年开通时间情况表　　表9-2-1

线路名	分段开通名称	开通日期	开通范围	运营里程（公里）
燕房线	燕房线	2017年12月30日	阎村东－燕山	14.4
大兴机场线	大兴机场线	2019年9月26日	草桥－大兴机场	41.4

厢加1节商务车厢的“3+1”形式运营。在客流较小时段上线4编组列车，在客流较大时段全部上线8编组列车，实现两种列车混跑运转，从而能够在满足各时段客流需求的同时，合理均衡客流低峰时段的列车满载率，有效提升运输效率。

【轨道运营公司所有车站实现AED设备全覆盖】

11月30日，燕房线、大兴机场线所有车站全部配置AED（自动体外除颤器）设备。同步完成602名车站工作人员的急救取证培训，取证率达99.3%。燕房线、大兴机场线所有车站在进站明显位置均张贴AED提示及车站三维AED导引，街区图增加周边医疗点位置、距离、电话等信息，为乘客带来更加愉悦的服务体验。

（北京市基础设施投资有限公司）

北京市城市轨道交通（北京京投）运营线路年度基础数据统计表

表9-2-2

序号	运营线路名	系统制式	车辆制式	列车编组（辆）	运营里程（公里）				车站数（座）	换乘站（座）	车辆基地（座）	首班车时间	末班车时间	线路运营时间（时.分）	运营单位
					总里程	地下	地面	高架							
1	燕房线	地铁	B	4	14.4	0	0	14.4	9	1	1	5:05	22:30	18.00	北京市轨道交通运营管理有限公司
2	大兴机场线	市域快轨	D	4/8	41.4	22.4	2.7	16.3	3	1	1	6:00	23:00	17.00	
合计					55.8	22.4	2.7	30.7	12	2	2				

北京市城市轨道交通（北京京投）运营线路年度运营数据统计表

表9-2-3

序号	运营线路名	客运量（万人次）	进站量（万人次）	客运周转量（万人次公里）	最大断面客流（万人次/小时）	配属列车数（列）	运营车公里（万车公里）	日均实际开行列次（列）	最小发车间隔（秒）	旅行速度（公里/小时）	牵引能耗（万千瓦时）	运营总能耗（万千瓦时）
1	燕房线	517.7	297.2	3998.1	0.4	16	605.9	289.8	300	36.8	1252.5	2253.9
2	大兴机场线	583.2	583.2	21071.6	0.2	12	2478.7	233.4	480	110.1	4439.7	7141.0
合计		1100.9	880.4	25069.7	—	28	3084.6	523.2	—	—	5692.2	9394.9

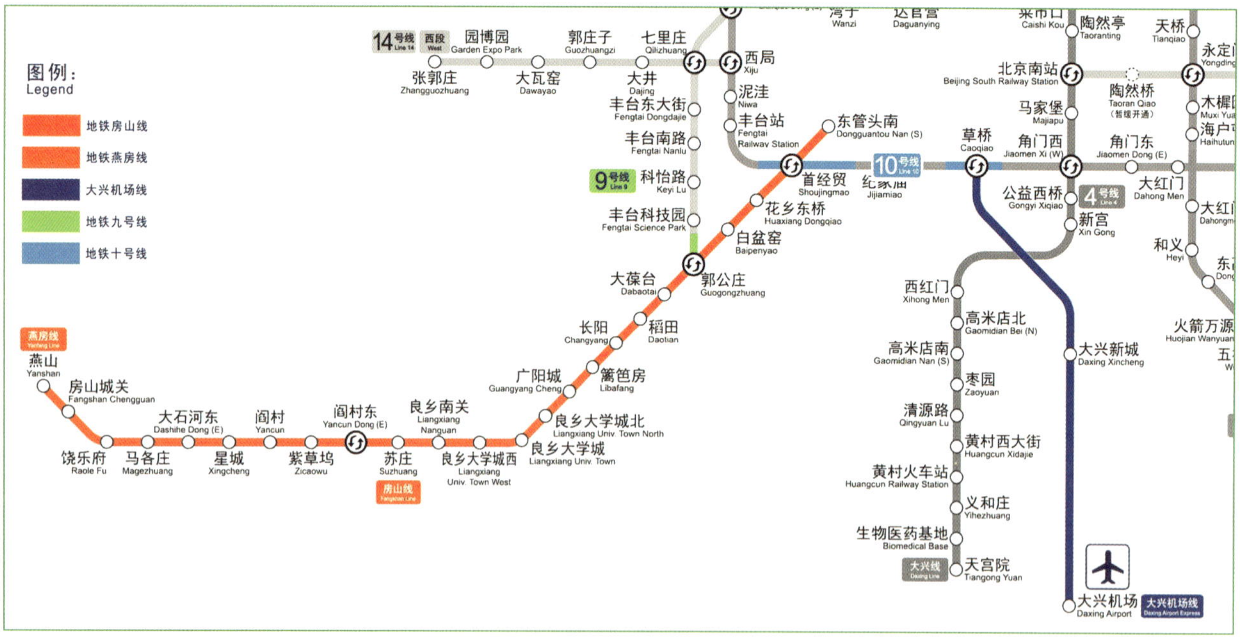

图9-2-1 北京市城市轨道交通（北京京投）运营网络示意图

3 北京京港地铁有限公司

【概况】

至2020年底，北京京港地铁有限公司在北京市轨道交通全网运营线路4条，总运营里程124.8公里，总运营车站75座，网络换乘站19座，从事既有运营线路运营维护的职工总数7480人，司机总数939人。

2020年运送乘客41254.0万人次，比上年下降45%。全年线网日均客运量112.7万人次/日，其中线网日均进站量59.8万人次/日，单日最高日客运量达到240万人次/日（2020年1月10日），线网日均客运周转量1004.3万人次公里/日。

2020年线网实际开行列次57.5万列次，线网运营车公里10940.0万车公里，高峰时段最小行车间隔120秒，运营总能耗36662.0万千瓦时。（表9-3-1）（图9-3-1）

2020年度主要运营指标完成情况见表9-3-2，表9-3-3。

【多项措施做好防疫及运营服务】

严格执行乘客进站体温检测、戴口罩防疫要求，强化车站通风，加密消杀频次，各车站设置单独临时留观区，落实发热人员异常处置工作。为降低人群密集度，各条线路按照最大运输能力组织行车，做好加开临客、延长运营的准备，并视情况启动应急服务支援队进行支援。

【西直门站空调系统进行升级改造】

对4号线西直门站站厅、站台空调系统进行升级改造。站厅拆除原有的36套空调设备，改为40套新空调设备。实地测量改造前后站厅的温度变化，7月13至19日，站厅平均温度约为25℃，与上年同期相比下降约4℃；站台拆除原有的36套空调设备，改为12套新空调设备及3台低噪空调机组。

【列车多功能区改造完成】

完成4号线所有53列列车多功能区改造工程。改造列车投入运营后，在高峰期增加列车载客量，增强列车运力，提升乘客出行体验。据测算，53列列车全部改造完毕后，4号线及大兴线全天可以增加约8000人次的载客容量。

【宣武门站新增换乘通道改造完成】

地铁宣武门站完成新增换乘通道改造工程，12月31日投入使用。新增换乘通道投入使用后，2号线换乘4号线由原来的1条换乘通道增至2条，4号线换乘2号线由原来的1条换乘通道增至3条，乘客在高峰时段从4号线换乘2号线所需时间可由原来的8分钟减少至3分钟以内。

（北京京港地铁有限公司）

北京市城市轨道交通（京港地铁）运营线路历年开通时间情况表　　表9-3-1

线路名	分段开通名称	开通日期	开通范围	运营里程(公里)
4号线	4号线	2009年9月28日	公益西桥－安河桥北	28.2
大兴线	大兴线	2010年12月30日	天宫院－公益西桥	21.8
14号线	14号线西段	2013年5月5日	张郭庄－西局	12.4
	14号线东段	2014年12月28日	善各庄－金台路	14.8
	14号线中段	2015年12月26日	金台路－北京南	16.6
16号线	16号线北段	2016年12月31日	西苑－北安河	19.6
	16号线中段	2020年12月31日	西苑－甘家口	11.4

北京市城市轨道交通（京港地铁）运营线路年度基础数据统计表　　表9-3-2

序号	运营线路名	系统制式	车辆制式	列车编组(辆)	运营里程(公里)				车站数(座)	换乘站(座)	车辆基地(座)	首班车时间	末班车时间	线路运营时间(时.分)	运营单位
					总里程	地下	地面	高架							
1	4号线	地铁	B	6	28.2	27.8	0.4	0	24	10	2	5:00	1:30	20.30	京港地铁
2	大兴线	地铁	B	6	21.8	18.2	0	3.6	11	0	1	5:30	0:30	19.00	京港地铁
3	14号线	地铁	A	6	43.8	39.1	0	4.7	28	10	2	5:00	23:34	18.34	京港地铁
4	16号线	地铁	A	8	31.0	31.0	0	0	15	2	1	5:15	23:34	18.19	京港地铁
合计					124.8	116.1	0.4	8.3	75	19	6				

注：1、4号线、大兴线在周五、周日或其他特殊节假日期间存在延长运营情况（延长运营时间视具体情况而定）；2020年最长延长运营时间为1小时30分钟。

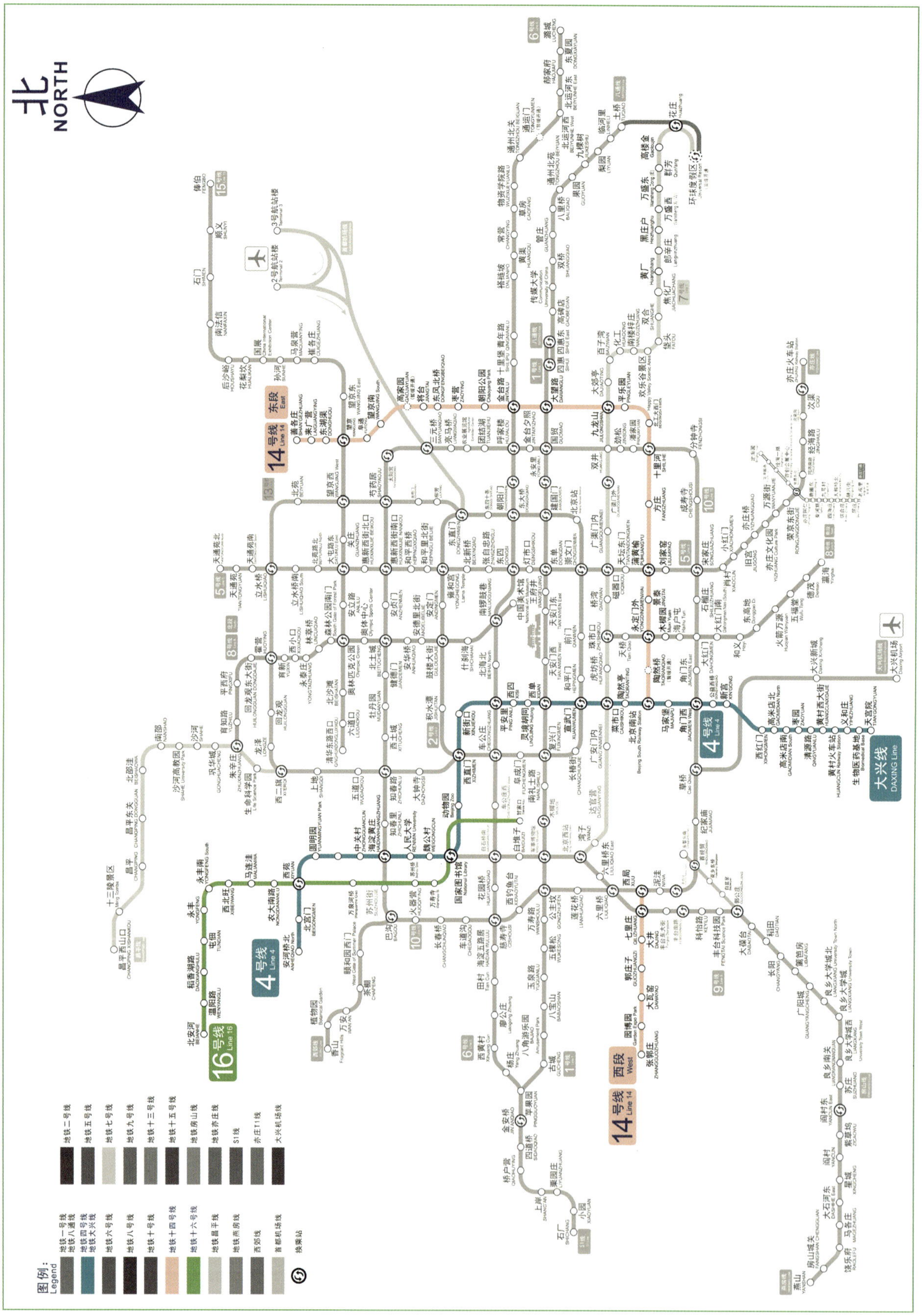

图9-3-1 北京市城市轨道交通（京港地铁）运营网络示意图

北京市城市轨道交通（京港地铁）运营线路年度运营数据统计表 表9-3-3

序号	运营线路名	客运量（万人次）	进站量（万人次）	客运周转量（万人次公里）	最大断面客流（万人次/小时）	配属列车数（列）	运营车公里（万车公里）	日均实际开行列次（列）	最小发车间隔（秒）	旅行速度（公里/小时）	牵引能耗（万千瓦时）	运营总能耗（万千瓦时）
1	4号线及大兴线	23895.7	12666.8	230262.4	5.5	86	6110.9	639.5	120	34.6	10209.2	17545.0
2	14号线西段	1526.3	821.5	8589.8	1.1	18	703.7	292.2	360	38.2	1628.5	3075.4
3	14号线东段	13310.2	6871.4	103391.3	3.4	45	2535.6	381.1	210	31.6	5199.4	10247.0
4	16号线	2522.0	1532.9	25339.9	1.5	38	1588.7	259.1	360	36.7	3058.8	5794.6
合计		41254.2	21892.6	367583.4	—	187	10938.9	—	—	—	20095.9	36662.0

4 北京公交有轨电车有限公司

【概况】

至2020年底，北京公交有轨电车有限公司在北京市轨道交通全网运营线路2条，总运营里程20.8公里，总运营车站20座，网络换乘站2座。从事既有运营线路运营维护的职工总数483人，司机总数108人。

2020年运送乘客444.0万人次，比上年下降36.7%。全年线网日均客运量1.2万人次/日，其中线网日均进站量1.2万人次/日，单日最高日客运量达到7.9万人次/日（2020年10月31日），线网日均客运周转量8.5万人次公里/日。

2020年线网实际开行列次10.6万列次，线网运营车公里134.6万车公里，高峰时段最小行车间隔300秒。（表9-4-1）（图9-4-1）

2020年度主要运营指标完成情况见表9-4-2，表9-4-3。

【西郊线提速提效】

10月1日首车起，将单程运行时间由原来的26分钟缩短至23分钟。提速后，西郊线的旅行速度由20.8公里/小时提高至23.5公里/小时，缩短乘客乘车时间，提高出行便捷度；与此同时西郊线周转时间也较原来缩短，提高运转效率。

【提供多样化票务服务】

5月16日，北京公共交通领域推出“一码通乘”服务，西郊线同步推行。乘客使用“北京公交”“亿通行”“北京一卡通”任意一款APP均可乘坐地面公交和轨道交通，实现“一码通乘”，乘客使用同一款APP，可享受现行票制票价优惠，提升乘客乘坐公共交通的出行体验。

5月20日起，西郊线与北京轨道交通路网，在微信、支付宝这2种非现金支付基础上，新增使用银联“云闪付”购票及补票服务。8月30日起，西郊线与北京轨道交通路网同步施行银联“云闪付”APP刷码过闸业务，更好地满足不同乘客的需求。

实现北京、上海地铁乘车二维码互联互通。12月1日起，北京、上海地铁乘车二维码实现互联互通，北京市民

北京市城市轨道交通（北京公交）运营线路历年开通时间情况表 表9-4-1

线路名	分段开通名称	开通日期	开通范围	运营里程（公里）
西郊线	西郊线	2017年12月30日	巴沟－香山	8.9
亦庄T1线	亦庄T1线	2020年12月31日	屈庄－定海园	11.9

北京市城市轨道交通（北京公交）运营线路年度基础数据统计表 表9-4-2

序号	运营线路名	系统制式	车辆制式	列车编组（辆）	运营里程（公里）				车站数（座）	换乘站（座）	车辆基地（座）	首班车时间	末班车时间	线路运营时间（时.分）	运营单位
					总里程	地下	地面	高架							
1	西郊线	有轨电车	有轨电车	5模块	8.9	2.3	6.5	0.1	6	1	1	5:30	22:30	17.00	西郊线分公司
2	亦庄T1线	有轨电车	有轨电车	5模块	11.9	0	11.9	0	14	1	1	6:00	22:00	16.00	北京亦庄公交有轨电车有限责任公司
合计					20.8	2.3	18.4	0.1	20	2	2				

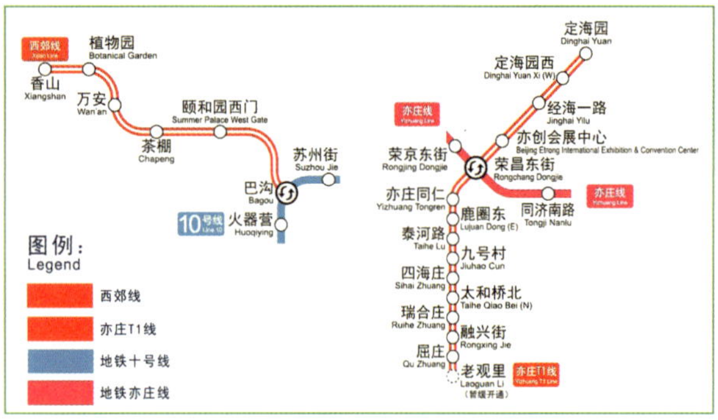

图9-4-1 北京市城市轨道交通（北京公交）运营网络示意图

使用“亿通行”APP、上海市民使用“Metro大都会”APP不仅可以在本地地铁刷码乘车，还可以实现京沪两地城市轨道交通刷码乘车，方便市民跨城出行。

【西郊线成为网红打卡地】

2020年，西郊线入选由北京市文旅局、市商务局、市委网信办、北京广播电视台指导，北京市旅游行业协会、北京演出行业协会、北京动漫游戏产业协会主办的2020首届北京网红打卡地人文旅游景观类（人文景观类共计13个）。

（北京公交有轨电车有限公司）

北京市城市轨道交通（北京公交）运营线路年度运营数据统计表

表9-4-3

序号	运营线路名	客运量（万人次）	进站量（万人次）	客运周转量（万人次公里）	最大断面客流（万人次/小时）	配属列车数（列）	运营车公里（万车公里）	日均实际开行列次（列）	最小发车间隔（秒）	旅行速度（公里/小时）	牵引能耗（万千瓦时）	运营总能耗（万千瓦时）
1	西郊线	443.9	443.9	3107.9	0.7	31	134.4	290.0	300	23.5	—	—
2	亦庄T1线	0.1	0.1	0.5	—	18	0.2	151.0	600	13.2	—	—
合计		444.0	444.0	3108.4	—	49	134.6	441.0	—	—	—	—

5 天津轨道交通集团有限公司

【概况】

至2020年底，天津城市轨道交通全网运营线路7条，总运营里程238.8公里，总运营车站157座，网络换乘站15座。

天津城市轨道交通7条运营线路均由天津轨道交通集团有限公司管理，从事既有运营线路运营维护的职工总数7634人，司机总数1145人。

2020年运送乘客33895.1万人次，比上年下降35.6%，占全市公共交通出行量的比重36%。全年线网日均客运量92.6万人次/日，其中线网日均进站量60.8万人次/日，单日最高日客运量达到181万人次/日（2020年1月10日），线网日均客运周转量736万人次公里/日。

2020年线网实际开行列次66.5万列次，线网运营车公里13668.9万车公里，高峰时段最小行车间隔180秒，运营总能耗52498.0万千瓦时。采用计程票价与分段计程票价，全年实现运营票款收入61951.9万元，比上年下降40%。（表9-5-1）（图9-5-1）

2020年度主要运营指标完成情况见表9-5-2，表9-5-3。

【防疫常态化与精准化相结合】

实施“七个100%”“四个分散”“三控一加强”防疫举措，发布地铁APP热力图，缩短最小行车间隔，发动天津轨道交通集团有限公司员工近万人开展测温及扫码盯控工作；加强宣传引导，在线网143座车站公告栏张贴各类宣传海报、利用站车PIS屏滚动播放防疫知识，借助广播电台和官方自媒体扩大宣传，确保乘客安全健康出行。

【做好PPP移交工作】

推进运营体制改革，做好2、3号线PPP移交前准备工作，强化统筹组织，与中标单位开展谈判，抽调精兵强将组成工作专班，围绕重点问题进行集中攻关；深入一线车站班组进行政策宣讲，稳定员工队伍。实现人员调整同步到位、运营管理顺畅衔接和过渡期运营安全，为2、3号线顺利移交奠定基础。1号线PPP工作按照计划稳步开展。

【拓展投资经营范围】

加快实施走出去战略。成立武夷山有轨电车项目部，选派精兵强将驻守并开展运营服务咨询；承接地铁4号线委托运营，组建核心团队，按照开通目标时间全面开展运营筹备工作；承接呼和浩特轨道交通供电系统架构及管理体系搭架的咨询项目并开展咨询服务工作；开展投资经营。运营集团与天津轨道交通集团有限公司、华北设计院共同出资组建天津城市轨道咨询有限公司，拓展业务范围。

（天津轨道交通集团有限公司）

天津市城市轨道交通运营线路历年开通时间情况表

表9-5-1

线路名	分段开通名称	开通日期	开通范围	运营里程(公里)
1号线	全线	2006年6月12日	刘园－双林	26.2
	东延2站	2018年12月3日	双林－李楼	2.5
	东延4站	2019年12月28日	李楼－东沽路	12.0
2号线	2号线	2012年7月1日	曹庄－空港经济区	22.7
	东延线	2013年8月28日	空港经济区－滨海国际机场	4.4
3号线	3号线	2012年10月1日	高新区－小淀	29.7
	南延线	2014年8月30日	高新区－南站	3.9
5号线	全线	2018年10月22日	中医一附院－丹河北道	34.8
	——	2019年1月31日	丹河北道－北辰科技园北	
6号线	一期首开段	2016年8月6日	人民医院－水上公园东路	9.8
	一期北段	2016年12月31日	南孙庄－人民医院	18.5
	一期南段	2018年4月26日	水上公园东路－梅林路	14.2
9号线	一期	2004年3月28日	中山门－东海路	45.2
	二期	2011年5月1日	中山门－十一经路	4.5
	三期	2012年10月15日	十一经路－天津站	2.5
有轨电车	全线	2007年5月10日	津滨轻轨泰达－学院区北	7.9

天津市城市轨道交通运营线路年度基础数据统计表

表9-5-2

序号	运营线路名	系统制式	车辆制式	列车编组(辆)	运营里程(公里)				车站数(座)	换乘站(座)	车辆基地(座)	首班车时间	末班车时间	线路运营时间(时.分)	运营单位
					总里程	地下	地面	高架							
1	1号线	地铁	B	6	40.7	33.0	0	7.7	27	4	3	6:00	22:49	16.49	运营集团
2	2号线	地铁	B	6	27.1	26.4	0.7	0	20	4	2	6:00	22:56	16.56	运营集团
3	3号线	地铁	B	6	33.6	22.1	0.8	10.7	26	5	2	6:00	22:55	16.55	运营集团
4	5号线	地铁	B	6	34.8	34.4	0.4	0	27	8	2	6:00	22:46	16.46	运营集团
5	6号线	地铁	B	6	42.5	41.1	0	1.4	38	7	1	6:00	22:43	16.43	运营集团
6	9号线	轻轨	B	4	52.2	5.9	6.1	40.2	21	1	2	6:00	23:48	17.48	运营集团
7	有轨电车	有轨电车	-	3	7.9	0	7.9	0	14	0	1	7:00	20:00	13.00	运营集团
合计					238.8	162.9	15.9	60.0	157	15	13				

天津市城市轨道交通运营线路年度运营数据统计表

表9-5-3

序号	运营线路名	客运量(万人次)	进站量(万人次)	客运周转量(万人次公里)	最大断面客流(万人次/小时)	配属列车数(列)	运营车公里(万车公里)	日均实际开行列次(列)	最小发车间隔(秒)	旅行速度(公里/小时)	牵引能耗(万千瓦时)	运营总能耗(万千瓦时)
1	1号线	8321.9	5130.8	53709.5	1.9	44	2654.5	308.0	180	31.8	3639.9	9692.3
2	2号线	5766.0	3964.1	41127.9	0.9	27	1713.4	286.0	240	33.9	2920.8	7012.9
3	3号线	7021.4	4835.9	49994.9	1.4	31	2228.5	296.0	240	33.9	4050.0	7206.0
4	5号线	4681.7	2140.4	23975.6	1.2	31	2179.2	291.0	270	33.5	2756.6	8490.4
5	6号线	4488.6	3483.1	41405.6	0.6	45	2700.6	287.0	300	34.2	3730.7	14452.7
6	9号线	3595.4	2668.0	59166.0	0.8	38	2177.8	298.0	180	49.0	3881.5	5643.7
7	有轨电车	20.1	20.1	—	—	8	14.9	51.0	1080	—	—	—
合计		33895.1	22242.4	269379.5	—	224	13668.9	—	—	—	20979.5	52498.0

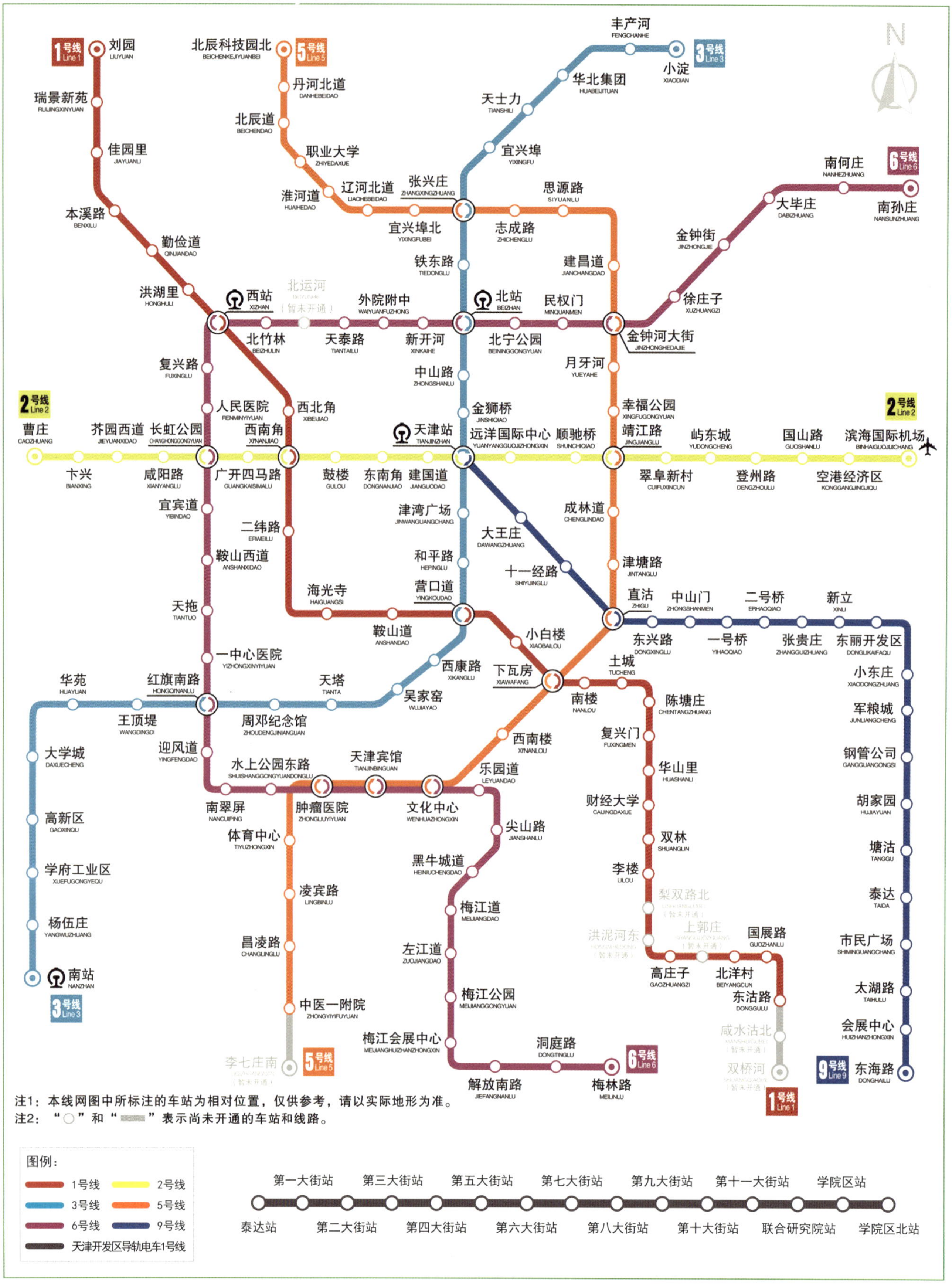

图9-5-1 天津市城市轨道交通运营网络示意图

6 石家庄市轨道交通集团有限责任公司

【概况】

至2020年底，河北省石家庄市城市轨道交通全网运营线路3条，总运营里程59.0公里，总运营车站48座，网络换乘站3座。

石家庄市城市轨道交通3条运营线路均由石家庄市轨道交通集团有限责任公司管理，从事既有运营线路运营维护的职工总数3549人，司机总数366人。

2020年运送乘客7171.2万人次，比上年下降25.3%，占全市公共交通出行量的比重23.7%。全年线网日均客运量19.6万人次/日，其中线网日均进站量15.1万人次/日，单日最高日客运量达到48万人次/日（2020年12月31日），线网日均客运周转量105.8万人次公里/日。

2020年线网实际开行列次19.6万列次，线网运营车公里2394.5万车公里，高峰时段最小行车间隔390秒，运营总能耗13842.3万千瓦时。采用按里程分段计价，全年实现运营票款收入12527.6万元，比上年下降29.5%。（表9-6-1）（图9-6-1）

2020年度主要运营指标完成情况见表9-6-2，表9-6-3。

【全国首发5G应用技术白皮书】

11月30日召开智慧轨交行业论坛，发布《中国移动城市轨道交通5G应用技术白皮书》，并计划于2021年在石家庄地铁2号线共同开展5G+轨道交通应用试点，加快推进“新基建”背景下5G与城市轨道交通业务的深度融合，进一步提升乘客出行效率和出行体验，保障运维安全，提高运维效率。

【开发文创产品并开通线上文创商城】

石家庄地铁制作完成两款文创产品，分别为石家庄地铁吉祥物玩偶和1号线列车模型拼装玩具。石家庄地铁文创商城微信小程序于9月28日上线，两款文创产品开放售卖。

（石家庄市轨道交通集团有限责任公司）

石家庄市城市轨道交通运营线路历年开通时间情况表　　表9-6-1

线路名	分段开通名称	开通日期	开通范围	运营里程(公里)
1号线	一期	2017年6月26日	西王－洨河大道	23.1
	二期	2019年6月26日	洨河大道（不含）－福泽	10.0
2号线	一期	2020年8月26日	嘉华路－柳辛庄	15.2
3号线	一期中间段	2017年6月26日	市二中－石家庄站	5.3
	一期北段	2020年1月20日	西三庄－市二中	5.4

图9-6-1 石家庄市城市轨道交通运营网络示意图

石家庄市城市轨道交通运营线路年度基础数据统计表

表9-6-2

序号	运营线路名	系统制式	车辆制式	列车编组（辆）	运营里程（公里）				车站数（座）	换乘站（座）	车辆基地（座）	首班车时间	末班车时间	线路运营时间（时.分）	运营单位
					总里程	地下	地面	高架							
1	1号线	地铁	A	6	33.1	33.1	0	0	26	2	2	6:23	22:58	16.35	运营分公司
2	2号线	地铁	A	6	15.2	15.2	0	0	15	2	1	6:19	22:32	16.13	运营分公司
3	3号线	地铁	A	6	10.7	10.7	0	0	10	2	1	6:23	22:50	16.27	运营分公司
合计					59.0	59.0	0	0	48	3	4				

石家庄市城市轨道交通运营线路年度运营数据统计表

表9-6-3

序号	运营线路名	客运量（万人次）	进站量（万人次）	客运周转量（万人次公里）	最大断面客流（万人次/小时）	配属列车数（列）	运营车公里（万车公里）	日均实际开行列次（列）	最小发车间隔（秒）	旅行速度（公里/小时）	牵引能耗（万千瓦时）	运营总能耗（万千瓦时）
1	1号线	4881.4	4161.1	32304.8	1.8	36	1647.2	246.5	390	34.0	3546.0	9072.7
2	2号线	668.0	359.7	2970.3	0.5	18	289.1	248.1	390	30.6	700.4	1875.3
3	3号线	1621.8	993.4	3447.7	0.6	14	458.2	201.5	480	33.2	1156.4	2894.2
合计		7171.2	5514.2	38722.8	—	68	2394.5	—	—	—	5402.8	13842.3

7 太原市轨道交通发展有限公司

【概况】

至2020年底，山西省太原市城市轨道交通全网运营线路1条，总运营里程23.3公里，总运营车站22座。2号线为按照GoA3标准建设的全自动运行线路。

太原市城市轨道交通1条运营线路由太原中铁轨道交通建设运营有限公司管理，从事既有运营线路运营维护的职工总数1301人，司机总数100人。

2020年运送乘客88.5万人次，占全市公共交通出行量的比重0.2%。全年线网日均客运量14.8万人次/日，其中线网日均进站量14.8万人次/日，单日最高日客运量达到21.2万人次/日（2020年12月27日），线网日均客运周转量58.2万人次公里/日。

2020年线网实际开行列次1549列次，线网运营车公里22.8万车公里，高峰时段最小行车间隔450秒，运营总能耗125.7万千瓦时。采用按里程计、递远递减的多级票价，票价最低2元，最高6元。（表9-7-1）（图9-7-1）

2020年度主要运营指标完成情况见表9-7-2、表9-7-3。

【全自动运行概览】

至2020年底，山西省太原市开通运营的城市轨道交通

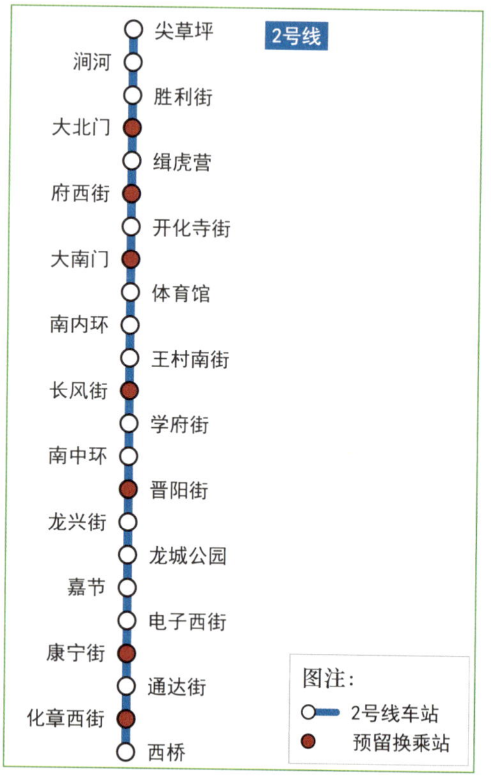

图9-7-1 太原市城市轨道交通运营网络示意图

全自动运行线路1条（2号线），总运营里程23.6公里，总运营车站22座。2号线12月26日开通全自动运行，列车运行的自动化等级为GoA3，最高运行速度80公里/小时，定员数1301人；运营和维护保障采用集中管理模式；信号供应商为上海富欣智能交通控制有限公司，车辆供应商为中车大连机车车辆有限公司。

【首个TOD项目高效运行】

完成1、3号线沿线城市设计，并通过专家论证；太原地铁首个TOD-星空项目2020年5月获取预售许可证，7月项目现金流回正，8月完成前期融资清偿工作。实现7个月开盘，9个月现金流回正，10个月融资清偿的高效运营提效目标。

（太原市轨道交通发展有限公司）

太原市城市轨道交通运营线路历年开通时间情况表　表9-7-1

线路名	分段开通名称	开通日期	开通范围	运营里程（公里）
2号线	2号线	2020年12月26日	西桥－尖草坪	23.6

太原市城市轨道交通运营线路年度基础数据统计表　表9-7-2

序号	运营线路名	系统制式	车辆制式	列车编组（辆）	运营里程（公里） 总里程	地下	地面	高架	车站数（座）	换乘站（座）	车辆基地（座）	首班车时间	末班车时间	线路运营时间（时.分）	运营单位
1	2号线	地铁	A	6	23.3	23.3	0	0	22	0	1	6:00	22:00	16.00	太原中铁轨道交通建设运营有限公司
合计					23.3	23.3	0	0	22	0	1				

太原市城市轨道交通运营线路年度运营数据统计表　表9-7-3

序号	运营线路名	客运量（万人次）	进站量（万人次）	客运周转量（万人次公里）	最大断面客流（万人次/小时）	配属列车数（列）	运营车公里（万车公里）	日均实际开行列次（列）	最小发车间隔（秒）	旅行速度（公里/小时）	牵引能耗（万千瓦时）	运营总能耗（万千瓦时）
1	2号线	88.5	88.5	292.5	1.2	16	22.8	258.0	450	31.9	79.9	125.6
合计		88.5	88.5	292.5	—	16	22.8	—	—	—	79.9	125.6

8 呼和浩特市城市轨道交通建设管理有限责任公司

【概况】

至2020年底，内蒙古自治区呼和浩特市城市轨道交通全网运营线路2条，总运营里程49.0公里，总运营车站44座，网络换乘站1座。呼和浩特市城市轨道交通2条运营线路均由呼和浩特市地铁运营有限公司管理，从事既有运营线路运营维护的职工总数2498人，司机总数246人。

2020年运送乘客2130.2万人次，比上年增长185.9%，占全市公共交通出行量的比重20.0%。全年线网日均客运量11.3万人次/日，其中线网日均进站量4.8万人次/日，单日最高日客运量达到23.9万人次/日（2020年12月31日），线网日均客运周转量29.8万人次公里/日。

2020年线网实际开行列次9.0万列次，线网运营车公里1348.9万车公里，高峰时段最小行车间隔360秒，运营总能耗6998.2万千瓦时。采用按里程计、递远递减的多级票价，票价最低2元、最高7元，全年实现运营票款收入5089.6万元，比上年增长7363%。（表9-8-1）（图9-8-1）

2020年度主要运营指标完成情况见表9-8-2，表9-8-3。

【便民惠民政策推行】

呼和浩特地铁推出多项便民惠民政策。在支付方式上，先后推出呼和浩特－北京城市轨道交通支付“互联互通”，微信、支付宝的“聚合码”，“云闪付”刷脸乘车，“智慧地铁”不断呈现亲民便民的科技亮点。

1、2号线车站AED设备实现全覆盖，提高应急救护能力，全面保障乘客安全出行。1、2号线全线各车站配备自助口罩售卖机，简单操作即可购买，满足乘客需求。

（呼和浩特市城市轨道交通建设管理有限责任公司）

呼和浩特市城市轨道交通运营线路历年开通时间情况表

表9-8-1

线路名	分段开通名称	开通日期	开通范围	运营里程(公里)
1号线	1号线一期	2019年12月29日	伊利健康谷－坝堰（机场）	21.7
2号线	2号线一期	2020年10月1日	塔利东路－阿尔山路	27.3

呼和浩特市城市轨道交通运营线路年度基础数据统计表

表9-8-2

序号	运营线路名	系统制式	车辆制式	列车编组(辆)	运营里程(公里)				车站数(座)	换乘站(座)	车辆基地(座)	首班车时间	末班车时间	线路运营时间(时.分)	运营单位
					总里程	地下	地面	高架							
1	1号线	地铁	B2	6	21.7	18.5	0.4	2.8	20	1	2	6:00	22:00	16.00	呼和浩特市地铁运营有限公司
2	2号线	市域快轨	B2	6	27.3	27.3	0	0	24	1	2	6:00	22:08	16.08	
合计					49.0	45.8	0.4	2.8	44	1	4				

呼和浩特市城市轨道交通运营线路年度运营数据统计表

表9-8-3

序号	运营线路名	客运量(万人次)	进站量(万人次)	客运周转量(万人次公里)	最大断面客流(万人次/小时)	配属列车数(列)	运营车公里(万车公里)	日均实际开行列次(列)	最小发车间隔(秒)	旅行速度(公里/小时)	牵引能耗(万千瓦时)	运营总能耗(万千瓦时)
1	1号线	1501.2	1379.0	9102.4	0.4	24	990.0	202.8	360	30.4	1759.9	5503.5
2	2号线	629.0	508.5	3638.8	0.4	28	358.9	232.2	360	32.9	545.5	1494.7
合计		2130.2	1887.5	12741.2	—	52	1348.9	—	—	—	2305.4	6998.2

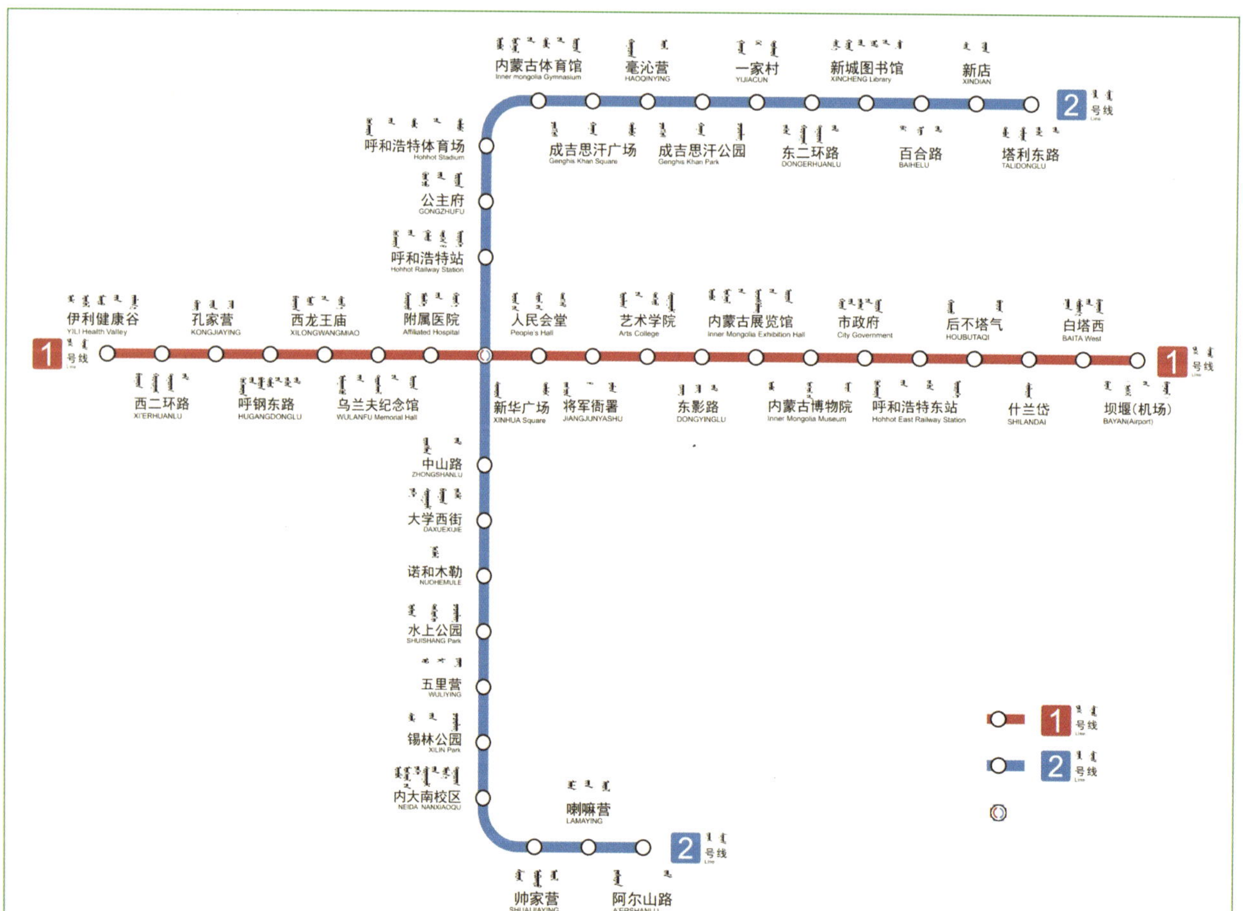

图9-8-1 呼和浩特市城市轨道交通运营网络示意图

9 沈阳地铁集团有限公司

【概况】

至2020年底，辽宁省沈阳市城市轨道交通全网运营线路4条，总运营里程117.0公里，总运营车站85座，网络换乘站7座。

沈阳市城市轨道交通4条运营线路均由沈阳地铁集团有限公司运营分公司管理，从事既有运营线路运营维护的职工总数6781人，司机总数747人。

2020年运送乘客31006.9万人次，比上年下降15.7%。全年线网日均客运量84.7万人次/日，其中线网日均进站量58.8万人次/日，单日最高日客运量达到134.6万人次/日（2020年9月30日），线网日均客运周转量595.1万人次公里/日。

2020年线网实际开行列次44.2万列次，线网运营车公里7427.7万车公里，高峰时段最小行车间隔250秒，运营总能耗24219.0万千瓦时。采用按里程分段计价，起步价为2元乘坐6公里，每增加1元，可继续乘坐4、4、7、7、10、10公里。即：0-6（含，以下类同）公里，票价2元；6-10公里，票价3元；10-14公里，票价4元；14-21公里，票价5元；21-28公里，票价6元；28公里以上，每增加10公里，增加1元。线网封顶票价7元，全年实现运营票款收入58689.6万元，比上年下降14.2%。（表9-9-1）（图9-9-1）

2020年度主要运营指标完成情况见表9-9-2，表9-9-3。

【依托平台 提升安全管理效率】

开发安全管理系统，功能包括：安全管理机构和人员管理、安全责任体系管理、安全法律法规管理、安全管理制度管理、风险识别管控和隐患排查治理双控管理、事故事件调查处理及统计分析管理、应急演练和应急物资统筹管理、职业危害因素管理、劳动防护用品使用管理等。公司全体员工可在系统手机端参与安全隐患随手拍活动，实现公司内部“人人管安全”的氛围。

【创新工作室提升职工创新能力】

沈阳地铁以职工创新工作室（省级创新工作室2个，市级创新工作室4个）和项目组为载体，形成科研攻关团队，建立分级奖励机制，完成技术创新项目130余项，获得国家发明专利1项、实用新型专利16项。例如，自主研发的闸机压力测试装置模拟乘客通行行为，减少人员浪费，能够客观准确地完成走票测试，大大降低人力成本，并获得国家发明专利。

（沈阳地铁集团有限公司）

沈阳市城市轨道交通（沈阳地铁）运营线路历年开通时间情况表　　表9-9-1

线路名	分段开通名称	开通日期	开通范围	运营里程（公里）
1号线	1号线	2010年9月27日	十三号街－黎明广场	27.9
2号线	2号线	2011年12月30日	全运路－三台子	21.9
	2号线北延线一期	2013年12月30日	三台子－航空航天大学	5.7
	2号线北延线二期	2018年4月8日	航空航天大学－蒲田路	5.3
9号线	9号线	2019年5月25日	怒江公园－建筑大学	29.0
10号线	10号线	2020年4月29日	丁香湖－张沙布	27.2

沈阳市城市轨道交通（沈阳地铁）运营线路年度基础数据统计表　　表9-9-2

序号	运营线路名	系统制式	车辆制式	列车编组（辆）	运营里程（公里）				车站数（座）	换乘站（座）	车辆基地（座）	首班车时间	末班车时间	线路运营时间（时.分）	运营单位
					总里程	地下	地面	高架							
1	1号线	地铁	B	6	27.9	27.9	0	0	22	3	1	5:30	23:51	18.21	运营分公司
2	2号线	地铁	B	6	32.9	32.9	0	0	26	3	1	5:30	24:00	18.30	运营分公司
3	9号线	地铁	B	6	29.0	29.0	0	0	23	4	1	5:30	23:54	18.24	运营分公司
4	10号线	地铁	B	6	27.2	27.2	0	0	21	4	2	5:30	23:52	18.22	运营分公司
合计					117.0	117.0	0	0	85	7	5				

沈阳市城市轨道交通（沈阳地铁）运营线路年度运营数据统计表

表9-9-3

序号	运营线路名	客运量（万人次）	进站量（万人次）	客运周转量（万人次公里）	最大断面客流（万人次/小时）	配属列车数（列）	运营车公里（万车公里）	日均实际开行列次（列）	最小发车间隔（秒）	旅行速度（公里/小时）	牵引能耗（万千瓦时）	运营总能耗（万千瓦时）
1	1号线	11900.5	8775.0	84255.8	2.2	33	2178.1	366.8	250	32.8	3465.2	6880.7
2	2号线	10278.6	7275.3	83050.7	1.9	31	2333.7	337.5	270	32.4	3400.6	6604.5
3	9号线	5432.5	3484.1	31128.0	0.7	30	1753.8	307.3	360	32.1	2560.6	6116.5
4	10号线	3395.3	1998.5	19387.0	0.8	26	1162.1	292.1	367	32.1	1691.0	4617.3
合计		31006.9	21532.9	217821.5	—	120	7427.7	—	—	—	11117.4	24219.0

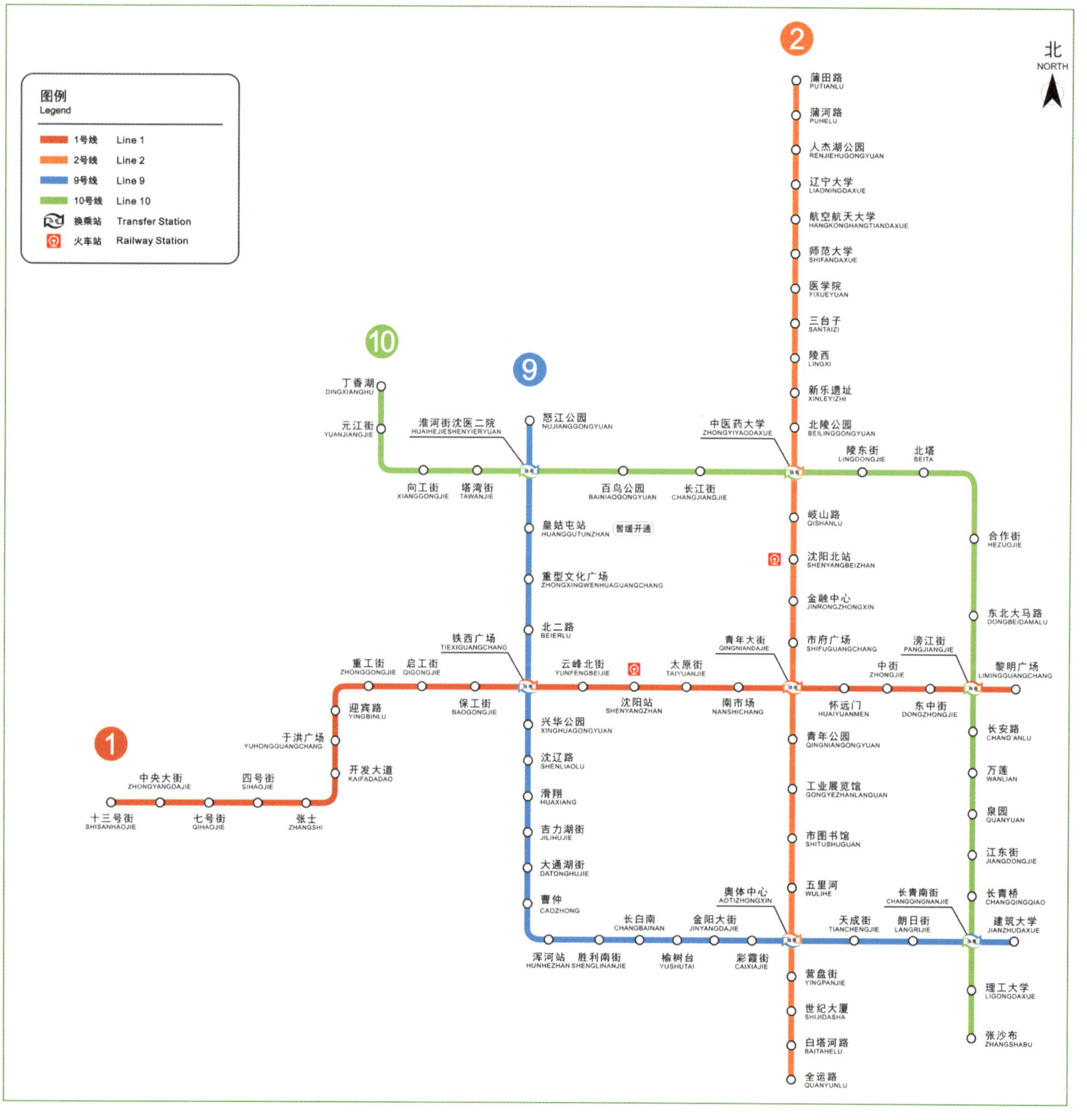

图9-9-1 沈阳市城市轨道交通（沈阳地铁）运营网络示意图

10 沈阳浑南现代有轨电车运营有限公司

【概况】

至2020年底，辽宁省沈阳市城市轨道交通浑南有轨电车全网运营线路6条，总运营里程97.4公里，总运营车站105座，网络换乘站3座。

沈阳市浑南有轨电车6条运营线路均由沈阳浑南现代有轨电车运营有限公司管理，从事既有运营线路运营维护的职工总数795人，司机总数192人。

2020年运送乘客621.1万人次，比上年下降42.4%，占全市公共交通出行量的比重1.0%。全年线网日均客运量2万人次/日，其中线网日均进站量2万人次/日，单日最高日客运量达到3.7万人次/日（2020年10月9日），线网日均客运周转量12万人次公里/日。

2020年线网实际开行列次14万列次，线网运营车公里232.4万车公里，高峰时段最小行车间隔480秒，运营总能耗841.0万千瓦时。采用按里程收费，分段计价的多级票价，全年实现运营票款收入1210.5万元，比上年下降41.4%。（表9-10-1）（图9-10-1）

2020年度主要运营指标完成情况见表9-10-2，表9-10-3。

【智慧融合引领发展】

输出管理技术与经验，派出三批骨干技术团队赴北京亦庄开展综合联调工作；咨询团队助力天水市有轨电车示范线工程（一期）正式开通运营，并通过初期运营前安全评估；为沈抚有轨电车西延工程项目提供216人次包含行业专家、技术骨干等专业技术人员的技术咨询服务；完成昆明中车轨道装备有限公司、海口公共交通集团公司电车司机的定制化培训。承接武汉大汉阳、云南红河等运营咨询服务项目，实现沈阳经验的对外输出，在做强沈阳浑南有轨电车服务品牌的同时，为城市轨道交通服务产业的技术融合奠定基础。

（沈阳浑南现代有轨电车运营有限公司 张鑫）

沈阳市城市轨道交通（沈阳浑南）运营线路历年开通时间情况表　　表9-10-1

线路名	分段开通名称	开通日期	开通范围	运营里程（公里）
1号线	1号线北段	2013年8月15日	兴隆大奥莱－沈阳创新天地	8.9
	1号线	2013年9月13日	兴隆大奥莱－会展中心	18.7
2号线	2号线	2013年8月15日	兴隆大奥莱－桃仙机场	14.6
3号线	3号线北段	2015年6月27日	世纪大厦－大学科技城	7.9
	3号线	2015年7月18日	世纪大厦－会展中心	15.1
4号线	4号线	2019年1月5日	世纪大厦－沈阳南站	12.9
5号线	5号线	2013年8月15日	沈抚新城－奥体中心	21.0
6号线	6号线	2019年1月5日	桃仙机场－沈阳南站	15.1

沈阳市城市轨道交通（沈阳浑南）运营线路年度基础数据统计表　　表9-10-2

序号	运营线路名	系统制式	车辆制式	列车编组（辆）	运营里程（公里）				车站数（座）	换乘站（座）	车辆基地（座）	首班车时间	末班车时间	线路运营时间（时.分）	运营单位
					总里程	地下	地面	高架							
1	1号线	有轨电车	70%或100%低地板	3	18.7	0	18.7	0	26	3	1	6:15	21:40	15.25	浑南现代有轨电车运营公司
2	2号线	有轨电车	70%或100%低地板	3	14.6	0	14.6	0	17	1	1	6:20	21:20	15.00	浑南现代有轨电车运营公司
3	3号线	有轨电车	70%或100%低地板	3	15.1	0	15.1	0	18	2	1	6:20	21:20	15.00	浑南现代有轨电车运营公司
4	4号线	有轨电车	70%或100%低地板	3	12.9	0	12.9	0	15	2	1	7:00	19:00	12.00	浑南现代有轨电车运营公司
5	5号线	有轨电车	70%或100%低地板	3	21.0	0	21.0	0	25	0	1	5:30	22:00	16.30	浑南现代有轨电车运营公司
6	6号线	有轨电车	70%或100%低地板	3	15.1	0	15.1	0	4	1	1	9:15	15:50	6.35	浑南现代有轨电车运营公司
合计					97.4	0	97.4	0	105	3	2				

沈阳市城市轨道交通（沈阳浑南）运营线路年度运营数据统计表 表9-10-3

序号	运营线路名	客运量（万人次）	进站量（万人次）	客运周转量（万人次公里）	最大断面客流（万人次/小时）	配属列车数（列）	运营车公里（万车公里）	日均实际开行列次（列）	最小发车间隔（秒）	旅行速度（公里/小时）	牵引能耗（万千瓦时）	运营总能耗（万千瓦时）
1	1号线	156.2	156.2	931.0	0.9	8	57.7	98.2	480	21.0	165.0	209.0
2	2号线	118.1	118.1	808.0	0.8	6	48.9	97.4	540	21.0	140.0	177.0
3	3号线	70.5	70.5	351.0	0.4	5	35.3	72.5	720	22.0	101.0	128.0
4	4号线	12.2	12.2	62.0	0.1	1	6.8	15.7	5280	21.0	19.0	24.0
5	5号线	263.7	263.7	2284.0	1.6	10	82.9	110.1	720	23.0	237.0	300.0
6	6号线	0.4	0.4	5.0	0.0	1	0.8	8.0	6780	25.0	3.0	3.0
合计		621.1	621.1	4441.0	—	31	232.4	—	—	—	665.0	841.0

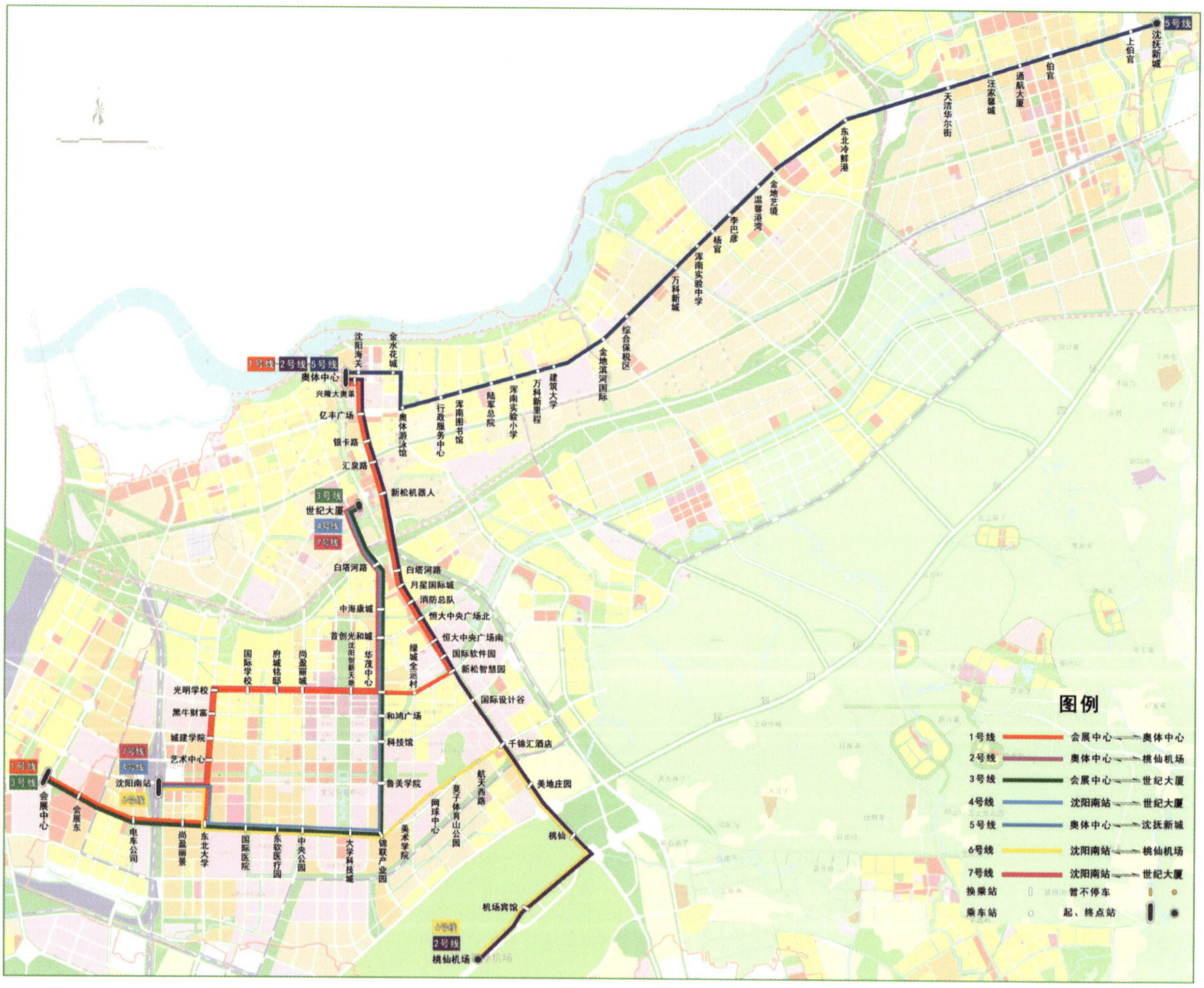

图9-10-1 沈阳市城市轨道交通（沈阳浑南）运营网络示意图

11 大连地铁集团有限公司

【概况】

至2020年底，辽宁省大连市城市轨道交通全网运营线路5条，总运营里程157.9公里，总运营车站70座，网络换乘站3座。

大连市城市轨道交通4条运营线路均由大连地铁集团有限公司管理，从事既有运营线路运营维护的职工总数5278人，司机总数468人。

2020年运送乘客12467.6万人次，比上年下降38.7%，占全市公共交通出行量的比重19.9%。全年线网日均客运量34.1万人次/日，其中线网日均进站量27.9万人次/日，单日最高日客运量达到62.6万人次/日（2020年1月10日），线网日均客运周转量369.6万人次公里/日。

2020年线网实际开行列次42.5万列次，线网运营车公里5379.1万车公里，高峰时段最小行车间隔210秒，运营总能耗17810.8万千瓦时。采用采用里程计价制，3号线票价最低1元、其他线路起步价2元，最高13元，全年实现运营票款收入27000万元，比上年下降35.5%。（表9-11-1）（图9-11-1）

2020年度主要运营指标完成情况见表9-11-2，表9-11-3。

【无障碍预约出行服务】

提升无障碍乘车体验，为开通运营的1、2、3、12号线所有车站均配置轮椅，乘客可通过地铁微信公众号、服务热线、车站电话等形式预约无障碍出行服务。

【设置强冷、弱冷车厢】

通过列车网络管理系统对1、2号线车辆的车厢温度进行分区控制，实现强冷和弱冷车厢“同车不同温”。

【暖心公益特色服务】

春节期间为乘客赠送福字、窗花；情人节为情侣乘客送上“情侣手绘贺卡”；端午节为乘客赠送艾蒿；夏季准备解暑绿豆汤，冬季准备热水；儿童节期间为乘车儿童赠送小礼物；中、高考期间为考生赠送签字笔并提供休息场所；为返校学生提供集中预约购票并帮助搬运大件行李；疫情期间提供医用口罩、免洗消毒液等。

建立高铁与地铁“无缝换乘”连接小组，最快可在8分钟内完成从地铁站到高铁站取票、进站、乘车的全过程。设置“爱心驿站”，为乘客提供桌椅、急救箱、针线盒、充电器、雨伞等便民物品。以党、团支部为单位，与车站周边社区联合开展“社企互联共建”，定期举办交流座谈会，联合开展抗疫、科普，困难家庭结对帮扶，定期慰问帮扶对象，将地铁文化与城市文化相融合，塑造良好的地铁形象宣传等活动。

（大连地铁集团有限公司）

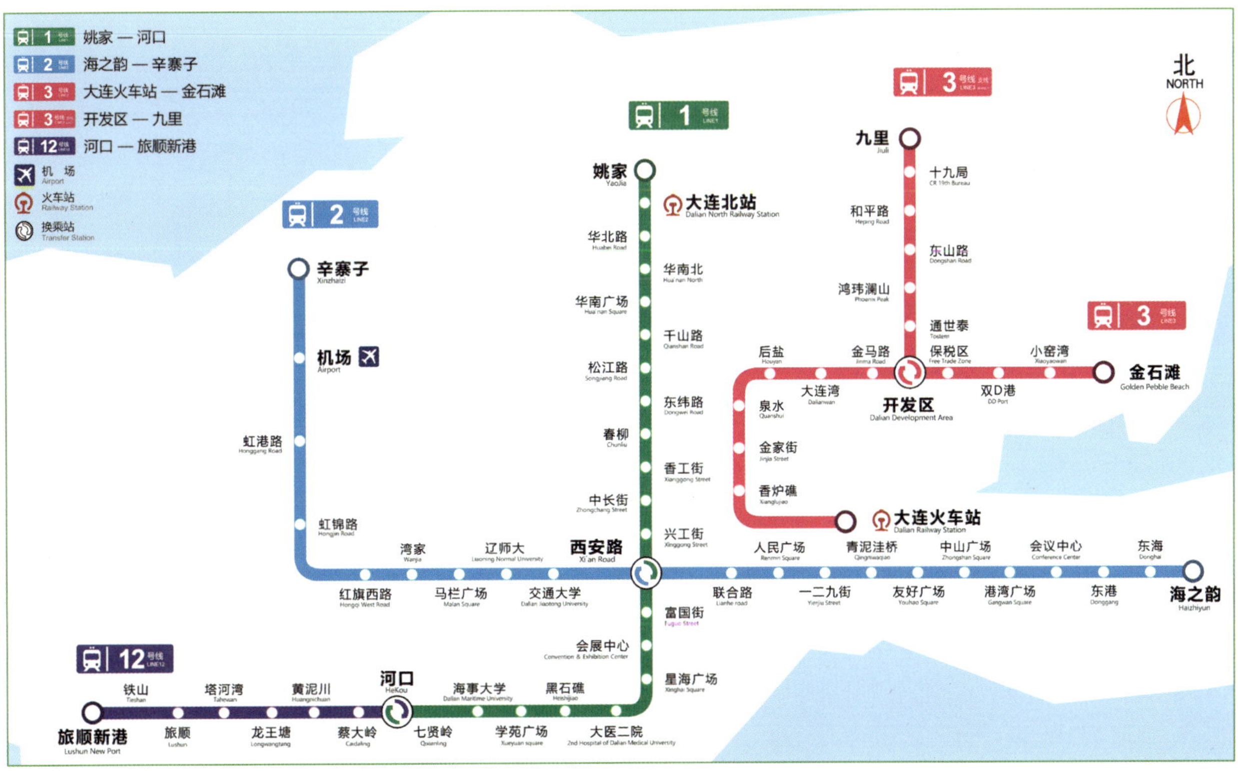

图9-11-1 大连市城市轨道交通运营网络示意图

大连市城市轨道交通运营线路历年开通时间情况表

表9-11-1

线路名	分段开通名称	开通日期	开通范围	运营里程（公里）
1号线	一期	2015年10月30日	姚家－会展中心	17.7
	二期	2017年6月7日	星海广场－河口	10.6
2号线	一期	2015年5月22日	会议中心－辛寨子	21.9
	二期（东段）	2017年6月7日	海之韵－东港	3.8
3号线	3号线	2002年11月8日	大连火车站－金石滩	49.2
	3号线续线	2008年12月8日	开发区－九里	14.3
12号线	12号线	2015年5月1日	河口－旅顺新港	40.4

大连市城市轨道交通运营线路年度基础数据统计表

表9-11-2

序号	运营线路名	系统制式	车辆制式	列车编组（辆）	运营里程（公里）				车站数（座）	换乘站（座）	车辆基地（座）	首班车时间	末班车时间	线路运营时间（时.分）	运营单位
					总里程	地下	地面	高架							
1	1号线	地铁	B	6	28.3	28.3	0	0	22	2	2	5:30	23:20	17.50	大连地铁运营公司
2	2号线	地铁	B	6	25.7	25.7	0	0	21	1	1	5:30	23:20	17.50	大连地铁运营公司
3	3号线	轻轨	B	4	49.2	1.1	31.9	16.2	12	1	1	6:00	22:05	16.05	大连地铁运营公司
4	3号线续线	轻轨	B	2	14.3	0	0	14.3	7	1	1	6:00	20:33	14.33	大连地铁运营公司
5	12号线	轻轨	B	4	40.4	0	0	40.4	8	1	1	6:05	21:35	15.30	大连地铁运营公司
合计					157.9	55.1	31.9	70.9	70	3	6				

大连市城市轨道交通运营线路年度运营数据统计表

表9-11-3

序号	运营线路名	客运量（万人次）	进站量（万人次）	客运周转量（万人次公里）	最大断面客流（万人次/小时）	配属列车数（列）	运营车公里（万车公里）	日均实际开行列次（列）	最小发车间隔（秒）	旅行速度（公里/小时）	牵引能耗（万千瓦时）	运营总能耗（万千瓦时）
1	1号线	4695.7	3715.1	43198.6	1.8	28	1602.4	262.0	240	34.0	2909.1	6524.9
2	2号线	3654.9	2786.3	46499.9	1.5	30	1476.6	313.0	240	32.2	2574.8	5832.4
3	3号线	2886.4	2834.7	47715.4	1.2	36	1423.5	317.0	210	55.3	2432.5	2893.4
4	3号线续线	530.3	350.1	3666.4	0.4	10	181.5	147.0	480	45.1	529.1	724.4
5	12号线	700.3	517.3	14185.5	0.3	10	695.1	123.0	900	53.8	1450.6	1835.7
合计		12467.6	10203.5	135265.8	—	114	5379.1	—	—	—	9896.1	17810.8

12 长春市轨道交通集团有限公司

【概况】

至2020年底，吉林省长春市城市轨道交通全网运营线路5条，总运营里程100.1公里，总运营车站94座，网络换乘站6座。

长春市城市轨道交通5条运营线路均由长春市轨道交通集团有限公司管理，从事既有运营线路运营维护的职工总数5015人，司机总数527人。

2020年运送乘客15503.3万人次，比上年下降24.2%，占全市公共交通出行量的比重20%。全年线网日均客运量43.4万人次/日，其中线网日均进站量30.2万人次/日，单日最高日客运量达到88.9万人次/日（2020年12月2日），线网日均客运周转量250.4万人次公里/日。

2020年线网实际开行列次50.9万列次，线网运营车公里3621.5万车公里，高峰时段最小行车间隔300秒，运营总能耗17618.6万千瓦时。采用按里程计、递远递减的多级票价，票价最低2元，最高7元，全年实现运营票款收入2.8亿元，比上年下降26.92%。（表9-12-1）（图9-12-1）

2020年度主要运营指标完成情况见表9-12-2，表9-12-3。

【长春轻轨三期厂修车辆智慧升级】

9月15日，第一列"智慧升级"轻轨车投入到3号线的运营中，此次智慧升级的轻轨车是国内首次规模化厂级车辆维修升级，车辆维修人员可以通过手机、智能分析屏幕等多种设备实时检测车辆各类数据，减少车辆延误时间。

【"长春E出行"APP全新上线】

"长春E出行"APP新增加便民功能模块，包括列车的实时动态，车内拥挤程度等，让乘客乘坐轨道交通更便捷、高效；同时开通手机NFC充值功能和电子发票功能，乘客可以线上充值以及开具电子发票；与无锡、苏州、福州、南昌等4个城市实现互联互通，使用城轨易行平台的本地乘客到当地城市可使用"长春E出行"APP，直接扫码过闸乘坐当地轨道交通，为百姓跨城、跨省出行提供方便。

（长春市轨道交通集团有限公司 王瀑）

长春市城市轨道交通运营线路历年开通时间情况表

表9-12-1

线路名	分段开通名称	开通日期	开通范围	运营里程(公里)
1号线	1号线	2017年6月30日	红嘴子－北环城路	17.6
2号线	2号线	2018年8月30日	东方广场－双丰	20.2
3号线	3号线一期	2002年10月30日	卫光街－长春站	12.8
	3号线二期	2006年12月30日	卫星广场－长影世纪城	16.6
4号线	4号线	2011年6月30日	车场－东大桥	12.6
	4号线地下站	2012年5月6日	伪满皇宫－长春站北	2.7
8号线	8号线	2018年10月30日	北环城路－广通路	13.1

长春市城市轨道交通运营线路年度基础数据统计表

表9-12-2

序号	运营线路名	系统制式	车辆制式	列车编组(辆)	运营里程(公里)				车站数(座)	换乘站(座)	车辆基地(座)	首班车时间	末班车时间	线路运营时间(时.分)	运营单位
					总里程	地下	地面	高架							
1	1号线	地铁	B	6	18.0	18.0	0	0	15	5	1	5:15	22:02	16.47	客一
2	2号线	地铁	B	6	20.5	20.5	0	0	18	3	1	5:15	22:06	16.51	客二
3	3号线	轻轨	C	6	32.0	1.6	22.4	8.0	33	4	1	6:00	21:59	15.59	客二
4	4号线	轻轨	C	6	16.3	2.7	0	13.6	16	3	1	6:00	21:32	15.32	客一
5	8号线	轻轨	C	6	13.3	0	0	13.3	12	1	1	6:00	21:26	15.26	客一
合计					100.1	42.8	22.4	34.9	94	8	5				

长春市城市轨道交通运营线路年度运营数据统计表

表9-12-3

序号	运营线路名	客运量(万人次)	进站量(万人次)	客运周转量(万人次公里)	最大断面客流(万人次/小时)	配属列车数(列)	运营车公里(万车公里)	日均实际开行列次(列)	最小发车间隔(秒)	旅行速度(公里/小时)	牵引能耗(万千瓦时)	运营总能耗(万千瓦时)
1	1号线	5048.0	3424.8	25560.4	0.9	22	1144.5	296.0	300	33.8	1851.4	6256.7
2	2号线	4184.6	2968.3	23632.9	0.8	22	1266.8	285.0	300	33.7	2171.5	5676.0
3	3号线	3629.2	2831.9	28475.1	0.5	52	730.3	360.0	300	27.0	1639.3	2546.6
4	4号线	2174.7	1222.5	11836.3	0.4	21	313.1	275.0	360	29.1	705.5	1623.5
5	8线	466.8	326.9	2269.9	0.1	17	166.8	173.0	600	31.2	464.9	1515.8
合计		15503.3	10774.4	91774.6	—	134	3621.5	—	—	—	6832.6	17618.6

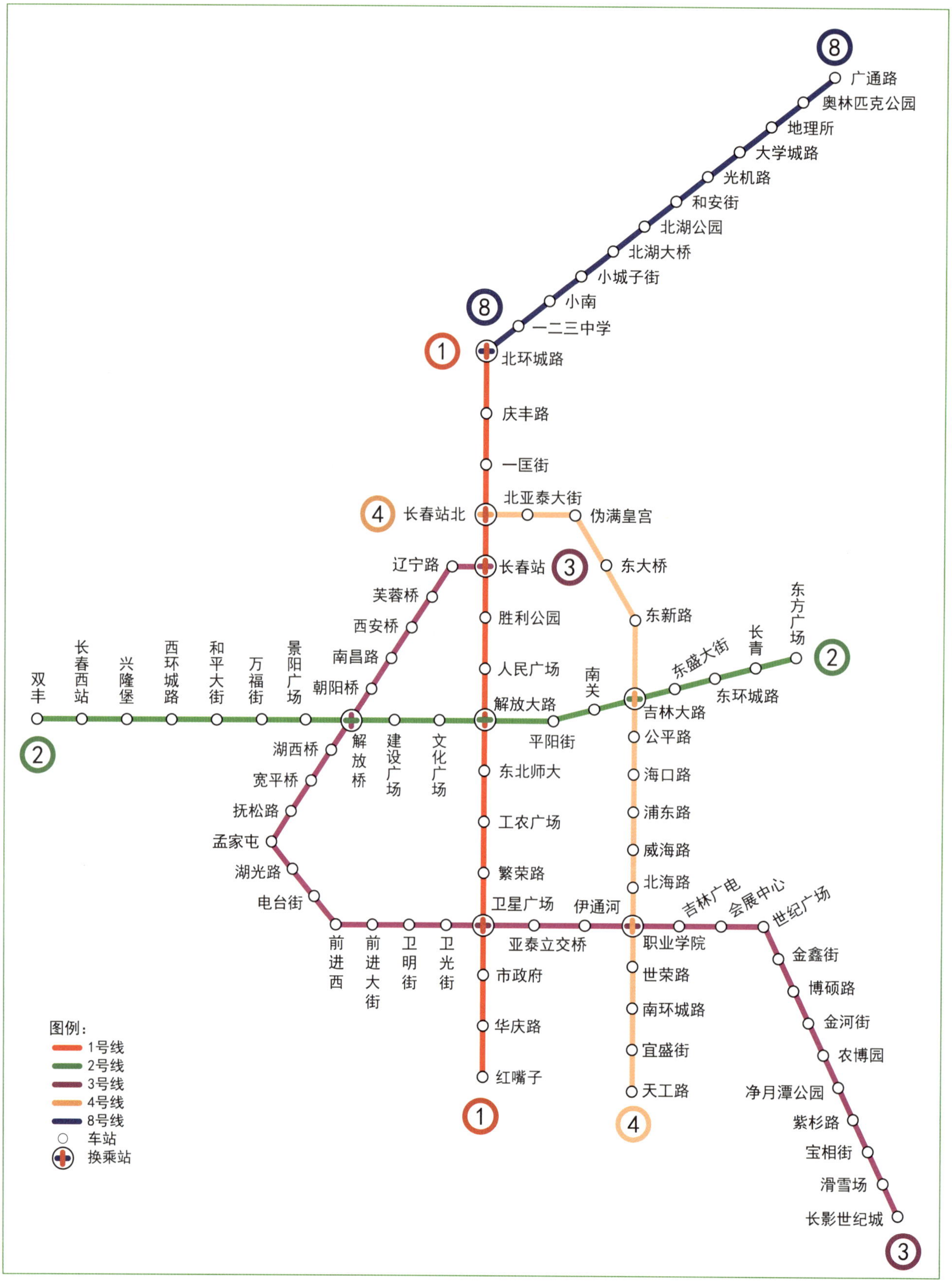

图9-12-1 长春市城市轨道交通运营网络示意图

13 哈尔滨地铁集团有限公司

【概况】

至2020年底，黑龙江省哈尔滨市城市轨道交通全网运营线路2条，总运营里程30.3公里，总运营车站27座，网络换乘站1座。

哈尔滨市城市轨道交通2条运营线路均由哈尔滨地铁集团有限公司管理，从事既有运营线路运营维护的职工总数1534人，司机总数162人。

2020年运送乘客5135.4万人次，比上年下降50.4%，占全市公共交通出行量的比重5.9%。全年线网日均客运量14.0万人次/日，其中线网日均进站量11.8万人次/日，单日最高日客运量达到28.4万人次/日（2020年1月20日），线网日均客运周转量96.9万人次公里/日。

2020年线网实际开行列次17.8万列次，线网运营车公里1603.0万车公里，高峰时段最小行车间隔270秒，运营总能耗7185.5万千瓦时。采用分区票制，2元可乘1-8区间，3元可乘9-12区间，4元可乘13-17区间，5元可乘18-22区间（其中，地铁3号线一期票价按照地铁1号线票价执行，1号线哈尔滨东站至3号线哈尔滨西站区段共18个区间，仍执行现行的4元票价不变），全年实现运营票款收入9500万元（含税），比上年下降48.4%。（表9-13-1）（图9-13-1）

2020年度主要运营指标完成情况见表9-13-2，表9-13-3。

【二维码乘车与面部识别功能】

4月，二维码乘车服务质量提升，微信、支付宝、云闪付三款主流支付APP均已实现扫码乘车功能，乘车码使用比例达50%。7月，启动面部识别过闸功能上线，成为东北地区首家应用“刷脸过闸功能”的城市轨道交通企业。

（哈尔滨地铁集团有限公司　刘宇博）

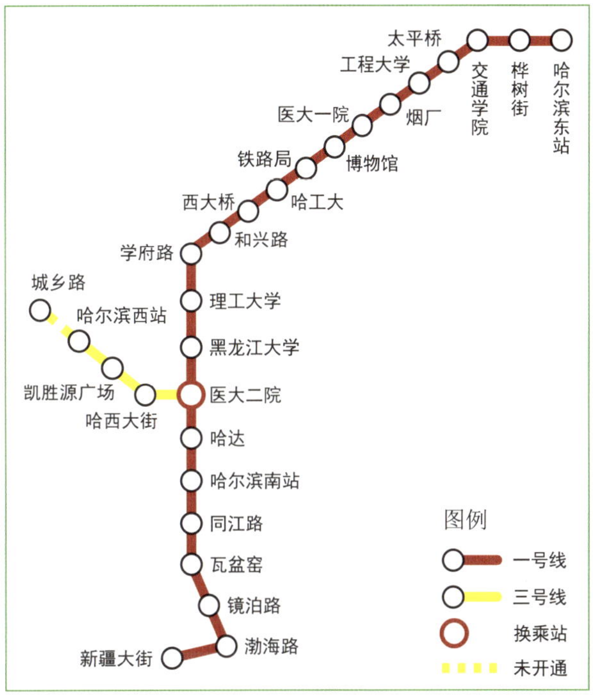

图9-13-1 哈尔滨市城市轨道交通运营网络示意图

哈尔滨市城市轨道交通运营线路历年开通时间情况表　　表9-13-1

线路名	分段开通名称	开通日期	开通范围	运营里程（公里）
1号线	一期、二期	2013年9月26日	哈尔滨南站－哈尔滨东站	17.2
	三期	2019年4月10日	哈尔滨南站－新疆大街	8.5
3号线	一期	2017年1月26日	医大二院－哈尔滨西站	4.6

哈尔滨市城市轨道交通运营线路年度基础数据统计表　　表9-13-2

序号	运营线路名	系统制式	车辆制式	列车编组（辆）	运营里程（公里）				车站数（座）	换乘站（座）	车辆基地（座）	首班车时间	末班车时间	线路运营时间（时.分）	运营单位
					总里程	地下	地面	高架							
1	1号线	地铁	B	6	25.7	25.7	0	0	23	1	1	6:00	22:30	16.30	哈尔滨地铁集团有限公司
2	3号线一期	地铁	B	6	4.6	4.6	0	0	4	1	1	6:00	22:30	16.30	哈尔滨地铁集团有限公司
合计					30.3	30.3	0	0	27	1	2				

哈尔滨市城市轨道交通运营线路年度运营数据统计表

表9-13-3

序号	运营线路名	客运量（万人次）	进站量（万人次）	客运周转量（万人次公里）	最大断面客流（万人次/小时）	配属列车数（列）	运营车公里（万车公里）	日均实际开行列次（列）	最小发车间隔（秒）	旅行速度（公里/小时）	牵引能耗（万千瓦时）	运营总能耗（万千瓦时）
1	1号线	4247.5	3849.8	33555.5	1.2	27	1354.0	263.7	270	33.7	2547.7	6170.3
2	3号线一期	887.9	471.6	1920.3	0.3	4	249.0	211.4	520	29.5	441.3	1015.2
	合计	5135.4	4321.4	35475.8	—	31	1603.0	—	—	—	2989.0	7185.5

14 上海申通地铁集团有限公司

【概况】

至2020年底，上海城市轨道交通全网运营线路18条，总运营里程729.3公里，总运营车站430座，网络换乘站59座。其中全自动运行线路3条（10号线、18号线一期、浦江线）。

上海市城市轨道交通18条运营线路均由上海申通地铁集团有限公司管理，从事既有运营线路运营维护的职工总数28489人，司机总数4955人。

2020年运送乘客283649.1万人次，比上年下降27.0%，占全市公共交通出行量的比重66.9%。全年线网日均客运量775.0万人次/日，其中线网日均进站量438.2万人次/日，单日最高日客运量达到1237.9万人次/日（2020年1月10日），线网日均客运周转量7153.3万人次公里/日。

2020年线网实际开行列次304.3万列次，线网运营车公里64317.0万车公里，高峰时段最小行车间隔110秒，运营总能耗224046万千瓦时。采用按里程计、递远递减的多级票价，票价最低3元，最高15元，全年实现运营票款收入674226.9万元，比上年下降27.1%。（表9-14-1）（图9-14-1）

2020年度主要运营指标完成情况见表9-14-3、表9-14-4。

（上海申通地铁集团有限公司）

至2020年底，上海申凯公共交通运营管理有限公司在上海城市轨道交通全网运营线路2条，分别为浦江线、松江区有轨电车示范线（T1线与T2线）。其中，松江区有轨电车示范线运营里程30.6公里，运营车站46座。

松江区有轨电车示范线由上海松江有轨电车投资运营有限公司委托上海申凯公共交通运营管理有限公司运营管理，从事既有运营线路职工总数324人，其中司机总数为153人。

2020年松江有轨电车示范线运送乘客745.5万人次，全年日均客运量2.0万人次，其中进站客流745.5万人次，单日最高客运量达3.6万乘次（2020年1月1日）。

2020年开行列车数10.8万列次，总运营里程218.0万车公里，高峰时段最小行车间隔6分50秒（共线段），总电能

上海市城市轨道交通（上海申通）运营线路历年开通时间情况表

表9-14-1

线路名	分段开通名称	开通日期	开通范围	运营里程（公里）
1号线	1号线南段	1993年5月28日	锦江乐园 － 徐家汇	6.6
	1号线	1995年4月10日	徐家汇－上海火车站	9.2
	南延伸段	1997年7月1日	锦江乐园－莘庄	4.4
	北延伸段	2004年12月28日	上海火车站－共富新村	12.5
	北北延伸段	2007年12月29日	共富新村－富锦路	4.2
2号线	一期西段	2000年6月11日	中山公园－龙阳路	15.7
	一期东段	2000年12月27日	龙阳路－张江高科	2.9
	西延伸段	2006年12月30日	淞虹路－中山公园	5.9
	东延伸段(8节编组)	2010年2月24日	张江高科－广兰路	3.5

上海市城市轨道交通（上海申通）运营线路历年开通时间情况表（续前表） 表9-14-1

线路名	分段开通名称	开通日期	开通范围	运营里程(公里)
2号线	西西延伸	2010年3月16日	徐泾东－淞虹路	8.5
	东延伸段(4节编组)	2010年4月8日	广兰路 － 浦东国际机场	23.9
3号线	3号线	2000年12月26日	上海南站－江湾镇	24.5
	北延伸段	2006年12月18日	江湾镇－江杨北路	15.7
4号线	4号线	2005年12月31日	蓝村路－大木桥路	26.6
	修复段	2007年12月29日	修复段	7.2
5号线	5号线	2003年11月25日	莘庄－闵行开发区	16.6
	南延伸段	2018年12月30日	东川路－奉贤新城	16.1
6号线	6号线	2007年12月29日	港城路－东方体育中心	32.7
7号线	7号线	2009年12月5日	祁华路－花木路	32.2
	北延伸段	2010年12月28日	美兰湖－祁华路	11.8
8号线	8号线	2007年12月29日	市光路－耀华路	21.9
	南延伸段	2009年7月5日	耀华路－沈杜公路	15.1
9号线	一期	2007年12月29日	松江新城－桂林路	29.0
	一期（宜山路）	2008年12月28日	桂林路－宜山路	1.5
	二期	2009年12月31日	宜山路－杨高中路	14.2
	三期南延伸段	2012年12月30日	松江南站－松江新城	5.1
	三期东延伸段	2017年12月30日	杨高中路－曹路	14.1
10号线	一期(主线)	2010年4月10日	航中路－新江湾城	29.4
	一期(支线)	2010年11月30日	虹桥火车站－龙溪路	5.8
	二期	2020年12月26日	新江湾城－基隆路	9.8
11号线	北段一期(主线)	2009年12月31日	嘉定北－江苏路	31.1
	北段一期(支线)	2010年3月29日	安亭－嘉定新城	12.6
	北段二期	2013年8月31日	江苏路－罗山路	22.8
	花桥段	2013年10月16日	花桥－安亭	5.7
	迪士尼段	2015年12月19日	罗山路－迪士尼	9.2
	陈翔公路站	2020年8月25日	陈翔公路	0.0
12号线	一期东段	2013年12月29日	曲阜路－金海路	19.0
	一期西段	2015年12月19日	七莘路－曲阜路	21.0
13号线	一期西段	2012年12月30日	金运路－金沙江路	9.0
	一期东段	2014年12月28日	金沙江路－长寿路	3.1
	二期	2015年12月19日	长寿路－世博大道	9.9
	二期、三期	2018年12月30日	世博大道－张江路	16.1
16号线	一期东段	2013年12月29日	罗山路－滴水湖	51.8
	一期西段	2014年12月28日	龙阳路－罗山路	7.1
17号线	17号线	2017年12月30日	东方绿洲－虹桥火车站	34.8
18号线	一期南段	2020年12月26日	航头－御桥	14.5
浦江线	浦江线	2018年3月31日	沈杜公路－汇臻路	6.3
磁浮示范线	磁浮线	2002年12月29日	龙阳路－浦东机场	29.1

消耗量1308.1万千瓦时。采用按里程计、递远递增多级票价，票价最低2元，最高3元，全年实现运营票务收入1501.1万元（含税和各项补贴）。（表9-14-2）（图9-14-2）

2020年度主要运营指标完成情况见表9-14-5、表9-14-6。

（上海松江有轨电车投资运营有限公司）

【全自动运行概览】

至2020年底，上海开通运营的城市轨道交通全自动运行线路3条，分别为10号线、18号线一期、浦江线，总运营里程65.8公里，总运营车站51座。

10号线2014年8月9日开通全自动运行，列车运行的自动化等级为GoA4，最高运行速度80公里/小时，定员数1860人；运营和维护保障采用集中管理模式；信号供应商为CASCO+ALSTOM，车辆供应商为南京浦镇。

18号线一期南段2020年12月26日开通全自动运行，列车运行的自动化等级为GoA4，最高运行速度80公里/小时，定员数1860人；运营和维护保障采用分散管理模式；信号供应商为CASCO，车辆供应商为南车株机。

浦江线2018年3月31日开通全自动运行，列车运行的自动化等级为GoA4，最高运行速度80公里/小时，定员数559人；运营和维护保障采用分散管理模式；信号供应商为RCS，车辆供应商为浦镇庞巴迪。

上海第一条城市轨道交通全自动运行线路是2010年4月10日开通运营的10号线，并2014年8月9日开通全自动运行功能，也是全国第一条大运量全自动运行线路。至2020年底，10号线旅行速度32.9公里/小时、行车密度达到20对/小时、列车服务可靠度达到1000万车公里/件以上，成为引领城市轨道交通行业向更加安全、可靠、高效方向发展的风向标。

【16号线直达车服务临港新城】

16号线直达车于6月18日正式上线，工作日每天开行4班，龙阳路站至滴水湖站单程60公里仅需37分钟，较站站停的普通车省时约20分钟。12月29日起对直达车进行提速，提速后单程仅需35分钟，进一步提升效率。

【启用应急票购票扫码付款功能】

10月起实现利用第三方POS扫码设备在大客流情况下应急票购票扫码付款功能。在路网部分枢纽车站可通过银联POS机扫描乘客的付款码收款代替收取现金购买应急票，从而减轻车站大客流时的客运组织压力，进一步减少现金流转率。

【启用“Metro大都会”多样化票种】

在传统二维码过闸基础上，采用上海地铁二维码标准和蓝牙过闸技术，研发二维码多样化票种应用，形成二维码同行票、一日票、三日票、单程票小程序等多样化票种，其中“大都会”一日票、三日票在2020年国庆前上线，单程票小程序在第三届进博会期间在进博三站使用。

【14条线路通过“上海品牌”认证】

围绕轨道交通客运服务持续推进“上海品牌”认证。上海地铁路网有9条线路（4、5、6、7、9、12、13、17号线以及磁浮线）通过认证，12月展开1、2、3、8、16号线等5条新增线路的“上海品牌”认证以及9条已认证线路的复审工作。通过不断扩大认证线路范围，促进上海地铁服务质量和品牌形象持续提升，树立起乘客满意、社会认可的客运服务品牌标杆。

（上海申通地铁集团有限公司）

上海市城市轨道交通（松江有轨）运营线路历年开通时间情况表　表9-14-2

线路名	分段开通名称	开通日期	开通范围	运营里程（公里）
松江区有轨电车示范线	一期	2018年12月26日	T2线：仓华路－中辰路	13.9
	二期	2019年8月10日	T1线：三新北路－新庙三路，T2线：中辰路－锦昔路	12.8
	三期	2019年12月30日	T1线：新庙三路－新桥火车站	3.9

上海市城市轨道交通（上海申通）运营线路年度基础数据统计表　表9-14-3

序号	运营线路名	系统制式	车辆制式	列车编组（辆）	运营里程（公里）				车站数（座）	换乘站（座）	车辆基地（座）	首班车时间	末班车时间	线路运营时间（时.分）	运营单位
					总里程	地下	地面	高架							
1	1号线	地铁	A	8	36.9	19.3	5.6	12.0	28	10	2	4:55	0:55	20.00	第一运营公司
2	2号线	地铁	A	8	60.4	53.0	1.5	5.9	30	10	3	5:20	1:01	19.41	第二运营公司
3	3号线	地铁	A	6	40.1	0.8	4.3	35.0	29	10	3	5:20	23:52	18.32	第三运营公司
4	4号线	地铁	A	6	33.9	22.3	1.1	10.5	17	15	1	5:25	23:39	18.14	第三运营公司
5	5号线	地铁	C	4/6	32.5	6.1	0.4	26.0	19	1	3	5:28	23:24	17.56	第一运营公司
6	6号线	地铁	C	4	32.6	22.1	0.3	10.2	28	6	2	5:30	23:35	18.05	第四运营公司
7	7号线	地铁	A	6	43.9	42.3	0	1.6	33	11	2	5:30	23:48	18.18	第三运营公司

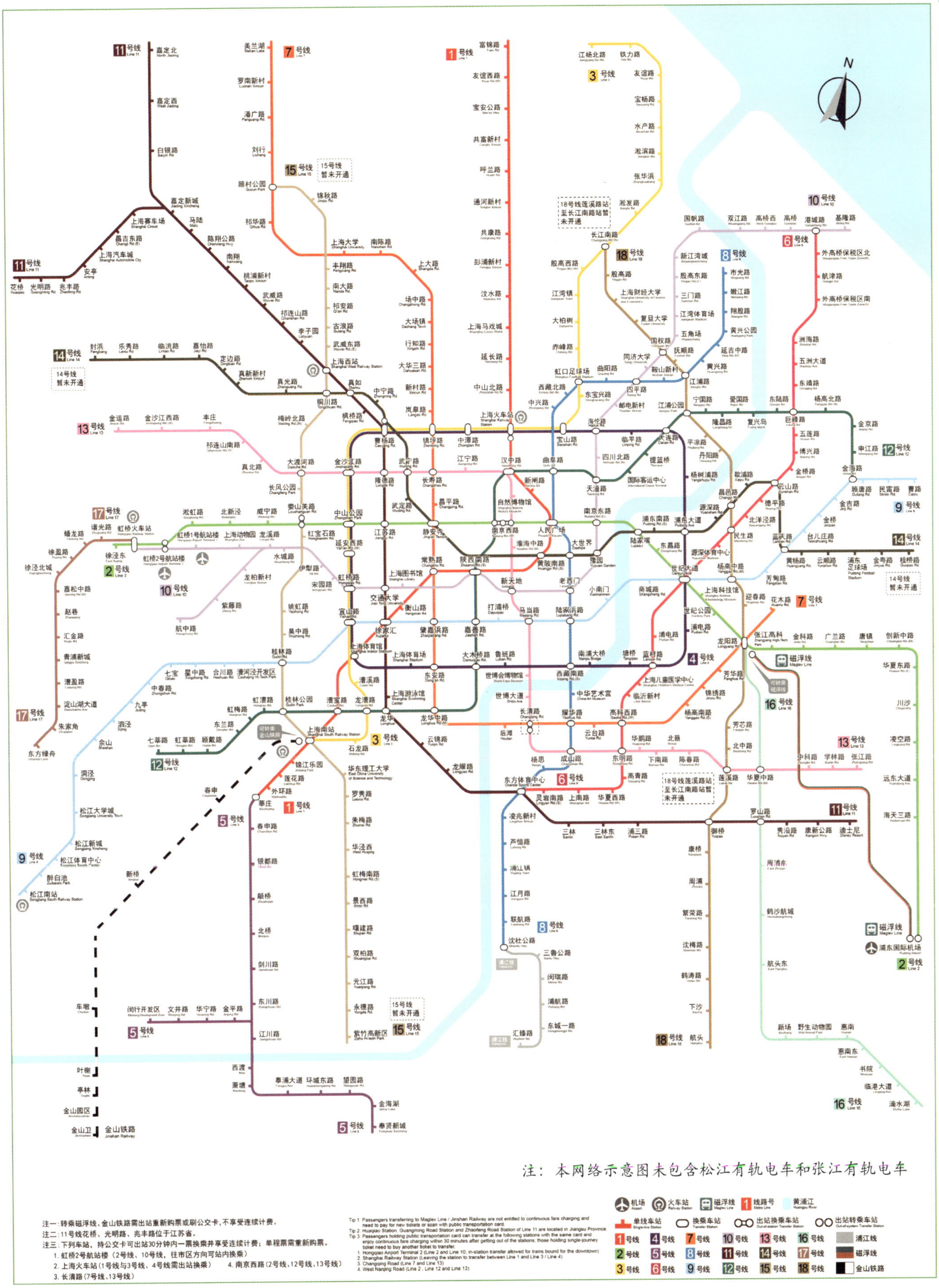

图9-14-1 上海市城市轨道交通运营网络示意图

上海市城市轨道交通（上海申通）运营线路年度基础数据统计表（续前表）

表9-14-3

序号	运营线路名	系统制式	车辆制式	列车编组（辆）	运营里程（公里）				车站数（座）	换乘站（座）	车辆基地（座）	首班车时间	末班车时间	线路运营时间（时.分）	运营单位
					总里程	地下	地面	高架							
8	8号线	地铁	C	6/7	37.1	34.1	0	3.0	30	11	2	5:30	23:36	18.06	第四运营公司
9	9号线	地铁	A	6	64.0	46.9	0	17.1	35	8	1	5:30	0:48	19.18	第一运营公司
10	10号线	地铁	A	6	45.0	39.1	0	5.9	37	12	1	5:25	0:47	19.22	第一运营公司
11	11号线	地铁	A	6	81.4	42.3	2.4	36.7	39	9	3	5:20	0:01	18.41	第二运营公司
12	12号线	地铁	A	6	39.9	39.9	0	0	32	14	2	5:30	23:47	18.17	第四运营公司
13	13号线	地铁	A	6	38.0	38.0	0	0	31	11	2	5:30	23:45	18.15	第二运营公司
14	16号线	地铁	A	3/6	58.9	12.4	0	46.5	13	3	2	5:50	23:42	17.52	磁浮公司
15	17号线	地铁	A	6	34.8	15.8	0.8	18.2	13	1	2	5:40	23:10	17.30	第二运营公司
16	18号线	地铁	A	6	14.5	14.5	0	0	8	1	1	6:00	22:21	16.21	磁浮公司
17	浦江线	自动导向轨道系统	APM	4	6.3	0	0	6.3	6	1	1	5:40	22:42	17.02	申凯公司
18	磁浮示范线	磁浮交通	磁浮	3/4/5	29.1	0	0	29.1	2	0	1	6:45	21:50	15.05	磁浮公司
合计					729.3	448.9	16.4	264.0	430	59	30				

上海市城市轨道交通（上海申通）运营线路年度运营数据统计表

表9-14-4

序号	运营线路名	客运量（万人次）	进站量（万人次）	客运周转量（万人次公里）	最大断面客流（万人次/小时）	配属列车数（列）	运营车公里（万车公里）	日均实际开行列次（列）	最小发车间隔（秒）	旅行速度（公里/小时）	牵引能耗（万千瓦时）	运营总能耗（万千瓦时）
1	1号线	30681.4	18367.2	271646.4	5.4	83	5873.8	602.0	150	33.6	14347.0	20035.0
2	2号线	37705.6	22341.1	348220.8	4.8	88	8063.8	637.3	150	37.8	17861.0	29997.0
3	3号线	12930.4	7999.6	114717.7	2.9	49	2696.4	373.2	150	33.5	7667.0	10507.0
4	4号线	20462.0	9827.3	117340.1	2.6	41	2390.3	324.5	150	31.3	4043.0	7838.0
5	5号线	5001.8	3322.9	54443.5	2.0	50	2445.7	662.7	150	36.8	4611.0	6870.0
6	6号线	11534.7	6460.3	73664.2	2.8	63	2127.1	607.2	120	30.7	4047.0	7448.0
7	7号线	20594.2	12104.2	179673.2	5.4	79	4191.1	537.2	115	33.8	8502.0	15209.0
8	8号线	26672.4	13360.4	204065.7	4.3	86	4604.8	581.1	135	31.5	9033.0	15133.0
9	9号线	27577.4	17416.5	327231.7	5.7	104	6608.1	595.8	110	39.3	11578.0	20246.0
10	10号线	22254.4	11579.7	166349.1	2.6	55	4026.7	663.0	180	32.9	7880.0	15122.0
11	11号线	22507.4	12263.4	319856.2	5.7	82	6980.3	572.1	120	41.3	13494.0	20626.0
12	12号线	17701.4	8776.7	115005.5	2.4	73	3433.2	417.0	150	32.3	7163.0	15190.0
13	13号线	16476.7	9849.2	115773.2	2.7	62	3652.7	546.8	150	32.3	8215.0	16466.0
14	16号线	5768.4	3043.0	135485.9	2.6	61	4013.6	467.0	210	64.4	6822.0	9823.0
15	17号线	4595.3	2924.4	64868.6	2.4	28	2409.4	360.1	240	51.5	4713.0	7188.0
16	18号线	24.3	16.5	187.6	0.4	19	14.9	298.7	360	45.5	—	—
17	浦江线	981.2	532.8	4322.7	0.8	11	246.8	26.8	255	32.7	633.0	1073.0
18	磁浮示范线	180.1	180.1	5241.2	—	4	538.3	91.0	1200	246.6	—	5275.0
合计		283649.1	160365.3	2618093.3	—	1038	64317.0	—	—	—	130609.0	224046.0

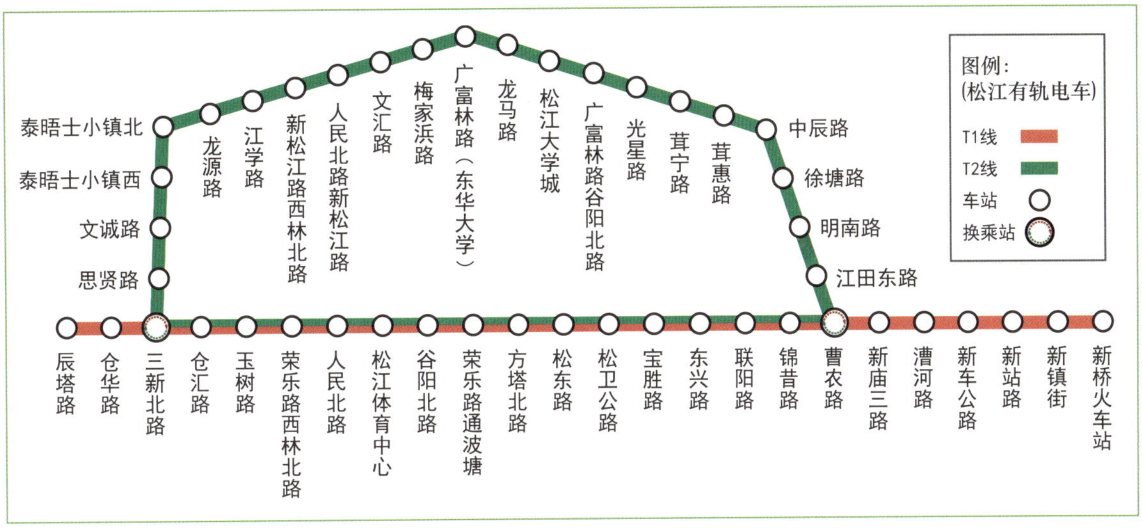

图9-14-2 上海市城市轨道交通（松江有轨）运营网络示意图

上海市城市轨道交通（松江有轨）运营线路年度基础数据统计表　　表9-14-5

序号	运营线路名	系统制式	车辆制式	列车编组（辆）	运营里程（公里）				车站数（座）	换乘站（座）	车辆基地（座）	首班车时间	末班车时间	线路运营时间（时.分）	运营单位
					总里程	地下	地面	高架							
1	松江区有轨电车示范线	有轨电车	100%低地板	5	30.6	0	30.0	0.6	46	3	2	6:00	23:25	17.25	申凯公司
合计					30.6	0	30.0	0.6	46	3	2				

上海市城市轨道交通（松江有轨）运营线路年度运营数据统计表　　表9-14-6

序号	运营线路名	客运量（万人次）	进站量（万人次）	客运周转量（万人次公里）	最大断面客流（万人次/小时）	配属列车数（列）	运营车公里（万车公里）	日均实际开行列次（列）	最小发车间隔（秒）	旅行速度（公里/小时）	牵引能耗（万千瓦时）	运营总能耗（万千瓦时）
1	松江区有轨电车示范线	745.5	745.5	—	—	30	218.0	295.2	410	18.0	916.5	1302.5
合计		745.5	745.5	—	—	30	218.0	295.2	—	—	916.5	1302.5

15 南京地铁集团有限公司

【概况】

至2020年底，江苏省南京市城市轨道交通全网运营线路10条，总运营里程377.6公里，总运营车站174座，网络换乘站13座。

南京市城市轨道交通10条运营线路均由南京地铁运营有限责任公司管理，从事既有运营线路运营维护的职工总数15368人，司机总数2041人。

2020年运送乘客79784.8万人次，比上年下降30.76%，占全市公共交通出行量的比重59.4%。全年线网日均客运量218.0万人次/日，其中线网日均进站量125.4万人次/日，单日最高日客运量达到421.9万人次/日（2020年12月31日），线网日均客运周转量1825.5万人次公里/日。

2020年线网实际开行列次115.3万列次，线网运营车公里21207.2万车公里，高峰时段最小行车间隔140秒，运营总能耗64770.5万千瓦时。采用里程计价的票制，全年实现运营票款收入159809.1万元，比上年下降26.0%。（表9-15-1）（图9-15-1）

2020年度主要运营指标完成情况见表9-15-2，表9-15-3。

【南京市公共交通占比居第一】

南京地铁线网客运量在南京市公共交通客运总量中占比59.4%（不含出租），在江苏省内已开通地铁的城市中最高。8月达历史峰值62.2%。12月31日，全线网客运总量421.9万人次，自疫情发生后首次突破400万人次，并刷新线网单日最高客运量纪录。

【客运服务水平稳步提升】

全线网安装169台AED（自动体外除颤器）。实现机场线、宁溧线“大站快运”，部分区段服务延长时间，2、3号线首次采用“多站首班车”。打造珠江路、汉中门和鸡鸣寺3座标杆车站。加大客运服务自查自纠力度，组织开展现场“啄木鸟”行动175次，高峰期乘车稽查672次。实现高铁车站换乘地铁单向免安检。

【全面支持移动支付】

至2020年底，南京地铁移动支付总计开卡人数2036万人，突破2000万人；全年移动支付进站占总客流进站39.8%，比上年增加9.79个百分点。引入第三方投资，零投入实现全线网TVM扫码购票功能，为广大市民及外地游客出行提供便利。

（南京地铁集团有限公司）

南京市城市轨道交通运营线路历年开通时间情况表

表9-15-1

线路名	分段开通名称	开通日期	开通范围	运营里程（公里）
1号线	1号线一期	2005年9月3日	迈皋桥－安德门	14.7
	1号线南延	2010年5月28日	中国药科大学－安德门	24.2
2号线	2号线	2010年5月28日	油坊桥－经天路	37.6
3号线	3号线一、二期	2015年4月1日	林场－秣周东路	44.9
4号线	4号线一期	2017年1月18日	龙江－仙林湖	33.8
10号线	10号线一期	2014年7月1日	雨山路－安德门	21.6
S1号线	S1号线	2014年7月1日	南京南站－禄口机场	35.8
S3号线	S3号线一期	2017年12月6日	南京南站－高家冲	37.2
S7号线	S7号线	2018年5月26日	无想山－禄口机场	30.2
S8号线	S8号线一期	2014年8月1日	泰山新村－金牛湖	45.2
S9号线	S9号线	2017年12月30日	高淳－翔宇路南	52.4

南京市城市轨道交通运营线路年度基础数据统计表

表9-15-2

序号	运营线路名	系统制式	车辆制式	列车编组（辆）	运营里程（公里）				车站数（座）	换乘站（座）	车辆基地（座）	首班车时间	末班车时间	线路运营时间（时.分）	运营单位
					总里程	地下	地面	高架							
1	1号线	地铁	A	6	38.9	23.2	0.8	14.9	27	5	1	5:42	23:27	17.45	运营公司
2	2号线	地铁	A	6	37.6	22.0	0.8	14.8	26	5	2	6:00	23:00	17.00	运营公司
3	3号线	地铁	A	6	44.9	42.4	0.4	2.1	29	5	2	5:50	23:10	17.20	运营公司
4	4号线	地铁	B	6	33.8	32.3	0	1.5	18	3	1	6:00	23:00	17.00	运营公司
5	10号线	地铁	A	6	21.6	19.3	1.3	1.0	14	2	2	5:40	23:40	18.00	运营公司
6	S1号线	市域快轨	B	6	35.8	18.2	0.9	16.7	9	3	1	5:57	22:40	16.43	运营公司
7	S3号线	市域快轨	B	6	37.2	15.1	0.7	21.4	19	2	1	6:00	23:00	17.00	运营公司
8	S7号线	市域快轨	B	4	30.2	11.1	1.4	17.7	9	1	1	6:00	22:00	16.00	运营公司
9	S8号线	市域快轨	B	4	45.2	11.0	1.5	32.7	17	1	1	6:00	22:40	16.40	运营公司
10	S9号线	市域快轨	B	3	52.4	3.6	4.6	44.2	6	1	1	6:00	22:00	16.00	运营公司
	合计				377.6	198.2	12.4	167.0	174	13	13				

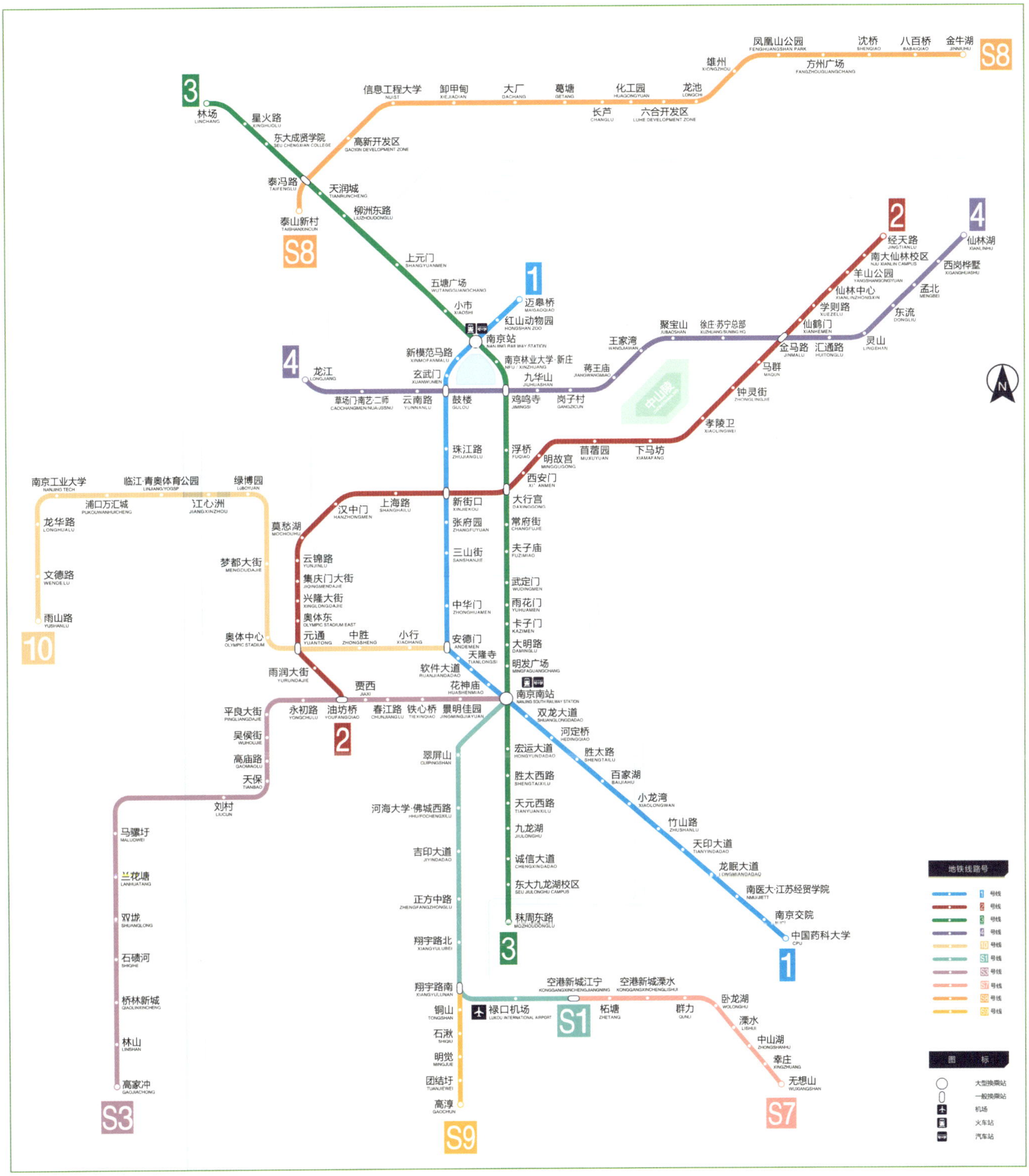

图9-15-1 南京市城市轨道交通运营网络示意图

南京市城市轨道交通运营线路年度运营数据统计表

表9-15-3

序号	运营线路名	客运量（万人次）	进站量（万人次）	客运周转量（万人次公里）	最大断面客流（万人次/小时）	配属列车数（列）	运营车公里（万车公里）	日均实际开行列次（列）	最小发车间隔（秒）	旅行速度（公里/小时）	牵引能耗（万千瓦时）	运营总能耗（万千瓦时）
1	1号线	22792.3	13801.8	154656.4	3.0	58	3933.1	564.0	140	36.1	7327.6	11469.7
2	2号线	19910.0	11692.4	133445.4	3.6	49	3470.8	445.0	150	38.9	7011.6	10507.8
3	3号线	18842.2	9988.2	171898.3	3.8	46	3594.8	385.0	140	36.5	6679.2	11966.5
4	4号线	5374.9	2840.6	33607.0	1.2	29	2446.5	360.0	292	44.2	3943.2	7049.9
5	10号线	4756.8	2288.8	32119.4	1.2	21	1500.7	316.0	312	37.0	3037.3	5596.7
6	S1线	2247.2	1365.0	57013.8	0.7	15	1858.3	237.0	510	57.1	2706.6	4187.6
7	S3线	2320.2	1515.4	19224.5	0.7	24	1485.5	253.0	405	43.5	3051.5	4961.0
8	S7线	290.5	203.1	5780.5	0.1	11	553.5	144.0	840	57.3	1050.9	2464.5
9	S8线	2790.4	1881.8	39768.2	1.0	26	1613.3	315.0	263	50.7	2823.7	4557.7
10	S9线	460.3	309.2	20603.5	0.2	12	750.7	130.0	900	87.4	1208.5	2009.1
合计		79784.8	45886.3	668117.0	—	291	21207.2	—	—	—	38840.1	64770.5

16 无锡地铁集团有限公司

【概况】

至2020年底，江苏省无锡市城市轨道交通全网运营线路3条，总运营里程89.2公里，总运营车站66座，网络换乘站3座。

江苏省无锡市城市轨道交通3条运营线路均由无锡地铁集团有限公司管理，从事既有运营线路运营维护的职工总数4275人，司机总数424人。

2020年运送乘客8722.1万人次，比上年下降15.4%，占全市公共交通出行量的比重31.3%。全年线网日均客运量23.8万人次/日，其中线网日均进站量19.7万人次/日，单日最高日客运量达到52.7万人次/日（2020年12月19日），线网日均客运周转量181.2万人次公里/日。

2020年线网实际开行列次21.0万列次，线网运营车公里447.8万车公里，高峰时段最小行车间隔360秒，运营总能耗11944.6万千瓦时。采用里程分段计价票价方式，票价最低2元，最高8元，全年实现运营票款收入17099.6万元，比上年下降28.8%。（表9-16-1）（图9-16-1）

2020年度主要运营指标完成情况见表9-16-2，表9-16-3。

【暖心便民服务】

推出“铁地联乘”“地空联乘”、母婴护理服务等贴心服务9项，开展“温暖回家路”“暖心服务台”等特色服务16项，新增“见义勇为”人员优免乘车服务，收到市民表扬近千次，服务质量第三方评价为950.4分，乘客满意度达到285.9分。

（无锡地铁集团有限公司）

无锡市城市轨道交通运营线路历年开通时间情况表

表9-16-1

线路名	分段开通名称	开通日期	开通范围	运营里程（公里）
1号线	全线	2014年7月1日	堰桥－长广溪	29.4
	1号线南延线	2019年9月28日	雪浪－南方泉	5.0
2号线	全线	2014年12月28日	梅园开原寺－无锡东站	26.3
3号线	全线	2020年10月28日	苏庙－硕放机场	28.5

无锡市城市轨道交通运营线路年度基础数据统计表

表9-16-2

序号	运营线路名	系统制式	车辆制式	列车编组(辆)	运营里程(公里)				车站数(座)	换乘站(座)	车辆基地(座)	首班车时间	末班车时间	线路运营时间(时.分)	运营单位
					总里程	地下	地面	高架							
1	1号线	地铁	B	6	34.4	27.1	0.1	7.2	27	1	2	6:00	22:37	16.37	无锡地铁集团有限公司
2	2号线	地铁	B	6	26.3	19.4	0.2	6.7	22	1	2	5:55	22:25	16.30	
3	3号线	地铁	B	6	28.5	28.5	0	0	21	2	2	6:00	22:41	16.41	
合计					89.2	75.0	0.3	13.9	66	3	6				

无锡市城市轨道交通运营线路年度运营数据统计表

表9-16-3

序号	运营线路名	客运量(万人次)	进站量(万人次)	客运周转量(万人次公里)	最大断面客流(万人次/小时)	配属列车数(列)	运营车公里(万车公里)	日均实际开行列次(列)	最小发车间隔(秒)	旅行速度(公里/小时)	牵引能耗(万千瓦时)	运营总能耗(万千瓦时)
1	1号线	4935.0	4207.5	40301.8	0.7	28	1799.5	276.0	360	34.7	2810.0	6669.3
2	2号线	3321.3	2626.5	22653.8	0.5	23	1276.9	253.0	360	34.8	2029.6	4464.5
3	3号线	465.8	371.1	3371.2	0.3	24	242.0	256.0	480	35.5	344.7	810.8
合计		8722.1	7205.1	66326.8	—	75	3318.5	—	—	—	5184.3	11944.6

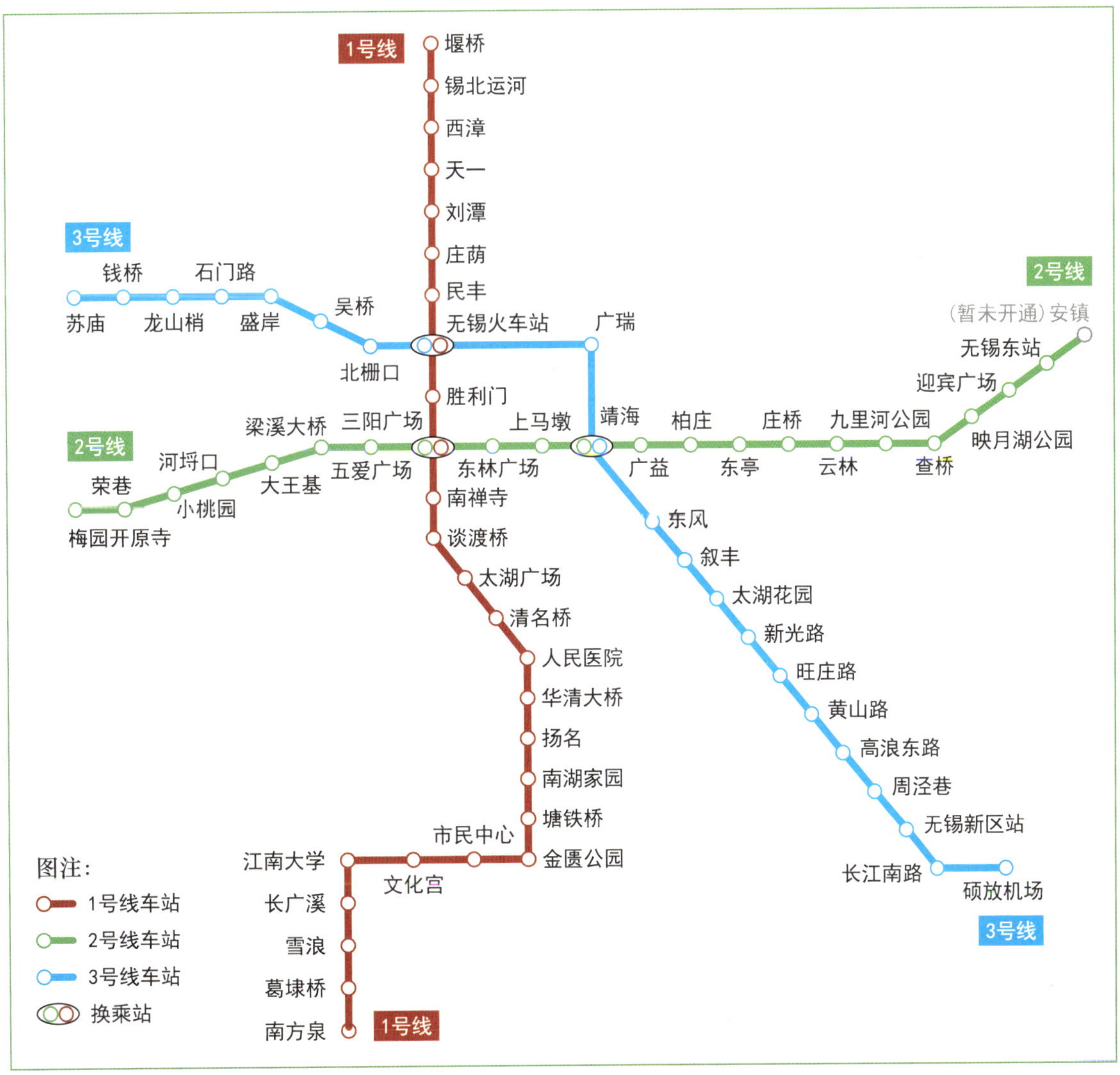

图9-16-1 无锡市城市轨道交通运营网络示意图

17 徐州地铁集团有限公司

【概况】

至2020年底，江苏省徐州市城市轨道交通全网运营线路2条，总运营里程46.0公里，总运营车站38座，网络换乘站1座。

江苏省徐州市城市轨道交通2条运营线路均由徐州地铁运营有限公司管理，从事既有运营线路运营维护的职工总数2545人，司机总数224人。

2020年运送乘客2093.8万人次，比上年增长181.8%，占全市公共交通出行量的比重17.9%。全年线网日均客运量5.7万人次/日，其中线网日均进站量5.5万人次/日，单日最高日客运量达到25.7万人次/日（2020年12月31日），线网日均客运周转量32.8万人次公里/日。

2020年线网实际开行列次9.4万列次，线网运营车公里1126.3万车公里，高峰时段最小行车间隔400秒，运营总能耗8367.9万千瓦时。采用按里程计、递远递减的多级票价，票价最低2元，最高6元，全年实现运营票款收入4745.8万元，比上年增长172.5%。（表9-17-1）（图9-17-1）

2020年度主要运营指标完成情况见表9-17-2，表9-17-3。

【专业培训】

通过对关联专业进行针对性培训，员工掌握与本专业关联专业日常巡查巡检业务技能，同时开展流程优化与专业整合。综合考量员工有效工时、应急处置效率，统筹考虑专业整合和调整工班布点，从整合岗位职责分工入手，实现“双分开”，即设备巡视与维保分开、设备操作与维保分开，打通相通专业接口，实现提升员工有效工时，优化工班布点、提升现场处置效率，提升员工综合技能水平、拓宽员工后期职业发展通道。

【打造服务品牌】

组建“彭派青春”服务队，结合服务品牌建设，增设便民服务功能，多元化拓展服务渠道，全方位实现精致服务。结合车站员工工作业绩、乘客表扬等因素开展“服务明星”评选活动，树立服务标杆，以点带面，全面提高全体员工的服务水平。开展“站长接待日”活动，定期在重点车站当面为乘客解答疑问、听取乘客的建议和意见，并向乘客讲解地铁的基本知识。建立“爱心预约”服务机制，试点增设智慧客服，提高乘客出行体验。

【维保降本增效管理】

围绕“降本增效”，日常检修计划全面完成，新线筹备积极介入，推进修程优化，着手打通相通专业，提升现场巡查巡检效率，完善设施设备维修维保模式，打通相通专业界限，提升设备管理能力和智能化水平，推进遗留问题整改，实现成本节约和效率提升目标。

（徐州地铁集团有限公司）

徐州市城市轨道交通运营线路历年开通时间情况表

表9-17-1

线路名	分段开通名称	开通日期	开通范围	运营里程（公里）
1号线	1号线一期	2019年9月28日	路窝－徐州东站	21.8
2号线	2号线一期	2020年11月28日	客运北站－新城区东	24.2

徐州市城市轨道交通运营线路年度基础数据统计表

表9-17-2

序号	运营线路名	系统制式	车辆制式	列车编组（辆）	运营里程（公里）				车站数（座）	换乘站（座）	车辆基地（座）	首班车时间	末班车时间	线路运营时间（时.分）	运营单位
					总里程	地下	地面	高架							
1	1号线	地铁	B	6	21.8	21.2	0.1	0.5	18	1	2	6:00	22:00	16.00	徐州地铁运营有限公司
2	2号线	地铁	B	6	24.2	24.2	0	0	20	1	2	6:00	22:00	16.00	
合计					46.0	45.4	0.1	0.5	38	1	4				

徐州市城市轨道交通运营线路年度运营数据统计表

表9-17-3

序号	运营线路名	客运量（万人次）	进站量（万人次）	客运周转量（万人次公里）	最大断面客流（万人次/小时）	配属列车数（列）	运营车公里（万车公里）	日均实际开行列次（列）	最小发车间隔（秒）	旅行速度（公里/小时）	牵引能耗（万千瓦时）	运营总能耗（万千瓦时）
1	1号线	1870.9	1829.9	10814.0	0.5	23	1010.9	253.0	400	32.4	1867.2	7927.8
2	2号线	222.9	184.0	1794.7	0.5	24	115.4	238.0	450	32.7	192.8	440.1
合计		2093.8	2013.9	12608.7	—	47	1126.3	—	—	—	2060.0	8367.9

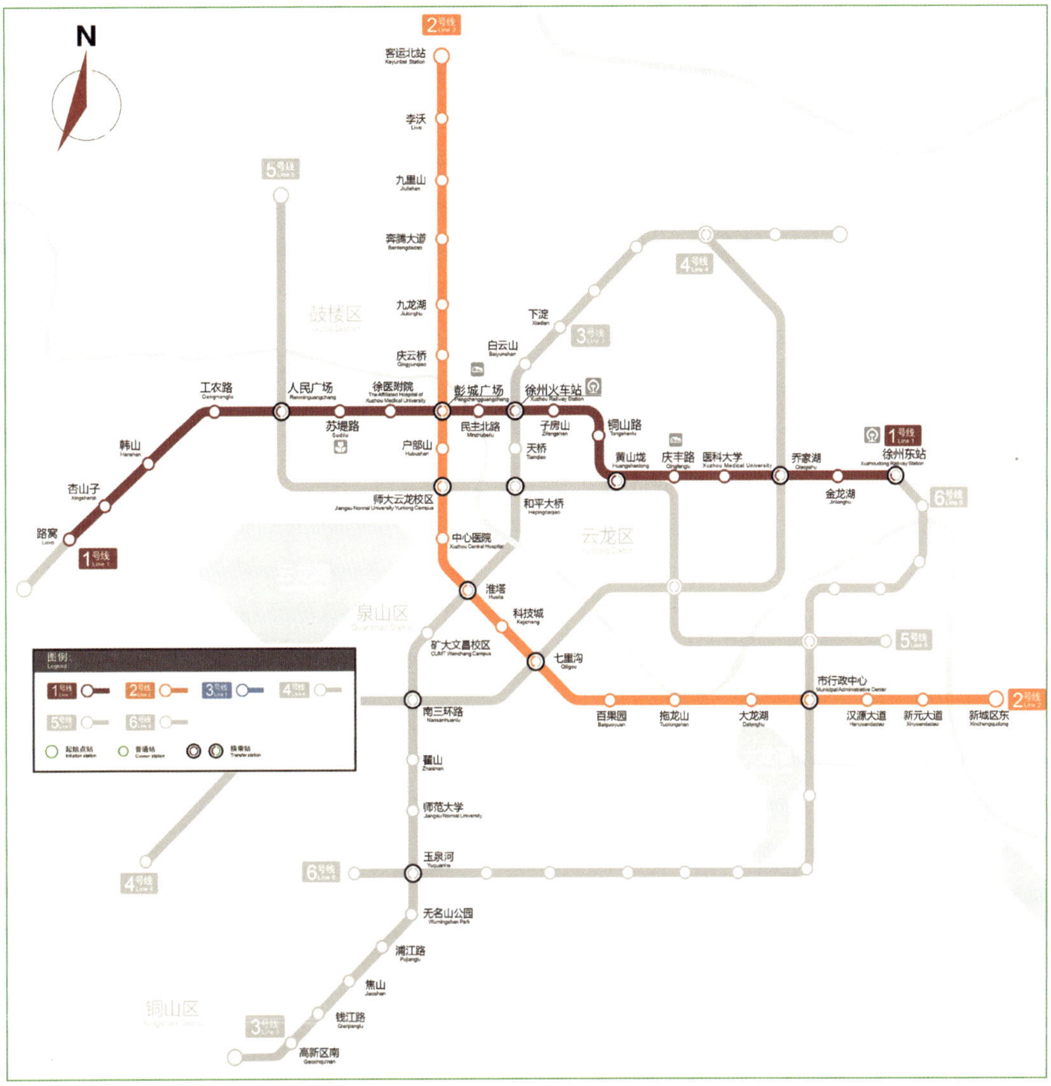

图9-17-1 徐州市城市轨道交通运营网络示意图

18 常州市轨道交通发展有限公司

【概况】

至2020年底，江苏省常州市城市轨道交通全网运营线路1条，总运营里程34.2公里，总运营车站29座。

常州市城市轨道交通1条运营线路由常州市轨道交通发展有限公司管理，从事既有运营线路运营维护的职工总数1648人，司机总数139人。

2020年运送乘客2282.0万人次，占全市公共交通出行量的比重16.9%。全年线网日均客运量2282.0万人次/日，其中线网日均进站量6.2万人次/日，单日最高日客运量达到13.9万人次/日（2020年1月1日），线网日均客运周转量51.4万人次公里/日。

2020年线网实际开行列次8.4万列次，线网运营车公里1692.2万车公里，高峰时段最小行车间隔410秒，运营总能耗10713.0万千瓦时。采用按里程计、递远递减的多级票价，全年实现运营票款收入13043.7万元。（表9-18-1）（图9-18-1）

2020年度主要运营指标完成情况见表9-18-2，表9-18-3。

【多措并举开展防疫工作】

1月23日起对所有员工和委外单位人员的外出旅居史、接触史、健康史按照一人一档登记在册，确保不遗漏、全覆盖。每日对生产办公场所、食堂等公共区域进行消毒工作；开展车站、车辆、票卡等消毒防疫工作；执行实名制、戴口罩、测体温等乘车规定。严格管理车辆、人员进出，做到逢车必查、逢人必检。安排专人对全体员工及各委外单位在岗人员、隔离人员情况，乘客体温监测，是否出现疫情等进行统计，每日上报公司。根据实际需求做好口罩、测温计、消毒水等防疫物资保障及发放。

（常州市轨道交通发展有限公司）

常州市城市轨道交通运营线路历年开通时间情况表

表9-18-1

线路名	分段开通名称	开通日期	开通范围	运营里程(公里)
1号线	1号线一期	2019年9月21日	森林公园－南夏墅	34.2

常州市城市轨道交通运营线路年度基础数据统计表

表9-18-2

序号	运营线路名	系统制式	车辆制式	列车编组(辆)	运营里程(公里)				车站数(座)	换乘站(座)	车辆基地(座)	首班车时间	末班车时间	线路运营时间(时.分)	运营单位
					总里程	地下	地面	高架							
1	1号线	地铁	B	6	34.2	31.6	0.4	2.2	29	0	2	6:00	22:00	16.00	运营分公司
合计					34.2	31.6	0.4	2.2	29	0	2				

常州市城市轨道交通运营线路年度运营数据统计表

表9-18-3

序号	运营线路名	客运量(万人次)	进站量(万人次)	客运周转量(万人次公里)	最大断面客流(万人次/小时)	配属列车数(列)	运营车公里(万车公里)	日均实际开行列次(列)	最小发车间隔(秒)	旅行速度(公里/小时)	牵引能耗(万千瓦时)	运营总能耗(万千瓦时)
1	1号线	2282.0	2282.0	18803.7	0.4	28	1692.2	228.1	410	34.6	3628.7	10713.0
合计		2282.0	2282.0	18803.7	—	28	1692.2	—	—	—	3628.7	10713.0

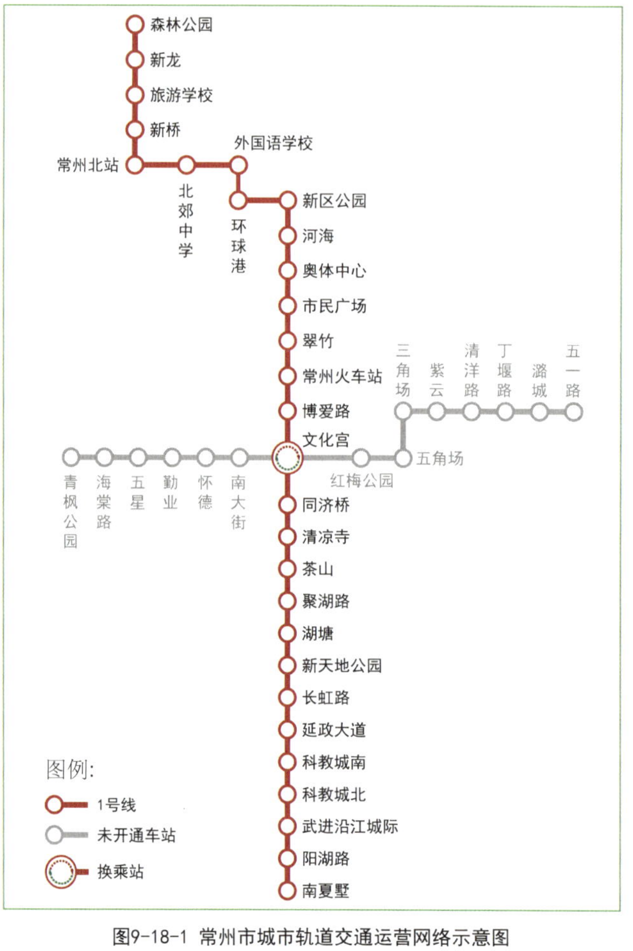

图9-18-1 常州市城市轨道交通运营网络示意图

19 苏州市轨道交通集团有限公司

【概况】

至2020年底，苏州市城市轨道交通全网运营线路4条，总运营里程165.9公里，总运营车站135座，网络换乘站9座。

苏州市城市轨道交通4条运营线路均由苏州市轨道交通集团有限公司运营一分公司管理，从事既有运营线路运营维护的职工总数7374人，司机总数662人。

2020年运送乘客30456.3万人次，比上年下降15.8%，占全市公共交通出行量的比重52.1%。全年线网日均客运量83.2万人次/日，其中线网日均进站量53.9万人次/日，单日最高日客运量达到151.7万人次/日（2020年12月31日），线网日均客运周转量602.6万人次公里/日。

2020年线网实际开行列次62.2万列次，线网运营车公里10244.1万车公里，高峰时段最小行车间隔120秒，运营总能耗46071.8万千瓦时。采用里程分段计价的票价政策，全年实现运营票款收入50111.3万元，比上年下降18.5%。（表9-19-1）（图9-19-1）

2020年度主要运营指标完成情况见表9-19-2，表9-19-3。

【推出“无理由退票”服务】

7月17日起，苏州轨道交通推出“无理由退票”服务，对未使用且符合一定条件的普通单程票、旅游票（一日票和三日票）和计次票（50次计次票和100次计次票），及乘客刷卡进站后十分钟内因个人原因取消乘车的进行“无理由退票”，减少乘客因自身原因无法使用车票而造成的损失。乘客持符合条件的实体票，前往就近车站即可办理“无理由退票”；符合条件的、未使用的电子票卡可直接在“苏e行”APP进行自助退票。此项便民服务举措为国内城市轨道交通行业首例。

【基于VR技术的实景化岗位培训项目】

运用adobe系列软件制作贴图、blender绘制模型、UE4提供软件支持及功能实现、oculus映射场景并提供交互，制作CG动画及VFX实景互动教学视频。独立运维项目升级维护系统，开发VR相关应用程序，实现实景模拟的具体化，提升岗位培训学习的灵活性、有效性。

【推出“冷暖车厢”】

7月1日，苏州轨道交通正式启动车厢空调“同车不同温”模式，满足乘客对车厢温度的不同需求。通过列车空调的分区控制，每条线路的列车首、尾两节车厢为“弱冷”，其余车厢均为“强冷”，两种车厢之间的温度差在2℃左右。苏州轨道交通还在车站屏蔽门上张贴了强冷、弱冷车厢指示标识，引导乘客提前分散候车。

（苏州市轨道交通集团有限公司）

苏州市城市轨道交通（苏州轨道）运营线路历年开通时间情况表 表9-19-1

线路名	分段开通名称	开通日期	开通范围	运营里程(公里)
1号线	1号线	2012年4月28日	木渎－钟南街	25.7
2号线	2号线主线	2013年12月28日	宝带桥南－高铁苏州北站	26.6
	2号线延伸线	2016年9月24日	宝带桥南－桑田岛，高铁苏州北站－骑河	15.6
3号线	3号线	2019年12月25日	苏州新区火车站－唯亭	45.2
4号线	4号线	2017年4月15日	龙道浜－同里，红庄－木里	52.8

苏州市城市轨道交通（苏州轨道）运营线路年度基础数据统计表 表9-19-2

序号	运营线路名	系统制式	车辆制式	列车编组(辆)	运营里程(公里)				车站数(座)	换乘站(座)	车辆基地(座)	首班车时间	末班车时间	线路运营时间(时.分)	运营单位
					总里程	地下	地面	高架							
1	1号线	地铁	B	4	25.7	25.7	0	0	24	4	1	5:40	23:35	17.55	运一
2	2号线	地铁	B	5	42.2	34.3	0.8	7.1	35	4	2	5:40	0:13	18.33	运一
3	3号线	地铁	B	6	45.2	45.2	0	0	37	4	2	5:40	23:42	18.02	运一
4	4号线	地铁	B	6	52.8	52.8	0	0	39	5	3	5:40	23:51	18.11	运一
合计					165.9	158.0	0.8	7.1	135	9	8				

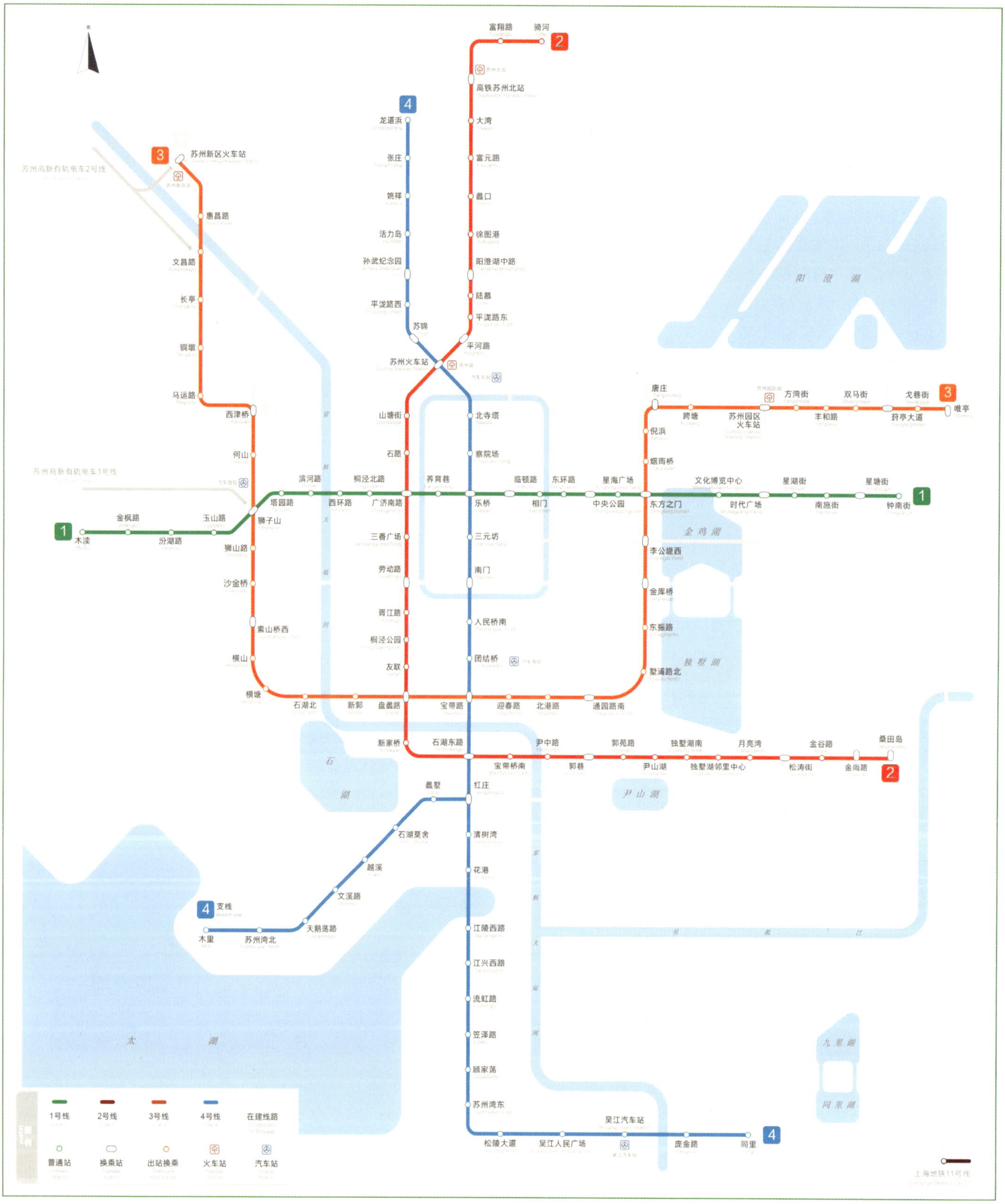

图9-19-1 苏州市城市轨道交通（苏州轨道）运营网络示意图

苏州市城市轨道交通（苏州轨道）运营线路年度运营数据统计表　　表9-19-3

序号	运营线路名	客运量（万人次）	进站量（万人次）	客运周转量（万人次公里）	最大断面客流（万人次/小时）	配属列车数（列）	运营车公里（万车公里）	日均实际开行列次（列）	最小发车间隔（秒）	旅行速度（公里/小时）	牵引能耗（万千瓦时）	运营总能耗（万千瓦时）
1	1号线	9146.6	6207.8	61036.3	1.9	47	1592.4	424.7	140	30.9	2740.7	8036.9
2	2号线	8416.4	5726.1	61729.3	1.5	40	2477.7	370.2	120	33.7	3697.4	11584.4
3	3号线	3967.2	2543.2	31499.8	0.6	39	2762.9	319.6	350	34.4	4124.7	12731.5
4	4号线	8926.1	5238.3	66293.0	1.4	50	3411.1	584.8	150	35.8	5152.8	13719.0
合计		30456.3	19715.4	220558.4	—	176	10244.1	—	—	—	15715.6	46071.8

20 苏州高新有轨电车集团有限公司

【概况】

至2020年底，江苏省苏州市城市轨道交通有轨电车全网运营线路2条，总运营里程44.2公里，总运营车站27座。

苏州市城市轨道交通有轨电车2条运营线路均由苏州高新有轨电车集团有限公司运营分公司管理，从事既有运营线路运营维护的职工总数122人，司机总数156人。

2020年运送乘客402.0万人次，比上年下降15.5%。全年线网日均客运量1.1万人次/日，单日最高日客运量达到1.8万人次/日（2020年1月1日）。

2020年线网实际开行列次18.2万列次，线网运营车公里1658.4万车公里，高峰时段最小行车间隔348秒，运营总能耗1412.8万千瓦时。采用2元单一票价，全年实现运营票款收入466万元，比上年下降24.6%。（表9-20-1）（图9-20-1）

2020年度主要运营指标完成情况见表9-20-2，表9-20-3。

【服务增能提效】

2020年，苏州高新有轨电车集团有限公司运营分公司运营服务质量再上新高度：1号线运营时间延长30分钟，最高峰上线18辆车，旅行速度由30.6公里/小时提升至32.1公里/小时，行车间隔缩短至5分48秒；2号线运营时间延长80分钟，最高峰上线11辆车，旅行速度由30.4公里/小时提升至33.3公里/小时，共线段行车间隔缩短至6分50秒。运营水准继续保持国内有轨电车行业领先。

（苏州高新有轨电车集团有限公司）

苏州市城市轨道交通（苏州高新）运营线路历年开通时间情况表　　表9-20-1

线路名	分段开通名称	开通日期	开通范围	运营里程（公里）
1号线	1号线	2014年10月26日	狮子山－龙康路	18.2
	延伸线	2018年4月28日	龙康路－西洋山	7.6
2号线	2号线	2018年8月31日	文昌路/苏州新区火车站－龙康路	18.4

苏州市城市轨道交通（苏州高新）运营线路年度基础数据统计表　　表9-20-2

序号	运营线路名	系统制式	车辆制式	列车编组（辆）	运营里程（公里）				车站数（座）	换乘站（座）	车辆基地（座）	首班车时间	末班车时间	线路运营时间（时.分）	运营单位
					总里程	地下	地面	高架							
1	1号线	有轨电车	100%低地板	5	25.8	2.0	22.8	1.0	14	0	1	6:10	23:00	16.50	运营分公司
2	2号线	有轨电车	100%低地板	3/5	18.4	1.1	11.5	5.8	13	0	1	6:10	22:40	16.30	运营分公司
合计					44.2	3.1	34.3	6.8	27	0	2				

苏州市城市轨道交通（苏州高新）运营线路年度运营数据统计表　　表9-20-3

序号	运营线路名	客运量（万人次）	进站量（万人次）	客运周转量（万人次公里）	最大断面客流（万人次/小时）	配属列车数（列）	运营车公里（万车公里）	日均实际开行列次（列）	最小发车间隔（秒）	旅行速度（公里/小时）	牵引能耗（万千瓦时）	运营总能耗（万千瓦时）
1	1号线	280.0	—	—	—	27	1110.0	259.0	348	32.1	585.4	897.3
2	2号线	122.0	—	—	—	18	548.4	239.0	410	33.3	315.5	515.5
	合计	402.0	—	—	—	—	1658.4	498.0	—	—	900.9	1412.8

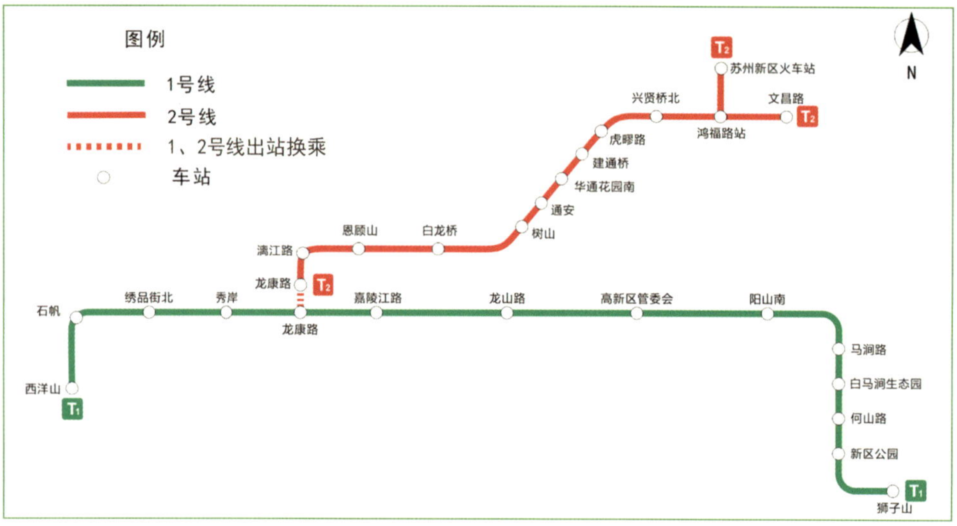

图9-20-1 苏州市城市轨道交通（苏州高新）运营网络示意图

21 淮安市现代有轨电车经营有限公司

【概况】

至2020年底，江苏省淮安市城市轨道交通全网运营线路1条，总运营里程20.1公里，总运营车站23座。

淮安市城市轨道交通1条运营线路由淮安市现代有轨电车经营有限公司管理，从事既有运营线路运营维护的职工总数347人，司机总数69人。

2020年运送乘客620.7万人次，比上年下降38.18%。全年线网日均客运量2万人次/日，其中线网日均进站量2万人次/日，单日最高日客运量达到4.5万人次/日（2020年12月30日）。

2020年线网实际开行列次7.4万列次，线网运营车公里565.4万车公里，高峰时段最小行车间隔300秒，运营总能耗977.1万千瓦时。采用一票制，票价2元，全年实现运营票款收入830万元。（表9-21-1）（图9-21-1）

2020年度主要运营指标完成情况见表9-21-2，表9-21-3。

【有轨电车初步实现自动驾驶功能】

实现有轨电车在真实交通环境下的信号灯识别、进站对标、停站开关门、路口鸣笛、障碍物探测、行车制动等自动驾驶功能，填补国内有轨电车自动驾驶研究领域的空白，受到行业广泛关注，获央视等众多媒体宣传报道。

【实施小火车研学游项目】

实施小火车研学游项目，加强与各旅行社、社会培训机构合作，开拓研学游市场，全年接待市内外23批次1100余名亲子团游客，取得较好收益。在抓好研学游项目的同时，不断强化小火车科普教育基地软件和硬件设施建设，获江苏省科协等单位好评，并被评定为省级科普教育基地。

【落实便民举措及惠民利民导向】

在电车车厢设立平价口罩服务箱，电车站台加装口罩售卖机。在体育馆站设置爱心雨伞便民服务，“精致服务、温馨电车”服务品牌创建工作成效显著，高品质乘务服务赢得市民口碑。

（淮安市现代有轨电车经营有限公司）

淮安市城市轨道交通运营线路历年开通时间情况表

表9-21-1

线路名	分段开通名称	开通日期	开通范围	运营里程（公里）
有轨电车1号线	有轨电车1号线	2015年12月28日	体育馆－南门	20.1

淮安市城市轨道交通运营线路年度基础数据统计表

表9-21-2

序号	运营线路名	系统制式	车辆制式	列车编组（辆）	运营里程（公里）				车站数（座）	换乘站（座）	车辆基地（座）	首班车时间	末班车时间	线路运营时间（时.分）	运营单位
					总里程	地下	地面	高架							
1	1号线	有轨电车	有轨电车	4	20.1	0	20.1	0	23	0	1	5:29	22:53	17.24	淮安市现代有轨电车经营有限公司
合计					20.1	0	20.1	0	23	0	1				

淮安市城市轨道交通运营线路年度运营数据统计表

表9-21-3

序号	运营线路名	客运量（万人次）	进站量（万人次）	客运周转量（万人次公里）	最大断面客流（万人次/小时）	配属列车数（列）	运营车公里（万车公里）	日均实际开行列次（列）	最小发车间隔（秒）	旅行速度（公里/小时）	牵引能耗（万千瓦时）	运营总能耗（万千瓦时）
1	1号线	620.7	620.7	—	—	26	565.4	232.4	360	24.0	454.0	977.1
合计		620.7	620.7	—	—	26	565.4	—	—	—	454.0	977.1

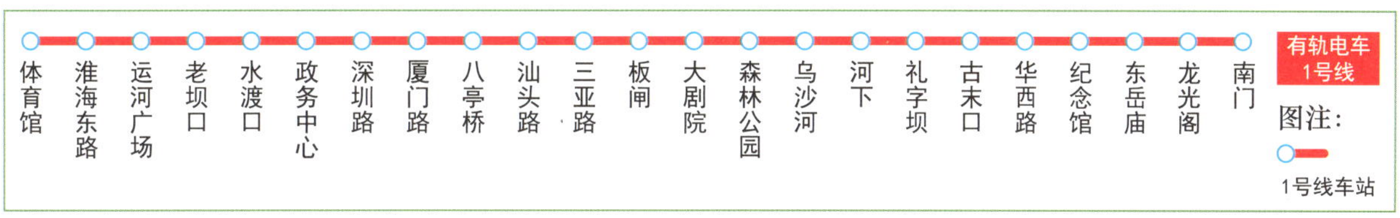

图9-21-1 淮安市城市轨道交通运营网络示意图

22 杭州市地铁集团有限责任公司

【概况】

至2020年底，浙江省杭州市城市轨道交通全网运营线路7条，总运营里程307.0公里，总运营车站169座，网络换乘站20座。

浙江省杭州市城市轨道交通7条运营线路中，1号线由杭州杭港地铁有限公司运营管理，5号线由杭州杭港地铁五号线有限公司运营管理，2、4、6、7、16号线由杭州地铁运营分公司运营管理，从事既有运营线路运营维护的职工总数10125人，司机总数1964人。

2020年运送乘客58241.3万人次，比上年下降8.1%，占全市公共交通出行量的比重41%。全年线网日均客运量159.1万人次/日，其中线网日均进站量109.0万人次/日，单日最高日客运量达到314.1万人次/日（2020年12月31日），线网日均客运周转量1354.4万人次公里/日。

2020年线网实际开行列次74.2万列次，线网运营车公里15506.3万车公里，高峰时段最小行车间隔135秒，运营总能耗57438.5万千瓦时。采用按里程计、递远递减的多级票价，票价最低2元，最高9元，全年实现运营票款收入14.0万元，比上年下降13.96%。（表9-22-1）（图9-22-1）

2020年度主要运营指标完成情况见表9-22-2，表9-22-3。

【杭州地铁新增运营里程过百】

4月23日，16号线（绿汀路-九州街）开通初期运营，12月30日，6号线一期（丰北-美院象山-双浦/桂花西路）、7号线首通段（奥体中心-江东二路）开通初期运营，杭州地铁新增运营里程121.2公里。

【“彩虹之音”品牌服务】

推出“彩虹之音”，以诗歌为载体，以声音为媒介，打造温馨舒适乘车体验，同时开展市民声音征集评选，上线市民播报广播，并在部分车站设置线下打卡点，营造乘客线上线下同步参与的活跃氛围。

（杭州市地铁集团有限责任公司　鲁钺）

杭州市城市轨道交通运营线路历年开通时间情况表

表9-22-1

线路名	分段开通名称	开通日期	开通范围	运营里程(公里)
1号线	1号线	2012年11月24日	湘湖－客运中心－文泽路/临平	48.5
	下沙延伸线	2015年11月24日	文泽路－下沙江滨	5.3
	1号线三期	2020年12月30日	下沙江滨－萧山国际机场	11.2
2号线	2号线东南段	2014年11月24日	朝阳－钱江路	18.4
	2号线西北段	2017年7月3日	钱江路－古翠路	12.2
	2号线二、三期	2017年12月27日	古翠路－良渚	12.4
4号线	4号线一期首通段	2015年2月2日	近江－彭埠	9.0
	4号线一期南段	2018年1月9日	近江－浦沿	11.0
5号线	5号线首通段	2019年6月24日	善贤－良睦路	18.8
	5号线后通段	2020年4月23日	金星－良睦路、善贤－姑娘桥	37.2
6号线	6号线一期	2020年12月30日	丰北－美院象山－双浦/桂花西路	49.0
7号线	7号线首通段	2020年12月30日	奥体中心－江东二路	39.0
16号线	16号线	2020年4月23日	绿汀路－九州街	35.0

注：经杭州地铁线路设计单位对各线运营里程重新核准，统一调整为以上数据。

杭州市城市轨道交通运营线路年度基础数据统计表

表9-22-2

序号	运营线路名	系统制式	车辆制式	列车编组(辆)	运营里程(公里) 总里程	地下	地面	高架	车站数(座)	换乘站(座)	车辆基地(座)	首班车时间	末班车时间	线路运营时间(时.分)	运营单位
1	1号线	地铁	B	6	65.0	58.5	0.5	6.0	39	9	2	5:54	22:50	16.56	杭州杭港地铁有限公司
2	2号线	地铁	B	6	43.0	43.0	0	0	33	3	2	6:00	22:46	16.46	杭州地铁运营分公司
3	4号线	地铁	B	6	20.0	20.0	0	0	18	4	1	6:00	22:51	16.51	杭州地铁运营分公司
4	5号线	地铁	AH	6	56.0	56.0	0	0	39	9	2	6:00	22:34	16.34	杭港五号线公司
5	6号线	地铁	AH	6	49.0	49.0	0	0	29	5	1	6:12	22:30	16.18	杭州地铁运营分公司
6	7号线	地铁	A	6	39.0	39.0	0	0	19	3	2	6:16	22:30	16.14	杭州地铁运营分公司
7	16号线	地铁	B	4	35.0	20.0	0	15.0	12	1	1	6:10	22:33	16.23	杭州地铁运营分公司
合计					307.0	285.5	0.5	21.0	169	20	11				

杭州市城市轨道交通运营线路年度运营数据统计表

表9-22-3

序号	运营线路名	客运量(万人次)	进站量(万人次)	客运周转量(万人次公里)	最大断面客流(万人次/小时)	配属列车数(列)	运营车公里(万车公里)	日均实际开行列次(列)	最小发车间隔(秒)	旅行速度(公里/小时)	牵引能耗(万千瓦时)	运营总能耗(万千瓦时)
1	1号线	21532.0	16430.5	199054.2	3.4	80	4918.2	588.6	135	33.8	8630.3	19213.0
2	2号线	16034.3	11284.1	133734.1	3.1	66	4338.8	462.0	150	32.9	6710.8	12900.5
3	4号线	8981.1	5234.2	51437.2	2.6	29	2139.8	488.0	165	30.8	3971.5	7032.8
4	5号线	10840.3	6433.3	97173.3	1.7	61	3267.3	330.3	345	32.6	5309.6	15240.9
5	6号线	28.7	18.5	299.2	0.8	42	19.5	505.0	270	37.5	0	0
6	7号线	10.1	6.2	134.3	0.3	26	11.6	261.0	360	43.0	0	0
7	16号线	814.8	501.5	13864.4	0.4	21	811.1	227.0	450	54.9	1505.7	3051.3
合计		58241.3	39908.3	495696.7	—	325	15506.3	—	—	—	26127.9	57438.5

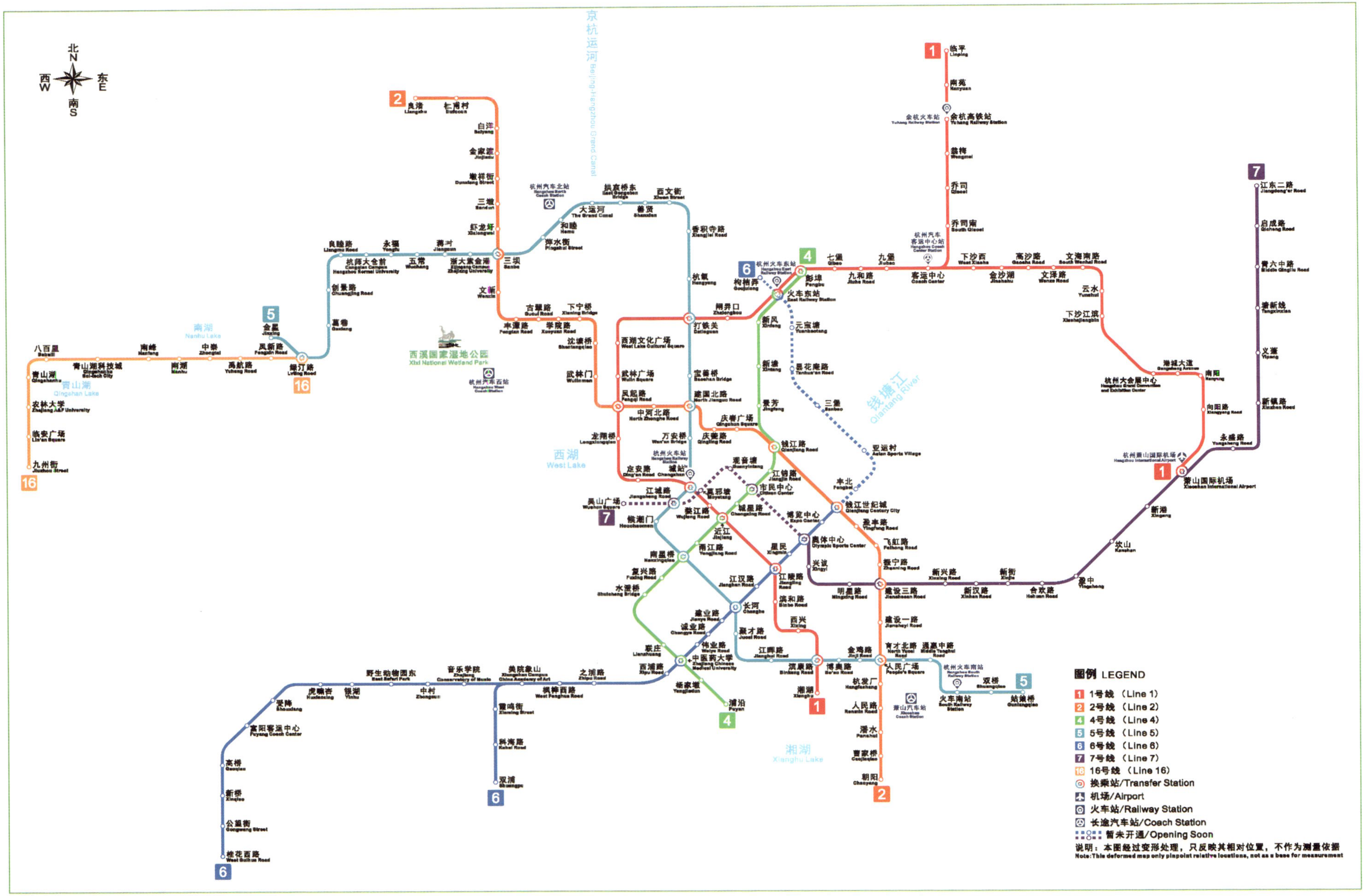

图9-22-1 杭州市城市轨道交通运营网络示意图

23 宁波市轨道交通集团有限公司

【概况】

至2020年底，浙江省宁波市城市轨道交通全网运营线路5条，总运营里程154.3公里，总运营车站103座，网络换乘站7座。

浙江省宁波市城市轨道交通5条运营线路均由宁波市轨道交通集团有限公司运营分公司管理，从事既有运营线路运营维护的职工总数6310人，司机总数799人。

2020年运送乘客15985.9万人次，比上年下降4.5%，城市轨道交通客运分担率37%。全年线网日均客运量45万人次/日，其中线网日均进站量28万人次/日，单日最高日客运量达到101.5万人次/日（2020年12月31日），线网日均客运周转量282万人次公里/日。

2020年线网实际开行列次32万列次，线网运营车公里6183.1万车公里，运营总能耗25881.9万千瓦时。采用里程分段计价的票制方式，实行“递远递减”原则，票价最低2元，最高9元，全年实现运营票款收入26803.6万元，比上年下降21.3%。（表9-23-1）（图9-23-1）

2020年度主要运营指标完成情况见表9-23-2，表9-23-3。

【丰富票务服务手段】

新上线互联网电子单程票、银联云闪付APP乘车码、BOM移动支付，票务支付手段更加丰富。实现车站票务处理支持移动支付，推出电子单程票，实现“多人乘车一人支付”功能。3月，取消传统月票，开展多乘多惠活动，鼓励市民更多地绿色出行。

【客流培育有亮点】

2020年首创“云五进”，与街道、社区合作共建，将社区网格长、网格员纳入志愿者队伍，以线上群转发为主，推文阅读量显著增加，提高绿色出行宣传的速度与质量。地铁语音少儿配音大赛，“地铁小咖秀”短视频拍摄系列活动，线上参与人数达到高潮。线下活动品牌“轨道交通陪你慢慢长大之自然导赏活动”，在地铁线路周边开展自然探索活动，带动市民潜移默化改变出行习惯，把车站建设为社区服务平台。

【公交轨道两网融合破纪录】

宁波轨道交通全年共计优化调整（含撤销线路）及新增与轨道接驳线路达99条，比上年增加300%左右，创下历年来新增和优化公交线路的最高纪录。

宁波市城市轨道交通运营线路历年开通时间情况表

表9-23-1

线路名	分段开通名称	开通日期	开通范围	运营里程(公里)
1号线	一期	2014年5月30日	高桥西－东环南路	20.9
	二期	2016年3月19日	东环南路（不含）－霞浦	25.3
2号线	一期	2015年9月26日	栎社国际机场－清水浦	28.3
	二期首通段	2020年5月30日	清水浦（不含）－聪园路	5.6
3号线	一期	2019年6月30日	大通桥－高塘桥	16.7
3号线鄞奉段	宁奉线首通段	2019年9月28日	高塘桥（不含）－明辉路	5.6
	宁奉线后通段	2020年9月27日	明辉路（不含）－金海路	15.9
4号线	全线	2020年12月23日	慈城－东钱湖	36.0

宁波市城市轨道交通运营线路年度基础数据统计表

表9-23-2

序号	运营线路名	系统制式	车辆制式	列车编组(辆)	运营里程(公里)				车站数(座)	换乘站(座)	车辆基地(座)	首班车时间	末班车时间	线路运营时间(时.分)	运营单位
					总里程	地下	地面	高架							
1	1号线	地铁	B	6	46.2	17.3	0	28.9	29	3	3	6:00	22:33	16.33	运营分公司
2	2号线	地铁	B	6	33.9	24.1	0	9.8	25	3	2	6:00	22:20	16.20	运营分公司
3	3号线	地铁	B	6	16.7	16.7	0	0	15	3	1	6:00	22:38	16.38	运营分公司
4	3号线鄞奉段	市域快轨	B	6	21.5	1.8	0	19.7	12	1	1	6:00	23:09	17.09	运营分公司
5	4号线	地铁	B	6	36.0	24.5	0	11.5	25	3	2	6:00	22.10	16.10	运营分公司
合计					154.3	84.4	0	69.9	103	7	9				

【多举措提供优质服务】

推行“三零服务”，全力打好“主动战”“运动战”“微笑战”，在春节前后，加开“惠民专列”接送往返的务工人员；每逢节假日，科学调整运营服务时间并适时推出接驳专线；中高考期间，将考生安全、免费运送至考点；在“备足”防疫措施的前提下，持续为乘客提供乘车服务。

（宁波市轨道交通集团有限公司）

宁波市城市轨道交通运营线路年度运营数据统计表　　表9-23-3

序号	运营线路名	客运量（万人次）	进站量（万人次）	客运周转量（万人次公里）	最大断面客流（万人次/小时）	配属列车数（列）	运营车公里（万车公里）	日均实际开行列次（列）	最小发车间隔（秒）	旅行速度（公里/小时）	牵引能耗（万千瓦时）	运营总能耗（万千瓦时）
1	1号线	7179.8	4948.9	53364.8	1.4	41	2270.6	300.2	240	40.2	3734.3	11024.8
2	2号线	5404.6	3464.1	28447.0	0.9	38	1875.6	309.1	260	36.1	3016.1	8330.1
3	3号线	2923.7	1312.5	15278.9	0.7	17	973.0	277.5	135	40.8	1739.6	5357.7
4	3号线鄞奉段	337.8	221.9	2271.1	0.3	18	500.8	257.9	360	40.8	566.1	975.8
5	4号线	140.0	71.0	1346.0	0.8	36	63.1	378.9	265	36.1	89.7	193.5
合计		15985.9	10018.4	100707.8	—	150	6183.1	—	—	—	9145.8	25881.9

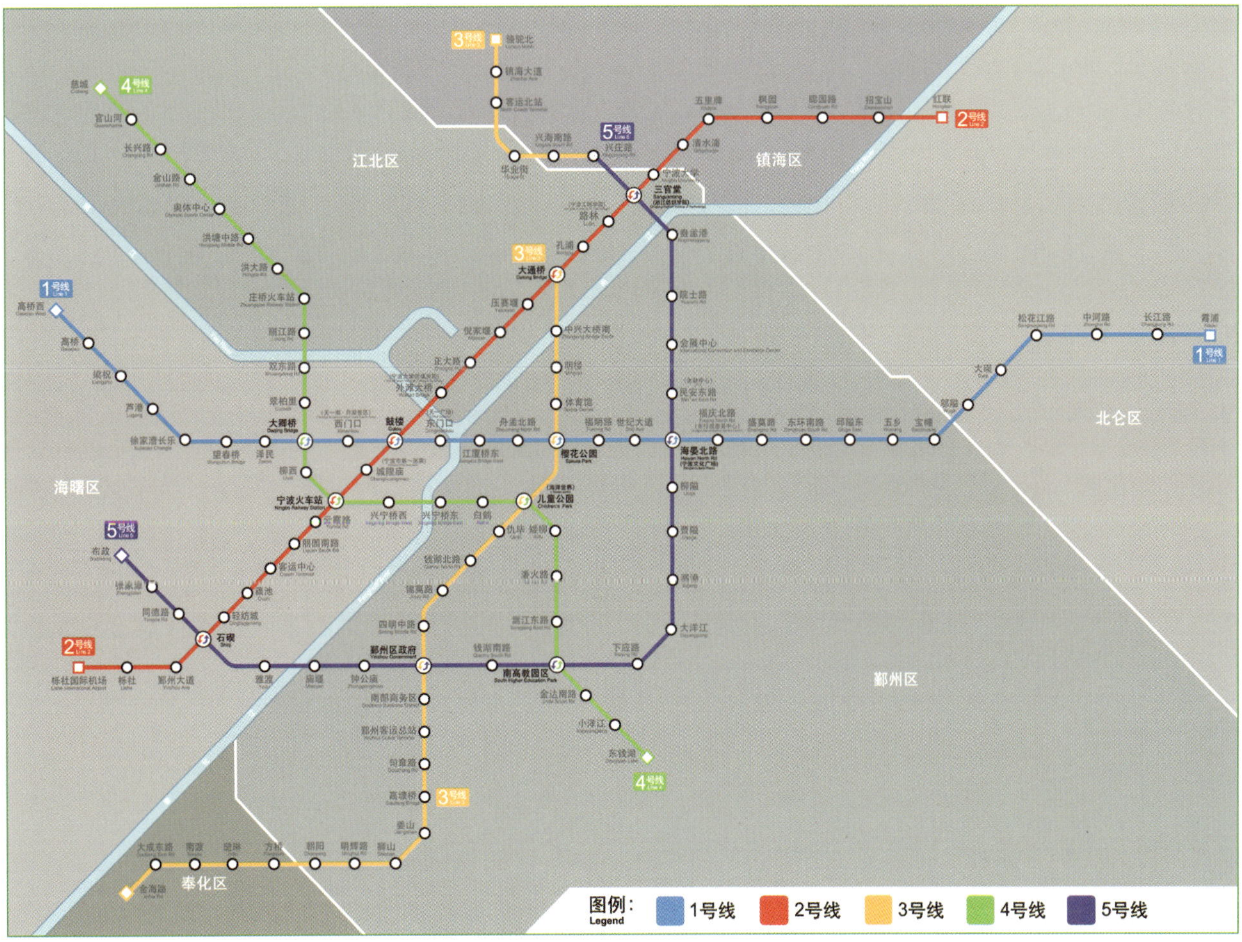

图9-23-1 宁波市城市轨道交通运营网络示意图

24 温州市铁路与轨道交通投资集团有限公司

【概况】

至2020年底，浙江省温州市城市轨道交通全网运营线路1条，总运营里程53.5公里，总运营车站18座。

浙江省温州市城市轨道交通1条运营线路由浙江幸福轨道交通运营管理有限公司管理，从事既有运营线路运营维护的职工总数972人，司机总数206人。

2020年运送乘客701.3万人次，比上年下降9.7%。全年线网日均客运量2.1万人次/日，其中线网日均进站量2.1万人次/日，单日最高日客运量达到7.2万人次/日（2020年1月1日），线网日均客运周转量31.7万人次公里/日。

2020年线网实际开行列次6.3万列次，线网运营车公里1219.3万车公里，高峰时段最小行车间隔164秒，运营总能耗4893.0万千瓦时。采用里程分段计价票制，全年实现运营票款收入3536.9万元，比上年下降90.89%。（表9-24-1）（图9-24-1）

2020年度主要运营指标完成情况见表9-24-2，表9-24-3。

【启动“瓯运+”服务】

启动“瓯运+”的服务内容主要是为有出行需求而行动不便的乘客提供通畅、全程的轮椅服务帮助。乘客只需向任一交通枢纽单位提出热线预约申请，温州机场、温州南高铁站及温州轨道交通S1线会立即响应，通过联动机制便于乘客“无缝”衔接换乘多元化交通工具。

（温州市铁路与轨道交通投资集团有限公司）

温州市城市轨道交通运营线路历年开通时间情况表

表9-24-1

线路名	分段开通名称	开通日期	开通范围	运营里程（公里）
S1线	S1线西段	2019年1月23日	桐岭－奥体中心	34.4
	S1线东段	2019年9月28日	奥体中心－双瓯大道	19.1

温州市城市轨道交通运营线路年度基础数据统计表

表9-24-2

序号	运营线路名	系统制式	车辆制式	列车编组（辆）	运营里程（公里）				车站数（座）	换乘站（座）	车辆基地（座）	首班车时间	末班车时间	线路运营时间（时.分）	运营单位
					总里程	地下	地面	高架							
1	S1线	市域快轨	D	4	53.5	10.1	3.0	40.4	18	0	1	6:24	22:29	16.05	运营分公司
合计					53.5	10.1	3.0	40.4	18	0	1				

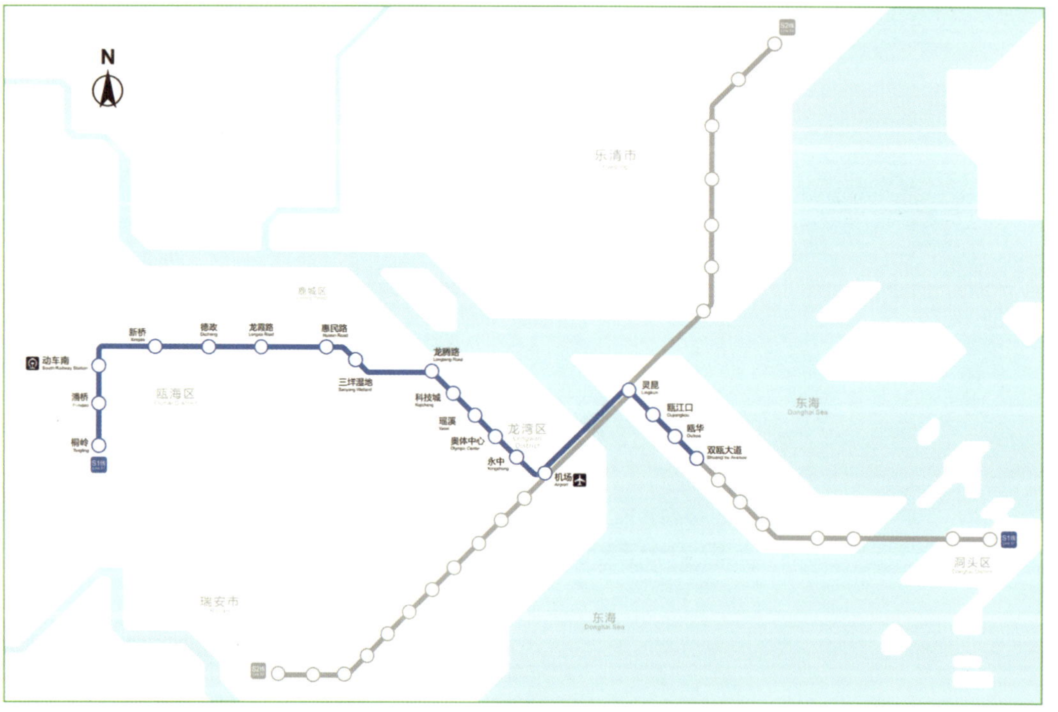

图9-24-1 温州市城市轨道交通运营网络示意图

温州市城市轨道交通运营线路年度运营数据统计表　　表9-24-3

序号	运营线路名	客运量（万人次）	进站量（万人次）	客运周转量（万人次公里）	最大断面客流（万人次/小时）	配属列车数（列）	运营车公里（万车公里）	日均实际开行列次（列）	最小发车间隔（秒）	旅行速度（公里/小时）	牵引能耗（万千瓦时）	运营总能耗（万千瓦时）
1	S1线	701.3	701.3	11608.7	0.3	18	1219.3	189.3	164	53.9	2694.1	4893.0
合计		701.3	701.3	11608.7	—	18	1219.3	—	—	—	2694.1	4893.0

25 绍兴市轨道交通集团有限公司

【概况】

至2020年底，浙江省绍兴市城市轨道交通全网运营线路1条，总运营里程48.0公里，总运营车站3座，网络换乘站1座。

绍兴市城市轨道交通1条运营线路由中国铁路上海局集团公司管理。

2020年运送乘客40.0万人次，比上年增长33.3%。全年线网日均客运量0.2万人次/日，单日最高日客运量达到0.5万人次/日（2020年10月8日）。

2020年线网实际开行列次0.8万列次，线网运营车公里180.1万车公里。采用里程计价制，全年实现运营票款收入300万元。（表9-25-1）（图9-25-1）

2020年度主要运营指标完成情况见表9-25-2，表9-25-3。

【首条连接三市城际线路建成】

加强与中国铁路上海局集团有限公司等相关部门沟通对接，加快推进绍兴城际线“进杭”工作，在建设方式、运营模式、合作机制等方面探索新路径、实施新举措，完成了方案设计、车站适应性改造、票务互通系统建设等工作。7月1日，绍兴城际线连接杭州南站运营，该线路成为国内首条贯通三地城区、连接三市的城际运营线路。

（绍兴市轨道交通集团有限公司）

绍兴市城市轨道交通运营线路历年开通时间情况表　　表9-25-1

线路名	分段开通名称	开通日期	开通范围	运营里程（公里）
绍兴城际线	先行开工段	2018年9月30日	钱清－上虞	48.0

绍兴市城市轨道交通运营线路年度基础数据统计表　　表9-25-2

序号	运营线路名	系统制式	车辆制式	列车编组（辆）	运营里程（公里）				车站数（座）	换乘站（座）	车辆基地（座）	首班车时间	末班车时间	线路运营时间（时.分）	运营单位
					总里程	地下	地面	高架							
1	绍兴城际线	—	动车组	4	48.0	0	48.0	0	3	1	1	6:30	19:10	12.40	委托中国铁路上海局集团公司运营
合计					48.0	0	48.0	0	3	1	1				

绍兴市城市轨道交通运营线路年度运营数据统计表　　表9-25-3

序号	运营线路名	客运量（万人次）	进站量（万人次）	客运周转量（万人次公里）	最大断面客流（万人次/小时）	配属列车数（列）	运营车公里（万车公里）	日均实际开行列次（列）	最小发车间隔（秒）	旅行速度（公里/小时）	牵引能耗（万千瓦时）	运营总能耗（万千瓦时）
1	绍兴城际线	40.0	40.0	—	—	3	180.1	20.0	—	80.0	—	—
合计		40.0	40.0	—	—	3	180.1	—	—	—	—	—

图9-25-1 绍兴市城市轨道交通运营网络示意图

26 合肥市轨道交通集团有限公司

【概况】

至2020年底，安徽省合肥市城市轨道交通全网运营线路4条，总运营里程112.6公里，总运营车站95座，网络换乘站5座。

安徽省合肥市城市轨道交通4条运营线路均由合肥市轨道交通集团有限公司管理，从事既有运营线路运营维护的职工总数6549人，司机总数816人。

2020年运送乘客19507.4万人次，比上年增长8.5%，占全市公共交通出行量的比重37.7%。全年线网日均客运量53.3万人次/日，其中线网日均进站量40.3万人次/日，单日最高日客运量达到123.0万人次/日（2020年12月31日），线网日均客运周转量416.6万人次公里/日。

2020年线网实际开行列次37.4万列次，线网运营车公里6739.0万车公里，高峰时段最小行车间隔290秒，运营总能耗32281.3万千瓦时。采用按里程计、递远递减的多级票价，票价最低2元，最高7元，全年实现运营票款收入33650.2万元，比上年增长6.7%。（表9-26-1）（图9-26-1）

2020年度主要运营指标完成情况见表9-26-2，表9-26-3。

【打造车辆架大修“智慧车间”】

以打造架大修“智慧车间”为目标，不断进行架修自动化、数字化、信息化的探索与实践。整个架大修车间配备成套智能架大修设备与弱电系统，应用构架悬挂检修线、构架全自动清洗机器人、轮对自动输送线、轮对自动喷涂机器人、AGV等自动化设备，通过智能装备管理系统实现设备的检测、控制、作业数据收集；搭建架修智能一体化平台，运

合肥市城市轨道交通运营线路历年开通时间情况表

表9-26-1

线路名	分段开通名称	开通日期	开通范围	运营里程（公里）
1号线	1号线一、二期	2016年12月26日	九联圩－合肥火车站	24.6
2号线	2号线	2017年12月26日	南岗－三十埠	27.8
3号线	3号线	2019年12月26日	相城路－幸福坝	37.3
5号线	5号线南段	2020年12月26日	贵阳路－望湖城西	22.9

合肥市城市轨道交通运营线路年度基础数据统计表

表9-26-2

序号	运营线路名	系统制式	车辆制式	列车编组（辆）	运营里程（公里）				车站数（座）	换乘站（座）	车辆基地（座）	首班车时间	末班车时间	线路运营时间（时.分）	运营单位
					总里程	地下	地面	高架							
1	1号线	地铁	B	6	24.6	24.6	0	0	24	2	1	6:00	23:30	17.30	运营分公司
2	2号线	地铁	B	6	27.8	27.8	0	0	23	2	2	6:00	23:45	17.45	运营分公司
3	3号线	地铁	B	6	37.3	33.1	0	4.2	33	2	2	6:00	0:03	18.03	运营分公司
4	5号线	地铁	B	6	22.9	22.9	0	0	20	2	1	6:00	23:00	17.00	运营分公司
合计					112.6	108.4	0	4.2	95	5	6				

合肥市城市轨道交通运营线路年度运营数据统计表

表9-26-3

序号	运营线路名	客运量（万人次）	进站量（万人次）	客运周转量（万人次公里）	最大断面客流（万人次/小时）	配属列车数（列）	运营车公里（万车公里）	日均实际开行列次（列）	最小发车间隔（秒）	旅行速度（公里/小时）	牵引能耗（万千瓦时）	运营总能耗（万千瓦时）
1	1号线	6184.9	4721.3	44628.2	1.3	26	1882.5	346.0	290	31.6	3599.2	10325.8
2	2号线	7952.6	6043.9	61549.2	1.7	28	2132.3	344.0	290	33.7	3987.1	9572.3
3	3号线	5352.7	3989.7	46169.5	1.3	45	2704.2	327.5	290	32.0	4947.9	12383.2
4	5号线	17.2	12.4	109.2	0.1	23	20.0	237.0	418	32.4	—	—
合计		19507.4	14767.3	152456.1	—	122	6739.0	—	—	—	12534.2	32281.3

用智能化、信息化手段，对人员、车辆、设备、生产质量等方面进行科学管理。12月，整个基地投入使用，实现少量人工参与的半自动化转向架、轮对检修流水线，有效降低员工劳动强度、提高作业效率、节约人力成本。

【实施精益管理】

通过推进标准体系建设、加强核心能力培养、优化内部管理流程、开展服务提升活动、强化监督管理力度、拓宽智能管理维度和完善企业文化体系，全面深化综合标准化建设，推进管理体系向更高层次迈进。以精益管理为依托，以综合标准化建设为指引，用高水平标准带动高效率检修，用高水平标准促进高品质服务，用高水平标准实现高质量发展，实现“线路管理”向“网络化管理”过渡，为网络化运营研究提供创新思路。

（合肥市轨道交通集团有限公司）

图9-26-1 合肥市城市轨道交通运营网络示意图

27 福州地铁集团有限公司

【概况】

至2020年底，福建省福州市城市轨道交通全网运营线路2条，总运营里程58.4公里，总运营车站43座，网络换乘站1座。

福州市城市轨道交通2条运营线路中，1号线由福州地铁集团有限公司运营分公司管理、2号线由PPP项目公司福州中电科轨道交通有限公司管理，从事既有运营线路运营维护的职工总数2761人，司机总数296人。

2020年运送乘客9475.4万人次，比上年下降11.7%，占全市公共交通出行量的比重24.4%。全年线网日均客运量25.9万人次/日，其中线网日均进站量21.9万人次/日，单日最高日客运量达到55.4万人次/日（2020年12月31日），线网日均客运周转量185.3万人次公里/日。

2020年线网实际开行列次17.6万列次，线网运营车公里2937.8万车公里，高峰时段最小行车间隔345秒，运营总能耗16177.1万千瓦时。采用按里程计、递远递减的多级票价，票价最低2元，最高8元，全年实现运营票款收入18316.4万元，比上年下降29.9%。（表9-27-1）（图9-27-1）

2020年度主要运营指标完成情况见表9-27-2，表9-27-3。

【“一岗多能”岗位整合】

以运维一体化模式与“一岗多能”岗位整合为目标，组建车站综合巡检队伍，以专业设备巡检内容为蓝本融合站务服务巡查内容，设立适用于车站巡检的服务巡查机制，在部分车站开展试点工作，并逐步向全线推广。

项目主要通过研究综合巡检（一岗多能）在车站的应用场景，打破固有专业分工壁垒，进一步降低人力成本投入，提高运维管理效率，实现高效运维一体化的最终目标。试行期间，相关人员均接受为期三个月的各专业理论培训及跟岗培训，并同步梳理出车站巡检岗位职责内容，对发现的问题和制度缺陷进行动态调整，最终形成全岗位融合车站应用标准化规范，强化车站对“新生”岗位属地化管理能力，在实现响应时间提高5倍、提高员工工时利用率30%的基础上，同步完成“业务有梯度、管理有层次、岗位有发展”的岗位序列体系目标。

【福州地铁免费乘车活动】

为鼓励公共交通绿色出行，8月1日至10月31日法定节假日和休息日期间（共31天），民众可以全时段免费乘坐福州地铁。活动覆盖“全闽乐购惠聚榕城”活动和十一“黄金周”，期间共运送乘客1279.6万人次，日均客运量41.3万人次，较2019年8到10月休息日（30天）日均34.0万增长21.6%；至活动最后一天，总客运量达到52.7万人次，超过2019年9月30日的52.5万人次。该活动的开展，使得市民乘坐公共交通出行的意愿显著提高，为福州各大商圈输送客流，促进周末经济的发展，有效促进消费。

（福州地铁集团有限公司）

福州市城市轨道交通运营线路历年开通时间情况表

表9-27-1

线路名	分段开通名称	开通日期	开通范围	运营里程（公里）
1号线	一期南段	2016年5月18日	三叉街－福州火车南站	9.2
	一期北段	2017年1月6日	象峰－上藤	14.9
	二期	2020年12月27日	福州火车南站－三江口	5.0
2号线	全线	2019年4月26日	苏洋－洋里	29.3

福州市城市轨道交通运营线路年度基础数据统计表

表9-27-2

序号	运营线路名	系统制式	车辆制式	列车编组（辆）	运营里程（公里）				车站数（座）	换乘站（座）	车辆基地（座）	首班车时间	末班车时间	线路运营时间（时.分）	运营单位
					总里程	地下	地面	高架							
1	1号线	地铁	B	6	29.1	29.1	0	0	25	1	2	6:30	23:00	16.30	福州地铁集团有限公司运营分公司
2	2号线	地铁	B	6	29.3	29.3	0	0	22	1	2	6:30	23:00	16.30	福州中电科轨道交通有限公司
合计					58.4	58.4	0	0	43	1	4				

福州市城市轨道交通运营线路年度运营数据统计表　　表9-27-3

序号	运营线路名	客运总量（万人次）	总进站量（万人次）	总客运周转量（万人次公里）	最大断面客流（万人次/时）	配属列车数（列）	总运营里程（万车公里）	日均实际开行列次（列次）	最小发车间隔（秒）	旅行速度（公里/时）	总牵引能耗（万千瓦时）	总电能消耗量（万千瓦时）
1	1号线	5634.9	4917.4	36508.6	1.2	28	1392.0	246.0	345	33.1	2615.6	7545.2
2	2号线	3840.5	3102.9	31326.6	1.2	31	1545.8	236.0	390	33.0	2706.0	8631.9
	合计	9475.4	8020.3	67835.2	—	59	2937.8	—	—	—	5321.6	16177.1

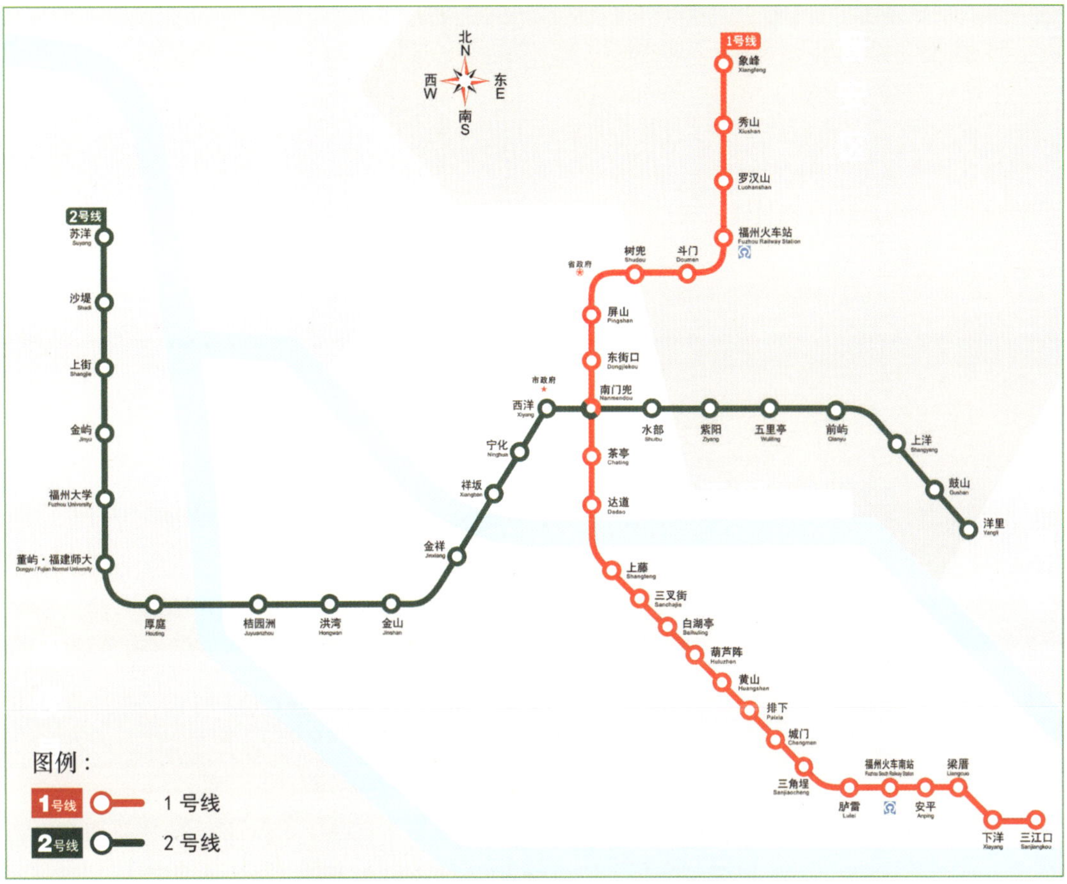

图9-27-1　福州市城市轨道交通运营网络示意图

28　厦门轨道交通集团有限公司

【概况】

至2020年底，福建省厦门市城市轨道交通全网运营线路2条，总运营里程71.9公里，总运营车站55座，网络换乘站1座。

福建省厦门市城市轨道交通2条运营线路均由厦门轨道交通集团有限公司管理，从事既有运营线路运营维护的职工总数4165人，司机总数661人。

2020年运送乘客11396.6万人次，比上年增长96%，占全市公共交通出行量的比重17.8%。全年线网日均客运量31.1万人次/日，单日最高日客运量达到56万人次/日（2020年12月31日），线网日均客运周转量249.4万人次公里/日。

2020年线网实际开行列次25.3万列次，线网运营车公里4691.1万车公里，高峰时段最小行车间隔198秒，运营总能耗23810.6万千瓦时。采用按里程计、递远递减的多级票价，全年实现运营票款收入23636.5万元，比上年增长46.4%。（表9-28-1）（图9-28-1）

2020年度主要运营指标完成情况见表9-28-2，表9-28-3。

【厦门地铁全面推进“原子”班组建设】

以“巩固基础层，建设提升层”为目标，增强中心/车间班组建设自主管理的责任与意识，分别制定基础层与提升层评价标准作为班组建设的工作指引，并以车间为单位，编制中心级基础评价标准统一班组评价，下设车间分别制定个性评价标准。将目标管理与“原子”班组有机结合，通过运用目标管理工具，细化管理职责，优化考评指标设置，完善激励机制设计，形成以“目标－任务－计划－评价”为核心的班组级目标管理运转机制，进一步夯实“原子”班组管理基础。

（厦门轨道交通集团有限公司）

图9-28-1 厦门市城市轨道交通运营网络示意图

厦门市城市轨道交通运营线路历年开通时间情况表　　表9-28-1

线路名	分段开通名称	开通日期	开通范围	运营里程（公里）
1号线	1号线	2017年12月31日	镇海路－岩内	30.3
2号线	2号线	2019年12月25日	天竺山－五缘湾	41.6

厦门市城市轨道交通运营线路年度基础数据统计表　　表9-28-2

序号	运营线路名	系统制式	车辆制式	列车编组（辆）	运营里程（公里）				车站数（座）	换乘站（座）	车辆基地（座）	首班车时间	末班车时间	线路运营时间（时.分）	运营单位
					总里程	地下	地面	高架							
1	1号线	地铁	B	6	30.3	25.6	1.9	2.8	24	1	2	6:30	22:30	16.00	运营分公司
2	2号线	地铁	B	6	41.6	41.6	0	0	32	1	2	6:30	22:30	16.00	运营分公司
合计					71.9	67.2	1.9	2.8	55	1	4				

厦门市城市轨道交通运营线路年度运营数据统计表　　表9-28-3

序号	运营线路名	客运总量（万人次）	总进站量（万人次）	总客运周转量（万人次公里）	最大断面客流（万人次/时）	配属列车数（列）	总运营里程（万车公里）	日均实际开行列次（列次）	最小发车间隔（秒）	旅行速度（公里/时）	总牵引能耗（万千瓦时）	总电能消耗量（万千瓦时）
1	1号线	6429.6	5415.4	52325.1	1.2	40	2278.9	356.0	250	36.2	3916.2	11039.8
2	2号线	4967.0	3994.8	38924.5	1.8	46	2412.2	331.0	198	37.8	4719.2	12770.8
合计		11396.6	9410.2	91249.6	—	86	4691.1	—	—	—	8635.4	23810.6

29 南昌轨道交通集团有限公司

【概况】

至2020年底，江西省南昌市城市轨道交通全网运营线路3条，总运营里程88.8公里，总运营车站70座，网络换乘站4座。

江西省南昌市城市轨道交通1、2号线由南昌轨道交通集团有限公司管理，从事既有运营线路运营维护的职工总数3934人，司机总数431人。3号线由南昌中铁穗城轨道交通建设有限公司管理，从事运营维护的职工总数571人，司机总数124人。

2020年运送乘客13593.2万人次，比上年下降22.6%。全年线网日均客运量37.1万人次/日，其中线网日均进站量28.7万人次/日，单日最高日客运量达到144.7万人次/日（2020年12月31日），线网日均客运周转量254.2万人次公里/日。

2020年线网实际开行列次22.2万列次，线网运营车公里3862.5万车公里，高峰时段最小行车间隔312秒，运营总能耗17990.4万千瓦时。采用按里程计、递远递减的多级票价，票价最低2元，最高7元，全年实现运营票款收入24987.5万元，比上年下降26.3%。（表9-29-1）（图9-29-1）

2020年度主要运营指标完成情况见表9-29-2，表9-29-3。

【南昌互联互通平台】

南昌正式接入城市轨道交通行业互联互通平台，实现与苏州、福州、无锡、常州轨道交通二维码出行的互联互通，市民异地出行只要使用“鹭鹭行”APP即可在四地扫码乘车，进一步提升了乘客出行的便捷性和体验感，增强了南昌市的旅游吸引力。

（南昌轨道交通集团有限公司）

南昌市城市轨道交通运营线路历年开通时间情况表　　表9-29-1

线路名	分段开通名称	开通日期	开通范围	运营里程(公里)
1号线	1号线	2015年12月26日	双港－瑶湖西	28.8
2号线	2号线首通段	2017年8月18日	南路－地铁大厦	19.6
	2号线后通段	2019年6月30日	地铁大厦－辛家庵	11.9
3号线	3号线	2020年12月26日	银三角北－京东大道	28.5

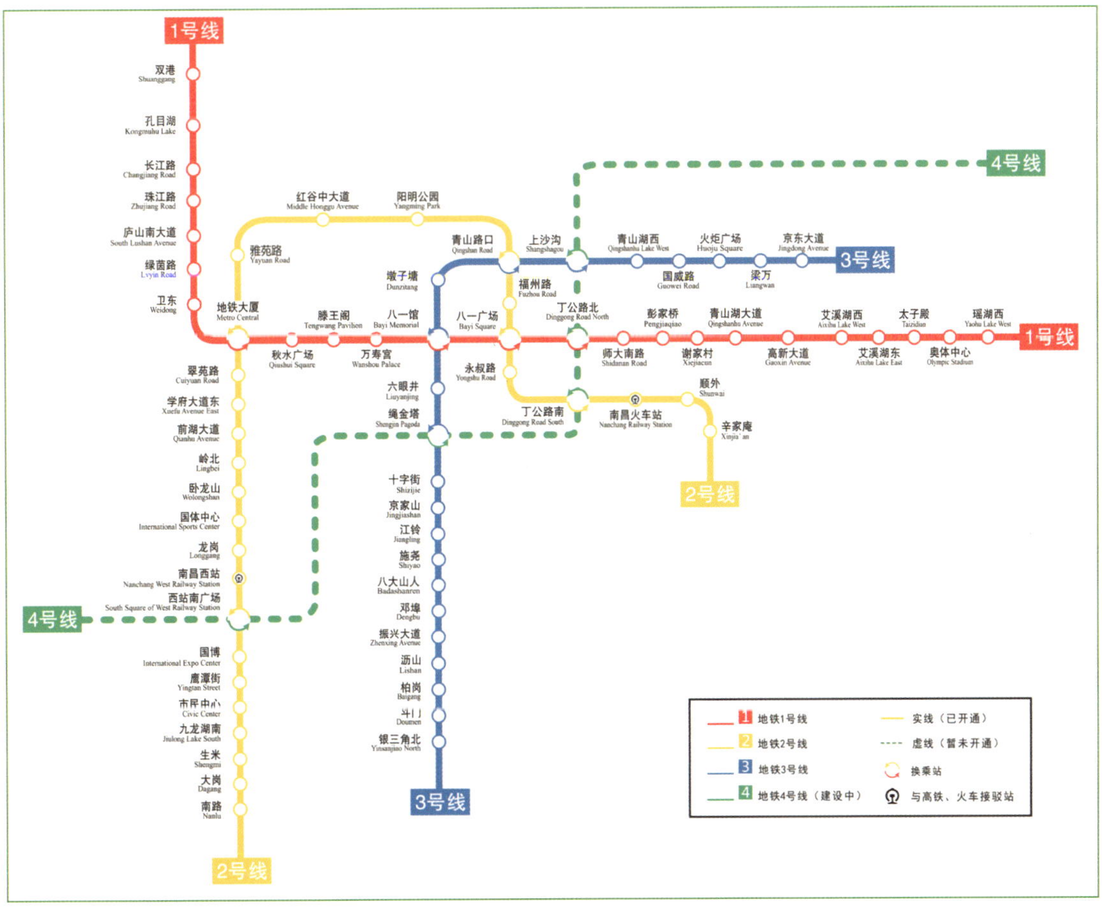

图9-29-1 南昌市城市轨道交通运营网络示意图

南昌市城市轨道交通运营线路年度基础数据统计表

表9-29-2

序号	运营线路名	系统制式	车辆制式	列车编组（辆）	运营里程（公里）				车站数（座）	换乘站（座）	车辆基地（座）	首班车时间	末班车时间	线路运营时间（时.分）	运营单位
					总里程	地下	地面	高架							
1	1号线	地铁	B	6	28.8	28.8	0	0	24	2	2	6:00	23:24	17.24	运营分公司
2	2号线	地铁	B	6	31.5	31.5	0	0	28	2	1	6:00	23:29	17.29	运营分公司
3	3号线	地铁	B	6	28.5	28.5	0	0	22	2	2	6:00	23:19	17.16	南昌中铁穗城轨道交通建设运营有限公司
合计					88.8	88.8	0	0	70	4	5				

南昌市城市轨道交通运营线路年度运营数据统计表

表9-29-3

序号	运营线路名	客运总量（万人次）	总进站量（万人次）	总客运周转量（万人次公里）	最大断面客流（万人次/时）	配属列车数（列）	总运营里程（万车公里）	日均实际开行列次（列次）	最小发车间隔（秒）	旅行速度（公里/时）	总牵引能耗（万千瓦时）	总电能消耗量（万千瓦时）
1	1号线	8376.4	6814.8	57317.2	1.7	39	1855.9	311.6	312	32.4	3235.1	8651.9
2	2号线	5133.3	3631.0	35085.6	1.2	34	2000.6	289.9	390	32.0	3266.3	9221.0
3	3号线	83.5	57.7	647.7	0.7	32	6.0	319.5	360	34.6	74.0	117.5
合计		13593.2	10503.5	93050.5	—	105	3862.5	—	—	—	6575.4	17990.4

30 济南轨道交通集团有限公司

【概况】

至2020年底，山东省济南市城市轨道交通全网运营线路2条，总运营里程47.7公里，总运营车站24座。

济南市城市轨道交通2条运营线路均由济南轨道交通集团运营有限公司管理，从事既有运营线路运营维护的职工总数2626人，司机总数272人。

2020年运送乘客867.6万人次，比上年增长51.3%，占全市公共交通出行量的比重1.5%。全年线网日均客运量2.4万人次/日，其中线网日均进站量2.4万人次/日，单日最高日客运量达到6.7万人次/日（2020年12月31日），线网日均客运周转量18.6万人次公里/日。

2020年线网实际开行列次177784列次，线网运营车公里2001.2万车公里，高峰时段最小行车间隔420秒，运营总能耗9000.8万千瓦时。采用里程计费的多级票价，全年实现运营票款收入1669.8万元，比上年增长2.2%。（表9-30-1）（图9-30-1）

2020年度主要运营指标完成情况见表9-30-2，表9-30-3。

【防范风险保运营】

开展标准体系的建设，夯实安全管理基础。从安全管理体系、安全教育与安全检查、风险防控、实战演练、设备质量管理等方面进行优化和加强，保障线路运营安全，并获得城市轨道交通运营专业一级达标等级。完善安全管理体系和安全生产长效机制，持续提升安全生产管理水平，为地铁运营创造良好的安全环境。

【谋篇布局助发展】

制定运营公司企业管理、安全及服务提升三年行动方案（2021–2023年），通过科学审视企业发展面临的形势，查找存在的突出问题，以问题及目标为导向，着力补短板、破难题、求突破，实现企业管理、安全管理及乘客服务等能力的全面提升，市民提供“安全、准时、便捷、舒适”的轨道交通出行服务。

（济南轨道交通集团有限公司）

济南市城市轨道交通运营线路历年开通时间情况表　　表9-30-1

线路名	分段开通名称	开通日期	开通范围	运营里程(公里)
1号线	1号线	2019年4月1日	工研院－方特	26.1
3号线	3号线一期	2019年12月28日	龙洞－滩头	21.6

济南市城市轨道交通运营线路年度基础数据统计表　　表9-30-2

序号	运营线路名	系统制式	车辆制式	列车编组(辆)	运营里程(公里)				车站数(座)	换乘站(座)	车辆基地(座)	首班车时间	末班车时间	线路运营时间(时.分)	运营单位
					总里程	地下	地面	高架							
1	1号线	地铁	B	4	26.1	9.7	0.2	16.2	11	0	1	6:00	21:30	15.30	济南轨道交通集团运营有限公司
2	3号线	地铁	B	6	21.6	21.6	0	0	13	0	2	6:00	21:30	15.30	
合计					47.7	31.3	0.2	16.2	24	0	3				

济南市城市轨道交通运营线路年度运营数据统计表　　表9-30-3

序号	运营线路名	客运总量(万人次)	总进站量(万人次)	总客运周转量(万人次公里)	最大断面客流(万人次/时)	配属列车数(列)	总运营里程(万车公里)	日均实际开行列次(列次)	最小发车间隔(秒)	旅行速度(公里/时)	总牵引能耗(万千瓦时)	总电能消耗量(万千瓦时)
1	1号线	429.5	429.5	4353.9	0.3	24	847.1	239.0	465	44.1	1563.4	3326.1
2	3号线	438.1	438.1	2465.8	0.2	18	1154.1	247.0	420	39.6	2445.2	5674.7
合计		867.6	867.6	6819.7	—	42	2001.2	—	—	—	4008.6	9000.8

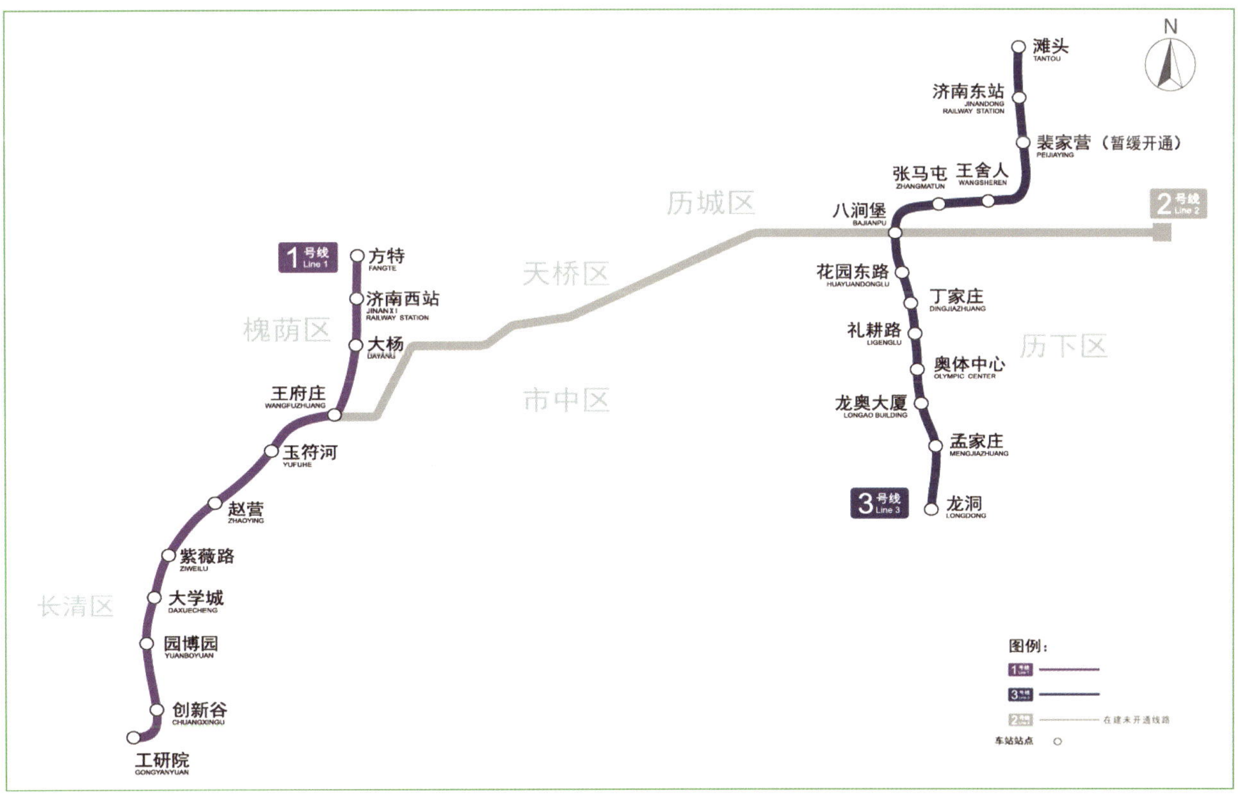

图9-30-1 济南市城市轨道交通运营网络示意图

31 青岛地铁集团有限公司

【概况】

至2020年底，山东省青岛市城市轨道交通全网运营线路6条，总运营里程246.2公里，总运营车站105座，网络换乘站4座。

青岛市城市轨道交通6条运营线路均由青岛地铁集团有限公司运营分公司管理，从事既有运营线路运营维护的职工总数11934人，司机总数1114人。

2020年运送乘客13908.8万人次，比上年下降25.8%。全年线网日均客运量38万人次/日，其中线网日均进站量30.3万人次/日，单日最高日客运量达到88.1万人次/日（2020年12月31日），线网日均客运周转量326.5万人次公里/日。

2020年线网实际开行列次45.8万列次，线网运营车公里7315.0万车公里，高峰时段最小行车间隔150秒，运营总能耗28221.3万千瓦时。采用里程计价，起步价2元，起步里程5公里。5~10公里（含），票价为3元。10~17公里（含），票价为4元。17~27公里（含），票价为5元。27~38公里（含），票价为6元。38公里以上部分，票价每增加1元，可多乘坐20公里。全年实现运营票款收入26000万元，比上年下降27.6%。（表9-31-1）（图9-31-1）

2020年度主要运营指标完成情况见表9-31-2，表9-31-3。

【运营服务智能化发展】

启用智能云站务员、智能客服中心，优先试点安检口应急信息发布、口罩及体温检测等设备功能的智能化升级；随着新线的开通，线网换乘站增多，为做好地铁与公交、铁路、航空等的交通衔接，优化换乘车站及交通枢纽站的导向改造，更加便利乘客出行，有序开展新线对外服务信息的更新、调整，不断推进车站服务设施自助化、智能化、人性化，为市民提供优质体验。

【优化青岛地铁APP性能】

上线公交地铁“刷码通行”、上海地铁互联互通、虚拟电子票乘车优惠等重点项目；拓展实现路径出行规划、便民缴费、列车到站提醒、“青e办”APP在线购票输出等重要业务功能；接入省健康码平台，实现安检、过闸二码合一、一码通行，更加便利常态化疫情管控情况下市民出行，至2020年底，“青岛地铁”APP注册用户达231万户，日均使用人数40万人次以上。

【健全能源管理体系】

开展再生制动能量吸收、运行图优化、金卤灯改造等节能新技术应用，推进光伏发电、列车仿真模拟平台研究。其中13号线再生制动能量吸收利用装置可节电300万千瓦时/年，运行图优化节能技术可降低牵引能耗3%以上，2、3、11号线库区金卤灯节能改造可节电110万千瓦时/年。照明、环控运行模式调优可实现线网节电300万千瓦时/年。

（青岛地铁集团有限公司 杨欣）

青岛市城市轨道交通（青岛地铁）运营线路历年开通时间情况表 表9-31-1

线路名	分段开通名称	开通日期	开通范围	运营里程（公里）
1号线	1号线北段	2020年12月24日	青岛北－东郭庄	21.9
2号线	一期东段	2017年12月10日	芝泉路－李村公园	21.2
	一期西段	2019年12月16日	泰山路－芝泉路（不含）	4.0
3号线	3号线北段	2015年12月16日	双山－青岛北	11.0
	3号线南段	2016年12月18日	青岛站－双山（不含）	13.8
8号线	8号线北段	2020年12月24日	胶州北－青岛北	48.3
11号线	11号线	2018年4月23日	苗岭路－鳌山湾	58.4
13号线	13号线	2018年12月26日	董家口火车站－井冈山路	67.6

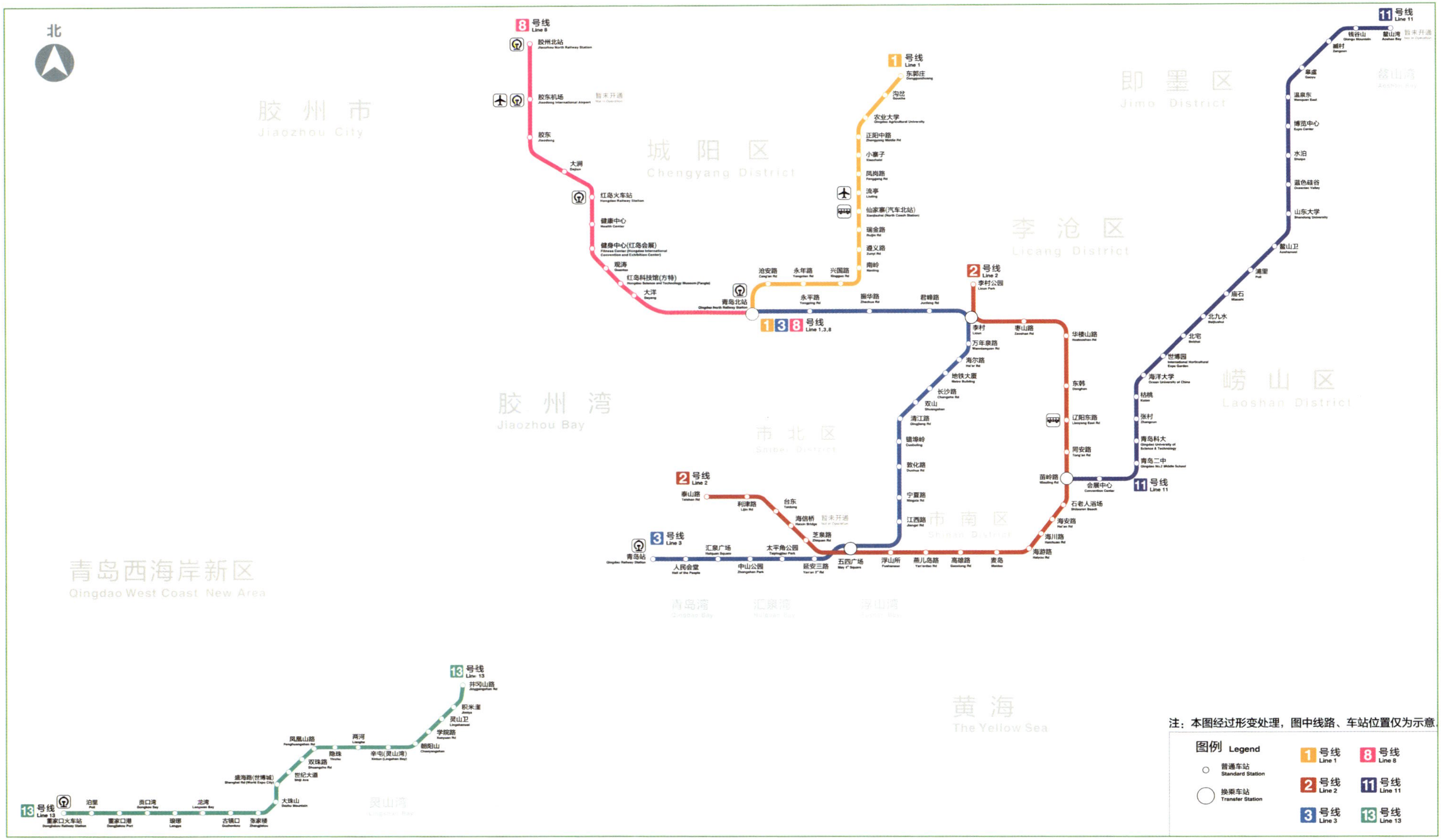

图9-31-1 青岛市城市轨道交通（青岛地铁）运营网络示意图

青岛市城市轨道交通（青岛地铁）运营线路年度基础数据统计表

表9-31-2

序号	运营线路名	系统制式	车辆制式	列车编组(辆)	运营里程（公里）				车站数(座)	换乘站(座)	车辆基地(座)	首班车时间	末班车时间	线路运营时间(时.分)	运营单位
					总里程	地下	地面	高架							
1	1号线	地铁	B	6	21.9	21.9	0	0	15	1	3	6:15	22:20	16.05	青岛地铁运营分公司
2	2号线	地铁	B	6	25.2	25.2	0	0	21	3	1	6:04	22:50	16.46	青岛地铁运营分公司
3	3号线	地铁	B	6	24.8	24.8	0	0	22	3	1	6:00	22:40	16.40	青岛地铁运营分公司
4	8号线	市域快轨	B	6	48.3	41.4	0.5	6.4	10	1	2	6:30	21:30	15.00	青岛地铁运营分公司
5	11号线	市域快轨	B	4	58.4	11.2	1.4	45.8	22	1	2	6:15	22:15	16.00	青岛地铁运营分公司
6	13号线	市域快轨	B	4	67.6	15.4	0.2	52.0	21	0	3	6:30	21:50	15.20	青岛地铁运营分公司
合计					246.2	139.9	2.1	104.2	105	4	11				

青岛市城市轨道交通（青岛地铁）运营线路年度运营数据统计表

表9-31-3

序号	运营线路名	客运量（万人次）	进站量（万人次）	客运周转量（万人次公里）	最大断面客流（万人次/小时）	配属列车数（列）	运营车公里（万车公里）	日均实际开行列次（列）	最小发车间隔（秒）	旅行速度（公里/小时）	牵引能耗（万千瓦时）	运营总能耗（万千瓦时）
1	1号线	39.2	27.4	419.3	0.6	29	28.4	274.0	345	35.6	56.1	128.0
2	2号线	5534.2	4121.1	35262.6	1.6	35	1908.1	390.7	195	32.9	3183.5	7660.6
3	3号线	6099.9	5064.1	47666.7	2.3	38	1841.1	338.2	150	33.0	3142.6	7946.8
4	8号线	14.9	10.1	357.3	0.2	20	32.0	139.5	585	64.0	62.5	130.5
5	11号线	1176.6	812.1	19035.3	0.6	27	1843.0	270.5	244	56.6	3252.4	5698.2
6	13号线	1044.0	1044.0	16774.0	0.4	35	1662.4	244.3	400	66.0	2911.9	6657.2
合计		13908.8	11078.8	119515.2	—	184	7315.0	—	—	—	12609.0	28221.3

32 青岛公交集团轨道巴士有限公司

【概况】

至2020年底，青岛公交集团轨道巴士有限公司在青岛市城市轨道交通全网运营线路1条，运营里程8.8公里，运营车站12座。由青岛城运控股公交集团轨道巴士公司管理，从事既有运营线路运营维护的职工总数127人，司机总数18人。

2020年运送乘客67.3万人次，比上年下降41.5%。全年线网日均客运量0.2万人次/日，其中线网日均进站量0.2万人次/日，单日高日客运量达到0.6万人次/日（2020年12月20日），线网日均客运周转量443万人次公里/日。

2020年线网实际开行列次2.8万列次，线网运营车公里25.3万车公里，高峰时段最小行车间隔720秒，运营总能耗198.0万千瓦时。采用单票制，全年实现运营票款收入847703万元，比上年下降43.6%。（表9-32-1）（图9-32-1）

2020年度主要运营指标完成情况见表9-32-2，表9-32-3。

【运营服务亮点】

至2020年11月10日，有轨电车示范线运行里程21万公里，客运量53万人次。运营时刻表兑现率99.7%，正点率99.2%，列车退出正线故障率0.02次/千列公里，车辆系统故障率0.02次/千列公里，供电系统故障率0.01次/千列公里，运行控制系统故障率0.01次/千列公里。热线电话共接话74起，其中表扬热线36起，占接话总起数49%，热线办结回复率100%。

（青岛公交集团轨道巴士有限公司　杨晓超）

青岛市城市轨道交通（青岛公交）运营线路历年开通时间情况表

表9-32-1

线路名	分段开通名称	开通日期	开通范围	运营里程（公里）
有轨电车	有轨电车示范线	2016年3月5日	前旺疃－城阳批发市场	8.8

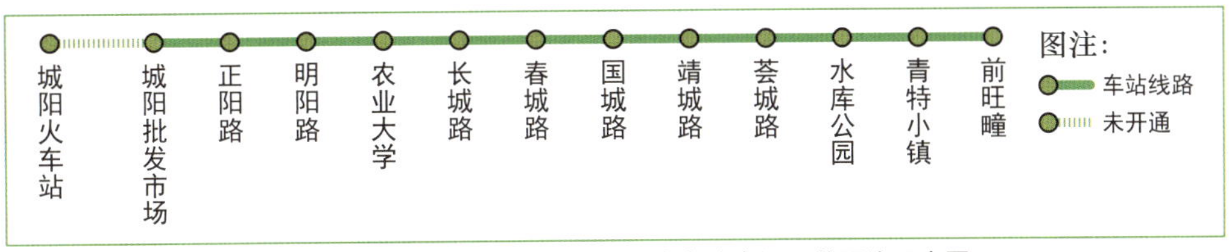

图9-32-1 青岛市城市轨道交通（青岛公交）运营网络示意图

青岛市城市轨道交通（青岛公交）运营线路年度基础数据统计表

表9-32-2

序号	运营线路名	系统制式	车辆制式	列车编组（辆）	运营里程（公里）				车站数（座）	换乘站（座）	车辆基地（座）	首班车时间	末班车时间	线路运营时间（时. 分）	运营单位
					总里程	地下	地面	高架							
1	有轨电车示范线	有轨电车	钢轮钢轨 100%低地板	3	8.8	0	8.8	0	12	0	1	6:30	20:30	14.00	青岛公交集团轨道巴士公司
合计					8.8	0	8.8	0	12	0	1				

青岛市城市轨道交通（青岛公交）运营线路年度运营数据统计表

表9-32-3

序号	运营线路名	客运量（万人次）	进站量（万人次）	客运周转量（万人次公里）	最大断面客流（万人次/小时）	配属列车数（列）	运营车公里（万车公里）	日均实际开行列次（列）	最小发车间隔（秒）	旅行速度（公里/小时）	牵引能耗（万千瓦时）	运营总能耗（万千瓦时）
1	有轨电车示范线	67.3	67.3	443.0	127.0	7	25.3	78.0	720	21.0	134.0	198.0
合计		67.3	67.3	443.0	—	7	25.3	—	—	—	134.0	198.0

33 郑州地铁集团有限公司

【概况】

至2020年底，郑州市城市轨道交通全网运营线路7条，总运营长度206.4公里，总运营车站153座，网络换乘站17座。

郑州市城市轨道交通7条运营线路由郑州地铁集团有限公司运营分公司、郑州中建深铁轨道交通有限公司管理，从事既有运营线路运营维护的职工总数10999人，司机总数1176人。

2020年运送乘客34100.5万人次，比上年下降17.1%，占全市公共交通出行量的比重44.9%。全年线网日均客运量93万人次/日，其中线网日均进站量63.1万人次/日，单日最高日客运量达到221.8万人次/日（2020年12月31日），线网日均客运周转量784万人次公里/日。

2020年线网实际开行列次36.2万列次，线网运营车公里8217.6万车公里，高峰时段最小行车间隔170秒，运营总能耗31021.2万千瓦时。采用分段计价、递远递减收费票制，全年实现运营票款收入69449万元，比上年下降19.7%。（表9-33-1）（图9-33-1）

2020年度主要运营指标完成情况见表9-33-2，表9-33-3。

（郑州地铁集团有限公司）

【实现高铁换乘“单向免安检”】

自1月26日起，郑州地铁郑州东站开启高铁换乘地铁单向“免安检模式”。所有乘坐高铁到达郑州东站的乘客，从高铁站到达层大厅的地铁郑州东站D口、E口进入地铁站，可以免除二次安检，实现高铁到地铁的“无缝换乘”，便捷的换乘体验加快了地铁客流输送效能。

【商易行APP便民服务功能上线】

7月10日，商易行APP爱心预约与电子延误证明功能上线；9月1日，电子发票系统上线。通过系统功能的完善，给乘客提供更加便捷的出行服务体验。

（郑州地铁集团有限公司 李浩）

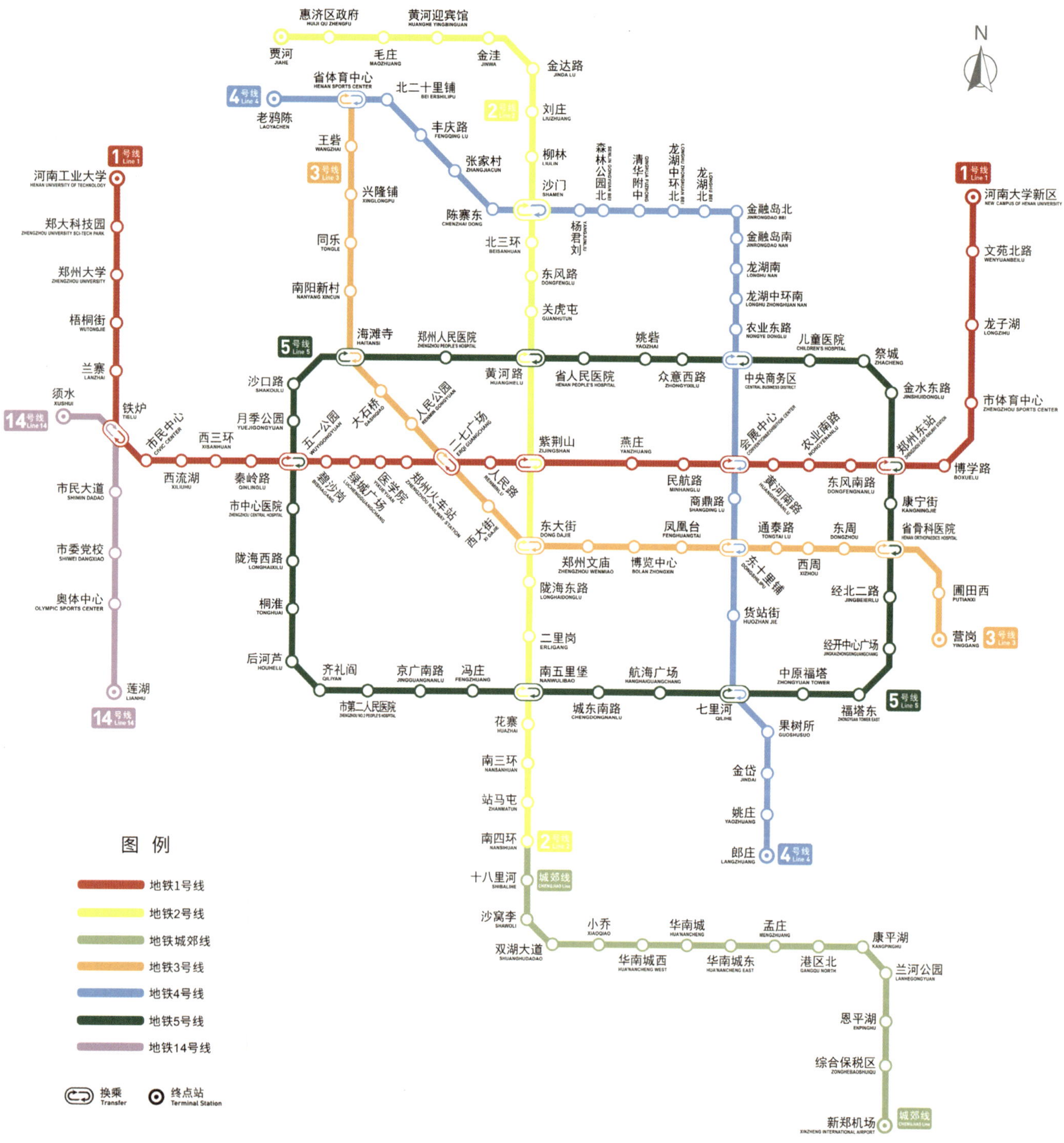

图9-33-1 郑州市城市轨道交通运营网络示意图

郑州市城市轨道交通运营线路历年开通时间情况表　　表9-33-1

线路名	分段开通名称	开通日期	开通范围	运营里程(公里)
1号线	1号线一期	2013年12月28日	西流湖－市体育中心	26.2
	1号线二期	2017年1月12日	河南工业大学－河南大学新区	15.0
2号线	2号线一期	2016年8月19日	刘庄－南四环	20.7
	2号线二期	2019年12月28日	贾河－刘庄	10.3
3号线	3号线一期	2020年12月26日	省体育中心－营岗	25.5
4号线	4号线	2020年12月26日	老鸦陈－郎庄	29.2
5号线	5号线	2019年5月20日	月季公园－月季公园	40.4
14号线	14号线一期	2019年9月19日	须水－莲湖	7.4
南四环至郑州南站城郊铁路	南四环至郑州南站城郊铁路一期	2017年1月12日	南四环－新郑机场	31.7

郑州市城市轨道交通运营线路年度基础数据统计表　　表9-33-2

序号	运营线路名	系统制式	车辆制式	列车编组(辆)	运营里程(公里)				车站数(座)	换乘站(座)	车辆基地(座)	首班车时间	末班车时间	线路运营时间(时.分)	运营单位
					总里程	地下	地面	高架							
1	1号线	地铁	B	6	41.2	41.2	0	0	30	6	2	6:00	23:00	17.00	运营分公司
2	2号线	地铁	B	6	31.0	31.0	0	0	22	6	1	6:00	23:00	17.00	运营分公司
3	3号线	地铁	A	6	25.5	25.5	0	0	21	6	1	6:00	23:00	17.00	郑州中建深铁轨道交通有限公司
4	4号线	地铁	B	6	29.2	29.2	0	0	27	6	2	6:00	23:00	17.00	运营分公司
5	5号线	地铁	A	6	40.4	40.4	0	0	32	8	2	6:00	23:00	17.00	运营分公司
6	14号线	地铁	B	6	7.4	7.4	0	0	6	1	1	8:00	20:00	12.00	运营分公司
7	城郊铁路	地铁	B	6	31.7	14.4	1.3	16.0	15	1	1	6:00	22:00	16.00	运营分公司
合计					206.4	189.1	1.3	16.0	153	17	10				

郑州市城市轨道交通运营线路年度运营数据统计表　　表9-33-3

序号	运营线路名	客运量(万人次)	进站量(万人次)	客运周转量(万人次公里)	最大断面客流(万人次/小时)	配属列车数(列)	运营车公里(万车公里)	日均实际开行列次(列)	最小发车间隔(秒)	旅行速度(公里/小时)	牵引能耗(万千瓦时)	运营总能耗(万千瓦时)
1	1号线	10967.7	8715.3	92641.4	2.1	55	2616.3	341.0	170	33.0	4979.1	9362.1
2	2号线	9505.8	4844.6	70769.3	2.3	41	3014.2	323.0	186	35.0	6079.8	9878.6
3	3号线	65.2	38.8	367.5	0.5	22	21.4	286.0	390	32.8	0	0
4	4号线	49.1	32.3	223.5	0.3	27	30.3	296.0	360	32.0	0	0
5	5号线	10955.9	7974.2	87772.2	2.0	49	2490.5	298.0	269	34.0	4481.3	10479.0
6	14号线	28.7	18.5	76.2	0.1	6	44.9	115.0	920	37.0	98.8	1301.5
7	城郊铁路	2528.1	1459.2	35582.6	0.9	20	0	0	744	41.0	0	0
合计		34100.5	23082.9	287432.7	—	220	8217.6	—	—	—	15639.0	31021.2

注：1. 2号线与城郊线混跑混修。
2. 3号线和4号线因开通时间较短，牵引能耗和运营总能耗暂无法统计。

34 武汉地铁集团有限公司

【概况】

至2020年底，武汉轨道交通运营线路9条，总运营长度338.7公里，总运营车站228座，网络换乘站25座。

武汉轨道交通9条运营线路均由武汉地铁集团有限公司管理，从事既有运营线路运营维护的职工总数14979人，其中司机总数2032人。

2020年运送乘客62160.1万人次，比上年下降49.4%。全年线网日均客运量205.8万人次/日，其中线网日均进站量134.7万人次/日，单日最高日客运量达到397.9万人次/日（2020年12月31日），线网日均客运周转量1693.1万人次公里/日。

2020年线网实际开行列次98.7万列次，线网运营车公里18502.4万车公里，高峰时段最小行车间隔150秒，运营总能耗78892.1万千瓦时。采用按里程计、递远递减的多级票价，全年实现运营票款收入14.4亿元。（表9-34-1）（图9-34-1）

2020年度主要运营指标完成情况见表9-34-2，表9-34-3。

【疫情防控工作】

2020年初，武汉地铁集团有限公司始终把防疫作为头等大事，坚持防疫和运营管理“两手抓”“两不误”。轨道交通线网停运期间，组织18000人施工队援建“火神山”“雷神山”医院，抢建方舱医院等紧急医疗项目13个、交付床位1万余张，组织1200余名干部职工连续两个多月到94个社区和9个隔离点，支援中百商超消杀和汉口医院后勤保障工作，筑牢社区防疫网，用实际行动展现地铁抗疫的使命担当。恢复运营初期，运营公司构建复工复产保障体系，落实列车拥挤度指标，兼顾服务水平，科学制定轨道交通各恢复运营线路运力安排；加强车站、列车等公共区域的清洁、消毒、通风，保障乘客安全；利用测温仪加强测温管控，通过“进站码”“车厢码”做到乘客全覆盖、行程可追溯；配置随车安全员，督促乘客车厢内扫码、佩戴口罩，为乘客提供咨询等帮助。面对疫情防控和全面复工复产的“新考卷”，运营公司抓细抓实常态化疫情防控工作，保障运营安全平稳和优质服务，助力恢复城市生产生活秩序。

【垃圾分类工作】

配合《武汉市生活垃圾分类管理办法》实施，践行绿色发展理念，打造绿色、文明、舒适的乘车环境。采购分类转运桶702个，改造分类标志2200余个，实现线网车站生活垃圾分类设施全覆盖；张贴1144张公益海报，发放10000册宣传折页，开展14次现场宣讲活动，引导广大市民共同参与垃圾分类，倡导绿色出行理念，增强环境保护意识，营造浓厚的舆论氛围。

（武汉地铁运营有限公司 谢丽平）

武汉市城市轨道交通（武汉地铁）运营线路历年开通时间情况表 表9-34-1

线路名	分段开通名称	开通日期	开通范围	运营里程（公里）
1号线	一期	2004年7月28日	宗关－黄浦路	10.2
	二期	2010年7月28日	宗关－吴家山、黄浦路－堤角	18.2
	三期-汉口北延长线	2014年5月28日	堤角－汉口北	5.7
	三期-径河线延长线	2017年12月26日	东吴大道－径河	3.6
2号线	一期	2012年12月28日	光谷广场－金银潭	27.7
	北延长线（机场线）	2016年12月28日	金银潭－天河机场	19.8
	南延线	2019年2月19日	光谷广场－佛祖岭	13.2
3号线	3号线	2015年12月28日	沌阳大道－宏图大道	30.1
4号线	一期	2013年12月28日	武汉火车站－武昌火车站	16.5
	二期	2014年12月28日	武昌火车站－黄金口	17.9
	蔡甸线	2019年9月25日	黄金口－柏林	16.1
6号线	一期	2016年12月28日	东风公司－金银湖公园	35.9
7号线	一期	2018年10月1日	园博园北－野芷湖	30.9
	南延线	2018年12月28日	野芷湖－青龙山地铁小镇	16.7
8号线	一期	2017年12月26日	金潭路－梨园	16.7
	三期	2019年11月6日	野芷湖－军运村	4.8
11号线	一期	2018年10月1日	左岭－光谷火车站	19.7
阳逻线	阳逻线	2017年12月26日	金台－后湖大道	35.0

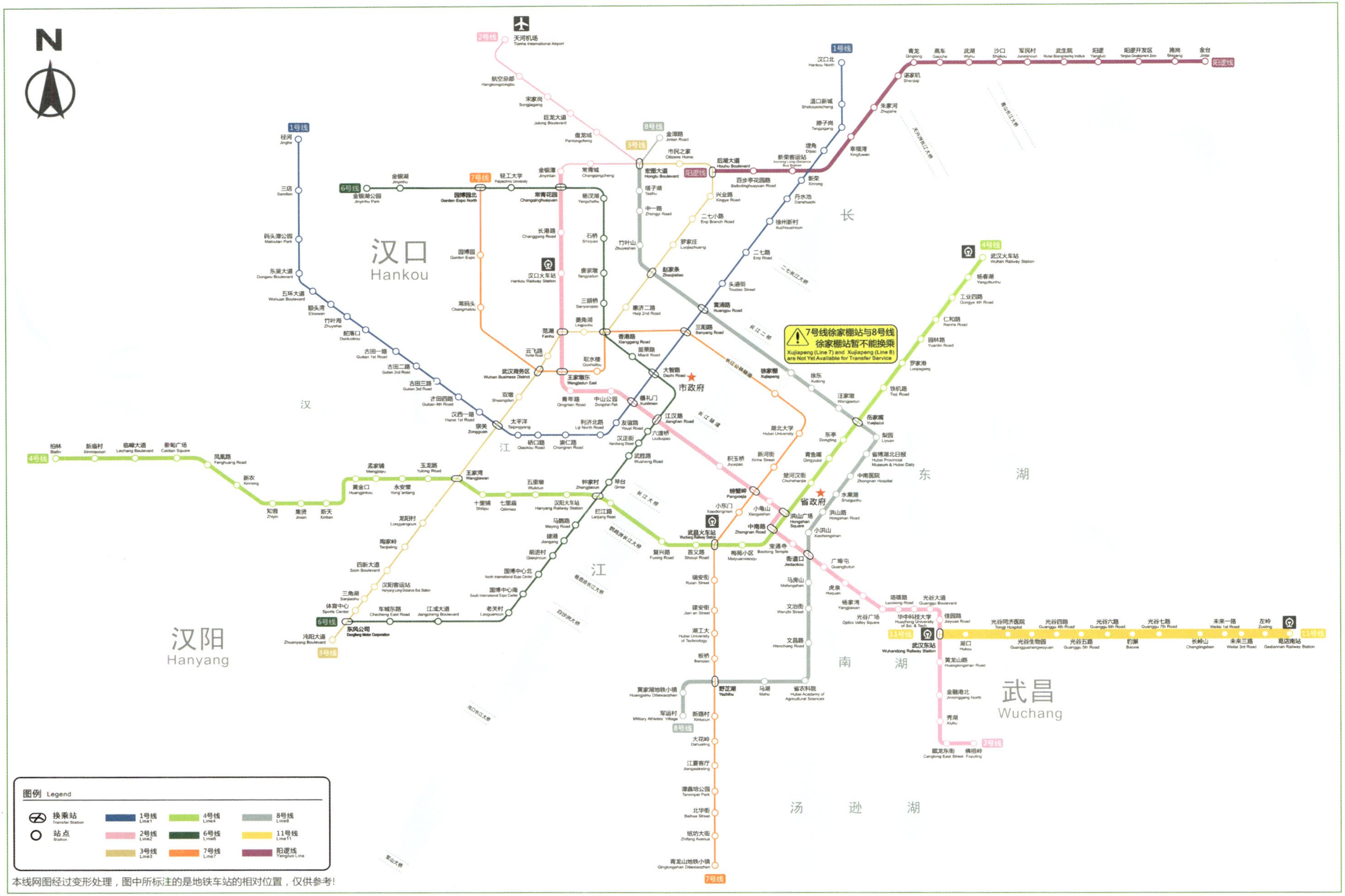

图9-34-1 武汉市城市轨道交通（武汉地铁）运营网络示意图

武汉市城市轨道交通（武汉地铁）运营线路年度基础数据统计表

表9-34-2

序号	运营线路名	系统制式	车辆制式	列车编组（辆）	运营里程（公里）				车站数（座）	换乘站（座）	车辆基地（座）	首班车时间	末班车时间	线路运营时间（时.分）	运营单位
					总里程	地下	地面	高架							
1	1号线	地铁	B	4	37.8	0	0	37.8	32	5	3	6:00	0:12	18.12	武汉地铁运营有限公司
2	2号线	地铁	B	6	60.7	55.3	0	5.4	38	11	4	6:00	0:45	18.45	武汉地铁运营有限公司
3	3号线	地铁	B	6	30.1	30.1	0	0	24	9	2	6:00	23:55	17.55	武汉地铁运营有限公司
4	4号线	地铁	B	6	50.4	43.3	0	7.1	37	6	3	6:00	0:26	18.26	武汉地铁运营有限公司
5	6号线	地铁	A	6	35.9	35.9	0	0	27	7	2	6:00	0:06	18.06	武汉地铁运营有限公司
6	7号线	地铁	A	6	47.6	47.6	0	0	26	8	3	6:00	0:10	18.10	武汉地铁运营有限公司
7	8号线	地铁	A	6	21.5	21.5	0	0	15	4	2	6:00	0:08	18.10	武汉地铁运营有限公司
8	11号线	地铁	A	6	19.7	19.7	0	0	13	1	1	6:00	23:32	17.32	武汉地铁运营有限公司
9	阳逻线	地铁	A	4	35.0	9.3	0	25.7	16	1	2	6:00	23:16	17.16	武汉地铁运营有限公司
合计					338.7	262.8	0	75.9	228	25	22				

注：所有线路双休日首班车时间延后半小时发车。

武汉市城市轨道交通（武汉地铁）运营线路年度运营数据统计表

表9-34-3

序号	运营线路名	客运量（万人次）	进站量（万人次）	客运周转量（万人次公里）	最大断面客流（万人次/小时）	配属列车数（列）	运营车公里（万车公里）	日均实际开行列次（列）	最小发车间隔（秒）	旅行速度（公里/小时）	牵引能耗（万千瓦时）	运营总能耗（万千瓦时）
1	1号线	6993.2	4971.1	53135.6	1.4	72	1868.6	419.9	198	31.4	3556.9	5442.6
2	2号线	16953.4	11981.7	173027.9	3.1	85	4279.6	498.0	150	34.6	6689.2	14867.6
3	3号线	7931.2	4525.0	51903.0	1.7	29	1922.9	368.5	258	32.2	3421.2	9342.6
4	4号线	11631.8	7708.9	90442.9	2.0	70	3123.7	422.9	192	34.3	5303.7	12914.9
5	6号线	6848.5	4498.2	40088.3	1.1	40	1978.1	319.4	318	32.3	3611.0	9211.4
6	7号线	6964.0	4206.4	62465.9	2.1	55	2728.1	404.6	234	40.0	5607.2	12049.3
7	8号线	2829.9	1423.4	15307.0	0.7	47	1053.1	409.5	336	33.5	2255.1	6015.0
8	11号线	929.4	592.2	7995.8	0.6	12	685.3	240.2	516	42.9	1445.3	4880.1
9	阳逻线	1078.9	780.0	16966.9	0.3	25	862.9	238.3	402	44.1	1601.0	4168.6
合计		62160.1	40686.8	511333.3	—	435	18502.4	—	—	—	33490.6	78892.1

35 武汉光谷交通建设有限公司

【概况】

至2020年底，武汉市城市轨道交通全网线路由武汉光谷现代有轨电车运营有限公司运营管理线路2条，总运营里程32.2公里，总运营车站39座，网络换乘站2座。从事既有运营线路运营维护的职工总数346人，司机总数172人。

2020年运送乘客483.8万人次，比上年下降54%。全年线网日均客运量1.7万人次/日，单日最高日客运量达到5.0万人次/日（2020年10月8日）。

2020年线网实际开行列次9.2万列次，线网运营车公里130.7万车公里，高峰时段最小行车间隔465秒，运营总能耗1252.5万千瓦时。采用单一2元一票制，全年实现运营票款收入808.4万元，比上年下降52%。（表9-35-1）（图9-35-1）

2020年度主要运营指标完成情况见表9-35-2，表9-35-3。

【超级电容技术应用】

光谷有轨电车采用超级电容技术，具有以下特点：（1）采用能量型超级电容供电技术，全线无触网，具有引领性和示范效应；全线44座车站仅30座车站设置充电轨，无需站站充电；（2）充电时间短、续航能力强，车辆利用停站时间充电，充满仅需30秒；单次充电可不间断行驶12公里；（3）行驶过程中能量可循环利用，具有较好的节能效果；（4）能量型超级电容供电技术减少沿线充电桩的布置，保护了沿线生态景观，实现生态、绿色、节能、环保；（5）减少沿线充电轨数量可减小建设投资，同时提高系统的可靠性。

（武汉光谷交通建设有限公司　郑楠）

武汉市城市轨道交通（武汉光谷）运营线路历年开通时间情况表　　表9-35-1

线路名	分段开通名称	开通日期	开通范围	运营里程（公里）
T1试验线	L1交路	2018年4月1日	佛祖岭－华中大	13.5
T2试验线	L2交路	2018年4月1日	光谷植物园－城铁汤逊湖	18.7

注：T2试验线运营线路长度包含共线部分2.5公里。

武汉市城市轨道交通（武汉光谷）运营线路年度基础数据统计表　　表9-35-2

序号	运营线路名	系统制式	车辆制式	列车编组（辆）	运营里程（公里）				车站数（座）	换乘站（座）	车辆基地（座）	首班车时间	末班车时间	线路运营时间（时.分）	运营单位
					总里程	地下	地面	高架							
1	T1线	有轨电车	C	5	13.5	0	10.6	2.9	17	2	1	6:00	22:12	16.12	有轨电车运营公司
2	T2线	有轨电车	C	5	18.7	0.6	16.1	2.0	22	2	1	6:30	22:00	15.30	有轨电车运营公司
合计					32.2	0.6	26.7	4.9	39	2	2				

注：1. T2试验线运营线路长度包含共线部分2.5公里，车站数不包含共线站3座。
2. 共线车站不统计为“换乘站”。

武汉市城市轨道交通（武汉光谷）运营线路年度运营数据统计表　　表9-35-3

序号	运营线路名	客运总量（万人次）	总进站量（万人次）	总客运周转量（万人次公里）	最大断面客流（万人次/时）	配属列车数（列）	总运营里程（万车公里）	日均实际开行列次（列次）	最小发车间隔（秒）	旅行速度（公里/时）	总牵引能耗（万千瓦时）	总电能消耗量（万千瓦时）
1	T1线	435.4	435.4	—	—	20	59.4	186.0	465	20.0	375.5	751.5
2	T2线	48.4	48.4	—	—	17	71.3	131.0	708	21.0	250.3	501.0
合计		483.8	483.8	—	—	37	130.7	—	—	—	625.8	1252.5

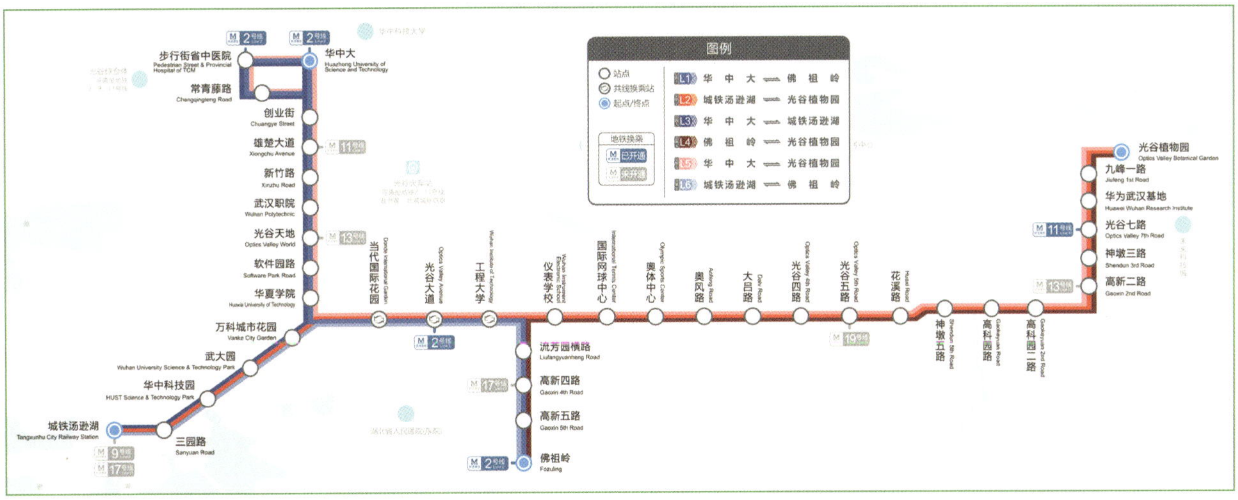

图9-35-1 武汉市城市轨道交通（武汉光谷）运营网络示意图

36 武汉车都现代有轨电车运营有限公司

【概况】

至2020年底，武汉车都现代有轨电车T1线全网运营线路1条，总运营长度16.8公里，总运营车站23座，网络换乘站1座。

车都T1线城市轨道交通1条运营线路由武汉车都现代有轨电车运营有限公司管理。

2020年运送乘客165.0万乘次。

总运营里程54.0万车公里，高峰时段最小行车间隔600秒，总电量消耗541.6万千瓦时。采用一票制2元。（表9-36-1）（图9-36-1）

【运营指标】

2020年度主要运营指标完成情况见表9-36-2，表9-36-3。

（武汉车都现代有轨电车运营有限公司）

图9-36-1 武汉市城市轨道交通（武汉车都）运营网络示意图

武汉市城市轨道交通（武汉车都）运营线路历年开通时间情况表

表9-36-1

线路名	分段开通名称	开通日期	开通范围	运营里程(公里)
车都T1线	有轨电车T1线	2017年7月28日	得胜港－车轮广场	16.8

武汉市城市轨道交通（武汉车都）运营线路年度基础数据统计表

表9-36-2

序号	运营线路名	系统制式	车辆制式	列车编组(辆)	运营里程(公里)				车站数(座)	换乘站(座)	车辆基地(座)	首班车时间	末班车时间	线路运营时间(时.分)	运营单位
					总里程	地下	地面	高架							
1	车都T1线	有轨电车	100%低地板	4	16.8	0	15.9	0.9	23	1	1	6:00	20:00	14.00	武汉车都现代有轨电车运营有限公司
合计					16.8	0	15.9	0.9	23	1	1				

武汉市城市轨道交通（武汉车都）运营线路年度运营数据统计表

表9-36-3

序号	运营线路名	客运总量(万人次)	总进站量(万人次)	总客运周转量(万人次公里)	最大断面客流(万人次/时)	配属列车数(列)	总运营里程(万车公里)	日均实际开行列次(列次)	最小发车间隔(秒)	旅行速度(公里/时)	总牵引能耗(万千瓦时)	总电能消耗量(万千瓦时)
1	车都T1线	165.0	165.0	—	1.1	21	54.0	111.0	600	20.1	541.6	553.6
合计		165.0	165.0	—	1.1	21	54.0	—	—	—	541.6	553.6

37 长沙市轨道交通集团有限公司

【概况】

至2020年底，湖南省长沙市城市轨道交通全网运营线路5条，总运营里程139.4公里，总运营车站111座，网络换乘站12座。

湖南省长沙市城市轨道交通5条运营线路均由长沙市轨道交通运营有限公司管理，从事既有运营线路运营维护的职工总数7450人，司机总数735人。

2020年运送乘客38249.2万人次，比上年增长14.6%。全年线网日均客运量121.2万人次/日，其中线网日均进站量72.9万人次/日，单日最高日客运量达到265.7万人次/日（2020年12月31日），线网日均客运周转量770.5万人次公里/日。

2020年线网实际开行列次47.9万列次，线网运营车公里7984.5万车公里，高峰时段最小行车间隔209秒，运营总能耗40118.7万千瓦时。采用按里程分段计、递远递减的多级票价，票价最低2元，最高7元，全年实现运营票款收入11.2亿元，比上年增长19.7%。（表9-37-1）（图9-37-1）

2020年度主要运营指标完成情况见表9-37-3，表9-37-4。

（长沙市轨道交通集团有限公司）

至2020年底，长沙磁浮快线总运营线路1条，运营长度18.6公里，运营车站3座。

长沙磁浮快线由湖南磁浮交通发展股份有限公司管理，从事既有运营线路运营维护的职工总数403人，司机总数61人。

2020年运送乘客327.1万人次，比上年下降17.6%。全年日均客运量0.9万人次，其中进站客流量0.9万人次，单日最高日客运量达到1.7万人次（2020年10月1日），日均客运周转量16.5万人公里。

2020年开行列车数58184列次，线网运营321.3万车公里，高峰时段最小行车间隔560秒，总电量消耗1300.5万千瓦时。采用区段计价票制，票价最低10元，最高20元，2020全年实现运营票务收入6306.2万元（含税），比上年下降17.0%。（表9-37-2）（图9-37-1）

2020年度主要运营指标完成情况见表9-37-5，表9-37-6。

（湖南磁浮交通发展股份有限公司）

【迈入全面网络化运营时代】

6月28日，3号线、5号线开通初期运营，长沙地铁迈入“全面网络化运营”时代。全年各线完成运能提升1次，高峰小时最小发车间隔压缩至3分29秒（2号线），工作日运能最大提升11.4%（3号线）。2020年乘客有效投诉率为0.15次/百万人次，远低于国家标准3次/百万人次，客运服务质量得到广泛认可。

【突出重点抓服务】

在国庆节假日推行延长运营时间政策，为市民提供便利服务。增设车站电梯和自动扶梯、垂梯位置指示，全线推广三维立体地图，完善车站周边公交信息及商业信息，实现地面、贴附、悬挂全方位引导信息覆盖，优化导向体验。开展锦泰广场等6个重点车站改造，优化票务设备布置，改良车站客流组织；完成全线车站297个卫生间改造，同时全面整治车站照明通风、区间降噪改造等问题，以优质设备促服务发展。开展互联网售检票系统双脱机、双回写改造开发，提升设备稳定性及效率。

（长沙市轨道交通集团有限公司）

【互联网售检票系统上线】

完成互联网售检票系统全线ITVM、IAGM软件升级及硬件开模改造工作，上线自动售票机，互联网购票及闸机APP刷码过闸功能实现。

【中速磁浮列车上线测试工作完成】

中国首列商用磁浮2.0版列车在长沙磁浮快线跑出了160.7公里/小时的速度，完成最高设计速度160公里/小时的提速测试，标志着中国自主磁浮技术在中速领域的攻关取得重大成功。

（湖南磁浮交通发展股份有限公司）

长沙市城市轨道交通（长沙轨交）运营线路历年开通时间情况表　表9-37-1

线路名	分段开通名称	开通日期	开通范围	运营里程（公里）
1号线	1号线一期	2016年6月28日	开福区政府－尚双塘	23.1
2号线	2号线一期	2014年4月29日	望城坡－光达	21.3
	西延线一期	2015年12月28日	梅溪湖西－望城坡（不含）	4.4
3号线	3号线一期	2020年6月28日	山塘－广生	35.8
4号线	4号线一期	2019年5月26日	杜家坪－罐子岭	33.1
5号线	5号线一期	2020年6月28日	水渡河－毛竹塘	21.7

长沙市城市轨道交通（湖南磁浮）运营线路历年开通时间情况表

表9-37-2

线路名	分段开通名称	开通日期	开通范围	运营里程(公里)
长沙磁浮快线	长沙磁浮	2016年5月6日	磁浮高铁－磁浮机场	18.6

长沙市城市轨道交通（长沙轨交）运营线路年度基础数据统计表

表9-37-3

序号	运营线路名	系统制式	车辆制式	列车编组(辆)	运营里程(公里)				车站数(座)	换乘站(座)	车辆基地(座)	首班车时间	末班车时间	线路运营时间(时.分)	运营单位
					总里程	地下	地面	高架							
1	1号线	地铁	B	6	23.1	22.1	0	1.0	20	1	1	6:30	23:00	16.30	运营有限公司
2	2号线	地铁	B	6	25.7	25.7	0	0	23	7	1	6:30	23:00	16.30	运营有限公司
3	3号线	地铁	B	6	35.8	35.8	0	0	25	0	2	6:30	23:00	16.30	运营有限公司
4	4号线	地铁	B	6	33.1	33.1	0	0	25	3	2	6:30	23:00	16:30	运营有限公司
5	5号线	地铁	B	6	21.7	21.7	0	0	18	1	1	6:30	23:00	16:30	运营有限公司
合计					139.4	138.4	0	1.0	111	12	7				

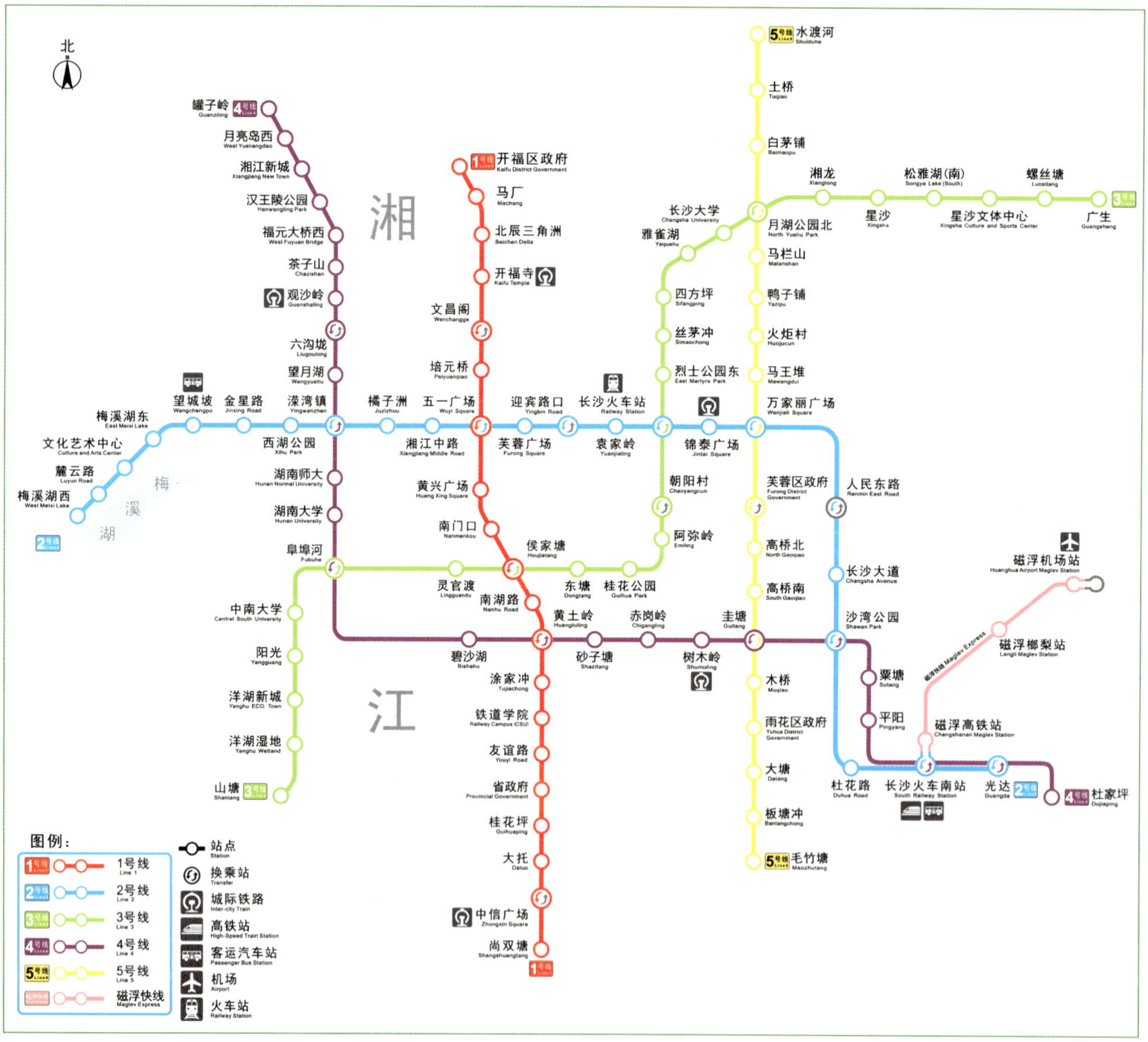

图9-37-1 长沙市城市轨道交通运营网络示意图

长沙市城市轨道交通（长沙轨交）运营线路年度运营数据统计表 表9-37-4

序号	运营线路名	客运量（万人次）	进站量（万人次）	客运周转量（万人次公里）	最大断面客流（万人次/小时）	配属列车数（列）	运营车公里（万车公里）	日均实际开行列次（列）	最小发车间隔（秒）	旅行速度（公里/小时）	牵引能耗（万千瓦时）	运营总能耗（万千瓦时）
1	1号线	9906.0	6895.6	63002.1	1.5	23	1632.6	316.0	301	31.8	3095.5	7685.0
2	2号线	14582.9	9119.3	94060.0	2.4	32	2427.0	422.0	209	31.9	5052.4	10725.1
3	3号线	3663.5	2258.1	23556.3	1.0	34	1087.5	270.0	389	33.5	1958.9	7853.1
4	4号线	7396.2	3930.7	47483.7	0.6	32	2151.4	291.0	343	33.6	3763.6	10066.3
5	5号线	2700.6	1183.7	16014.4	1.1	24	686.0	277.0	352	32.4	1209.8	3789.2
合计		38249.2	23387.4	244116.5	—	145	7984.5	—	—	—	15080.2	40118.7

长沙市城市轨道交通（湖南磁浮）运营线路年度基础数据统计表 表9-37-5

序号	运营线路名	系统制式	车辆制式	列车编组（辆）	运营里程（公里）				车站数（座）	换乘站（座）	车辆基地（座）	首班车时间	末班车时间	线路运营时间（时.分）	运营单位
					总里程	地下	地面	高架							
1	长沙磁浮快线	磁浮	B	3	18.6	0	1.1	17.5	3	0	1	7:00	22:30	15.30	湖南磁浮交通发展股份有限公司
合计					18.6	0	1.1	17.5	3	0	1				

长沙市城市轨道交通（湖南磁浮）运营线路年度运营数据统计表 表9-37-6

序号	运营线路名	客运量（万人次）	进站量（万人次）	客运周转量（万人次公里）	最大断面客流（万人次/小时）	配属列车数（列）	运营车公里（万车公里）	日均实际开行列次（列）	最小发车间隔（秒）	旅行速度（公里/小时）	牵引能耗（万千瓦时）	运营总能耗（万千瓦时）
1	长沙磁浮快线	327.1	327.1	6002.0	0.1	7	321.3	159.0	560	56.1	655.9	1300.5
合计		327.1	327.1	6002.0	—	7	321.3	159.0	—	—	655.9	1300.5

38 广州地铁集团有限公司

【概况】

至2020年底，广东省广州市城市轨道交通全网运营线路14条，总运营里程531.1公里，总运营车站282座，网络换乘站36座。其中全自动运行线路1条（APM线）。

广州市城市轨道交通14条运营线路均由广州地铁集团有限公司管理，从事既有运营线路运营维护的职工总数22620人，司机总数2174人。

2020年运送乘客241250.9万人次，比上年下降27%，占全市公共交通出行量的比重57%。全年线网日均客运量659.2万人次/日，其中线网日均进站量366万人次/日，单日最高日客运量达到1139.9万人次/日（2020年12月31日），线网日均客运周转量5270万人次公里/日。

2020年线网实际开行248万列次，线网运营41200.6万车公里，高峰时段最小行车间隔118秒，运营总能耗175129.0万千瓦时。采用按里程计、递远递减的多级票价，全年实现运营票款收入432690万元，比上年下降21%。（表9-38-1）（图9-38-1）

2020年度主要运营指标完成情况见表9-38-2，表9-38-3。

【全自动运行概览】

至2020年底，广州市开通运营的城市轨道交通全自动运行线路1条，为APM线，总运营里程3.9公里，总运营车站9座。APM线2010年11月8日开通全自动运行，列车运行的自动化等级为GoA3，最高运行速度60公里/小时，定员数67人；运营和维护保障采用集中管理模式；信号供应商为庞巴迪，车辆供应商为庞巴迪。

APM线南起海珠区的广州塔站，向北下穿珠江主航道到达海心沙，再经过珠江新城花城广场中轴线，经过天河体育中心到达林和西站，呈南北走向连接了几个比较重要的景点，方便游客出行的同时对3号线起到了很好的引流作用。开通10年，人线比缩减34人/公里、旅行速度提升9.1%、行车密度提升至13对/小时，采用胶轮2节编组列车，成为引领城市轨道交通行业向更加安全、可靠、高效方向发展的风向标。

【开展防疫工作】

实施高等级防护措施，落实市民乘客进站、地铁员工上岗佩戴口罩、测体温。每天投入保洁人员超4400名，对每趟终到站列车进行车厢消杀，车站保持最大新风并每天实行5次以上消毒，地铁车站和车厢2.5万个视频终端滚动播放防控宣传片，确保地铁范围“零感染”。动态监控3万余名员工、8万余名密切接触家属，确保员工“零感染”。建成40个集中隔离区、153个工点隔离观察区，确保4.5万名参建人员“零感染”。全线网开启700余个测温检查点，累计对近13亿人次进站乘客进行防疫检查，累计检查确认千余人次体温异常人员，累计检查近24万人次未戴或未规范佩戴口罩，严格做好现场处置，对发热乘客做好应急处置及转运工作。

【“中国方案”共建拉合尔橙线】

广州地铁集团采用“中国标准”“中国技术”“中国设备”筹备巴基斯坦拉合尔轨道交通橙线运营，实现中国设计、制造、建设、运营维护等城市轨道交通全产业链“中国解决方案”首次完整输出巴基斯坦，于10月25日完成线路开通，推动巴基斯坦迈入地铁时代。线路全长25.6公里，共设26座车站，运行初期共计27组列车投入运营，早晚高峰最小行车间隔5分钟，运力保持在每天25万人次，改善拉合尔市1200多万人口的交通状况，展现“一带一路”的独特魅力。

（广州地铁集团有限公司）

广州市城市轨道交通运营线路历年开通时间情况表　　表9-38-1

线路名	分段开通名称	开通日期	开通范围	运营里程（公里）
1号线	1号线首通	1997年6月28日	西塱－黄沙	5.4
	1号线后通	1999年6月28日	黄沙－广州东站	13.1
2号线	2号线首通	2002年12月29日	三元里－晓港	8.5
	2、8拆分及后通开通	2010年9月25日	嘉禾望岗－三元里，江南西－广州南站	23.3
3号线	3号线首通	2005年12月26日	客村－广州东站	6.2
	3号线	2006年12月30日	番禺广场－天河客运站	34.0
	3号线北延	2010年10月30日	体育西路－机场南	32.2
	中间站	2017年12月28日	高增	0.0
	3号线北北延	2018年4月26日	机场南－机场北	1.1
4号线	4号线首通	2005年12月26日	万胜围－新造	9.9
	4号线首通	2006年12月30日	新造－黄阁	26.7
	4号线首通	2007年6月28日	黄阁－金洲	4.9
	4号线首通	2009年12月28日	万胜围－车陂南	2.2
	4号线后通	2010年9月25日	黄村－金洲	46.7
	4号线后通	2010年9月25日	庆盛	0.0
	4号线南延	2017年12月28日	金洲－南沙客运港	12.6
5号线	5号线	2009年12月28日	滘口－文冲	31.9
6号线	6号线一期	2013年12月28日	浔峰岗－长湴	24.5
	6号线一期	2015年1月28日	一德路站	0.0
	6号线二期	2016年12月28日	长湴－香雪	17.6
	中间站	2017年6月28日	植物园、柯木塱	0.0
7号线	7号线一期	2016年12月28日	大学城南－广州南站	18.6
8号线	2、8拆分	2010年9月25日	晓港－万胜围	11.1
	8号线	2010年11月3日	凤凰新村－晓港	4.6
	8号线北延	2019年12月28日	文化公园－凤凰新村	1.8
	8号线北延	2020年11月26日	文化公园－滘心	16.3

广州市城市轨道交通运营线路历年开通时间情况表（续前表） 表9-38-1

线路名	分段开通名称	开通日期	开通范围	运营里程(公里)
9号线	9号线	2017年12月28日	高增－飞鹅岭	20.1
13号线	13号线	2017年12月28日	新沙－鱼珠	27.0
14号线及知识城线	14号线支线知识城	2017年12月28日	新和－镇龙	21.9
	14号线一期	2018年12月28日	嘉禾望岗－东风	54.4
21号线	21号线首通	2018年12月28日	镇龙西－增城广场	26.2
	21号线后通	2019年12月20日	员村－镇龙西	35.2
APM线	APM	2010年11月8日	林和西－广州塔	3.9
广佛线	广佛线首通	2010年11月3日	魁奇路－西塱	20.7
	广佛线后通	2015年12月28日	西塱－燕岗	6.1
	广佛线二期	2016年12月28日	魁奇路－新城东	6.7
	广佛线后通	2018年12月28日	燕岗－沥滘	5.4

广州市城市轨道交通运营线路年度基础数据统计表 表9-38-2

序号	运营线路名	系统制式	车辆制式	列车编组(辆)	运营里程(公里)				车站数(座)	换乘站(座)	车辆基地(座)	首班车时间	末班车时间	线路运营时间(时.分)	运营单位
					总里程	地下	地面	高架							
1	1号线	地铁	A	6	18.5	16.4	2.1	0	16	7	1	6:10	23:30	17.20	广州地铁
2	2号线	地铁	A	6	31.8	31.8	0	0	24	8	2	6:00	23:35	17.35	广州地铁
3	3号线	地铁	B	6	67.3	67.3	0	0	30	12	1	6:00	23:30	17.30	广州地铁
4	4号线	地铁	L	4	59.3	29.6	1.4	28.3	23	4	2	6:00	23:15	17.15	广州地铁
5	5号线	地铁	L	6	31.9	29.7	0.2	2.0	24	8	1	6:00	23:15	17.15	广州地铁
6	6号线	地铁	L	4	42.1	39.1	0	3.0	31	9	2	6:00	22:50	16.50	广州地铁
7	7号线	地铁	B	6	18.6	18.6	0	0	9	4	1	6:00	23:30	17.30	广州地铁
8	8号线	地铁	A	6	33.9	33.9	0	0	26	6	1	6:00	23:00	17.00	广州地铁
9	9号线	地铁	B	6	20.1	20.1	0	0	11	1	1	6:06	23:15	17.09	广州地铁
10	13号线	地铁	A	8	27.0	27.0	0	0	11	1	1	6:15	23:15	17.00	广州地铁
11	14号线及知识城线	地铁	B	6	76.3	42.1	0	34.2	22	2	2	6:10	23:05	16.55	广州地铁
12	21号线	地铁	B	6	61.5	39.9	0	21.6	21	4	3	6:00	22:50	16.50	广州地铁
13	APM	-	APM	2	3.9	3.9	0	0	9	2	1	7:00	23:30	16.30	广州地铁
14	广佛线	地铁	B	4	38.9	38.9	0	0	25	4	1	6:00	23:00	17.00	广州地铁
合计					531.1	438.3	3.7	89.1	282	36	20				

广州市城市轨道交通运营线路年度运营数据统计表 表9-38-3

序号	运营线路名	客运量(万人次)	进站量(万人次)	客运周转量(万人次公里)	最大断面客流(万人次/小时)	配属列车数(列)	运营车公里(万车公里)	日均实际开行列次(列)	最小发车间隔(秒)	旅行速度(公里/小时)	牵引能耗(万千瓦时)	运营总能耗(万千瓦时)
1	1号线	24352.1	14579.8	122469.0	4.3	38	2040.9	505.5	143	33.0	5235.0	11588.0
2	2号线	34029.6	19976.3	258553.0	4.3	55	3886.7	572.5	134	37.0	9287.0	16924.0
3	3号线	56139.0	29634.7	499058.0	5.1	71	8460.2	1091.0	118	45.0	17361.0	27980.0
4	4号线	11643.9	6064.8	124795.0	2.0	57	3181.4	534.9	159	49.0	7480.0	13073.0

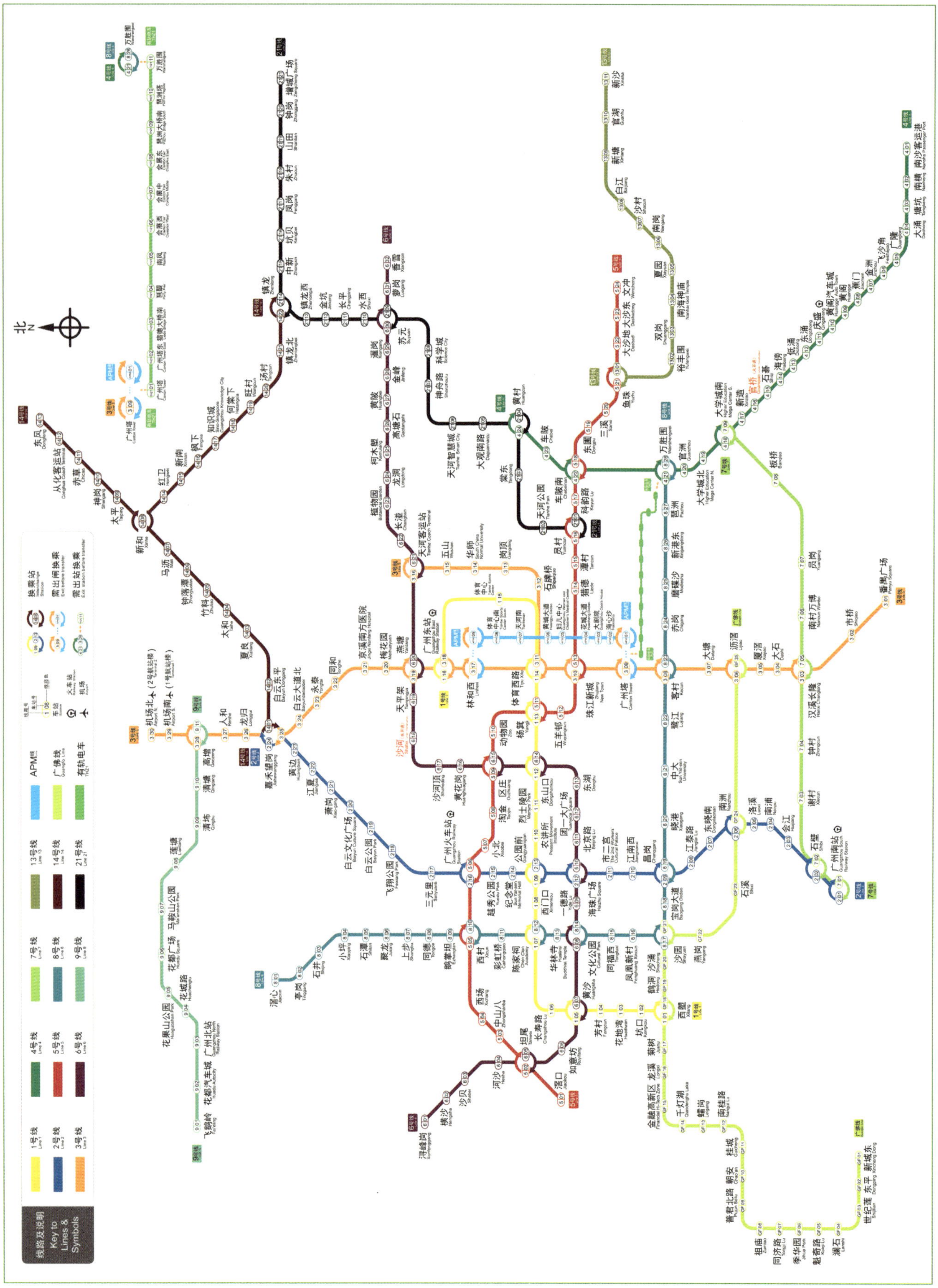

图9-38-1 广州市城市轨道交通运营网络示意图

广州市城市轨道交通运营线路年度运营数据统计表（续前表） 表9-38-3

序号	运营线路名	客运量（万人次）	进站量（万人次）	客运周转量（万人次公里）	最大断面客流（万人次/小时）	配属列车数（列）	运营车公里（万车公里）	日均实际开行列次（列）	最小发车间隔（秒）	旅行速度（公里/小时）	牵引能耗（万千瓦时）	运营总能耗（万千瓦时）
5	5号线	31388.1	16959.3	219089.0	4.8	62	4343.6	689.7	126	35.0	13816.0	21210.0
6	6号线	23400.3	13267.4	155394.0	2.1	55	2850.9	501.7	145	34.0	8994.0	16336.0
7	7号线	6381.1	3472.9	48080.0	0.9	23	1123.7	285.4	316	40.0	2711.0	5722.0
8	8号线	19137.8	8842.0	99301.0	3.0	39	1945.4	530.3	200	36.0	4377.0	9688.0
9	9号线	3133.9	1953.5	29321.0	0.8	16	937.2	222.8	408	42.0	2411.0	5939.0
10	13号线	3534.4	2132.0	48360.0	1.3	17	1704.8	236.6	455	52.0	3606.0	7473.0
11	14号线及知识城线	5826.1	3702.8	108562.0	1.4	32	4381.8	528.6	350	65.4	7570.0	13999.0
12	21号线	6431.8	3865.9	93993.0	1.9	30	3909.5	324.0	224	54.0	7073.0	14308.0
13	APM	1105.8	1105.8	1891.0	–	7	88.4	306.6	285	23.0	249.0	1046.0
14	广佛线	14747.0	8389.8	119831.0	1.9	38	2346.1	456.5	170	37.0	3712.0	9843.0
合计		241250.9	133947.0	1928697.0	—	540	41200.6	—	—	—	93882.0	175129.0

39 深圳市地铁集团有限公司

【概况】

至2020年底，深圳市城市轨道交通全网运营线路12条，总运营里程391.3公里，总运营车站280座，网络换乘站40座。地铁4号线由港铁轨道交通（深圳）有限公司运营，数据均不含4号线。

深圳市城市轨道交通有11条运营线路由深圳市地铁集团有限公司管理，从事既有运营线路运营维护的职工总数18051人，司机总数2274人。

2020年运送乘客147105.7万人次，比上年下降17.9%，占全市公共交通出行量的比重48.9%。全年线网日均客运量401.9万人次/日，其中线网日均进站量258.0万人次/日，单日最高日客运量达到707.1万人次/日（2020年12月31日），线网日均客运周转量3427.3万人次公里/日。

2020年线网实际开行列次150.2万列次，线网运营车公里32071.7万车公里，高峰时段最小行车间隔135秒，运营总能耗133869.8万千瓦时。采用按里程计、递远递减的多级票价，票价最低2元，最高13元；另外有轨电车为一票制2元，全年实现运营票款收入38.4亿元（含税），比上年下降12.3%。（表9-39-1）（图9-39-1）

2020年度主要运营指标完成情况见表9-39-2，表9-39-3。

【“科技创新升级战”成效显著】

推进“5-1-7-1”全方位运营智慧系统架构，以5个统一技术为基础，1个资产管理系统为核心，推动智慧运维等7大板块应用建设，实现多层级多专业智慧应用集成，最终以1个平台综合呈现运营宏观、微观态势及重要指标。在2020年北京国际城轨展览上，“地铁车厢载客拥挤度智能显示系统”“深圳地铁一体化客服中心”亮相，成为行业数字化转型的焦点，此外LCU技术获城市轨道交通科技进步奖。

【打造运营服务品牌标杆】

深圳地铁以美丽地铁、科技地铁为抓手，导入酒店式服务标准，打造微笑服务示范线。全面完成82个车站卫生间改造，在“美丽深圳”公共厕所环境指数评比中名列前茅，“厕所革命”获得成功。深圳通乘车码成功上线，“同车不同温”模式在全线网实施，BOM第三方支付功能实现，掌上地铁和快捷安检项目推进，推动智慧化便民措施落地。制定特色行车组织方案，满足乘客出行差异化需求，实施“早鸟”计划，有限度提早服务时间；持续推广半程末班车，提升运能利用率，满足市民乘客出行需求。打造“轨道+公益”的志愿生态圈，深铁义工联荣获省级“示范性志愿服务组织”奖、中国公益慈善项目大赛银奖以及“十佳创意项目”。

（深圳市地铁集团有限公司　欧阳佳）

深圳市城市轨道交通（深圳地铁）运营线路历年开通时间情况表

表9-39-1

线路名	分段开通名称	开通日期	开通范围	运营里程（公里）
1号线	东段	2004年12月28日	罗湖－世界之窗	17.3
	续建工程首通段	2009年9月28日	世界之窗－深大	3.4
	续建工程西延段	2011年6月15日	深大－机场东	20.2
2号线	初期	2010年12月28日	赤湾－世界之窗	15.5
	东延线	2011年6月28日	世界之窗－新秀	20.7
	2号线三期	2020年10月28日	新秀－莲塘	3.8
3号线	高架段	2010年12月28日	双龙－草埔	25.1
	地下段	2011年6月28日	草埔－益田	16.0
	南延	2020年10月28日	益田－福保	1.5
5号线	5号线一期	2011年6月22日	前海湾－黄贝岭	39.7
	续建段南延段	2019年9月28日	前海湾－赤湾	7.7
6号线	6号线	2020年8月18日	松岗－科学馆	49.5
7号线	7号线	2016年10月28日	西丽湖－太安	30.2
8号线	8号线一期	2020年10月28日	莲塘－盐田路	12.1
9号线	9号线一期	2016年10月28日	红树湾南－文锦	25.4
	续建段西延段	2019年12月8日	红树湾南－前湾	10.8
10号线	10号线	2020年8月18日	福田口岸－双拥街	29.3
11号线	11号线	2016年6月28日	福田－碧头	51.5
龙华有轨电车	龙华有轨电车	2017年10月28日	清湖－下围－新澜	11.7

深圳市城市轨道交通（深圳地铁）运营线路年度基础数据统计表

表9-39-2

序号	运营线路名	系统制式	车辆制式	列车编组（辆）	运营里程（公里）				车站数（座）	换乘站（座）	车辆基地（座）	首班车时间	末班车时间	线路运营时间（时.分）	运营单位
					总里程	地下	地面	高架							
1	1号线	地铁	A	6	40.9	37.1	0.4	3.4	30	10	2	6:30	0:04	17.34	深圳地铁运营集团有限公司
2	2号线	地铁	A	6	40.0	40.0	0	0	32	10	2	6:00	0:34	18.34	深圳地铁运营集团有限公司
3	3号线	地铁	B	6	42.5	18.4	2.4	21.7	31	11	2	6:17	0:27	18.10	深圳地铁运营集团有限公司
4	5号线	地铁	A	6	47.4	42.6	1.4	3.4	34	10	1	6:14	0:19	18.05	深圳地铁运营集团有限公司
5	6号线	地铁	A	6	49.5	22.7	1.4	25.4	27	7	2	6:20	0:16	17.56	深圳地铁运营集团有限公司
6	7号线	地铁	A	6	30.2	30.2	0	0	27	11	2	6:20	23:55	17.35	深圳地铁运营集团有限公司
7	8号线	地铁	A	6	12.1	12.1	0	0	6	0	1	6:00	0:34	18.34	深圳地铁运营集团有限公司
8	9号线	地铁	A	6	36.2	36.2	0	0	32	9	2	6:20	0:18	17.58	深圳地铁运营集团有限公司
9	10号线	地铁	A	8	29.3	29.3	0	0	23	5	2	6:10	0:04	17.54	深圳地铁运营集团有限公司
10	11号线	地铁	A	8	51.5	38.9	1.5	11.1	18	6	2	6:30	0:34	18.04	深圳地铁运营集团有限公司
11	龙华有轨电车	有轨电车	100%低地板	6	11.7	0	11.7	0	20	0	2	6:30	23:30	17.00	深圳地铁运营集团有限公司
合计					391.3	307.5	18.8	65.0	280	40	20				

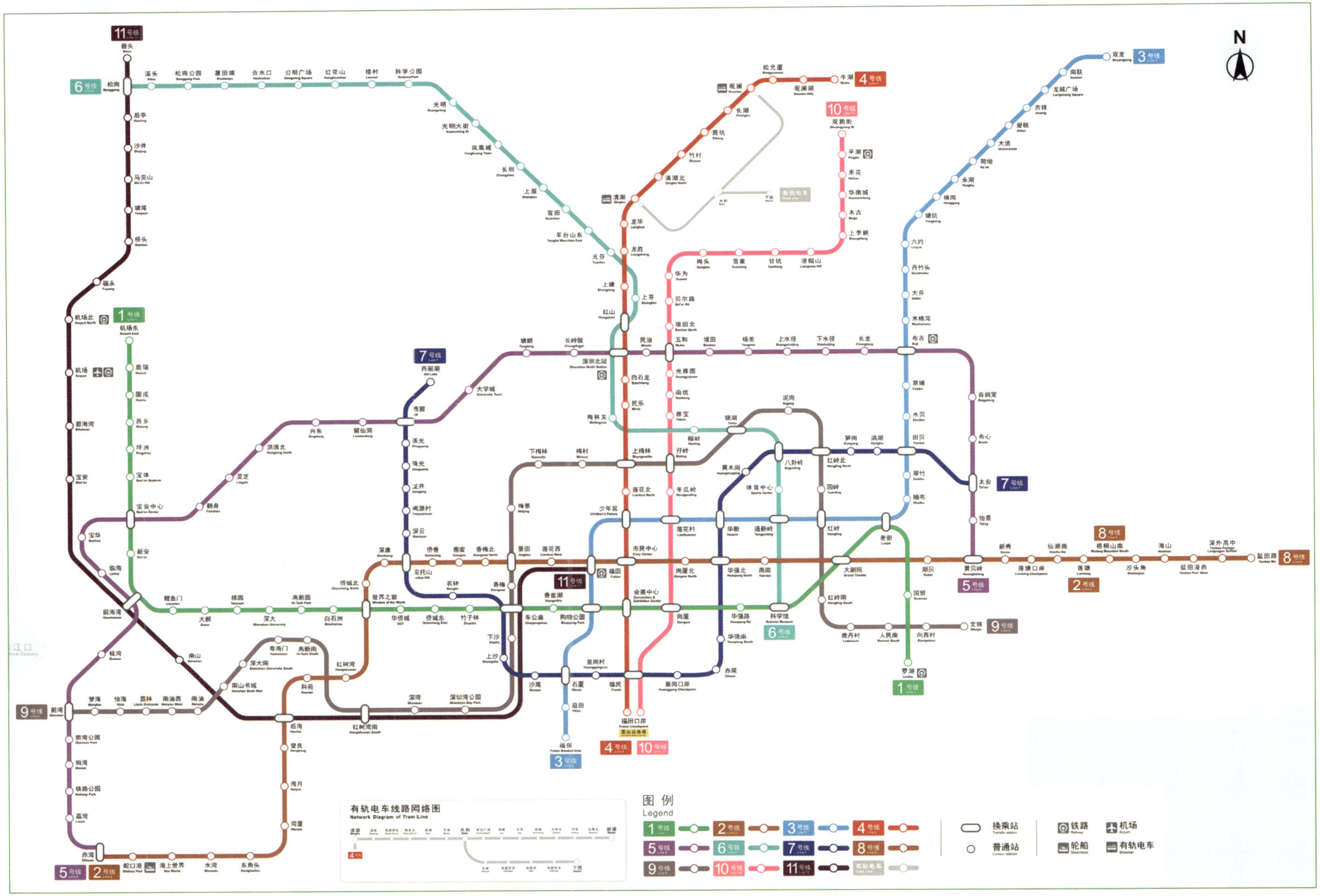

图9-39-1 深圳市城市轨道交通运营网络示意图

深圳市城市轨道交通（深圳地铁）运营线路年度运营数据统计表

表9-39-3

序号	运营线路名	客运量（万人次）	进站量（万人次）	客运周转量（万人次公里）	最大断面客流（万人次/小时）	配属列车数（列）	运营车公里（万车公里）	日均实际开行列次（列）	最小发车间隔（秒）	旅行速度（公里/小时）	牵引能耗（万千瓦时）	运营总能耗（万千瓦时）
1	1号线	28865.3	19306.2	223444.9	5.2	85	4651.2	617.4	155	36.7	11300.8	20552.0
2	2号线	14981.3	7653.4	93155.8	3.1	76	3782.9	464.9	155	34.5	7789.7	16091.9
3	3号线	22862.6	14220.6	219240.5	4.7	75	4697.0	580.4	135	35.8	8035.2	15987.8
4	5号线	29371.7	18318.4	261884.1	4.2	58	4972.6	567.3	180	37.3	10523.1	20865.6
5	6号线	3636.5	1946.9	49220.6	1.8	28	1277.3	377.7	275	41.6	2196.8	5017.6
6	7号线	15553.1	10594.9	73325.2	2.2	41	2671.2	452.3	225	31.1	6598.1	14507.3
7	8号线	452.2	272.7	5218.5	0	0	0	0	0	0	0	0
8	9号线	14064.1	9738.7	79457.0	2.4	48	3198.4	446.9	240	31.7	7424.9	18714.2
9	10号线	3933.9	2428.1	28871.8	2.6	26	953.4	338.0	300	32.8	1821.4	4751.2
10	11号线	12672.6	9245.5	220568.6	3.5	33	5525.6	393.7	240	49.8	10194.4	16690.1
11	龙华有轨电车	712.4	712.4	—	—	15	342.1	316.1	240	20.4	335.7	692.1
合计		147105.7	94438.7	1254387.0	—	485	32071.7	—	—	—	66220.1	133869.8

注：1. 因2号线和8号线贯通运营，8号线除客运量、进站量、客运周转量之外的其他指标数据均合并计入2号线。
2. 深圳市现代有轨电车因电车车站无闸机，无清分，不统计最大断面客流及客运周转量。

40 港铁轨道交通（深圳）有限公司

【概况】

至2020年底，深圳市城市轨道交通4号线，总运营里程31.3公里，总运营车站23座，网络换乘站8座。

深圳市城市轨道交通4号线运营由港铁轨道交通（深圳）有限公司管理，从事既有运营线路运营维护的职工总数1938人，司机总数269人。

2020年运送乘客15567.7万人次，比上年下降35%，占全市公共交通出行量的比重9.6%。全年4号线日均客运量42.5万人次/日，日均进站量26.7万人次/日，单日最高日客运量达到69.9万人次/日（2020年12月30日），日均客运周转量340.9万人次公里/日。

2020年4号线实际开行列次21万列次，运营车公里2513.2万车公里，高峰时段最小行车间隔150秒，运营总能耗9688.2万千瓦时。采用按里程分段计价票制，全年实现运营票款收入40824万元，比上年下降32.9%。（表9-40-1）（图9-40-1）

2020年度主要运营指标完成情况见表9-40-2，表9-40-3。

【4号线优质服务】

2020年，4号线三期开通初期运营，从龙华中心区延伸至观澜中心区，成为连接福田口岸至观澜南北走向的重要轨道交通干线。车站内增设风扇、鼓风机、新增休憩座椅，增设扶手电梯和垂梯（三期车站），提升乘客出行体验。智慧出行方面，4号线三期车站客服中心全部为开放式服务平台，每座车站（三期）新增自助票务处理机。列车服务方面，工作日早高峰的尖峰时刻在客流密集的车站（清湖站、红山站、深圳北站）加开班车，周末的行车间隔压缩至3.5分钟。环境提升方面，4号线全线车站卫生间完成升级改造，定期安排专职保洁人员服务覆盖运营时间。

（港铁轨道交通〔深圳〕有限公司）

深圳市城市轨道交通（港铁深圳）运营线路历年开通时间情况表 表9-40-1

线路名	分段开通名称	开通日期	开通范围	运营里程(公里)
4号线	4号线一期	2004年12月28日	福田口岸－少年宫	4.6
	4号线二期	2011年6月16日	少年宫－清湖	15.9
	4号线三期	2020年10月28日	清湖北－牛湖	10.8

深圳市城市轨道交通（港铁深圳）运营线路年度基础数据统计表 表9-40-2

序号	运营线路名	系统制式	车辆制式	列车编组(辆)	运营里程(公里)				车站数(座)	换乘站(座)	车辆基地(座)	首班车时间	末班车时间	线路运营时间(时.分)	运营单位
					总里程	地下	地面	高架							
1	4号线	地铁	A	6	31.3	18.5	0.7	12.1	23	8	2	6:30	23:00	16.30	港铁（深圳）
合计					31.3	18.5	0.7	12.1	23	8	2				

深圳市城市轨道交通（港铁深圳）运营线路年度运营数据统计表 表9-40-3

序号	运营线路名	客运量(万人次)	进站量(万人次)	客运周转量(万人次公里)	最大断面客流(万人次/小时)	配属列车数(列)	运营车公里(万车公里)	日均实际开行列次(列)	最小发车间隔(秒)	旅行速度(公里/小时)	牵引能耗(万千瓦时)	运营总能耗(万千瓦时)
1	4号线	15567.7	9780.7	124767.7	5.3	48	2513.2	572.7	150	36.0	5721.0	9688.2
合计		15567.7	9780.7	124767.7	—	48	2513.2	—	—	—	5721.0	9688.2

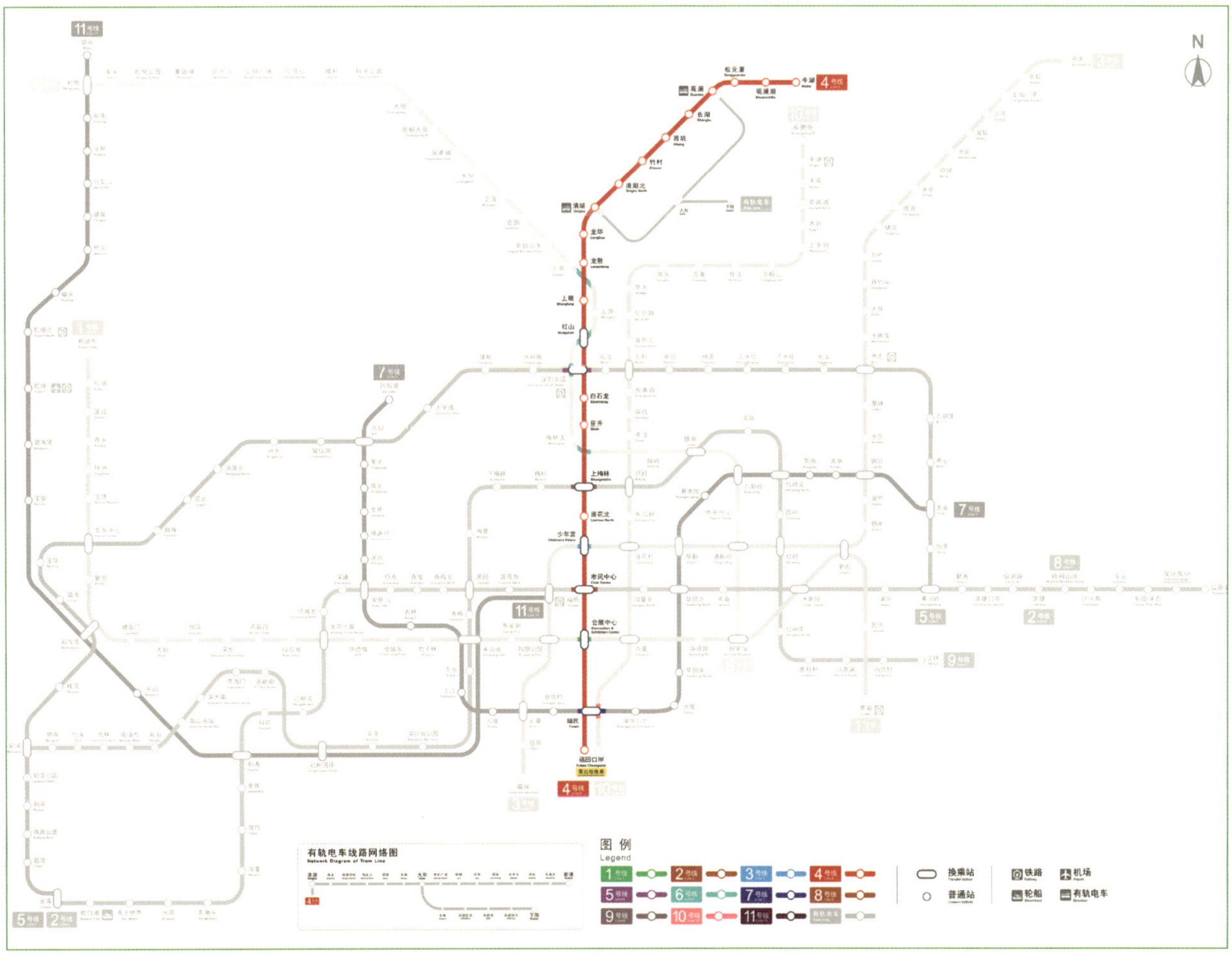

图9-40-1 深圳市城市轨道交通（港铁深圳）运营网络示意图

41 深圳市现代有轨电车有限公司

【概况】

至2020年底，深圳市城市轨道交通全网运营线路1条，总运营里程11.7公里，总运营车站20座，网络换乘站2座。

深圳市城市轨道交通1条运营线路由深圳市现代有轨电车有限公司管理，从事既有运营线路运营维护的职工总数142人，司机总数60人。

2020年运送乘客712.0万人次，比上年下降34.9%，占全市公共交通出行量的比重0.2%。全年线网日均客运量712万人次/日，其中线网日均进站量2.0万人次/日，单日最高日客运量达到3.7万人次/日（2020年1月1日）。

2020年线网实际开行列次115682列次，线网运营车公里342.0万车公里，高峰时段最小行车间隔240秒，运营总能耗693.2万千瓦时。采用一票制，全年实现运营票款收入1403万元，比上年下降26.1%。（表9-41-1）（图9-41-1）

2020年度主要运营指标完成情况见表9-41-2，表9-41-3。

【提速增效】

开通“全国一卡通”。全线AFC系统设备改造完成，270台车载终端开始启用全国交通一卡通刷卡功能，实现无卡便捷刷卡（NFC）乘车的技术应用，为市民提供更便捷的公共出行服务。结合有轨电车运营情况，梳理客流分布情况，加强设备设施保障力度，制定运能提升方案，自8月8日起，进行第四次提速调图。运行速度提升17.6%，“清湖－新澜”方向电车单程运行时间由29分钟缩短至25分钟，“清湖－下围”方向电车单程运行时间由22分钟缩短至19分钟，进一步缩短市民乘车时间，提高出行效率。

（深圳市现代有轨电车有限公司 张哲）

深圳市城市轨道交通（深圳有轨）运营线路历年开通时间情况表　表9-41-1

线路名	分段开通名称	开通日期	开通范围	运营里程（公里）
深圳现代有轨电车	主线	2017年10月28日	清湖－新澜	8.6
	支线	2017年10月28日	大和－下围	3.1

深圳市城市轨道交通（深圳有轨）运营线路年度基础数据统计表　表9-41-2

序号	运营线路名	系统制式	车辆制式	列车编组（辆）	运营里程（公里） 总里程	地下	地面	高架	车站数（座）	换乘站（座）	车辆基地（座）	首班车时间	末班车时间	线路运营时间（时.分）	运营单位
1	深圳现代有轨电车	有轨电车	100%低地板	4	11.7	0	11.7	0	20	2	1	6:30	23:00	16.30	深圳市现代有轨电车有限公司
合计					11.7	0	11.7	0	20	2	1				

深圳市城市轨道交通（深圳有轨）运营线路年度运营数据统计表　表9-41-3

序号	运营线路名	客运总量（万人次）	总进站量（万人次）	总客运周转量（万人次公里）	最大断面客流（万人次/时）	配属列车数（列）	总运营里程（万车公里）	日均实际开行列次（列次）	最小发车间隔（秒）	旅行速度（公里/时）	总牵引能耗（万千瓦时）	总电能消耗量（万千瓦时）
1	深圳现代有轨电车	712.0	712.0	—	—	15	342.0	316.0	240	20.4	335.7	693.2
合计		712.0	712.0	—	—	15	342.0	—	—	—	335.7	693.2

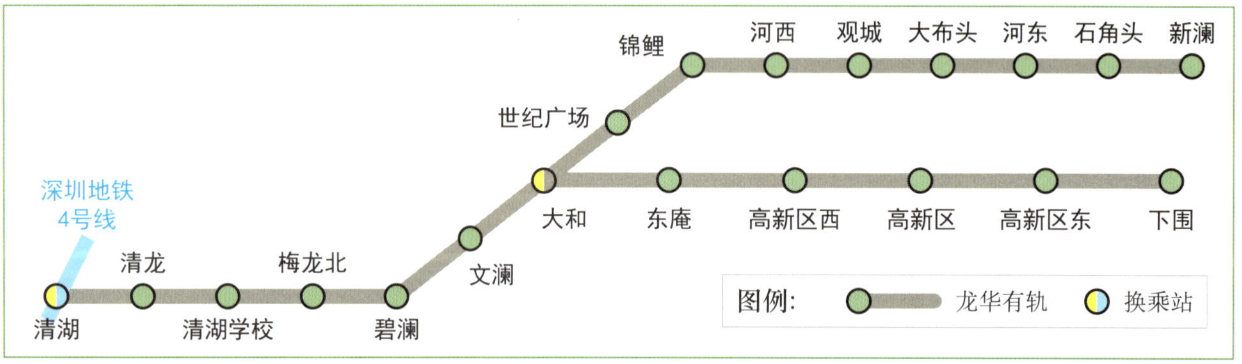

图9-41-1 深圳市城市轨道交通（深圳有轨）运营网络示意图

42 珠海公交轨道交通有限公司

【概况】

至2020年底，珠海市城市轨道交通全网运营线路1条，总运营里程8.8公里，总运营车站14座。

珠海市城市轨道交通1条运营线路由珠海公交轨道交通有限公司管理，从事既有运营线路运营维护的职工总数106人，司机总数21人。

2020年运送乘客81.6万人次，比上年下降42.4%，占全市公共交通出行量的比重0.4%。全年线网日均客运量0.3万人次/日，其中线网日均进站量0.3万人次/日，单日最高日客运量达到0.5万人次/日（2020年10月2日），线网日均客运周转量1.3万人次公里/日。

2020年线网实际开行列次2.9万列次，线网运营车公里121.2万车公里，高峰时段最小行车间隔675秒，运营总能耗314.7万千瓦时。采用1元一票制，全年实现运营票款收入64.9万元，比上年下降40.4%。（表9-42-1）（图9-42-1）

2020年度主要运营指标完成情况见表9-42-2，表9-42-3。

【全力做好防疫服务保障工作】

自3月20日恢复运营以来，珠海公交轨道交通有限公司持续多举措落实常态化防疫工作，严格落实消毒、测体温等措施，对乘车乘客实施规范全程佩戴口罩乘车，在乘客上车前对其进行体温检测，并实行乘车信息登记等，为公共出行乘客保驾护航。至12月31日，为乘客检测体温815811人次，共消毒车辆13088列次，为司乘人员检测体温12095人次，站台消毒6477次，劝离体温异常乘客乘车7人次。

【首次公众开放日活动】

9月12日邀请8名“常乘客”举办首次公众开放日活动，实地体验轨道交通幕后工作。通过此活动，乘客代表学习到更多轨道交通的相关业务知识，了解有轨电车的优势和特点，并对珠海公交轨道交通有限公司所做出的努力表示肯定，彼此之间相互理解、增进信任感，同时起到一定公众监督作用。

（珠海公交轨道交通有限公司）

珠海市城市轨道交通运营线路历年开通时间情况表　　表9-42-1

线路名	分段开通名称	开通日期	开通范围	运营里程（公里）
有轨电车1号线	-	2017年6月13日	上冲小镇－水拥坑（海天公园）	8.8

珠海市城市轨道交通运营线路年度基础数据统计表　　表9-42-2

序号	运营线路名	系统制式	车辆制式	列车编组（辆）	运营里程（公里）				车站数（座）	换乘站（座）	车辆基地（座）	首班车时间	末班车时间	线路运营时间（时.分）	运营单位
					总里程	地下	地面	高架							
1	1号线	有轨电车	100%低地板	5	8.8	0	8.8	0	14	0	1	6:30	20:35	14.05	珠海公交轨道交通有限公司
合计					8.8	0	8.8	0	14	0	1				

珠海市城市轨道交通运营线路年度运营数据统计表　　表9-42-3

序号	运营线路名	客运总量（万人次）	总进站量（万人次）	总客运周转量（万人次公里）	最大断面客流（万人次/时）	配属列车数（列）	总运营里程（万车公里）	日均实际开行列次（列次）	最小发车间隔（秒）	旅行速度（公里/时）	总牵引能耗（万千瓦时）	总电能消耗量（万千瓦时）
1	1号线	81.6	81.6	391.6	0.1	9	121.2	92.8	675	17.2	113.8	314.7
合计		81.6	81.6	391.6	—	9	121.2	—	—	—	113.8	314.7

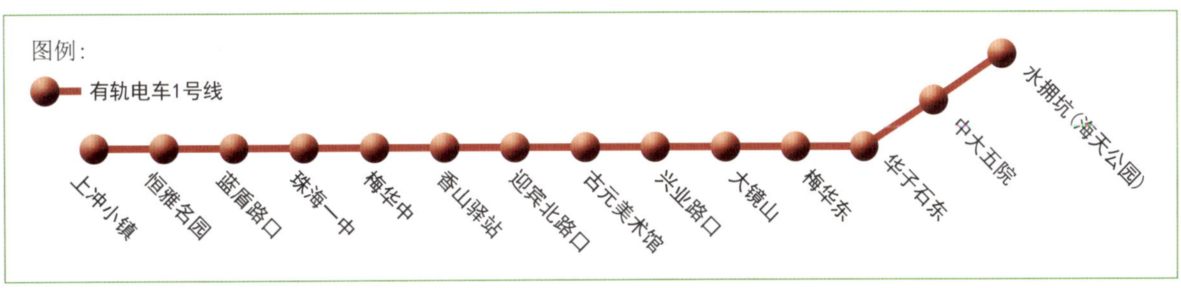

图9-42-1 珠海市城市轨道交通运营网络示意图

43 佛山市铁路投资建设集团有限公司

【概况】

至2020年底，广东省佛山市城市轨道交通全网运营线路2条，总运营里程45.4公里，总运营车站35座，网络换乘站4座。

2020年运送乘客14774.5万人次，比上年下降23.7%，占全市公共交通出行量的比重22.2%。全年线网日均客运量40.4万人次/日，其中广佛线总进站量8417.3万人次，单日最高日客运量达到67.8万人次/日（2020年12月31日）；有轨电车总进站量27.5万人次。

2020年线网实际开行列次19.4万列次，线网运营车公里2383.5万车公里，高峰时段最小行车间隔170秒。采用按里程计、递远递减的多级票价，全年实现运营票款收入25857.7万元，比上年下降25.1%。（表9-43-1）（图9-43-1，图9-43-2）

2020年度主要运营指标完成情况见表9-43-2，表9-43-3。

【高明有轨电车打造氢能源对外交流新窗口】

高明区现代化有轨电车示范线首期工程紧密结合佛山市氢能产业发展战略，采用氢能源作为主要动力，延伸氢能产业应用场景，形成“氢能源+城市轨道”新模式。高明有轨电车的开通标志着世界第一条氢能源有轨电车示范线投入商业运营，在佛山乃至全国轨道交通发展史上均具有里程碑意义。至2020年底，高明有轨电车安全运营368天，运营期间承接佛山市多项交流任务，吸引上海、浙江、香港、济南等国内各地以及德国汉堡、马来西亚砂拉越州等国外代表团前来参观、交流氢能轨道交通运营经验，累计接待42批次853人次，成为佛山城市形象和氢能新兴战略产业发展成果的重要展示窗口。

（佛山市铁路投资建设集团有限公司 陈文伊）

佛山市城市轨道交通运营线路历年开通时间情况表　　表9-43-1

线路名	分段开通名称	开通日期	开通范围	运营里程（公里）
广佛线	首通段	2010年11月3日	魁奇路－西塱	20.7
	后通段	2015年12月28日	西塱－燕岗	6.1
	后通段	2018年12月28日	燕岗－沥滘	5.4
	广佛二期	2016年12月28日	魁奇路－新城东	6.7
高明有轨电车	示范线首期段	2019年12月30日	沧江路－智湖	6.5

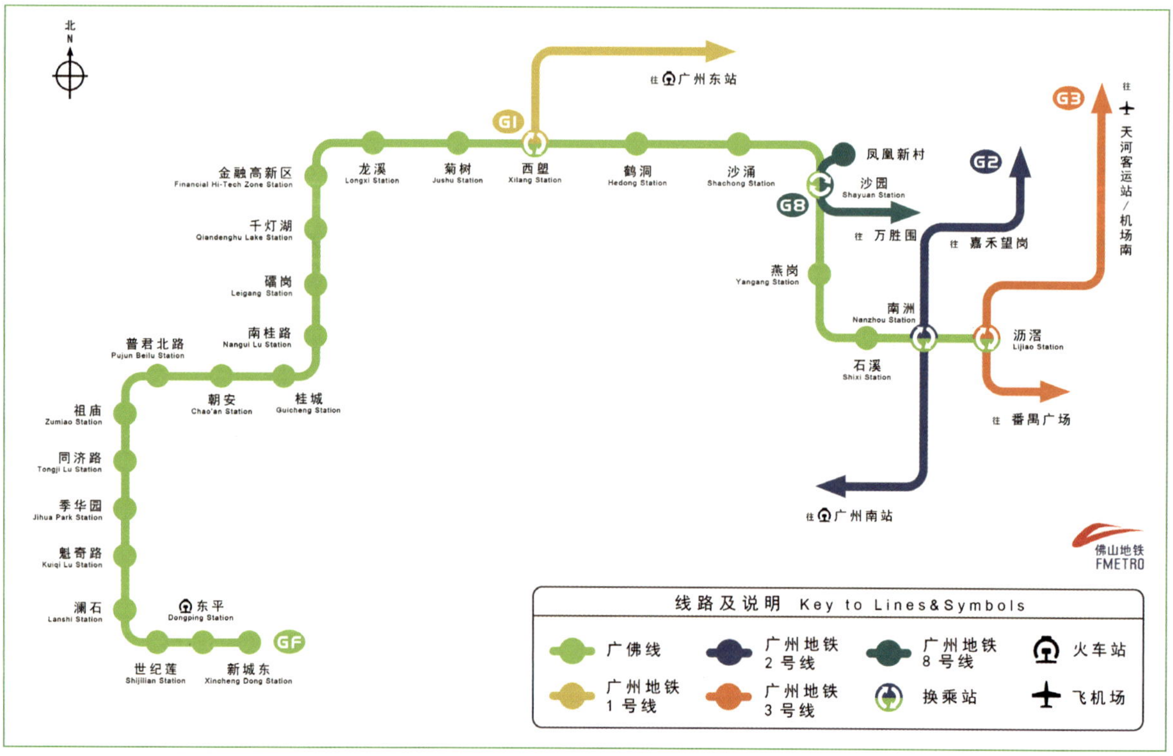

图9-43-1 佛山市城市轨道交通（广佛线）运营网络示意图

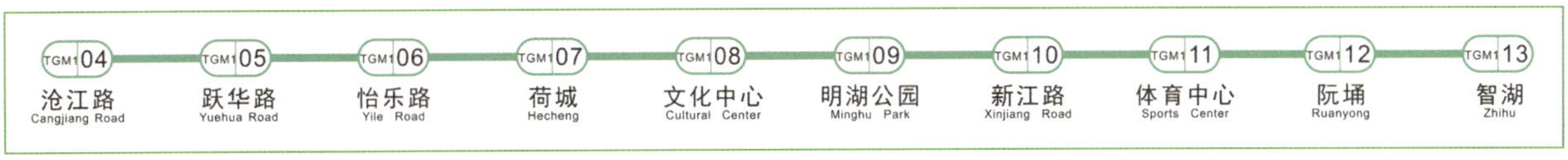

图9-43-2 佛山市城市轨道交通（高明线）运营网络示意图

佛山市城市轨道交通运营线路年度基础数据统计表

表9-43-2

序号	运营线路名	系统制式	车辆制式	列车编组（辆）	运营里程（公里）				车站数（座）	换乘站（座）	车辆基地（座）	首班车时间	末班车时间	线路运营时间（时.分）	运营单位
					总里程	地下	地面	高架							
1	广佛线	地铁	B	4	38.9	38.9	0	0	25	4	1	6:00	23:00	17.00	广州地铁
2	高明有轨电车	有轨电车	—	3	6.5	0	6.5	0	10	0	1	7:00	20:00	13.00	佛山地铁
合计					45.4	38.9	6.5	0	35	4	2				

佛山市城市轨道交通运营线路年度运营数据统计表

表9-43-3

序号	运营线路名	客运总量（万人次）	总进站量（万人次）	总客运周转量（万人次公里）	最大断面客流（万人次/时）	配属列车数（列）	总运营里程（万车公里）	日均实际开行列次（列次）	最小发车间隔（秒）	旅行速度（公里/时）	总牵引能耗（万千瓦时）	总电能消耗量（万千瓦时）
1	广佛线	14747.0	8389.8	119831.0	3.6	38	2346.1	456.0	170	37.4	3712.1	9843.0
2	高明有轨电车	27.5	27.5	—	—	5	37.4	75.0	480	20.3	32458.1	—
合计		14774.5	8417.3	—	—	43	2383.5	—	—	—	—	—

注：高明有轨电车总牵引能耗为32458.1千克牵引耗氢量。

44 东莞市轨道交通有限公司

【概况】

至2020年底，东莞市城市轨道交通全网运营线路1条，总运营里程37.8公里，总运营车站15座。

东莞市城市轨道交通1条运营线路由东莞市轨道交通有限公司管理，从事既有运营线路运营维护的职工总数1757人，司机总数139人。

2020年运送乘客3505.6万人次，比上年下降34.8%，占全市公共交通出行量的比重16.8%。全年线网日均客运量9.6万人次/日，其中线网日均进站量9.6万人次/日，单日最高日客运量达到25.7万人次/日（2020年1月1日），线网日均客运周转量122.5万人次公里/日。

2020年线网实际开行列次9.5万列次，线网运营车公里2040.7万车公里，高峰时段最小行车间隔400秒，运营总能耗9994.1万千瓦时。采用按里程计、递远递减的多级票价，全年实现运营票款收入12774.7万元，比上年下降34.8%。（表9-44-1）（图9-44-1）

2020年度主要运营指标完成情况见表9-44-2，表9-44-3。

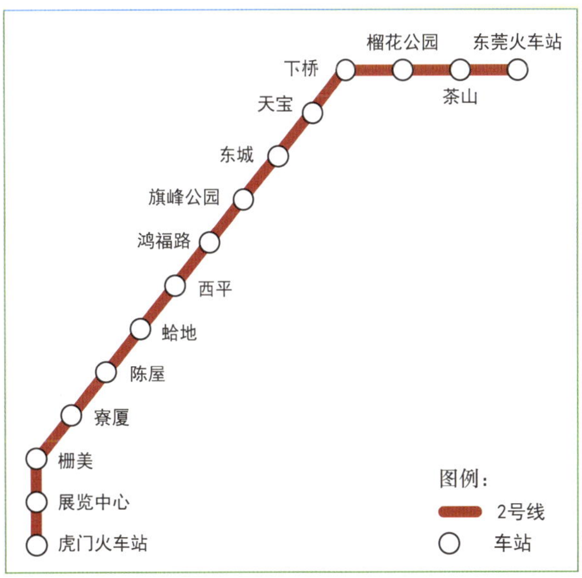

图9-44-1 东莞市城市轨道交通运营网络示意图

【全国一卡通过闸升级改造】

12月10日，2号线启用全国交通一卡过闸功能通，乘客可以持带有“交通联合”标识的全国交通一卡通卡进出2号线车站，进一步增强了乘客出行便利性。

【2号线全线覆盖AED】

9月27日，在2号线茶山站、下桥站等7个站点设置AED，实现AED设备在2号线15个车站全覆盖安装，为突发情况下实施紧急救助，保障乘客生命安全提供设备支持。

【贴心服务送温暖】

为解决特殊群体轮椅车上下车需跨过站台与列车间空隙时不方便的问题，东莞市轨道交通有限公司的3名员工经过多次深入车站实地考察，并与现场人员进行沟通交流，在满足承重安全的前提下，利用工余时间制作15套轮椅车过渡踏板，该踏板具有便捷收合携带等优点，使用效果反馈良好，有效解决特殊群体上下车难题，以实际行动践行主动、用心的服务理念，为乘客提供贴心、暖心的服务。

（东莞市轨道交通有限公司　金婷）

东莞市城市轨道交通运营线路历年开通时间情况表　表9-44-1

线路名	分段开通名称	开通日期	开通范围	运营里程（公里）
2号线	2号线	2016年5月27日	东莞火车站－虎门火车站	37.8

东莞市城市轨道交通运营线路年度基础数据统计表　表9-44-2

序号	运营线路名	系统制式	车辆制式	列车编组（辆）	运营里程（公里）				车站数（座）	换乘站（座）	车辆基地（座）	首班车时间	末班车时间	线路运营时间（时.分）	运营单位
					总里程	地下	地面	高架							
1	2号线	地铁	B	6	37.8	33.7	0.4	3.7	15	0	1	6:30	23:05	16.35	东莞市轨道交通有限公司
合计					37.8	33.7	0.4	3.7	15	0	1				

东莞市城市轨道交通运营线路年度运营数据统计表　表9-44-3

序号	运营线路名	客运量（万人次）	进站量（万人次）	客运周转量（万人次公里）	最大断面客流（万人次/小时）	配属列车数（列）	运营车公里（万车公里）	日均实际开行列次（列）	最小发车间隔（秒）	旅行速度（公里/小时）	牵引能耗（万千瓦时）	运营总能耗（万千瓦时）
1	2号线	3505.6	3505.6	44819.0	0.8	20	2040.7	259.1	400	53.8	4180.8	9994.1
合计		3505.6	3505.6	44819.0	—	20	2040.7	—	—	—	4180.8	9994.1

45 南宁轨道交通集团有限责任公司

【概况】

至2020年底，南宁城市轨道交通全网运营线路4条，总运营里程108.0公里，总运营车站80座，网络换乘站7座。

南宁城市轨道交通4条运营线路由南宁轨道交通集团运营分公司管理，从事既有运营线路运营维护的职工总数6368人，司机总数545人。

2020年运送乘客20841.0万人次，比上年下降24.1%，占全市公共交通出行量的比重45.2%。全年线网日均客运量61.2万人次/日，其中线网日均进站量39.6万人次/日，单日最高日客运量达到139.6万人次/日（2020年12月31日），线网日均客运周转量615.8万人次公里/日。

2020年线网实际开行列次34.7万列次，线网运营车公里5594.0万车公里，高峰时段最小行车间隔260秒，运营总能耗31961.9万千瓦时。采用起步价2元可乘6公里；超过起步里程6公里后采取递远递减，里程分段累进计价的多级票价，票价最低2元，最高6元，全年实现运营票款收入41792.8万元，比上年下降28.15%。（表9-45-1）（图9-45-1）

2019年度主要运营指标完成情况见表9-45-2，表9-45-3。

【4号线首通段、2号线东延提前开通初期运营】

2020年11月23日，4号线首通段和2号线东延提前1个月实现初期运营，线网运营效能进一步增强，客流恢复增长快，服务水平明显提高，累计节约电费约3400万元。

（南宁轨道交通集团有限责任公司）

南宁市城市轨道交通运营线路历年开通时间情况表　　表9-45-1

线路名	分段开通名称	开通日期	开通范围	运营里程(公里)
1号线	1号线东段	2016年6月28日	南湖－火车东站	10.5
	1号线西段	2016年12月28日	石埠－南湖	21.6
2号线	2号线	2017年12月28日	西津－玉洞	21.0
	2号线东延	2020年11月23日	玉洞－坛兴村	6.3
3号线	3号线	2019年6月6日	科园大道－平良立交	27.9
4号线	4号线西段	2020年11月23日	洪运路－楞塘村	20.7

南宁市城市轨道交通运营线路年度基础数据统计表　　表9-45-2

序号	运营线路名	系统制式	车辆制式	列车编组(辆)	运营里程(公里)				车站数(座)	换乘站(座)	车辆基地(座)	首班车时间	末班车时间	线路运营时间(时.分)	运营单位
					总里程	地下	地面	高架							
1	1号线	地铁	B	6	32.1	32.1	0	0	25	3	2	6:30	23:00	16.30	运营分公司
2	2号线	地铁	B	6	27.3	27.3	0	0	23	5	2	6:30	23:00	16.30	运营分公司
3	3号线	地铁	B	6	27.9	27.9	0	0	23	4	2	6:30	23:00	16.30	运营分公司
4	4号线	地铁	B	6	20.7	20.7	0	0	16	2	1	6:30	23:00	16.30	运营分公司
合计					108.0	108.0	0	0	80	7	7				

图9-45-1 南宁市城市轨道交通运营线路示意图

南宁市城市轨道交通运营线路年度运营数据统计表

表9-45-3

序号	运营线路名	客运量（万人次）	进站量（万人次）	客运周转量（万人次公里）	最大断面客流（万人次/小时）	配属列车数（列）	运营车公里（万车公里）	日均实际开行列次（列）	最小发车间隔（秒）	旅行速度（公里/小时）	牵引能耗（万千瓦时）	运营总能耗（万千瓦时）
1	1号线	11154.8	8588.9	119636.0	2.2	35	2369.1	360.0	260	35.8	3777.3	13990.7
2	2号线	6083.4	3652.1	72995.2	1.1	28	1429.9	288.0	300	32.6	2648.2	7675.1
3	3号线	3415.9	2152.2	32753.5	0.7	28	1668.8	217.0	300	34.3	2740.3	9720.0
4	4号线	186.9	102.1	—	0.4	25	126.2	262.0	480	35.1	199.3	576.1
合计		20841.0	14495.3	225384.7	—	116	5594.0	—	—	—	9365.1	31961.9

46 三亚市轨道交通有限公司

【概况】

至2020年底，三亚市城市轨道交通全网运营线路1条，总运营里程8.4公里，总运营车站15座。

三亚市城市轨道交通1条运营线路由三亚市轨道交通有限公司管理，从事既有运营线路运营维护的职工总数95人，司机总数43人。

2020年运送乘客22.2万人次。全年线网日均客运量0.3万人次/日，其中线网日均进站量0.3万人次/日，单日最高日客运量达到0.6万人次/日（2020年12月31日），线网日均客运周转量0.9万人次公里/日。

2020年线网实际开行列次1.3万列次，线网运营车公里11.0万车公里，高峰时段最小行车间隔687秒，运营总能耗80.6万千瓦时。采用一票制3元，全年实现运营票款收入57.8万元。（表9-46-1）（图9-46-1）

2020年度主要运营指标完成情况见表9-46-2，表9-46-3。

【运营亮点】

2020年，推动校企合作，强化人才储备。同三亚航空旅游职业学院、三亚城市职业学院、中瑞学院等院校沟通，开展校企合作，通过在企业为学生搭建实践培训平台、学校为企业提供技术支持及人才力量等形式，实现企业、学校、学生的三方共赢，强化了人才储备。

同三亚市公共交通集团洽谈，争取线路客流，优化城市公共交通系统，调整部分与有轨电车线路重合的公交线路走向、停靠站点，避免资源浪费，优化城市公共交通配置。

三亚有轨电车示范线开通初期，在强化线上宣传推广的同时，线下进社区、学校、超市、酒店等，多频次开展一对一宣传，并针对外地游客较多的客流特征，开发多种票卡，宣传效益及营销活动同步开展。

（三亚市轨道交通有限公司 柳春仪）

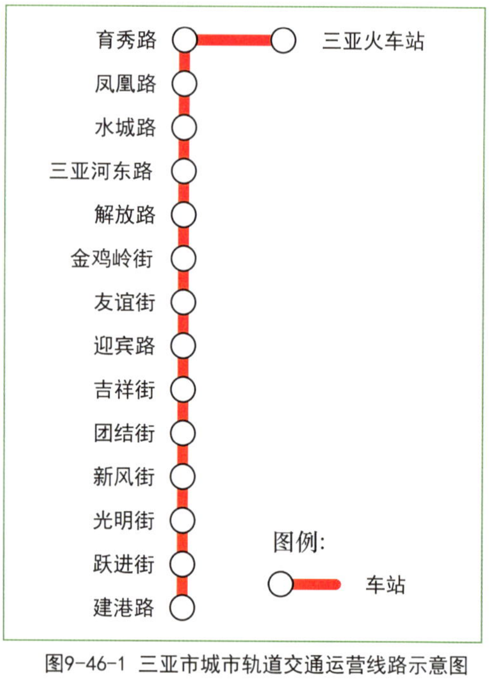

图9-46-1 三亚市城市轨道交通运营线路示意图

三亚市城市轨道交通运营线路历年开通时间情况表

表9-46-1

线路名	分段开通名称	开通日期	开通范围	运营里程（公里）
有轨电车示范线	有轨电车示范线	2020年10月10日	建港路－三亚火车站	8.4

三亚市城市轨道交通运营线路年度基础数据统计表

表9-46-2

序号	运营线路名	系统制式	车辆制式	列车编组（辆）	运营里程（公里）				车站数（座）	换乘站（座）	车辆基地（座）	首班车时间	末班车时间	线路运营时间（时.分）	运营单位
					总里程	地下	地面	高架							
1	有轨电车示范线	有轨电车	储能式	5	8.4	0	8.4	0	15	0	1	6:30	22:30	16.00	三亚市轨道交通有限公司
合计					8.4	0	8.4	0	15	0	1				

三亚市城市轨道交通运营线路年度运营数据统计表

表9-46-3

序号	运营线路名	客运量（万人次）	进站量（万人次）	客运周转量（万人次公里）	最大断面客流（万人次/小时）	配属列车数（列）	运营车公里（万车公里）	日均实际开行列次（列）	最小发车间隔（秒）	旅行速度（公里/小时）	牵引能耗（万千瓦时）	运营总能耗（万千瓦时）
1	有轨电车示范线	22.2	22.2	77.6	—	11	11.0	157.0	687	14.4	27.6	80.6
合计		22.2	22.2	77.6	—	11	11.0	—	—	—	27.6	80.6

47 重庆市轨道交通（集团）有限公司

【概况】

至2020年底，重庆城市轨道交通全网运营线路9条，总运营里程343.3公里，总运营车站170座，网络换乘站19座。

重庆城市轨道交通9条运营线路均由重庆市轨道交通（集团）有限公司管理，从事既有运营线路运营维护的职工总数20030人，司机总数2239人。

2020年运送乘客83975.1万人次，比上年下降19.4%，占全市公共交通出行量的比重39.9%。全年线网日均客运量229.4万人次/日，其中线网日均进站量154.3万人次/日，单日最高日客运量达到387.2万人次/日（2020年9月30日），线网日均客运周转量2003.3万人次公里/日。

2020年线网实际开行列次125.4万列次，线网运营车公里23469.9万车公里，高峰时段最小行车间隔150秒，运营总能耗78703.6万千瓦时。采用按里程计价，全年实现运营票款收入159200万元，比上年下降19.6%。（表9-47-1）（图9-47-1）

2020年度主要运营指标完成情况见表9-47-2，表9-47-3。

【运营亮点】

完成互联互通CBTC系统项目的示范应用，实现4号线和环线的跨线运营和10号线快慢车运行，重庆轨道交通的影响力和竞争力进一步提升。加强运营线路智慧车站建设，国博中心站、悦来站智慧车站投入使用。完善票务系统改造，完成全国一卡通互联互通改造项目，实现全路网扫码过闸，老年卡分时段禁用，沙坪坝、谢家湾畅通卡站外换乘（虚拟换乘）功能，银联ODA（银行卡刷卡乘车）功能进入调试阶段，乘客出行更便捷。提升线网服务品质，完成第二轮34个出入口雨棚设施加装、4座轨道交通高校周边站点更名、287列车座椅防滑改造和国博中心站扩能改造，持续推进曾家岩C口改造，配合开展既有线路118座车站、新开通线路20座车站的轨道与地面公交换乘提升，确保运营服务更优质。开展噪声治理工作，与重庆交通大学联合开展噪声防控关键技术专项课题研究；对噪声敏感区段采取限速、安装声屏障、定期检修保养等措施，缓解列车运行噪声对环境影响。

（重庆市轨道交通〔集团〕有限公司　向任澜）

重庆市城市轨道交通运营线路历年开通时间情况表

表9-47-1

线路名	分段开通名称	开通日期	开通范围	运营里程（公里）
1号线	1号线朝沙线	2011年7月28日	小什字－沙坪坝	20.3
	1号线大学城线	2012年12月20日	沙坪坝－大学城	16.7
	1号线大学城线	2014年12月30日	大学城－尖顶坡	1.9

重庆市城市轨道交通运营线路历年开通时间情况表（续前表） 表9-47-1

线路名	分段开通名称	开通日期	开通范围	运营里程(公里)
1号线	市郊铁路	2019年12月31日	尖顶坡－璧山	5.6
	朝小段	2020年12月31日	朝天门－小什字	0.8
2号线	2号线较新线	2005年6月18日	较场口－动物园	19.2
	2号线较新线	2006年7月1日	动物园－新山村	
	2号线西城线	2014年12月30日	新山村－鱼洞	12.2
3号线	3号线机场线	2011年9月29日	两路口－鸳鸯	39.1
	3号线机场线	2011年10月8日	鸳鸯－长福路	
	3号线机场线	2011年12月30日	二塘－两路口	
	3号线机场线	2011年12月30日	长福路－江北机场	
	3号线鱼洞线	2012年12月28日	鱼洞－二塘	17.0
	3号线北延伸线	2016年12月28日	碧津－举人坝	11.0
4号线	4号线一期	2018年12月28日	民安大道－唐家沱	15.7
5号线	5号线一期北段	2017年12月28日	园博中心－大龙山	16.4
6号线	6号线上礼线	2012年9月28日	五里店－康庄	15.7
	6号线上礼线	2012年12月26日	康庄－礼嘉	3.1
	6号线上礼线	2014年12月30日	上新街－五里店	6.9
	6号线北碚线	2013年12月31日	礼嘉－北碚	26.2
	6号线茶园线	2014年12月30日	茶园－上新街	11.5
10号线	10号线一期	2017年12月28日	鲤鱼池－王家庄	34.3
国博线	国博线	2013年5月15日	礼嘉－悦来	12.6
	国博线二期	2020年12月31日	悦来－沙河坝	14.0
环线	环线东北半环	2018年12月28日	重庆图书馆－重庆北站南广场－海峡路	33.7
	环线西南环	2019年12月31日	海峡路－二郎	5.9

重庆市城市轨道交通运营线路年度基础数据统计表 表9-47-2

序号	运营线路名	系统制式	车辆制式	列车编组(辆)	运营里程(公里)				车站数(座)	换乘站(座)	车辆基地(座)	首班车时间	末班车时间	线路运营时间(时.分)	运营单位
					总里程	地下	地面	高架							
1	1号线	地铁	B	6	45.3	27.9	0.3	17.1	25	4	2	6:30	22:30	16.00	运一
2	2号线	跨座式单轨	跨座式单轨	4/6	31.4	2.9	0	28.5	25	4	2	6:30	22:30	16.00	运二
3	3号线	跨座式单轨	跨座式单轨	6/8	67.1	14.6	0	52.5	45	7	3	6:30	22:30	16.00	运三
4	4号线	地铁	As	6	15.7	10.6	0	5.1	8	2	1	6:30	22:30	16.00	运三
5	5号线	地铁	As	6	16.4	16.4	0	0	10	2	1	6:30	22:30	16.00	运四
6	6号线	地铁	B	6	63.3	49.7	0.6	13.0	28	8	3	6:30	22:30	16.00	运四
7	10号线	地铁	As	6	34.3	27.7	0.2	6.4	19	5	1	6:30	22:30	16.00	运二
8	国博线	地铁	B	6	26.6	20.8	0.1	5.7	12	3	1	6:30	22:30	16.00	运四
9	环线	地铁	As	6	43.2	33.4	1.3	8.5	26	6	3	6:30	22:30	16.00	运一
合计					343.3	204.0	2.5	136.8	183	20	18				

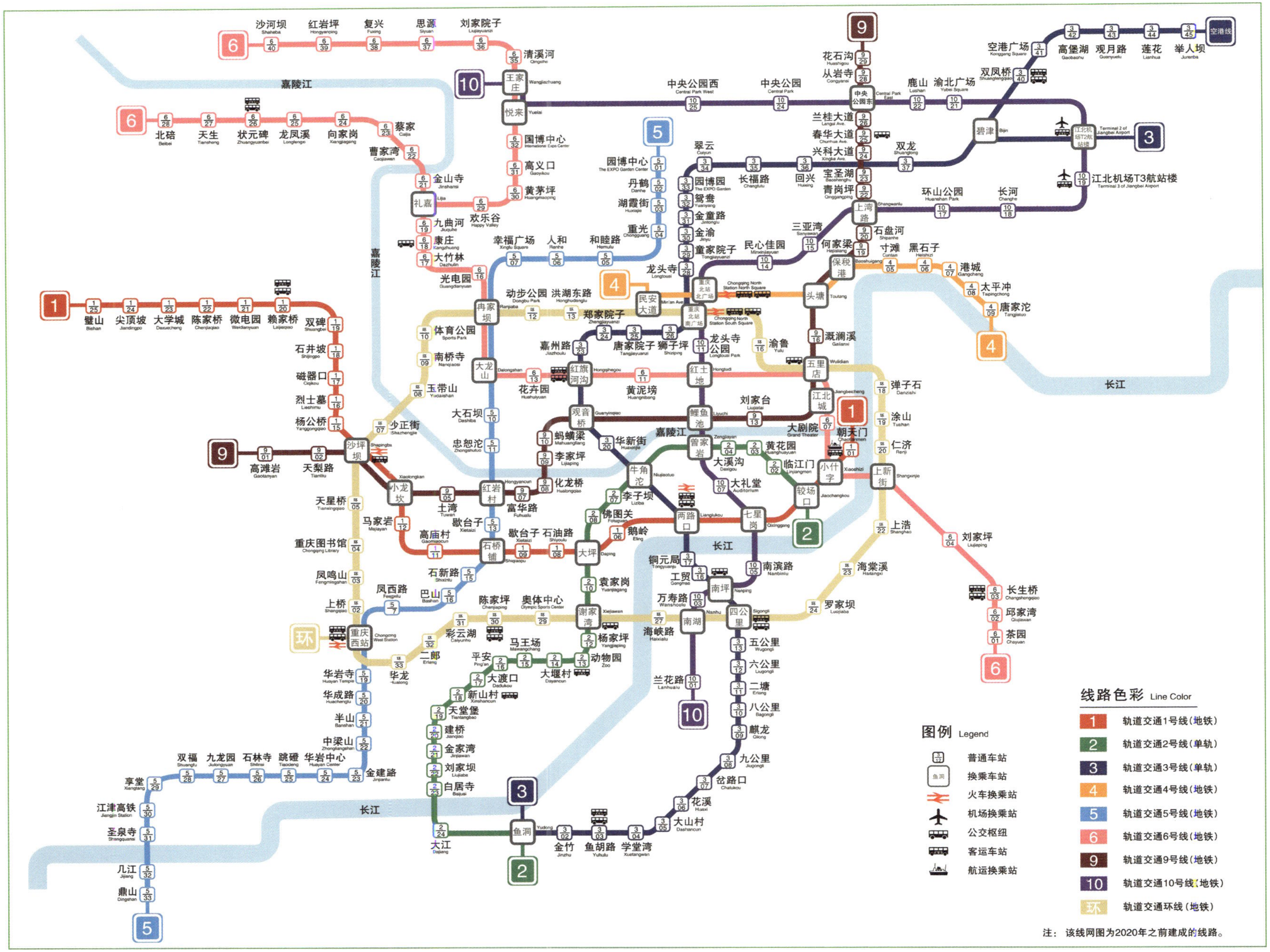

图9-47-1 重庆市城市轨道交通运营网络示意图

重庆市城市轨道交通运营线路年度运营数据统计表 表9-47-3

序号	运营线路名	客运量（万人次）	进站量（万人次）	客运周转量（万人次公里）	最大断面客流（万人次/小时）	配属列车数（列）	运营车公里（万车公里）	日均实际开行列次（列）	最小发车间隔（秒）	旅行速度（公里/小时）	牵引能耗（万千瓦时）	运营总能耗（万千瓦时）
1	1号线	14720.8	10199.4	163354.3	2.7	47	3775.8	485.0	170	44.3	5969.3	10729.2
2	2号线	9192.2	6901.5	65010.0	2.2	48	2035.6	464.0	180	31.9	3732.4	5733.3
3	3号线	23357.3	16659.7	201134.8	3.7	79	6079.5	853.0	150	34.8	11205.1	17378.6
4	4号线	612.2	340.9	4380.6	0.3	12	631.3	187.0	600	39.1	1492.3	2734.8
5	5号线	2461.5	1499.4	13670.6	1.1	12	812.4	231.0	360	38.6	1911.1	4060.0
6	6号线	17107.1	11026.4	169179.3	2.8	57	4649.6	412.0	195	48.3	7669.5	14475.9
7	10号线	5262.7	3228.9	38276.1	1.2	23	1768.3	244.0	390	38.1	3829.9	8469.8
8	国博线	720.9	297.5	5711.8	0.8	10	506.9	183.0	480	46.7	882.6	1834.0
9	环线	10540.4	6322.1	72505.8	1.8	40	3210.5	367.0	270	35.5	7084.0	13291.6
合计		83975.1	56475.8	733223.3	—	328	23469.9	—	—	—	43776.2	78703.6

48 成都轨道交通集团有限公司

【概况】

至2020年底，成都市城市轨道交通全网运营线路13条，总运营里程557.8公里，总运营车站322座，网络换乘站46座。其中全自动运行线路1条（9号线），有轨电车线路1条（蓉2号线）。

成都市城市轨道交通13条运营线路均由成都轨道交通集团有限公司管理，从事既有运营线路运营维护的职工总数22207人，司机总数2870人。

2020年运送乘客121962.2万人次，比上年下降12.9%，占全市公共交通出行量的比重53.1%。全年线网日均客运量333.2万人次/日，其中线网日均进站量200.9万人次/日，单日最高日客运量达到568.8万人次/日（2020年12月31日），线网日均客运周转量2687.0万人次公里/日。

2020年线网实际开行列次128.4万列次，线网运营车公里29226.6万车公里，高峰时段最小行车间隔120秒，运营总能耗121401.0万千瓦时。采用计程票制，2元起价，可乘坐4公里，之后按照递远递减原则，4至12公里范围内，每递增4公里增加1元；12至24公里范围内，每递增6公里增加1元；24至40公里范围内，每递增8公里增加1元；40至50公里范围内，每递增10公里增加1元，超过50公里之后，每递增20公里增加1元。有轨电车2元一票制，全年实现运营票款收入260211.4万元，比上年下降17.5%。（表9-48-1）（图9-48-1）

2020年度主要运营指标完成情况见表9-48-2，表9-48-3。

【全自动运行概览】

至2020年底，成都市开通运营的城市轨道交通全自动运行线路1条，为9号线，总运营里程22.2公里，总运营车站13座。

2020年12月18日，9号线开通全自动运行，列车运行的自动化等级为GoA4，最高运行速度100公里/小时，定员数2456人；运营和维护保障采用集中管理模式；信号供应商为卡斯柯，车辆供应商为中车长客。

9号线是中国中西部首条全自动运行线路，开通以来，系统设备可靠性表现良好，旅行速度达48.4公里/小时、行车密度15对/小时，未发生2分钟及以上晚点等事件，成为引领城市轨道交通行业向更加安全、可靠、高效方向发展的风向标。

【创一次性开通地铁线路数全国纪录】

成都轨道交通集团有限公司创新管理机制、落实运营前置、优化系统联调流程，高质量推进多线并行筹备工作，开创“成都模式”，5条新线一次性完成开通，跃居全国城市轨道交通“第四城”，其中9号线为中国中西部首条全自动运行地铁线路，18号线为全国首条开进中心城区的市域快线。

【全面推进“绿色织网”行动】

以构建“轨道+公交+慢行”的绿色交通系统为目标，全面推进“绿色织网”行动，加强多种公共交通方式的接驳联通。精细化调整列车运行图，根据实时客流情况优化大站空车开行方案，以轨道交通引导地面公交和慢行系统的融合发展，构建“通勤圈”“生活圈”“商业圈”多功能复合通勤场景。

【开创票务服务新模式】

践行“以客为尊”的服务理念，积极探索地铁票卡电子化服务模式，开通“成都地铁APP”电子单程票，并实现“成都地铁APP”“渝畅行APP”成渝二维码互通，成渝两地的地铁APP乘车功能互通，标志着两地城市轨道交通互联互通的时代正式到来。

【构建智慧地铁体系】

以“构建综合、绿色、安全、智能的立体化现代化城市交通系统”思想为引领，发布《成都轨道集团智慧城轨发展纲要及行动计划》，开展智能客服中心、智能导乘屏、多媒体站台门等设备的运用试点，打造维保手段智慧化、维保组织高效化、设备维修自主化的智慧维保管理系统平台，构建智慧地铁的成都模式。

（成都轨道交通集团有限公司）

成都市城市轨道交通运营线路历年开通时间情况表　　表9-48-1

线路名	分段开通名称	开通日期	开通范围	运营里程（公里）
1号线	一期	2010年9月27日	升仙湖－世纪城	18.5
	南延线	2015年7月25日	世纪城－广都	5.4
	三期首期	2018年3月18日	北端：韦家碾－升仙湖，南端：四河－武汉路 支线：广都－五根松	11.0
	三期南段	2018年3月18日	武汉路－科学城	6.1
2号线	一期	2012年9月16日	茶店子客运站－成都行政学院	22.3
	西延线	2013年6月8日	犀浦－茶店子客运	8.8
	东延线	2014年10月26日	成都行政学院－龙泉驿	11.1
3号线	一期	2016年7月31日	军区总医院－太平园	20.4
	二、三期	2018年12月26日	北端：军区总医院－成都医学院， 南端：太平园－双流西	29.5
4号线	一期	2016年1月1日	非遗博览园－万年场	22.0
	二期	2017年6月2日	东延线：万年场－西河，西延线：万盛－非遗博览园	21.5
5号线	一二期	2019年12月27日	华桂路－回龙	49.0
6号线	一二三期	2020年12月18日	望丛祠－兰家沟	68.9
7号线	7号线	2017年12月6日	崔家店－崔家店	38.6
8号线	一期	2020年12月18日	莲花－十里店	29.1
9号线	一期	2020年12月18日	黄田坝－金融城东	22.2
10号线	一期	2017年9月6日	太平园－双流机场2号航站楼	11.0
	二期	2019年12月27日	双流机场2号航站楼－新平	27.0
17号线	一期	2020年12月18日	金星－机投桥	26.1
18号线	一期	首开段：2020年9月27日 非首开段：2020年12月18日	火车南站－三岔	41.2
	二期		三岔－机场北	28.8
蓉2号线	首开段	2018年12月26日	合信路－晨光	13.7
	非首开段	2019年12月27日	主线：成都西站－合信路、晨光－郫县西站 支线：新业路－仁和	25.6

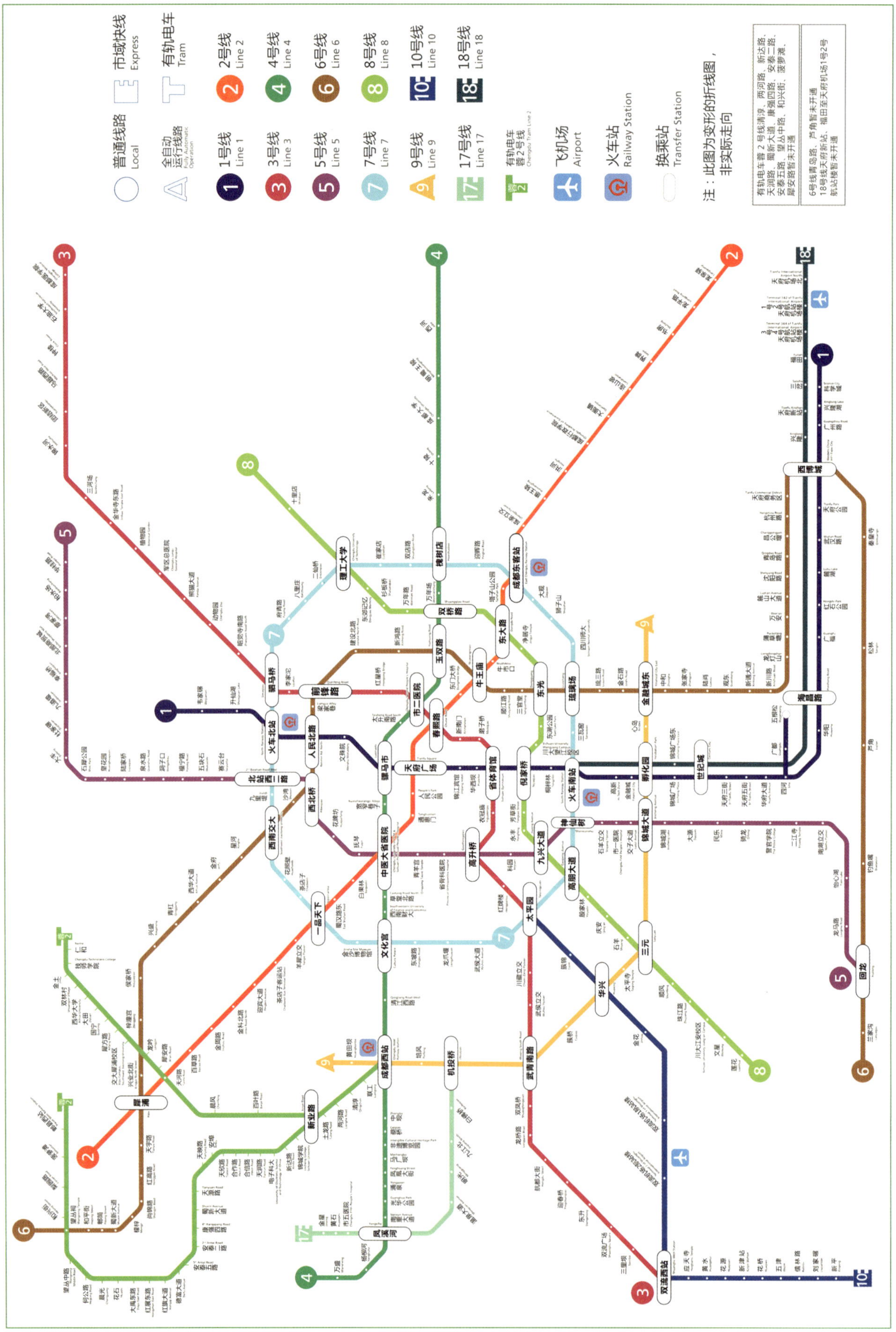

图9-48-1 成都市城市轨道交通运营网络示意图

成都市城市轨道交通运营线路年度基础数据统计表 表9-48-2

序号	运营线路名	系统制式	车辆制式	列车编组(辆)	运营里程(公里)				车站数(座)	换乘站(座)	车辆基地(座)	首班车时间	末班车时间	线路运营时间(时.分)	运营单位
					总里程	地下	地面	高架							
1	1号线	地铁	B	6	41.0	41.0	0	0	35	11	2	6:10	0:00	17.50	运营一分公司
2	2号线	地铁	B	6	42.2	32.2	1.2	8.8	32	8	2	6:10	0:12	18.02	运营二分公司
3	3号线	地铁	B	6	49.9	44.4	0.6	4.9	37	9	2	6:00	0:12	18.12	运营四分公司
4	4号线	地铁	B	6	43.5	41.3	1.6	0.6	30	9	2	6:10	0:10	18.00	运营二分公司
5	5号线	地铁	A	8	49.0	42.3	0.4	6.3	41	8	3	6:10	0:20	18.10	运营一分公司
6	6号线	地铁	A	8	68.9	68.9	0	0	56	12	3	6:10	0:30	18.20	运营四分公司
7	7号线	地铁	A	6	38.6	38.6	0	0	31	14	2	6:15	0:13	17.58	运营二分公司
8	8号线	地铁	A	6	29.1	29.1	0	0	25	8	1	6:10	23:50	17.40	运营一分公司
9	9号线	地铁	A	8	22.2	22.2	0	0	13	8	2	6:10	23:28	17.18	运营三分公司
10	10号线	地铁	A	6	38.0	21.2	0.8	16.0	16	3	2	6:00	23:55	17.55	运营二分公司
11	17号线	地铁	A	8	26.1	20.8	0.5	4.8	9	2	2	6:10	23:27	17.17	运营三分公司
12	18号线	地铁	A	8	70.0	53.4	1.8	14.8	13	5	1	6:00	0:06	18.06	运营三分公司
13	蓉2号线	有轨电车	-	5	39.3	0	37.5	1.8	35	0	3	6:30	22:52	16.22	有轨电车公司
合计					557.8	455.4	44.4	58.0	322	46	24				

成都市城市轨道交通运营线路年度运营数据统计表 表9-48-3

序号	运营线路名	客运量(万人次)	进站量(万人次)	客运周转量(万人次公里)	最大断面客流(万人次/小时)	配属列车数(列)	运营车公里(万车公里)	日均实际开行列次(列)	最小发车间隔(秒)	旅行速度(公里/小时)	牵引能耗(万千瓦时)	运营总能耗(万千瓦时)
1	1号线	22108.3	14577.0	153216.3	4.9	73	3904.7	588.4	120	32.5	7110.0	18820.8
2	2号线	22613.6	14678.3	193717.6	2.9	60	3996.7	460.2	135	35.0	6927.6	16059.9
3	3号线	20807.0	13010.6	170519.5	2.8	72	4587.9	459.0	150	36.7	9014.9	17427.6
4	4号线	17223.1	10391.1	152613.8	3.6	54	3704.6	431.3	135	38.2	6548.3	13926.8
5	5号线	11353.2	7202.2	94800.3	1.9	62	4571.0	349.3	230	32.6	10280.8	23851.1
6	6号线	375.2	224.6	3251.5	1.2	108	178.9	286.7	250	35.1	467.7	1803.5
7	7号线	22026.9	10182.7	160533.8	2.9	48	3321.8	405.8	190	34.4	6192.2	15282.3
8	8号线	235.2	128.2	1388.5	0.9	43	82.8	362.2	230	34.6	179.5	324.9
9	9号线	205.9	74.7	1404.7	1.4	25	94.1	402.9	240	48.4	171.6	377.1
10	10号线	3360.4	1869.7	39149.4	0.9	45	2590.6	348.1	285	51.0	3723.2	9587.4
11	17号线	42.3	24.8	426.3	0.4	20	86.4	292.7	330	63.0	146.1	360.9
12	18号线	913.9	475.6	12436.8	1.2	26	997.2	355.0	250	91.0	1530.3	2284.3
13	蓉2号线	697.2	697.2	—	—	36	1109.9	320.6	470	23.5	806.1	1294.4
合计		121962.2	73536.7	983458.5	—	672	29226.6	—	—	—	53098.3	121401.0

注：有轨电车蓉2号线没有客运周转量数据。

49 贵阳市城市轨道交通集团有限公司

【概况】

至2020年底，贵阳市城市轨道交通全网运营线路1条，总运营里程34.8公里，总运营车站25座。

贵阳市城市轨道交通1条运营线路由贵阳市城市轨道交通集团有限公司运营分公司管理，从事既有运营线路运营维护的职工总数2313人，司机总数208人。

2020年运送乘客3698.3万人次，比上年下降27.0%，占全市公共交通出行量的比重5.7%。全年线网日均客运量10.1万人次/日，其中线网日均进站量10.1万人次/日，单日最高日客运量达到17.1万人次/日（2020年1月10日），线网日均客运周转量107.6万人次公里/日。

2020年线网实际开行列次10.1万列次，线网运营车公里1888.4万车公里，高峰时段最小行车间隔380秒，运营总能耗8796.5万千瓦时。采用里程分段计价，全年实现运营票款收入12187.6万元，比上年下降34.1%。（表9-49-1）（图9-49-1）

2020年度主要运营指标完成情况见表9-49-2，表9-49-3。

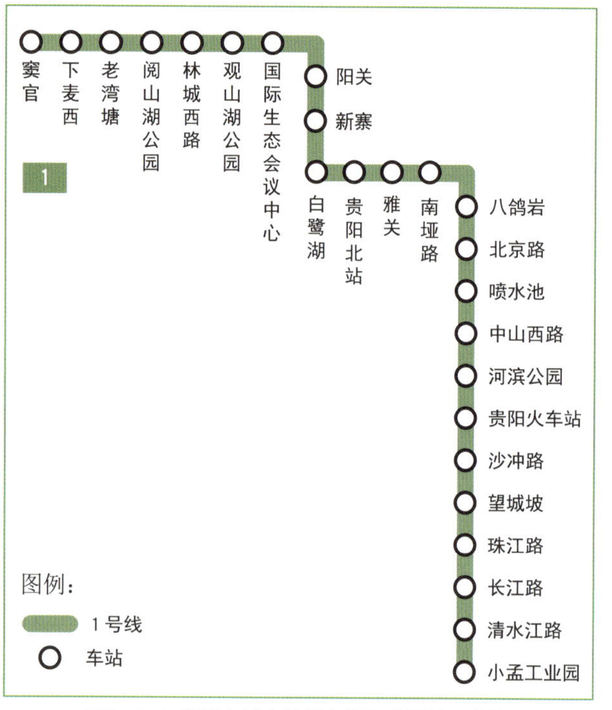

图9-49-1 贵阳市城市轨道交通运营网络示意图

【启动EAP员工心理援助项目】

5月15日，贵阳地铁组织并启动EAP员工心理援助计划项目，通过开展心理测评与专家讲座、关键岗位心理疏导培训、开设员工心理咨询室等方式，及时疏导员工不良情绪，帮助员工进行压力与情绪管理、培养员工抗压能力，将不稳定因素遏制在萌芽状态，促进企业与员工的双向健康发展，进而促进安全生产管理水平和客运服务质量的不断改进与提升。

【增配防疫隔离单元　提升防控效能】

通过在车站增配公共防疫隔离单元、热成像人体测温设备、防护口罩售卖机等新设备进一步提升疫情防控效能，其中公共防疫隔离单元可持续提供负压隔离环境，以高达99.98%的效率过滤固态气溶胶、病毒、细菌、PM2.5、可吸入颗粒物和粉尘等，能有效避免隔离人员与隔离单元外部人员的交叉感染，发现发热或红码的乘客可及时组织至公共防疫隔离单元留观处置。

（贵阳市城市轨道交通集团有限公司　张铭）

贵阳市城市轨道交通运营线路历年开通时间情况表

表9-49-1

线路名	分段开通名称	开通日期	开通范围	运营里程（公里）
1号线	1号线首通段	2017年12月28日	下麦西－贵阳北	12.8
	1号线后通段	2018年12月1日	贵阳北（不含）－小孟工业园	20.9
	新增一站一区间	2019年12月28日	下麦西（不含）－窦官	1.1

贵阳市城市轨道交通运营线路年度基础数据统计表

表9-49-2

序号	运营线路名	系统制式	车辆制式	列车编组（辆）	运营里程（公里）				车站数（座）	换乘站（座）	车辆基地（座）	首班车时间	末班车时间	线路运营时间（时.分）	运营单位
					总里程	地下	地面	高架							
1	1号线	地铁	B	6	34.8	29.7	1.8	3.3	25	0	2	6:20	0:02	17.42	运营分公司
合计					34.8	29.7	1.8	3.3	25	0	2				

贵阳市城市轨道交通运营线路年度运营数据统计表 表9-49-3

序号	运营线路名	客运量（万人次）	进站量（万人次）	客运周转量（万人次公里）	最大断面客流（万人次/小时）	配属列车数（列）	运营车公里（万车公里）	日均实际开行列次（列）	最小发车间隔（秒）	旅行速度（公里/小时）	牵引能耗（万千瓦时）	运营总能耗（万千瓦时）
1	1号线	3698.3	3698.3	39381.6	0.7	34	1888.4	275.5	380	33.9	3564.5	8796.5
	合计	3698.3	3698.3	39381.6	—	34	1888.4	—	—	—	3564.5	8796.5

50 昆明轨道交通集团有限公司

【概况】

至2020年底，昆明市城市轨道交通全网运营线路5条，总运营里程139.4公里，总运营车站83座，网络换乘站9座。

昆明市城市轨道交通1、2号线首期及1号线支线、3号线及6号线共4条运营线路由昆明轨道交通集团有限公司管理，从事既有运营线路运营维护的职工总数4733人，司机总数455人。4号线由云南京建轨道交通投资建设有限公司管理，从事既有运营线路运营维护的职工总数2349人，司机总数227人。

2020年运送乘客15926.3万人次，比上年下降25.8%。全年线网日均客运量43.6万人次/日，其中线网日均进站量40.9万人次/日，单日最高日客运量达到82.2万人次/日（2020年9月30日），线网日均客运周转量494.5万人次公里/日。

2020年线网实际开行列次33.2万列次，线网运营车公里5434.3万车公里，高峰时段最小行车间隔240秒，运营总能耗21835.9万千瓦时。采用按里程计、递远递减的多级票价，票价最低2元，最高7元，全年实现运营票款收入35736.0万元，比上年下降20.0%。（表9-50-1）（图9 50 1）

2020年度主要运营指标完成情况见表9-50-2，表9-50-3。

【推进多元化票务支付项目】

1月，昆明地铁正式接入云闪付APP乘车码；4月，上线区块链电子发票；6月，正式启用包括智慧通行APP、云闪付APP、微信乘车码和支付宝乘车码的数字票务系统；9月，推出一日票、三日票和七日票，推进刷脸乘车项目，进一步满足乘客多样化支付需求。

【核心技术自主化】

4号线进行智慧运维实践，运用“大数据、云计算、人工智能”等技术，统一规划，集中实施，以云交自动化平台为核心应用系统，搭建智慧运维、智慧调度等运营应用。建设大数据应用、云服务来实现平台跨专业、跨功能、跨系统的互联互通，统一标准、统一储存、统一分析。充分整合相近专业设备技术特点，采用复合型人才培养机制，使平台维护人员一专多能，从而内设机构合理优化，减少人力投入，降低设备全寿命周期维护成本。

【首个公共文化IP大规模应用】

4号线挖掘昆明特色地铁文化，树立非票务新标杆，打造首个地铁场景下的数字艺术文化墙，形成“3分钟博物馆”群落；成功应用云南首个地铁IP形象“K4 CATS”，以文化为先导，通过广、通、商资源经营，给乘客带来震撼的视觉冲击与文化候乘新体验；以“一站一元素”策划，设计4号线全线29座车站专属印章，建立周边建筑-地铁车站-运营人员-乘客市民纽带联系。充分利用IP形象融入本地特色文化，构筑4号线专属运营人文文化。

（昆明轨道交通集团有限公司）

昆明市城市轨道交通运营线路历年开通时间情况表 表9-50-1

线路名	分段开通名称	开通日期	开通范围	运营里程（公里）
1、2号线首期及1号线支线	1、2号线南段	2013年5月20日	晓东村－大学城南	22.6
	1、2号线北段	2014年4月30日	北部汽车站－晓东村	19.4
	1号线支线	2016年12月26日	春融街－昆明南火车站	5.3
3号线	一期、二期	2017年8月29日	西山公园－东部汽车站	23.4
4号线	4号线	2020年9月23日	金川路－昆明南火车站	43.4
6号线	一期	2017年8月29日	机场中心－东部汽车站	18.1
	二期	2020年9月23日	塘子巷－东部汽车站	7.3

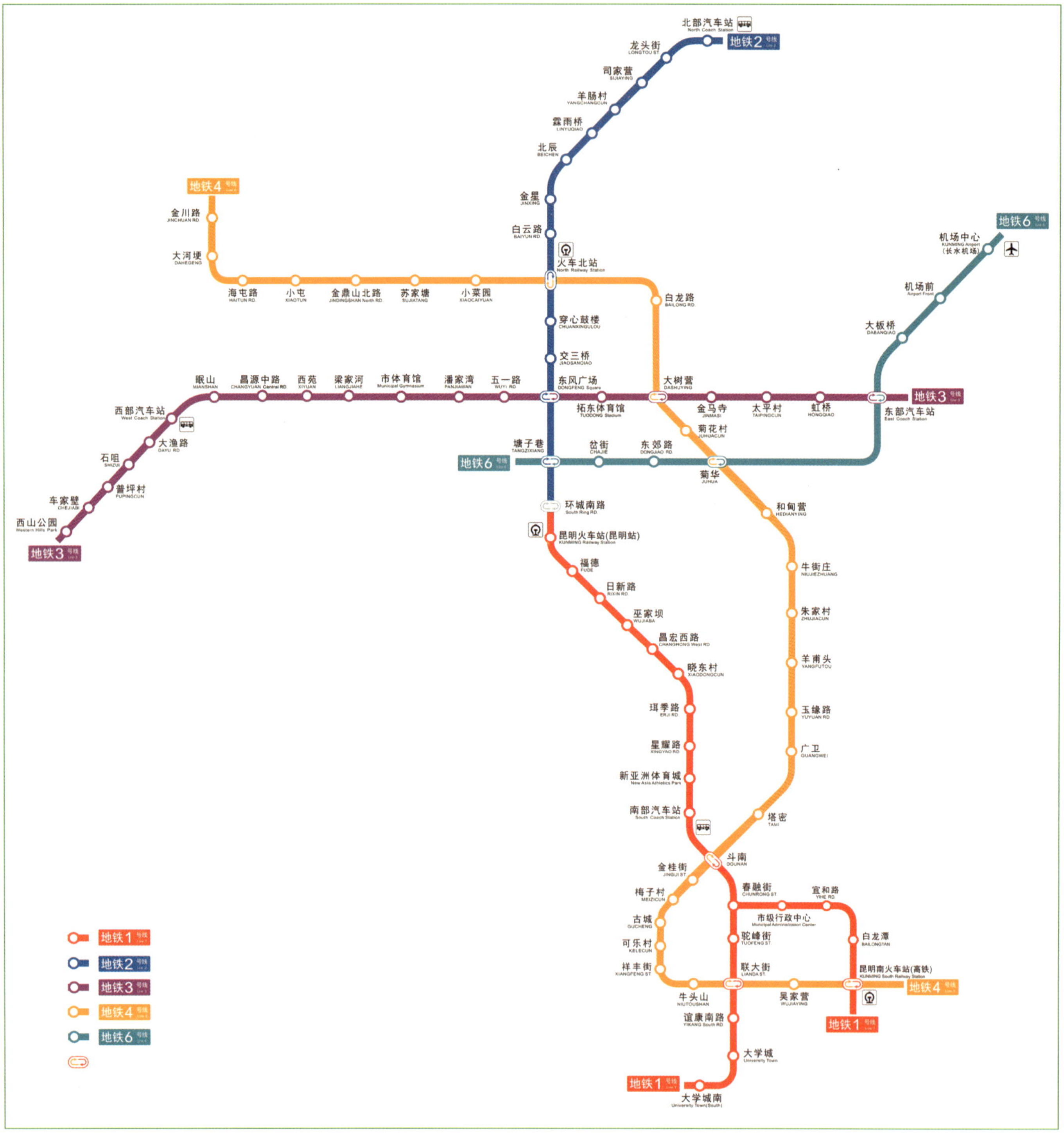

图9-50-1 昆明市城市轨道交通运营网络示意图

昆明市城市轨道交通运营线路年度基础数据统计表　　表9-50-2

序号	运营线路名	系统制式	车辆制式	列车编组（辆）	运营里程（公里）				车站数（座）	换乘站（座）	车辆基地（座）	首班车时间	末班车时间	线路运营时间（时.分）	运营单位
					总里程	地下	地面	高架							
1	1号线、2号线	地铁	B	6	47.3	35.4	0	11.9	35	1	3	6:20	22:45	16.25	昆明地铁运营有限公司
2	3号线	地铁	B	6	23.4	21.2	0.3	1.9	20	2	2	6:20	22:45	16.25	昆明地铁运营有限公司
3	4号线	地铁	B	6	43.4	43.4	0	0	29	6	3	6:20	22:45	16.25	云南京建轨道交通投资建设有限公司
4	6号线	地铁	B	6	25.4	14.8	1.5	9.1	8	3	1	6:20	23:00	16.40	昆明地铁运营有限公司
合计					139.5	114.8	1.8	22.9	83	9	9				

注：线路运营里程实际应是139.4公里，表内各项合计139.5为保留1位小数点原因。

昆明市城市轨道交通运营线路年度运营数据统计表　　表9-50-3

序号	运营线路名	客运量（万人次）	进站量（万人次）	客运周转量（万人次公里）	最大断面客流（万人次/小时）	配属列车数（列）	运营车公里（万车公里）	日均实际开行列次（列）	最小发车间隔（秒）	旅行速度（公里/小时）	牵引能耗（万千瓦时）	运营总能耗（万千瓦时）
1	1号线、2号线	9480.8	8025.7	103897.0	1.5	46	2488.3	352.0	240	33.0	4834.9	11602.3
2	3号线	4617.1	3074.8	26468.7	0.8	30	1215.3	312.0	360	31.8	2442.2	5917.5
3	4号线	917.6	636.9	9740.0	0.4	36	754.6	313.0	360	34.1	852.1	2305.3
4	6号线	910.9	525.0	14581.2	0.3	10	976.1	190.0	600	51.6	1088.9	2010.8
合计		15926.4	12262.4	154686.9	—	122	5434.3	—	—	—	9218.1	21835.9

51 西安市轨道交通集团有限公司

【概况】

至2020年底，西安市城市轨道交通全网运营线路7条，总运营里程210.4公里，总运营车站157座，网络换乘站12座。

西安市城市轨道交通6条运营线路由西安市轨道交通集团有限公司管理（其中1号线二期、5号线二期由西咸新区轨道交通投资建设有限公司委托西安市轨道交通集团有限公司运营分公司运营管理），从事既有运营线路运营维护的职工总数11526人，司机总数1579人。地铁9号线由西安中铁轨道交通有限公司管理，从事既有运营线路运营维护的职工总数1260人，司机总数136人。

2020年运送乘客72560.8万人次，比上年下降23.1%，占全市公共交通出行量的比重47.8%。全年线网日均客运量198.3万人次/日，其中线网日均进站量137.7万人次/日，单日最高日客运量达到404.8万人次/日（2020年12月31日），线网日均客运周转量1541万人次公里/日。

2020年线网实际开行列次78.6万列次，线网运营车公里14386.2万车公里，高峰时段最小行车间隔135秒。采用“里程计价制”，起步价2元6公里（含），之后每增加“4、4、6、6、8、8”公里加1元，票价最低2元，最高12元，全年实现运营票款收入154000万元（不含税），比上年下降23%。（表9-51-1）（图9-51-1）

2020年度主要运营指标完成情况见表9-51-2，表9-51-3。

【全面推行“智慧安检”】

部署“智慧安检”项目，建成首个线网规模的智慧安检系统和数据平台。“智慧安检”通过传统X光机结合人工智能判图新技术，升级双光源双视角X光机、构建远程集中判图区域等方式，解决传统安检效率低、成本高、人员业务水平不足等缺陷，提升乘客进站效率，保障乘客快速高效无感安检乘车，建立乘客安检档案体系，提升安检智能化水平。

【开通“人脸识别”乘车】

1月21日，西安地铁全线网一次性全部开通刷脸乘车功能，可以实现“先乘车，后付费”的信用支付，集安全、便捷、高效于一体。该项目是继开通二维码乘车功能后，进一步方便广大乘客“无感出行”的重要举措。

【深化智慧城轨发展建设】

深化智慧城轨建设，“人脸识别乘车”“客流监测预警系统”“TVM多元化电子支付”“电子发票”“智慧安检”“智能客服系统”等项目陆续落地实施。5号线、6号线一期和9号线所有车站均设置有智慧票亭，增加乘客自助终端、智能咨询终端、人脸注册终端等，智能服务水平进一步提高。

【“畅”字先行】

坚持“畅”字先行，保障线网运输质量。构建“Ai 畅行”服务品牌，拓展爱心服务台、北大街雷锋示范点、小鸣驿站等窗口服务，拓展服务品牌形象。坚持“平安运营”，初步建成“地铁专项气象服务系统”，推进“警企”最小作战单元机制建设，提升地铁运输安全保障。

【多举措落实防疫】

科学统筹防疫措施，实行实名登记乘车；创立地铁应用场景定位码，引导全市一码通公共区定位码应用；采用“大运量、小间隔”运营模式，以“少拉快跑”的方式降低人员密集度；配合疫情防控工作，及时准确完成核查任务，为全市疫情防控工作提供安全保障。

（西安市轨道交通集团有限公司）

西安市城市轨道交通运营线路历年开通时间情况表

表9-51-1

线路名	分段开通名称	开通日期	开通范围	运营里程（公里）
1号线	一期	2013年9月15日	纺织城－后卫寨	24.8
	二期	2019年9月26日	后卫寨－沣河森林公园	6.1
2号线	一期	2011年9月16日	北客站－会展中心	19.9
	南延段	2014年6月16日	会展中心－韦曲南	6.3
3号线	一期	2016年11月8日	鱼化寨－保税区	38.0
4号线	4号线	2018年12月26日	北客站（北广场）－航天新城	34.4
5号线	5号线	2020年12月28日	马腾空－创新港	41.3
6号线	一期	2020年12月28日	西安国际医学中心－西北工业大学	15.2
9号线	9号线	2020年12月28日	纺织城－秦陵西	24.4

西安市城市轨道交通运营线路年度基础数据统计表

表9-51-2

序号	运营线路名	系统制式	车辆制式	列车编组（辆）	运营里程（公里）				车站数（座）	换乘站（座）	车辆基地（座）	首班车时间	末班车时间	线路运营时间（时.分）	运营单位
					总里程	地下	地面	高架							
1	1号线	地铁	B	6	30.9	30.9	0	0	23	3	2	5:59	0:23	18.24	西安市轨道交通集团有限公司运营分公司
2	2号线	地铁	B	6	26.1	26.1	0	0	21	3	2	5:59	0:37	18.38	西安市轨道交通集团有限公司运营分公司
3	3号线	地铁	B	6	38.0	26.6	0	11.4	26	3	2	5:59	0:15	18.16	西安市轨道交通集团有限公司运营分公司
4	4号线	地铁	B	6	34.4	34.4	0	0	28	4	2	5:59	0:02	18.03	西安市轨道交通集团有限公司运营分公司
5	5号线	地铁	B	6	41.3	28.5	0	12.8	31	4	3	5:59	0:27	18.28	西安市轨道交通集团有限公司运营分公司
6	6号线	地铁	B	6	15.2	15.2	0	0	13	2	1	5:59	23:42	17.43	西安市轨道交通集团有限公司运营分公司
7	9号线	地铁	B	6	24.4	24.4	0	0	15	1	1	6:26	23:08	16.42	西安中铁轨道交通有限公司
合计					210.4	186.1	0	24.2	157	12	13				

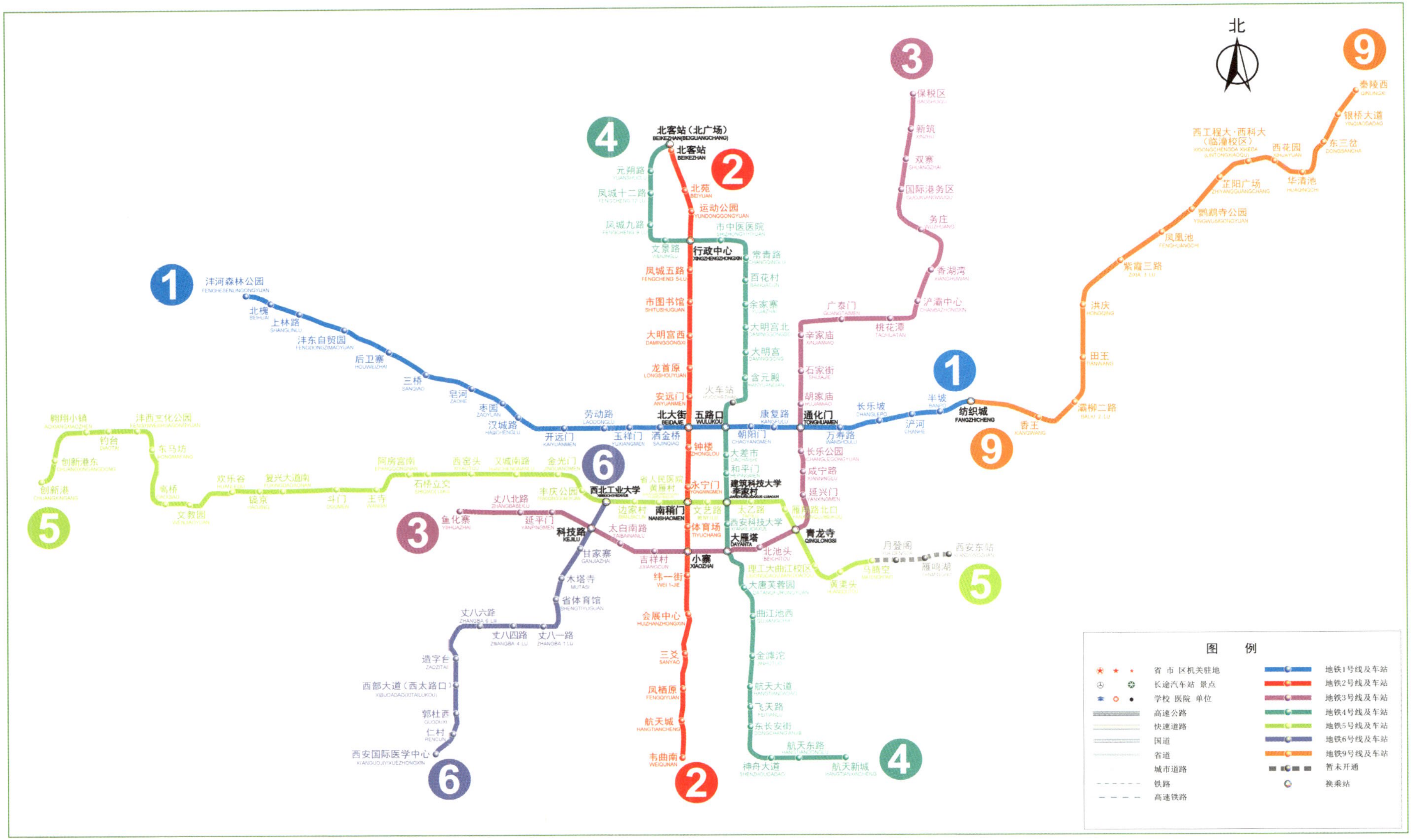

图9-51-1 西安市城市轨道交通运营网络示意图

西安市城市轨道交通运营线路年度运营数据统计表

表9-51-3

序号	运营线路名	客运量（万人次）	进站量（万人次）	客运周转量（万人次公里）	最大断面客流（万人次/小时）	配属列车数（列）	运营车公里（万车公里）	日均实际开行列次（列）	最小发车间隔（秒）	旅行速度（公里/小时）	牵引能耗（万千瓦时）	运营总能耗（万千瓦时）
1	1号线	17357.3	11266.5	146198.0	2.4	54	3605.3	535.1	177	34.6	5586.8	10648.7
2	2号线	24044.1	18149.6	164778.0	2.8	47	3995.4	686.4	148	33.2	6846.9	11846.5
3	3号线	18844.6	12920.2	142437.0	3.9	53	3744.4	496.0	135	37.5	5764.0	11079.1
4	4号线	12121.3	7958.7	107691.0	1.9	45	2979.8	418.5	227	33.2	4648.5	12137.6
5	5号线	108.9	58.0	644.0	1.4	58	32.2	433.3	258	32.2	—	—
6	6号线	52.7	33.6	331.0	1.6	25	13.8	370.3	265	32.8	—	—
7	9号线	31.9	23.0	410.0	0.5	24	15.3	286.5	360	38.2	—	—
合计		72560.8	50409.6	562489.0	—	306	14386.2	—	—	—	—	—

52 兰州市轨道交通有限公司

【概况】

至2020年底，兰州市城市轨道交通全网运营线路1条，总运营里程25.5公里，总运营车站20座。

兰州市城市轨道交通1条运营线路由兰州市轨道交通有限公司运营分公司管理，从事既有运营线路运营维护的职工总数1871人，司机总数193人。

2020年运送乘客5248.1万人次。全年线网日均客运量14.3万人次/日，其中线网日均进站量14.3万人次/日，单日最高日客运量达到30.1万人次/日（2020年10月1日），线网日均客运周转量132.6万人次公里/日。

2020年线网实际开行列次9.9万列次，线网运营车公里1320.2万车公里，高峰时段最小行车间隔290秒，运营总能耗5982.1万千瓦时。采用计程票制，全年实现运营票款收入16678.1万元。（表9-52-1）（图9-52-1）

2020年度主要运营指标完成情况见表9-52-2，表9-52-3。

【运营亮点】

完善安全管理体系，开展安全风险分级管控和隐患排查治理工作，提升安全运营管理水平，实现安全生产“四无”目标，打造“平安轨道”名片，为安全运营保驾护航。

通过参与“创建全国文明城市”“精致兰州”三年行动等活动，推进车站“八化”建设（班组管理五型化、行车岗位严谨化、站台作业标准化、票务工作细致化、窗口服务贴心化、文明用语常态化、环境卫生整洁化、警企联动一体化），规范车站管理机制。

以评促建，通过开展“服务之星”“列车先锋”“星级车站”等评选活动，落实高标准优质服务理念，提升客运服务水平，塑造“出行无忧、贴心一路”的服务品牌。

发放“爱心卡”，加强志愿服务，增加引导标识，开展“排队礼让，文明乘车”等活动，营造文明有序的乘车环境；精检细修，实现标准化检修作业，电动客车开展检修维护、轮对镟修等工作，列车各类服务及应急设施齐全有效，日常清洁达到“五净一亮”标准（地板净、厢板净、座椅净、车身净、扶手吊环净、玻璃亮）。

（兰州市轨道交通有限公司 张生桐）

兰州市城市轨道交通运营线路历年开通时间情况表

表9-52-1

线路名	分段开通名称	开通日期	开通范围	运营里程(公里)
1号线	主线	2019年6月23日	东岗－陈官营	25.5

兰州市城市轨道交通运营线路年度基础数据统计表　　表9-52-2

序号	运营线路名	系统制式	车辆制式	列车编组（辆）	运营里程（公里）				车站数（座）	换乘站（座）	车辆基地（座）	首班车时间	末班车时间	线路运营时间（时. 分）	运营单位
					总里程	地下	地面	高架							
1	1号线	地铁	A	6	25.5	25.5	0	0	20	0	2	6:30	22:30	16.00	运营分公司
合计					25.5	25.5	0	0	20	0	2				

兰州市城市轨道交通运营线路年度运营数据统计表　　表9-52-3

序号	运营线路名	客运量（万人次）	进站量（万人次）	客运周转量（万人次公里）	最大断面客流（万人次/小时）	配属列车数（列）	运营车公里（万车公里）	日均实际开行列次（列）	最小发车间隔（秒）	旅行速度（公里/小时）	牵引能耗（万千瓦时）	运营总能耗（万千瓦时）
1	1号线	5248.1	5248.1	48536.1	1.4	26	1320.2	270.0	290	33.8	2524.1	5982.1
合计		5248.1	5248.1	48536.1	—	26	1320.2	—	—	—	2524.1	5982.1

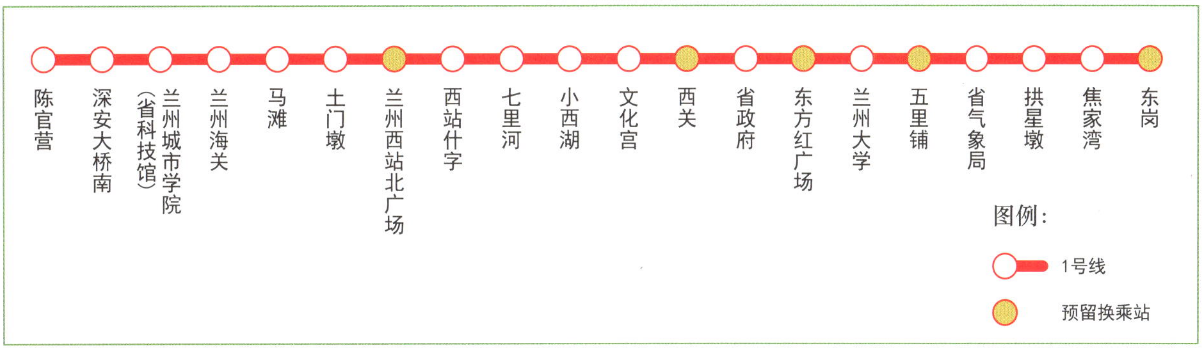

图9-52-1 兰州市城市轨道交通运营网络示意图

53 乌鲁木齐城市轨道交通集团有限公司

【概况】

至2020年底，乌鲁木齐城市轨道交通全网运营线路1条，总运营里程26.8公里，总运营车站21座。

乌鲁木齐城市轨道交通1条运营线路由乌鲁木齐城市轨道集团有限公司管理，从事既有运营线路运营维护的职工总数2413人，司机总数194人。

2020年运送乘客1911.4万人次，比上年下降25.1%，占全市公共交通出行量的比重5%。全年线网日均客运量7.3万人次/日，其中线网日均进站量7.3万人次/日，单日最高日客运量达到11.6万人次/日（2020年1月15日），线网日均客运周转量65.2万人次公里/日。

2020年线网实际开行列次6.4万列次，线网运营车公里869.8万车公里，高峰时段最小行车间隔315秒，运营总能耗6650.5万千瓦时。采用按里程计、递远递减的多级票价，全年实现运营票款收入5454万元，比上年下降23.7%。（表9-53-1）（图9-53-1）

2020年度主要运营指标完成情况见表9-53-2，表9-53-3。

【统筹推进防疫和安全生产工作】

坚持疫情防控常态化管理和安全生产工作，全面落实“属地、部门、单位、个人”四方责任，严格落实车辆、场段及站下密闭空间的消杀要求和安全管控措施。加大人员管控、物资保障和安全管理，确保防控措施、安全管理、重点人群、重点部位、大型活动、信息报告、履行责任落地落实。定期开展监督检查，提高疫情防控和安全管理的科学性和有效性。保持高水平服务，并在保稳定、促发展方面发挥作用。

（乌鲁木齐城市轨道交通集团有限公司　魏靖儒）

乌鲁木齐市城市轨道交通运营线路历年开通时间情况表

表9-53-1

线路名	分段开通名称	开通日期	开通范围	运营里程(公里)
1号线	1号线北段	2018年10月25日	八楼－国际机场	16.7
	1号线南段	2019年6月28日	三屯碑－八楼	10.1

乌鲁木齐市城市轨道交通运营线路年度基础数据统计表

表9-53-2

序号	运营线路名	系统制式	车辆制式	列车编组(辆)	运营里程(公里)				车站数(座)	换乘站(座)	车辆基地(座)	首班车时间	末班车时间	线路运营时间(时.分)	运营单位
					总里程	地下	地面	高架							
1	1号线	地铁	A	6	26.8	26.8	0	0	21	0	2	7:40	23:30	15.50	运营分公司
合计					26.8	26.8	0	0	21	0	2				

乌鲁木齐市城市轨道交通运营线路年度运营数据统计表

表9-53-3

序号	运营线路名	客运量(万人次)	进站量(万人次)	客运周转量(万人次公里)	最大断面客流(万人次/小时)	配属列车数(列)	运营车公里(万车公里)	日均实际开行列次(列)	最小发车间隔(秒)	旅行速度(公里/小时)	牵引能耗(万千瓦时)	运营总能耗(万千瓦时)
1	1号线	1911.4	1911.4	17144.9	0.5	27	869.8	244.0	315	33.0	2045.5	6650.5
合计		1911.4	1911.4	17144.9	—	27	869.8	—	—	—	2045.5	6650.5

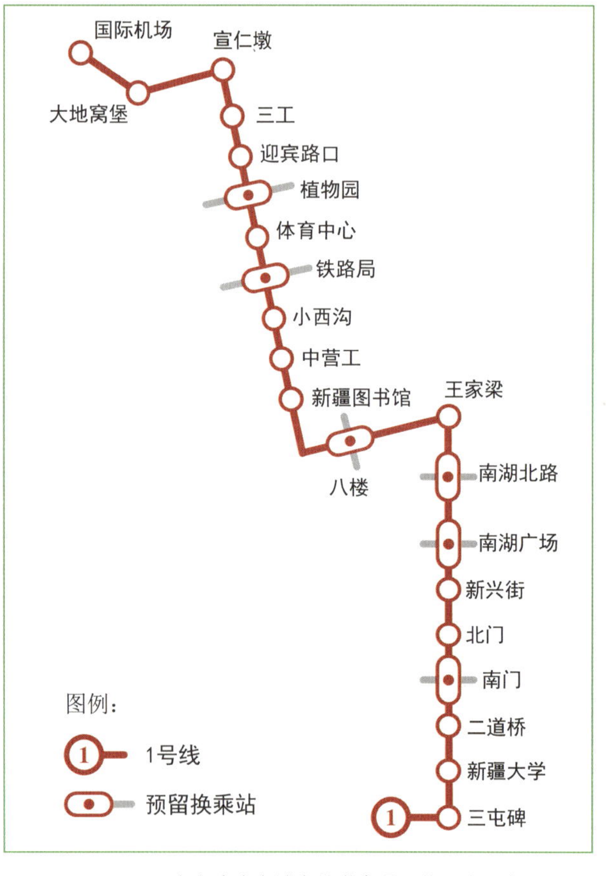

图9-53-1 乌鲁木齐市城市轨道交通运营网络示意图

资源经营

本篇章主要包括资源经营领域方面发展的情况。

2020年，全国资源经营总收入486.9亿元，比上年增长7.7%。在资源经营领城方面：物业开发收入377.8亿元；物业租赁、管理业务收入25.6亿元；车站商业收入11亿元，传媒广告收入38亿元；信息业务收入13.8亿元，其他收入为20.7亿元。

据不完全统计，资源经营总收益为150.2亿元。其中，物业开发收益110亿元；物业租赁、管理业务收益0.2亿元；车站商业收益5.5亿元；传媒广告收益16亿元；信息业务收益6.9亿元；其他业务收益6.7亿元。传统的广告传媒、民用通信、商业经营收入，占票务收入的比重29%，比上年增长7%。传统广告传媒、民用通信、商业经营之客流贡献率比上年增长18.87%。在资源经营领域中，城市轨道交通场站及周边土地综合开发利用（TOD综合开发）呈现持续强劲的势头，其对资源经营的综合带动作用显著。

4号线上海体育馆站　上海申通

1 北京市地铁运营有限公司

【概况】

北京轨道交通资源由北京市地铁运营有限公司经营，2020年资源经营总收入为101714.7万元，剔除土地出让及物业开发销售的经营收入为101714.7万元。

2020年实现增值服务收入10.2亿元，利润2.4亿元。

需求导向，增值服务品质持续提升。实现全网318座车站口罩自助机全覆盖。与呼和浩特市地铁成立的广告合资公司正式挂牌经营，积极推进“北京+呼市”双城联通、双效促销，首年经营收入超过1000万元，实现外埠增值服务业务新突破。结合资源现状和发展趋势，形成《北京地铁资源规划方案》。按照车站服务设施一体化设计要求，推进车站客运服务和增值服务设施优化工作。通成广告公司完成改制，实现控股。信息发展公司上市方案通过决策。积极探索新增长点，售电业务初见成效。

担当作为，全面践行国企责任。完成公共文化建设总体规划与1号线分线设计导则。利用地铁媒体优势，开展冬奥宣传，得到了冬奥组委肯定和冬奥赞助企业好评。全年开展“抗疫”、文明出行、网络安全等公益宣传，展播“向着幸福出发”扶贫作品，社会效益显著。聚力扶贫攻坚，完成年度对口精准扶贫及“一企一村”帮扶工作。按北京市国资委部署，严格落实房租减免政策，分三批次对符合条件的中小微企业减免租金，充分展现国有企业的责任担当。（表10-1-1）

【物业开发】

完成古城家园6号楼备案，做好开盘销售准备。

【物业租赁及管理】

东直门航站楼物业租赁业务稳定。

【车站商业】

进一步推进便利店开发，完成了便民用房资源价值评估。推广个性化商业机具，完成8处鲜花驿站、6处泡泡玛特机具、8处电子产品售卖机布机运行。完成昌平线饮料类自助机具上线平台试运营。

【传媒广告】

推进广告媒体升级，提升创意水平。完成15块超豪华灯箱的升级改造，完成46台宝丽布灯箱及8个12封灯箱光源改造，实现电子媒体直播新功能，完成7号线创意车媒体开发。

【信息通讯】

全力推进光承载网络建设项目，对全路网设备机房进行踏勘。完成27座车站4G扩容工程，推动5G试点站建设，改善通信质量。

【其他经营】

实现苏州街文化旗舰店正式开业，与潮流文化公司合作推出国内地铁首家泡泡玛特机器人商店。北京地铁文创荟销售平台正式运行，发售《北京地铁50周年纪念》票册等文创产品。

（北京市地铁运营有限公司）

北京市城市轨道交通（北京地铁）资源经营统计表　　表10-1-1

经营类别	收入（万元）	收入构成占比（%）	经营项目	期末累计
物业开发	0	0	在建物业开发面积　（万平方米）	0
物业租赁及管理	20339.7	20.0	持有商业物业可租赁的面积规模（万平方米）	234.6
车站商业	8913.2	8.8	站厅（台）商铺面积　（平方米）	36
			地铁配线空间、通道商业面积　（万平方米）	0
			站厅（台）自助设备（台）	1407
传媒广告	47359.4	46.6	传统广告灯箱（个）	15036
			电子显示屏（个）	10217
信息通讯	22473.7	22.1	民用通信覆盖车站（座）	238
			民用通信光电缆长度（公里）	348
			无线局域网覆盖线路（条）	0
其他经营	2628.7	2.5		
收入总量	101714.7	100	非票务收入占票务收入比例（%）	23.8
			运营补亏贡献度（%）	—

2 北京京港地铁有限公司

【概况】

北京京港地铁有限公司非票务收入业务是该公司依据特许经营协议赋予的经营权利，通过开发及利用地铁线路（本身或其关联的、衍生的）资源，满足乘客多元化的出行需求，同时，增加公司收入、构建乘客关系、提升公司或线路形象的所有经营性业务。非票务收入业务的主要经营范围为：广告、通信、商业零售、文化产品。（表10-2-1）

【车站商业】

2020年，在大兴线、16号线北段引入鲜花售卖机，14号线引入综合售货机，并在全线（除北京南、西直门2座车站外）逐步引入口罩售卖机，为乘客提供多元化需求的同时持续创收。2020年12月31日16号线中段开通之际，综合售货机、鲜花售卖机及自动拍照机顺利亮相。

【传媒广告】

2020年，4号线、大兴线、16号线主要广告资源合约到期，经过招商后，仍由雅仕维获得独家代理经营权，京港地铁所辖4条地铁线路的主要广告资源进入一体化经营模式。

同年，屏蔽门投影媒体继续完成14号线4站建设，在北京京港地铁有限公司运营的线路上共有12站投入商业经营。

【信息通讯】

2020年，14号线开通运营的26座车站完成北京移动新型室分的全面覆盖，为后续移动5G信号覆盖奠定基础。

【其他经营】

为纪念中国第一颗人造卫星“东方红一号”发射成功50周年，北京京港地铁有限公司和中国航天联合限量发行《中国航天系列星辰大海》纪念票。同期和故宫宫廷文化推出《韩熙载夜宴图》纪念票，并陆续推出“京港地铁×B · DUCK小黄鸭”联名系列记事本、单页文件夹、行李绑带、旅行收纳六件套、拼接积木，以及具有传统中国色彩的第十一套生肖纪念票《“福多多”庚子鼠年纪念票》等文创产品，满足乘客多样化的文化产品需求。

【京港地铁官方淘宝店铺获平台金牌卖家称号】

京港地铁官方淘宝店铺升级为四钻店铺并再次获得平台公示的金牌卖家殊荣。

【打造璀璨光廊、璀璨光域媒体】

2020年，14号线大望路站及望京站分别推出“璀璨光廊”和“璀璨光域”媒体产品；“璀璨系列”是5G时代背景下融合平面超大灯箱+高清无框电子屏+高品质音箱组合的一次创新。在提供更高品质的户外广告投放效果的同时，更为互联网时代下户外广告的数字化转型提供全新的发展方向。将头部媒体网红化升级，打造户外媒体IP效应。

（北京京港地铁有限公司）

北京市城市轨道交通（京港地铁）资源经营统计表　　表10-2-1

经营类别	收入（万元）	收入构成占比（%）	经营项目	期末累计
物业开发	0	0	在建物业开发面积　（万平方米）	0
物业租赁及管理	0	0	持有商业物业可租赁的面积规模（万平方米）	0
车站商业	—	—	站厅（台）商铺面积　（万平方米）	0.1
			地铁配线空间、通道商业面积　（万平方米）	0
			站厅（台）自助设备（台）	433
传媒广告	—	—	传统广告灯箱（个）	7035
			电子显示屏（个）	10656
信息通讯	—	—	民用通信覆盖车站（座）	66
			民用通信光电缆长度（公里）	124
			无线局域网覆盖线路（条）	0
其他经营	—	—		
收入总量	—	—	非票务收入占票务收入比例（%）	—
			运营补亏贡献度（%）	—

3 天津轨道交通集团有限公司

【概况】

天津市轨道交通资源由天津轨道交通运营集团有限公司、天津地铁资源投资有限公司、天津津轨商业管理有限公司、天津轨道城市发展有限公司4家公司经营，2020年资源经营总收入为93829.1万元，剔除土地出让及物业开发销售的经营收入为26298.9万元。

2020年，天津轨道交通集团有限公司进一步提升轨道资源经营力度，充分延伸天津地铁的文化内涵，先后推出主题包车216列/次，发售各类纪念票11种，发售各类文化纪念品15种，进一步助推天津轨道交通企业形象及品牌建设。同时，通过“政府平台推广、中介推荐、自主招商”等多种渠道，加大现有经营性闲置物业盘活力度，全面落实市民广场、文化中心招商签约工作，夯实物业资源经营效益。（表10-3-1）

【物业开发】

2020年，实现土地整理投资收入约15030.2万元，销售铭隆大厦（写字楼）一栋，实现销售收入约52500万元。

【物业租赁及管理】

2020年，经营性物业包括商业、写字楼、酒店、停车场等四大类型，地铁沿线物业经营规模逐步扩大，资源开发经营效益稳步提升。至2020年底，可经营性物业面积49.6万平方米，其中，经营性商业面积29.5万平方米；写字楼12.4万平方米；酒店面积7.7万平方米。同时，实现停车场经营性车位4031个，商业物业管理服务面积2.1万平方米。

【车站商业】

至2020年底，持续开发地铁车站内部商业招商经营，通过公开招商方式，实现5、6号线地铁商铺、和平路B口商业物业经营102间，合计经营面积2451平方米。同时，着力开发地铁车站商业大数据资源，协作八维通、麦金地等企业，拓展天津地铁APP线上经营项目，实现地铁e站经营8家，经营面积124.8平方米。

【传媒广告】

至2020年底，地铁1、2、3、5、6、9号线及天津站、天津西站交通枢纽中心可经营的广告灯箱8717块，视频媒体终端10120台，广告传媒经营规模及效益稳步提升；强化与雅仕维、德高知名企业合作，聚焦优势广告资源，提升了集团经营性衍生资源效益；持续开展1、2、3、5、6、9号线语音播报媒介业务，增加站点周边商业客户的互动黏性，构建新型经营模式，实现新的经营效益增长。

【信息通讯】

为顺应信息通讯技术的蓬勃发展趋势，满足乘客的实际生活、工作需求，天津轨道交通集团有限公司着力发展轨道信息通讯业务，至2020年底，协同建设、租赁民用通信机房128间，实现通讯光缆建设160.9公里。

【经营亮点】

2020年，天津轨道交通集团有限公司按照资源经营板块业务整合重组要求，着力构建有力度的、有效果的经营体制，将零散分布在各企业的经营性资源，全部整合到资源板块范围内，实现资源经营板块范围内业务统筹管理，着力推进资源经营性质、资源经营类别、衍生资源的结合性统筹规划，实现物业开发、物业经营、广告资源经营和车站地下空间经营（如站厅租赁等）等物业经营性资源的全业态聚集重塑，进而发挥市场化配置资源的规模优势和互补优势，最大可能挖掘其经营潜力和盈利能力，进一步壮大专业化公司规模，充分发挥市场化专业经营优势，逐步建立起稳定而有竞争力的利润增长点，打造面向市场、主业突出、竞争力强的资源经营主体，形成资源经营利润反哺建设和运营的格局。

同时，为保障“三减三免”政策执行到位，确保广大中小微企业实在获益，天津轨道交通集团有限公司坚决做到“能减尽减，惠及企业”，实际落实减免企业136家，涉及惠企资金额约4949.3万元，支持天津抗击疫情工作。

（天津轨道交通集团有限公司）

天津市城市轨道交通资源经营统计表

表10-3-1

经营类别	收入(万元)	收入构成占比(%)	经营项目	期末累计
物业开发	67530.2	72.0	在建物业开发面积 （万平方米）	7.7
物业租赁及管理	12719.8	13.6	持有商业物业可租赁的面积规模（万平方米）	49.6
车站商业	174.5	0.2	站厅(台)商铺面积 （万平方米）	0
			地铁配线空间、通道商业面积 （万平方米）	0
			站厅(台)自助设备（台）	617
传媒广告	5143.8	5.5	传统广告灯箱（个）	8717
			电子显示屏（个）	10123

天津市城市轨道交通资源经营统计表（续前表）

表10-3-1

经营类别	收入（万元）	收入构成占比（%）	经营项目	期末累计
信息通讯	177.4	0.2	民用通信覆盖车站（座）	128
			民用通信光电缆长度（公里）	161
			无线局域网覆盖线路（条）	0
其他经营	8083.4	8.5		
收入总量	93829.1	100	非票务收入占票务收入比例（%）	—
			运营补亏贡献度（%）	—

4 太原市轨道交通发展有限公司

【概况】

太原市轨道交通资源由太原市轨道交通发展有限公司经营，2020年资源经营总收入为1700.0万元，剔除土地出让及物业开发销售的经营收入为550.0万元。（表10-4-1）

【物业开发】

完成1、3号线沿线城市设计，并通过专家论证；首个TOD——星空项目5月获取预售许可证，7月项目现金流回正，8月完成前期融资清偿工作；实现7个月开盘，9个月现金流回正。

【车站商业】

打破传统商业模式，打造以“新零售”为核心的地铁全新商业业态。2号线在现有实体便民服务用房资源的基础上，引进社会投资人，围绕智能屏蔽门、便民服务用房、自助机具的建设、升级、改造，延展新零售商业模式，打造屏蔽门新零售，使市民能够在地铁站内自由选购商品，并通过站内及同城配送，打造一小时便民服务生活圈，实现城市便民生活服务体验的全面提升。同时与地铁商业联盟相结合，借助电子超市、商业联动、单品爆款等多种商业手段，利用“互联网+”技术手段，拓宽太原地铁听景APP商城接口、文创产品销售渠道，全面提升商业板块收益。

【传媒广告】

按照“文化传承+商业广告”非客运业务线上线下一体化创新模式，积极推进文化工程，辅以文化为主线的全场景、全媒体广告。通过创新发展理念和经营模式，结合地铁“集”与“散”的大客流优势，“小额”“高频”的消费场景，将互联网与站内广告相结合，在地铁站内空间营造“文化+艺术+科技”的沉浸式体验“主题公园”吸引客流，打造沉浸式体验的“网红车站”，弱化商业实体广告，不做硬广告做软广告，不卖点位卖故事，解决传统线下广告困局。随着2号线通车，文化工程获省市两级领导及社会各界的认可。

（太原市轨道交通发展有限公司）

太原市城市轨道交通资源经营统计表

表10-4-1

经营类别	收入（万元）	收入构成占比（%）	经营项目	期末累计
物业开发	1150.0	67.6	在建物业开发面积 （万平方米）	7.3
物业租赁及管理	0	0	持有商业物业可租赁的面积规模（万平方米）	0
车站商业	0	0	站厅（台）商铺面积 （万平方米）	472.0
			地铁配线空间、通道商业面积 （万平方米）	0
			站厅（台）自助设备（台）	0
传媒广告	0	0	传统广告灯箱（个）	330
			电子显示屏（个）	331

太原市城市轨道交通资源经营统计表（续前表） 表10-4-1

经营类别	收入(万元)	收入构成占比(%)	经营项目	期末累计
信息通讯	0	0	民用通信覆盖车站（座）	23
			民用通信光电缆长度（公里）	96
			无线局域网覆盖线路（条）	0
其他经营	550.0	32.4		
收入总量	1700.0	100	非票务收入占票务收入比例（%）	—
			运营补亏贡献度（%）	—

5 呼和浩特市城市轨道交通建设管理有限责任公司

【概况】

呼和浩特市轨道交通资源由呼和浩特市地铁实业有限公司经营，2020年资源经营总收入为1011.4万元，剔除土地出让及物业开发销售的经营收入为1011.4万元。

地铁建设运营工作是重大民生工程，需兼顾社会效益和经济效益。公司发展要紧紧围绕“高质量建设、可持续发展，拓展地铁＋多元产业链”的战略核心，提质增效，做强做优做大，因此组建呼和浩特市地铁实业有限公司。（表10-5-1）

【物业开发】

主要项目：1号线将军衙署站A出入口TOD项目，地上建筑面积9126.8平方米，地下建筑面积1865.1平方米，容积率3.7，用地性质为商业。拟对该出入口按照TOD模式进行物业上盖，即轨道交通附属设施与酒店一体化设计；1号线将军衙署站B2出入口TOD项目，地上建筑面积960平方米，地下建筑面积2257.2平方米，容积率0.97，用地性质为商业；1号线西龙王庙站轨道交通附属设施项目，规划建设地上3层办公用房，地下1层配套及设备用房，总建筑面积7008平方米；2号线塔利东路站加盖三、四层物业空间总建筑面积10451平方米，配备8部自动扶梯、5部电梯及2部自动人行道。

【物业租赁及管理】

通过招投标，在1号线20个车站站厅、站台层分别放置1台自助售水机，全线共放置40台自助售水机。站厅、站台层自助售水机租金价格为2500元/月·台，合同期3年，合同期内租金总计360万元。结合实际，研究制定《呼和浩特市城市轨道交通自助设备管理办法（试行）》，并结合租赁合同等相关文件要求，对自助设备采取每月安全用电巡查、不定期安全抽查及节假日重点检查等措施进行安全管控管理。

【车站商业】

1、2号线在新华广场站、内蒙古博物院站两个商业核心区设立两处地下商业开发空间，共计19160.3平方米（不含出入口）。年初完成前期招商工作，年内新华广场站地下物业空间已开始装修，拟打造集唐人街区、海洋世界、欧式小镇等众多主题元素于一体的综合商业“网红街”，预计2021年12月装修完毕对外开放，届时市民将会感受到新科技与新美食相结合的全新商业模式体验。

【传媒广告】

通过大量调研，并对呼和浩特轨道交通广告媒体进行可行性研究，确定成立合资公司更加适合呼和浩特轨道交通广告媒体经营。经过多方比选，与北京地下铁道通成广告有限公司达成框架性合作意向，进入双方合作具体事宜磋商阶段，并于4月28日注册成立呼和浩特市地铁通成广告有限公司。2019年底1号线正式开通试运营前，双方紧密合作，完成1号线20座车站共984块12封灯箱、7块宝丽布灯箱、1块LED屏上刊工作。2020年10月1日，2号线开通试运营开始，共完成24座车站共1373块12封灯箱、9块宝丽布灯箱及1块LED屏的上刊工作。

【信息通讯】

于2018年9月18日与中国铁塔公司签订的“轨道交通1、2号线一期工程民用通信建设合作协议”正在执行中，协议期为10年，协议期内可为公司收取租金6518万元，并收取1号线2019年8月1日至2020年7月31日的第一年租金共计288.3万元。

【经营亮点】

1号线站厅层、站台层自助设备机点位租赁采用公开招商、现场竞价的招商形式。招商成功2个包件，即1号线站厅层、站台层的自助饮料机。招商成功后，在20个车站每站的站厅层、站台层各放置1台自助饮料机，共放置40台自助饮料机。站厅层、站台层自助饮料机租金均为2500元/月·台，合同期为3年，采用3+2合作模式，即合同期满后如满足相应条件允许续租2年，3年合同期内租金总计360万元。

（呼和浩特市城市轨道交通建设管理有限责任公司）

呼和浩特市城市轨道交通资源经营统计表　　表10-5-1

经营类别	收入（万元）	收入构成占比（%）	经营项目	期末累计
物业开发	0	0	在建物业开发面积　（万平方米）	0
物业租赁及管理	24.7	2.4	持有商业物业可租赁的面积规模（万平方米）	1.0
车站商业	94.2	9.3	站厅（台）商铺面积　（万平方米）	0
			地铁配线空间、通道商业面积　（万平方米）	2.3
			站厅（台）自助设备（台）	40
传媒广告	615.6	60.9	传统广告灯箱（个）	2357
			电子显示屏（个）	3158
信息通讯	276.9	27.4	民用通信覆盖车站（座）	43
			民用通信光电缆长度（公里）	277
			无线局域网覆盖线路（条）	0
其他经营	0	0		
收入总量	1011.4	100	非票务收入占票务收入比例（%）	0.2
			运营补亏贡献度（%）	—

6 大连地铁集团有限公司

【概况】

大连市轨道交通资源由大连地铁集团有限公司下属大连地铁资源开发有限公司经营，2020年资源经营总收入为1792.4万元，剔除土地出让及物业开发销售的经营收入为1792.4万元。

大连地铁资源开发有限公司成立于2018年7月，共有职工33人。大连地铁集团围绕“物业开发+资源经营”，持续完善TOD物业综合开发体系，全力挖掘可经营资源，增加“广通商”经营收入。（表10-6-1）

【物业开发】

2020年，大连地铁上盖物业（TOD）开发实现历史性突破。大连地铁集团有限公司下属大连地铁资源开发有限公司与大连拓诚置业有限公司共同出资组建的合资公司成功摘得东北路大柴公交枢纽上盖项目用地。该项目占地面积约2.9万平方米，总建筑面积约8.0万平方米，拟规划建设交通场站、住宅及配套商业服务设施等。作为大连地铁首个交通上盖物业开发项目，该项目用地的成功摘牌标志着大连地铁正式“落子”物业开发市场。同时，跟踪推进地铁5号线前盐、火车站TOD项目用地挂牌出让事宜，启动4号线TOD站城一体化方案前期研究，积极筹备P+R停车场建设前期工作。

【车站商业】

2020年，大连地铁便民服务区新开业7家罗森便利店，自助设备经营权转让项目在产权交易所挂牌交易成功完成转让，投放各类自助售货机、自助彩票机、自助充电宝、自助咖啡机等便民自助设备共208台，不断提高乘客出行舒适度和满意度。

【传媒广告】

2020年，1、2号线车站广告、车厢广告、地铁电视经营权转让项目在产权交易所挂牌交易成功完成转让。开发首款文创产品《2021年大连的正义侠日历》，发行三款大连地铁纪念票卡，获得广大市民及收藏爱好者的欢迎。

【信息通讯】

2020年，全线网的站厅、站台均已覆盖4G信号，会同中国铁塔公司完成1、2号线5G升级改造方案的制定及通信设备维护检修，为今后地铁站内5G全覆盖奠定基础。

【经营亮点】

克服疫情影响，积极开展广告经营业务，广告自主经营增收明显。2020年，利用广告资源经营权转让空档期，科学制定自主经营方案，合理调整广告发布价格，开展“打好短期经营‘组合拳’、创效增收‘大干一百天’”创收系列活动，先后举行两次广告短期经营发布会，积极拓展市场，克服疫情期间市场大环境影响，减少资源闲置、增加收入。至2020年底，1、2号线各类已评估广告资源经营权均已完成转让，形成稳定效益及可持续经营的良好态势。

创新文创产品设计理念，完成《大连地铁文创产品总体规划》，制作并销售以大连地铁吉祥物“斑海豹连仔”为主题的首款文创产品——《2021年大连的正义侠日历》。票卡方面，纪念票卡首次采用线上线下同时销售模式，发行三款纪念票卡。大连地铁庚子鼠年纪念票卡——《玉鼠送福》，微店上架3分钟即抢购一空；大连地铁开通5周年纪念票卡——《春暖花开》，再对销售模式进行创新，推出“集卡送”活动，市场反响强烈，发售仅5天全部售罄；大连地铁首张传统节日主题纪念票卡——《情满中秋·花好月圆》，首次采用网络有奖征集方式确定票面设计。

（大连地铁集团有限公司）

大连市城市轨道交通资源经营统计表

表10-6-1

经营类别	收入(万元)	收入构成占比(%)	经营项目	期末累计
物业开发	0	0	在建物业开发面积 （万平方米）	9.9
物业租赁及管理	0	0	持有商业物业可租赁的面积规模（万平方米）	0
车站商业	326.7	18.2	站厅(台)商铺面积 （万平方米）	0
			地铁配线空间、通道商业面积 （万平方米）	0
			站厅(台)自助设备（台）	208
传媒广告	905.6	50.5	传统广告灯箱（个）	3155
			电子显示屏（个）	4862
信息通讯	560.1	31.3	民用通信覆盖车站（座）	67
			民用通信光电缆长度（公里）	170
			无线局域网覆盖线路（条）	0
其他经营	0	0		
收入总量	1792.4	100	非票务收入占票务收入比例（%）	6.6
			运营补亏贡献度（%）	0.5

7 长春市轨道交通集团有限公司

【概况】

长春市轨道交通资源由长春市轨道交通集团有限公司下属职能部门经营事业总部负责经营，2020年资源经营总收入为16801.0万元。

2020年，受新冠肺炎疫情影响，整体商业疲软，本年度长春轨道交通经营有所下降，传媒广告经营收入1632万元，信息通讯业务经营收入342.5万元，房产租赁收入331万元，车站商业经营收入54万元。（表10-7-1）

【信息通讯】

2020年，地铁1、2号线的站厅、站台5G建设覆盖基本施工完成，进入使用阶段。轻轨3、4、8号线实现全网覆盖5G信号及网络。

【增设扶贫专柜】

2020年9月，为响应省扶贫办、市国资委的文件精神，为扶贫产品建立长期有效的销售渠道和用户市场，在地铁、轻轨站厅设置专项扶贫专柜160台；为加大消费扶贫的支持力度，对专柜场地使用费进行减免。

（长春市轨道交通集团有限公司 王瀑）

长春市城市轨道交通资源经营统计表 表10-7-1

经营类别	收入(万元)	收入构成占比(%)	经营项目	期末累计
物业开发	—	—	在建物业开发面积 （万平方米）	—
物业租赁及管理	331.0	2.0	持有商业物业可租赁的面积规模（万平方米）	332.0
车站商业	54.0	0.3	站厅(台)商铺面积 （万平方米）	—
			地铁配线空间、通道商业面积 （万平方米）	—
			站厅(台)自助设备（台）	284
传媒广告	1632.0	9.7	传统广告灯箱（个）	3167
			电子显示屏（个）	2666
信息通讯	342.5	2.0	民用通信覆盖车站（座）	94
			民用通信光电缆长度（公里）	190
			无线局域网覆盖线路（条）	—
其他经营	14442	86.0		
收入总量	16801.0	100	非票务收入占票务收入比例（%）	63.9
			运营补亏贡献度（%）	7.9

8 上海申通地铁集团有限公司

【概况】

上海轨道交通资源由上海申通地铁集团有限公司下属上海申通地铁资产经营管理有限公司经营，2020年资源经营总收入为548648.3万元，剔除土地出让及物业开发销售的经营收入为145405.9万元。（表10-8-1）

【物业开发】

2020年汉中路项目、徐泾停车场项目及吴中路项目共实现土地销售收入及物业开发销售收入90.2亿元。

2020年3月，国权路完成建设用地规划许可证，2020年底，港城路、航头大平台施工完成，徐泾北城开业。

【物业租赁及管理】

根据市国资委以及集团的租金减免工作要求，完成减租客户的减免协议平台审批流转工作，合计减免租金额1620.0万元。

2020年引入专门的办公楼宇资产管理系统，加强租赁部办公楼宇信息化数字化管理，落实精细化管理要求。

【车站商业】

全面落实国资委非国有性质中小企业减免工作，共计有189户商家享受到政策红利。

实现口罩自助销售地铁网络全覆盖，同时引进彩票机、鲜花机和糕点、早餐自助机等无人新零售试点，为地铁运营服务提供有益的补充，解决市民亟需的需求。

积极响应和落实上海市政府早餐工程建设，成功落地网订柜取早餐店。

【传媒广告】

面对突如其来的新冠疫情，地铁传媒受到巨大冲击，业务下滑严重。陆续减免22家公司2、3、4月租金并落实到实际承租户，缓冲疫情对各中小企业带来的冲击。

【信息通讯】

上海轨道交通全网地下站（不含2020年底开通的18号

线8个地下站）的站厅站台5G覆盖基本完成。

【经营亮点】

新冠疫情暴发以来，上海地铁坚持严格执行乘坐地铁必须全程佩戴口罩的防控规定，为阻断疫情传播发挥作用。

为解决部分乘客因忘戴口罩、中途遗失或口罩损坏等意外状况，根据“全覆盖、小包装”原则和“便民惠民”宗旨，进一步通过增设自助售货机，实现上海地铁全网络413座站点口罩无接触自助销售全覆盖。

（上海申通地铁集团有限公司）

上海市城市轨道交通（上海申通）资源经营统计表 表10-8-1

经营类别	收入(万元)	收入构成占比(%)	经营项目	期末累计
物业开发	403242.4	73.5	在建物业开发面积 （万平方米）	138.5
物业租赁及管理	10276.7	1.9	持有商业物业可租赁的面积规模（万平方米）	112.7
车站商业	19612.3	3.6	站厅(台)商铺面积 （万平方米）	2.7
			地铁配线空间、通道商业面积 （万平方米）	7.1
			站厅(台)自助设备（台）	2430
传媒广告	56553.1	10.3	传统广告灯箱（个）	10516
			电子显示屏（个）	45978
信息通讯	22020.1	4.0	民用通信覆盖车站（座）	335
			民用通信光电缆长度（公里）	1289
			无线局域网覆盖线路（条）	15
其他经营	36942.7	6.7		
收入总量	548648.3	100	非票务收入占票务收入比例（%）	21.6
			运营补亏贡献度（%）	12.1

9 南京地铁集团有限公司

【概况】

南京市轨道交通资源由南京地铁集团有限公司下属南京地铁资源开发有限责任公司经营，2020年资源经营总收入为53035.7万元。

2020年，一是立足市场形势，推进上盖物业联动开发。“新215号文”正加速修订；王武庄车辆段综合开发合作框架协议签订，南京首个超百万平方米的轨道场段一体化综合开发项目正式进入实质性开发建设阶段。成功办理85万平方米地下空间及场段不动产权证；金马交通枢纽开展竣工验收，小天堂“云上”住宅销售如期进行，光华门、小行、雨花门、朝天宫、曹后村、和燕路等上盖开发工作有序推进；商业资源战略合作联盟签约仪式暨2020年地铁商业发展峰会顺利举行。二是聚焦地铁现状，锚定资源经营挖潜升级。通道接口招商收益近7500万元，地铁站商铺出租率达98.1%，新街口E区、充电宝项目高溢价完成招商，消费扶贫专柜投入使用，集中解决一批资源经营矛盾，有效保障国有资产权益。三是着眼发展大局，实现土地资源高效运作。成功出让小行、雨花门、汇通路等地块，出让金额达28亿元，超额完成“十三五”规划目标；成立联合指挥部，桥林地铁小镇合作开发拉开帷幕，为储备土地高效运作创造了有利条件。（表10-9-1）

【物业开发】

2020年，实现物业开发两级开发相联动。栖霞山车辆段控详入库；王武庄车辆段完成土地划拨红线办理和车辆段特殊消防设计，确定开发模式；“新215号文”完成报审稿。完成小行、雨花门两幅商办地块出让，土地收益1.5亿元；完成1号线南延线小龙湾上盖物业、4号线青龙车辆段等共计超85万平方米土地权证办理。完成珠江东项目股权转让，股权溢价收益3150万元；光华门项目取得规划许可证，完成地上工程EPC招标，金马交通枢纽主体工程、加油站、P+R停车场及长途停车场上盖完成实体工程建设，并启动竣工验收。

【物业租赁及管理】

2020年，已出租物业18.45万平方米，上盖业态主要为商业和办公，经营业态有餐饮、酒店、教培、健身、百货等，2020年实现收益约为1亿元。

【车站商业】

2020年，车站商业出租面积3.0万平方米，包括整体商业、零星商业、组合商业等多种经营模式。经营业态主要有餐饮、百货等，实现年收益9778万元。同时，南京地铁引进星巴克、肯德基、麦当劳、便利峰、一鸣真鲜等国内外知名品牌进行合作，实现了连锁品牌长期合作模式。

【传媒广告】

2020年，与德高广告、浙江风盛传媒、杭州巴士传媒、西安时代尚优、中联信等传媒广告主要合作单位共同耕耘南京地铁广告传媒市场，全年实现传媒广告收款18807万元。

【信息通讯】

2020年，与移动、电信、联通三家主要信息通讯运营商及中国铁塔公司合作开展南京地铁信息公网建设。10月底实现南京地铁全线378公里移动5G信号覆盖，成为全国单一城市中地铁5G信号覆盖线路数、覆盖里程数第一，成为全球地铁5G全覆盖里程最长的城市，年内实现公网资源费收益3919万元。

【其他经营】

2020年，为满足乘客手机充电需求的增加，在全线174个车站、178个点位投放自助充电宝设备，同时，为深入贯彻疫情防控指南，在6条主要线路设置55个自助口罩售卖机点位。至年底，全线拍照机、饮料售货机、奶制品机、ATM、纸巾机、礼品机、充电宝等自助设备共计686台，不断提升便民服务水平，解决乘客燃眉之急。

【经营亮点】

南京地铁资源开发有限责任公司切实贯彻《减免困难中小微企业房租》文件精神，与合作单位同舟共济、共克时艰。前后2批，与352家中小微企业签订129份减免合同，减免金额达3100余万元，在提升营商环境、发挥国有企业带头示范担当方面发挥作用。成功办理小龙湾、武定门、青龙车辆段、3号线林场车辆段、1号线南延线共计超85万平方米的不动产权证，为南京地铁集团有限公司资产证券化融资、进一步降低资产负债率提供有效凭证。

（南京地铁集团有限公司）

南京市城市轨道交通资源经营统计表　　表10-9-1

经营类别	收入(万元)	收入构成占比(%)	经营项目	期末累计
物业开发	14500.0	27.3	在建物业开发面积　(万平方米)	66.5
物业租赁及管理	9655.8	18.2	持有商业物业可租赁的面积规模（万平方米）	20.7
车站商业	12986.8	24.5	站厅(台)商铺面积　(万平方米)	2.3
			地铁配线空间、通道商业面积　(万平方米)	1.0
			站厅(台)自助设备（台）	807
传媒广告	11917.3	22.5	传统广告灯箱（个）	8341
			电子显示屏（个）	14571
信息通讯	3502.3	6.6	民用通信覆盖车站（座）	174
			民用通信光电缆长度（公里）	197.2
			无线局域网覆盖线路（条）	0
其他经营	473.5	0.9		
收入总量	53035.7	100	非票务收入占票务收入比例（%）	37.7
			运营补亏贡献度（%）	—

10 无锡地铁集团有限公司

【概况】

无锡市轨道交通资源由无锡地铁集团有限公司经营，2020年资源经营总收入为17840.0万元，剔除土地出让及物业开发销售的经营收入为17840.0万元。（表10-10-1）

【物业开发】

本着土地复合利用、优化城市空间布局的原则，4号线具区路车辆段按照“地铁+物业”模式实施了一体化建设开发。下部为具区路车辆段，是4号线开通运营的必要配套工程。上部为具区路地铁TOD综合示范项目，由无锡地铁集团有限公司、京投发展、中铁四局三方合作开发，该项目A地块6月30日获施工许可证启动建设，12月开始预售。年内成为国内首个完成WELL认证的地铁上盖物业项目，确立无锡地铁“生态、幸福、智慧”物业上盖品牌。

【车站商业】

受新冠肺炎疫情影响，帮助商户复工复产的同时，努力突破传统商业的瓶颈，1、2、3号线站厅商业招商率均超过90%。同时，创新3、4号线新线商业运营模式，通过不断调整和更新品牌，打造“无锡地铁商业”的专业品牌。

【传媒广告】

面对疫情影响和传统广告下滑的“双重”挑战，无锡地铁广告经营主动出击，积极推进线上线下资源融合，实现了广告经营的稳中有进。一是推出“抗疫公益套餐”“暖春促销”以及3号线“庆开通广告优惠”等活动，积极主动抢占市场；二是聚焦目标客户，制定“政企客户服务”方案，精准发力细分市场；三是强化创新赋能，推出格栅屏、“墨水屏”拉手等新媒体，提升地铁媒体资源价值和品牌。

【信息通讯】

3号线在全国地铁率先采用四缆建设5G网络，为未来商业场景的探索和研究提供了强有力的技术支撑。

【其他经营】

助力文明城市建设，构建新型产业链，开拓具有自主特色的工程围挡工艺和产业市场。完成4号线重点站围挡工程，并加强项目外拓，实现年产值1200万元，为企业经营实现增值增量。

【经营亮点】

全面培育线上新经济，提振地铁商圈消费活力，深挖“地铁城（MetroCity）”价值，相继举办“地铁城”网上直播带货、线上抽奖、秒杀抢购等各项活动百余场，参与商家数量近百家，线上平台新增消费会员1.1万人，商城线上总流量为106万次，有效促进客流和商流的互融互联。

（无锡地铁集团有限公司）

无锡市城市轨道交通资源经营统计表

表10-10-1

经营类别	收入（万元）	收入构成占比（%）	经营项目	期末累计
物业开发	0	0	在建物业开发面积（万平方米）	48.3
物业租赁及管理	0	0	持有商业物业可租赁的面积规模（万平方米）	0
车站商业	5035.0	28.2	站厅（台）商铺面积（万平方米）	0.4
			地铁配线空间、通道商业面积（万平方米）	12.5
			站厅（台）自助设备（台）	367
传媒广告	5978.0	33.5	传统广告灯箱（个）	3881
			电子显示屏（个）	4844
信息通讯	807.0	4.5	民用通信覆盖车站（座）	70
			民用通信光电缆长度（公里）	89
			无线局域网覆盖线路（条）	0
其他经营	6020.0	33.8		
收入总量	17840.0	100	非票务收入占票务收入比例（%）	54.3
			运营补亏贡献度（%）	—

11 徐州地铁集团有限公司

【概况】

徐州市轨道交通资源由徐州地铁集团有限公司下属资源开发分公司经营，2020年资源经营总收入为40400.0万元，剔除土地出让及物业开发销售的经营收入为6800.0万元。

2020年，1号线民主北路综合配套项目、3号线银山车辆段及出入段线上盖预留工程竣工，另外有7个站点的上盖物业开发、地下空间综合利用项目开工建设，12个上盖物业开发项目启动前期工作。站内广告、自助机经营实现与地铁试运营同步，结合2号线开通初期运营节点，开发系列地铁文创产品。（表10-11-1）

【物业开发】

2020年，1、2、3号线一期工程沿线综合配套项目建设有序推进，控制中心地块一期住宅竣工交房，民主北路综合配套项目竣工；3号线二期及4、5、6号线一期工程沿线综合配套建设项目处于规划和设计阶段。

【物业租赁及管理】

2020年，彭城广场地下交通连接项目、人民广场站配线商业空间项目、民主北路站综合配套项目完成经营权租赁招标，总租赁面积44000平方米，15年租期中标总价约8.8亿元。徐州轨道交通线网控制中心9号楼出租层和5号楼底商自主招商工作同步推进。物业经营管理方面，主要负责徐州地铁线网控制中心大楼的物业管理，管理面积7.3万平方米。

【车站商业】

2020年，2号线站内自助机经营实现与地铁试运营同步，1、2号线共计设置166台自助售卖机设备，为乘客提供更便捷的服务；人民广场配线商业空间项目移交经营商。

【传媒广告】

2020年，2号线平面广告资源经营权公开竞拍。徐州广电地铁经营有限公司经营地铁车辆拉手、站内LED屏、全线PIS屏等，致力于深度打造徐州地铁文明风尚、文化品格及地铁新型都市人群生态圈。

【信息通讯】

2020年，2号线4G建设覆盖施工完成，进入开通初期运营阶段。

【打造智慧地铁平台】

智慧地铁互联网平台与1号线正式开通同步面向乘客提供服务。自2号线11月28日开通以来，以日均增加3600左右新注册用户的速度，不断刷新注册用户数；每日活跃用户在70000人左右，每日交易订单数平均在67000笔左右。使用“徐州地铁”APP扫二维码过闸成为乘坐地铁的主要方式之一，并得到广泛好评。利用线上APP开展码营销票经营活动，先后与多家大型企业合作，取得成效。同时银联“云闪付”APP于12月31日正式上线徐州地铁乘车功能，拓展地铁购票场景和过闸场景，进一步提升用户出行体验，丰富地铁出行方式。

（徐州地铁集团有限公司　谭卫国）

徐州市城市轨道交通资源经营统计表　　表10-11-1

经营类别	收入(万元)	收入构成占比(%)	经营项目	期末累计
物业开发	33600.0	83.2	在建物业开发面积　（万平方米）	82.4
物业租赁及管理	614.0	1.5	持有商业物业可租赁的面积规模（万平方米）	136.7
车站商业	152.7	0.4	站厅(台)商铺面积　（万平方米）	78.0
			地铁配线空间、通道商业面积　（万平方米）	4.8
			站厅(台)自助设备（台）	456
传媒广告	2484.0	6.1	传统广告灯箱（个）	678
			电子显示屏（个）	666
信息通讯	385.0	1.0	民用通信覆盖车站（座）	389
			民用通信光电缆长度（公里）	777
			无线局域网覆盖线路（条）	12
其他经营	3164.3	7.8		
收入总量	40400.0	100	非票务收入占票务收入比例（%）	169.9
			运营补亏贡献度（%）	—

12 常州市轨道交通发展有限公司

【概况】

常州市轨道交通资源由常州市轨道交通发展有限公司经营，2020年资源经营总收入为3082.0万元，剔除土地出让及物业开发销售的经营收入为3082.0万元。（表10-12-1）

【车站商业】

2020年，1号线由常州十足便利店有限公司和南京舒活餐饮管理有限公司（品牌：一鸣）分别经营便利店和面包店，为乘客提供便民服务。

【传媒广告】

2020年，由苏州市明日企业形象策划传播有限公司经营1号线平面广告。

【信息通讯】

2020年11月，1号线全线完成移动、电信、联通三家运营商的5G信号升级改造。

【其他经营】

2020年，开通3个连接通道，地铁中心1号楼（综合管理用房）部分对外出租，年内出租率达100%。

【经营亮点】

至2020年12月，常州地铁官方APP累计注册量突破80万户。为贯彻长三角一体化战略，常州地铁APP完成与上海、无锡、苏州、南昌、郑州、福州地铁的互联互通，较大程度提升常州轨道交通智能化水平。

组建常州智慧地铁科技有限公司，致力于更好地支撑智慧地铁建设及运营。

（常州市轨道交通发展有限公司）

常州市城市轨道交通资源经营统计表　　表10-12-1

经营类别	收入(万元)	收入构成占比(%)	经营项目	期末累计
物业开发	0	0	在建物业开发面积　（万平方米）	0
物业租赁及管理	0	0	持有商业物业可租赁的面积规模（万平方米）	0
车站商业	103.0	3.3	站厅(台)商铺面积　（万平方米）	833.0
			地铁配线空间、通道商业面积　（万平方米）	0
			站厅(台)自助设备（台）	112
传媒广告	944.0	32.3	传统广告灯箱（个）	1236
			电子显示屏（个）	2337
信息通讯	457.0	14.8	民用通信覆盖车站（座）	27
			民用通信光电缆长度（公里）	32
			无线局域网覆盖线路（条）	0
其他经营	1528.0	49.6		
收入总量	3082.0	100	非票务收入占票务收入比例（%）	57.0
			运营补亏贡献度（%）	9.0

13 苏州市轨道交通集团有限公司

【概况】

苏州市轨道交通资源由苏州市轨道交通集团有限公司资源开发分公司经营，2020年资源经营总收入为13368.9万元，剔除土地出让及物业开发销售的经营收入为13368.9万元。

2020年受新冠肺炎疫情影响，资源经营疫情防控和复工复产两手抓，积极扶持商户经营，落实中小企业租金减免政策，稳定了商业、广告、通信等各项业务。制定了第一轮“1个月租金减免，2个月减半收取”方案和第二轮

"3、4月份租金各减免半个月"方案，强化执行和监督，落实优惠政策到最终承租人，帮助商户缓解经营压力。（表10-13-1）

【物业开发】

加快上盖综合开发步伐，推动项目前期工作进展。2、6号线桑田岛停车场上盖完成项目设计招标、环境影响评价、节能评估、社会稳定评估、交通影响评价、项目可行性研究报告批复等前期工作，5号线胥口车辆段综合开发项目精细化研究成果通过审核，7号线莫阳停车场上盖开发方案上报苏州市政府决策，7号线天鹅荡车辆段前期咨询研究成果通过专家评审。

【物业租赁及管理】

物业租赁引入广州地铁设计研究院有限公司、中铁第四勘察设计院集团有限公司等多家轨道交通合作单位，提供高效便捷的工作环境。

【车站商业】

疫情发生后，积极对接商户需求，仔细筛选商户，3号线自助设备公开招商引入饮料品牌可口可乐，2号线骑河路站、富元路站上盖附属用房公开招商引入苏州高铁新城下属国资公司，去划面积1.6万平方米。指导商户制定合理防疫管理措施，推进商户垃圾分类工作实施，参加苏州市"无理由退货"、双十二购物节等活动。

【传媒广告】

围绕加强媒体管理和创新，规范广告材质使用和大规模墙贴消防申报流程，乐桥等站点上线创意广告，5号线劳动路站等站点新增轨行区看板，隧道媒体完成招商，临时展示业务经营模式由散租改为整租，上新8周年纪念礼盒、趣味户外垫、文具盲盒等6款文创产品。协调灯箱广告、列车广告、PIS、导乘机、隧道媒体等配合公益宣传，全年公益广告占比超过30%，为传播社会正能量起到良好作用。

【信息通讯】

全线民用通信维护正常开展。有序推进既有线路站厅站台5G改造，硬件改造完成70%，部分站点开通5G信号，培育推动新业务，天面租赁新增租赁站点13处。

【其他经营】

开展对接业务，与绿宝广场、月星家居、喜年广场、龙湖70号地块、新主城G7地块等对接。

【经营亮点】

持续推进"苏e行"APP优化升级，开通"云图书馆"、公共自行车租借、有轨电车乘车等功能，互联互通服务新增南昌、郑州等4个城市地铁，打造全新的地铁出行增值服务链。借助"苏e行"平台优势，加强与地铁商户的营销合作，构建线上、线下整合联动的地铁生态圈，促进新模式、新场景的普及应用。加强"苏e行"业务监管，推进应急预案制定，落实新媒体发布管理要求，切实维护网络意识形态安全。利用平台优势，落地"万企联万村、共走振兴路"项目，助力迎湖村新米发售。"苏e行"上线两周年，注册用户量突破723万户，扫码进站客流约占轨道交通总客流的50%。

（苏州市轨道交通集团有限公司　钟星烁）

苏州市城市轨道交通（苏州轨交）资源经营统计表　　表10-13-1

经营类别	收入(万元)	收入构成占比(%)	经营项目	期末累计
物业开发	0	0	在建物业开发面积　(万平方米)	16.7
物业租赁及管理	396.2	3.0	持有商业物业可租赁的面积规模（万平方米）	4.6
车站商业	3336.1	25.0	站厅(台)商铺面积　(万平方米)	0.2
			地铁配线空间、通道商业面积　(万平方米)	5.6
			站厅(台)自助设备（台）	370
传媒广告	4318.4	32.3	传统广告灯箱（个）	8919
			电子显示屏（个）	9320
信息通讯	2343.8	17.5	民用通信覆盖车站（座）	135
			民用通信光电缆长度（公里）	316
			无线局域网覆盖线路（条）	0
其他经营	2974.4	22.2		
收入总量	13368.9	100	非票务收入占票务收入比例（%）	26.7
			运营补亏贡献度（%）	2.9

14 苏州高新有轨电车集团有限公司

【概况】

苏州市高新区有轨电车资源由苏州高新有轨电车资源开发有限公司经营，2020年资源经营总收入为747.5万元，剔除土地出让及物业开发销售的经营收入为747.5万元。（表10-14-1）

【物业租赁及管理】

电车大厦共20层，总建筑面积为4.65万平方米，实际可租赁面积1.8万平方米，于2014年10月正式启用，是高新区首批三星级绿色建筑。大厦主楼主要为办公用途，裙楼主要为有轨电车学员培训用途。2020年入驻企业共18家，全年签订大楼房租合同金额共433万元，2号线车辆基地设备租赁收入13.5万元。

利用空间资源、美化办公环境，在电车基地一楼大厅安装新版水牌及自动咖啡机，引进丰巢快递柜、刷脸式售货机，在室外安装落地框架指示牌。

【车站商业】

在有轨电车沿线站台及地下通道引进自动售货机、共享充电宝等设备。

【传媒广告】

2020年先后与16家单位签订广告发布协议，其中全年制作上线主题列车17列次，更换59片沿线灯箱广告。

【其他经营】

有轨电车旅游资源开发，客运西站充电桩建设，智慧交通系统建设及纵二路管廊工程管理。

【经营亮点】

2020年，苏州“电车科技体验基地”及电车基地再次被苏州市旅游局评为年度“十大旅游创新产品”之一。3月，苏州有轨电车研学游还入选江苏省首批优秀研学旅游线路。2020年，电车基地接待游客超4000人，组织的有轨电车研学营开班24期，旅游门票收入超过13万元。文创产品推陈出新，2020年相继推出了新款电车系列积木-公铁两用车（小黄车）和手绘明信片，电车积木全年销量超7万元，总销量逾29万元。

（苏州高新有轨电车集团有限公司）

苏州市城市轨道交通（苏州高新）资源经营统计表　　表10-14-1

经营类别	收入（万元）	收入构成占比（%）	经营项目	期末累计
物业开发	0	0	在建物业开发面积 （万平方米）	0
物业租赁及管理	480.8	64.3	持有商业物业可租赁的面积规模（万平方米）	1.8
车站商业	3.3	0.4	站厅(台)商铺面积 （万平方米）	0
			地铁配线空间、通道商业面积 （万平方米）	0
			站厅(台)自助设备（台）	13
传媒广告	183.5	24.5	传统广告灯箱（个）	278
			电子显示屏（个）	0
信息通讯	0	0	民用通信覆盖车站（座）	0
			民用通信光电缆长度（公里）	0
			无线局域网覆盖线路（条）	0
其他经营	79.9	10.8		
收入总量	747.5	100	非票务收入占票务收入比例（%）	12.3
			运营补亏贡献度（%）	12.3

15 淮安市现代有轨电车经营有限公司

【概况】

淮安市轨道交通资源由淮安市现代有轨电车经营有限公司经营，2020年资源经营总收入为524.1万元，剔除土地出让及物业开发销售的经营收入为524.1万元。

2020年，深入挖掘资源优势，进一步扩大经营范围，先后与中国电信、淮安西游主题乐园、淮安农商行等企业合作，借助有轨电车车身媒体平台做品牌宣传，受到合作方一致好评。通过挖掘现有地下通道资源，新增软膜广告位、新增垂梯广告位，扩大媒体资源数量，不断创造经济价值。

2020年，申报江苏省科普教育基地，并获批，不断丰富有轨电车科技研学游内涵，为中小学生提供一个校外课堂，普及科技知识，让轨道交通深入民心，同时也获得经济收入。（表10-15-1）

【传媒广告】

2020年，通过公开拍卖转让正线站台及地下通道广告位经营权，并通过新增软膜广告位，新增地下通道垂梯广告位增加广告位数量，提高综合收益。

【其他经营】

2020年，加大培训学校市场开拓力度，关注行业动态，与国内有轨电车建设运营单位密切联系，洽谈合作业务，2020年成功为嘉兴市培养2批次67名有轨电车驾驶员，培训成效获运营单位充分肯定。

【促进多元经营】

2020年，在原有非票务收入的基础上，进一步开展有轨电车广告类招商拍卖工作，与中国电信、市国联集团、西游乐园、潮宏基珠宝等多家知名单位达成30余项合作，电车站台广告、车厢广告、外包车等经营性业务累计营收超400万元，比上年增长25%。

【创新实施小火车研学游项目】

2020年，加强与各旅行社、社会培训机构合作，开拓研学游市场，全年接待市内外23批次1100余名亲子团游客，取得较好收益。在抓好研学游项目的同时，不断强化小火车科普教育基地软件和硬件设施建设，获省协等单位好评，并被评定为省级科普教育基地。

（淮安市现代有轨电车经营有限公司 盛晓宇）

淮安市城市轨道交通资源经营统计表 表10-15-1

经营类别	收入（万元）	收入构成占比（%）	经营项目	期末累计
物业开发	0	0	在建物业开发面积 （万平方米）	0
物业租赁及管理	0	0	持有商业物业可租赁的面积规模（万平方米）	0.1
车站商业	9.2	1.8	站厅（台）商铺面积 （万平方米）	0
			地铁配线空间、通道商业面积 （万平方米）	0
			站厅（台）自助设备（台）	10
传媒广告	394.1	73.3	传统广告灯箱（个）	587
			电子显示屏（个）	46
信息通讯	0	0	民用通信覆盖车站（座）	23
			民用通信光电缆长度（公里）	0
			无线局域网覆盖线路（条）	1
其他经营	130.8	24.9		
收入总量	524.1	100	非票务收入占票务收入比例（%）	63.4
			运营补亏贡献度（%）	—

资源经营

16 杭州市地铁集团有限责任公司

【概况】

浙江省杭州市轨道交通资源由杭州市地铁集团有限责任公司下属子公司杭州地铁开发有限公司和杭州杭港地铁有限公司经营，2020年资源经营总收入为1019664.0万元，剔除土地出让及物业开发销售的经营收入为42664.0万元。

2020年，杭州市地铁集团秉承以TOD开发引领未来城区建设的指示精神，紧抓经营大突破实现转型升级的发展契机，积极推进TOD开发，加快做地进度，加强对外投资管理。开展经营性用地做地，自主开发、合作开发项目齐头并进，车站商业百花齐放，引入全球连锁便利店罗森、农夫山泉自助机饮料机品牌，努力拓展自助机试点项目招商工作，实现新业务孵化。完成6（含杭富）、7、8、9号线的广告资源招商工作；16号线PIS项目首次进行公开市场招商。2、4号线多项创意广告获得IAI国际广告奖、金场景营销案例金银奖、中国广告年度大奖、上海国际广告节抗疫专项奖、上海国际广告奖等多个奖项。（表10-16-1）

【物业开发】

2020年自主开发项目4个（T3T4楼项目、九堡人才房项目、沈塘桥项目、打铁关项目），总建筑面积33万多平方米；合作开发项目10个，总建筑面积439.96万平方米；五常未来天空之城、杭行道、春和云境等项目，实现合同销售额97.7亿元。

【物业租赁及管理】

2020年，自持物业和地铁物业公司共实现物业租赁及管理收入7607万元。其中，自持的地铁东城购物中心、七堡T1T2楼、七堡临建、湘湖综合楼、西兴站管理用房等商场、写字楼物业，经营面积10.8万平方米。

2020年，地铁东城购物中心物业租赁及管理收入2814万元；地铁物业公司物业租赁及管理收入3996万元。资产公司物业租赁收入800万元。

【车站商业】

引入全球连锁便利店罗森、农夫山泉自助机饮料机品牌，努力拓展自助机试点项目招商工作（三海鲜花机、北京易植鲜花机），实现新业务孵化。完成地铁1号线自助饮料机项目品牌更替，成功引进可口可乐自助饮料机；结合时政热点，在地铁内引入自助鲜花机、盲盒机、口罩机等民生需要项目，不断开发新品类。地铁1号线和地铁5号线站厅、商业空间商业资源出租率达87.5%。

完成2号线人民路商业空间项目招商及开业前筹备工作，引进老娘舅、久久丫及麦当劳等知名品牌,招商率达87.5%。

【传媒广告】

完成1号线语音导向广告合同续约谈判工作。完成1号线站厅语音广播系统升级改造，优化站厅广播播控，在提升运营的同时满足广告的播放需求，每年新增非票务收入约50万元。1、5号线推出了“T3安全出行镜面长廊”“地铁数字营销——银泰&雅诗兰黛派样机”“反恐全包车-政府直播”以及“中秋公益创意主题墙”等多个创意媒体案例，同时还结合疫情时事进行“致敬平凡与不平凡”龙翔桥炫动巨幕营销活动投放。

完成6（含杭富）、7、8、9号线的广告资源招商工作，与本地知名广告公司“金手指”完成广告合同签署。创新招商模式，16号线PIS项目打破原直接委托地铁电视有限公司经营的模式，首次进行公开市场招商，成功引入广电系视频广告公司。2、4号线推出“滴露首创场景投影，开启‘衣服年终吐槽大赏’”“滴滴的‘交代’请领取”“乐事真脆薯条，香脆有‘型’”“Lilbetter地铁时尚快闪趴”“共克时艰，共赴未来”等多个创意媒体案例。多项创意广告获得IAI国际广告奖、金场景营销案例金银奖、中国广告年度大奖、上海国际广告节抗疫专项奖、上海国际广告奖等多个奖项。

【信息通讯】

完成1号线延伸段民用通信业务续约工作。完成5号线一期工程后通段、二期工程、创景路站和1号线三期民用通信项目建设，确保民用通信及数据业务与线路同步开通，满足广大地铁乘客的通讯需求。

继续加强地铁信息通讯的升级换代，全面启动1号线移动5G建设，基本完成5号线移动5G建设。

启动5号线党政专用通信地铁战备通信光缆建设项目。

完成6号线、杭富线、16号线的通讯项目的招商工作，确保线路开通与民用通讯及数据业务同步开通，满足广大地铁乘客的通讯需求。

【经营亮点】

完善TOD政策。全力配合完成《关于推进轨道交通可持续高质量发展的实施意见》的草拟工作，为TOD开发争取政策支持。

推进TOD示范项目。结合新一轮线网规划和四期建设规划，开展TOD 专项规划研究，确认首批8个TOD示范项目。

首探TOD酒店项目。积极探索酒店项目及上盖物业项目商业化可行性。完成部分酒店项目定位研究。

定制TOD项目方案。完成地铁三期线路30个待开商业区及五常、打铁关等8个上盖物业（商业部分）的实地踏勘调研工作，形成专题市场定位报告，提报物业需求，制定科学合理的开发方案。

（杭州市地铁集团有限责任公司）

杭州市城市轨道交通资源经营统计表 表10-16-1

经营类别	收入(万元)	收入构成占比(%)	经营项目	期末累计
物业开发	977000.0	95.8	在建物业开发面积 （万平方米）	268.0
物业租赁及管理	7607.0	0.8	持有商业物业可租赁的面积规模（万平方米）	10.8
车站商业	6178.0	0.6	站厅(台)商铺面积 （万平方米）	0.2
			地铁配线空间、通道商业面积 （万平方米）	4.0
			站厅(台)自助设备（台）	222
传媒广告	25504.0	2.5	传统广告灯箱（个）	8240
			电子显示屏（个）	5736
信息通讯	3375.0	0.3	民用通信覆盖车站（座）	106
			民用通信光电缆长度（公里）	189
			无线局域网覆盖线路（条）	0
其他经营	0	0		
收入总量	1019664.0	100	非票务收入占票务收入比例（%）	18.1
			运营补亏贡献度（%）	—

17 宁波市轨道交通集团有限公司

【概况】

宁波市轨道交通资源由宁波市轨道交通物产置业有限公司经营，2020年资源经营总收入为911045.5万元，剔除土地出让及物业开发销售的经营收入为8995.5万元。

2020年，宁波轨道交通积极推进“轨道+物业”开发模式，全年挂牌土地6宗，出让4宗，出让金额约63.5亿元。一级开发共摘得地块4宗，实施二级开发项目16个，交付项目3个。同时，充分挖掘轨道交通广告、商业等资源经营优势和潜力，其中东鼓道地下商业街获评“全国城轨交通商业示范街”，积极推动4号线相关站点LED大屏项目落地并启动屏蔽门投影广告项目，并策划发布主题专列18列。（表10-17-1）

【物业开发】

2020年，推进房地产二级开发，摘得前殷-3地块、前殷-4地块、东钱湖车辆段地块、金达南地块共4宗地块。合作实施杨柳郡、公园道、柳岸晓风、未来道、咏兰郡等二级开发项目14个，在建总面积逾210万平方米，全年完成开发项目投资约57.5亿元，开发项目合同销售额约26.7亿元。同时，推进城隍庙站和明楼站地块两个自营项目开发建设，其中，城隍庙项目已竣工。

【物业租赁及管理】

2020年，进一步加强物业租赁管理，共出租物业面积约53万平方米（房屋出租约17万平方米，场地出租约36万平方米），物业租赁收入约2745万元。

【车站商业】

2020年，为持续推进附属空间类型资源开发，商业拓展部推出第二批高架站附属空间共8个，通过公开招标的形式完成招商7个，同时，积极探索商业形式，引进了运动馆、志愿者服务基站等多业态模式。

【传媒广告】

2020年，配合完成2号线二期、宁奉线后通段、4号线“三线”保通工作。4号线开通、新增1153块广告灯箱、电子媒体6块(LCD、LED)，PIS屏约1629块，媒体形式达到16种，并首次实现新线开通与资源的同步投用、同步创效；完成5号线一期广告媒体规划，重点突出车站创意媒体的开发；开展新媒体改造，试点2号线宁波火车站智能座椅项目。

【信息通讯】

2020年，宁波轨道交通实现全网的站厅、站台4G信号覆盖；完成3号线工程、4号线工程5G网络建设并实现5G信号的开通，并联合移动举办宁波轨道交通3号线5G网络开通暨5G+智慧地铁战略合作签约仪式，为后续大数据平台开发提供有力基础。

【其他经营】

2020年，设计发行《鼠年生肖》《永恒的雷锋·不变的初心》《二十四节气》《阿拉地铁文明行》《宁波大学开学季》《航海王2020》《四号线首通》等7套主题纪念票。不断丰富宁波轨道交通文创产品线。

【创新线上经营模式】

联合蚂蚁科技集团股份有限公司、宁波广通传媒有限公司、优城(宁波)地铁科技有限公司完成“地铁会员”试点项目，以“宁波地铁付费会员”为业务模式，基于支付宝官方小程序，打造为宁波地铁通勤用户服务会员系统。与贝发集团股份有限公司、宁波市民卡运营管理有限公司、宁波轨道交通华润置地有限公司、银泰商业（集团）有限公司等多家合作单位开展线上营销合作，实现“宁波地铁go”微信公众平台粉丝经济效益转化。

【开展云招商直播活动】

携手厦门宸诠商业管理有限公司（东鼓道）、宁波广通传媒有限公司在“移动电视”微信公众号和“看点直播”微信小程序上同步推出了商铺资源“云推介”暨东鼓道3周年庆典直播，并在公交移动媒体、地铁移动媒体、手机端三大平台进行同步直播。通过线上直播+线下互动的方式进行商业资源推介，拓宽商业资源传播渠道，加快推动招商项目推广落地。直播1小时，双平台联播共吸引了7万观看流量，这不仅是有效应对疫情，创新招商方式，调整招商策略的一次重大创新举措，也是加大项目招商力度的一次有效尝试，为日后开展多元化招商模式打下了坚实的基础。

（宁波市轨道交通集团有限公司）

宁波市城市轨道交通资源经营统计表 表10-17-1

经营类别	收入(万元)	收入构成占比(%)	经营项目	期末累计
物业开发	902050.0	99.0	在建物业开发面积（万平方米）	210.0
物业租赁及管理	2744.9	0.3	持有商业物业可租赁的面积规模（万平方米）	68.3
车站商业	1525.7	0.2	站厅(台)商铺面积（万平方米）	0.037
			地铁配线空间、通道商业面积（万平方米）	3.9
			站厅(台)自助设备（台）	104
传媒广告	3430.0	0.4	传统广告灯箱（个）	3463
			电子显示屏（个）	4920
信息通讯	1186.9	0.1	民用通信覆盖车站（座）	103
			民用通信光电缆长度（公里）	227
			无线局域网覆盖线路（条）	1
其他经营	108.0	0.0		
收入总量	911045.5	100	非票务收入占票务收入比例（%）	—
			运营补亏贡献度（%）	—

注：“其他经营”的“收入构成占比”因不足0.1%，故显示为0.0。

18 温州市铁路与轨道交通投资集团有限公司

【概况】

温州市轨道交通资源由温州市轨道交通资产经营管理有限公司经营，2020年资源经营总收入为1367.8万元，剔除土地出让及物业开发销售的经营收入为1367.8万元。

经营重点为创新与开发的探索，并有若干实践成果，例如创新“站桥一体化”商业模式、首创城轨行业“云”招商、开发地标性网红TOD生态商业街区等，为市域铁路的“轨道+商业新型发展”模式提供宝贵的经验。（表10-18-1）

【车站商业】

2020年，完成S1线商铺出租面积6269.54平方米，引进餐饮、牙科医院、城市书房等功能商业。落实S1线自助设备——充电宝项目，引进怪兽共享充电宝。

【传媒广告】

2020年，引进24块屏蔽门多媒体广告系统；创新打造德政站桥下空间户外广告主题场景、520告白列车等创意媒体。此外，积极开展市域铁路S2线广告灯箱前期规划研究工作。

【信息通讯】

2020年，温州市域铁路S1线18座车站的站厅、站台4G处于正常运营阶段，铺设管线长度为32.5公里。

【其他经营】

2020年，共设计推出两款文创产品：以温州轨道交通S1线列车形象及吉祥物“温小鹿”为原型设计的两款儿童书包；以医护人员身穿防护服形象、温州轨道交通S1线列车形象、吉祥物“温小鹿”为原型设计的证件卡套。

【首创城轨行业“云”招商】

在疫情期间打破传统招商模式，安全高效地完成云招商及宣传工作，利用科技衍生平台输出城轨资源信息，提升企业曝光度，增加企业与需求者的黏性，激发市场活力。覆盖约10万人次，签订5个站点共8家商铺，获业界好评效仿，获中国城市轨道交通协会与国家级《城市轨道交通》刊宣。

【开发地标性网红TOD生态商业街区】

结合三垟湿地站桥下空间与黄屿片区，做好市调、分析、规划、协调等工作，完成分期开发规划图的制订，创建以生态环保为核心的漫步道、亲水平台、栈桥绿阶等，以活力为核心的桥下球场，旧址公园，商业街区等。

【创新“站桥一体化”商业模式】

统筹资源，将2800平方米的桥下空间与德政站商铺联动招商，将商业、站内外空间、景观、喷绘等元素有机融合，打造温州首家“乐高式”街区公园，该案例亦获得IAI国际广告优秀奖。

（温州市铁路与轨道交通投资集团有限公司 陈彬彬）

温州市城市轨道交通资源经营统计表　　表10-18-1

经营类别	收入(万元)	收入构成占比(%)	经营项目	期末累计
物业开发	0	0	在建物业开发面积　（万平方米）	0
物业租赁及管理	0	0	持有商业物业可租赁的面积规模（万平方米）	0
车站商业	316.2	23.1	站厅(台)商铺面积　（万平方米）	0.6
			地铁配线空间、通道商业面积　（万平方米）	0
			站厅(台)自助设备（台）	106
传媒广告	948.7	69.4	传统广告灯箱（个）	583
			电子显示屏（个）	754
信息通讯	101.0	7.4	民用通信覆盖车站（座）	18
			民用通信光电缆长度（公里）	32
			无线局域网覆盖线路（条）	0
其他经营	1.9	0.1		
收入总量	1367.8	100	非票务收入占票务收入比例（%）	40.0
			运营补亏贡献度（%）	40.0

19 绍兴市轨道交通集团有限公司

【概况】

绍兴市轨道交通资源由绍兴市地铁物产置业有限公司经营，2020年资源经营总收入为762.0万元，剔除土地出让及物业开发销售的经营收入为762.0万元。

绍兴市轨道交通集团有限公司牢牢把握“做大做强轨道交通集团、反哺轨道交通建设”的新要求，卯足干劲、撸袖实干，精心组织、科学施工，牢固树立“安全至上、品质至上”的理念，秉持工匠精神，强化项目管控，严格工作要求，高标准、高效率推进项目建设，努力打造经得起历史和人民检验的精品工程、平安工程、廉政工程，切实为提升绍兴城市品质、打造现代交通、推进杭绍甬一体化发展，为绍兴加快重返综合经济实力全国“30强”作出轨道交通应有的贡献。（表10-19-1）

【物业开发】

2020年，绍兴轨道交通沿线地块物业开发工作不断加快。镜湖梅山广场项目北区完成地下室施工，推进主体结构施工，南区开展地下室施工；火车站东广场城市停车场及配套工程项目于4月3日以1.4亿元竞得项目地块，于9月30日正式开工建设，并推进地下室施工。绍兴首个地铁停车场上盖项目——1号线鉴湖停车场上盖TOD综合开发项目，于12月17日正式开工建设。

【其他经营】

探索对外投资渠道，不断加强投后监管力度，保证国有资产保值增值。2020年参股的城轨渣土运输公司创造利润505万元；12月，启动钢材购销业务，至年底完成销售额约257万元。

【经营亮点】

9月30日，火车站东广场城市停车场及配套工程项目举行开工仪式，继梅山广场项目之后绍兴第二个轨道交通TOD上盖开发项目正式启动。该项目位于老城区火车站广场，建设用地面积21557.5平方米，总建筑面积82201.1平方米，计划采用分期建设模式，建设高层塔楼建筑、站前广场、附属设施等，着力打造一个集综合交通枢纽、古城门户区域旅游集散中心、轨道交通TOD综合开发于一体，多功能、高效率、较集约，体现古韵与现代双生的大中型商业综合体。

（绍兴市轨道交通集团有限公司）

绍兴市城市轨道交通资源经营统计表　表10-19-1

经营类别	收入（万元）	收入构成占比（%）	经营项目	期末累计
物业开发	0	0	在建物业开发面积　（万平方米）	20.1
物业租赁及管理	0	0	持有商业物业可租赁的面积规模（万平方米）	0
车站商业	0	0	站厅(台)商铺面积　（万平方米）	0
			地铁配线空间、通道商业面积　（万平方米）	0
			站厅(台)自助设备（台）	0
传媒广告	0	0	传统广告灯箱（个）	0
			电子显示屏（个）	0
信息通讯	0	0	民用通信覆盖车站（座）	0
			民用通信光电缆长度（公里）	0
			无线局域网覆盖线路（条）	0
其他经营	762.0	100		
收入总量	762.0	100	非票务收入占票务收入比例（%）	0
			运营补亏贡献度（%）	0

20 合肥市轨道交通集团有限公司

【概况】

合肥市轨道交通资源由合肥市轨道交通集团有限公司下属合肥城市轨道交通资源开发有限公司经营，2020年资源经营总收入为44588.8万元，剔除土地出让及物业开发销售的经营收入为9139.3万元。

2020年，合肥轨道交通新交通大厦项目完成工程竣工结算及竣工验收备案工作，年内开始新交通大厦裙楼商业、办公写字楼的招商；1号线车辆段上盖项目（九联湖畔小区）在建，同时房源已在火爆销售中，预计2021年完成交付使用，年内谋划上盖物业九联湖畔小区沿街门面房招商方案。（表10-20-1）

【物业开发】

2020年，1号线车辆段上盖项目（九联湖畔小区）实现物业开发销售收入为35449.5万元，现正在有序推进实体工程进度，下一步妥善完成交房工作。

【物业租赁及管理】

新交通大厦，安徽省首个“地铁+城市商业”综合体项目，与地铁1、2号线换乘站大东门站无缝对接。建筑高度约180米，共41层，融合商业、办公、停车配套等一体的地标性建筑。现正公开对外招商。3号线幼儿师范站附属用房结合地铁出入口建设，可用于办公、零售、百货、餐饮等业态。区位优势较大，年内在招商中。

【车站商业】

2020年，与邻儿、周黑鸭开展深度站内商业合作，1-3号线新进驻12处便利店、2处熟食店。新投放164台自助设备，同时在已开发商业基础上更进一步，引入良品铺子、医视佳眼镜等新业态，为乘客提供更丰富多元的商业服务。

【传媒广告】

2020年，传统媒体广告收入为5553.9万元。5号线南段广告灯箱完成了招标、合同签订、设计联络、产品定型并批量生产等一系列工作，于12月15日完成5号线广告灯箱的全部制作及安装工作。

【信息通讯】

2020年6月，与中国铁塔公司签订5号线南段通讯施工管理协议，5号线南段民用通信于11月底完成三家运营商2G、3G、4G、5G信号的开通，4号线民用通信11月2日进场施工。

【其他经营】

2020年，连接通道项目管理工作正常有序，全年共签定协议10份，前期方案对接5个，开通连接通道3个，收取连接通道相关费用1378.1万元。

【以“互联网+实景”理念引领宣传推广】

通过“合肥轨道交通”官方微信公众号推送、PIS滚动播放、宣传展架和海报、朋友圈微宣传、现场及地铁站驻点推介等多种方式拓展招商宣传途径；全年接洽50多家知名商业运营商，陪同近30家商业运营商踏勘现场。

（合肥市轨道交通集团有限公司）

合肥市城市轨道交通资源经营统计表　　表10-20-1

经营类别	收入(万元)	收入构成占比(%)	经营项目	期末累计
物业开发	35449.5	79.5	在建物业开发面积　（万平方米）	25.0
物业租赁及管理	74.3	0.2	持有商业物业可租赁的面积规模（万平方米）	0.8
车站商业	679.9	1.5	站厅(台)商铺面积　（万平方米）	0.1
			地铁配线空间、通道商业面积　（万平方米）	0.2
			站厅(台)自助设备（台）	264
传媒广告	5553.9	12.5	传统广告灯箱（个）	6258
			电子显示屏（个）	7601
信息通讯	1366.9	3.1	民用通信覆盖车站（座）	95
			民用通信光电缆长度（公里）	150
			无线局域网覆盖线路（条）	0
其他经营	1464.3	3.2		
收入总量	44588.8	100	非票务收入占票务收入比例（%）	27.2
			运营补亏贡献度（%）	—

21 芜湖市轨道交通有限公司

【概况】

芜湖市轨道交通1号线、2号线一期资源由芜湖市轨道交通有限公司委托芜湖市运达轨道交通建设运营有限公司经营。

2020年资源开发广告和商业资源招商圆满落地，在疫情等复杂因素叠加影响下，取得一定的行业成果。

【车站商业】

2020年，车站便利、烘焙、奶茶业态品牌连锁零星商铺、附属商业和自助售货机项目招商均取得圆满成果，引进了优美滋、丁先森等受欢迎的本土品牌和实力雄厚的太古可口可乐等国际品牌，为乘客提供优质、贴心的站场经营体验。

【传媒广告】

2020年，通过公开招标完成广告灯箱采购及安装的采购，根据项目工期建设进度，逐步安排进场安装，以保证在试运营开通前按时交付广告运营商，为广告资源运营奠定基础。同时，票卡广告、语音播报广告、视讯广告、站内外含列车广告通过公开挂牌，均实现落地，达成签约的运营商包括芜湖乾茗文化传媒有限公司等具备丰富运营经验的运营商，各资源成交合同总额超2.5亿元。在履行良好的情况下，按照此成交结果能够圆满完成非票务业务经营预期指标，各项目已完成合同签订并有序推进。

【经营亮点】

通过近2年的研究筹备、审慎的过程调研、依法合规的履行国有资产经营程序，9月底，通过产权交易所公开挂牌，1号线、2号线一期车站广告经营权转让项目顺利落地，试运营开通后每年可实现一定额度的非票务收入。通过本地实力雄厚的广告公司，共同打造芜湖轨道交通广告品牌形象，实现互利共赢，保证国有资产保值增值。

（芜湖市轨道交通有限公司）

22 福州地铁集团有限公司

【概况】

福州市轨道交通资源由控股公司福建大地传媒有限公司、参股公司福州中电科轨道交通有限公司经营（广告、通信、商业资源）及福州地铁集团有限公司全资子公司福州地铁置业有限公司（物业开发）经营，2020年资源经营总收入为9444.9万元，剔除土地出让及物业开发销售的经营收入为9444.9万元。（表10-22-1）

【物业开发】

2020年成功竞得6号线横港车辆段等3大地块开发权，推进2号线祥坂站地下空间开发，同时推进自主开发项目2个，参股合作项目2个，回购物业项目5个，合建项目7个。

【车站商业】

1号线车站便民商业开发的持续推进，连锁品牌便利店、自助洗衣店、售货机、ATM机、便民充电宝等十余类便民业态进驻1号线，2020年车站商业经营收入837.5万元。

【传媒广告】

1号线平面广告由重庆合力星翔广告传媒有限公司经营。2号线平面广告由福建城轨文化发展有限公司经营。1、2号线PIS广告均由福州地铁公司的控股公司福建大地传媒有限公司负责经营。

【其他经营】

2020年物业管理收入13.6万元，盖板建管费收入669.3万元。与国内知名地产联合开发的福州首个地铁TOD项目——榕心映月，预计投资收益4000万元。

【最大化探索多元化经营实践】

“地铁·睿达”项目紧邻福州市核心中央商务区，区位优势明显，计划与国内知名酒店管理公司携手打造成福州地铁首个商务精品酒店，探索经营新领域，向市民和游客呈现福州地铁品牌影响力。

“地铁·藤座”项目与1号线上藤站合建，地处成熟商业圈，拟通过整合轨道交通和完整街道，创造便利出行条件，集约市中心公共资源，打造商业办公一体的地铁精品写字楼，带动沿线商业氛围。

祥坂站地下空间综合开发利用。该项目位于苏宁广场商业综合体之间，与苏宁联合打造从地上到地下三维互通的大型地铁商业综合体；届时，1条汇集CBD核心高质商务客群的地铁商业街无缝对接3座定位高端、轻奢、时尚的购物中心和3组贯通商场的空中连廊，近30万平方米的商业体量将成为福州单个运营体量最大的商圈，打造城市商业与地铁连通的TOD商业标杆项目，为轨道交通商业价值最大化赋能。

推进智慧园项目。福州地铁试水首个产业园项目，以轨道交通运营与资源开发为主体，计划引入地铁上下游企业，建成集科研、生产、办公及相关配套为一体的低密度新型工业园区。

（福州地铁集团有限公司）

福州市城市轨道交通资源经营统计表 表10-22-1

经营类别	收入(万元)	收入构成占比(%)	经营项目	期末累计
物业开发	0	0	在建物业开发面积 （万平方米）	18.5
物业租赁及管理	13.6	0.1	持有商业物业可租赁的面积规模（万平方米）	1.7
车站商业	837.5	8.9	站厅(台)商铺面积 （万平方米）	0.2
			地铁配线空间、通道商业面积 （万平方米）	5.0
			站厅(台)自助设备（台）	442
传媒广告	5981.6	63.3	传统广告灯箱（个）	2313
			电子显示屏（个）	3762
信息通讯	1730.0	18.3	民用通信覆盖车站（座）	47
			民用通信光电缆长度（公里）	158
			无线局域网覆盖线路（条）	0
其他经营	882.2	9.4		
收入总量	9444.9	100	非票务收入占票务收入比例（%）	35.0
			运营补亏贡献度（%）	—

23 厦门轨道交通集团有限公司

【概况】

厦门市轨道交通资源由厦门轨道交通集团有限公司开发分公司和厦门地铁恒顺物泰有限公司共同经营，2020年资源经营总收入为8517.5万元，剔除土地出让及物业开发销售的经营收入为8517.5万元。

至2020年底，厦门轨道交通1、2、3、4、6号线累计开工16个综合开发项目，已完工8个，在建7个，其余各项目前期工作有序开展。合作开发的3个房地产项目销售良好；1号线火炬园站综合体项目和西柯、高崎、同安等3个BRT枢纽站成功招商；1号线乌石浦附属空间顺利开业；通过协议方式新增通道接口5个。（表10-23-1）

【物业开发】

2020年，1号线沿线物业项目已开工建设12个，其中完工将军祠东项目、集杏海堤北项目、温泉南项目等8个项目；轨道2、3号线沿线物业项目开工建设轨道2号线五缘湾南项目、轨道3号线后村项目等4个项目。

【物业租赁及管理】

2020年，物业租赁方面坚持“招大商招好商”的思路，实现首个“地铁+产业”项目招商，不断开拓多元物业市场，取得突破性进展：火炬园站综合体、BRT相关枢纽站等4个项目完成招商，合同总额近4亿元；承接文灶安置房小区和岩内公租房小区及6个BRT枢纽站的物业管理工作；经营集杏北配套项目地下停车场、将军祠东停车场、文灶社区停车场等8个停车场项目。

【车站商业】

1号线乌石浦站地下附属空间于12月31日顺利开业，实现首日开业率超9成。苏宁小店、厦航食品、珍熙便利店、美宜佳便利店进驻车站，同时引入共享充电宝、口罩机等便民小资源设备，大大提升便民服务水平。

【传媒广告】

1、2号线及BRT广告资源成功招商，全年总营收达2458.3万元。车站广告通过画报、LED等多元化形式，丰富乘客的视觉和乘车体验，更使其具备宣传效应，进一步提升广告的传播效果。

【信息通讯】

紧跟信息时代，通过微信接入地铁、银联接入BRT实现便捷扫码进站，进一步提升客运服务，分别实现全年收款350万元和400万元。1号线民用通信实现收入713.5万元、2号线民用通信实现收入634.2万元。BRT高架桥管廊租赁实现收入35.2万元。

【其他经营】

2020年，围绕“地铁生活圈”概念积极打造地铁周边产品，完成开发2号线实景票卡、商务保温杯套装、厦门人才定制款徽章等76款具有纪念性、创意性的文创产品，实现收入48.2万元。

【围绕“1公里生活圈”打造地铁新型商业圈】

厦门轨道交通集团有限公司坚持新发展理念，服务新发展格局，准确把握“1公里生活圈”发展趋势，积极打造厦门地铁新型商业圈。

一是举办首届“地铁生活节”。以“跨年夜”和“夜间经济”为切入点，联合有关单位推出为期3天的“地铁生活节”活动，通过跨年市集、全城联动、音乐快闪、地铁直播等形式，为市民生活注入“地铁生态圈”元素；此活动共吸引超过255万市民参与，跨年夜当晚首次将运营时间延长至次日0:30，推动单日线网客流再创新高，取得社会效益和经济效益。二是提供“P+M”停车换乘服务。积极梳理、利用地铁、BRT沿线附近的闲置边角地块，挖掘其经营潜力，开发并推出与公共交通枢纽衔接、享受便捷换乘服务的停车场项目，助力市民轻松享受地铁“一公里生活圈”。

【发挥“轨道+物业模式”】

充分发挥轨道交通在引领城市发展中的作用，探索“轨道+物业”发展模式，创新创优推动轨道综合开发用地出让工作。以《厦门经济特区轨道交通条例》颁布施行为契机，大力推动持有型物业的土地出让，实现4个持有型物业协议出让落地；按照厦门市“招大商、大招商”工作部署，在开发用地合宗出让中实现“零的突破”。

（厦门轨道交通集团有限公司）

厦门市城市轨道交通资源经营统计表

表10-23-1

经营类别	收入（万元）	收入构成占比（%）	经营项目	期末累计
物业开发	0	0	在建物业开发面积 （万平方米）	164.0
物业租赁及管理	173.1	2.0	持有商业物业可租赁的面积规模（万平方米）	0
车站商业	2256.1	26.	站厅(台)商铺面积 （万平方米）	0.2
			地铁配线空间、通道商业面积 （万平方米）	0
			站厅(台)自助设备（台）	153
传媒广告	2458.3	28.9	传统广告灯箱（个）	7635
			电子显示屏（个）	264
信息通讯	2164.8	25.4	民用通信覆盖车站（座）	55
			民用通信光电缆长度（公里）	72
			无线局域网覆盖线路（条）	2
其他经营	1465.2	17.2		
收入总量	8517.5	100	非票务收入占票务收入比例（%）	36.0
			运营补亏贡献度（%）	—

注：物业租赁及管理收入为经营停车场收入。

24 南昌轨道交通集团有限公司

【概况】

南昌市轨道交通资源由南昌轨道交通资产经营管理有限公司经营，2020年资源经营总收入为53392.1万元，剔除土地出让及物业开发销售的经营收入为21788.1万元。

2020年资产经营公司充分抓住集团VI体系需求，实现了集团VI文化产品化。以办公用品为载体，将企业文化融入到日常工作生活中，增加企业员工自豪感，实现产业内外双循环，促进文化产业的进一步提升。同时，公司还进行多元化发展，集设计、研发、生产、销售为一体，形成新的产业链。（表10-24-1）

【物业租赁及管理】

商业经营扩大视野，一是资源整合尝试，与商家抱团共拓市场。南昌轨道交通集团资产经营公司将客户资源引入非地铁物业，双方以分润模式合作成功引进自助售货机进入动物园园区内，抓住“五一黄金周”的经营时间，于5月1日正式营业，试运营期间，实现现金流收入约60000元，且双方初步达成长期合作意向。二是丰富站厅业态，进一步盘活资产。在做好1、2号线商业资源开发的同时，针对闲置地块和地下空间进行商业价值的挖掘，积极开辟“P+R”停车场。年内完成丁家巷地块停车场的开发，共设置车位88个。

【车站商业】

疫情平缓后，结合原有传统的自助设备外，启动多经点位增设、商铺改造试点计划。加大力度引入包括共享充电宝、自助口罩售卖机在内的其他自助机具。

【传媒广告】

传媒广告创新。在做好现有传统媒体资源开发的基础上，引进新媒体，在1号线庐山南大道站、高新大道站、丁公路北站新增多媒体屏蔽门媒体设施试点运营。同时，对陈旧的纸拉手广告位进行革新，通过引进新型电子拉手广告位，增加乘客与地铁媒体的互动，丰富地铁媒体的展示场景，突破现有传统媒体运营模式、表现形式，开启地铁媒体市场的新蓝海。招商政策改革，在原有政策基础上，充分以市场为导向，通过新招商政策，招商项目比上年增涨50%以上。2020年在疫情影响下，广告资源缩减，传媒业务收入与2019年基本持平。

【信息通讯】

2020年，1号线从双港站至瑶湖西站的24个站厅站台和全长28.843千米隧道区域及2号线从南路站至辛家庵站的28个站厅站台和全长31.51千米隧道区域，5G建设覆盖基本施工完成，正式进入运营阶段。

【其他经营】

南昌轨道交通集团资产经营公司2020年资产公司钢材贸易业务完成营业收入1.5亿元。

（南昌轨道交通集团有限公司 万丽琴）

南昌市城市轨道交通资源经营统计表 表10-24-1

经营类别	收入（万元）	收入构成占比（%）	经营项目	期末累计
物业开发	31604.0	59.2	在建物业开发面积 （万平方米）	184.1
物业租赁及管理	1598.6	3.0	持有商业物业可租赁的面积规模（万平方米）	12.4
车站商业	627.7	1.2	站厅（台）商铺面积 （万平方米）	0.1
			地铁配线空间、通道商业面积 （万平方米）	0.4
			站厅（台）自助设备（台）	226
传媒广告	2570.8	4.8	传统广告灯箱（个）	2698
			电子显示屏（个）	3708
信息通讯	1020.0	1.9	民用通信覆盖车站（座）	52
			民用通信光电缆长度（公里）	60
			无线局域网覆盖线路（条）	2
其他经营	15971.0	29.9		
收入总量	53392.1	—	非票务收入占票务收入比例（%）	87.2
			运营补亏贡献度（%）	—

25 济南轨道交通集团有限公司

【概况】

济南市轨道交通资源由济南轨道交通集团资产管理有限公司、济南轨道交通集团资源开发有限公司、济南轨道交通集团置业有限公司、济南重工股份有限公司、山东轨道交通勘察设计院有限公司、济南质安工程检测有限公司等公司参与经营，2020年资源经营总收入为350938.0万元，剔除土地出让及物业开发销售的经营收入为350938.0万元。

2020年，济南轨道交通集团有限公司重点加强制度体系建设，积极采取“宣传引导、贴心服务、复工达产”的资源经营策略，开展多元化经营。通过做好投后管理、加大对参控股企业的“协调、调度、服务”等增值服务力度，统筹优势资源，抓好项目招标、产品推广应用、科创研发、销售回款等关键事项，促进供需双方精准对接。积极探索建立轨道交通非票务经营类资产闭环管理机制，探索通过前期设计、战略经营规划，提前布局业务模式及广告媒体形式的新模式，在保证地铁品质的同时最大限度地拓展经营资源。在做大做强现有股权投资项目的同时，持续推进股权投资项目，不断追加项目投资，助推济南市地铁产业发展。在疫情防控常态化的管理要求下，有序推进资源经营生产活动正常开展，上下游产业公司经营业绩稳步提升，助力地铁建设。（表10-25-1）

【物业开发】

2020年，完成张马片区、济南东站南广场商业用地、范村车辆基地租赁住房项目等土地的出让。

【物业租赁及管理】

2020年，持有商业物业项目不断增加，可租赁面积规模持续扩大。

【车站商业】

2020年，积极开展“服务冬季暖心城市建设”活动，部署完成3号线沿线自助饮料售卖设备的入站经营。

【传媒广告】

2020年，继续做好深耕传统媒体形式经营的同时，开放思路，先后在隧道超大屏幕灯箱、地铁站内展台、屏蔽门条形屏以及线上宣传等新媒体形式上进行大胆探索，借鉴全国范围内的新型媒体广告经营形式，结合济南地铁自身条件和公司经营战略，形成线上线下相结合、站厅站台相结合、车内车外相结合的立体宣传模式，为乘客营造沉浸式的密闭宣传环境。

【信息通讯】

2020年，通过加强与中国移动通信济南分公司、中国铁塔股份有限公司济南市分公司的合作与交流，重点打造高质量信号工程，实现5G信号的全覆盖，为后续提升乘客出行体验、服务地铁资源的商业开发打下基础。

【其他经营】

济南轨道交通集团有限公司重视地铁产业发展，布局“链条式”地铁产业，2020年，集团全资子公司及股权投资项目稳步推进、经营效益良好，融合了设计、盾构机、建材等上下游产业链，助力济南轨道交通建设。

【经营亮点】

2020年，济南轨道交通集团有限公司创新经营模式、加大招引力度、布局先进技术，资源经营业绩稳步增长，助力济南地铁高质量发展。

装备智能制造。通过加大盾构机智能装备制造投入，装备智能化水平显著提高，为拓宽国内外市场提供支撑，济南盾构机产业实现跨越式发展。

股权投资。2020年，紧抓市场机遇，推动开展股权投资业务，推进开展股权投资项目、考察储备项目对接，涉及专业检测、装饰装修、基础设施及智能装备等产业，全面助推地铁产业发展。

招商引资。通过对接央企、世界500强企业和重点项目，做好轨道交通资源宣传推介，聚集了国内优势力量。

5G技术应用。在2号线开通试运行之际，携手各大通讯运营商，实现建成地铁线路5G信号全覆盖。

（济南轨道交通集团有限公司）

济南市城市轨道交通资源经营统计表 表10-25-1

经营类别	收入（万元）	收入构成占比（%）	经营项目	期末累计
物业开发	0	0	在建物业开发面积（万平方米）	51.8
物业租赁及管理	1727.0	0.5	持有商业物业可租赁的面积规模（万平方米）	9.5
车站商业	118.5	0.0	站厅（台）商铺面积（万平方米）	0.2
			地铁配线空间、通道商业面积（万平方米）	1.3
			站厅（台）自助设备（台）	384
传媒广告	1578.0	0.4	传统广告灯箱（个）	1492
			电子显示屏（个）	1885
信息通讯	468.4	0.1	民用通信覆盖车站（座）	43
			民用通信光电缆长度（公里）	84
			无线局域网覆盖线路（条）	3
其他经营	347046.1	99.0		
收入总量	350938.0	100	非票务收入占票务收入比例（%）	210.3
			运营补亏贡献度（%）	—

26 青岛地铁集团有限公司

【概况】

青岛市轨道交通资源由青岛地铁集团有限公司下属青岛地铁资源开发有限公司、青岛地铁文化传媒有限公司、青岛益群地下城开发有限公司、青岛地铁金融控股有限公司、青岛公共住房建设投资有限公司、青岛地铁科技有限公司、青岛地铁商贸有限公司经营，2020年资源经营总收入为210923.4万元，剔除土地出让及物业开发销售的经营收入为65814.6万元。

2020年，青岛地铁推进TOD项目开发，5号线镇平路车辆段上盖物业开发项目取得规划设计条件，1号线瓦屋庄、东郭庄等大型场站类项目开展方案设计；2号线台东站出入口、海信桥等项目完成控规调整等工作。引入全息投影风扇，成功上线广告智能管理系统，开通6条线路站内平面广告资源全部实现自主管控；增设口罩自助售卖机，新增酒店业态。利用自有媒体资源，累计播放各类公益宣传片超13万分钟，车厢刊板广告近千块，地铁晨报4版，新媒体推送60余次。先后推出“清廉之岛”“光盘行动号”“文明出行号”等公益主题列车。（表10-26-1）

【物业开发】

昆仑首府项目完成交付；青铁公园里项目售楼处示范区正式开放；维保中心项目已完成竣工验收，进入交付阶段；青岛市重点工程悦海地项目完成各项验收工作，准备交付；青铁华润城三期小高层部分交付；花屿城南一地块通过验收；11号线即墨“未来城”项目、7号线即墨城区段项目、莱西姜山湖国际人才小镇项目、沧口机场项目、南岛项目等均按计划稳步推进。统筹运作非上盖物业开发建设项目6个、建筑面积108万平方米。

【物业租赁及管理】

新增地铁大厦租赁业务，共计入驻企业33家。新增1、8号线车辆段物业服务业务，目前经营的车辆段物业共6条线路。非上盖部分，出租公租房、人才公寓3732套，出租商业网点2.3万平方米。

【车站商业】

切实落实疫情租金减免政策，与商户守望相助，共渡难关。以提供便民服务为本，发掘疫情常态化新商机，引入口罩自助售卖机，助力常态化疫情防控。稳步推进1、8号线北段开线筹备工作，创新自助设备招商模式，捆绑引入AED设备，为乘客营造健康、安全的出行环境，提供便利、舒心的服务。

【传媒广告】

1号线北段和8号线北段开通，合计运营6条线路的地铁移动电视，屏幕数量突破9000块。

【其他经营】

创新应用供应链金融+区块链平台——链赢金科联盟链，业务从申请到放款及账户管理全部通过互联网完成。积极推广保理业务，盘点与挖掘集团现有内部资源。完成常宁基金、中车华锦基金、星熠元创基金和基石基金等“一主三辅”共4支市场化股权投资基金，4支基金投资主要聚焦轨道交通及其间接相关的新材料、高端制造方向。以打造地铁产业链生态圈为战略目标，科学合理运用专业产业链投融资手段，开展商业保理、基金、融资租赁、资产管理等工作。开展保护区巡查及监测监护业务、围挡业务、停车场业务、材料供应等业务。完成TACS测试试验室项目方案设计工作及部分设备到货，实现TACS示范工程所需的TACS二次开发、检验检测和装备认证功能。

【成功上线广告智能管理系统】

成功上线广告智能管理系统，依托系统对代理商管理，实现了媒体销售、画面审核、第三方作业调度及资源上刊执行的互联网化及业主的精细化管理。通过大数据实时分析，随时查看线路媒体经营态势及上刊情况。利用历史数据的积累和分析，统一数据资产和实物资产，实现系统动态定价。

【创新实践人才住房建设“青岛模式”】

长沙路项目由青岛市住房公积金管理中心整体收购，在全国首创利用公积金增值收益支持人才住房建设的“青岛模式”，得到住房和城乡建设部与山东省住房和城乡建设厅的肯定和全面推广。

【创新“产业+科技扶贫”的产业投资模式】

以股权基金方式战略性投资青岛利和萃取有限公司1000万元，协助企业完成4000万元首轮融资。在青岛利和萃取亟需扩产投资和对陇南地区扶贫设厂的关键时期，给予企业大力的支持和合作，助力产业链步入发展的快车道。

【投资参股企业冲刺A股IPO成功】

11月12日，投资参股企业德才装饰股份有限公司证监会IPO首发过会。至此，青岛市诞生首家建筑装饰领域上市企业，标志着青岛地铁投融资业务成功向轨道交通上下游产业扩展。

【成立青岛地铁商贸有限公司】

11月，青岛地铁商贸有限公司成立，标志着青岛地铁在深刻领会供应链融合发展理念、推动数据与产业交互、积极探索市场化经营的道路上又迈出重要一步。

（青岛地铁集团有限公司）

青岛市城市轨道交通资源经营统计表 表10-26-1

经营类别	收入(万元)	收入构成占比(%)	经营项目	期末累计
物业开发	145108.8	68.8	在建物业开发面积 （万平方米）	330.2
物业租赁及管理	8519.7	4.0	持有商业物业可租赁的面积规模（万平方米）	7.3
车站商业	2652.9	1.3	站厅(台)商铺面积 （万平方米）	0.4
			地铁配线空间、通道商业面积 （万平方米）	3.5
			站厅(台)自助设备（台）	335
传媒广告	9246.9	4.4	传统广告灯箱（个）	3574
			电子显示屏（个）	9275
信息通讯	0	0	民用通信覆盖车站（座）	0
			民用通信光电缆长度（公里）	0
			无线局域网覆盖线路（条）	0
其他经营	45395.1	21.5		
收入总量	210923.4	100	非票务收入占票务收入比例（%）	253.1
			运营补亏贡献度（%）	31.5

27 郑州地铁集团有限公司

【概况】

郑州市轨道交通资源由郑州地铁集团有限公司资源经营管理部及子公司郑州市轨道交通置业有限公司经营，2020年资源经营总收入为33065.5万元，剔除土地出让及物业开发销售的经营收入为15828.1万元。

2020年郑州市轨道交通各项目运行平稳。为助力疫情防控，彰显郑州地铁集团有限公司的社会担当，以“动”“静”结合的方式全面发布防疫信息，通过传统广告、PIS电视、商易行APP等渠道宣传防疫知识，拍摄公益宣传片，实施扫码乘车惠民方案，制作抗疫纪念票，筹备上线自助口罩机等。广告项目上采用新型媒体形式，引入曲面LED大屏，上线全息动态地铁博物馆；民用通信5G建设持续开展；自助类商业经营良好；文化纪念品开发多样化全面形成；智能乘车上线电子商城，加入城轨易行平台，完善服务功能。（表10-27-1）

【物业开发】

2020年，颐嘉园项目实现物业开发销售收入为17237.4万元，荣邦城实现租赁收入406.5万元。1号线西三环站郑轨风尚西苑项目完成1-12轴地上3层、13-24轴地上1层施工；2、5号线换乘站黄河路站安置项目完成1号楼8层、2号楼12层结构施工；5、7号线换乘站市人民医院站颐嘉经纬项目完成1号、3号楼正负零结构施工；5号线五龙口停车场上盖物业开发项目完成全部前期改造施工。

【物业租赁及管理】

荣邦城公租房取得不动产权证；2、5号线换乘站黄河路站安置房项目完成招商工作，确定商业运营单位；5、7号线换乘站市人民医院站颐嘉经纬项目发布招商公告。

【车站商业】

2020年，新开通联络通道两个，4号线增设自助售货机48台，全线网自助售货机达314台。

【传媒广告】

2020年对1号线梯眉灯箱、动感灯箱、超大拉布灯箱、大型电子媒体及郑州东站投影媒体等重点媒体进行升级改造，扮靓地铁车站、增强广告媒体的科技感。积极探索新型广告形态，初步尝试将流行的直播间搬进地铁站，社会反响较好。在4号线广告媒体的规划设计中打破传统、创新思维，增设创意橱窗灯箱，加大重点车站LED电子媒体的设置。全线网现有传统灯箱6831个，电子显示屏14283个。

【信息通讯】

2020年，完成4号线等新开通线路5G信号覆盖，启动1号线等既有线5G改造，民用通信覆盖车站153个，光电缆长度412.5公里。

【智慧地铁创行业标杆】

郑州地铁集团有限公司智能乘车项目发展迅速，“商易行APP”注册量突破1200万人次，扫码过闸使用比例近七成。上线“闪逛”电子商城项目，新增扫一扫关联健康码、爱心预约、延误证明、个人信用积分系统等功能；配合防疫工作设立抗疫专区，举办疫情乘车减免、复工复产优惠等多项惠活动；加入城轨易行平台，与多个城市实现互联互通。在2020年第五届中国智慧轨道交通大会上获中国智慧轨道交通优秀应用案例奖。

【打造文创产品品牌IP】

在文创方面积极探索“科技+文化”“市场+文化”“市场+创新”经营理念，结合市场需求，按照夯基础、品牌化、产业化的“三步走”战略，循序渐进打造品牌IP。融合中国传统节日、非物质文化遗产、诗人名作、河南特色美食、方言及郑州地域文化等元素，全年设计生产文创计次卡20多个系列，60余套。创意设计制作背包、指纹锁笔记本、列车积木等几十款文创产品，紧跟科技、流行前沿，逐步强化郑州地铁文创IP。2020年，文创项目净利润突破100万元。

（郑州地铁集团有限公司）

郑州市城市轨道交通资源经营统计表　　表10-27-1

经营类别	收入(万元)	收入构成占比(%)	经营项目	期末累计
物业开发	17237.4	52.1	在建物业开发面积　（万平方米）	15.7
物业租赁及管理	406.5	1.2	持有商业物业可租赁的面积规模（万平方米）	9.2
车站商业	2810.8	8.5	站厅(台)商铺面积　（万平方米）	0.1
			地铁配线空间、通道商业面积　（万平方米）	0
			站厅(台)自助设备（台）	314
传媒广告	7830.3	23.7	传统广告灯箱（个）	6831
			电子显示屏（个）	14283
信息通讯	4780.5	14.5	民用通信覆盖车站（座）	153
			民用通信光电缆长度（公里）	413
			无线局域网覆盖线路（条）	0
其他经营	0	0		
收入总量	33065.5	100	非票务收入占票务收入比例（%）	22.6
			运营补亏贡献度（%）	2.9

28 洛阳市轨道交通集团有限责任公司

【概况】

洛阳市轨道交通资源由洛阳市轨道交通集团有限责任公司下属子公司洛阳市轨道交通集团开发有限责任公司经营，2020年资源经营总收入为1316.0万元，剔除土地出让及物业开发销售的经营收入为1316.0万元。

开发公司作为集团公司轨道交通物业开发业务板块的管理平台，负责洛阳市轨道交通上盖、地下空间和周边地产物业的开发与管理，以及其他轨道交通衍生资源规划、策划、招商、开发与管理等工作。（表10-28-1）

【物业开发】

加强土地一级开发工作，对1、2号线沿线及其延长线可开发利用的土地同步规划、同步收储、综合开发，预计可获取的开发用地面积共计979.14公顷。其中1号线红山站红山地铁小镇可获取的城市建设用地730公顷，由轨道公司牵头组织对该片区进行规划设计，综合开发。

【车站商业】

1、2号线外挂物业商业总建筑面积为73797.8平方米，1、2号线站内地下商业总建筑面积为356614.9平方米，可租赁的面积为268938.1平方米，其中龙门枢纽面积为151246.7平方米，牡丹广场商业区面积为35455平方米，轨道交通控制中心可租赁的总面积为28402.3平方米，完成控制中心服务楼项目招商，并同步持续推进龙门枢纽、牡丹广场招商工作。

【传媒广告】

1号线（含龙门枢纽）有平面广告、语音广告、PIS系统LCD屏广告、屏蔽门投影等各类广告，计划2021年上半年完成广告经营权招商。地铁2号线体育中心站过街通道、博物馆站过街通道广告位、灯箱广告5年经营权完成招商。

【信息通讯】

与中国铁塔股份有限公司对接洛阳市轨道交通1、2号线民用通信系统合作协议达成一致意见，预计2021年5月签署1、2号线民用通信系统合作协议。

【其他经营】

规划建设的停车场共有停车位3000多个，连通接口签署接口协议商家4家。

【经营亮点】

在创新“轨道+物业”模式的基础上，以《洛阳轨道交通条例》为依据，编制并出台《轨道交通综合开发建设用地使用权作价出资管理办法》与《轨道交通可持续发展综合开发管理办法》，持续推进轨道交通沿线土地一级开发与二级开发的联动，获取优良的轨道交通沿线土地资源，促进轨道交通TOD项目尽快落地；同时加大优良社会资本的引入力度，用现有的可开发利用资源探索与知名房企的合作模式，为企业增加收益，力争实现轨道交通资源开发与运营的良性循环。

（洛阳市轨道交通集团有限责任公司 张念念）

洛阳市城市轨道交通资源经营统计表 表10-28-1

经营类别	收入(万元)	收入构成占比(%)	经营项目	期末累计
物业开发	0	0	在建物业开发面积 （万平方米）	0
物业租赁及管理	0	0	持有商业物业可租赁的面积规模（万平方米）	0
车站商业	0	0	站厅(台)商铺面积 （万平方米）	0
			地铁配线空间、通道商业面积 （万平方米）	0
			站厅(台)自助设备（台）	0
传媒广告	0	0	传统广告灯箱（个）	0
			电子显示屏（个）	0
信息通讯	0	0	民用通信覆盖车站（座）	0
			民用通信光电缆长度（公里）	0
			无线局域网覆盖线路（条）	0
其他经营	1316.0	100		
收入总量	1316.0	100	非票务收入占票务收入比例（%）	—
			运营补亏贡献度（%）	—

29 武汉地铁集团有限公司

【概况】

武汉市轨道交通资源由武汉地铁集团公司综合开发事业总部统筹资源开发、资产经营和配套服务经营，2020年资源经营总收入为113664.5万元，剔除土地出让及物业开发销售的经营收入为46995.5万元。

武汉地铁集团公司进一步拓展经营类型和经营范围，推动经营板块市场化改革，建立了土地资源综合开发一二级联动机制，打造成一个总部、三个类型、12个公司的

"1+3+12"资源经营架构体系。

2020年，武汉轨道交通秦园路一期、秦园路二期、三阳路一期、三阳路二期、徐家棚配套、赵家条配套上盖等物业开发项目同时在建，另有11条在建拟建线路，开发总规模91.8万平方米的轨道线路场站周边开发地块和配套物业项目启动前期工作；按线路制成包括全线网251个、总面积约50万平方米的商业经营规模的"一图一册"。（表10-29-1）

【物业开发】

2020年，共实现物业开发销售收入为6.7亿元，在建的物业开发项目共计16个，其中住宅项目6个，总建筑面积为386.3万平方米（全口径数据），地铁时代·常青城C区完成竣工并正式交付使用，中粮祥云·地铁小镇（P130）项目开盘销售，中粮祥云·地铁小镇（P004）项目开工建设；上盖物业开发项目9个，总建筑面积为89.2万平方米。

【物业租赁及管理】

2020年持有商业物业租赁总面积为24万平方米，物业租赁及管理总收入为4030万元；2020年，梨园广场综合体项目开业，地下配套智能化停车场同步投入运营，无缝衔接上盖物业与地铁商业，积极对接站点接口通道资源开发工作，签订太平洋站、4号线五里墩站等项目连接通道接口成本补偿以及运营管理协议；稳步推进匠心街·汉阳火车站、匠心城·徐家棚、匠心汇·岳家嘴等物业项目招商租赁工作。

【车站商业】

2020年车站商业总面积为18.9万平方米，车站商业总收入为6776万元；2020年自主完成梨园广场综合体全部招商；增设自助设备机位221台，引入自助口罩机、扶贫柜机位，完成改造新增支付宝、微信、银联等多元化使用商扫码过闸。

【传媒广告】

2020年传媒广告总收入为8097.1万元；成立迅博文体广告公司，整合轨道交通沿线广告、文化、体育场馆场所等资源；完成部分重点城市地铁广告资源合作、合资招商及经营管理经验的调研工作，引进国际广告业头部企业成立合资公司，武汉轨道交通广告资源除1、3、8号线外，其他线路广告资源均为自主经营。

【信息通讯】

2020年，信息通讯总收入为3216万元，通信系统均由运营商自行投资建设，并每年向武汉地铁支付资源占用费等费用；年内，武汉轨道交通8条地下线路均已完成4G网络信号覆盖，涉及地下站点180个，机房共计173间。

【其他经营】

2020年，在原轨道站点扫码过闸改造工程上，新增支付宝、微信、银联等扫码过闸使用商，实现合同收入1.6亿元；盘活存量资产，完成华润凤凰城住宅、车位等挂牌销售，实现合同收入1.0亿元。

【显国企担当　稳经营局面】

2020年，资源经营在经受住疫情影响的严重冲击后，主动支援汉口医院、下沉6个社区、进驻商超开展疫情防控帮扶工作；扶持商户复工复产，减免涉及中小微企业和个体工商户共310户，减免金额10475万元。

（武汉地铁集团有限公司）

武汉市城市轨道交通（武汉地铁）资源经营统计表　　表10-29-1

经营类别	收入（万元）	收入构成占比（%）	经营项目	期末累计
物业开发	66669.0	58.7	在建物业开发面积　（万平方米）	475.5
物业租赁及管理	4030.0	3.5	持有商业物业可租赁的面积规模（万平方米）	24.0
车站商业	6776.0	6.0	站厅（台）商铺面积　（万平方米）	0.6
			地铁配线空间、通道商业面积　（万平方米）	18.3
			站厅（台）自助设备（台）	1110
传媒广告	8097.1	7.1	传统广告灯箱（个）	16160
			电子显示屏（个）	437
信息通讯	3216.0	2.8	民用通信覆盖车站（座）	180
			民用通信光电缆长度（公里）	301
			无线局域网覆盖线路（条）	8
其他经营	24876.4	21.9		
收入总量	113664.5	100	非票务收入占票务收入比例（%）	—
			运营补亏贡献度（%）	—

30 长沙市轨道交通集团有限公司

【概况】

长沙市轨道交通资源由长沙市轨道交通集团有限公司下属长沙市轨道交通实业有限公司、长沙市轨道房地产开发有限公司、长沙市轨道交通广告有限公司、长沙市武广新城开发建设有限责任公司、长沙市轨道交通物业管理有限公司、长沙市轨道交通资产管理有限公司6家子公司经营，2020年资源经营总收入为16880.0万元，剔除土地出让及物业开发销售的经营收入为16880.0万元。

2020年，为响应政府号召，履行社会责任，大力推行综合开发机制，长沙市轨道交通集团有限公司以“项目经营”为载体，充分发挥轨道资源优势，通过土地开发（片区土地开发、棚户区改造）、房地产综合开发（上盖物业、地下空间、地铁物业开口对接、房地产开发）、综合商务、传媒广告、物业管理、资源管理等方式为长沙轨道事业发展建设提供投融资经营渠道。（表10-30-1）

【物业开发】

2020年，武广片区完成土地挂牌项目2个，完成零星地整合项目1个，完成土委会审议项目2个，签订产业协议项目3个，全年成交土地价款19.36亿元。为加快片区开发进程、加大资金回笼速度、确保明年经营收入的完成，通过深入开展产业招商，锁定了5个产业项目，与3个产业投资商签订了产业合作框架协议（长沙之门项目、长托项目、城市金融广场项目），为来年土地出让和实现经营收入大跨越提供保障。

【物业租赁及管理】

2020年，物业公司代管五处零星资产经营（曙光路门面、新开铺门面、韶山北路门面、梓园大厦、旭辉国际），因疫情原因，年收入比上年有所降低。

【车站商业】

2020年，完成5号线车站商业开发项目（站厅层）招商；完成5号线站厅层便利店项目成功拍卖，成交总价为372.5万元（10年）。

【传媒广告】

2020年，长沙地铁广告资源经营破亿元，经营性收入实现连续4年破亿元。以APP线上项目为突破点，打开长沙地铁资源经营向“市场化经营”转型升级跨越发展的新局面，激发市场化经营的改革活力，实现长沙地铁“互联网+”线上资源开发收入零的突破。

【信息通讯】

2020年，参加“2020年湖湘杯”和“护网2020”网络攻防演习，获得省公安厅颁发的“湖南省‘护网2020’网络攻防演习优秀防守单位”荣誉。上线“长沙地铁乘客防疫登记系统”，有效溯源乘客出行信息，取得良好的社会反响。未发生重大网络安全事件。

【其他经营】

2020年，长沙高铁南站西广场地下停车场年停车费收入约1313.1万元。2020年10月26日，中建信和地产有限公司以底价交易成功摘得长沙轨道中建信和置业有限公司31%股权和债权，此次股权和债权转让将收回共计23466.1万元。

【城轨交通商业示范街】

8月28日，1号线五一广场站与国金中心地下空间开发建设项目（即国金街项目）获评城市轨道交通商业示范街，全年全国获此殊荣的地铁商业街仅三处。

【文昌阁TOD项目】

9月16日，长沙轨道万科置业有限公司以底价201910万元摘牌1、6号线文昌阁上盖（开福区黄兴北路的〔2020〕长沙市054号商住用地-S12号地块），10月25日，文昌阁TOD项目正式开工。该项目是长沙市轨道交通集团有限公司与长沙万科合作开发的高端房地产项目，是融资化债的重要项目之一，对重塑城市空间格局、促进城市TOD发展有重要意义。

【武广片区土地的资源】

至2020年，长沙地铁归集并投入运营武广片区商业资产13.3万平方米，年收入达0.3亿元，未来还将归集商业资产9.6万平方米。利用高铁枢纽区位优势和片区土地资源优势，培育优质资源向优质资产转变，将为长沙地铁市场化经营转型发展之路奠定坚实的基础。

（长沙市轨道交通集团有限公司）

长沙市城市轨道交通（长沙轨交）资源经营统计表 表10-30-1

经营类别	收入(万元)	收入构成占比(%)	经营项目	期末累计
物业开发	0	0	在建物业开发面积 （万平方米）	2.6
物业租赁及管理	3369.5	20.0	持有商业物业可租赁的面积规模（万平方米）	44.2
车站商业	1010.0	6.0	站厅(台)商铺面积 （万平方米）	0.2
			地铁配线空间、通道商业面积 （万平方米）	4.4
			站厅(台)自助设备（台）	29

长沙市城市轨道交通（长沙轨交）资源经营统计表（续前表） 表10-30-1

经营类别	收入(万元)	收入构成占比(%)	经营项目	期末累计
传媒广告	10301.9	61.0	传统广告灯箱（个）	5099
			电子显示屏（个）	9998
信息通讯	2198.6	13.0	民用通信覆盖车站（座）	111
			民用通信光电缆长度（公里）	566
			无线局域网覆盖线路（条）	5
其他经营	0	0		
收入总量	16880.0	100	非票务收入占票务收入比例（%）	—
			运营补亏贡献度（%）	—

31 广州地铁集团有限公司

【概况】

广州市轨道交通资源由广州地铁集团有限公司经营，2020年资源经营总收入为252898.0万元，剔除土地出让及物业开发销售的经营收入为108858.0万元。

2020年，广州地铁集团有限公司坚定“目标不变、任务不减、干劲不松”的主基调，全力战疫情、稳投资、促发展。积极推动“十二五”筹资地块熟化及出让，完成筹资地块出让15宗，出让收入684亿元，预计可筹集地铁建设资金257亿元。同时，在物业租赁管理工作中力求突破，实现商业业态品牌迭代、品牌影响力升级、物业增值，全年物业租赁及管理业务收入2.6亿元。

广通商等资源经营业务总收入约8.7亿元，面对不容乐观的市场经济形势，广州地铁集团有限公司始终应对，以目标导向为核心，通过科学预测严控开支，分解目标收入，坚定不移攻克经营难关。开展新冠肺炎疫情防控期间物业减免租金工作，做到精准识别、科学帮扶，与合作企业共渡难关；全力提升地铁广告形象和价值，在1号线公园前站中庭区域推出360°全景视觉环绕刷屏媒体“沉浸式巨幕艺术空间”；积极推行5G建设，实现8号线北延段新线5G信号全线开通；首次推出地铁文创月饼，通过授权合作商与知名品牌酒店打造联名跨界特别版月饼，引起社会关注和热议。（表10-31-1）

【物业开发】

2020年新成立广州市品诚房地产开发公司。悦江上品项目销售并交楼，品秀星图、品秀星樾、品秀星瀚、云湖花城、星汇城、星樾山畔正在进行销售；汉溪长隆综合开发项目仍在施工阶段未进行预售。8个合作项目、超570万平方米建筑面积同步开发和销售。房产销售创历史新高，自主开发项目悦江上品销售额约19亿元，6个合作项目销售额约127亿元，跻身广州房企年度权益销售前十名。

【物业租赁及管理】

2020年，在物业租赁管理工作中力求突破，实现商业业态品牌迭代、品牌影响力升级、物业增值，主要为提高万胜广场、荔胜广场等存量物业价值，打开铁投运管中心等新项目的招商局面。

【车站商业】

受疫情影响，全年共10多个商业客户提前终止合同，涉及沿线车站约300多间商铺，面对逆境，以时间换取空间，迅速寻找并锁定客户，全年共引进15个新客户，有效解决空置物业问题。同时为压缩招商时间，快速应对受疫情影响中途退租商铺的重新招商工作，修订相关办法范本，较以往压缩约2个月的时间，及时扭转出租率直线下滑的不利局面。

创新短租形式，通过研究政府相关政策，在依法合规前提下形成“30-90天短租”产品，满足展示型客户需求的同时，及时弥补临时退租招商空档期。

【传媒广告】

为提升地铁广告形象和价值，推动新媒体，在1号线公园前站中庭区域推出360°全景视觉环绕刷屏媒体“沉浸式巨幕艺术空间”。该媒体推出至12月底，实现广告发布收入超300万元，为广州地铁广告媒体电子化迈出坚实的一步。同时为顺应广告主及乘客提升媒体视觉效果的强烈需求，高效推进超薄灯箱升级改造工作，年内完成约180个超薄灯箱的建设，推动广告经营升级。

【信息通讯】

推行5G建设，全年实现73个车站具有5G手机信号，实现8号线北延段新线5G信号全线开通，其余既有线车站与区间的5G建设规划也陆续推进。同时随着5G的普及和应用，诸多产业应用将催生海量的边缘数据，深入市场积极调研拓展边缘数据机房新业务，发现重大商机和拟合作商家，争取培育孵化新业务。

【其他经营】

广州地铁集团有限公司在交通实体卡市场衰退的环境下，通过拓展外部销售渠道，创新文化产品、经营类票务、设备服务的工作模式，开拓乘车码经营等增值业务，在传播地铁品牌的同时，提升拓展业务经营效益。同时授权多家合作单位进行文化产品开发，年内合作商在生活用品、文具、玩具类等多个类别共计开发超50款产品，实现产品快速开发。同时为实现流量变现，在乘车码微信及支付宝小程序内开发广告功能及其他商业增值业务。

【物业经营屡获殊荣】

2020年，广州地铁集团有限公司权益销售额、销售面积均在广州房企排名前二十；万胜广场商场实现品牌迭代，引入华为、海底捞、喜茶、尚品宅配等品牌商家，写字楼签约中铁建华南公司、巨量引擎、今日头条等大型企业，出租率达到100%，并获“平安商厦”称号；荔胜广场项目为广州西部标志性场站综合体开发项目，获“互联网+小镇”园区认证通过并正式挂牌，引入中建三局、中国联通、广州市荔湾区经济发展研究中心等知名企业。

【开展多元跨界经营】

开展多个跨界营销活动，多元化拓展业务提升经营效益。2月，策划羊城通纪念卡营销活动，活动当月销售额突破50万元。3月，贴合社会时事发行“抗疫一线风采主题日票”，3000套主题票全部售罄；8月，开展文创月饼项目，通过授权合作商与广州本地老字号大同酒家、国际知名酒店广州香格里拉酒店打造联名跨界特别版月饼，引起集团内外部的关注和热议，获得了至少3家主流媒体报道，至少10家线上媒体转发。

（广州地铁集团有限公司）

广州市城市轨道交通资源经营统计表

表10-31-1

经营类别	收入(万元)	收入构成占比(%)	经营项目	期末累计
物业开发	144040.0	57.0	在建物业开发面积 （万平方米）	4.6
物业租赁及管理	25963.0	10.3	持有商业物业可租赁的面积规模（万平方米）	77.8
车站商业	12047.0	22.6	站厅(台)商铺面积 （万平方米）	1.3
			地铁配线空间、通道商业面积 （万平方米）	1.8
			站厅(台)自助设备（台）	778
传媒广告	57257.0	22.6	传统广告灯箱（个）	17882
			电子显示屏（个）	24863
信息通讯	13591.0	5.3	民用通信覆盖车站（座）	234
			民用通信光电缆长度（公里）	82
			无线局域网覆盖线路（条）	14
其他经营	0	0		
收入总量	252898.0	100	非票务收入占票务收入比例（%）	23.7
			运营补亏贡献度（%）	12.2

32 深圳市地铁集团有限公司

【概况】

深圳市轨道交通资源由深圳市地铁集团有限公司下属单位深圳市地铁商业管理有限公司经营，2020年资源经营总收入为1795615.0万元，剔除土地出让及物业开发销售的经营收入为85615.0万元。

2020年是深圳市轨道交通三期工程新线开通攻坚关键阶段，也是深圳市轨道交通商业在疫情下独立运作、提升管理的关键隘口。深圳市地铁集团有限公司不断克服时艰，多种措施并举，保新线“广通商”同步开通、保酒店写字楼开业、保商业项目经营。持续努力提升自主经营效益，创新经营、提升资产价值、扩大资产收益，确保国有资产保值增值。

至2020年底，深圳市地铁集团有限公司共获取15个项目土地开发权，规划建筑面积合计约573万平方米，在建项目总建筑面积约421万平方米。龙瑞佳园、地铁前海时代广场、塘朗城广场、地铁锦上花园、汇隆商务中心、深湾汇云中心、汇德大厦、深铁阅山境花园8个项目先后入市销售。销售额累计约859亿元，销售总面积约150万平方米。其中，龙瑞佳园、塘朗城广场、地铁前海时代广场、地铁锦上花园，汇隆商务中心一期，地铁金融科技大厦、深铁置业大厦、汇德大厦、深湾汇云中心一期、二期F栋、四期GH栋等已竣工验收和入伙。在建安托山停车场综合上盖项目、塘朗车辆段F地块、长圳车辆段综合开发项目人才房3个，建筑面积约28万平方米、3800余套。（表10-32-1）

【物业开发】

2020年，深圳地铁置业集团有限公司销售收入为171亿元。11号线松岗车辆段中车基地项目，1号线前海车辆段7-2地块项目、6号线长圳车辆段项目先后开工建设；5号线塘朗F地块项目、佛山南海新交通车辆段项目开盘销售；2号线红树湾站项目超高层写字楼及塘朗F地块项目商品房、人才房先后封顶；5号线深圳北站枢纽D2项目二期、1号线深大站项目、1号线车公庙枢纽项目、3号线横岗车辆段项目三期及红树湾站项目二期F栋、四期G、H栋顺利交付。

【物业租赁及管理】

2020年4月，深铁金融科技大厦和置业大厦已正式迎接第一批客户的入驻。两个写字楼项目全年接待各类意向客户超过200批次。至12月底，在疫情发生后，市场尚未全面回暖的时期，逆势成功完成深铁金融科技大厦写字楼招商率约50%，商业招商率约68%。完成深铁置业大厦写字楼招商率约30%，招商率约65%。

【车站商业】

2020年，深圳市地铁商业管理有限公司给予非国企商户免除2个月租金，国企商户免除16天租金政策，并在10月加大力度扶持非国企商户再次发布减免政策，2020年度租赁减免共惠及200多家承租方，合计减免金额1.14亿元。积极与整租户沟通，贯彻落实减免政策到户，确保租金减免不打折，商业温度不降温。

【传媒广告】

履行地铁公益宣传职责，疫情期间完成各线近百个地铁站的疫情防控宣传广告投放。在深圳北站、东站发布“最美逆行者”的公益广告，打造“战在一起静待春来”防疫主题列车。同时，深度挖掘和提升地铁媒体资源价值为目的，积极落实3号线广告灯箱整改、完成地铁智慧广告体系建设总体方案、开展电子屏蔽门投影项目研究、梳理电子导向需求及价值，力争提升广告经营价值，努力寻求新的利润增长点。

【信息通讯】

2020年，推进既有线路5G公众通信建设工作，保障既有线路各批次站点顺利引入5G信号。筹备6、8、10号线等新线路各类商业资源开通，推进车站自助机设备及沿线商铺的招商进驻，公众通信覆盖61个站、98公里的5G站点同步开通。保障广告、通信、商业等新线资源的筹备工作，完成保开通任务。

【其他经营】

2020年，深圳市地铁集团有限公司与深圳广播电影电视集团合资设立深圳地铁时刻网络传媒有限公司，标志着迈出自身改革求发展的第一步。未来合资公司将在电子媒体广告等领域，与深圳广播电影电视集团合作共赢，为国内地铁电子媒体的经营开辟出一条可复制、可推广的示范方案。前海基金小镇年度内承办多场重量级活动，如首届“粤港澳大湾区杰出青年企业家评选活动”颁奖典礼，深港多名政要出席，提升影响力。同时也收获“2020年最受欢迎基金小镇”“中国最具影响力基金小镇”等奖项，标志着深圳地铁品牌的影响力日趋壮大。

【联防联控】

疫情防控常态化，安全经营制度化。根据疫情发生一段时期后，可能单点爆发的一些特征，制定“公司-部门-项目”三位一体的联防联控模式，形成长效可控预防机制，全年未发生疫情聚集爆发事件；深圳市地铁商业管理有限公司积极与整租户沟通，贯彻落实三轮减免政策到户，扶持终端商户。

【深化改革经营方式】

以“十四五”规划为契机，不断深化“深铁品牌”建设工作，通过酒店、写字楼、文创打造“三大新兴板块”，不断提升深铁品牌影响力。改革人才管理制度，通过优化组织架构、规范岗位设置与管理、完善人才管理机制、制定薪酬激励机制、商业大讲堂等“五大举措”，完善培养激励机制，实现精简高效的人力资源配置。

【创新经营管理】

深度挖掘和提升地铁媒体资源价值，开展电子屏蔽门投影项目研究、梳理电子导向需求及价值；搭建微信公众号、短视频、电商三大线上媒体平台，丰富地铁广告体系；通过串联线上、线下活动，联合知名企业、媒体举办公共活动，提高商业服务水平；与深圳市腾讯计算机系统有限公司、港铁轨道交通（深圳）有限公司的三方合作协议，推出地铁乘车码商业项目，创新互联网广告新形式，完善地铁商业生态，打造全场景生态圈，为深铁注入一股新的利润增长动力。

【多元化推进土地资源获取】

积极推进土地资源获取，先后摘得长圳车辆段、龙胜车辆段2个项目，联合万科成功竞拍佛山南海地块，市场化项目拓展迎来“零”的突破；与业内标杆企业合作，南岭村项目成功纳入深圳市年度城市更新和土地整备计划；作为获取轨道沿线资源的抓手，已全面统筹地铁连通道业务；启动覆盖深圳、东莞、惠州等多个城区的深大城际等5条大铁沿线综合开发潜力地块研究和现场踏勘。

（深圳市地铁集团有限公司）

深圳市城市轨道交通（深圳地铁）资源经营统计表　　表10-32-1

经营类别	收入（万元）	收入构成占比（%）	经营项目	期末累计
物业开发	1710000.0	95.2	在建物业开发面积 （万平方米）	421
物业租赁及管理	27373.0	1.5	持有商业物业可租赁的面积规模（万平方米）	37.3
车站商业	12536.0	0.7	站厅（台）商铺面积 （万平方米）	0.2
			地铁配线空间、通道商业面积 （万平方米）	15.4
			站厅（台）自助设备（台）	1586
传媒广告	32500.0	1.8	传统广告灯箱（个）	18623
			电子显示屏（个）	30843
信息通讯	8723.0	0.5	民用通信覆盖车站（座）	261
			民用通信光电缆长度（公里）	960
			无线局域网覆盖线路（条）	0
其他经营	4483.0	0.2		
收入总量	1795615.0	100	非票务收入占票务收入比例（%）	22.3
			运营补亏贡献度（%）	10.3

33 港铁轨道交通（深圳）有限公司

【概况】

深圳市轨道交通资源由港铁轨道交通（深圳）有限公司经营，2020年资源经营总收入为5889.0万元。

深圳轨道交通4号线是贯穿深圳南北的地铁主干线，商业品牌连锁化经营，银行ATM、自动售货机、自动照相机等各类自助设施数量不断增多。媒体广告发展迅速，通过不断对媒体创新，推动广告整体市场的发展。每个车站都有自己的标志商场，不论是媒体亦是商铺等业务，线路本身客流量较大，使得车站的商业资源价值也不断提高。二期每个车站都采用颜色接近的马赛克砖粉饰墙身，传承香港地铁的“港式”文化，给乘客带来不一样的乘车体验。（表10-34-1）

【车站商业】

2010年，港铁轨道交通（深圳）有限公司在全面接管4号线后，车站零售商业落实诸多连锁品牌，其中包括：KFC精选店、华润Vango、7-11便利店、周黑鸭、绝味等，满足乘客日常出行的消费需求。

【传媒广告】

2020年6月，深圳雅铁广告有限公司通过公开招标获得4号线平面广告资源独家权，合同内容为发布常规广告灯箱、梯牌、列车包车广告，以及屏蔽门贴等，通过对局部广告灯箱的改造，引进“动感灯箱”“轨道大牌”等新平面媒体发布形式，举办的《碧桂园-十里银滩》创意展位，也获得广告协会发布大会的创意奖案例。

【信息通讯】

2020年，4号线三期工程向公众提供客运服务，三期工程共有8个车站（一个高架站7个地下站）。4号线民用通信系统覆盖里程达到18.3公里，民用通信系统覆盖车站数量增加至23个车站，其中5G信号覆盖的车站数量为8个车站。2020年是5G大建设年，并持续完成剩余车站5G网络的改造建设，实现全线5G网络信号覆盖，为广大乘客提供更加优质的通信服务。

【其他经营】

2020年4号线三期工程开通运营，新增PIS电子屏1312块及出入导向电子屏33块。

（港铁轨道交通〔深圳〕有限公司）

深圳市城市轨道交通（港铁深圳）资源经营统计表　表10-33-1

经营类别	收入（万元）	收入构成占比（%）	经营项目	期末累计
物业开发	0	0	在建物业开发面积（万平方米）	0
物业租赁及管理	0	0	持有商业物业可租赁的面积规模（万平方米）	0
车站商业	1348.0	22.9	站厅（台）商铺面积（万平方米）	0.2
			地铁配线空间、通道商业面积（万平方米）	0
			站厅（台）自助设备（台）	41
传媒广告	3685.0	62.6	传统广告灯箱（个）	1618
			电子显示屏（个）	3017
信息通讯	552.0	9.4	民用通信覆盖车站（座）	23
			民用通信光电缆长度（公里）	18
			无线局域网覆盖线路（条）	1
其他经营	304.0	5.1		
收入总量	5889.0	100	非票务收入占票务收入比例（%）	14.4
			运营补亏贡献度（%）	11.6

34 珠海公交轨道交通有限公司

【概况】

珠海市轨道交通资源由珠海公交轨道交通有限公司经营，2020年资源经营总收入为86.6万元，剔除土地出让及物业开发销售的经营收入为86.6万元。

公司经营范围包括城市有轨电车运营管理、城市有轨电车旅客运输、城市有轨电车工程技术咨询服务、城市有轨电车运营管理咨询服务、城市有轨电车设施设备维护及修理、城市有轨电车职业技能培训、物业租赁、物业管理、公共场所发布广告、销售纪念品。（表10-34-1）

【物业租赁及管理】

2020年收到综合楼物业管理收入43.0万元。

【其他经营】

2020年收到车辆调试服务收入41.8万元；电车车身广告租赁收入0.6万元；自助售卖机电费1.2万元。

（珠海公交轨道交通有限公司）

珠海市城市轨道交通资源经营统计表

表10-34-1

经营类别	收入（万元）	收入构成占比（%）	经营项目	期末累计
物业开发	0	0	在建物业开发面积 （万平方米）	0
物业租赁及管理	43.0	49.7	持有商业物业可租赁的面积规模（万平方米）	0.1
车站商业	0	0	站厅（台）商铺面积 （万平方米）	0
			地铁配线空间、通道商业面积 （万平方米）	0
			站厅（台）自助设备（台）	0
传媒广告	0	0	传统广告灯箱（个）	0
			电子显示屏（个）	0
信息通讯	0	0	民用通信覆盖车站（座）	0
			民用通信光电缆长度（公里）	0
			无线局域网覆盖线路（条）	0
其他经营	43.6	50.3		
收入总量	86.6	100	非票务收入占票务收入比例（%）	145.4
			运营补亏贡献度（%）	2.3

35 佛山市铁路投资建设集团有限公司

【概况】

佛山市轨道交通广佛二期（魁奇路至新城东）由佛山市铁路投资建设集团有限公司投资建设，澜石至新城东段的地铁附属资源委托广东广佛轨道交通有限公司进行经营，2020年广佛二期附属资源经营总收入为73.2万元。剔除土地出让及物业开发销售的经营收入为73.2万元。（表10-35-1）

【车站商业】

广佛二期商铺共2间（美心食品1间、7-11便利店1间）。年内商铺出租率已达100%。

2020年在广佛二期各站点投放自助充值售卡机、共享雨伞设备共8台。

为支持企业共渡难关，结合公司实际情况，共减免广佛二期商业业务租金和管理费合计22336.92元。

【传媒广告】

通过开发梯侧贴、创意橱窗、广播冠名等创意广告形式，提高广告经营收入。

【信息通讯】

积极配合基础电信企业和中国铁塔股份有限公司开展5G升级改造，下一步将与中国铁塔股份有限公司进行商务谈判、拓展通信业务经营的增长点，增加经营收入。

【经营亮点】

传统媒体方面加大创意媒体形式推广力度，拓展中国西南片区的旅游、扶贫广告资源。同时大力开发梯侧贴、创意橱窗、广播冠名等创意广告形式，进一步提高广告经营收入。

地铁电视节目中公益宣传投放量显著提升，真正实现社会效益与经济效益齐头并进。

（佛山市铁路投资建设集团有限公司 饶严禾 董伟健）

佛山市城市轨道交通资源经营统计表 表10-35-1

经营类别	收入（万元）	收入构成占比（%）	经营项目	期末累计
物业开发	0	0	在建物业开发面积 （万平方米）	0
物业租赁及管理	0	0	持有商业物业可租赁的面积规模（万平方米）	0
车站商业	12.0	16.4	站厅（台）商铺面积 （万平方米）	0.00473
			地铁配线空间、通道商业面积 （万平方米）	0
			站厅（台）自助设备（台）	9
传媒广告	61.2	83.6	传统广告灯箱（个）	338
			电子显示屏（个）	286
信息通讯	0	0	民用通信覆盖车站（座）	4
			民用通信光电缆长度（公里）	7
			无线局域网覆盖线路（条）	0
其他经营	0	0		
收入总量	73.2	100	非票务收入占票务收入比例（%）	—
			运营补亏贡献度（%）	—

36 东莞市轨道交通有限公司

【概况】

东莞市轨道交通资源由东莞市轨道交通有限公司经营，2020年资源经营总收入为5501.3万元，剔除土地出让及物业开发销售的经营收入为5501.3万元。

2020年东莞轨道交通车站商业经营业态有连锁便利店、面包烘焙店、零售商铺以及银行ATM、自动售货机、自动照相机、共享雨伞、自助口罩机等各类便民商业设施，为乘客提供便捷的服务；东莞市轨道交通有限公司建设的东莞首个TID示范项目和CBD首个地标性建筑综合体——轨道交通大厦正式启动全面招商、招租；2号线鸿福路站北端附属商业物业区完成装修并开业；地铁广告媒体经营单位在经受住疫情影响面临巨大经营压力下，积极配合政府开展推动消费复苏，宣传“乐购东莞”活动及其他政府服务机构的公益广告发布工作，有效提升地铁广告品牌；民用通信网络容量提升和5G（东莞移动）开通，促进公司与运营商合作，稳定通信资源收入，同时提升地铁服务质量。（表10-36-1）

【物业开发】

2020年，东莞轨道交通大厦竣工并正式启动全面招商、招租。该大厦位于东莞国际商务区核心地段，占地面积1.6万平方米，建筑高度249米，总建筑面积18.2万平方米，总投资14.0亿元，主要包括轨道交通线网控制中心和商业办公楼，是东莞首个TID示范项目和东莞国际商务区（CBD）内首个地标性建筑综合体。

【物业租赁及管理】

2020年，东莞轨道交通大厦成功招租约5400平方米商业写字楼，招商招租工作取得实质性成果；经公开招标，碧桂园生活服务集团股份有限公司成为轨道交通大厦物业项目的管理单位，实行酬金制管理模式，在控制物业成本的同时，全面提升大厦管理形象。

【车站商业】

2020年，车站站厅商铺及自助设备场地以租赁形式经营，主要有天福、六沐便利店、肯德基、太古可口可乐、富美快相、人人伞等连锁品牌。为适应防疫需要，在车站内增加了自助口罩售卖机，乘客出行配套需求得以满足。

【传媒广告】

2020年，传媒广告经营涵盖平面广告、创意内包车、拉手广告、视讯媒体（含户外大屏及站内拼接墙屏）、播音和导向媒体等业务。以“履行国企社会责任”为原则，全年圆满完成公共事业单位的公益广告发布工作。

【信息通讯】

2020年，民用通信业完成2号线鸿福路站民用通信网络容量提升和2号线站台、站厅5G（东莞移动）开通工作，同时确保民用通信设备安全、网络稳定覆盖及信号畅通，为乘客提供高清语音、高速上网的移动通信服务。

【轨道交通大厦招商取得实质性成果】

召开轨道交通大厦全面招租暨招商中心启用新闻发布会活动，同时统筹资源优势，在2号线6个重点车站投放平面广告及全线投放视讯广告进行项目推广，扩大项目影响力；在市国资委的大力支持下，与2家国企分别签订《轨道交通大厦物业购买协议书》《物业买卖意向协议》，确保销售收入目标实现；完成《轨道交通大厦出租总体方案》编制，为招租工作的开展夯实基础；与市投促局、各级国企、金融单位、参建单位等进行招租推广交流，及时掌握市场动向；完成6层商业写字楼租金评估，5层商业写字楼完成招租挂牌，成功招租3层商业写字楼，招租工作取得实质性成果。

（东莞市轨道交通有限公司　张润）

东莞市城市轨道交通资源经营统计表

表10-36-1

经营类别	收入(万元)	收入构成占比(%)	经营项目	期末累计
物业开发	0	0	在建物业开发面积　（万平方米）	15
物业租赁及管理	0	0	持有商业物业可租赁的面积规模（万平方米）	0
车站商业	967.0	17.6	站厅(台)商铺面积　（万平方米）	0
			地铁配线空间、通道商业面积　（万平方米）	1.6
			站厅(台)自助设备（台）	73
传媒广告	3225.3	58.6	传统广告灯箱（个）	1863
			电子显示屏（个）	1381
信息通讯	1095.4	19.9	民用通信覆盖车站（座）	15
			民用通信光电缆长度（公里）	76
			无线局域网覆盖线路（条）	0
其他经营	213.6	3.9		
收入总量	5501.3	100	非票务收入占票务收入比例（%）	43.1
			运营补亏贡献度（%）	10.7

37 南宁轨道交通集团有限责任公司

【概况】

南宁市轨道交通资源由南宁轨道交通集团有限责任公司下属资源分公司经营，2020年资源经营总收入为12870.8万元，剔除土地出让及物业开发销售的经营收入为12870.8万元。（表10-37-1）

【物业开发】

2020年在建物业开发面积138.6万平方米。

【物业租赁及管理】

持有商业物业可租赁面积2.2万平方米。

【车站商业】

2号线安吉客运站附属空间顺利开业；梳理4号线、2号线东延线车站商业资源（附属物业空间、零星商铺、自助设备）点位设置、机电预留情况；完成各线路商业空间疫情期间租金减免处理，共计减免租金762万元。

【传媒广告】

2020年完成营业收入4125.1万元；按要求完成1、2、3号线地铁广告租赁经营项目疫情期间租金减免处理；开展2号线东延线和4号线广告资源租赁项目招商，完成挂牌成交及合同签订；合理合法按程序完成2、3、4号线围挡广告租赁项目合同解除。

【信息通讯】

2020年完成营业收入1184.4万元；积极配合运营商完成轨道交通1号线通信5G升级改造；完成4号线、2号线东延线商用通信的建设及开通。

【其他经营】

完成4个《南宁市轨道交通通道接口协议》的签订；完成4号线开通试运营纪念邮册开发与销售。

【经营亮点】

2020年，1-4号线附属物业空间商业、零星商铺、ATM、自助银行等车站商业持续运营，为乘客提供了便捷的服务。广告发布场地、平面及多媒体广告资源、乘车指南手册广告版面、文化产品、商用通讯资源等项目完成租赁，完成公益广告宣传任务。

（南宁轨道交通集团有限责任公司 朱鸿德）

南宁市城市轨道交通资源经营统计表　　表10-37-1

经营类别	收入(万元)	收入构成占比(%)	经营项目	期末累计
物业开发	0	0	在建物业开发面积　(万平方米)	138.6
物业租赁及管理	5131.9	39.9	持有商业物业可租赁的面积规模(万平方米)	2.2
车站商业	1307.8	10.2	站厅(台)商铺面积　(万平方米)	0.1
			地铁配线空间、通道商业面积　(万平方米)	7.5
			站厅(台)自助设备(台)	139
传媒广告	4125.1	32.1	传统广告灯箱(个)	17393
			电子显示屏(个)	6717
信息通讯	1184.4	9.2	民用通信覆盖车站(座)	80
			民用通信光电缆长度(公里)	0
			无线局域网覆盖线路(条)	4
其他经营	1121.6	8.6		
收入总量	12870.8	100	非票务收入占票务收入比例(%)	32.5
			运营补亏贡献度(%)	10.1

38 三亚市轨道交通有限公司

【概况】

三亚市轨道交通资源由三亚市轨道交通有限公司经营，2020年资源经营总收入为333.4万元。（表10-39-1）

【经营亮点】

2020年10月10日，三亚有轨电车示范线开通初期运营，三亚轨道交通对客流进行深度分析，对沿线商铺、小区、学校等开展合作交流，宣传文明安全出行的理念，同时提升示范线宣传力度。11月，根据示范线外地游客较多、非通勤客流占比较多等特性，针对性推出有轨电车乘车卡，为乘客提供多样化购票方式，为外地乘客提供出行便利。

（三亚市轨道交通有限公司 柳春仪）

三亚市城市轨道交通资源经营统计表　　表10-38-1

经营类别	收入(万元)	收入构成占比(%)	经营项目	期末累计
物业开发	0	0	在建物业开发面积　(万平方米)	0
物业租赁及管理	53.4	16.0	持有商业物业可租赁的面积规模(万平方米)	0.2
车站商业	0	0	站厅(台)商铺面积　(万平方米)	0
			地铁配线空间、通道商业面积　(万平方米)	0
			站厅(台)自助设备(台)	0

三亚市城市轨道交通资源经营统计表（续前表）

表10-38-1

经营类别	收入（万元）	收入构成占比（%）	经营项目	期末累计
传媒广告	280.0	84.0	传统广告灯箱（个）	44
			电子显示屏（个）	148
信息通讯	0	0	民用通信覆盖车站（座）	0
			民用通信光电缆长度（公里）	0
			无线局域网覆盖线路（条）	0
其他经营	0	0		
收入总量	333.4	100	非票务收入占票务收入比例（%）	265.0
			运营补亏贡献度（%）	—

39 重庆市轨道交通（集团）有限公司

【概况】

重庆市轨道交通（集团）有限公司经营管理中心归口管理资源经营工作，对轨道交通沿线物业与广通商资源实施统筹规划、集中管理和归口协调，指导、监督各分（子）公司经营活动，并对其经营生产进行集中管控。2020年资源经营总收入为25938.8万元，剔除土地出让及物业开发销售的经营收入为25938.8万元。

2020年，市政府相关部门联合发布城市轨道交通TOD综合开发相关政策，为重庆轨道交通开展一级土地开发及参与轨道二级土地开发奠定政策基础；剩余空间商业利用模式基本明确；协调推进完成2个样板站商铺改造施工及消防检查工作，打通站内商铺经营合规审批通道，启动商铺改造流水施工及经营招商，并陆续交付使用；广告经营模式优化转型工作取得进展，组建合资公司经营二轮等线路广告资源项目，启动车身广告经营试点及招商工作。（表10-39-1）

【物业开发】

2020年，《关于推进主城都市区城市轨道交通区域综合开发的实施意见（试行）》《重庆城市轨道交通TOD综合开发实施方案》《轨道交通场站综合开发利用专项规划》等政策的出台，为重庆市轨道交通（集团）有限公司开展轨道一级土地开发及参与轨道二级土地开发奠定政策基础；四公里TOD综合策划和城市设计方案，四公里停车场和海峡路主变电站地块控规调整方案基本完成；山城电影院项目土地挂牌出让，成交金额达3.3亿元。

【物业租赁及管理】

2020年，大力推进TOD项目，物业资源不断累积。重点项目取得进展，其中，重光站TOD项目物业分配约5637平方米，预计经济价值约1.2亿元；童家院子TOD项目D区住宅物业分配约1.1万平方米。贯彻落实减免租金相关政策，对符合标准的中小微企业和个体工商户（共计22个）进行租金减免，切实为中小微企业减负，推进经济社会持续健康发展。

【车站商业】

2020年，协调推进完成金渝和南坪2个样板站商铺改造施工及消防检查，打通站内商铺经营合规审批通道，全面启动商铺改造流水施工及经营招商，并陆续交付使用，为站内商业经营效益奠定基础。

【传媒广告】

2020年，启动车身广告经营试点，完成2、3号线车身广告经营招商；完成1、3、6号线站内创意及语音广告招商，提升广告经营效益；重庆城市交通开发投资（集团）有限公司正式批复同意启动组建合资公司经营二轮等线路广告资源项目，并已启动公开招商，广告经营模式优化转型工作取得重大进展。

【信息通讯】

2020年，协调中国铁塔股份有限公司和通信运营商加快推进新线民用通信建设，在2020年底开通的1号线小朝段（小什字－朝天门）、6号线支线二期（悦来－沙河坝）均实现了民用通信2G、3G、4G和5G网络信号与轨道线路同步开通的目标。另外，组织三家通信运营商积极开展既有运营线路5G改造试点工作，2020年完成国博中心、悦来（6号线和10号线）车站的5G覆盖试点建设，成功开通移动、联通、电信的5G网络信号。

【TOD综合开发政策】

经过重庆市轨道交通（集团）有限公司的沟通协调，2020年，重庆市发改委等四部门联合发布施行《关于推进主城都市区城市轨道交通区域综合开发的实施意见（试行）》，市住房和城乡建设委等四部门联合发布施行《重庆城市轨道交通TOD综合开发实施方案》，市住房和城乡建设委将轨道上盖政策纳入《重庆市轨道交通条例》计划修订内容，市规资局组织编制的《轨道交通场站综合开发利用专项规划》通过市规委会审议，为集团开展轨道一级土地开发及参与轨道二级土地开发奠定坚实的政策基础。

（重庆市轨道交通〔集团〕有限公司　冯艳菲）

重庆市城市轨道交通资源经营统计表　　表10-39-1

经营类别	收入(万元)	收入构成占比(%)	经营项目	期末累计
物业开发	0	0	在建物业开发面积　（万平方米）	3.4
物业租赁及管理	5986.1	23.1	持有商业物业可租赁的面积规模（万平方米）	7.7
车站商业	352.5	1.4	站厅(台)商铺面积　（万平方米）	0
			地铁配线空间、通道商业面积　（万平方米）	0
			站厅(台)自助设备（台）	227
传媒广告	8415.1	32.4	传统广告灯箱（个）	9479
			电子显示屏（个）	15648
信息通讯	3523.9	13.6	民用通信覆盖车站（座）	124
			民用通信光电缆长度（公里）	0
			无线局域网覆盖线路（条）	0
其他经营	7691.4	29.5		
收入总量	25969.0	100	非票务收入占票务收入比例（%）	13.2
			运营补亏贡献度（%）	3.1

40 成都轨道交通集团有限公司

【概况】

成都市轨道交通资源由成都轨道交通集团有限公司下属成都轨道资源经营管理有限公司经营，2020年资源经营总收入为51421.8万元，剔除土地出让及物业开发销售的经营收入为51421.8万元。

2020年，成都轨道交通5线7项目216公里高标准开通运营。首批3个TOD综合开发示范项目入市亮相，首个自主经营商业综合体——世纪城·上闲里主题商业街项目开建，丰富自助设备商业业态，引入自助口罩机、自动鲜花机、文创产品售卖机，提升轨道站点自助设备消费体验，其中口罩自动售卖机助力疫情防控、便利市民出行。

以商管体系顶层设计为蓝图，完成地铁线网商铺转型升级，举办2020年地铁线网招商发布会，引入全家等知名品牌，营造高品质消费环境。挖掘主题列车、列车看板、PIS电视、语音播报等多种媒体经营新模式、新业态，推动网络、数字和新型广告媒体发展，实施“分布式会展”模式，营造一体化场景。（表10-40-1）

【物业开发】

全年累计取得TOD综合开发项目用地147.8公顷，全面开工建设10个TOD综合开发项目，陆肖站、梓潼宫站、双凤桥站3个项目入市即售罄，中环TOD项目达成预售条件，幸福桥站、龙潭寺东站、马厂坝站、二江寺站、三岔站、双流西站6个项目正加快建设。其中，幸福桥项目主体结构过半，龙潭寺东项目主体结构施工至第3层，二江寺、马厂坝项目达到“正负零”，三岔项目完成基坑施工并确定总包单位，双流西项目确定总包单位。与万物云空间科技服务有限公司合资组建成立成都轨道万科物业有限公司，加快构建物业管理体系，有序推进项目物业落地。

【物业租赁及管理】

具有独立产权证书的商业物业可租赁总面积达5.7万平

方米。借力人工智能、信息化等现代科技手段，持续创造高品质的客户服务体验，全面开启“互联网＋物联网”技术的智慧物业管理新模式。

【车站商业】

以商管体系顶层设计为蓝图，完成地铁线网商铺转型升级，举办2020年地铁线网招商发布会，引入全家等知名品牌，营造高品质消费环境。全国首家推出“投建管营一体化”主题商业街项目——世纪城·上闲里，构建集工作、生活、商业、交通换乘、公共空间为一体的TOD商业消费场景。铺设鲜花、口罩、测肤、共享童车等新型自助服务设备，全国首家推出“轨道生活+”商业方舱项目，营造“遇见快乐，慢享生活”商业新场景，谱写更多“幸福美好生活新方式”。

【传媒广告】

开展多业态的广告行业代理商招商模式，挖掘主题列车、列车看板、PIS电视、语音播报等多种媒体经营新模式、新业态，推动网络、数字和新型广告媒体发展，大力实施“分布式会展”模式，营造一体化场景，不断扩大广告品牌影响力、传播力。

【信息通讯】

与中国移动、中国电信、中国联通三大运营商合作，实现民用通信系统无盲区（含站厅、站台、隧道区间）信号全覆盖，完成线网80个车站的5G网络建设及开通。

【其他经营】

成都交通高级技工学校新增机电一体化技术（高级技工）专业，承接外部培训项目，联合省内6家单位共同成立成都轨道交通职业教育人才培养联盟，学校行业影响力与美誉度持续提升。资源公司拓展接口类开发咨询顾问业务，会同行业头部单位承接了地铁站站城一体化城市更新研究咨询服务工作。特种设备公司与专业技术公司合作，联合开发人防门设备智能监测系统，实现场景应用。

【车站商业模式多元拓展】

按照市委市政府“让一切有空间的地方皆可停留、皆能交往、皆有效益”的理念，全力推进超大线网地下空间资源一体化开发，不断挖掘商业开发潜力，通过落地商业方舱项目，将商业经营总面积拓展超1.5万平方米；全线网投放自助设备734台，先后引进口罩、鲜花、共享童车等自助售卖机，不断满足乘客多元化需求，积极培育“目的地消费”市场，推动资源利用价值最大化，打造高品质地下空间商业体系。

【产业投资工作取得成效】

与国内主要铁路客车和城市轨道车辆的研发、制造和出口基地成立合资公司，落实轨道交通产业生态圈“打造轨道交通西部维保服务中心”工作要求，实现强管控模式创新，整合车辆主机厂资源，开创有序竞合新示范。

6月24日，成都轨道交通集团有限公司与香港铁路有限公司举行云签约仪式，共同出资组建商业运营合资公司——成都蓉港商业发展有限公司。双方将依托成都大线网规模优势、大客流的吸附效应，紧跟市民消费新需求、新热点，深度挖掘轨道交通经济潜力和附加值，构筑成都市民地铁生活新场景。

7月17日，成都轨道交通集团有限公司与万物云空间科技服务有限公司举行“成都轨道万科物业有限公司”合作协议签约仪式。双方将充分发挥在品牌、资源、技术和管理等领域的互补优势，引入新技术、新模式和新管理，实现智慧化、多元化、精细化，全方位满足居住、办公、休闲、社交、健康等多种场景需求。

（成都轨道交通集团有限公司）

成都市城市轨道交通资源经营统计表

表10-40-1

经营类别	收入（万元）	收入构成占比（%）	经营项目	期末累计
物业开发	0	0	在建物业开发面积（万平方米）	152.2
物业租赁及管理	2259.0	4.4	持有商业物业可租赁的面积规模（万平方米）	5.7
车站商业	3658.5	7.1	站厅(台)商铺面积（万平方米）	1.4
			地铁配线空间、通道商业面积（万平方米）	0
			站厅(台)自助设备（台）	734
传媒广告	25022.6	68.1	传统广告灯箱（个）	26353
			电子显示屏（个）	40676
信息通讯	6445.5	12.5	民用通信覆盖车站（座）	338
			民用通信光电缆长度（公里）	0
			无线局域网覆盖线路（条）	0
其他经营	4036.2	7.9		
收入总量	51421.8	100	非票务收入占票务收入比例（%）	19.8
			运营补亏贡献度（%）	—

41 贵阳市城市轨道交通集团有限公司

【概况】

贵阳市轨道交通资源由贵阳市城市轨道交通集团有限公司企业管理和资源开发总部及下属子公司经营，2020年资源经营总收入为43492.6万元，剔除土地出让及物业开发销售的经营收入为13877.6万元。

疫情期间对受影响的中小企业及个体工商户实施租金减免，减免金额2033.4万元。（表10-41-1）

【物业开发】

2020年，迈德国际、湖山郡Y+公寓、清水湾上盖项目实现物业开发销售收入约为3亿元，湖山郡二期、2号线三桥站上盖和金朱西路站综合体等同步在建项目约46.8万平方米。持续推进清镇龙凤大道南北侧土地的一级开发，成功推动该区域第二批次土地挂牌15.7万平方米，与中铁置业合作的云湾项目一期全部售罄。

【物业租赁及管理】

2020年，开展租赁的项目有：迈德国际写字楼、商业及地下停车场、湖山郡足球场和1、2号线零星地块等项目约12.2万平方米。物业管理服务范围包括了1号线及2号线站场段、迈德国际写字楼、湖山郡住宅小区、清水湾案场等6个项目，服务面积70.0万平方米。2020年，贵阳地铁物业公司被贵州省物业管理协会评为“贵州物业管理综合实力三十强企业”。

【车站商业】

2020年，1号线中山西路站“coco新天地”商业街被中国城市轨道交通协会资源经营专业委员会评为“城轨交通商业特色街（区）”。2号线紫林庵站、紫延区间物业空间已实施招租工作。

【传媒广告】

2020年，1号线PIS系统LCD显示屏、语音广播广告、隧道广告的经营权全部招商完成，实现1号线广告业态全覆盖。

【信息通讯】

2020年，2号线全线民用通信地下空间租赁全部完成，4G/5G信号覆盖的项目建设基本完成。

【其他经营】

2020年，拓展企业管理服务、咨询贸易、餐饮管理、档案综合服务、汽车租赁、培训扶贫等业务，集团下属地铁实业公司与贵阳职业技术学院成立培训学院、与中车铺镇公司成立合资公司前期工作已完成。

【实现“刷脸购票”和“刷脸过闸”】

2020年，贵阳市城市轨道交通集团有限公司控股子公司贵阳市信捷科技有限公司完成城市级人脸认证算力中心、市域“一卡通”综合清结算平台的建设，“刷脸支付”平台（一期）项目建成投用。按照市政府授予的统一管理、管理清算、统一优惠“三统一”权限，全面推进市域公交、地铁“一卡通”体系整合工作，成功与贵州银行、贵阳银行构建“互联网+公共交通+大数据”业务合作机制。乘客通过下载使用“一应黔行”APP，可实现乘坐地铁、公交BRT“刷脸购票”和“刷脸过闸”，至2020年底APP注册用户及合作银行渠道绑定支付用户数已超40万人。

（贵阳市城市轨道交通集团有限公司）

贵阳市城市轨道交通资源经营统计表　　表10-41-1

经营类别	收入(万元)	收入构成占比(%)	经营项目	期末累计
物业开发	29615.0	68.1	在建物业开发面积　（万平方米）	46.8
物业租赁及管理	3350.5	7.7	持有商业物业可租赁的面积规模（万平方米）	12.2
车站商业	303.1	0.7	站厅(台)商铺面积　（万平方米）	0
			地铁配线空间、通道商业面积　（万平方米）	1.7
			站厅(台)自助设备（台）	82
传媒广告	3957.8	9.1	传统广告灯箱（个）	1494
			电子显示屏（个）	1658
信息通讯	220.2	0.5	民用通信覆盖车站（座）	57
			民用通信光电缆长度（公里）	152
			无线局域网覆盖线路（条）	0
其他经营	6046.0	13.9		
收入总量	43492.6	100	非票务收入占票务收入比例（%）	32.7
			运营补亏贡献度（%）	—

42 昆明轨道交通集团有限公司

【概况】

云南省昆明市轨道交通资源由昆明轨道交通集团有限公司经营，2020年资源经营总收入为11254.8万元，剔除土地出让及物业开发销售的经营收入为11254.8万元。

受新冠肺炎疫情的影响，1月30日起至3月18日，昆明地铁1、2号线首期工程（含呈贡支线）、3号线公司、6号线一期全线停运，对地铁资源经营带来一定影响。疫情以来，昆明轨道交通集团有限公司上下凝心聚力、狠抓落实，在做好疫情防控的同时，资源经营开发工作稳步推进。

昆明地铁开通至今，广告经营媒体形式从广告灯箱逐渐拓展到贴附式广告，随着主题墙贴、品牌包车的上线，相继开展屏蔽门广告及PIS广告业务，逐步发挥出地铁广告的多样性与联动性，线下广告经营范围实现全覆盖，逐步推进站内物业、自助设备租赁，项目包括ATM机、售货机、拍照机等。同时商业开口、临时经营停车场、街区图标注等类别的商业资源经营逐步向走向网络化经营，开放7个商业连接开口、6个连接通道实现与周边商业区、市政道路实现贯通；在地铁沿线共开放设置11个临时停车场、600个停车泊位，并配套非机动车停车区。以此改善地面交通间、轨道交通间、轨道与地面间公交换乘条件，加强交通换乘站和换乘枢纽规划建设，不断向“零换乘”迈进。（表10-42-1）

【物业开发】

昆明道恒房地产开发有限公司，系昆明轨道交通集团有限公司全资子公司，主要从事安置房与公租房的建设及草海片区土地一级开发工作。至2020年12月31日，昆明道恒房地产开发有限公司累计建设安置房及公租房住宅146.08万平方米，商业9.6万平方米，地下空间68.48万平方米，共计224.16万平方米。

【物业租赁及管理】

物业租赁主要包括以下几个方面：一是车辆段闲置房屋，租赁对象主要为昆明轨道交通集团有限公司下属子公司、地铁建设单位及周边房地产公司，至2020年底共有3个项目。二是由昆明轨道集团承担建设的公租房项目，海源庄公租房项目竣工并办理分配入住，按照规划涉及，共建设公租房1437套、车位763个，2020年实现收入243.7万元。

【车站商业】

车站商业主要为广告经营、自助设备、场地租金、商业开口运营管理费临时经营停车场、街区图标注等为主，商业资源经营逐步走向网络化经营，2020年实现收入1625.2万元；在充分考虑消防要求的前提下，积极布局地铁站内商业开发利用。

在开通运营的83个站点，各尺寸广告灯箱共计约8636个。2020年约有160余个品牌发布地铁站内平面广告，同时发布创建全国文明城市公益、创建全国卫生城市公益、十九大社会宣传标语、扫黑除恶、微健康、法制宣传、环境保护等公益内容。相继开展已运营线路站内广告资源，如：列车广告、墙贴广告、屏蔽门广告及PIS广告业务，线下广告实现经营范围内全覆盖。

【信息通讯】

开展多元化互联网票务支付系统建设，提供更好的地铁出行服务，充分考虑乘客日常的支付习惯，接入“智慧通行”APP乘车码，实现银联闪付刷卡乘车、微信乘车、支付宝乘车码。1月20日接入“云闪付”APP乘车码，基本覆盖乘客常用的APP软件。多元化互联网票务支付客流量已占全网总客流的70%以上，便捷的乘车支付方式受到广大乘客的好评，同时也减少乘客因为购票支付的问题而滞留站厅所带来的安全隐患。实现在弱网络环境下也能扫码乘车，为用户提供“先乘车，后付费”的出行体验，使昆明地铁成为西南地区首个支持微信小程序乘车码的地铁。

【其他经营】

依托于政府赋予昆明轨道交通集团有限公司的14项特许经营权，通过探索和创新轨道交通全网络资源的经营开发模式，不断开发整合轨道交通站内及周边资源。以轨道交通站点周边配套的已征零星土地整合利用业务、公租房住宅及车位出租业务、配套商业出租出售业务、配套车位出租出售业务、物业增值服务等方式，盘活地铁周边资源经营，实现经营收入。启动对3号线石咀车辆段、5号线渔村停车场、8号线花渔沟停车场等TOD项目的前期研究、报批等相关工作。

【经营亮点】

助推场站综合开发，践行以公共交通为导向的城市发展模式。充分挖掘站点周边和站场土地资源，解决好各种地铁资源与市场之间的衔接问题。2020年完成东风广场北片区地下空间开发项目土地出让，该项目建成后将作为连接春之眼、恒隆广场、值机大厅等地下空间设施的重要枢纽，承担着1、2、3、6号线的客流换乘功能。践行“交通换空间”的理念，强调以经济效益为核心，加强对土地的综合利用和开发。启动5号线世博车辆段综合物业开发项目建设，项目由盖上、盖下四层构成，总用面积46.6公顷，建筑体量约为65万平方米，该项目为昆明市首例场段上盖开发项目，将成为昆明首个综合“轨道+社区”的示范性代表。

（昆明轨道交通集团有限公司）

昆明市城市轨道交通资源经营统计表

表10-42-1

经营类别	收入（万元）	收入构成占比（%）	经营项目	期末累计
物业开发	0	0	在建物业开发面积　（万平方米）	147.2
物业租赁及管理	243.7	2.2	持有商业物业可租赁的面积规模（万平方米）	12.6
车站商业	1625.2	14.4	站厅(台)商铺面积　（万平方米）	1425.0
			地铁配线空间、通道商业面积　（万平方米）	9.2
			站厅(台)自助设备（台）	369
传媒广告	4636.8	41.2	传统广告灯箱（个）	8636
			电子显示屏（个）	5210
信息通讯	530.9	4.7	民用通信覆盖车站（座）	83
			民用通信光电缆长度（公里）	139
			无线局域网覆盖线路（条）	0
其他经营	4218.2	37.5		
收入总量	11254.8	100	非票务收入占票务收入比例（%）	26.1
			运营补亏贡献度（%）	—

43 西安市轨道交通集团有限公司

【概况】

西安市轨道交通资源由西安市轨道交通集团有限公司下属西安市地铁资源开发有限公司、西安轨道交通投资发展有限责任公司经营，2020年资源经营总收入为16462.1万元，剔除土地出让及物业开发销售的经营收入为16462.1万元。（表10-43-1）

【物业租赁及管理】

完成经发大厦、灞河停车场通拓公司场地、渭河家苑等部分空置场地租赁。

【车站商业】

推进1、2、3号线自助设备场地招商工作，利用招商间隙，签订短期租赁合同，充分挖掘获取零星资源收益。

【传媒广告】

完成1、2、3号线车站及1、3号线车厢平面广告资源3年期经营权拍卖工作；创新2号线新媒体开发经营，完成屏蔽门投影电子广告的签约、施工和经营，完成出入口玻璃雨棚电子广告和隧道区间电子广告的技术审核；完成1、2、3号线零星广告自营创收工作；完成十四运、创文等公益宣传画面上刊及创文公益宣传整改工作；做好1、2、3号线车站灯箱巡检、反恐、安全维保工作。

【信息通讯】

协助通信运营商落实地铁网络升级改造工作；探索5G场景应用，形成5G通信在地铁场景应用的初步分析报告；完成1、2、3、4号线民用通信系统资源占用费的收取工作。

【其他经营】

积极筹备制作5、6号线开通纪念邮品，确保与新线开通同期发行。完成1、2、3号线站内自助银行项目资源管理及租赁费的收取工作。

【经营亮点】

切实做好疫情防控工作。及时有序开展疫情防控，抓实抓细各项措施，加强商业网点、渭河家苑、在建项目防控督导检查；统筹考虑地铁资源运营商经营状况，协调解决经营实际困难和突出问题，增强其持续合作的信心；落实扶持减免政策，减免金额共计1084万元，确保资源经营可持续发展，体现国企责任与担当。

行政中心站商业街参与全国轨道协会特色商业街评选，获“城轨交通商业特色街”称号。

（西安市轨道交通集团有限公司）

西安市城市轨道交通（西安轨道）资源经营统计表　　表10-43-1

经营类别	收入(万元)	收入构成占比(%)	经营项目	期末累计
物业开发	0	0	在建物业开发面积　（万平方米）	0
物业租赁及管理	—	—	持有商业物业可租赁的面积规模（万平方米）	4.4
车站商业	2605.7	15.8	站厅(台)商铺面积　（万平方米）	0.2
			地铁配线空间、通道商业面积　（万平方米）	2.3
			站厅(台)自助设备（台）	158
传媒广告	8810.9	53.5	传统广告灯箱（个）	4150
			电子显示屏（个）	2
信息通讯	3476.8	21.1	民用通信覆盖车站（座）	121
			民用通信光电缆长度（公里）	1470
			无线局域网覆盖线路（条）	0
其他经营	1568.7	9.6		
收入总量	16462.1	100	非票务收入占票务收入比例（%）	—
			运营补亏贡献度（%）	—

44 西咸新区轨道交通投资建设有限公司

【概况】

西安市西咸新区轨道交通资源由西咸新区轨道交通投资建设有限公司下属西咸新区轨道交通发展有限公司经营，2020年资源经营总收入为1109.0万元，剔除土地出让及物业开发销售的经营收入为1109.0万元。

2020年1月16日，西咸新区轨道交通发展有限公司正式注册成立，围绕传统模式广通商和新兴模式TOD物业开发进行西咸新区轨道交通资源的开发和经营管理。

2020年，1号线二期上林路站、5号线二期欢乐谷站、16号线一期能源中心站和能源三路站出入口结合建设项目完成签约，另有3个站点出入口结合建设项目启动前期工作。为纪念5号线的开通，联合中国邮政开发纪念邮册、邮折、票卡、帆布袋等文化产品。（表10-44-1）

【车站商业】

2020年，启动站厅、地面一层商铺以及银行ATM、自动售货机、自动照相机等各类自助设施的招商。

【传媒广告】

2020年，公开拍卖转让1号线二期车站及列车车厢平面广告资源、5号线二期语音广告资源经营权。完成5号线二期电视媒体的招商。

【信息通讯】

2020年，5号线二期的站厅、区间隧道、站台5G建设覆盖施工完成，1号线二期5G覆盖建设启动。

【经营亮点】

12月18日，与西安市轨道集团有限公司创新合作开发模式，联合拍卖5号线广告资源经营权，首次实现跨区域广告传媒协同经营。

（西咸新区轨道交通投资建设有限公司）

西安市城市轨道交通（西咸新区）资源经营统计表　　表10-44-1

经营类别	收入（万元）	收入构成占比（%）	经营项目	期末累计
物业开发	0	0	在建物业开发面积　（万平方米）	0
物业租赁及管理	0	0	持有商业物业可租赁的面积规模（万平方米）	0
车站商业	0	0	站厅（台）商铺面积　（万平方米）	3000.0
			地铁配线空间、通道商业面积　（万平方米）	1700.0
			站厅（台）自助设备（台）	26
传媒广告	300.0	27.1	传统广告灯箱（个）	580
			电子显示屏（个）	2260
信息通讯	58.0	5.2	民用通信覆盖车站（座）	16
			民用通信光电缆长度（公里）	26
			无线局域网覆盖线路（条）	2
其他经营	751.0	67.7		
收入总量	1109.0	100	非票务收入占票务收入比例（%）	—
			运营补亏贡献度（%）	—

45 兰州市轨道交通有限公司

【概况】

兰州市轨道交通资源由兰州市轨道交通有限公司资源经营中心经营，2020年资源经营总收入为24566.5万元，剔除土地出让及物业开发销售的经营收入为17718.0万元。

2020年初，为盘活现有商业资源，尽快实现经营效益，兰州市轨道交通有限公司整合资源经营力量，成立资源经营中心，推进现有项目营销、招商工作及资源经营管理机制体制建设。经过近一年时间，资源经营管理框架初步形成，资源经营工作初见成效。（表10-45-1）

【物业开发】

学习借鉴兄弟城市在轨道交通TOD项目中合作开发的成功经验，依托轨道交通场站资源，在东岗车辆段上方实施上盖开发，周边实施轨道·城市曙光住宅项目；在西关站、海关站（迎门滩）、深安大桥南站（奥体中心）等站点按照平战结合的原则，实施地下空间开发；依托国铁兰州西站，规划建设兰州西站综合交通枢纽，打造以综合交通枢纽为引导，布局商业、办公等为一体的大型城市综合体。

【物业租赁及管理】

持有商业物业可租赁的面积约55.5万平方米，包括东岗车辆段上盖开发、车站地下商业、兰州西站综合枢纽商业和购置的优质资产。考虑到兰州市商业地产市场相对饱和、竞争激烈、招商难度大等现状，抓住互联网、大数据、人工智能等新一代信息技术和共享数字经济发展机遇，运用“轨道+互联网+物业”的发展理念，在1号线东岗车辆段及其周边实施兰州科技创新园，探索“地铁新经济”和“互联网+”模式，推进信息数字科技与轨道资源开发深度融合发展。签约引进网易公司、中软国际、速云科技、北京力控等50多家知名科技型企业入驻。

【车站商业】

利用好人流稳定、流动性大的轨道交通站点的轨道交通站厅层周边及地下步行通道的两侧空间，开发19个便利店，根据市场需求设置轻餐、百货业态，对外出租经营。

【传媒广告】

启动1号线全线广告媒体经营，开发传统媒体、列车媒体、西客站媒体、PIS媒体等5种类型；以1号线开通运营为契机，策划发行营销票卡、纪念票卡11种，并实现线上线下双覆盖销售。

【信息通讯】

抓住兰州市5G试点城市和兰州科技创新园建设的契机，利用轨道交通线路资源和空间资源，以及轨道交通沿线商业资源，推进与中国铁塔公司股份有限公司、三大运营商在基站建设、网络运营等方面的合作，为乘客和客户提供高品质移动通信服务，同时积极探索增值票、P+R停车场、地铁会员体系等“互联网+资源开发”应用。

【其他经营】

多元化业态经营全面展开，新区地铁商务酒店、便利店西客站店，兰州西站北广场地下停车场等已经营多年。同时，对现有资源进行充分研究，把握商业经营的内在规律，最大限度挖掘现有资源商业潜力，开发利用边角地块、车站出入口资源等，最大化商业价值，为公司创造更多的收入渠道。

【尝试多种商业业态经营】

探索“轨道+酒店”经营，继新区地铁商务酒店、第一家便利店西客站店后，启动1号线全线广告媒体经营，开发传统媒体、列车媒体、西客站媒体、PIS媒体等5种类型；以1号线开通运营为契机，策划发行营销票卡、纪念票卡11种，并实现线上线下双覆盖销售。

【资源开发与科技产业深度融合】

抓住互联网、大数据、人工智能等新一代信息技术和共享数字经济发展机遇，学习国内一线发达城市“轨道+互联网+物业”的发展理念，及时调整发展思路，充分发挥好该区域的区位、资源、交通等方面的优势，在1号线东岗车辆段及其周边实施兰州科技创新园，探索“地铁新经济”和“互联网+”模式，推进信息数字科技与轨道资源开发深度融合发展。科创园的实施，对推动兰州市产业结构调整，打造兰州经济社会发展升级版，推进兰州高质量发展具有重要的战略意义和现实意义。

（兰州市轨道交通有限公司 白树峰）

兰州市城市轨道交通资源经营统计表 表10-45-1

经营类别	收入（万元）	收入构成占比(%)	经营项目	期末累计
物业开发	6848.5	27.9	在建物业开发面积 （万平方米）	37.9
物业租赁及管理	13342.0	54.3	持有商业物业可租赁的面积规模（万平方米）	55.5
车站商业	209.0	0.9	站厅(台)商铺面积 （万平方米）	0.1
			地铁配线空间、通道商业面积 （万平方米）	0
			站厅(台)自助设备（台）	0
传媒广告	859.0	3.5	传统广告灯箱（个）	1364
			电子显示屏（个）	1972
信息通讯	301.0	1.2	民用通信覆盖车站（座）	20
			民用通信光电缆长度（公里）	0
			无线局域网覆盖线路（条）	1
其他经营	3007.0	12.2		
收入总量	24566.5	100	非票务收入占票务收入比例（%）	1.1
			运营补亏贡献度（%）	5.0

十一 行业文选

本篇章的内容主要包括2020北京国际城市轨道交通高峰论坛、2020城市轨道交通高峰论坛、城市轨道交通企业信息化发展现状（2019-2020）和城市轨道交通系列丛书简介，以全局性、前瞻性、行业特性的视角，对城市轨道交通发展规划、前沿技术、成功经验等提供标准和指南。

1 包叙定·在2020北京国际城市轨道交通高峰论坛上的讲话（视频）

（2020年10月21日 北京）

各位领导、各位嘉宾，同志们：

大家好！

今天我们相聚北京，参加一年一度的中国城轨交通高峰论坛，围绕“智慧赋能城轨高质量发展”的主题研讨交流。我本应到场聆听大家的真知灼见，但我因故无法到会，现在以视频方式同大家见面并报告一些情况。

当前，我们正处在智能化时代来临的前夜：新一轮科技革命呈现出智能化主导产业变革突破的态势；人工智能等新一代信息技术还在持续赋能经济社会新的智能化手段；而新冠疫情则进一步加速了智能化发展趋势。这一切告诉我们，智能化新时代正扑面而来。

在此大环境下，发展智能系统、建设智慧城轨，显得更加迫切更具有现实意义。令人欣喜的是，协会《智慧城轨发展纲要》发布七个月来，落地行动早已起步，发展势头良好。

首先说说协会层面的工作。3月12日《纲要》发布以来，协会采取系列措施积极推动纲要落地实施。首先，协会印发了“关于贯彻落实《纲要》总体工作安排”，就协会层面落实《纲要》做了系统性和制度性的安排。随后，协会召开智慧城轨建设领导小组成立会，进一步研究部署贯彻落实《纲要》有关工作，特别强调要深刻认识智慧城轨建设工作的重大意义，并调动好全行业的积极性持续推动《纲要》落地。与此同时，协会专家学术委举办相关论坛和培训班、信息化专委会组织专题学习会、协会传媒前后举办六场线上线下《纲要》宣贯会并发表20余篇学习材料，有计划地营造了学习贯彻《纲要》的氛围。

这些情况表明：建设智慧城轨，我们城轨交通协会已经在路上。

再看看行业层面的情况。协会会员单位普遍开展了学习活动，南京地铁召开党委中心组学习扩大会议学习《纲要》，哈尔滨、长春、沈阳、大连、呼和浩特五市则召开联系会议学习智慧城轨。城市轨道交通公司和装备供应商则纷纷启动了智慧城轨建设规划或方案的编制工作，上海申通、北京京投、重庆轨道、中车集团等都形成了各自的规划或方案，广州地铁的“五年行动计划”和深圳地铁的《落实方案》也已出台；北京、南京、西安、太原、常州、无锡、宁波、贵阳、合肥、南宁等城市业主单位，正在积极推进标准城轨云的建设；北京、上海、广州、重庆、深圳、南京、哈尔滨的智慧车站也已在建设中。

纳入《纲要》并在实施中的7个示范工程，除北京燕房线FAO项目结题外，重庆“CBTC互联互通”和呼和浩特“云平台创新研究与应用”两项，已经通过专家验收和科技成果评价，均获得“达到国际领先水平”的高度评价；青岛车车通信、上海智能运维、深圳中国标准A型车、武汉网络信息化等都在顺利实施中。示范工程的社会效应也开始显现，北京燕房线现场会前全行业建成的全自动运行系统仅3市61公里，今年年底运营线路将发展到6市近300公里，加上在建和已批待建的工程将有20个城市50条线路1421公里。

这些情况又表明：建设智慧城轨，已在我们城轨交通行业扬帆起航。

还有政府主管部门的情况。国家发改委领导和主管司局一直关心《纲要》发布后的动向，前不久委领导专门给我电话，说建设智慧城轨具有方向引领作用，委里将纳入“十四五”相关规划予以支持。经研究，产业司正式明确将“智慧城轨”列入“‘十四五’增强制造业核心竞争力五年行动计划”，协会已遵照要求将《纲要》中的十大技术体系作为行动计划“重点发展方向和任务”的相关材料上报了，实施中还将安排一批示范工程作为抓手推进建设工作。基础司领导也专门听取了协会领导的汇报，热情支持智慧城轨工作。

工信部装备司早在《纲要》研编过程中就以“智慧城轨与智能系统发展战略研究”为名，给协会下达了研究课题并拨款支持；《纲要》发布后，又表示将在“首台套”等相关政策安排中予以支持，推动成果落地并开花结果。

业务主管部门将建设智慧城轨的重点工作纳入相关规划，措施诉求列入政府政策框架，工作成果及时采用，为国家宏观调控服务，这既说明了对我们工作的认可，更体现了对协会和行业工作的有力支持。

这些情况还表明：建设智慧城轨、扬帆远航正东风！

同志们，《纲要》中“智慧城轨”的定义明确了我们要建设的是安全、便捷、高效、绿色、经济的新一代、中国式、智慧型城轨交通，全面体现了“安全第一”“以人民为中心服务优先”“优质高效”“绿色生态环境”“经济可持续”等五大要素。智慧城轨建设创造的不是单项冠军，而是一组冠军，是多项成果的综合体现。就让我们一起努力，同心共建智慧城轨，促进行业高质量发展，助推交通强国的崛起。

谢谢大家！

2 周晓勤·以智慧赋能城市轨道交通高质量发展

——2020北京国际城市轨道交通高峰论坛上的讲话

（2020年10月21日 北京）

各位来自城轨行业，以及支持城轨事业发展的朋友们，女士们、先生们，大家上午好：

“城市轨道交通是现代大城市交通的发展方向。发展轨道交通是解决大城市病的有效途径，也是建设绿色城市、智能城市的有效途径。”城市轨道交通发展应紧密结合交通强国建设，以“更加安全、更加便捷、更加智慧、更加绿色”为目标，加快推进高质量发展，切实提高人民群众获得感、幸福感和安全感，更好支撑城市发展以及都市圈和城市群建设。

中国城市轨道交通协会以“交通强国，城轨担当”的使命感，顺应行业呼声，适应发展需要，研究编制了《中国城市轨道交通智慧城轨发展纲要》，希望以此作为城市轨道交通行业今后一个时期（2020-2035年）制定智慧城轨发展的技术政策、技术规范、发展规划和实施计划的指导性文件。

在今年的论坛上大家可以分享国内多个具有代表性的城市以“智慧赋能高质量发展城轨交通”为主题的精彩演讲。

随着“十三五”发展规划的收官和“十四五”发展规划的即将开篇，城市轨道交通行业将迎来新的发展阶段，其突出特征一是“转型发展”，二是“结构调整”，速度从快到平稳，结构从单一到多元化，可持续发展仍然是不变的话题。

近20年，我国城市轨道交通持续快速发展。以五年为周期，线路规模连续翻番增长。截至2020年上半年，中国内地累计有41个城市投运城市交通线路，总里程达6917公里。到年底全年新增运营线路有望超过1000公里。同时，已经国家批复实施的建设规划里程（在建和待建）超过7000公里。城市轨道交通运营与在建、待建里程都位居世界前列。去年我在北京国际城市轨道交通高峰论坛上讲到城市轨道交通高质量发展需要走“创新之路”。如今在5G、大数据、互联网、人工智能、区块链、超级计算快速发展的时代，智慧发展将为创新之路赋能。

体现城轨高质量发展的内容非常丰富，我仅从三个方面，谈谈个人认识。

一、城市轨道交通高质量发展的目标是让城市生活更美好

其内涵就是以“更加安全、更加便捷、更加智慧、更加绿色”为目标，加快推进城市轨道交通的高质量发展，切实提高人民群众获得感、幸福感和安全感。说的具体点就是要将出行即服务MaaS(Mobility as a Service)，这一理念做到实处。

2019年末，全国民用轿车保有量1.46亿辆，新增1193万辆，增长8.7%，其中私人轿车保有量1.37亿辆，新增1112万辆，增长8.8%，机动车保有量仍呈现高速增长的趋势。与之相伴的则是交通状况的持续恶化，“大城市病”普遍呈现。发展轨道交通是解决大城市病的有效途径，也是建设绿色城市、智能城市的有效途径。2019年底上海、广州、深圳、北京、南京等少数几个城市的轨道交通客流的公交分担比例已经超过50%，分别为65%、59%、56%、55%、55%，成都、武汉分别达到48%、46%，而其他20多个城市（不含有轨电车）平均分担率仅在1%~40%之间，多数在30%以下，发达国家这一比例多在50%以上，如东京、纽约则高达80%~90%。因此提升城市轨道交通客流占公交出行比的发展目标，除了需要继续扩大城轨网络规模之外，更重要的是需要提升轨道交通服务质量，通过落实出行即服务的理念，将更多的机动化出行，特别是小汽车出行客流吸引到轨道交通上来。

提升服务质量，需要转变发展思路，做好“两个融合”，一是城轨系统与其他轨道系统的融合，二是城轨发展与城市发展的融合。城市轨道交通已经不仅仅是解决城市交通出行的问题，还关系到城市经济社会发展的方方面面。但是目前我们的城轨系统无论是规划、设计、建设、运营还是资源开发基本上仍是以“轨道为主自成体系，还没有融合到城市发展的方方面面。”“城市发展+轨道建设”的融合，首先要从发展综合交通运输体系入手，实现“轨道系统+多种运输系统”的融合，实现多规合　、多网融合，构建统一的多层次网络；其次要从单一的交通运输功能向具有融合城市服务功能的综合体转型。核心是城轨产业（价值）链创新，形成集物理位移、生活空间、信息服务、精神文化协调发展的集成价值创新模式。形成以城轨站场（车站周边物业+上盖物业开发的TOD）为核心的城市出行、居住、工作、消费和娱乐于一体的都市新生态，要与城市其他公共服务系统、基础设施、生产和生活设施相融合，使城市居民的生活更加方便、快捷。

提升服务质量需要学会创新运用“智慧”手段，需从传统的“打补丁”转变为“换新装”。“互联网+城轨交通”正在衍生出崭新的城轨新技术、新模式、新业态。大数据、互联网+、人工智能、区块链、超级计算等技术已经使城轨这个传统行业大放光彩，从自动化向智能化迈进。近几年国内城市轨道交通行业技术创新取得了长足的进步，如广州地铁的云支付、上海地铁的智能运维、北京地铁的全自动无人驾驶等。但总体来看，仍未脱离在既有系统功能上不断叠加新技术、新功能，或是利用新技术手段改造传统系统设备，提升系统功能和服务能力的“打补丁”发展模式，后果是建设和运营成本的增加。然而，新技术的发展实现了信息化与自动化双融合，互联网、物联网的发展更是将先进的智能感知、数字通信、数据处理、信息融合、计算机视觉等技术高度集成一体，城市轨道交通出现了以新科技手段为基础，颠覆传统系统技术架构，构建全新、精简、高效的新一代技术体系，这需要转变发展思路，从“打补丁”转变为“换新装”，彻底消除冗余，实现轻装上阵，真正实现建设和运营成本的节约，切实体现城市轨道交通高效益、高质量的服务能力。

二、城市轨道交通高质量发展的途径是实现“四个转型”

目前，我国城市轨道交通发展理念上还是以建设为主；运营维护上还是以传统运维方式为主；不同方式与制式间还是以相对独立为主；设施设备的系统和标准上还是以多样化为主。这极大地限制了城市轨道交通发展的空间。为使城市轨道交通实现高质量发展，需实现“四个转型”。

（一）从“以建设为主”转型到“建设与运营并重”。随着中国城市轨道交通持续高速发展，全球城市轨道交通运营总里程超过100km的共80座城市，其中中国有18座城市；全球共19座城市总里程超过300km，其中中国就有8座城市；越来越多的城市迈入网络化运营阶段。但同时我国城轨建设项目的全生命周期经济效益普遍较差，部分地区甚至存在地方政府债务潜在风险。城市轨道交通的发展要从建设轨道交通向经营轨道交通转变；从偏重地铁建设向选择适合所在城市规模和客流特征的多元化系统制式转变；从关注规模扩张向关注效益和可持续发展转变。合理规划建设时机、合理选择技术制式、合理考虑网络规模、合理测算项目财务的可持续性、合理确定融资和建运管模式，根据发展阶段的特点和特征，及时研究和调整相关支持政策，及时总结运营管理中的经验教训，反馈指导后续项目的规划、设计和工程建设。

（二）从“传统轨道交通”转型到“智慧轨道交通”。互联网创新成果、全自动运行技术和互联互通技术等一系列信息技术的探索和应用，正在推动城市轨道交通智能化发展。运维方面，通过数字技术、大数据、物联网、移动互联网等技术的创新应用可实现数字化工程建设、调度指挥动态化和智能化，形成设备实时感知、在线监测、故障预警、在线维护保障的设备维保新模式。乘客组织方面，通过构建面向乘客管理、设备联动、运行组织的智慧车站管控体系，实时提供车站全场景动态信息服务、显示列车到发时刻、乘客诱导、车厢拥挤度、前方换乘站客流等动态信息，形成可感知、有温度、人性化的乘客服务新模式。

（三）从“相对独立”转型到“一网多模”。《交通强国建设纲要》中指出：“建设城市群一体化交通网，推进干线铁路、城际铁路、市域（郊）铁路、城市轨道交通融合发展”。具体的就是要加强城市轨道交通线路的通道规划，统筹“四网”通道，考虑多层次共用通道的规划策略，促进融合发展。从设计、运营等多维度共同促进推动干线铁路、城际铁路、市域（郊）铁路、城市轨道交通“四网融合”。实现四个层次轨道交通网络的管理界面、信息数据、乘客服务的相互连通与协同融合的“一张网”。同时要基于城际、市郊、市内、局域四个层次的客流结构和出行特征，规划与之相匹配的系统与车辆制式和运输模式，满足不同层次客流的效率和运能需求。依据不同城市的发展情况，在四个层次网络设置不同车辆制式满足功能需求，实现真正的四网融合下的“一网多模”。

（四）从“装备多样化”转型到“装备标准化”。各城市的轨道交通由于受到管理主体、建设时序、招标采购等因素影响，装备系统普遍存在技术标准不健全、功能不完善、接口不统一的问题，导致线路间互联互通、资源共享无法实现，装备系统采购成本和运营维护成本居高不下等问题，在一定程度上制约了城市轨道交通的高质量发展。随着国内更多城市陆续加入到轨道交通建设行列，上述问题将更为凸显。实现系列化、标准化，这是全方位降低设计、生产、维修、运用成本的必然趋势，也是我国城轨技术走出国门，参与世界竞争的必经之路。

三、城市轨道交通高质量发展需要智慧技术赋能

智慧城轨建设是交通强国建设的重要路径和战略突破口，也是建成城轨强国的重要标志和支撑。《交通强国建设纲要》中指出要“推动大数据、互联网、人工智能、区块链、超级计算等新技术与交通行业深度融合。推进数据资源赋能交通发展，加速交通基础设施网、运输服务网、能源网与信息网络融合发展，构建泛在先进的交通信息基础设施”。在城市轨道交通方面就是应面向智慧建设、智慧运维、智慧服务等三个领域，统筹规划、自主创新、重点突破、分步实施，形成系统化、体系化的城市轨道交通智能化发展方案。

一是加强城市轨道交通基础设施智慧化建设。深化建筑信息模型（BIM）技术在轨道交通设计、建设、运维全生命周期的应用，建设基于BIM的全系统基础设施状态智能化管理平台，建立智能化仿真分析系统，实现对车辆、弓网、轨道、桥隧及环境多元耦合的综合仿真分析和评价，实现基础设施的运维数字化和智能化。建立以BIM模型为核心的智慧城轨基础设施管理平台，实现全生命周期资产管理的信息化、流程化、无纸化；深度融合BIM模型、物联网、移动应用等技术赋能运维业务，提供基于智

慧运行与互操作的基础设施健康管理功能，形成集成化、移动化、可视化的运维业务管理，全面提升基础设施运维管理的效率与质量。

二是实现智慧化运行调度管理与安全运维系统。构建网络化智能运输组织体系和线网运营调度（应急）指挥中心。开发基于轨道交通网络多源客流数据融合的精准化计算、智能化分析、网络化运营的列车运行计划编制系统。有条件的城市建成基于共享数据、智能设备、智能软件的网络化运输组织系统平台及辅助决策系统，提高运输效率、保障行车安全，并建设与智能调度体系协调联动的运营保障系统。加速研发互联互通的智能运维分析决策系统以及城轨运营设备大数据监测安全评估系统。优化线网级综合协调与应急指挥系统，打造设备日常监测、预测预警和应急处置为一体的城市轨道交通运维安全综合保障体系。

三是提升轨道交通智慧化服务水平。提升票务服务的智能化水平，引导推进基于实名制、个人信用体系的跨平台、跨场景乘车票务服务，利用生物识别、无感支付等多制式，提高售检票、乘车的智能化水平。建立智能安检（防）系统，采用新技术，实现“人”“票”“物”以及异常行为四合一核验。提供智慧出行咨询，基于乘客用户画像，为乘客提供可感知、有温度、个性化、推送式服务。研发智慧客流管理系统，对日常峰谷、节假日、重大活动预测及动态监测，及时发布疏导信息，为智慧运输提供可知、可调、可控的大数据管理应急处置解决方案。构建面向乘客管理、设备联动、运行组织的智慧车站管控体系，实现车站的全息感知、自动运行、全景监控、自主服务及其与周边商业、公共服务设施的一体化信息共享及联动的应用。建立车站智能公共突发事件应急响应管控体系，完善公共突发事件（含卫生安全等）应急预案。实现智能环境动态调控，根据季节、温湿度、客流等变化自动调节温湿度，为乘客提供舒适环境。

城市轨道交通实现高质量、智慧化发展需要几代城轨人的不断努力，开拓进取。通过对我国城轨发展阶段的研判，我们提出从“十四五”开始到本世纪中叶，分“三步走”的设想，第一阶段（网络快速发展阶段）即“十四五”期间，建设与运营并重，线网总量规模继续发展，多制式协调推进，“一网多模”开始起步；第二阶段（区域融合发展阶段）至2035年，在完善网络建设的同时，运输服务质量和效率得到极大改善，并实现装备和技术自主化；第三阶段（高质量发展阶段）至本世纪中叶，进入交通强国的前列。

女士们、先生们！“好风凭借力，送我上青云”，让我们借着交通强国战略以及第四次科技革命的东风，不断创新、开拓进取，为城市轨道交通实现高质量发展而努力奋斗！

3 中国城市轨道交通协会·《城市轨道交通企业信息化发展现状（2019-2020）》

根据中国城市轨道交通协会统计，至2020年底，中国内地累计有45个城市开通城市轨道交通运营线路7978.19公里，新增三亚、天水、太原3个城市轨道交通运营城市，另有25个城市有新增线路（段）投运，新增运营线路36条，新开延伸段或后通段20段，新增运营线路长度共计1241.99公里。

作为资产密集型企业，运营线路的增长不仅仅是一组数字，更是管理难度的增长，以及乘客对城市轨道交通运营服务质量的期望。随着信息技术的发展，对于城市轨道交通行业而言，信息化已经不是一个可选项，而是维系企业生产运营活动正常开展的必要生产工具和管理工具。信息化可以帮助城轨企业实现安全、卓越的运营，推出新的服务与商业模式，服务乘客，维系供应链，提高决策能力等。

一、2019-2020年国家政策对城市轨道交通行业的指引

（一）《交通强国建设纲要》

2019年9月，中共中央、国务院印发了《交通强国建设纲要》，明确提出到2020年，完成决胜全面建成小康社会交通建设任务和“十三五”现代综合交通运输体系发展规划各项任务，到2035年，基本建成交通强国——要构建安全、便捷、高效、绿色、经济的现代化综合交通体系，打造一流设施、一流技术、一流管理、一流服务，建成人民满意、保障有力、世界前列的交通强国；要推动交通发展由追求速度规模向更加注重质量效益转变，在城市交通方面，强调推进城市公共交通设施建设，强化城市交通与其他交通方式衔接。

1.坚决推动交通行业的跨界融合与高质量发展

由各种交通方式相对独立发展向更加注重一体化融合发展转变，由依靠传统要素驱动向更加注重创新驱动转变。交通企业也需要通过创新发展实现社会责任与经济效益的进一步平衡。

2.智慧引领、科研引领成为关键发展动力

在智慧引领方面，《纲要》明确指出大力发展智慧交

通。推动大数据、互联网、人工智能、区块链、超级计算等新技术与交通行业深度融合；推进数据资源赋能交通发展，加速交通基础设施网、运输服务网、能源网与信息网络融合发展，构建泛在先进的交通信息基础设施；构建综合交通大数据中心体系；推广应用智能检测监测和运维技术，加速淘汰落后技术和高耗低效的交通装备。同时，建设一批具有国际影响力的实验室、试验基地、技术创新中心等创新平台。

3.安全保障完善可靠、反应快速

强化交通基础设施养护，加强基础设施运行监测检测，提高养护专业化、信息化水平，增强设施耐久性和可靠性；完善网络安全保障体系，增强科技兴安能力，加强交通信息基础设施安全保护；建立健全综合交通应急管理体制机制和预案体系，加强应急救援专业装备、设施建设。

（二）《推进综合交通运输大数据发展行动纲要（2020—2025年）》

2019年12月，交通运输部印发《推进综合交通运输大数据发展行动纲要（2020—2025年）》的通知，提出以数据资源赋能交通发展为切入点，聚焦基础支撑、共享开放、创新应用、安全保障、管理改革等重点环节，构建综合交通大数据中心体系。

1. 夯实大数据发展基础

完善信息资源目录编制、采集、传输、交换共享等标准规范；完善修订有关交通基础设施工程建设规范，将采集设备、传输网络等信息基础设施纳入综合交通枢纽等有关交通基础设施工程建设内容，实现同步规划、同步设计、同步建设、同步运维。

2. 深入推进大数据共享开放

推动建立行业大数据平台。促进行业企业应用大数据、云计算等技术提高企业建设能力、运输效率和经营水平，鼓励各行业企业依法积极利用大数据开展融合应用，不断丰富行业大数据内容，推动行业企业数字化转型；建立统一的综合交通运输公共信息资源开放平台，优先开放与民生紧密相关、社会需求迫切、有利于激活市场活力的公共信息资源，推动公共信息资源有序开放。

3. 全面推动大数据创新应用

综合运用跨行业、跨层级交通运输大数据集，研究建立具有较强应用价值的综合性、全局性大数据分析模型，有效支撑综合交通运输决策管理与服务；推动基于大数据的综合交通运输安全生产全流程监管，实现重点建设工程安全生产风险的监测预警和重大风险的防范化解，利用大数据深化“平安交通”建设；构建跨运输方式应急管理大数据，有效掌握重点领域和区域综合交通运输运行动态，及时获取突发事件信息、应急资源和力量分布，有力支撑综合交通运输应急处置和调度指挥；鼓励各类市场主体培育“出行即服务（MaaS）”新模式，以数据衔接出行需求与服务资源，推动新老业态动能转化和融合发展。

4. 加强大数据安全保障

完善数据安全保障措施。推进交通运输领域数据分类分级管理，加强重要数据和个人信息安全保护，制定数据分级安全管理、数据脱敏等制度规范。推进重要信息系统密码技术应用和重要软硬件设备自主可控。

（三）《中国城市轨道交通智慧城轨发展纲要》

2020年3月12日，《中国城市轨道交通智慧城轨建设纲要》（以下简称《纲要》）正式发布，开启了城市轨道交通行业交通强国建设的新征程。《纲要》是建设智慧城轨的顶层设计，也是城市轨道交通信息化建设的顶层设计。《纲要》要求在自主创新基础上，围绕数字化、智能化、网络化，强力推进云计算、大数据、物联网等新兴信息技术和城市轨道交通业务深度融合，构建高度集成的城轨云与大数据平台，发展智能系统，建设智慧城轨。“战略指向是在自主创新基础上，围绕数字化、智能化、网络化，大力应用新技术革命成果并与城市轨道交通深度融合。同时一手抓智能化，一手抓自主化。通过持续不断的智能化和自主化建设，完成城市轨道交通由高速发展向高质量发展转变，强力助推交通强国建设。”（引用自轮值会长王岭的总结发言）

中国城市轨道交通协会创始会长包叙定对《纲要》进行专项解读中，特别指出“信息化是智慧城轨的核心和基础；信息化最新成果与城轨实时信息相互融合，是城轨智慧‘化’的前奏和物质基础……”《纲要》深入剖析了智慧城轨与城轨信息化关系。提出“从本质上讲，智慧城轨是利用新兴信息技术集成城市轨道交通各系统和集成各类服务的智慧结晶，是城轨交通领域信息化建设进入新阶段的集中体现，因而信息化建设是智慧城轨建设的核心和基础”。这告诉我们，信息化和智能化、智慧化都是数字技术发展不同阶段所代表的不同特征的新技术。

《纲要》提出创建智慧乘客服务、智能运输组织、智能能源系统、智能列车运行、智能技术装备、智能基础设施、智能运维安全和智慧网络管理八大体系；建立一个城轨云与大数据平台；制定一套中国智慧城轨技术标准体系。统筹规划、顶层设计、自主创新、重点突破、分步实施。

1. 智能服务设施和智慧服务手段广泛应用，乘客满意度明显提高

智能售检票的实名制乘车、生物识别、无感支付、语音购票等普遍采用，各城市间乘车畅行无阻，智能票、检合一的新模式普遍应用；智慧车站的自动开关站、语音问询、信息服务、动态引导、环境调控等服务功能齐全；智能列车的信息服务温馨实用、个性化需求多样完善；紧急情况下智能管理、引导与应急疏散客流，乘客服务安全有序；智能线网运力服务精准匹配、安全、快捷、高效。

2. 智能运输组织水平显著提高，运输效率进入世界先进行列

建成基于共享数据、智能设备、智能软件的网络化运

输组织系统平台，实现客流分布的实时预测、运输计划的智能化编制、运力与客流的精准匹配；智能调度与应急指挥中心深度融合，初步建成智能化线网运输组织辅助决策系统；智慧车站技术装备及运控体系推广应用。

3. 能源系统初步建立绿色建设运维体系，节能率普遍提高，进入国际先进行列

建立能耗-客流实时耦合模型和能源“供-用”评价评估体系；设备状态监测技术深度应用，建立智能化的故障预警系统；建立以关键设备在线故障监测和诊断为基础的智能运维和能源系统设备健康管理标准并示范应用；全行业能源系统节能率普遍提高，进入国际先进行列。

4. LTE-M综合承载广泛应用，5G+取得实质性的推广应用，通信技术进入世界领先行列

LTE-M与5G NSA组网在城轨通信网的融合取得突破进展；城轨通信技术达到世界领先水平。

5. 智能线桥隧技术管理体系建立，基础设施的数字化和智能化达到世界先进水平

基本建立轨道、桥隧状态寿命及维护关键参数评估体系；构建智能化工务运行维护保障体系；初步建成安防智能化检测平台；初步建立振动噪声环境影响监测及智能化仿真分析平台；探索车辆、弓网、轨道、桥隧及环境多元耦合的综合评价分析平台；建设轨道、桥隧状态及振动噪声控制综合智能化管理平台，基础设施的运维数字化和智能化达到世界先进水平。

6. 建立完善的全生命周期智能运维体系，车辆、能源装备及信号等专业系统实现普遍应用，运营维护和安全保障水平跻身世界先进行列

车辆、能源、通信、信号等智能运维系统在全行业推广应用，日常检修效率和车辆整体可靠性达到世界先进水平；建立基于大数据的线桥隧、通信信号以及机电设备等多专业设备智能运维体系和行业标准；建成与城市轨道交通客流特点相适应智能安检新模式；建成基于乘客行为分析和市政交通的综合应急管理系统；全行业运营安全和设备保障等指标达到世界先进水平。

7. 健全网络级管理平台，发挥网络层级功能优势，企业网络化管理体系初步建立，运营效率、管理能力达到国际先进水平

城轨企业网络化管理体系初具规模，目标计划能力、预测预警能力、执行监督能力、决策管控能力大幅提升。涵盖建设管理、运维管理、资源应用、应急管控等网络层级管理架构体系基本建立，涵盖策略策划、计划统筹、运行协同、资源调配、应急指挥、信息共享、规则制定、监管评估、服务指导、联动共治等功能。以城轨云和大数据平台为支撑，普遍采用企业资源管理和全生命周期资产管理系统；打造知识管理系统，完善应用VR/AR等虚拟现实技术的智慧培训体系；城轨企业的智能运维安全、智慧乘客服务及智能决策水平全面提升，建成准确高效管理、智能辅助决策的现代化企业，实现城轨行业的高质量发展。

8. 中国标准的城轨云和大数据平台建设粗具规模，和世界新兴信息技术同步应用

完善城轨云与大数据平台的体系建设和应用落地。新建城市轨道交通城市全部采用城轨云；已经建成城市轨道交通的城市在新建线路采用城轨云及在既有线设备更新升级时移入城轨云与大数据平台；全面完成城市轨道交通信息化顶层设计标准，形成中国特色城轨云标准体系。城轨云实现对城轨业务的全覆盖，数据共享平台与城轨网络安全体系同步建立；建成城轨云的城市，大数据应用达到世界先进水平。

二、2019-2020年各城轨企业“智慧交通”发展

（一）“5G”技术快速应用

各城轨企业“智慧交通”是从5G开始的。

2019年3月，深圳地铁、深圳联通、华为共同打造的深圳首个“5G+AI”科技地铁体验区现身福田交通枢纽地铁站。该体验区设有地铁“智慧工地”“无人机巡检”“安保机器人”等区域。乘客可以通过用户感知系统、“AR安防辅助系统”“无感乘车”闸机互动，对5G和AI技术应用有更直观和清晰的了解。

江苏移动携手苏州轨道交通，在苏州地铁东方之门站开通江苏省首个5G地铁室内覆盖系统。双方还联合产业伙伴在东方之门站建设5G创新应用展示厅，为市民提供刷脸进站、智能问路、出站口路况直播、重大赛事引导等场景体验。

2019年4月，济南首条地铁线路投入运营，同时上线的还有3D人脸识别系统。该设备综合应用了移动支付与生物识别等前沿科学技术，通过大数据采集，将人脸信息提取出来录入。乘客可以完全脱离身份证、乘车卡等介质入闸乘车，并与地铁卡享受同等乘车折扣。

2019年5月初起，京港地铁联合中国移动北京公司，紧锣密鼓地推进京港地铁16号线的5G网络建设，使京港地铁16号线成为全国首条5G信号全覆盖的地铁线路。

10月10日，福州地铁集团、中国电信福州分公司与中兴通讯签署5G+智慧地铁战略合作框架协议，携手打造全国首个地铁5G车地通信实时应用。三方将围绕地铁5G网络建设、地铁5G应用场景验证、课题申报、创新方案及相关标准研究等方面展开深度合作，加快地铁5G创新应用的研发和商业化进程，共同打造智慧轨道交通行业应用标杆。

10月29日上午，南京地铁和南京移动共同举办南京市5G智慧地铁产业合作伙伴大会暨中国移动南京地铁5G全覆盖全场景发布会。会议宣布，南京地铁已运营的总长378公里的10条线路实现移动5G信号全覆盖。至此，南京地铁成为全国单一城市中地铁5G信号覆盖线路数、覆盖里程数第一，成为全球地铁5G全覆盖里程最长的城市。

（二）AI逐步面向乘客服务

青岛地铁充分借力人工智能新技术，推出了行业独创的智能云站务员虚拟真人服务，将传统的人工服务一下子升级到了智能云服务AI+3.0的新高度！“智能云站务员”是青岛地铁首次推出利用AI、三维虚拟、人脸识别和知识图谱等新技术巧妙融合的高科技智能客服产品，突破了传统机器冰冷、刻板和被动的九宫格服务模式，以全新的理念和友好的体验，通过逼真的虚拟人像，以自然流畅的语言为客户提供沉浸式的实景交流。它能主动唤醒，有问必答，覆盖地铁传统客服中心100%的常规业务，不断自我学习和持续优化，能逐步把人工客服从简单重复的基础工作中解放出来，释放出更多的服务人力。

2020年7月1日，哈尔滨地铁“刷脸”乘车系统正式在地铁1号线、3号线一期全线27座车站投入使用。乘客下载注册“智惠行”App，绑定支付方式，并进行人脸识别认证完成线上注册后，即可刷脸进出站。针对疫情防控需要，系统同时支持戴口罩人脸识别，哈尔滨地铁成为全国首条支持戴口罩人脸识别过闸进出站的城市地铁。“刷脸”乘车系统应用了大数据、云计算、人工智能等新兴IT技术，“刷脸”避免了使用实体票卡、纸币等直接接触闸机的情况，有效降低疫情期间交叉感染的风险，开启无感乘车新时代。

2020年5月，南宁地铁“全态识别”系统面向大众开展公测，每天开放2000个名额，市民只需进入南宁轨道交通官方App开通“全态识别”，就可以抢先体验“刷人过闸”便捷出行。南宁地铁全态识别技术通过采集乘客脸部特征、体态特征及步态特征等信息来识别过闸。“全态识别”过闸能解放双手，有效减少排队购票时间，在当下疫情防控时期，也能减少乘客对单程票等票卡的交叉接触。

（三）新兴IT技术打造智慧车站

2019年5月，广州地铁发布了《新时代城市轨道交通创新与发展》，提出对接粤港澳大湾区国家发展战略，新时代广州轨道交通将以“服务交通强国战略、支撑大湾区高质量发展、引领轨道交通科技进步、满足市民幸福出行”为总体目标，以“服务型、引领型、融合型、持续型”为总体思路，以“数字化、智能化”为技术发展方向，以“安全、可靠、便捷、精准、融合、协同、绿色、持续”为核心特征的轨道交通体系。

2019年9月，广州地铁智慧地铁示范站在3号线、APM线广州塔站和21号线天河智慧城站正式上线。智慧示范车站依托城轨智能运行平台，通过多维度全息感知，构建地铁智慧大脑，实现万物互联，为乘客提供便捷精准的服务，对车站进行安全灵活的全景管控。

2020年，上海地铁在惠南站、汉中路站、新江湾城站、诸光路站以及顾村公园站5座车站试点建设智慧车站，采取个性化方式，结合每座车站的特点不断开展城轨智慧化探索。在惠南站实现车站设备状态可感，并对其进行实时监控，在该站BIM（建筑信息模型）建设管理平台上，已搭建起精准仿真的3D车站模型，小到监控摄像头，大至出入口电梯，均囊括其中；车站设备状态实时显示，一旦出现故障，平台会提前预警，工作人员可即时查看原因。新江湾城站是轨交10号线全自动驾驶线路车站，利用10号线一期综合监控系统功能，实现全自动驾驶各场景下设备综合联动等智能化目标；顾村公园站根据顾村公园的客流情况，精准识别“客”和“运”，提升“客”“运”之间的匹配度，实现可编辑的车站运营场景预案。上海地铁还尝试生物特征识别、语音购票、扫码过闸等多种方式融合，逐步形成票检合一新模式；以“Metro大都会”APP为核心，搭建数字化信息平台。目前，客流状态等信息实时查询功能试点推出，市民通过APP可实时获知车厢客流状态、列车行进位置、车厢温度等。

（四）区块链技术落地应用

2020年第一天，第一张区块链电子发票在广州地铁开出。顺应时代技术发展要求，在国家税务总局广州市税务局的指导下，广州地铁在2020年1月1日开出第一张区块链电子发票，标志着区块链电子发票在广州市公共交通行业落地应用。

区块链电子发票是利用区块链的密码学技术，在非互信环境下，通过网络中的分布式账本/数据库来安全传递发票信息，较防伪税控增值税电子普通发票而言，更好地防止发票数据被篡改和可实现追本溯源，实现从领票、开票到流转、入账报销报税的全生命周期发票管理，并可共用部分硬件资源，进一步节省企业的硬件投入。

三、城市轨道交通企业信息化发展趋势分析

无论是成熟城轨企业，还是后起城轨企业，都在积极努力吸收当今信息技术的最新成果，大数据、物联网、云计算等先进IT技术不断与城轨业务应用渗透融合。在当前城轨企业信息化建设中，有如下明显的趋势。

（一）IT基础架构的云化、移动化

在IT基础架构建设方面，IT行业的最新技术成果在企业层面普遍得到应用，如数据总线、云计算、移动应用技术等，各城轨企业逐步开始以IT技术创新引导业务的发展。如东莞地铁、广州地铁集团、苏州地铁等已引入云计算私有平台，为企业信息化提供基础支持。云计算的浪潮还开始延伸到传统的城轨机电领域，如武汉、南昌、呼和浩特等城市开始在生产领域引入云计算。移动化是近年来各地信息化建设的标配，从协同办公、即时沟通到设备巡检、工地管理等全面覆盖移动化。

（二）数字化、智能化

当前，全球正在兴起新一轮的产业技术革命，将互联网创新成果与经济社会各领域深度融合的“互联网+”，有力地推动着生产方式创新、组织形态创新、管理理念创新和商业模式创新。伴随着新世纪互联网技术的迅猛发展，轨道交通行业也开始尝试数字化、智能化等新技术的

应用，如工程建设数字化（与BIM、GIS技术结合），即通过数字技术的开发应用建设施工管理平台，推进规划、设计、施工、投运等各环节统筹与合作，实现数字化工程建设。目前深圳地铁探索打造了全国首个线网级工程数字化管理中心，实现对深圳地铁700多个工地的集约化管控，对安全、质量、进度、投资和文明施工等关键指标进行分析管理。又如建立智能自助型无人值守的智能仓库，实现物资自助领用的高效管理模式，从而促进物流作业的标准化和规模化，提升库存周转率，节约人力资源成本。

（三）IT与OT融合

第四次工业革命影响着各行各业，在智慧城市、智慧城轨的发展诉求下，新兴IT技术与传统城轨业务不断融合，尤其是物联网技术的应用，将通信的数字技术与软件、传感器、新材料进行信息化关联与融合，通过信息技术进行各专业系统数据的采集、存储、分析、交互、共享、管理和应用，形成辅助行业建设、运营、管理、安全和服务的智能化工具，不断推动行业创新发展和提升企业竞争力。

（中国城市轨道交通协会信息化专委会）

4 中国城市轨道交通协会·应用指南及发展报告摘录

一、《城市轨道交通云计算应用指南》

由中国城市轨道交通协会主编，中国铁道出版社有限公司2020年12月出版发行，376千字。该书以《中国城市轨道交通智慧城轨发展纲要》为指导，以全局性、前瞻性、行业特性的视角，对城市轨道交通云计算技术应用展开分析及阐述，包括：云计算应用模式，云平台部署，云管理平台构建，云安全平台构建，城轨企业应用上云迁移指引等内容。该书适用于城市轨道交通体系下的地铁、市域快轨、轻轨、单轨、磁悬浮等多种运输制式企业的云计算应用模式、云平台架构参考、关键技术应用、云平台部署、多云管理平台的构建、云安全管理的需求、企业云迭代等，旨在能指导各城市轨道交通企业在实践智慧城轨建设中以云为载体，深化城轨云平台与大数据平台的体系建设和应用落地，实现云对行业全覆盖、应用业务全覆盖、数据精确共享、网络安全可靠，不断完善城市轨道交通信息化顶层设计标准，形成中国特色城轨云标准和技术体系，引领世界。

二、《城市轨道交通BIM技术应用指南》

由中国城市轨道交通协会信息化专业委员会主编，主要针对BIM技术应用总体架构、BIM数据应用总体架构和接口等内容进行了总体研究，并对地铁业务建设、运维全生命期的BIM技术应用管理模块进行了详细的研究，描述了建设管理、运营管理、维保管理的子功能需求、数据需求等内容。本《指南》的编制旨在加快推进城市轨道交通行业BIM技术应用，不断提高BIM应用水平，提高信息应用效率，提升城市轨道交通工程建设信息化水平。本《指南》适用于城市轨道交通工程建设、运营阶段的BIM数据应用和管理。同时指导城市轨道交通工程设计、施工、运维和咨询等参与单位在开展工程中的BIM技术应用，实现BIM技术应用的统一和标准化，作为BIM技术应用建设管理、运营管理、维保管理等功能设置的参考依据。

三、《城市轨道交通行业大数据应用指南》

由中国城市轨道交通协会信息化专业委员会主编，主要针对城市轨道交通大数据的概念、价值、特点、应用场景及技术架构、实施路线等进行系统的梳理。通过对轨道交通大数据典型应用场景、技术架构的分析，勾画出轨道交通大数据的建设内容和路径。此外，该书围绕“数据治理”这一重要议题，总结提炼了当前业界在轨道交通数据规划、数据框架、主数据、数据安全等方面的经验成果。该《指南》的编制旨在分析城市轨道交通行业大数据发展现状，加快城市轨道交通大数据建设，深化城市轨道交通大数据应用，立足城市轨道交通行业，探索大数据应用的方向，研究大数据应用的路线图，指导全行业有序推动大数据建设和应用，为中长期企业信息化发展规划提供标准和指南。

四、《中国城市轨道交通行业发展报告（2020）》

由中国城市轨道交通协会主编，中国铁道出版社有限公司2020年12月出版发行，400千字。该书是一本涵盖全行业各领域的年度报告，其基础是中国城市轨道交通协会各专业委员会此前发布的《运营发展报告》《工程建设发展报告》《技术装备发展报告》等系列报告。这份历时近一年时间形成的《行业发展报告》，包括总报告和规划设计、工程建设、运营管理、资源经营、技术装备、科学技术等六大分报告，涵盖城市轨道交通各个领域，为行业提供了一份综合发展报告。此外，作为城市轨道交通第一本行业发展报告，《中国城市轨道交通行业发展报告（2020）》不仅反映城市轨道交通2019年的发展概况，还简述城市轨道交通50年来的发展历程，总结50年来的发展成就。同时，紧紧围绕“发展”二字做文章，将“发展”的主线贯穿报告始终；分析行业发展的宏观政策环境，研究行业的发展热点，剖析典型城市的发展特点，提出未来发展的重点与展望，述评结合，是一份为城市轨道交通从业者提供全视角的、中长周期维度来理解和把握行业发展脉络与动态的专业性报告；并根植于协会的《城市轨道交通年度统计分析报告》《中国城市轨道交通年鉴》等年度文献，既相互呼应，又有所侧重；由中国城市轨道交通协会组织相关分支机构共同编撰而成，并得到业内有关专家的指导，是一部凝聚各方智慧之作；同时，也反映中国城市轨道交通协会每年度的重大事件、重点工作、重要成果等。

五、《2020中国城市轨道交通工程建设发展报告》

由赵一新主编，中国建筑工业出版社2020年12月出版发行。为适应城市发展需要，针对中国城市轨道交通工程建设领域的实际情况，开展深度调研，通过了解各地轨道交通工程项目推进情况，从轨道交通工程项目的主要建设阶段进行全面的研究。以工程建设不同阶段存在的主要问题作为突破口，深度分析原因并给出意见和建议。该书由综述篇，5个工程阶段专题篇包括勘测、规划、设计、施工和竣工验收篇，3个特别专题篇包括标准、上盖物业开发和新技术篇，以及制式专题篇组成。该书将持续关注和记录中国城市轨道交通工程建设领域的发展情况，为中国城市轨道交通工程建设的发展贡献力量。

六、《中国城市轨道交通运营发展报告（2019—2020）》

由崔学忠、贾文峥主编，社会科学文献出版社2020年10月出版发行，322千字。该书共分为四部分，包括总报告、行业动态篇、运营发展篇和专家观点篇。第一部分为总报告，包括城市轨道交通发展情况回顾、基本运行情况、运营服务情况分析、运营标准化建设情况、运营管理创新以及发展热点预测等内容。第二部分为行业动态篇，重点整理了运营管理体系建设进展情况，以及地方政府和城市轨道交通企业落实相关制度的执行情况等内容。第三部分为高质量发展篇，包括运营服务水平分析、智慧出行和全自动运行等内容。第四部分为专家观点篇，重点围绕城市轨道交通全自动运行系统运营需求、新线筹备安全风险管控体系、基于风险地形图的屏障管理、以运营需求为导向的城市轨道交通规划设计方法与实践以及智能广谱磁浮交通等方面进行了专题讨论。

七、《中国城市轨道交通技术装备发展报告（2019）》

由中国城市轨道交通协会技术装备专业委员会主编，得到了中国城市轨道交通协会、中国铁道科学研究院集团有限公司、中国中车股份有限公司等单位的大力支持，是国内首部城市轨道交通技术装备领域的专业研究报告。该书分为总报告、技术篇、专题篇及附录四个部分。第一部分总报告包括中国城市轨道交通的发展历程、现状与未来发展规划，将中国城市轨道交通发展历程划分为起步、开始建设、调整、建设高潮、持续健康发展等五个阶段，总结各阶段发展的主要特点及典型线路；结合行业发展统计数据，从各城市轨道交通线路长度、制式等方面，总结了中国城市轨道交通发展现状及发展规划。第二部分为技术篇。从城轨车辆、车辆电气牵引和控制系统、车辆制动系统、牵引供电和配电系统、信号系统、通信系统、自动售检票系统、综合监控系统、车站设备、云平台、BIM系统、检测设备等12个专业领域，分析了各领域技术装备的发展现状、应用情况及未来主要的发展趋势等。第三部分为专题篇。从国际国内市场环境、社会环境政策环境和管理措施四个方面分析了城市轨道交通技术装备发展面临的外部条件；并从车辆统型、技术装备标准制定、城市轨道交通装备试验线及国家装备实验室建设、装备认证四个方面，总结近年来中国城市领域在行业管理方面取得的主要成绩。该书将有助于全行业及有关部门及时掌握中国城市轨道交通技术装备发展态势，客观研判未来发展方向，为持续提升中国城市轨道交通装备技术水平和核心竞争力、牢牢把握发展战略主动权提供决策参考。

八、《中国有轨电车发展报告（2020）》

由中国城市轨道交通协会现代有轨电车分会主持，上海市城市建设设计研究总院（集团）有限公司主编，现代有轨电车分会各会员单位共同编制完成的《中国有轨电车发展报告（2020）》。是中国城市轨道交通协会暨2017年后第二次公开发布有轨电车行业发展报告。该报告围绕有轨电车“发展”核心，分为三篇。第一篇为发展概述，对国内有轨电车展开统计分析，并简介2018-2019年期间开通运营的项目，同时，分析世界有轨电车运营线路概况及发展特征，并对国内外典型城市有轨电车发展情况进行对比分析。第二篇为发展关注，从项目审批立项、规划设计、车辆及供电系统（车辆多样化编组型式、超级电容储能综合使用情况、氢能源应用、车辆维保检修周期）、运营控制系统（系统集成、智能驾驶、综合通信系统、售检票系统）、土建（轨道结构及轨道路基一体化技术）、运营（组织模式、客流、运营安全）、维保模式、投融资（模式及工程造价）、新型胶轮系统、立法与标准等方面，就行业关注焦点、应用创新、发展动态、新技术/新产业发展情况等进行相关梳理与解读。第三篇为发展展望，包含市场发展前景、技术发展趋势，以及项目审批立项、规划设计、运营安全、投融资、立法及标准等方面的相关发展建议。并附有城市轨道交通科技进步奖与有轨电车有关的获奖项目简介、疫情期间各地运营措施、科研专项报告摘录。该发展报告的编制对摸清中国有轨电车行业发展现状，总结有轨电车行业经验教训，促进中国有轨电车行业可持续发展具有深远意义。既反映有轨电车在国内日新月异的发展态势，也助力行业打造出具有中国特色的有轨电车发展之路。

（中国城市轨道交通协会）

十二 企业概况

本篇章内容由中国城市轨道交通协会69家会员单位提供，2020年新增8家参编单位。主要包括参编单位企业基本信息、2020年度工作要点以及完成主要目标任务情况和企业对行业推动引领重点工作情况。

C3调度指挥中心　上海申通

1 中国城市轨道交通协会部分会员单位概况

北京市地铁运营有限公司

北京市地铁运营有限公司成立于1970年4月15日，是北京市市属大型国有独资公司，是国内最早成立的城市轨道交通运营企业，开通运营了新中国第一条地铁。该公司定位于“保障城市运行安全，提升城市承载能力，成为国内领先、世界一流的城市轨道交通运营商”。主营业务涵盖运营服务（客运服务、维修服务、车辆厂修）、增值服务（广告、民用通信、文化传媒、商业）；关联业务涵盖投融资、新线、更新改造、技术研发、培训咨询、车辆制造。

2020年是北京市地铁运营有限公司成立50周年。至2020年底,在职员工3万余名，房山线北延段开通初期运营，共运营16条线路，运营线路长度525.0公里，车站318座，换乘车站62座，年客运量18.7亿人次，占轨道交通总运量的81%，占公共交通总运量的45%，安全运营5.3亿车公里，两次延误5分钟以上事故间平均车公里1663万车公里。

北京市基础设施投资有限公司

北京市基础设施投资有限公司成立于2003年，是由北京市国有资产监督管理委员会出资成立的国有独资公司，承担以轨道交通为主的基础设施投融资与管理职能。2020年8月，北京市委、市政府宣布对北京市基础设施投资有限公司与北京市轨道交通建设管理有限公司实施合并重组，将北京市轨道交通建设管理有限公司国有资产无偿划转给北京市基础设施投资有限公司，并由北京市基础设施投资有限公司对其行使出资人职责。合并重组后的北京市基础设施投资有限公司，拥有轨道交通基础设施投融资与管理、轨道交通建设管理服务、轨道交通运营、轨道交通装备制造以及相关资源经营与服务“五大业务板块”，将为有效促进北京市基础设施投资有限公司“十四五”时期实现战略转型升级，带来崭新发展机遇。

2020年，北京市基础设施投资有限公司收到中国银行间市场交易商协会批准的非金融企业债务融资工具（DFI）接受注册通知书。此次DFI注册使得北京市基础设施投资有限公司成为全国第一家同时取得银行间、发展改革委企业债和交易所三个市场储架发行资质的轨道交通类企业。

北京市轨道交通建设管理有限公司

北京市轨道交通建设管理有限公司是北京市负责组织城市轨道交通建设的专业管理公司，经北京市政府批准于2020年8月与北京市基础设施投资有限公司合并重组，为北京市基础设施投资有限公司直管公司。负责各在建地铁线路公司、北京城市快轨建设管理有限公司、新疆乌京基础设施建设管理有限公司进行业务归口管理。负责轨道交通新建线路的勘察设计、施工监理、车辆设备的招标、评标和决标；组织轨道交通新建线路的初步设计、土建结构、建筑装修、设备安装工程及相应市政配套工程的实施；组织轨道交通新建线路的系统调试、开通、验收直至交付初期运营全过程的建设管理。

北京市轨道交通建设管理有限公司秉承“发展轨道交通，建设精品工程”的理念，坚持以人为本，注重科技创新，精心筹划，科学组织，完成北京轨道交通4号线、5号线、6号线、7号线、8号线、9号线、10号线、14号线、亦庄线、昌平线、燕房线、大兴国际机场线、西郊线等线路的建设管理任务，使北京市轨道交通运营总里程从2003年的114公里快速发展至2020年底的近800公里。建设工程多次获“中国建设工程鲁班奖”“中国土木工程詹天佑奖”等奖项。承担着北京轨道交通3号线、12号线、17号线、19号线等10多条线路（段）的建设任务。同时实现管理输出，代建乌鲁木齐轨道交通1号线（2019年6月全线开通初期运营）、2号线。该公司为国家级高新技术企业，拥有专业齐全、满足需要的轨道交通建设管理人才队伍。在大规模的轨道交通新线建设中，从轨道交通建设专业管理经验，逐步形成“以网络化为核心的总体主导能力、以自主化为核心的系统总集成能力、以安全为核心的建设管理能力”。企业作为发起人成立“京津冀城市轨道交通联合技术中心”，为建设轨道上的京津冀提供技术支撑。在安全管理模式、动车调试模式、集中式网络指挥中心模式、体系化的项目管理模式等一系列管理模式，均在城市轨道交通行业中产生重大影响，引领行业管理转型，得到国家有关部门认同并在全行业推广。开展关键技术自主创新与示范应用，打破国外技术垄断，形成自主的轨道交通装备产业，为中国城市轨道交通大规模快速发展奠定技术装备基础。尤其是轨道交通全自动运行系统被国家发展改革委认定为战略性新兴产业示范成果，在行业内影响深远，引领了产业发展。

2020年，部署落实疫情防控要求，项目建设施工现场平稳可控，实施线上信息化人员管理，系统内无一例感染和疑似病例，全面实现复工复产计划。完成工程建设投资342.8亿元，北京轨道交通运营总里程达到726.9公里，超额完成全年各项工作任务。该公司（含北京城市快轨建设管理有限公司）负责17条轨道交通线段建设任务340.7公里，7项其他项目，北京市外2条轨道项目。2条线路开通初期运营，2项车站改造工程完成并投入使用。实施科研课题23项，1项省部级课题完成立项，授权专利13项，软件著作权8项，发布关键技术专著1本。该公司安全质量环境三体系符合相关管理体系标准要求，运行正常有效，获质量、环境与职业健康安全管理体系再认证证书。

北京城建设计发展集团股份公司

北京城建设计发展集团股份有限公司前身是北京城建设计研究总院，成立于1958年，是为中国首条地铁北京地铁1号线的设计及勘察服务而成立。2013年10月，更名为北京城建设计发展集团股份有限公司，是为城市建设提供专业服务的科技型工程公司，业务范围涵盖城市轨道交通、综合交通枢纽、地下空间开发、工业与民用建筑、市政、桥梁、道路等领域，提供工程前期咨询、规划、投融资、勘察测绘、设计、项目管理、工程总承包、系统集成、项目评价、经济分析等专业化的全过程服务。

2020年，首个投建运地铁项目——昆明地铁4号线于2020年9月23日开通初期运营，实现公司地铁运营零的突破。年轻化、规模化、专业化的运营团队保障项目平稳运营；自主创新的金龙云系统落地应用，成为全国首个弱电专业云示范工程；新文创打造瓦猫家族文化引领国内地铁首个公共文化IP大规模运用的新潮流。

轨道交通设计业务中标重庆市轨道交通5号线及4号线西延、雄安至北京大兴新机场快线、西安高新区有轨电车、徐州城市轨道交通4号线、株洲智轨、长春城市轨道交通1号线南延等7条总体总包线路。勘测业务新突破，新进入沈阳、长沙、南昌市场。拓展大铁勘察市场，签约新朔铁路、滁宁城际项目；承担首都副中心地标性建筑——副中心站综合交通枢纽勘察任务；勘察、测量、监测、岩土专业进入雄安市场；自主研发的三维激光扫描技术应用在北京、广州等十几个省市、3000公里地铁线路；拓展地灾环境修复新业务。入选中央国家机关建设项目工程咨询服务单位库；市政业务中标中山水体综合治理项目；拓展减振评价新业务，签约八里庄商业用地地铁影响分析项目。工程总承包签约绍兴城市轨道交通2号线02标段、北京城市轨道交通2号线等13项工程。投融资板块，株洲智轨一期采用BOT模式运作；黄山市域铁路T1线取得国家建设规划批复；产业链联动，取得绍兴城市轨道交通1号线施工、机电安装项目；编制PPP项目资产证券化方案。科技产业化板块，城轨云系统签约绍兴城市轨道交通1号线，成为国内在建、开通业绩第一的城轨云解决方案提供商；嘉兴有轨电车项目为全国首个有轨电车全过程咨询项目；中标广州有轨电车通信系统项目。统筹推进科技创新管理，凝聚国家工程实验室在内的11个国家及省市级科技创新平台合力，打造科技产业研发成果孵化新平台。初步构建知识管理体系。完成两批、共65个科技创新项目立项实施，2020年度科研立项投入超亿元；全过程跟踪管理重大科研项目，发表科技发文30余篇。300个科研项目进行信息化平台管理。新型轻轨列车运行自动控制系统进行最小化系统开发；自主创新的金龙云系统在昆明4号线落地应用，成为全国首个全弱电专业上云示范工程；南京至句容城际预制梁实现“搭积木”式施工，填补国内技术空白；自主创新的缆线管廊产品完成结构优化；冬奥会高山滑雪赛场测绘关键技术创新应用，达到国内领先水平。装配式减振轨道系统获得中国城市轨道交通协会科技进步特等奖，轻轨设计标准获得中国城市轨道交通协会科技进步奖一等奖；金龙云系统获得中国城市轨道交通协会科技进步一等奖、中国设备管理协会年度创新成果特等奖、中国土木工程学会轨道交通分会城市轨道交通技术创新推广项目；新机场线一期获全国优秀工程咨询成果一等奖；磁各庄车辆段、遵义凤新快线获中国钢结构金奖。

北京城市快轨建设管理有限公司

北京城市快轨建设管理有限公司是北京基础设施投资有限公司下属的轨道交通建设管理企业，前身是北京东直门机场快轨轨道有限公司。自2002年成立以来，该公司一直是北京市轨道交通建设管理行业的核心力量，建设管理的轨道交通线路有首都机场线、北京地铁15号线（包括15号线中东段、西段）、北京地铁16号线、北京地铁11号线、北京地铁22号线、S1线等多条线路。“暗挖机械化、新型洞桩法”为企业创新亮点。注册资金3500万元，2020年总收入8149.3万元，营业利润344.2万元，净利润243.3万元。

2020年，实现16号线中段开通、11号线西段3站主体结构封顶等多个重大节点目标。部署落实疫情防控要求，扎实推进复工达产。制定《防控工作应对方案》及应急处置流程图等。1月26日11号线西段恢复全面施工。2月1日，16号线中段苏州桥站实质性复工。一季度完成产值4.7亿元。2月7日，机场线西延复工，是东城区首个复工项目，成为北京市东城区样板工程。

科学筹划，全力推进工程建设。面对中段车站公共区装修工程、部分车站附属工程、外管线工程受疫情影响，人、材、机进场困难，交叉作业面多，部分施工进展缓慢的困难，公司建立高层协调会、现场会的工作机制，成立“督战组”，分片包干，全力抢抓工程进度，保障16号线中段按时开通。16号线中段完美呈现出“万卷千章”“三里河秋色”等设计主题效果，被相关媒体评论为“最美地铁”。同期，16号线南段车站主体结构完成77%，区间累计完成74%；机场线西延车站主体结构累计完成100%，区间累计完成90%；11号线西段（冬奥支线）提前完成首钢站、北辛安路站、金安桥站主体结构封顶，金北区间、首终区间初支、二衬结构全部完成；S1线苹果园站主体结构完成65%，金苹区间三跨钢箱顶推全部完成，区间累计完成95%；22号线全线总体设计预评审完成，区间累计完成14%。

进一步发挥企业创新主体作用，坚持建设“人民的地铁”理念，在总结建设管理经验的同时，不断推动科技创新，提高轨道交通工程的科技化水平。“复杂环境砂卵石地层单层导洞大直径中桩暗挖车站关键技术及应用”项目获2019年度北京市科学技术二等奖。11号线西段是北京首条智慧地铁示范线，基本实现平台定位功能、人脸识别、视频监控、应急模块等功能。通过高清、星光级摄像机，解决隧道内低照度视频显示不清的问题，提高了视频监管效率；通过安全帽定位技术，对从事高危作业人员实时监控，提高安全管理效率；通过定位电子围栏技术，实现进入危险区域自动报警功能，加强施工现场安全管控；通过人脸识别门禁闸机，与建委平台对接，实现现场人员实名制管理、信息自动化采集。研发多功能暗挖主机装备，联合申请7项专利，发表2篇论文，编制一项轨道交通暗挖工程开挖支护机械化安全施工的地铁建设单位企业标准。技术成果通过了北京市轨道交通学会的专家鉴定，并在北京地铁16号线两段区间、北京首都机场线西延等工程示范应用。

北京京港地铁有限公司

北京京港地铁有限公司成立于2006年1月16日，是由北京市基础设施投资有限公司出资2%，北京首都创业集团有限公司和香港铁路有限公司各出资49%组建而成的合作企业。北京京港地铁有限公司以PPP模式参与投资、建设并运营北京的地铁4号线、14号线、16号线，并负责运营管理大兴线，还将以租赁经营模式运营北京地铁17号线。线路总运营里程196.8公里，开通运营里程124.8公里，所辖车站78座。

2020年，是该公司围绕2.0企业文化和2030年公司愿景扎实推进的一年。部署落实疫情防控要求，经过全体员工的共同努力，完成了疫情防控常态化下的各项运输保障工作，为乘客提供了安全、便捷的出行环境。所辖线路的各项重要运营服务表现指标均达到或优于市交通委下达的指标，16号线中段开通初期运营，做好运营安全管理工作，落实北京市政府关于提质增效方面的工作要求，多策并用提升服务水平。至2020年底，年客运量4.1亿人次，日均112.7万人次。各线路平均列车兑现率99.99%，平均正点率99.99%。

新冠疫情防控方面。即刻成立应急工作小组，制定工作方案，发布突发情况处置流程，向全体员工进行相关知识宣传普及、发放应急物资，并有序开展员工新冠病毒核酸检测；配备66台固定式测温设备及21套人体红外热成像仪，严格执行乘客进站体温检测、戴口罩防疫要求，强化车站通风，加密消杀频次，各条线路按照最大运输能力组织行车，并视情况启动应急服务队进行支援。

运营安全管理方面。持续开展隐患提报及安全关键信息有奖答题活动，并举办2020年安全月活动及安全宣传咨询日等活动；开展既有线新危害识别、风险危害回顾，并重点跟进新线风险；严格落实安检安保工作，最大程度保障乘客安全；完成40座车站AED配置工作，近1000名一线员工已取得急救资格证。

提升运营服务方面。通过精细化客流预测，优化行车组织提升运能；成立百分制指标工作组，采取专项专治的方法，提升服务质量，为乘客提供良好的出行体验；加强维修质量监管，调整维修策略，大幅降低设备设施故障率；完成4号线全部53列车的部分座椅拆除工作，增设多功能区；完成有关车站空调系统升级、加装无障碍设施和盲道、闸机改造，在站外增设暖炉，并推出健康步道项目引导乘客多走楼梯；开通多种非现金支付业务，提供更多支付方式选择；打造全方位的线上自媒体矩阵，并持续开展地铁公益文化和乘教活动；开展乘客满意度调查和服务质量评价，改进服务质量；严格落实车站垃圾分类，引导乘客自觉分类投放。

资产管理体系认证。2020年10月19日，获得英标管理体系认证（北京）有限公司（以下简称BSI）颁发的ISO55001:2014资产管理体系认证证书，系公司首次获得ISO55001:2014资产管理体系认证，成为国内首个获得资产管理体系认证的PPP企业，也是国内第二家获得资产管理体系认证的轨道交通运营企业。

企业品牌形象塑造。企业发挥自身优势，联合多方资源，持续开展M地铁系列文化艺术公益项目，打造具有艺术氛围和人文特色的地下空间；同时，公司秉承连接和促进社区发展的理念，践行社会责任，持续开展安全训练营活动及各类志愿服务活动，与沿线社区共融，传递文明、安全的出行理念和知识，引导公众关注城市交通、参与城市发展；此外，构建以服务和品牌推广为核心的自媒体矩阵，并结合用户需求及各平台特点，打造具有京港特色的内容，为乘客提供各类出行服务、新闻资讯，满足政府、乘客、社区居民、沿线机构、媒体、网友等相关方的各类需求，实现与公众的便捷沟通，同时塑造与推广企业品牌。

北京公交有轨电车有限公司

北京公交有轨电车有限公司于2017年4月成立，注册资本6000万元，是北京公共交通控股（集团）有限公司的全资子公司。作为北京市首条现代有轨电车线路的运营企业及有轨电车行业的新兴代表，主要从事城市轨道交通运营、投资与建设管理业务；所辖西郊线运营保障能力处于行业领先水平，所辖亦庄有轨电车T1线实现载客试运营。

2020年，北京公交有轨电车有限公司坚持稳中求进的总基调，夯实管理基础，主攻重点任务，全力打好硬仗，克服疫情冲击，实现企业态势安全稳定，运营质量持续提高，市场项目有序推进，重点工作取得突破。西郊线：行车里程134.4万车公里，年客运量443.9万人次，日均客运量1.2万人次。开行列次兑现率99.9%，正点率为99.9%。亦庄T1线：2020年12月31日开通试运营，行车里程0.2万公里，客运量0.1万人次，开行列次兑现率98.7%。

部署落实疫情防控要求，聚焦安全运营和服务提升。西郊线完成劳动节、两会、国庆节和红叶观赏期等多次节假日大客流运营保障工作。一是完成西郊线提速工作。8月1日首车起，单程运行时间从26分钟缩短至23分钟，旅行速度由20.8公里/小时提高至23.5公里/小时，提高市民出行效率。二是开展行车安全专项整治行动。为全面加强行车安全管理工作，开展为期2个月的“六查六防”专项整治行动，行车安全工作形势稳定，未发生重大及有社会影响的行车事故。三是做好线路票务服务工作。5月16日推出“一码通乘”服务，8月30日西郊线与北京轨道交通路网同步施行银联云闪付APP刷码过闸业务，更好满足不同乘客的需求。

亦庄T1线12月31日载客试运营。一是工程验收工作。2020年，通过所有专业的单位工程验收及设备设施预验收，完成项目工程验收及初期运营前安全评审。二是系统改造与测试工作。针对AFC系统接入轨指中心票务系统的事项开展方案调整和设备改造工作。编制热滑技术试验方案和夜滑流程保障实施方案，9月12日开展全线测试工作。三是多措并举推进筹备工作。强化各部门专业技能提升，开展多场培训教育及应急演练，推进维保体系建设，以专项整治活动为抓手，强化安全防范水平。

以“初心如一、感恩同行”为主题，发布第二份年度社会责任报告。该报告向公众展示公司扎实的履责实践和努力。同时公司成立有轨电车公司标准化委员会，全面负责组织协调公司标准化工作。完成公司内部控制手册的编制与下发。作为主编单位，完成并发布《低地板有轨电车车辆重联规范》《低地板有轨电车车辆验收规范》两项团体标准。申报企业管理现代化创新成果，选送两项实践创新突出的优秀研究成果。以公共交通科学防疫，助力复工复产情况为主题，中国国际电视台在西郊线进行国际直播，讲述西郊线落实疫情防控故事、分享公共交通防疫经验、传递同舟共济的互助精神。由北京市文旅局、市商务局、市委网信办、北京广播电视台指导，北京市旅游行业协会、北京演出行业协会、北京动漫游戏产业协会主办的2020首届北京网红打卡地榜单正式出炉，有轨电车西郊线被列入榜单中的人文景观，展现了首都的城市新面貌、时尚新地标。

北京公交有轨电车有限公司全面聚焦治理优化、服务提升、安全稳定、技术开发及多经业务，努力打造有轨电车行业新优势，实现公司质效提升、管理优化、活力涌现，实现有轨电车高质量发展。

北京全路通信信号研究设计院集团有限公司

北京全路通信信号研究设计院集团有限公司成立于1953年，前身为铁道部电务设计事务所，1980年划归铁道部通信信号公司，1994年工商注册为北京全路通信信号研究设计院，现在是中国铁路通信信号股份有限公司下属全资子公司。该公司以轨道交通领域为核心，形成了覆盖信号、通信信息、电力电气化、土建、建筑等专业的系统研究、标准制定、应用开发、设计咨询、检验检测、集成交付、运营维护的完整业务链。

北京全路通信信号研究设计院集团有限公司是国家高新技术企业、中关村国家自主创新示范区“十百千工程”培育企业。2006年至2020年，连续获企业信用评级3A证书，2014年被认定为北京市高速铁路运行控制系统工程技术研究中心，2015年被认定为国家级工业设计中心，2018年被认定为国家技术创新示范企业，2019年被认定为国家企业技术中心和国家知识产权优势企业。作为铁道行业“通信信号设备制式标准化技术归口单位”，该公司承担铁道国家标准、铁道行业标准、铁道团体标准等多项标准的制定工作。着力加快科技创新步伐，加快转型升级进程，发挥设计、研发、集成“三位一体”优势。

列控系统解决方案。中国高铁CTCS-3级列控系统被誉为高铁的“大脑”和“神经中枢”，是高速铁路三大关键技术之一，是保障列车安全运行和提高运输效率的关键技术装备，由地面设备与车载设备组成。地面设备主要包括无线闭塞中心（RBC）、列控中心（TCC）及临时限速服务器（TSRS）等关键设备。由中国通号自主研制的国内首套自主化CTCS-3级列控系统，在大西客专试验段与京沈客专试验段以稳定表现率先完成现场试验，2018年底投入现场试运营，该成果是继标准动车组420公里时速交汇试验之后中国高速铁路技术自主化的又一阶段性成果。自主化CTCS-3级列车运行控制系统在保证安全性、创新性、自主性的同时，吸收继承了中国通号既有系统在高铁10年运用中大量安全可靠的运用经验，在解决自主知识产权问题的基础上，依据中国列控标准，面向未来发展需要，重点考虑了系统装备的标准化和技术先进性，保障中国高速铁路健康和可持续发展，提升中国企业的技术水平和创新能力，为高铁“走出去”奠定必备基础。

标准规范和知识产权。北京全路通信信号研究设计院集团有限公司作为铁道行业“通信信号设备制式标准化技术归口单位”，承担了铁道国家标准、铁道行业标准等百余项铁道标准的制定工作，是铁道通信信号行业标准的主要制定者。坚持标准引领导向，建立健全企业技术标准体系，有力支撑公司的科技创新工作。2010年以来，公司主持制修订国家标准3项，参与制修订国家标准9项，主持或参与制修订行业标准100项，发布企标423项，承担行业标准和学会标准共计2个秘书处工作。2018年TB/T3324-2013铁路数字移动通信系统（GSMR-M）总体技术要求等4项标准获得中国标准创新贡献奖。获第十九届中国专利奖的优秀奖、第二十届中国专利奖的银奖、第二十一届中国专利奖的银奖。至2020年底，累计计算机软件著作权登记119项。

城市轨道交通主要业绩。至2020年底，共承担国内18座（省会直辖市14座、其他3座）城市89条/段（不含部分局部改造、衔接工程、部分延伸工程、一阶段设计工程项目）、海外4条线（平壤及德黑兰）的工程设计任务。国内主要设计项目有北京城市轨道交通1号线、2号线、3号线、4号线、5号线、6号线、7号线、8号线、9号线、10号线、12号线、13号线、14号线、19号线、八通线、昌平线、新机场线、ACC/TCC、MPIS、AFC全网技术改造；哈尔滨城市轨道交通1号线；长春城市轨道交通3号线、4号线、净月线；沈阳城市轨道交通1号线、2号线、4号线、沈铁线、黎望线、沈辽线等城轨线；大连城市轨道交通3号线；南京城市轨道交通1号线、2号线、3号线、4号线、5号线、6号线、9号线、10号线；武汉城市轨道交通2号线、3号线、4号线、8号线、蔡甸线；乌鲁木齐城市轨道交通1号线、2号线、3号线；南宁城市轨道交通2号线、3号线、4号线、5号线；杭州城市轨道交通5号线、6号线；贵阳城市轨道交通2号线；上海城市轨道交通1号线、2号线；宁波城市轨道交通1号线；深圳城市轨道交通1号线、4号线；广州城市轨道交通6号线；苏州城市轨道交通3号线、6号线；厦门城市轨道交通2号线、3号线、4号线；呼和浩特城市轨道交通2号线；济南城市轨道交通R1线、R2线等。

通号城市轨道交通技术有限公司

通号城市轨道交通技术有限公司是国务院国资委管理的中国铁路通信信号股份有限公司依据战略规划，于2010年5月设立的全资子公司，注册资本10000万元，注册地址为北京，在天津、重庆、大连、长沙、合肥、西安设有分公司，专注于城市轨道交通列车运行控制和信息系统研究，拥有从系统研究、科研开发到集成交付、运营维护的城轨信号系统集成全产业链实施能力，属于国家高新技术企业。

2020年，该公司以提升科技研发为主线，全力以赴做好疫情防控，持续深化改革，加快步伐实施科技攻关，完成全年各项任务，保持企业的持续健康发展。

在企业改革创新方面，于2020年4月入选国务院国企改革领导小组“科改示范行动”名单，实现非执行董事占多数的董事会格局，公司治理体系更加科学；在经理层推行任期制和契约化管理，实现目标清晰、奖惩明确的管理机制；在创新平台建设方面，与国内多所高校在前瞻性技术上开展技术预研与实践，拓展公司科技创新渠道；全年重点科研任务全部按期完成，年轻的科研团队在攻坚克难的征程中逐渐成熟，年度改革任务全部按期完成。

在科技创新方面，完成自主化全自动运行信号系统的研制及现场试验，系统通过中国城市轨道交通协会技术装备专委会组织的工程实施前技术评审；通过了250公里/小时高速FAO第三方安全评估；自主化全电子联锁系统完成了研发和认证，正在推进现场试验，并同步开展团体标准《城市轨道交通CBTC信号系统规范 第4部分：CI子系统》的修编工作，完善全电子联锁系统及城轨CURC认证相关要求；开展了新一代列控系统关键技术专项研究，完成了地面一体化列控系统的样机研制及认证；将自学习及节能技术应用在ATO产品实现智能化升级，在合肥等城市应用取得良好效果；研制兼容CBTC及数字轨道电路的多制式兼容型车载设备，为改造项目提供具有通号特色的整体系统解决方案。此外，该公司申报北京市企业技术中心、北京市知识产权试点单位；FZL300型CBTC系统全套产品首批获得由CRCC颁发的CURC城轨装备认证证书。公司持续推动企业数字化生产转型，研制全套安全产品双链数据配置工具、搭建了CI产品自动化测试平台；列控系统测试验证中心启用自研的智能化综合管理平台，实现了网络配置组态化、设备管控智能化，持续丰富的测试用例达27600余条，室内测试覆盖度达95%，缩短30%以上工程交付周期。

在工程建设方面，全年在建项目15个，年内开通项目5个，其中长沙城市轨道交通5号线、福州城市轨道交通1号线二期、重庆城市轨道交通6号线支线、西安城市轨道交通9号线项目均实现考核期内“0故障率”的质量目标，完成开通任务。长沙城市轨道交通5号线项目部获“优秀项目部”“优秀项目负责人”荣誉称号，合肥城市轨道交通3号线项目获“优秀施工项目部”荣誉称号，杭海城际项目荣获“最佳设备供应商”“优秀供货商”荣誉称号；西安城市轨道交通9号线、城市轨道交通14号线、机场线、福州城市轨道交通1号线、天津城市轨道交通4号线等项目部分别获得业主书面表扬。

天津轨道交通集团有限公司

2014年5月，天津市委、市政府研究决定，整合重组地方铁路集团、地铁集团、铁投集团和滨海快速公司，组建天津轨道交通集团有限公司，是集轨道交通投资建设、运营管理、资源开发于一体的综合平台。天津轨道交通集团有限公司注册资本407亿元。拥有全资、控股、参股企业75家，正式员工8819人，派遣员工1334人；拥有2个AAA、1个AA+信用评级，综合融资成本4.5%。

2020年，天津轨道交通集团有限公司深入落实“常态化疫情防控”“加快轨道交通发展”总要求，奋力拼搏、攻坚克难，企业改革取得实质成果，工程建设高效推进，运营客流迅速恢复，资源经营稳步发展，完成全年目标任务。全年完成基础设施投资238亿元；新开工2条地铁线，在建里程150公里；运营里程238.8公里，全网累计运输乘客3.39亿人次。全年未发生较大及以上安全责任事故和群体性事件。

疫情防控工作取得成效。部署落实疫情防控要求，领导班子靠前指挥、深入一线，广大干部职工坚守岗位、开展志愿服务，常态化开展疫情防控工作，全方位立体化宣传疫情防控和复工复产，营造了凝心聚力、全员战“疫”的良好氛围。始终坚持“七个100%”等防控措施，2万多人300多天的坚守，保证天津市3亿多人次乘客的平安出行。一手抓疫情防控，一手抓复工复产，仅用2个月时间，所有线路复工复产，实现“双战双赢”目标。迅速落实租金“减三免三”政策，减免136家商户近5000万元的租金，完成天津市援鄂医疗队145名医护人员隔离休养任务。

工程建设高质量有序推进。4号线南段车站主体和区间隧道全部完成，启动了动车调试。6号线二期车站主体基本完成，全面进入正线铺轨。10号线车站主体完成94%，区间完成78%。4条PPP线房屋土地征收基本完成，全面进入车站主体施工。项目前期持续发力，新建线路立足于我市审批的原则，同步开展8号线、10号线、11号线3条延伸线可行性研究报告和初步设计；建设规划调整报告及支撑文件已全部完成，参与编制轨道交通线网规划成果，推动出台《天津市市域（郊）铁路专项规划（2019-2035年）》。成立津静市郊铁路项目领导小组，每周召开例会，仅用半年时间完成各项前期工作。京唐、京滨、津兴等项目进展有序，南港铁路专用线主体完工。全年完成铁路股权投资50亿元，投资收益1亿元。

网络化运营管理水平提升。面对疫情防控常态化、薪酬套改和运营体系市场化改革的多重考验，敢于担当、主动作为，坚决落实清洁消杀、测温验码等防控措施，保障乘客安全健康出行和线网平稳运行。持续开展“保畅通、有温度、优服务”专项工作，统一优化线网车站导向系统。开展“同车不同温”分区温控服务，推出地铁APP周末及节假日全程1.8元优惠活动，缩短行车间隔，客流量不断上升。完成并实施《天津智慧城轨顶层设计及三年行动计划》。

资源开发经营工作进展。建立土地台账、房产台账，成立土地房产工作专班，对外以市场化为导向，整合资源、盘活资产。签约中日健康产业园和中东欧特色小镇项目，国际青少年交流中心主体竣工。全国首推“地铁e站”便民服务，开发屏蔽门投影、“站内导视”媒体和地铁APP资源。铭隆大厦实现销售收入5亿元。中标嘉兴、太原咨询项目，与新疆北新建材工业集团有限公司、中车青岛四方机车车辆股份有限公司、北京交通大学签署战略合作协议；武夷山有轨电车运营服务、呼和浩特城市轨道交通供电系统咨询有序推进。

企业改革和投融资成果。配合天津市财政局完成《成本规制管理办法》。完成3家低效企业出清出让、3家企业混改和9家四级企业管理层级压缩。编制《天津轨道交通集团有限公司“十四五”发展规划》，启动风险质量管控工程。清理完成5号线、6号线、9号线结算等多项历史积欠难题。全面启动资产清册编制工作，完成9号线资产清册。地铁3号线工程获中国土木工程詹天佑奖，4项科技成果获得省部级科技奖励，主办“城市轨道交通专家论坛”“京津冀联合技术中心年会”。“三项制度”改革持续推进，配齐4个PPP公司专职董事长，完成二级公司中层管理人员和集团本部主管级干部聘任上岗。

天津滨海新区轨道交通投资发展有限公司

天津滨海新区轨道交通投资发展有限公司成立于2010年11月18日，作为滨海新区专业承接轨道交通投资建设的法人主体，设有8个部室及2家子公司。该公司以新区轨道交通线网的规划、建设及运营为核心任务，至2020年底，开展滨海站综合交通枢纽市政配套工程的投资建设。主要负责B1线（滨铁1号线）、Z2线（滨铁3号线）轨道交通线的投资建设任务以及未来规划中的轨道交通线网实施任务，开展滨海站、控制中心的运营管理工作。

B1线是一条贯穿滨海新区南北的骨干线，北起黄港欣嘉园车辆段，南至中部新城盐田停车场，线路长31.5公里，设站22座 ，连接滨海站、滨海西站，通过与高铁换乘，通行范围可覆盖市区及北京、秦皇岛等周边多个城市，并与既有津滨轻轨9号线、双城间市域快线Z2线及连接新区塘汉大地区的Z4线形成换乘，构成新区轨道交通基本网络。B1线的开工建设，标志着新区以轨道交通和快速公交为骨架、以地面常规公交为主体、以出租汽车和公共自行车为补充的多模式、一体化、高品质的公共交通体系正在逐步形成，在自贸区建设、京津冀协同发展、“一带一路”建设等国家战略下，对于缓解滨海新区核心区交通压力，改善城市大气环境，促进新区经济社会发展，加快推动新区实现自身功能定位具有重要意义。

滨海新区轨道交通投资发展有限公司自成立以来，时刻铭记“重安全、重质量、重人才、重技术、重服务、重廉政”的管理理念，始终以高标准严要求开展各项工作，全力打造社会广泛认可的品牌，先后获得“天津市模范集体”“滨海新区‘五一’劳动奖状先进集体”“滨海新区‘十大战役’十大示范工程”等荣誉称号，工程各建设标段多次获得“市级文明施工示范工地”称号。

天津滨海新区轨道交通投资发展有限公司牢记“滨海建投，建设滨海”的使命，秉承“特别能吃苦，特别能战斗，特别能奉献”的建投精神，致力在城市轨道交通领域实现“做专、做精、做活、做强、做久”的发展目标，成为天津滨海新区建设投资集团有限公司可持续发展新的增长极。

石家庄市轨道交通集团有限责任公司

石家庄市轨道交通集团有限责任公司是石家庄市乃至河北省唯一一家从事轨道交通建设及运营管理的公司，

主要承担石家庄市轨道交通项目建设和地铁运营管理等工作。自成立以来，立足“建设安全、优质、科技、环保、人文、经济型地铁”，探索现代企业发展之路，取得了显著的工作成效，拥有一大批技术和管理人才，具备了较强的轨道交通管理能力。

石家庄市轨道交通线网方案主要体现6条线组成的“大放射、小方格”布局，其中，骨干线3条，辅助线3条，线网总长241.7公里。首期建设轨道交通1、2、3号线一期工程，按照国务院批准的《石家庄市城市轨道交通建设规划（2012－2020年）》要求，建设线路总长59.6公里，车站52座（均为地下站）。2015年12月31日，国家发展改革委批复新增1号线二期工程和3号线二期工程，线路长度为20.8公里。国家发展改革委批复石家庄市的轨道交通建设里程达到80.4公里。

太原市轨道交通发展有限公司

太原市轨道交通发展有限公司成立于2012年5月，公司性质为“有限责任公司（国有控股）”，注册资金70.83亿元。作为太原市政府直属国有企业，全面履行轨道交通融资、建设、运营和资源开发“四位一体”职能。控制项目质量安全、投资、进度；负责广告、通讯等其他特许经营权的经营；负责轨道交通范围内通信系统的建设与经营；负责轨道交通项目控制范围内的土地利用与开发，以及轨道交通特许经营，地铁新建线路建设管理、劳务服务、仓储服务、技术服务、技术培训、信息咨询等。近期规划建设1号线、2号线，总里程52.38公里。

2020年，太原市轨道交通发展有限公司按照山西省“四为四高两同步”总体思路和要求，以“15345”党建工作总体方案和“1231”发展战略为抓手，坚持创新驱动、科技引领、文化塑形、党建推动，以后发优势走出一条太原特色健康可持续发展之路，太原地铁2号线开通试运营，迈入地铁时代，在山西经济社会发展史上具有“里程碑”意义。太原市轨道交通发展有限公司获“太原市集体一等功”“太原市五一劳动奖状”；2号线一期工程获山西省优质结构工程奖。1号线一期工程进行绿化迁移、管线迁改、交通疏解等前期工作。

工程建设。2号线一期工程：5月4日首列车抵达车辆段，8月进入联调联试，9月开始空载试运行，12月26日开通试运营。1号线一期工程：完成绿化迁移95%，管线迁改70%，9座车站已进行主体工程围挡施工，8座车站正在进行绿化迁移、管线迁改、交通疏解等工作；计划2024年年底通车。

运营服务。至2020年底，太原城市轨道交通运营线路1条，总运营里程23.6公里，总运营车站22座，网络换乘车站3座。12月26日开通到12月31日，运送乘客达88.5万人次。日均客运量达14.8万人次/日，单日最高日客运量达21.2万人次/日，线网日均客运周转量达58.2万人次公里/日。运营服务指标完成情况良好，运营安全全面受控。

资源经营。践行“建地铁即建城市”目标，从城市更新、新区开发、地下空间打造入手，推动“轨道+物业”TOD开发。完成1、3号线沿线城市设计，并通过专家论证，共计13个TOD项目。太原地铁首个TOD（星空项目）于2020年5月预售，实现“首开即回正”。组建太原市轨道交通智慧建造科技有限公司，开展BIM、智能运维、专业培训等业务；组建太原中铁轨道交通文化传媒科技公司，开展“文化传承+商业运作”的全新尝试；推动“光伏”项目、“地铁碳普惠”项目及“碳资产开发”项目实施。

创新驱动。一是建设智慧地铁。建成国内首例承载全自动运行系统的城轨云平台；集全自动运行、互联网售检票、人脸识别和视频云存储等功能于一体；采用全自动运行最高等级GoA4级标准；“以运营为导向的全生命周期的BIM技术应用”在2号线全面落地，并在1号线同步推广；通过新技术应用，实现自动售检票、无感进站，提升了经营管理水平。二是建设绿色地铁。将绿色理念和方法引入规划、设计、建设和运营中。对2号线控制中心、贾家寨车辆基地按照海绵城市标准设计施工；线网控制中心荣获国家绿建三星设计标识认证；将2号线体育馆站、电子西街站两站作为示范站，进行节能创新技术应用。三是建设人文地铁。秉承“以人为本”的理念，利用车站空间和太原地铁听景APP的一体化运营，多维度展示太原及山西人文底蕴。通过10座特色站、9座标准站、4座裸装站，打造出2号线次序、逻辑、大气、舒朗的空间氛围，于细节处展现太原文化。

企业文化。开展“企业文化强化年”活动。完成VI视觉识别系统设计、制作；举办《企业文化的互动因素》《企业文化的要素与作用》培训和读书分享会，促进了员工的文化思想和企业文化理念相融合；制作了企业文化宣传片及视频彩铃；强化人才培养和学习培训，打造“学习型”企业。

呼和浩特市城市轨道交通建设管理有限责任公司

呼和浩特市城市轨道交通建设管理有限责任公司成立于2014年12月，主要负责呼和浩特市城市轨道交通工程投资、建设、运营管理、地铁沿线土地物业开发及工程咨询等工作。公司内设7个部门，下设2个全资子公司（地铁实业公司、地铁咨询公司）和5个参股公司（一号线、二号线建管公司，交控安捷公司、地铁科技公司、内蒙古中车公司）。公司本级现有员工166人。公司秉承“守正创新、行稳致远”的企业精神，致力于打造“绿色地铁、人文地铁、智慧地铁”，建设的呼和浩特市轨道交通1号线、2号线一期工程是全国首个以全PPP模式投资运作的轨道交通项目，也是内蒙古自治区首个轨道交通建设项目。

2020年，公司统筹安排工作，一手抓疫情防控、一手抓复工复产，在不断提升地铁1号线运营服务质量的同时，2号线比合同工期提前3个月开通试运营，高标准、高质量、高水平完成了年度工作目标。

确保工程建设质量。以2号线开通为工作主线，一是推进复工复产，部署疫情防控要求，成立工作领导小组，开展地铁运营和复工疫情防控工作。对民工实行“点对点”接送，集中食宿管理，疫情期间4000余人安全施工6个多月完成全线24座车站、25个区间、“一场一段”、78个出入口、44个风亭、2座主变电所结构、装修及机电设备安装工作；二是着力提高城市精细化水平，牢固树立“以人民为中心”的发展理念，完成地铁施工后的路面和绿化恢复工作，年内1号线完成绿化恢复约25万平方米，道路恢复及修复约10万平方米2号线完成绿化恢复约22万平方米，道路恢复15万平方米；三是突出加强安全质量管理，1号线共开展疫情防控、防汛综合检查及专项检查5次，消除完成全部风险源740个；2号线共开展疫情防控、出入口暗挖、试运行前综合检查及专项检查9次，消除风险源数量898个；迎接及配合上级有关部门及领导安全检查5次。

提高运营服务水平。一是开展常态化疫情防控，严格按照呼和浩特市委市政府“外防输入、内防反弹”的工作部署，制定工作预案，在1号线、2号线全线44个站点设置了隔离点和红外线自动测温装置，配置口罩自助售卖机，配发手持测温装置200余套。进入秋冬季节后，认真落实交通运输部关于轨道交通疫情防控指南（第四版），对“两站一场”等重点区域进站乘客进行行程登记，全天对车站、车辆和公共区域进行无死角消毒；开展防疫宣传，张贴海报，制作宣传展板，在列车、车站pis屏循环播放防疫视频20多条。二是着力提高运营服务质量，在运营服务一线开展“三亮三比三评”和“爱岗敬业讲奉献、凝心聚力促发展”大学习大讨论活动，3至9月共开展4次人规模志愿服务活动，开展6次主题站区接待日，接待群众千余人，有力提升轨道交通运营服务形象；加强与建设银行等单位合作，投入资金150万元开展支付体验，年内新增7种乘车支付方式，并成为国内第3个开通人脸识别的地铁城市。三是做好城市公共交通服务员。大力宣传公共交通出行方式，着力提高公共交通分担率。至11月30日，轨道交通1号线、2号线客运量突破1600万人次，年内日均客流在16万人次左右，年客流量将突破2000万人次。

打造多元科技地铁。一是持续推进地铁科技创新，全球首创的“呼和浩特城轨云平台”持续运行一年，总体运行稳定，地铁1号线、2号线节约建设成本2400余万元；6月，被工业和信息化部列为“2019-2020年度物联网集成创新与融合应用类示范项目”，成为国内城市轨道交通行业的示范。二是狠抓地铁工程技术和人才创新，2号线在建设过程中，在1号线的基础上创新工法15种，获得省级创新课题QC奖17项，《地铁机电安装工程物资计划管理系统》获得国家级专利成果。大力实施人才培养计划，打造“郭晋龙大师工作室”，开展职工创新传帮带；承办呼和浩特市轨道交通行业第一届“工匠杯”职业技能竞赛，表彰1个团体项目和9个个人项目，30名青年技能人才脱颖而出；参加行业协会组织的“新誉杯”“捷安杯”技能竞赛，4个集体和8名个人被协会工会联委会表彰。三是提升“造血”功能实现产业创新，对新华广场、内蒙古博物院站地下物业空间进行开发，引进专业公司投资建设，完成主题场景地铁网红商业街设计方案。与北京地下铁道通成广告有限公司合资成立广告公司，开展地铁广告经营；出租地铁1号线站厅、站台边角，安装自助售卖设备40台；推进地铁TOD开发，完成“地铁小镇”和新华广场TOD选址，正在编制概念性设计方案。

沈阳地铁集团有限公司

沈阳地铁集团有限公司于2004年4月成立，注册资本86483万元，是负责各类工程建设活动、城市公共交通、特种设备安装改造修理、物业管理、机械设备租赁、广告发布、广告制作等为一体的大型企业集团。2017年5月15日，沈阳地铁集团有限公司按照沈阳市委、市政府部署完成沈阳地铁现代企业集团组建并挂牌，同时与沈阳市地铁建设指挥部分离。公司定位于可持续发展的公益性国有企业，以建设品质地铁、助力东北振兴为公司使命，以成为东北龙头、国内领先、国际水平的城市轨道交通综合运营服务商为公司愿景，以地铁建设、运营为核心任务，通过地铁沿线及周边土地开发、物业经营、资源经营开发、轨道交通产业链延伸，形成建设、运营、多种经营“三位一体”的总体发展格局，将沈阳地铁建设成为东北龙头、国内领先、国际水平的城市轨道交通综合运营服务商。

2020年，重点以地铁建设、运营主线，全面开展多种经营工作。地铁工程建设方面，10号线开通初期运营，4号线一期、2号线南延线、3号线一期全面加快施工进度，1号线东延线、6号线一期实现开工建设；地铁运营方面，运营线路4条，总运营车站85座，网络换乘站7座，总线路长度117公里，全年线网客运总量3.1亿人次，日均84.7万人次/日，单日最高134.6万人次/日，运营里程1238万列公里，列车正点率99.98%，列车运行图兑现率100%；多种经营方面，开展地铁沿线项目开发，实施北大营、滂江街、塔湾街、兴华地下商业街及同盛和悦等多个地铁一体化项目，中车轨道交通装备公司高质量完成地铁列车大修、架修任务，与北京如易行合资成立沈阳地铁科技有限公司，开发实施“互联网+”项目，与省广集团合资成立沈阳地铁易为传媒有限公司，开展广告经营业务等。

4月29日，10号线工程开通初期运营，线路北起丁香湖站，南至张沙布站，全长26.8公里，共设车站21座、车辆段与停车场各1处，控制中心1座。10号线开通运营后，与9号线相扣成环，完成沈阳地铁线网骨架建设，并与1号线、2号线、9号线互联成网，标志着沈阳地铁“十+环”线网时代正式开启。12月26日，沈阳地铁6号线一期和1号线东延线工程开工仪式在6号线浑河站现场举行，标志着沈阳市第三轮城市轨道交通建设规划批复项目全部开工建设。

沈阳浑南现代有轨电车运营有限公司

2020年，沈阳浑南现代有轨电车运营有限公司为国有控股企业，成立于2013年7月31日，提供城市有轨电车客运服务，运营管理沈阳浑南及相关有轨电车系统特许经营项目，提供日常运营管理、维护等相关工作。2020年，沈阳浑南现代有轨电车运营有限公司大力推进以运营管理为核心，有轨电车资源开发为补充的经营模式，力求从交通运营服务商向综合技术服务商转变。

资源经营。有轨电车继续输出技术与管理经验，先后派出三批技术骨干团队赴北京亦庄开展综合联调工作；同期运营咨询团队助力天水市有轨电车示范线工程（一期）开通运营，并通过初期运营前安全评估。

运营服务。至2020年底，沈阳浑南现代有轨电车全网运营线路6条，总运营里程97公里，总运营车站105座，网络换乘车站3座。2020年运送乘客621.1万人次，占全市公共交通客运量的比重1.0%。全年线网日均客运量2万人次/日，单日最高日客运量达到3.7万人次/日（2020年10月9日），线网日均客运周转量12万人次公里/日。

大连地铁集团有限公司

大连地铁集团有限公司成立于2017年2月16日，为大连市属全资国有企业。经营范围包括城市轨道交通项目投融资、建设、运营管理和资源开发、轨道交通相关业务咨询及教育培训、轨道交通项目实施、广告业务经营、房地产开发及销售、房屋租赁、物业管理、停车场经营等。注册资本115.9亿元，下设运营公司、建设公司、资源开发公司、十三号线建设管理公司等4个子公司，培训中心、信息中心等2个分公司和轨道交通设计院、科技公司2个合资子公司。

2020年，该公司坚持高质量发展工作主题，努力夺取疫情防控和城市轨道交通发展“双胜利”。全年完成客运量1.2亿人次，完成投资47.6亿元，实现主营业务收入9.2亿元，首个公共交通上盖项目落地；新成立十三号线公司，合资组建科技公司，资产总额由381亿元增长到433.7亿元。大连地铁集团有限公司秉承“建地铁就是建城市，以地铁发展引领城市发展”的发展理念，“投融资+建设+运营+物业开发及资源经营”的经营理念和“安全是底线、质量是生命、服务是根本、效益要最佳”的管理理念，加快“平安地铁、智慧地铁、绿色地铁、和谐地铁、美丽地铁”建设，逐步打造成为东北地区具有行业龙头地位、竞争优势突出的综合性大型企业集团。

工程建设。大连市完成地铁13号线二期、1号线三期、12号线郭水路、石板桥预留站和3号线梭鱼湾站等前期工作年度计划。抢抓地铁4号线前期进度，倒排节点工期，实现了11月底前完成正线土建工程招标工作。地铁5号线18座车站全面开工，11座车站主体结构封顶、4座局部封顶，全线19个区间中6个区间双线贯通、1个单线贯通，跨海大盾构攻克世界级施工难点，跨海贯通。地铁13号线一期突破动迁难点，线路全线贯通，车辆段房建完工90%以上，实现车辆上线、单机调试。2号线二期北段中革站至大连北站站区段土建、机电、装修工程完成，实现轨通、电通，土建213标段续建工程开挖1713米，超额完成28%。3号线大修改造土建、道岔更换等全面完工，供电设备安装完成至90%。地铁1号线、2号线工程获辽宁省“世纪杯”及优质工程奖。

运营服务。大连市拥有轨道交通车辆114列556辆，运营线路5条，包括地铁1号线、2号线（海之韵－辛寨子），3号线及其支线、12号线（3、12号线为PPP项目），车站69座，运营里程157.9公里。全年安全运行5610.1万车公里、开行42.5万列次，运行图兑现率、车辆正点率保持在99.9%以上。在同一列车精心设置强冷、弱冷车厢，在满足不同乘客群体个性化需求的同时，实现节能降耗。“智慧运营”加速推进，编制完成“智慧车站”建设总体方案，以西安路站为试点，建立首个智能客服中心；引入“智能运维”设备，试点应用以车联网、轨旁车辆综合检测、维护管理系统为基础、以车辆维护专家系统为核心的智能运维系统平台，实现了对列车关键设备在线实时监控及运维数据的收集、分析等多项行业领先功能。维修能力持续提升，编制“均衡修”的修程、工艺、质量体系等文件和检修制度。

科技创新。科技支撑主业能力得到提升，开展运营照明技术改造，照度值提高2倍，电耗降低19万千瓦时；编制完成“智慧地铁”建设总体方案和大连地铁BIM技术应用策划，在4号线土建工程中增加BIM技术需求，在2号线二期北段增设再生制动能量回馈、污水一体化处理等先进设备。科研创新机制不断完善，着手修订科研项目管理和科技创新奖励管理办法，在完善考核机制的基础上，进一步加大奖励力度；推动永磁电机驱动控制、综合电能质量治理装置（ASVG）等多个科研课题取得阶段性成果，研究确立信号智能运维系统等11项新科研课题。科技创新项目获国家部级和市级科学技术奖项。技术标准加快建立，扩充深化《大连地铁技术管理规程》，增强其时效性、适用性；《大连地铁工程建筑信息模型（BIM）建模与交付技术规程》和《大连市轨道交通工程检测技术规程》申报地方标准立项获批，《大连地铁车站公共卫生间设施和管理标准》成为集团首个地方标准。联合创新持续深化，与大连机车、大连电牵签署战略协议，与大连交通大学推动“辽宁省轨道交通装备制造协同创新中心”等多个合作项目落地实施。

长春市轨道交通集团有限公司

1998年7月经长春市人民政府批准成立了长春市轨道交通有限责任公司，隶属于长春市国资委，2009年5月经长春市国资委批准，长春市轨道交通有限责任公司更名为长春市轨道交通集团有限公司。企业经营范围为：轨道交通、经营、管理及相关的城市交通客运，房地产开发、销售，以自有资金对相关项目投资，广告设计、制作、代理、发布，物业服务。工程咨询，投资信息咨询。注册资本金36.9亿元。2009年5月注册成立长春市地铁有限责任公司，注册资本金为71.5亿元，2013年12月，将该公司纳入长春市轨道交通集团有限公司，变更为具有独立法人性质的子公司。共设24个机构，其中包括12个职能部门。

纳入长春市城市总体规划新一轮修编的2016版线网规划由10条线路组成，线网总长460公里。其中1号线、2号线、5号线、6号线、7号线为地铁，长度194.4公里；3号线、4号线、8号线为轻轨，长度110公里；9号线、10号线为市域快线，长度155.6公里。

2020年，运营轨道交通线路有5条，为轨道交通1号线、2号线、3号线、4号线、8号线，运营里程100.1公里，全年安全运送乘客15503.3万人次，比上年下降24.2%，日均客运量43.4万人次，最高日客运量达88.9万人次。客运收入2.6亿元，比上年下降24%。各项指标与上年同期比均有所下降。完成投资60亿元，融资120.9亿元；申请并使用政府专项债47.6亿元。全年未发生重大安全生产责任事故，完成各项任务。共承担8项建设任务，在建工点达到145个，施工单位42家，实现双线轨通、6线全开的任务目标。

从自动售票机到一卡通，再到开通支付宝、微信扫码支付功能，储值票卡、现金及移动支付融合的“多元支付全覆盖”进一步成型；“长春E出行”APP增加列车实时动态等模块功能，并开通手机充值和电子发票功能，与无锡、苏州、福州、南昌等4个城市实现互联互通，为市民跨城、跨省出行提供方便。“畅畅向导册”，便于乘客了解已开通线路周边的地理情况；“主题邮局系列活动”，既方便市民参观选购纪念品，又传承轨道交通文化；还有“为高考护航”“自助售卖机、口罩机”、应对突发疾病的“AED”设备等特色服务。组织实施安全生产月活动，6月16日咨询日，发放宣传材料2000余册，纪念品1000余份；其余重要时间节点发放安全宣传手册39000余册，宣传海报380张，更换各站台“四一一”公示版135块。

长春市轨道交通集团有限公司配合中国土木工程集团有限公司参与投标哥伦比亚波哥大市有轨电车PPP项目，于1月与哥伦比亚昆迪纳马卡省政府区域铁路公司签订特许经营合同，实现公司“走出去”的海外市场业务目标，成为全国轨道交通城市第四个走出国门，对外输出轨道交通产业和技术的轨道交通企业。

哈尔滨地铁集团有限公司

哈尔滨地铁集团有限公司成立于2008年7月，主要负责哈尔滨市地铁项目的规划设计、投资融资、工程建设、运营管理和资产经营。成立以来，哈尔滨地铁集团有限公司坚持以改革促发展、以创新促提高，围绕为全市人民“规划好地铁、建设好地铁、管理好地铁、经营好地铁”的奋斗目标，团结全体员工攻坚克难、拼搏进取，全力推动哈尔滨市轨道交通事业蓬勃有序发展。

工程建设。哈尔滨市在建地铁工程共有2号线一期和3号线二期工程2条线路，在建线路长度60.9公里。其中，2号线一期工程是贯穿哈尔滨市南北城区、连接松花江两岸的骨干线路。起点江北大学城站，终点气象台站，途经呼兰、松北、道里、南岗和香坊5个行政区，全长28.7公里，设站19座，设哈北车辆基地1座，计划在2021年开通初期运营。3号线二期工程将与开通的3号线一期工程形成环线，起点征仪路站，终点工农大街站，途经香坊、南岗、道外、道里4个行政区，全长32.2公里，设站31座，设安通街车辆基地1座，分为东南半环和西北半环两阶段实施。东南半环预计在2021年开通初期运营，西北半环预计在2024年开通初期运营。

运营管理。哈尔滨市投入运营地铁线路包括1号线一、二、三期和3号线一期工程2条线路，至2020年底，运营里程共计30.3公里。全年运送乘客5315.4万人乘次，总运营车公里达1603.0万车公里。单日最高日客运量达到28.4万人次（2020年1月20日），日均客运周转量96.9万人次公里。公司在严格做好疫情常态化防控的同时，坚持“安全第一、预防为主、综合治理、全员参与”的总体方针，本着“源头把关与过程监管相结合、安全风险管控与隐患排查治理相结合、提前防范与抢险救援相结合”的管理思路，强化安全管理和应急演练，确保哈尔滨地铁自开通运营以来，从未发生过一般及以上安全生产责任事故和运营险性事件；大力推行科技创新，以乘客服务智慧化、设备管控自动化、运营管理信息化为目标，全面推行“智慧＋地铁”服务，积极开展智慧车站、智慧变电所、智慧车辆段研发；以持续优化运营服务为目标，秉承着以人为本的服务理念，在既有扫码过闸功能基础上，拓展增加微信乘车码过闸功能，并在东北地区首先实现面部识别“刷脸过闸”功能。

上海申通地铁集团有限公司

2020年，上海地铁路网共运送乘客28.4亿人次，日均客流774.5万人次，占公共交通出行比率达66.9%。运营安全指标总体良好，全年未发生一般D类及以上运营安全事故，发生责任一般E类事故5.5起（0.009件/百万车公里），实现33个百日安全阶段性目标，累计安全运营3383天。配属车辆数达7054辆，为全球城轨第一。智能运维体系建设全面深化，运营绩效继续提升，全网5分钟晚点超过882万车公里/件，完成2号线、5号线、6号线、7号线、9号线、12号线、16号线、17号线早高峰增能，新增16号线直达车、5号线4/6混跑等运行新模式，全路网高峰时段单向最大运能从年初的91.8万人次/小时提高到95.7万人次/小时。

2020年，落实疫情防控要求和繁重的建设运营管理任务，上海地铁全体职员无私奉献、克难前行，深化改革、勇于创新，胜利完成全年工作任务，上海地铁网络四个方面八项运营绩效关键指标全部进入世界前六，其中五项指标位居前三，“国内领先、国际一流”的企业发展战略目标全面实现。

落实疫情防控要求。在第一时间成立领导小组和8个专项工作组，各级领导干部深入车站、车场和项目工地，3万名地铁员工同广大市民乘客一起“最美逆行”，当好守“沪”人，全力守好每一座车站、每一辆列车、每一道关卡，交出了地铁乘客零感染、员工零感染的完美答卷，为上海这座国际化大都市各行业复工复产提供了坚强保证。同时，上海地铁坚持两手抓、两不误、两促进，统筹推进建设运营和经营等各项工作，有序复工复产复市。做好复工后的现场疫情防控管理，所有轨道交通建设项目于3月20日在全市实现100%全面复工。落实疫情期间中小企业租金减免工作，推出小包装防疫口罩全网售卖等特色便民服务。在国家疫苗推出之后，组织一线员工优先抢种，关怀守护员工身心健康，推出“六关爱、两送到”举措，对涉及疫情发布影响的车站、有援鄂亲属的员工重点走访、关心慰问等。充分利用上海地铁自媒体渠道资源，全力支持疫情防控宣传，上海申通地铁集团有限公司获十佳抗击疫情公益项目专项奖。

上海市建成10号线二期、18号线一期南段2条新线，上海轨道交通运营路网规模增加到730公里、18条线路、430座车站（均含磁浮），线网规模继续领跑世界城市轨道交通。新线评审得到专家组“高质量、高水平、高标准、供借鉴”的高度评价，上海市轨道交通网络运营智慧调度大楼获中国建设工程鲁班奖（国家优质工程）；上海轨道交通14号线11标等10个工地获“上海市文明工地”，上海地铁建设质量水平跃上新台阶。

市场经营及“走出去”战略开拓取得新成效。引进逸刻便利、贝瑞咖啡、真老大房等新品牌，满足乘客多元化消费需求。开展地铁商业内“网订柜取”早餐创新服务。完成既有线地下车站5G覆盖。上盖开发稳步推进，莲花路商业广场、天空之城项目实现结构封顶，元江路、航头停车场地块收储有序推进等。上海地铁助力节能增效，利用停车基地上盖启动光伏发电项目建设，率先打造“光伏+地铁”绿色出行方式，光伏项目总规模达24兆瓦，全年发电量1784万度，年减少碳排放3万吨。

启动运营建设管理体制改革，推动上海申通地铁集团有限公司工作重心由管建并举向以运营为主转变。企业管理持续完善优化，技术创新能力不断提升，获上海市企业管理创新成果一等奖。“全自动运营线路运营要求”入选首批“上海标准”。获省部级科技进步奖3项、中国城市轨道交通协）会科技进步奖3项，申报国家重点研发计划及省部级等纵向课题7项。试点研发行业内首个集成化车辆基地工程车智能安全监控系统。10号线实现100秒间隔运营试验。上海申通地铁创新研究院工作实质启动，院士（专家）工作站迎来院士驻站，博士后科研工作站完成博士后招聘进站。

匠心打造吴中路站等一批最美车站。“METRO大都会”扫码过闸实现与北京等13座城市轨道交通互联互通，进一步方便乘客异地城市轨道交通出行。3个生产现场获全国五星级现场称号。多名员工获全国劳模、上海工匠和上海智慧城市建设“领军先锋”称号。上海地铁首次与央视新闻、17家全国地铁同行等联合举行“晚安2020，在地铁里和你说晚安”大型公益活动，与当代艺术馆等合作开展“双年展”宣传，围绕五五购物节、国际博物馆日、上海设计周等与市民生活息息相关的活动，将地铁空间打造成为城市文化“第二空间”。

上海市隧道工程轨道交通设计研究院

上海市隧道工程轨道交通设计研究院是专业从事隧道工程、轨道交通、市政公用工程、建筑、公路、工程测量和岩土工程、机械、电子和信息工程、生态建设和环境工程、城乡规划及风景园林等专业的甲级咨询、勘察和设计单位，隶属于上海申通地铁集团有限公司。是国内最早从事软土隧道设计研究的单位，也是最早承担城市轨道交通前期研究与设计总体单位之一，是国家发展和改革委员会第一批批准可以担任全国城市轨道交通项目评估的三个咨询机构之一。

2020年，上海市隧道工程轨道交通设计研究院围绕上海申通地铁集团有限公司“三个转型”战略和体制改革，把握国内国际双循环的机遇期，谋划院“十四五”发展战略规划，在新阶段，运用新理念，创建新格局。

经营工作逆势飞扬。重点片区持续强化市场份额：21号线一期工程、23号线一期工程、17号线西延伸工程可行性研究及相关配套专题研究总承包项目等5条线的前期研究；以联合体中标重庆轨道交通27、24号线一期工程设计总承包项目、深圳望海路快速化改造工程设计施工总承包（EPC）；中标徐州市城市轨道交通3号线二期、6号线一期工程设计咨询项目，进入徐州轨道交通市场。

新业务类型拓展。第一个全过程咨询项目，承接西安市最大的城市综合交通枢纽——西安火车站北广场及周边市政配套项目的全过程咨询工作；第一个上海EPC项目，联合体中标上海轨道交通陈太路基地、北翟路基地、中春路基地和浦江镇基地分布式光伏设计、施工一体化项目；第一条中运量智轨项目，中标哈尔滨新区智能轨道快运系统1号线项目可行性研究服务、哈尔滨新区智能轨道快运系统1号线勘察设计总体总包及工点1标；第一个云巴制式的中运量项目，与深圳市城市交通规划设计研究中心股份有限公司联合，中标龙岗区中运量大浪云巴项目；第一本轨道交通运维改造项目实施规划，编制《上海运营维保更新改造项目近期实施规划（2021-2025年）》，配套完成110本项目建议书；BIM咨询项目持续突破，苏州市轨道交通BIM平台与应用体系建设项目SRT7-15-15标，打造的企业级BIM应用平台开拓了新的应用市场；承接的重庆江跳线试点项目BIM总体管理、宁波市轨道交通3号线二期工程基于BIM技术的数字化管理平台项目等；前端引领，承揽南通、合肥等地轨道交通网络规划、建设规定编制（或修编），受各省市发展改革委托，赴宁波、佛山、天津等地开展轨交建设规划、初设等项目评估；物业开发项目持续增长，上海新一轮轨道交通车辆基地上盖开发项目方案设计、成都轨道地产集团 TOD项目一体化设计Ⅰ标段等一批项目持续涌现。

保障轨道交通网络化建设和运维。强化设计总体管理，全力保障上海10号线二期、18号线一期、14号线、15号线等在建线路节点目标和工程质量。开展崇明线等项目深化研究及可研报告编制。推进上海市第三期建设规划调整和筹划开展第四期建设规划编制。15个项目上线运行，提高总体总包管理的深度和精度，管理更加统一规范、高效简洁。

创新聚焦高质量发展。完成质量、环境、职业健康安全管理体系监督审核。以企业微信为载体的信息系统为疫情期间各项工作正常开展创造必要条件，成为提高工作效率的有效手段。2020年度顾客满意度持续保持良好评价。推进科研专利，参与高水平交流；新立项科研项目20项；完成科研项目验收15项，其中达到国际先进水平2项、国内领先水平1项；新申请专利28项，新获授权专利18项、计算机软件著作权6项；新立项规范标准的编制项目32本，其中主编4本；各级标准规范发布12本；编制发布《各专业通用型技术文件管理规定（2020年修订稿）》。重大工程立功竞赛。获上海市优秀工程奖9项、优秀勘察设计22项、科学技术奖6项、优秀QC成果4项、优秀咨询成果3项、其他奖项13项。

南京地铁集团有限公司

南京地铁集团有限公司于2000年1月18日登记成立。法定代表人佘才高，公司经营范围包括城市轨道交通工程项目及沿线资源的投资和建设等。原企业名称：南京地下铁道有限责任公司，于2012年7月17日在南京市工商行政管理局登记变更为南京地铁集团有限责任公司。

2020年，南京地铁集团有限公司按照全年“围绕一个主旨，力求四稳四增，推动四个转型”工作思路，以南京都市圈、智慧城轨建设为契机，紧抓工程建设、夯实运营服务、挖潜资源经营、创新集团管理，各项工作取得了显著成效。

工程建设持续加大“进”的力度。南京市9条续建线路，车站约54%完成围护结构、36%完成主体结构；盾构隧道约40%始发、26%贯通，铺设轨道38.2公里。4号线二期完成土建招标，进入施工准备阶段。6号线剩余段、3号线三期工可正式获批，11号线一期报批工作稳步开展，各线报审、报建工作有序推进，为合法施工创造条件；5号线、7号线等线路征收工作取得实质性突破，为全面施工廓清障碍。

运营服务全面夯实“稳”的基础。全年安全运送乘客约8亿乘次，日均客运量为218万人次，单日最高客运量达421.9万人次，完成票务收入15.98亿元。S1线（机场线）、S7线（宁溧线）实施“大站快运”；南京站、南京南站火车换乘地铁单向免安检成功落地；1号线试点回库列车载客运营，S8线（宁天线）延迟末班车时间；率先在长三角实现AED（自动体外除颤仪）运营站点全覆盖；人文地铁获“第八届江苏交通优质服务品牌”；3号线首列增购车顺利到库；“厕所革命”取得阶段性成果；获评创建文明城市优秀单位。

资源开发不断形成“增”的成效。王武庄车辆段综合开发项目正式启动；办理85万平方米地下空间及场段不动产权证；金马交通枢纽开展竣工验收；小天堂“云上”住宅销售如期进行；曹后村、和燕路等上盖开发工作有序推进；成功出让小行、汇通路等四幅地块，超额完成“十三五”规划目标；与浦口区成立联合开发的桥林地铁小镇拉开帷幕。

企业管理加快培育“新”的动能。“十四五”战略规划纲要初步成型，即将正式出台；落实审计、监督两项护航举措，成立南京地铁集团有限公司审计委员会，内审工作“治已病、防未病”能力不断加强。健全直属单位纪检机构设置，加快构建派驻纪检监察组与企业党组织双向联系的工作格局，实现内、外部监督体系贯通一致；加强建设内部管理，优化调整集团基础管理框架规章制度管理办法，进一步完善集团制度体系。

无锡地铁集团有限公司

无锡地铁集团有限公司成立于2008年11月，前身为无锡市轨道交通发展有限公司，是无锡市政府直属大型国有企业，注册资本57亿元，下设分、子及控股公司8家，员工

6000余人，主要从事城市地铁及其周边资源综合开发利用与附属工程的投资、融资、建设、运营和管理等工作；承担政府下达的其他城市基础设施建设和运营管理职能；代表市政府履行京沪高铁和沪宁城际铁路无锡段的出资人职责；承担授权范围内国有资产的保值增值责任。

2020年，无锡地铁集团有限公司实现营业收入7.26亿元，年度目标完成率112%。无锡地铁集团有限公司总资产额达到657亿元，净资产达210亿元。

2020年，部署落实疫情防控要求，无锡市全年完成地铁建设总投资78.6亿元，较年初67亿元目标提高17%，比上年增加14%，实现疫情下的逆势增长。建设高峰期有3条线路、超过142个工点同时施工。其中，地铁3号线一期工程完成建设投资38亿元，提前两个月建成通车。地铁4号线一期工程完成建设投资30亿元，实现全线“洞通”和主体结构封顶，进入机电装修阶段；具区路车辆段、天河停车场征拆工作取得重大突破。锡澄S1线完成建设投资10.1亿元，进入主体施工阶段。“十三五”期间，无锡市共启动4条轨道交通线路建设，包括地铁3号线、4号线一期工程、地铁1号线南延线和锡澄S1线，建设里程84公里；完成建设投资共277亿元，开通轨道交通里程34.1公里。

开通地铁3号线一期工程后，无锡地铁运营里程达到87公里。全年优化列车运行图10次，提供各类人群优免乘车服务2228万人次，推出贴心和特色服务25项，有责投诉处理率100%，乘客投诉回复及时率100%，收到表扬近千次，乘客满意度水平持续提升。开展客流提升工作，推出企业团体票、年卡等优惠措施，地铁1号线、2号线客流强度达到0.7，运营成本控制水平继续保持在同类城市前列，全年地铁运营稳定可靠，保持了开通以来无一般及以上事故的记录。

成立置业公司，探索“站城一体化”，着力深耕地铁TOD物业开发，以“生态、幸福、智慧”为主题的具区路地铁TOD综合示范项目A地块进入主体施工阶段并开盘销售，努力打造地铁高质量，开发新的增长极。探索线上商业，“地铁城”线上商城累计访问量达260万次，策划开展20余场商业活动，促进商流提升达32%，为提振区域经济贡献国资力量。三阳广场商业街被评为全国城轨行业商业特色街（区）和江苏省放心消费示范街区。打造文创产业链条，文创作品获全国、省市多项大奖。围绕地铁车站，优化公共自行车站点布局，通过自主探勘、自主建设，拓展地铁3号线两端服务辐射范围，推进“最后一公里”接驳网向地铁新线延伸完善。红色物业彰显国企担当，进驻老旧小区25个，覆盖小区面积超过120万平方米，服务居民超1万户。品牌质量建设迈上新台阶，入选“江苏省省级示范物业管理项目”。以打造“171”工程为目标的绿色装配式合作项目，基地落成、公司成立。与中车株洲所、铁四院共同合资成立无锡智能交通研究院，致力于打造智慧城轨“产学研”一体化产业平台。加快太湖云公司融入地铁业务，开发“复工宝”，参与智慧物业1+N、BIM平台、幸福社区等项目，有力支撑地铁事业发展。“码上行”实现地铁、公交、公享自行车等出行方式互通，开通市民卡、支付宝、“灵锡”等第三方支付渠道，实现与上海、苏州、常州等9个城市异地联乘。上线在线教育平台，承办全国轨道交通行业微课大赛等大型赛事，获得交通运输部职业技能鉴定站、江苏省无纸化考点、江苏省首批产教融合企业试点等资格。

徐州地铁集团有限公司

徐州地铁集团有限公司（前身为徐州市城市轨道交通有限责任公司，2020年8月26日更名为徐州地铁集团有限公司）成立于2012年7月30日，是徐州市国资委直管的国有大型企业，注册资本106.625亿元，为徐州市城市轨道交通项目投资融资、项目建设、运营服务及资源开发主体，致力于打造“最可信赖的公共交通服务者、最具活力的城市发展建设者”。

2020年，统筹推进轨道交通工程建设、运营服务、资源开发三大主营业务开展，持续提升企业治理和党的建设水平，完成年度和“十三五”规划目标任务，徐州地铁步入“交汇换乘、多线共建”的新发展阶段。

规划发展：《徐州市城市轨道交通第二期建设规划（2019-2024年）》于2020年1月20日获得国家发展改革委批复，包括3号线二期和4号线、5号线、6号线一期工程，总里程79.3公里。工程建设：1号线一期剩余工程加紧推进，2号线一期工程总体进展有序，3号线一期工程实现“洞通”“电通”，全面进入装修及机电安装攻坚阶段，3号线二期及6号线一期工程实现开工建设，4号线、5号线线站位方案稳定等前期工作加紧推进。运营服务：2号线一期于2020年11月28日开通试运营，1号线、2号线并网运营里程达46公里，两条线路列车正点率等8项关键指标均达到或超过国家标准，单日最高客运量突破25万人次，全年安全运送乘客2094万人次。经营指标：“十三五”期间累计实现投资399.5亿元，其中2020年完成投资91.5亿元（9项城建重点工程完成投资79.8亿元）、筹资118.7亿元、合并营业收入4.92亿元，合并资产总额482.3亿元，净利润3686.0万元。资源开发：项目完成产值12.0亿元，实现资源经营收入4.0亿元，营业利润1.2亿元，沿线配套商业空间招商4.4万平方米，徐州地铁APP注册用户达180万户，实现长三角8个城市互联互通，刷码乘车惠民185万人次。企业治理：8月底完成集团化组建，对内设机构进行优化调整，年内投资设立两家参股公司，编制印发《内部控制制度》《员工手册》等重要制度，深入推进“十四五”发展战略规划编制工作，不断完善权责对等、运转协调、有效制衡的公司治理体制机制。

常州市轨道交通发展有限公司

2012年12月，常州市委、市政府组建了常州市轨道交通发展有限公司（以下简称常州轨道公司），为市管国有企业，主要承担城市轨道交通项目的工程投资、建设、营运，城市轨道项目周边土地及相关资源开发利用，轨道交通相关业务咨询、教育培训。公司设有1个总公司（下设10个内设部门），4个分公司（建设分公司、地铁资源开发分公司、运营分公司和物业管理分公司），1个子公司（常州轨道置业公司），2个参股公司（常州广通地铁传媒有限公司、常州智慧地铁科技有限公司）。

2020年，常州地铁1号线安全开行8.4万列次，列车运行总里程282.1万公里，客运总量达2282万人次，运营票务收入5800万元。

部署落实防疫要求。常州市轨道交通发展有限公司成立疫情防控工作领导小组，建立疫情防控领导联系督导机制，强化疫情防控的分析研判和责任督导落实。对参建单位及公司各类人员进行全面排查和动态管控，建立内、外部信息日报机制。抓好地铁车站安全防护，严格落实测量体温、配戴口罩、查验“健康码”、车站消毒、站内通风等管控措施。根据疫情发展态势及进站客流变化，及时调整地铁运营班次、关闭（开放）相关车站。3月30日起，常州地铁1号线全面恢复常态化运营服务；3月底，地铁2号线34个有作业面的标段全部复工。

品质全面提高。优化班次，调整常州地铁1号线首末班时间和行车间隔，日均客流从疫情初期的约3000人次回升到9万多人次。强化服务，在奥体中心站设立爱心护学岗，为新北区实验中学的学生提供进出站护学、安全保障服务；优化24小时热线电话服务模式，建立每周、每月分析研判机制，全年接到各类工单21019件，并实现工单受理率、投诉回复率、乘客满意度全部为100%。“常州地铁”APP注册用户超80万，并新增微信、苏宁、支付宝等支付方式，与上海、苏州、无锡、郑州、福州、南昌6个地铁城市实现扫码过闸互联互通；制作防疫纪念票卡、发行普通计次票卡、使用“常州地铁”APP乘车票价85折、常州私家车车主半价优惠等途径开展地铁客流营销。

工程建设项目推进。常州地铁2号线全线车站主体结构及高架区间结构完成，15个车站均开始附属出入口和风亭施工；全线实现“洞通（区间隧道全线双向贯通）”“轨通（轨道铺设完毕）”“电通（接触网通电）”，18个联络通道全部完成。5月15日首辆工程车到段，5月28日首列车“蓝精灵”到段。轨道交通第二期建设规划通过江苏省发展改革委预审，《常州市城市轨道交通第二期建设规划（2021-2026年）环境影响报告书》通过国家生态环境部审查。建设规划交通一体化、沿线用地控制规划、社会稳定风险评估、历史文化名城保护评估专题报告通过市级部门组织的各项专家评审。

提升地铁品牌形象。创新打造“有声图书馆”主题专列，以高清图文、视频、音频为载体，通过形象陈设和线上线下互动方式，打造地铁上的“新阅读”。联合禁毒委员会、消防支队推出“禁毒先锋号”“龙城平安号”主题列车，着力提升了禁毒和防火防灾的宣传教育实效。联合市档案馆在1号线博爱路站打造“档案里的老城厢”专题展，让广大市民在享受便捷出行的同时，探寻常州历史脉络，感受家乡的独特情怀。

地铁综合开发。推进企业主体信用评级，常州市轨道交通发展有限公司成为常州市第二家获AAA评级的市属国企。沿线地块开发提速，6月30日原常州市第五中学地块挂牌出让；10月19日茶山站大板房地块挂牌上市。资源招商和文创开发稳步发展，全年实现广告、通讯、商业、文化产品、物业管理业务收入3084万元。

苏州市轨道交通集团有限公司

苏州市轨道交通集团有限公司成立于2002年，至2020年底注册资本3157714.2998万元，主要承担苏州市轨道交通规划、建设、运营、资源开发及物业保障等工作，是一所市直属大型国有企业。

2020年，苏州市完成城市轨道交通建设投资191.4亿元，为年度计划的101%。全年运送旅客超过3亿人次，单日最大客流量151.7万人次。全年资源开发收入实现13368.9万元。

工程建设项目推进。苏州市在建的轨道交通线路共5条，分别为5号线、6号线、7号线、8号线和S1线，总长度186.7公里。其中，轨道交通5号线完成投资78.9亿元，为年度计划的111.2%，年内实现“三通”（“洞通”“轨通”“电通”）等重大节点目标，26列电客车完成预验收，综合联调完成90%；6号线完成投资35.2亿元，为年度计划的106.7%，土体结构累计完成62%，盾构掘进累计完成15%；7、8号线分别完成投资9.4亿元、11.7亿元，车站主体及围护结构施工有序推进；S1线完成投资56.2亿元，为年度计划的104.2%，主体结构施工完成42.7%，盾构掘进累计完成23%。首创BIM设计协同管理平台，并试点开展管线、机电装修BIM正向设计，5号线首次应用出入口矩形顶管施工和装配式轨道施工技术，S1线引入机械联络通道施工工艺和管片预埋滑槽技术，6号线试点泥浆压滤技术。年内，“富水软弱地层近接叠交隧道与近贴下穿有压管道关键技术与应用”获江苏省科学技术奖二等奖、“受限空间条件下水平冻结联合钢套筒辅助盾构施工关键技术研究与应用”获江苏省土木建筑学会土木科技奖一等奖。

运营管理服务提高。苏州市全年运送旅客超过3亿人次，单日最大客流量151.7万人次，线网运行图兑现率、列车正点率达到99.98%以上，晚点事件数、晚点列次数较2019年分别下降22.2%和14.7%，6月首次出现运行图兑现率、列车准点率“双百”记录。运营服务时间逐步延长，助力苏州夜经济发展和“双12购物节”等活动，12月31日跨年夜首次开启24小时运营服务。推出列车“冷、暖车厢”“无理由退票”和“乘车需求临时取消业务”等特色化服务，实行了公交优惠换乘政策，全年参与人次超过630万。“苏e行”新增自助退票、公共自行车租借、有轨电车乘车以及“云图书馆”等功能，互联互通服务新增南昌、郑州、长春、石家庄地铁，累计达到8个城市地铁。至2020年底，“苏e行”注册用户量突破723万户，扫码进站客流约占苏州轨道交通总客流的50%。在轨道交通1号线狮子山站打造苏州首个城市地铁公共艺术空间。

资源经营综合开发。广告、商业、通讯三大主业经营情况良好，2号线骑河路站、富元路站上盖附属用房实现整体出租，临时展示业务完成整体招商，引导全线商户参与“无理由退货服务”，落地运营“苏e行线上商城”，完成5G新型室分改造，部分站点已调试开通。综合开发步伐不断加快，2、6号线桑田岛停车场上盖方案基本稳定，5号线胥口车辆段、7号线莫阳停车场和天鹅荡车辆段等上盖开发项目按计划有序推进；首个TOD开发项目——品汇左岸商务广场建设进展有序，南楼、北楼和裙楼主体结构基本完成。

苏州高新有轨电车集团有限公司

苏州高新有轨电车集团有限公司成立于2018年4月，注册资本30亿元，前身是成立于2011年4月的苏州高新有轨电车有限公司。苏州高新有轨电车集团有限公司下设6家分子公司。经过几年的发展，业务聚焦有轨电车运营管理和有轨电车产业链发展，主要负责苏州高新区有轨电车的运营管理，对外咨询、培训、检验认证及物业服务和资源开发。

2020年，企业推动精耕细作，不断提升运营水平。运营管理服务提高，有轨电车全年总运营里程368万列公里，共运送乘客402万人次，运行图兑现率/正点率（99%以上）等运营指标始终保持行业领先水准。在运营组织、设备保障、安全生产等方面都取得较好的成绩，全年未发生有责安全事故。确保运力满足乘车需求，服务水平再上新台阶，1号线平均旅速提升至32.09公里/小时，2号线平均旅速提升至33.31公里/小时，进一步缩短发车间隔，延长运营时间，运营水平实现突破。通过生产计划调整、增值税合理抵扣、降低用电成本和进口备件国产化等措施，成本经有效控制下降967.9万元。参与完成“城市轨道交通行车综合调度控制系统平台及应用”并获得江苏省科学技术奖三等奖。

甘肃天水有轨电车全过程咨询服务项目完成，复制有轨电车“苏州经验”。新承接武夷新区旅游观光轨道交通工程（线上部分）政府质量监督第三方服务项目。培训方面，完成青海德令哈、云南文山、福建武夷山等地100名学员培训，培训合格率100%。累计培训1523人，市场占有率稳居同行之首。检验认证生产经营扭亏为盈，实现经营利润74万元，并获评高新技术企业认证；获得CNAS资质，各类检测参数156项。资源经营综合开发，优化广告资源开发，全年商业广告占比由10%提高到26%；创新旅游资源开发，“车载智能终端机”获得国家专利，实现资源类专利零的突破；全年旅游接待97批次，有轨电车旅游品牌入选市十大旅游创新产品，周边文创产品总销量实现突破。物业服务，做好电车基地、P+R停车场项目，对接创业园三期、何山路隧道等项目；通过加强人员、能耗及物资库存管理，进一步优化成本管控。知识产权方面，授予中国专利14项，主编地方标准4项、职业标准1项，参编团体标准3项。通过QES三标体系认证，持续提升行业影响力。

南通城市轨道交通有限公司

南通城市轨道交通有限公司于2016年12月19日注册成立，2017年8月15日挂牌，注册资本金64.3亿元，为市属一类企业，公司的功能定位为：负责城市轨道交通的前期研究、投融资和建设管理等；负责城市轨道交通线路运营及相关设备设施的管理和维护，待开通线路的运营筹备；负责城市轨道交通收益管理、投资及相关非票务性资源的开发经营等；从事城市基础设施设计和咨询服务。

2020年，企业坚定决心，抢抓先机，强化学习型组织建设，塑造企业文化，形成党的建设、工程建设、队伍建设齐头并进的良好局面。

部署落实防疫要求。一是全面落实各项疫情防控举措。根据疫情防控工作态势，动态调整疫情防控工作方式，确保公司员工、所有参建单位严格落实到位。二是根据疫情控制情况，及时、快速推进复工复产。1、2号线一期工程各土建施工标段均快速实现复工，部分城中区间标段还在满足疫情防控要求的基础上，进一步增强了现场管理和施工人员力量。

工程建设项目推进。至2020年底，南通城市轨道交通1号线一期工程28座车站全部实现地下连续墙封闭，其中26座车站完成主体结构施工，仅有环西文化广场站、青年路站2个站点未实现主体结构封顶；58个盾构区间有52个实现贯通，累计掘进里程达65.4公里，完成2020年内计划110%；平东车辆段全部铺轨完成；正线完成铺轨46.4公里，完成2020年内计划232%。2号线一期工程17座车站全部实现地下连续墙封闭，12座车站实现主体结构封顶；累计完成车站主体基坑开挖约164.1万立方米；全线累计实现14台盾构机始发，累计掘进里程约为19公里，完成2020年内计划297%。

质量安全责任。一是切实落实“源头管控，本质安全”的要求，实行领导班子挂钩项目标段督查机制，形成全覆盖、多层级、高强度、网格化、信息化的质量安全监管体制机制。二是持续开展质量安全监督巡查。根据“四定三查”的要求，开展“四不两直”监督巡查。三是进一步完善应急管理机制。印发轨道交通工程突发事件应急预案，组织开展应急演练。四是主编的省级教材《城市轨道交通项目经理部质量安全标准化指南》出版发行，该《指南》是江苏省城市轨道交通建设科技创新计划（简称“926”计划）系列指南之一。

创建学习型组织。创新“党旗红·争先锋”学习型组织创建。2020年度，8人获高级职称，3人获南通市“工人先锋号”称号，2人被选为首批市级网络专家库成员，财务审计部获“江苏省巾帼文明岗”称号；2020年学术年会上，公司获江苏省城市轨道交通建设科技创新先进单位、年会优秀组织奖等多个奖项。

企业文化共同愿景。弘扬“臻精达诚 行稳致远”的企业愿景文化、“以奋斗者为本，给攀登者加油，为干事者担当，让乘用者满意”的企业干事文化以及“温暖如家，快乐一家”的企业和谐文化，开展“好员工、好配偶、好子女”评选，分层开展员工家访，举办“我的地铁我的家 一起成长乐哈哈”首期职工子女夏令营、“喜迎中秋 情系轨交”制作手工月饼活动，与市交巡警支队共同开展包粽子活动，丰富企业“家文化”内涵，增强公司凝聚力向心力。

淮安市现代有轨电车经营有限公司

淮安市现代有轨电车经营有限公司于2015年9月成立，注册资本10000万元，负责轨道交通运营管理、维护、保养、服务咨询；设计、制作、代理、发布各类广告；餐饮服务；车辆、设备、房屋、场地租赁。

2020年，运营管理水平迈上新台阶。部署落实防疫要求，公司坚持一手抓疫情防控、一手抓运营生产，各部门员工创新思路、务实工作，运营服务、维保生产、安全管理、经营发展等方面均取得成效，完成年度目标任务。（1）以市民满意为目标，抓好运营服务工作，快捷准点、安全舒适的小火车成为市民出行首选。受新冠肺炎疫情影响，淮安有轨电车于1月30日暂停运营，2020年3月16日有轨电车恢复运营以后，电车客流逐步从日均3000人次恢复至2020年底的2万多人次。12月30日，雨雪冰冻天气，有轨电车快捷准点特性充分发挥，成为市民公共出行首选。2020年，有轨电车1号线全年实现载客620万人次，乘客满意度超98%，年度服务质量被行业主管部门评定为优秀。（2）以安全“零”事故为目标，严格落实安全生产主体责任，打造安全、和谐、稳定的企业发展环境。一是抓好安全生产制度落实。编制实施《2020年度安全生产工作计划》；结合实际修订综合应急预案和21个专项应急预案。二是抓好重点安全生产环节。强化作业流程规范管理，加强重点作业环节管控。三是抓好技术安全保障。重点开展11项安全技改项目，突出抓好重大课题研究，实现国内首列自动驾驶有轨电车在淮安“试跑”，引发行业广泛关注，中央、省、市媒体纷纷给予报道。（3）以保障有力为目标，秉持维保精良工作宗旨，车辆等各系统设备完好率呈现逐步上升态势。一是突出业务培训工作。全年开展业务培训共计96场次。二是强化维保日检工作。各系统呈现出越来越好的发展态势，为电车安全有序运营提供了可靠保障。三是抓好车辆架修工作。扎实开展车辆架修调研，充分借鉴行业经验，明晰车辆架修工艺流程，在修程的深度与广度、供应商的服务能力等方面进行严格把控，进入全面试修阶段。

企业经营管理实现高质效。2020年，公司开展“开源节流、降本增效”系列活动。实现主营收入稳步回升、非主营项目全面开花的目标，非票务收入超500万元，较2019年增长25%。一是不断挖掘有轨电车资源价值，努力开拓市场，促进多元经营。在原有非票务收入的基础上，进一步开展有轨电车广告类招商拍卖工作，与中国电信、市国联集团、西游乐园、潮宏基珠宝等多家知名单位达成30余项合作，电车站台广告、车厢广告、外包车等经营性业务累计营收超400万元，比上年增长25%。二是创新实施小火车研学游项目，加强与各旅行社、社会培训机构合作，开拓研学游市场，全年接待市内外23批次1100余名亲子团游客，取得较好收益。在抓好研学游项目的同时，不断强化小火车科普教育基地软件和硬件设施建设，获省科协等单位好评，并被评定为省级科普教育基地。三是加大了培训学校市场开拓力度，积极关注行业动态，与国内有轨电车建设运营单位密切联系，洽谈合作业务，2020年为嘉兴市培养了2批次67名有轨电车驾驶员，培训成效获运营单位充分肯定。

社会责任履行成效。一是从严抓好疫情防控工作，将疫情传播风险降到最低。年初，根据省、市“六到位”“四坚持”的企业复工复产要求，科学制定运营组织方案，认真落实电梯、车厢消毒、乘客戴口罩、扫码乘车等工作，提高防疫工作的政治站位。多渠道筹备医用口罩、体温计、消毒液、护目镜等防疫物资近10万件，为有效抗疫提供了保障。二是全员参与文明城市创建，打造精神文明建设示范线。对标对表，按规范更新电车沿线站台公益广告150余幅；在体育馆站、水渡口站、纪念馆站等重点站台设立共产党员服务岗；对照空乘服务标准，加强司乘服务培训，提升精致服务水平；做好挂钩帮扶和大走访工作等，打造了宣传氛围好、卫生环境好、司乘服务好、帮扶成效好等工作亮点，获市创建办等单位好评，助力我市成功创成全国文明城市，被淮安市委市政府通报表扬。

昆山市轨道交通投资发展有限公司

昆山市轨道交通投资发展有限公司成立于2009年9月25日。为昆山交通发展控股集团有限公司全资子公司，主要经营范围为轨道交通工程建设、轨道交通运输服务、轨道交通项目投资与开发，承担轨道交通工程的投资、建设、管理、运营、开发等职能。

昆山市轨道交通投资发展有限公司投资建设的上海轨道交通11号线北段工程（安亭站-花桥站），项目总投资约18.49亿元。全线均为高架线路，全长6公里，东起上海安亭站，西至昆山花桥站，共设兆丰路站、光明路站、花桥站。于2013年10月16日正式通车试运营。作为全国首条跨省市轨道交通项目，对加快长三角城市间轨道交通网络的融合具有重要意义。

2020年，上海轨道交通11号线花桥段2站总进出站客流为1478.2万人次，日均客流达4.8万人次；停运58天（1月26日13:00起至3月23日），经营收入112.4万元，票务收入1192.3万元，合计收入1304.7万元；全国首个跨区域轨道交通公共服务标准化试点启动，“鹿城脉动QC小组”被命名为2020年江苏省优秀质量管理小组，获2020年苏州市质量奖等；“轨道青年紧急施救八旬老人”感人故事于2020年11月29日在中央电视台新闻频道播出。

运营管理和服务质量提升。完成“沪昆联席”机制建立，公司与上海虹桥派出所、上海地铁第二运营公司、昆山公交派出所沟通协调，围绕“一个整体”安全生产的环境以及安全运营目标，从安全文化教育、公共卫生防范、社会治安稳定方面着手，建立“沪昆”联席机制，联合开展车站四乱整治、重大活动联防联控等工作，促进长三角一体化高质量发展。完成文化主题车站建设，以昆山特色文化作为设计理念，对花桥站1号出入口进行升级改造，致力打造成安全、美观、有特色的文化主题车站，向广大市民传递出一张昆山地铁的文化名片。完成标准化体系可视化建设，公司开展重点管理标准宣贯、运营一线操作岗位工作标准教学视频拍摄，精心挑选了行车、票务、综合、服务4大类，从而全面提升运营服务质量。

筑牢安全壁垒。完成安全文化阵地建设，提升安全精细化管理水平，推动开展企业安全文化阵地建设工作。提升反恐防范应急能力，进行反恐怖防范标准化建设工作，完成反恐怖防范标准化手册初稿编制并开展反恐防暴“红蓝军”对抗桌面推演。

助力人才培养。完成“人才蓄水池”实施计划，一是打造“内行”领军人才，二是打造“骨干”中坚力量。公司充分整合内部培训资源，大力提倡“外送内修”双向学习方法，通过内部培训师选拔、陈翔公路站业务拓展学习等方式，致力培养一批实战经验丰富、技术质量过硬的技术骨干。三是打造“工匠”发展根基。为强化基层员工业务技能和综合素质，公司积极打造“工于行、匠于心”专业型人才队伍建设工作。

杭州市地铁集团有限责任公司

杭州市地铁集团有限责任公司成立于2002年6月，是从事杭州市轨道交通工程建设、营运与管理，房地产开发经营、物业管理等业务的市属综合大型国有企业。注册资金541.6亿元，拥有员工超过1.5万名，下设1家分公司：杭州市地铁集团有限责任公司运营分公司；2家全资子公司：杭州铁安工程有限公司、杭州地铁开发有限公司（下设三级子公司2家：杭州地铁商业经营管理有限公司、杭州地铁物业服务有限公司）；控股杭州地铁电视有限公司、杭州杭港地铁有限公司；参股杭州武林广场地下商城建设有限公司等十余家公司。

2020年，杭州市城市轨道交通以疫情防控和复工复产“两手抓、两手硬、两战赢”的要求，凝神聚力、攻坚克难，在抢抓机遇中乘势而上，在攻坚克难中砥砺前行，在全市范围内率先实现在建工程100%复工达产；运送乘客超5.8亿人次，开通地铁5号线全线、地铁16号线、地铁1号线三期、地铁6号线一期与杭富段、地铁7号线首通段，新增运营里程171.4公里，总运营里程达307.0公里，进一步提升乘客的幸福感和获得感。杭州地铁在2020年交出一份有史以来完成投资额最高、建成线路最多、通车运营里程最长的漂亮答卷。

工程建设项目推进。先后两次开通新线，实现市辖十城区地铁全覆盖。地铁8号线一期工程实现“洞通”开始铺轨。紧扣地铁工程建设节点目标，逐线、逐站动态梳理建设时序，有效化解征地拆迁、资金到位、管线迁改、交通组织等制约工程形象进度问题，创造地铁建设的“杭州速度”。围绕“美丽杭州”创建，全力整治地铁工地周边环境，有效提升地铁文明施工水平。坚守“三全一严”要求，压实安全生产“四个体系”。

运营管理和服务质量提高。全年先后3次单日客流突破纪录，其中12月31日线网最大单日客流达314.1万人次，创历史新高；全年开行列车数约74.2万列次，比上年增长12.7万列次，累计行车达15506.3万车公里，线网准点率、兑现率均达到99.99%。深化双重预防机制，实现风险数字化分级管控，建立“区域应急响应”机制，开展应急指挥专项培训。全力推进既有线与新线无障碍整改，以及“一口一方案”地铁出入口序化管理。持续优化车厢温度、安检排队、厕所环境；上线ACC二期项目，以及交通一卡通、人才e码通、大学生“青荷码”；采取高峰期缩短行车间隔、加开备车等措施提升运能；发出“背包向前”倡议，深化彩虹、贴心品牌特色服务等，乘客满意度超90分。针对未来超大线网管控需要，全面启动七堡第二控制中心建设。

资源经营综合开发。结合新一轮线网规划和四期建设规划，开展TOD专项规划研究，确认首批8个TOD示范项目。与属地研究确定地铁三期11个车辆基地上盖开发方案，基本签订上盖代做地协议。完成4宗地块的出让，开展经营性用地地块11宗；完成5宗地块的收储，总用地面积10.89公顷。T3、T4楼完成竣工验收并开展招租；沈塘桥项目进入主体结构收尾阶段。杨柳郡四期取得竣工验收备案表；五常未来天空之城、杭行道、春和云境等项目，实现合同销售额97.7亿元。商管公司首个自营商业区人民路商业开业。

企业治理多点发力。标准编制集团“十四五”规划，全面总结过去5年工作经验，明确下一个五年工作方向。标准化建设全覆盖推进，理顺标准化管理顶层设计和路径，系统梳理并完成134项管理制度的制定或修订，开展13次业务轮训，完成3个试点部门标准化管理手册。多形式深植企业文化，举办公司首届职工运动会和企业文化节；启用杭州地铁文化驿站，搭建员工展示平台。多维度营造“比学赶超”氛围，开展建设、运营、经营比学赶超大比武活动。多载体塑造企业形象，杭州地铁在中央级媒体7次亮相；党建联建、工程建设、运营服务等主题宣传相继登上学习强国平台、省市媒体；充分利用“两微一抖”新媒体矩阵。注重挖掘先进榜样，全年多个部门获得浙江省市工人先锋号称号，数十名员工分获“浙江省市五一劳动奖章”“浙江建设工匠”“杭州建设工匠”“杭州市最强领头雁”“抗击新冠肺炎疫情先进集体（个人）”等省市荣誉称号，安全督查队获“最美杭州人”荣誉称号，进一步激发全体职工的凝聚力、向心力、归属感和荣誉感。

宁波市轨道交通集团有限公司

宁波市轨道交通集团有限公司成立于2006年，为市国资委出资的国有独资企业，2015年，通过增资扩股方式引进国开发展基金，成为市国资委和国开基金共同出资的国有企业，统一指挥轨道交通建设的各项工作，履行轨道交通工程的投资、运营和物业投资开发等职能。

2020年，宁波城市轨道交通以“决战攻坚、全面改革”主题年活动和“九大攻坚行动”为总抓手，奋力冲刺“十三五”和轨道交通三年行动计划收官扫尾，规划、建设、运营、开发和企业经营管理等各项工作呈现出高质量发展态势。

工程建设。部署落实防疫要求，坚持全员上阵抓攻坚，着力优化工筹，先后高质量开通2号线二期首通段、3号线鄞奉段、4号线等3个项目57.5公里。5号线一期22座车站主体结构全部封顶，20个盾构区间（含出入场线）贯通。2号线二期工程后通段招宝山站主体结构封顶，2个盾构区间贯通。

运营服务。坚持便民利民惠民，着力把改善运营服务作为第一要求，服务质效稳步提升。运营里程增至154.3公里，全年新增57.9公里，单日最大客流首次突破百万人次，列车正点率99.94%，运行图兑现率99.99%，关键技术指标继续保持行业前列。结合客流情况和乘客出行需要，推行大站快车、大小交路等行车组织方案改革，进一步优化行车间隔和上线车次。配合全市常态化疫情防控大局和复工复产需要，适时推出优惠乘车活动，为全市复工复产和经济社会发展发挥了轨道力量。

科技创新。着力推动产学研一体化，全年新增立项科研项目30项，获得授权专利11项，相关成果对后续工程起到良好的指导作用。世界最大断面类矩形盾构“阳明号”、机械法联络通道施工技术、架空接触网结合专用轨回流技术等一批新技术、新工法在4号线得到成功应用，精准实现国内最大偏心曲线转体桥成功转体。宁波市轨道交通集团有限公司科协荣获浙江省“百佳企业科协”称号。

资源经营。深入推进TOD战略，全年挂牌土地6宗、完成土地出让4宗、总出让面积37公顷（挂牌面积）、成交面积30公顷，总出让收入64亿元。轨道物业二级开发品牌受到市场追捧，实现“开售即罄”的好业绩，全年实现咏兰郡、芳菲郡等住宅项目销售约55亿元，其中平稳完成杨柳郡二期、三期等项目交付。广通商等板块经营业绩持续提升，其中鼓东区间综合体获评“全国城轨交通商业示范街”。

安全生产。全力守牢安全生产“生命线”。严格落实双重预防机制，持续抓好重大风险管控，彻底排查安全隐患，加强应急管理、充实应急力量，确保工程建设、运营、开发经营等领域安全平稳，全年未发生一般及以上安全生产事故。

企业文化。始终坚守轨道交通作为城市公共文明的主窗口、主阵地意识，宁波市轨道交通集团有限公司被宁波市委、市政府评为争创全国文明城市“六连冠”嘉奖集体，创建全国文明单位。其中建设分公司获省“五一”劳动奖状、运营分公司创建成为市级文明单位。

温州市铁路与轨道交通投资集团有限公司

温州市铁路与轨道交通投资集团有限公司成立于2011年4月，注册资本金20亿元，承担温州城市轨道交通项目前期、工程建设、投融资、运营管理及沿线资源开发“五位一体”建设的市级国资功能类企业。至2020年4月底，总资产达到398亿元，净资产达231亿元，企业职工500余人。

2020年，深化落实“轨道交通+新型城镇化+智慧化”发展理念，对标对表建设“重要窗口”的新目标新定位，紧扣“奋战1161、奋进2020”年度工作主题主线，围绕“三强两促”专项活动和“六重”清单任务目标，克难攻坚，狠抓落实，统筹推进疫情防控和经济发展双线任务，全面掀起铁路与轨道交通建设大干热潮，各项工作取得显著成效。

工程建设。一是S2线主线全面铺开建设。全线完成130.65公顷交地、2008条管线迁改，并成功突破乐清四环路、汀田车辆段等进场难题，主线10个标段全面进场施工，完成总体工程量达69%。其中，温州首个越江隧道盾构于3月27日始发。同时，提前谋划运营筹备工作，率先完成车辆、电梯和自动扶梯等13个项目招标，与11家合作院校签订定向班、订单班培养协议，为S2线运营打下坚实基础。二是S3线、M1线项目前期取得突破。S3线与温瑞大道快速路一期共建段开工建设，瑞安段共建方案和车辆段选址方案持续深化中，并完成客流预测、职业病危害预评价以及关键控制性工程永宁大桥航评报告专家评审；M1线完成工可报告编制，投融资方案取得批复。三是铁路与轨道交通配套项目顺利实施。S1线灵昆车辆段B标进场施工，A标基础处理工程基本完成；温州北站交通枢纽项目有序推进，雅林未来社区全面进场；乐清湾铁路8月13日开通运营；“义新欧”班列温州监管作业场提前20天建成，并于9月4日移交；金温铁路东段累计拆除铁轨17公里；动车南站西广场完成验收，并启动移交。

财务创新。主动对接金融机构，不断拓宽融资渠道，全面破解融资难题。发行全省首单轨交专项债券35.6亿元；落地S2线72亿元银团，创造全省30年长期限贷款最低利率；成功注册银行间交易商协会产品30亿元，发行债券5期19亿元；竞价提用融资租赁15亿元；积极争取政府惠企政策红利，节税退税约3.2亿元；抢抓利率市场化改革窗口，下调全部20.5亿元存量债务融资利率；对接各大国有银行和股份制银行，2020年6月，获得8家银行综合授信，并成为全市首家获双AAA最高资信等级企业，有效降低融资成本。全年合计筹措到位资金约124亿元，期末融资余额加权平均成本约4.263%。

资源经营。一是全面深化企业改革。深入谋划“十四五”发展战略，并形成纲领性文件；完成企业内设机构调整，进一步优化国有资本布局和业务管控流程，企业治理能力有效提升。二是全面提升经营水平。盘活资产，通过有机更新焕发租赁项目新活力，珠冠巷81号老旧厂房、水心汇昌等项目“重获新生”。疫情期间及时推出S1线“云招商”，与森马集团、红连控股、华宇地产等大型运营企业强化业态合作，集团经营性房产和土地整体出租率达97%以上。三是全面加强沿线开发。完成做地收储11宗32.87公顷，超额完成温州市政府对集团32公顷的年度计划。全力推进永中站3宗7.93公顷、瑶溪北单元11-A-26地块出让工作，力争尽快实现首单出让。四是全面擦亮企业名片。创新推出“温州轨道”视频栏目，拓宽对外宣传渠道；成功主办全国城轨交通商业经营发展论坛、长三角城市轨道交通企业领导人第十次圆桌会议，企业“朋友圈”越来越大。

绍兴市轨道交通集团有限公司

绍兴市轨道交通集团有限公司于2015年8月成立，注册资本20亿元，经营范围为轨道交通工程投资、建设、运营（凭特许批准）、管理、技术开发、技术咨询、技术服务、技术转让；房地产开发；设计、制作、代理、发布：国内各类广告（除网络广告）。2020年8月，在绍兴市委市政府和绍兴市国资委的指导下，绍兴市轨道交通集团有限公司完成股权变更工作，由国有控股企业成功转型为国有独资企业。

2020年，部署落实防疫要求，坚持全年工作目标不变，团结协作、迎难而上，开拓创新、积极进取，确保工程建设、前期规划、自身建设等各项工作有力有效。

工程建设项目推进。绍兴市城市轨道交通全面推进1号线车站、区间施工，至2020年底，1号线共有13座车站及1座区间风井主体封顶，8座车站开展车站主体及围护结构施工，7个盾构区间隧道双线贯通，9个区间同步掘进中。围绕1号线柯桥段（杭绍城际铁路）与杭州接驳运营目标，完成杭州、绍兴轨道交通合作一揽子协议签订工作。2号线一期工程开工建设，至2020年底，各车站全部进场施工，3座车站进入基坑开挖施工阶段，5座车站进入主体围护结构施工。城际线“进杭”运营。深入落实杭绍甬一体化发展，对接铁路部门，绍兴城际线“进杭”政策取得实质突破。完成杭州南站适应性改造工程，7月1日，绍兴城际线实现与杭州南站贯通运营。

前期规划加快步伐。线网规划上报审批。结合绍兴市国土空间规划编制，进一步优化完善绍兴市轨道交通线网规划第二轮修编方案，通过绍兴市规划管理会审议，以及浙江省自然资源厅组织的技术审查和专家评审，并上报绍兴市政府审批。同步推进绍兴市城市轨道交通第二期建设规划编制相关工作，完成第二期建设规划各条线线路预工可报告及各专题初稿，加快做好上报准备工作。市域铁路提早谋划。4月绍兴市政府明确绍兴市轨道交通集团有限公司为市域铁路S2线、S3线建设单位后，快速推进预工可研究，在充分对接属地政府的基础上，形成推荐方案，完成预工可编制，并正式上报浙江省发展改革委。

要素保障持续加强。在资金保障方面，会同绍兴市财政局完成1号线PPP“抛项”、同期实施部分及2号线一期工程项目资本金共计81亿元的筹资方案，到位财政性资金28.9亿元，其中，政府专项债资金15亿元；进一步拓宽融资渠道，全年取得融资资金18.6亿元，并开展评级发债相关工作。在用地保障方面，完成1号线越州冷库厂房等拆迁，1号线农专用地批复，完成2号线一期各施工标段借地。在安全保障方面，组织开展各类检查和隐患排查145次，整改回复率100%，并开展安全生产月、质量月、应急演练、安全生产竞赛和技能比武大赛等活动，制定和修订质量安全管理制度12项。

地块开发加大力度。围绕地块开发等重点、难点工作，成立物产开发工作领导小组，进一步统筹力量，加快地块开发步伐。镜湖梅山广场完成北区地下室封顶和地上三层，推进南区地下室施工，同时开展预售证申领等销售准备工作。火车站东广场城市停车场及配套工程完成摘地、工可报批和初步设计评审，于9月正式开工建设；鉴湖停车场上盖预留工程经过多方努力、合力攻坚，完成方案优化、工可、初步设计、施工招标等，于12月开工建设；震元堂地块、城南大道地块开展方案设计等前期研究。

企业管理全面提升。强化内控管理。结合企业发展实际，完成增资、股权转让、股东调整和章程修订，建立健全董事会、监事会，确保绍兴市公司法人治理结构适应公司业务发展需要。推进内部管理制度“废、改、留、立”，制定完善涵盖“行政办公”“财务管理”“人事管理”等11类共150余项制度并汇编成册。承办市国资委纪检监察组加强全面从严治党履责管理现场会，为市管企业公司治理提供轨道交通素材。

合肥市轨道交通集团有限公司

合肥市轨道交通集团有限公司于2009年6月正式成立，国有独资，注册资金53.6亿元，主要承担合肥市城市轨道交通项目规划、设计、建设、运营及沿线和地下空间相关资源开发的职能。

2020年，合肥市轨道交通集团有限公司有效应对疫情和汛情，以“六稳”“六保”各项部署，抓前期、推建设、重服务，合肥轨道交通5号线南段开通初期运营，第三期建设规划项目全部开工，在建线路进度进一步加快，1-3号线安全平稳运营，全年投资完成169.9亿元，比上年增长56%，以良好的工作成绩为“十三五”画上圆满句号。

规划批复。3月17日，国家发展改革委批复《安徽省合肥市城市轨道交通第三期建设规划（2020-2025）》。9月29日 合肥市举行第三期轨道交通建设项目开工动员会，2号线东延线、3号线南延线正式开工建设。10月31日，4号线南延线、6号线一期开工建设，11月30日，7号线一期、8号线一期开工建设，合肥轨道交通第三期建设规划实现180天同年获批同年开工。

工程建设。5号线南段如期实现初期运营，4号线首列车到段，西段全线车站主体结构实现封顶、单线区间全部贯通，轨道铺设基本完成。1号线三期3座车站、主体封顶2座；8条单线区间、贯通4条；天水路停车场14座建筑单体、主体封顶13座。第三期建设规划项目全部完成招标和开工，其中2号线、3号线延长线实现基坑见底。在5号线南段剩余工程攻坚和三期线路招标工作及开工准备工作中，推行清单化管理；在样板引路上下功夫，全面提升合肥轨道建设的质量标准。

运营服务。合肥轨道交通全路网运营线路有4条，运营线路总里程112.6公里，运营车站95座。2020年全年运送乘客19507.4万人次，占全市公共交通客运量比重的37.7%；日均客流量53.3万人次，比上年增长8.19%；单日最高客流量达到123.0万人次。网络运营服务指标完成情况良好，运营安全质量水平稳步提高，网络运营安全全面受控。

资源经营。多措并举推进九联湖畔物业项目销售工作，销售金额6.7亿元，销售回款3.5亿元。同步积极推进《关于轨道交通场站综合开发的意见(试行)》落地实施，完成第三期建设规划项目及S1线的可利用土地梳理，并积极推动深圳路停车场地块的预方案设计，加快推动土地上市准备工作。平稳开展广通商经营工作，完成轨道交通3号线5G改造和覆盖工作。

安全生产。以“消除事故隐患，筑牢安全防线”为主题的安全生产月活动，持续跟踪检查“六个百分百”和文明施工的落实情况，全面落实防洪防汛工作，积极做好汛前隐患排查、汛中值守处置和汛后清理维保等工作。应急管理方面，加强应急管理体系建设，完善应急信息报送管理，完成冰雪灾害天气、城市防洪、重污染天气、建设安全生产事故四个专项应急预案及突发事件综合应急预案专家评审及印发、备案等工作。通过以上努力，建设运营保持安全生产受控状态。

获奖情况。GKI-33e铁路信号全电子计算机联锁系统荣获2020年度安徽省科技进步一等奖，施工类安全风险一体化平台获中国城市轨道交通行业2019-2020年信息化最佳时间优秀案例，合肥市轨道交通集团有限公司获2020（第十四届）轨道交通与城市国际峰会轨道交通安全防范先进单位，3号线一期及1号线三期声像档案采集与整理实践案例获安徽省城建档案学会优秀档案作品奖。

芜湖市轨道交通有限公司

芜湖市轨道交通有限公司成立于2016年6月。为国有全资公司，注册资本30亿元（分期到位），其中市国资委出资15亿元，占股比50%；市建投公司出资15亿元，占股比50%。至2020年底，芜湖市国资委实缴注册资本2.5亿元，市建投公司实缴注册资本7.98亿元。为加快推进芜湖市轨道交通1号线及2号线一期工程建设，依据《芜湖市轨道交通1号线、2号线一期PPP项目合同》，由芜湖市轨道公司履行政府方出资，认缴PPP项目公司出资11.99亿元，占股比30%，至2020年底，按照出资计划，实缴注册资本9.56亿元。

2020年，芜湖市轨道交通有限公司以工作标准化、规范化为抓手，以“全面深化党建工作、全面防范轨道交通项目风险”等中心工作，强化党风廉政建设和队伍建设，全力抗击新冠疫情和汛情，有序推进轨道交通和隧道工程项目复工复产，努力提升工作效率和水平，加强在建轨道交通线路建设的监督和管理，确保项目建设平稳推进。

加快推进轨道交通1号线及2号线一期工程项目建设进度，协助项目公司组织开展轨道交通“创精品、保工期，大干100天”百日攻坚活动，完成轨道交通全线轨道梁的预制和架设工作目标；全面完善工程建设手续，完成轨道交通沿线征地拆迁工作；开展履约检查，强抓质量安全进度和文明施工；协助项目公司推动机电系统采购及安装、调试；协助开展非票务经营性业务监管和票制票价制定工作；全力推进轨道交通第二轮建设规划编制，完成第二轮建设规划（送审稿）及第一轮建设规划中期评估分析报告编制及咨询工作，其中第一轮建设规划中期评估分析报告上报芜湖市发展改革委转报安徽省发展改革委审核。

加强创新引领，建立完善轨道交通立法及标准体系，完成轨道交通立法工作，《芜湖市轨道交通管理办法》于2020年12月11日芜湖市政府第78次常务会议审议通过；完成安徽省地方标准《跨座式单轨交通运营管理规范》（DB34/T 3712-2020），12月1日获安徽省市场监督管理局批准发布；主持或参与编制地方标准《跨座式单轨交通初期运营前安全评估技术规范》《芜湖市跨座式单轨交通工程施工质量验收规范》《跨座式单轨车辆基地技术规范》，以及团体标准《跨座式单轨道岔试验规范》《跨座式单轨交通道岔》《跨座式单轨交通接触轨》等。

福州地铁集团有限公司

福州地铁集团有限公司（原为福州市城市地铁有限责任公司）成立于2009年6月20日，注册资本为13.914亿元，是福州市从事城市轨道交通建设、运营和资源开发的国有全资公司。

2020年，福州地铁立足“建设、运营、资源开发”三位一体并重发展，围绕年度工作目标，团结带领广大干部职工，锐意进取、攻坚克难、创新突破，统筹推进疫情防控和复工复产，各项工作取得新成效。

工程建设。福州城市轨道交通续建线路3条，新开工1条，建成线路1条，完成建设投资165.2亿元。其中1号线二期按期开通初期运营；6号线站点全部主体封顶、盾构区间全部贯通、长乐段完成铺轨，全面进入附属结构、车站装修和机电施工；5号线动工车站全部主体封顶，17个区间双线贯通，全面展开出入口、风亭等附属结构；4号线全线动工，10座车站主体封顶，7个区间双线贯通，剩余站点主体结构和区间盾构施工稳步向前；F1线13座车站开工建设，大数据站和机场站主体封顶，4台盾构始发掘进。

线路规划。福州城市轨道交通2号线东延线和6号线东调段建规方案获得批复，结合实际开展方案优化设计，节约投资近30亿元，工可评审相关材料编制完成上报福建省发展改革委；深入开展F2线、F3线方案研究，提前启动工程可行性研究报告及配套文件编制；第三轮建设规划线路方案优化调整有序推进。

运营服务。福州城市轨道交通共开行列车17.6万列次，运营总里程2937.8万列公里，运行图兑现率99.99%，正点率99.97%，总客运量9475.4万人次，占全市公共交通客运量的24.4%。日均客运量25.9万人次，单日最高客运量突破新高，达到55.4万人次/日（12月31日）；各设备系统的运行可靠度均高于国家标准，未发生运营安全事故。服务队伍建设不断加强，在1号线“茉莉服务队”基础上，成立2号线“榕榕服务队”。站内设施、乘车环境持续完善，开展站内专项噪音整治，丰富站内音乐播放，推出“冷暖车厢”，实现“同车不同温”。实现微信、支付宝、人脸识别等多种购票、过闸方式，站内通行效率进一步提升。服务质量监督管理系统更加丰富，每月定期组织开展现场服务质量抽检，邀请“神秘乘客”参与服务质量测评监督，提升服务质量评价的可靠性、针对性。地铁文化活动更加鲜活，立足“春运温暖回家路”“高考直通车”等核心企业品牌活动，挖掘“幸福回家 美好守护”福州地铁春运公益活动、“城市随读 一路书香”读书日等增值活动。多方联动打造文明地铁，260多家单位近4万人次志愿者进驻地铁站点开展志愿服务，致敬福建省援鄂英雄主题展示等正能量传播，助力文明城市创建。

安全生产。安全标准化建设全面提升，重新出版《福州市地铁施工标准化管理指南》，编制《防台防汛标准化图册》等指导丛书。安全检查和隐患排查常抓不懈，组织安全质量专项检查45余次，排查安全质量隐患21700余项。以“洞内不漏水、洞外不积水、路面不跳车”为目标，围绕结构渗漏水、导改道路和防汛防内涝等突出问题开展专项整治行动，处置结构渗漏点3782处，整治导改道路缺陷井盖116个。严格落实危大工程管控，加强关键节点条件核查预控，组织开展条件核查近372次。严把盾构施工风险，做好盾构设备选型、设备评估及适应性分析，分类分级识别区间风险源，成型隧道总体质量良好。地铁保护工作有效推进，运营及在建各条线路安全情况总体良好，未发生影响1号线运营安全及在建线路设施结构安全的事件。

资源开发。竞标得于福州城市轨道交通1号线斗门站B出入口、上藤站附属用房等地块。立足打造地铁沿线商业综合体及“站城融合”开发思路，梳理地铁2号线祥坂站地下空间，滨海快线东升停车场、帝封江指挥控制中心、闽都站亿力公司宿舍等潜力项目，有序开展开发方案设计。成立地铁物业公司，统筹承接地铁保安、保洁、食堂、物业管理等业务。持续推进广告、通信和地下商业等非票务资源业务，丰富地下商业业态，引进面包店等新业态。

厦门轨道交通集团有限公司

厦门轨道交通集团有限公司成立于2011年11月，注册资金为300亿元，是厦门市政府国有资产监督管理委员会履行出资人职责的国有独资有限责任公司，是经厦门市政府授权国有资产投资的资产经营一体化公司。成立9年来，始终秉承“高起点规划、高水平设计、高标准建设、高质量运营”的理念，广泛汲取先进经验、积极培育后发优势、持续提升发展品质，从建设领域起步，逐步发展成为一家建设、运营、综合开发和配套经营“四位一体”，全面服务厦门经济社会建设，参与闽西南跨区域协同发展的大型国有企业。

品牌知名度进一步增强。厦门轨道交通集团有限公司坚持营造阳光、奋进、专注、务实的企业文化氛围，牢固树立勇于承担社会责任的良好企业形象。一是聚焦年度中心工作，党建引领开展系列活动。深入开展“党旗飘扬在地铁抗疫一线”活动，为疫情防控提供坚强后盾；组织开展“深化大学习、提振精气神”专项活动，激发队伍的干事创业活力；深化开展“专注本职、专注专业”主题实践活动，营造务实干事的良好氛围；创新开展“地铁先锋”党建品牌创建等系列活动，为企业高质量发展注入强大活力。二是充分发挥各宣传平台优势，不断提升厦门地铁品牌知名度。全年通过集团官网、微博、微信等平台发布宣传报道300余篇，在中央电视台、人民日报以及福建省、厦门市各级媒体发布正面新闻报道400余篇。其中，3号线过海隧道贯通、4号线同安丙洲岛区间贯通、4号线蔡厝站至大嶝北站高架桥梁区间贯通等节点工程先后获中央电视台特别报道；利用地铁建设围挡及站点等资源，结合重大节点设计版式并推出主题海报，传播文明引领风尚，助力厦门市夺取全国文明城市“六连冠”；围绕绿色文明出行，在地铁车站、社区、校园开展40余场公益宣传活动；节假日期间组织党团员志愿者在地铁站点开展志愿服务；举办“厦门地铁 美好生活”首届地铁文化节，提升厦门地铁的品牌知名度。

运营服务。2020年，厦门轨道交通全网运营线路2条，总运营长度71.9公里，总运营车站55座，2020年运送乘客11396.6万人次，单日最高日客运量达到56万乘次（2020年12月31日），日均客运周转量249.4万人公里。2020年开行列车数25.3万列次，总运营里程4691.1万车公里，高峰时段最小行车间隔198秒。采用按里程计、递远递减的多级票价，票价最低2元，最高8元，全年实现运营票务收入23636.5万元，比上年增长46.4%。

工程建设。2020年，厦门市轨道交通在建项目3个，共100.3公里，51座车站。其中续建项目3个（3号线、4号线、6号线）。完成车站开工11座（3号线1座，4号线1座、6号线9座），车站封顶2座（4号线2座），盾构推进2.5公里，轨道铺设36.1公里。完成投资141.6亿元。1个项目共26.4公里（3号线火车站至蔡厝段）主体结构贯通。

资源开发。厦门市轨道交通资源由厦门轨道交通集团有限公司开发分公司经营，2020年资源经营总收入为8517.5万元。2020年，厦门轨道交通1、2、3、4、6号线综合开发项目累计开工16个，完工8个，在建7个，其余项目的前期工作有序开展。与厦门市属国企合作开发的3个房地产项目销售良好；地铁1号线火炬园站综合体项目和3个BRT枢纽站完成招商，进一步激发商业活力；地铁1号线乌石浦附属空间开业，实现双向客流转化；完成新签通道接口5个，有效培育客流。

南昌轨道交通集团有限公司

南昌轨道交通集团有限公司成立于2008年10月，主要承担南昌市轨道交通建设的融资、建设、运营、开发、管理“五位一体”的职能，有员工5000余人，内设15个职能部室、2个直属机构，下设3个分公司、8个全资子公司、7个参股子公司。

2020年，南昌轨道交通集团有限公司以“任务不减、时间不变、防疫不断、安全不松”的要求，面对新冠疫情、特大汛情、污染防治等因素的影响，全体干部职工砥砺奋进、勇于拼搏，实现了全年项目建设、地铁运营步伐坚实，投资开发、多元产业齐头并进，疫情防控、复工复产走在前列，国企改革、企业治理稳步推进，党的领导、文化建设坚强有力的良好局面。

工程建设。2020年，南昌市城市轨道交通建设全年完成项目建设投资78.3亿元，占年度计划的104.62%。3号线开通初期运营；在建4号线全线盾构累计掘进46.4公里，完成83.3%；国家发展改革委批复《南昌市城市轨道交通第二期建设规划调整（2020-2025年）》，1号线北延、1号线东延及2号线东延项目共计延长27.1公里。

运营服务。2020年，南昌市城市轨道交通实现全年安全平稳运营，一般及以上事件“零发生”，线网单日最高客流144.7万人次。全年乘客满意度9.23分。运行图兑现率、列车准点率等核心指标完成良好，运营安全质量水平稳步提高，网络运营安全全面受控。

产业开发。南昌轨道交通集团有限公司大力实施战略投资合作，成立产业投资公司，全力推动产业园项目通过立项批复并取得一期项目52.2公顷用地红线图，签约落户重点项目28个，总投资额近100亿元。稳步推进土地储备，全年预计可收储土地136.3公顷、出让8公顷。全力推动TOD相关政策出台，成立市级TOD领导小组，编制完成南昌轨道交通1号线北延、东延及2号线东延3条延长线项目的TOD专项规划；同时，延展全链产业，通过综合投资，促进南昌轨道交通集团有限公司“轨道+”生态圈繁荣发展打造面向未来的重要增长极。

济南轨道交通集团有限公司

济南轨道交通集团有限公司成立于2013年12月25日，是由济南市政府管理、济南市财政出资设立的国有独资公司，采取建设、运营、开发和管理一体化模式，全面负责济南市城市轨道交通的规划设计、融资、建设、管理、运营和物业开发等工作。注册资本150亿元，职工6000余人，2020年底，资产总额达1084.17亿元。获山东省委、省政府“攻坚克难奖”先进集体、“山东省五一劳动奖状”“全国交通运输行业文明单位示范窗口”“创建全国文明城市工作先进集体”“经济社会发展综合考核泉城创新奖”“国家土木工程最高奖——詹天佑大奖”等多项荣誉称号。

工程建设。2020年，济南轨道交通集团有限公司承担济南市城市轨道交通正线工程、济莱高铁、商河通用机场、安置房、市政配套、租赁式住宅等30余项重点项目工程建设。2号线（原R2线一期）作为一期建设规划中的最后一条线路，12月29日实现通车试运行。济莱高铁50座重点桥梁、20座重点隧道全部展开施工。企业总部基地一期商业地块启动建设，完成新东站安置一区、华山北安置一区房屋移交工作。商河通用机场及航空产业园规划建设，6月28日开工。推进奥体西路、奥体中路北延等工程建设，奥体西路用时82天即实现通车。

运营服务。济南轨道交通集团有限公司坚持以乘客为中心的服务理念，通过建立完善标准化服务机制，开展“爱心预约服务”“站长面对面”等系列活动及便民措施，不断提升整体服务质量。1、3号线全年运营近405万列公里，安全运送乘客近870万余人次，列车运行质量持续向好，运行图兑现率、列车正点率等关键指标稳步提高。2号线运营所需人员、物资均到位，《2号线行车组织规则（试行）》《2号线车场运作手册（试行）》等96个制度通过专家评审并完成文本发布。

路网规划。2020年10月9日，包含6条线路（3号线二期、4号线一期、6号线、7号线一期、8号线一期、9号线一期）、159.6公里的济南市城市轨道交通二期建设规划正式获批；11月1日，济南市委市政府组织召开济南轨道交通第二期建设誓师大会，全面启动二期规划项目，通过单独立项或代建方式，启动了部分站点建设。在“黄河战略”指引下，谋划实施“四网融合”，加快市域铁路的规划编制和实施，推进城际铁路、市域铁路、城市轨道交通、中运量轨道交通“四网融合”，助推新时代现代化强省会建设和省会城市群一体化发展。加快推动至济阳区（先行区）有轨电车建设，该项目跨黄河段已纳入凤凰路北延工程同步实施，相关工程开工建设。

生产经营。加快轨道交通产业布局，谋划济南轨道交通全产业链发展，累计股权投资企业达22个（含参控股基金公司6家）。与多家知名企业达成合作，成立产业园投资公司作为实施主体，打造济南轨道交通产业园，加快形成济南轨道交通产业发展集聚区。通过股权投资、招商引资和载体建设，数十家轨道交通规划设计、工程建设、装备制造、新材料企业融入济南市轨道交通产业。

科技创新。开展轨道交通超大直径盾构智能化提升、基坑降水与回灌关键技术、清水混凝土等课题研究；实现BIM技术和四维地质平台在轨道交通规划建设的应用。牵头成立山东轨道交通学会，承办2020中国城市轨道交通关键技术论坛暨第29届地铁学术交流会、山东轨道交通发展论坛，获批山东省科协科普教育基地、山东省智慧轨道交通信息化与装备重点实验室。全年获批国家和山东省市科研项目24项，申报专利54项，授权专利21项、软件著作权9项，获山东省专利一等奖、山东省科技进步一等奖等奖项5项。利用大数据、云计算、人工智能等科技，积极推动城轨云平台、智慧运维、智慧车站规划建设，实施2号线试点智慧车站，搭建完成安全管控中心建设，完成集团首个数据中心建设，实现业务系统集中迁移并完成OA、云+、合约等系统开发。

企业文化。发布“行济之道”企业文化理念，编印《企业文化手册》，增强集团文化向心力；拍摄《迎春归》《抗疫印记》《我是一个兵》等系列宣传片，展示公司职工勇于逆行而上的使命担当。围绕疫情防控和复工复产信息在中央、省、市媒体刊播稿件100余篇；快板《济南地铁在行动》获全国工会网络正能量微视频评选三等奖、歌曲《迎春归》获市党员教育电视片评比活动文艺片三等奖，汇聚起众志成城、共克时艰的地铁力量。中央及省市媒体刊发集团新闻稿件600余篇，其中，中央电视台等中央媒体刊发重点新闻报道30余篇，省市媒体报道550余篇，学习强国平台宣传报道22篇，有力唱响了济南地铁人的奋进乐章。

青岛地铁集团有限公司

青岛地铁集团有限公司于2013年3月成立，注册资本317500万元，负责青岛轨道交通工程投资、融资、建设、运营与管理，基础设施、公共设施项目的工程建设管理、招标及技术服务，设备检验、检测及认证，土地整理与开发，房地产开发、城市轨道交通相关资源的综合开发及管理，城市轨道交通建设与运营咨询服务，物业管理，国内广告业务，货物和技术的进出口业务，房屋、场地、设施租赁，展览展示服务、装饰装潢设计施工，工程监理、建筑工程设计，职业技能培训、职业认证，销售带有地铁标志的纪念品等业务为一体的大型企业集团。

2020年，坚持以“为城市建地铁、为人民建地铁”理念，加快线网建设为主线，抓质量、保安全、促进度、搭平台、谋发展，跨入“大建设、大运营、大开发、大经营”新发展阶段。5条线路加快建设，2条线路开通，9个地产项目开工。争创工人先锋号等市级以上荣誉30项、行业级奖项12项，尹星获全国劳动模范称号。

安全生产。编著《青岛市城市轨道交通建设工程典型不良地质条件安全风险管控技术指南》，创新性提出九类典型不良地质条件技术和管理措施，强化全过程风险管控。联合市主管部门成立全国首个轨道交通专家工作站，围绕技术创新、科研攻关、人才培养搭建高层次研究交流平台，推动科技成果转化落地。

工程建设。2020年，青岛市城市轨道交通续建项目5个、建成项目2个。8号线北段整体仅用时3年7个月开通48.3公里岩石地铁线路，建设速度创造轨道交通行业新纪录；建设“智慧工地信息化集成管理系统”，实时、全面掌控一线信息，实现安全质量的数字化管理；6号线设计建造6座装配式车站，是大规模应用装配式技术、采用桩撑支护体系转化下施工的地铁线，实现车站公共区装配率100%；1号线建设过程中，首次使用TRD、管幕法、冻结法、钢纤维管片等工法技术，使用BIM进行资产移交。

运营服务。青岛市城市轨道交通开通运营线路6条，对外运营车站105座，通车运营里程达246.2公里。2020年，青岛地铁累计运送乘客1.4亿人次，日均客运量38万人次，单日最高客运量达到88.13万人次。线网运行图兑现率、列车正点率分别达到99.99%、99.98%。2020年总体乘客满意度为91.64分，运营服务质量稳步提升。

线网增能。2020年，旅游季期间开展季节性延时，范围覆盖线网全部4条线路，各线路运营服务时间均超过16.5小时，部分线路运营服务时间超过18小时。2020年先后两次压缩行车间隔，青岛市区线路高峰行车间隔压缩至2分30秒，郊区线路高峰行车间隔压缩至约4分钟。

资源经营。2020年，公司物业开发用地土地储备规模35.8万平方米，所属房地产开发公司29个，在建物业开发面积303.1万平方米，持有商业物业可租赁面积及管理服务面积2.4万平方米；车站商业经营总面积39700.5平方米。自建开通青岛地铁互联网票务平台、青岛地铁APP等地铁移动支付平台，地铁移动支付日均使用10.54万人次，占全路网进站量34.82%。

科技创新。青岛地铁集团有限公司全资子公司青岛益群地下城开发有限公司“海洋环境混凝土耐久性劣化机理及防护关键技术与应用”项目获2020年度山东省科技进步奖二等奖，该项目取得国家发明专利8项，实用新型20项，发表学术论文112篇（其中SCI论文41篇、EI论文53篇），软件著作权2项，省级工法5项，主编参编省标2项，参编中国第一部国家行业标准《混凝土结构用渗透型涂料》，成果纳入国内外首部相关专著《渗透型涂料表面处理与混凝土耐久性》。

企业文化。注重塑造企业形象，不断增强市场竞争力，青岛地铁集团有限公司入选“山东省高端品牌培育企业”“山东省交通运输系统先进集体”，“畅达幸福”获得交通运输“十佳文化品牌”“2020年度山东知名品牌”“2020年度山东优质（服务）品牌”，青岛地铁品牌价值持续提升。

青岛公交集团轨道巴士有限公司

青岛公交集团轨道巴士有限公司组建于2015年3月，是市直国有大型企业青岛公交集团有限责任公司旗下的全资子公司，山东省首条有轨电车线路的运营管理单位。经营范围包括：公共客运；有轨电车运营管理；汽车租赁；有轨电车各岗位、工种技能培训；汽车、电车修理；电车线网施工及维修；有轨电车站台、护栏施工及维修；机械设备加工；经济信息咨询服务；人力资源服务（不含劳务派遣）；房屋租赁；设计、制作、代理发布国内广告；餐饮服务；销售：汽车配件及材料、五金交电及日用百货。

中车青岛四方车辆研究所有限公司

中车青岛四方车辆研究所有限公司隶属于中国中车股份有限公司，是中国轨道交通关键系统技术和产品的重要供应商，轨道交通行业车辆专业研究所。至2020年底，员工总人数2721人，大学本科以上学历人员1833人。注册资本17亿元，占地面积21.5万平方米。设置党群部门6个，职能管理部门9个，业务管理部门4个，平台组织3个，战略业务单元6个，4个全资子公司，5个控股子公司，6个参股子公司。

2020年，以“强创新、稳增长、深改革”为全年工作总基调，扎实推进疫情防控和改革发展各项工作，全力保持经营业绩稳定。营业收入比“十三五”初期增长85%，归母净利润增长67%，“十三五”期间累计纳税额近20亿元。2020年营业收入比上年增长5.3%，归母净利润增长11%，实现海外签约近9亿元，比上年增加近200%。与此同时，资产负债率48.20%、营业收入利润率14.39%、技术投入比8.63%、人均营业收入280多万元。

提升品牌价值，扩大行业影响。中车青岛四方车辆研究所有限公司获评第六届山东省管理成果创新奖，连续两年获评全国软件和信息技术服务综合竞争力百强，成为新一代“青岛金花”培育企业，进入山东省高端品牌培育企业名单，位列山东省重点行业品牌价值榜单装备制造业第5名，品牌价值71.88亿元。

矢志自主创新，持续领先领跑。为全国唯一的轨道交通车辆专业研究所，核心系统产品助力时速600公里磁浮、京张高铁智能动车组、时速400公里变轨距高速动车组下线开跑。代表中国轨道交通行业成为国际铁路联盟UIC成员单位，申请专利313件，比上年增长91%，在国内首次建立城轨车辆延长检修周期、延长使用寿命研究体系，在5个国家同步推进12个轨道交通车辆试验验证项目。获以中国铁道学会科学技术奖特等奖、中国中车科学技术奖特等奖、山东省科学技术奖三等奖、青岛市科学技术奖二等奖为代表的10余项省部级及以上科技奖项。

抢抓战略机遇，加速智能升级。继2019年获批国家发展改革委第四批混改试点单位后，抢抓山东省新旧动能转换和青岛市打造工业互联网之都战略机遇，积极融入青岛市打造城市轨道交通千亿产业链发展目标，依托跨系统跨专业技术融合创新优势，推动轨道交通行业数字化转型和智能化升级，承担列车自主运行系统（TACS）、智能运维系统等7个国家级示范项目，依托上海轨道交通车辆智能运维系统国家级示范工程，“地铁列车全寿命周期管理”项目获得全国设备管理与技术创新成果管理类特等奖，并在行业内首次获得近2亿元市场订单。国家示范工程青岛地铁6号线“列车自主运行系统”通过工程应用评审并完成互联互通试验线测试，填补国内轨道交通技术空白。高铁核心机电系统产品智能制造新模式应用项目通过工信部验收并获得山东省近年最高评价，钩缓智能制造产线生产效率提高63%、运营成本降低26%、产品升级周期缩短39%、产品不良品率下降26%、单位产值能耗降低12%，树立轨道交通行业核心系统智能制造新标杆，得到环球时报整版报道和青岛日报头版报道。

郑州地铁集团有限公司

郑州地铁集团有限公司于2008年2月22日经郑州市人民政府批准成立，负责轨道交通项目的工程投资、建设、运营，轨道交通的广告、通讯、周边土地开发利用及其他特许经营权的经营、投融资业务等。设立董事会为决策机构、经理层负责日常经营管理、监事会为监督机构，依法行使权力、履行职责。

2020年，郑州地铁集团有限公司站位“郑州国家中心城市现代化高质量发展”大局，立足建设“轨道上的都市”总体要求，坚定“国际领先、国内一流的轨道交通建设者和运营商”战略目标，永葆“建好地铁为人民”初心，勇担“地铁让城市生活更美好”使命，聚焦高质量发展主线，统筹推进品质地铁、智慧地铁、文化地铁“三铁”发展战略，一手抓疫情防控，一手抓生产经营，实现了由“四位一体”向“五高一体”高质量发展新格局的历史性转变，各项工作取得新成效。

郑州市城市轨道交通3号线一期、4号线开通初期运营，全面完成第二期建设规划，“米字+环”线网格局初具雏形；第三期建设规划线路全面开工建设，全年完成投资326亿元。运营进入网络化新时代，单日客运量创新高，达221.8万人次，公共交通分担率由2019年的30.7%升至44.9%，乘客有效投诉比上年下降63.4%，连续安全运营突破2500天，运营管理水平和服务品质稳居全国第一方阵前列。获中国土木工程詹天佑奖、国家优质工程奖、中国安装之星、全国青年岗位能手、全国“十大最美公交司机”等多项“国字号”荣誉称号，匠心、匠作、匠人精神精彩纷呈。上盖物业综合开发项目取得突破性进展。郑州地铁集团有限公司先后被评为省级文明单位、郑州市平安建设基层创建示范单位，并取得市管公益类企业负责人经营业绩“考核等级A类”和市管企业目标管理先进单位的优异成绩。

工程建设。统筹抓好疫情防控和生产经营工作，不断建立健全以智慧工地建设标准、质量安全管理标准、履约评价标准、精细化文明施工标准等为主要内容的一体化管理标准体系，以高标管理保证工程品质，在建线路工程建设平稳健康安全有序。坚持“抓重点、抓难点、抓控制性站点”工作思路，以突出抓好施工难度大、安全风险高、建设周期长的控制性站点征地拆迁、管线迁改等前期工作为抓手，内外机制融合发力，郑州地铁集团有限公司上下勠力同心，实现三期建设规划线路全面开工建设。

运营服务。深入践行“以乘客为中心”的管理理念，驰而不息地践行“安全、准点、至善、至美”和“服务是最好的营销”运营管理文化，以智慧地铁建设为引领，加快关键核心技术创新力度，实现运营品质不断提升。与苏州等5座城市轨道交通出行二维码互联，实现支付方式跨区域互联互通。乘客智能乘车比例持续上升，非现金支付比例跃升至98.4%。以人人是“晶晶”为目标提升服务水平，改造优化站内空间布局，建立星级清洁服务示范站，引入公共卫生间智能引导管理系统及智能安检机，让车站环境更暖人心。把守护乘客安全健康放在首位，众志成城构筑地铁疫情防控防线，织密织紧疫情防控防护网，实现乘客乘车安全。

综合开发。践行“建地铁就是建城市”“开发是常态、不开发是个案”的理念，规划10个物业综合开发项目。引入香港利安、上海柏涛等多家国内外知名设计单位，完成5个段场项目品质提升方案。与万科企业股份有限公司等国内房地产标杆企业合作，努力打造高品质的城市地标式建筑。黄河路站安置房、郑轨风尚西苑等项目建设正在平稳推进。

洛阳市轨道交通集团有限责任公司

洛阳市轨道交通集团有限责任公司是洛阳市人民政府于2016年9月18日出资设立的市属国有独资公司，注册资本金10亿元。2018年12月20日公司更名为洛阳市轨道交通集团有限责任公司，作为洛阳市轨道交通领域投融资管理、建设管理、运营管理、资源开发及综合交通枢纽建设和运营管理主体，以副中心城市建设为依托，以城市综合交通网络和城市群发展为导向，通过投融资管理平台运作，建设百年优质轨道交通线路，提供高品质运营服务，整合各类可开发资源反哺轨道交通建设、运营，构建枢纽一体化衔接体系，打造资本运作高效、交通优势突出、经营持续发展的洛阳市国资企业。

2016年8月，国家发展改革委批复洛阳市轨道交通第一期建设规划，包括1号线和2号线一期工程，总长约41公里，总投资约331亿元。其中，1号线全长22.4公里，设站19座，总投资约182.70亿元；2号线一期工程全长18.3公里，设站15座，总投资约148.32亿元。

武汉地铁集团有限公司

武汉轨道交通前期研究从1984年开始，2000年10月，武汉市轨道交通有限公司成立，武汉轨道交通建设正式开启。2007年，在原武汉市轨道交通有限公司的基础上，武汉地铁集团有限公司成立，注册资本88亿元，经武汉市政府授权负责武汉轨道交通的工程建设、运营管理、土地储备、物业开发、资源经营和融资，武汉轨道交通大规模建设序幕正式拉开。

2020年，武汉地铁集团有限公司深入实施建设、运营、经营“三驾马车”发展战略，疫情防控勇往直前，复工复产勇挑重担，防汛救灾不畏艰险，疫后重振成效明显，武汉轨道交通事业高质量发展再上新台阶。

建设运营。武汉城市轨道交通8号线二期、11号线三期葛店段同步开通初期试运营；前川线、12号线、19号线实现开工，续建项目加速推进，全年在建11个项目229.9公里，建设规模位居全国第一方阵；6号线一期工程获国家优质工程金奖，8号线一期工程获中国建设工程鲁班奖。2020年，武汉市城市轨道交通总运营里程达360公里，车站总数达240座，线网总客运量6.2亿乘次；日均客运量205.8万乘次，最高日客运量397.9万乘次，日均客运强度0.6万乘次/公里，占全市公共交通出行量比重53%。运营常态化疫情防控网扎紧扎实，服务标准不断提升、服务环境不断优化，全心全意打造温暖地铁。

经营开发。坚持市场化高效运作、新动能加快培育，武汉首个TOD地铁小镇——中粮祥云实现首开；抢抓新基建发展机遇，与黄陂区政府合作推动国家级轨道交通装备制造产业基地建设。首次创新采用市场化招商运营和网上挂牌竞价相结合方式，完成汉阳火车站等项目招商，梨园综合体项目投入运营，江汉路商业街提档开业。完成“十三五”规划的主要指标总体如期实现，综合发展实力跃上新台阶，为开启“十四五”新征程奠定坚实基础。

技术管理。推动武汉市城市轨道交通第四期建设规划调整并取得阶段性进展，完成第五期建设规划初步方案；12号线江北段工程可行性、航评及初步设计获批，6号线二期等8条线路环评获批；完成2条开通线路初步竣工验收，开创跨市域轨道交通工程验收先河。总结研究成果，萃取创新亮点，《越江公路隧道与大型换乘地铁车站“公铁合建”关键技术研究》获中国公路学会科学技术奖二等奖，《〈轻轨交通设计标准〉编制研究》获城市轨道交通科技进步奖一等奖。与中国移动、华为、腾讯组建5G智慧城轨联合创新实验室，共同推进城轨云平台、物联网、人工智能等新技术在轨道交通上应用实践。

企业管理。完成武汉地铁集团有限公司《“十四五”战略规划》编制，推动《武汉市轨道交通管理条例》颁布实施；持续深化组织机构改革，组建成立迅博文体广告、迅和物业管理、轨道交通装备制造基地发展公司；武汉人防建筑设计院被列为武汉市上市后备“银种子”重点培育企业。

武汉光谷交通建设有限公司

武汉光谷交通建设有限公司成立于2014年3月6日，是武汉东湖新技术开发区直属国有政府投资建设平台。自成立以来，武汉光谷交通建设有限公司以加快光谷科技新城市政基础设施、重大交通项目建设为使命，负责履行东湖高新区范围内地铁政府投资方职责权限，协同武汉地铁集团有限公司加快推进东湖高新区内地铁建设，负责投资建设有轨电车、光谷火车站、BRT东延线、公共停车场、四水共治、山体修复、市政道路桥梁等城市基础设施项目。

武汉光谷交通建设有限公司拥有武汉光谷现代有轨电车运营有限公司、武汉光谷鼎新物业服务管理有限公司、武汉光谷交通置业有限公司、武汉光谷旅游开发投资有限公司等4家全资子公司。其中，运营公司主要承担有轨电车运营管理，物业公司主要负责武汉东湖新技术开发区“红色物业”管理；置业公司主要负责有轨电车车辆基地、光谷火车站、公共停车场等交通基础设施项目复合开发；光谷旅投按照管委会授权，充分整合高新区优质旅游资源，将发展全域旅游产业，创建光谷旅游品牌，提升旅游对高新区经济发展的拉动力。

推动公共交通不断提档升级。2020年，武汉光谷交通建设有限公司以“交通强国”为指引，科学把握新发展阶段，以推动高质量发展为主题，全力完成“十三五”工作、“十四五”开局各项工作，着力构建高新区现代化立体交通体系，推动大光谷公共交通不断提档升级，争当高新区城建排头兵，为聚力推进东湖科学城建设、全力打造“三个光谷”升级版，为武汉建设“五个中心”和交通强国试点城市贡献光谷交通力量。2020年全年，公司承担续建、新建项目共67个，总投资296.9亿元，其中续建项目34个，总投资约115.7亿元；新建项目33个，总投资181亿元，2020年完成投资36.9亿元，完成东湖高新区下达的全年22项绩效目标。

做好有轨电车运营，推动行业发展。自2018年“光谷量子号”试运营开通以来，至2020年底，总计客流量2212.8万人次，安全运营里程达393.7万公里。在国庆期间L1、L2两条线路总客流量突破两千万人次。2020年，在疫情防控重要阶段，依然取得线路最高日客流量5万人次的优异成绩，年总客流高达483.8万人次。各项运营指标稳居行业前列，为沿线社区、企业、学校市民出行提供了“安全、准点、便捷、舒适”的高质量服务，成为光谷地区市民出行的优先选择之一。

武汉光谷交通建设有限公司在发展中不断立足于创新，以有轨电车建设、运营实际经验为基础，主编或参编的标准共有12个，组织开展“多交路有轨电车运营组织及安全性研究”等8项科研课题的研究。主编的《现代有轨电车信号系统通用技术条件》、参编的《有轨电车工程技术导则》出版发行；主编的《城市有轨电车轨道工程施工质量验收标准》完成协会专家初步审查。科研课题方面，其中《城市有轨电车综合安全技术研究》通过中国城市轨道交通协会结题验收；《光谷有轨电车互联互通多交路运营系统研究》《武汉光谷有轨电车运营成本测算与分析》《现代有轨电车工程测量重要环节总结与分析》《有轨电车共线运营下三通区的设计通过能力优化研究》《轨道车辆转向架抗侧滚扭杆刚度和强度分析的工程方法》等5篇学术论文在中国土木工程学会获奖或在杂志上公开发表。

推进光谷空轨旅游线一期工程。悬挂式轻型空中轨道（简称空轨），是一种中低运量、生态环保、绿色低碳的城市轨道交通新制式。2020年，按照东湖高新区打造世界级黄金“十字轴”目标开展生态大走廊方案研究，对空轨旅游线的选线及总体方案进行重点研究，串联光谷生态大走廊内山、水、文化区等特色区域，实现水道、绿道和空中轨道“三道融合”，助力光谷生态大走廊打造世界级黄金“十字轴”。

长沙市轨道交通集团有限公司

长沙市轨道交通集团有限公司于2006年6月筹建成立。2009年4月，长沙市委、市政府对长沙轨道进行重组，重组后的长沙轨道为国有独资企业，注册资金50亿元，是湖南省唯一的集建设、运营、开发、投资为一体的轨道交通集团。主要承担轨道交通项目的规划设计、投融资、建设实施、运营管理和经营开发。设18个部门、13个全资/控股子公司、1个分公司及1个授权管理的参股公司。2020年，长沙轨道总资产1617.1亿元，净资产681.0亿元，员工9000余人。长沙轨道主体信用等级为AAA。

2020年，统筹推进疫情防控、有序推动转型发展，各项工作取得长足进展，全年建设未发生等级以上安全生产责任事故。地铁安全运营2439天，磁浮快线安全运营1701天，未发生一般A类及以上安全事件。

运营服务。2020年6月28日，长沙地铁3、5号线一期工程开通初期运营，标志着长沙市轨道交通规划“米”字型骨架、双“十”字拓展线网格局，运营里程达161公里，实现主城区“六区一县”全覆盖，长沙迈入网络化运营新时代。全年地铁线网客流总量突破3.8亿乘次，比上年增长近4857万乘次。

经营开发。首批进军土地二级开发市场的6个房地产项目全力推进，其中黄兴车辆段上盖物业“天空之境”项目即将售罄，牛头村“领秀时代”、君和城项目实现销售。正在推动6号线4个TOD项目，其中湖南首个地铁文旅TOD综合体——文昌阁项目开工建设。与中国银联签约，开放“长沙地铁APP”前端及开展相关商务合作；与北京新合作商贸连锁集团有限公司签约，加快推动地铁地下空间等资源开发利用。通过多措并举，进一步拓展资源增收渠道。开福区科大福元南化债置换地出让，一级收益将划拨长沙市轨道交通集团有限公司。同时，长沙市轨道交通集团有限公司章程、二级优化重组和市场化转型方案获批，按照“通盘考虑、稳中求进”总要求，广泛征求意见，精心制定方案，着手先行启动经营板块改革。

企业管理。对标现代企业制度要求规范公司治理，修订完善“三会”议事规则和清单，制订印发《董事会（董事长办公会）议事规则》《公司党委会、董事会（董事长办公会）总经理办公会议事清单》等制度，完成环线事业单位改革，法人治理日趋规范。成立公司投委会，强化经营投资项目审查，提升投资管理水平和投资效益，确保国有资产保值增值。

株洲中车时代电气股份有限公司

株洲中车时代电气股份有限公司是中国中车旗下股份制企业，其前身及母公司——中车株洲电力机车研究所有限公司创立于1959年。公司扎根株洲，走好两条钢轨，走出两条钢轨，2006年在香港联合交易所成功上市，2015年获第二届“中国质量奖”，2020年营业收入超过160亿元。

2020年，株洲中车时代电气股份有限公司始终坚持市场导向，走好轨道交通和通用竞争领域的发展“双车道”，城市轨道交通市场亮点纷呈；全年累计交付740套列车车辆索引系统，服务国内广大地铁运营企业。中国首条全线搭载永磁牵引系统的长沙地铁5号线开通运营，该线路搭载时代电气的永磁牵引系统，标志着城市轨道交通永磁技术开启轨道交通高效节能新时代；状态修“黑科技”惊艳亮相，为轨道交通线路的后生命周期提供可靠保障；以智慧城轨为契机，围绕列车、信号、站段、工务、供电智能化打造面向城市轨道交通一站式解决方案，为未来轨道交通的发展增添助力。

广州地铁集团有限公司

广州地铁集团有限公司于1992年11月成立，注册资本5842539.7万元，是广州市政府全资大型国有企业。公司始终以“建设好、运营好、经营好地铁，服务好城市，带动好产业”为宗旨，主动担当、积极作为，业务实现从地铁新线规划建设到铁路建设投融资，从地铁线网到城际铁路、有轨电车全制式覆盖，从广州一地走向粤港澳大湾区、国内主要城市乃至“一带一路”沿线重要节点。

2020年，广州地铁集团有限公司科学统筹疫情防控和地铁发展，坚定“目标不变、任务不减、干劲不松”的主基调，全力战疫情、稳投资、促发展，完成市重点项目资金投资超827亿元，占广州市国资国企重点项目投资的57%，实现经营收入128.9亿元，为广州“六稳”“六保”工作贡献地铁力量。公司获中国内部审计质量评估“3A”等级证书、“全国城市轨道交通信号工职业技能大赛”团体第一名，广州地铁党委获全国国企管理创新成果二等奖。

打响疫情防控阻击战。实施高等级防护措施，落实市民乘客进站、地铁员工上岗佩戴口罩，投入强大人力、财力资源保障，全力确保地铁范围“零感染”。动态监控3万名员工、8万余名密切接触家属，确保员工“零感染”。建成40个集中隔离区、153个工点隔离观察区，确保4.5万名参建人员“零感染”。同时，在客流急剧下降带来的巨大成本压力下，保持线路运输不停、全线车站不关、运营时间不减，全力保障市民工作生活通勤需要。

拓展轨道交通新里程。历经7年艰苦建设，开通八号线北延段，实现同德突围，累计开通地铁里程达531.1公里。胜利开通广清、广州东环2条城际铁路，成为国内首家开通城际铁路的地铁公司。开通巴基斯坦拉合尔轨道交通橙线，实现广州地铁运营首次走出国门。此外，开通南昌市城市轨道交通3号线、三亚有轨电车示范线、黄埔有轨电车一号线，负责运营总里程达676.5公里。

建设轨道交通品质线。全力推动广州市城市轨道交通12条新线和27个铁投项目建设，地铁和铁投项目全年完成征借地及拆迁面积约419万平方米。实现50台次盾构机始发，完成掘进124公里盾构区间单线。广州铁路枢纽东北货车外绕线建成开通，广州白云（棠溪）一体化工程全面开工，狮岭站、石陂站综合交通枢纽同步投入运营使用。

打造幸福出行新干线。2020年，广州市城市轨道交通共安全运送乘客24.1亿人次，客运量居全国第二。通过增加上线列车、压缩行车间隔、延长运营时间等措施，全力满足市民出行需求。早高峰运力21号线提升11%、6号线提升17%、广佛线提升28%，3号线机场北至番禺广场直达交路全天贯通运行，进一步缓解体育西路换乘客流压力，大大提升城市交通效率和格局。全年线网高峰期平均运输能力提升8%，累计延长服务时间78天。围绕“一城一码”、一键呼叫乘客咨询、便捷票务通行等，开展27项智慧地铁项目，提升乘客出行体验。大力推进AED配置试点工作，首批覆盖50座地铁站及9座城际车站，适应新的应急救护机制需要。

扭动经营拓展金钥匙。完成广州白云（棠溪）站西、槎头站、番禺客运站等地块挂牌出让，自主开发项目悦江上品销售额约19亿元，6个合作项目销售额约127亿元，跻身广州房企年度权益销售前十名。中标长沙地铁6号线PPP项目、昆明长水国际机场旅客捷运系统运营项目，推动广州轨道交通全产业链整体外拓。引进23家外地优质企业落户广州，产业联盟会员规模达106家。实现广州地铁设计研究院院上市，成为国内首家登录A股的地铁设计院，为公益性国企下属企业探索市场化发展提供样板。监理业务先后中标珠海隧道工程等3个大盾构项目，培训业务服务单位累计达279家，培训总量累计超过110万人·天，培训学院成为国内唯一一家城市轨道交通职业技能等级证书培训评价组织。

保障企业发展可持续。落实“过紧日子”十大举措，有效对冲疫情影响，内部成本挖潜超21亿元，多渠道、低成本筹集资金超1200亿元，保障广州市城市轨道交通发展需求。激活科技创新动能，牵头承担国家发展改革委项目“城轨交通行车关键设备设施主动运维系统研究及工程应用”及国家科技部重点研发计划“面向典型行业的新一代通信与网络应用示范项目”，进行综合检测、5G技术及穗腾OS2.0系统的研究应用。承担的国家住房和城乡建设部科研项目“基于BIM的轨道交通机电系统工程项目集成管理平台应用研究”，通过专家评审，达到国际先进水平。14号线一期工程获“国家优质工程金奖”、13号线首期工程获“国家优质工程奖”。

深圳市地铁集团有限公司

深圳市地铁集团有限公司成立于1998年7月31日，是深圳市国资委直管的国有独资大型企业，经过20多年的发展，确立了国家铁路、城际铁路、城市轨道交通“三铁合一”的产业布局和轨道建设、轨道运营、站城一体、资源经营“四位一体”的核心价值链。至2020年底，公司注册资本金459.43亿元，总资产4935.98亿元，净资产2972.13亿元，员工约2.8万人。

2020年，以全面践行“先行示范”理念，以建设世界一流的现代轨道交通体系为目标，投身粤港澳大湾区城市群建设，加快构建更加紧密完善的轨道交通网络，构建开放、创新、共融的“轨道+”生态圈，全力推进平安、法治、科技、美丽“四个深铁”建设，致力于打造一流设施、一流技术、一流管理、一流服务、一流效益的轨道交通企业。

在轨道建设领域，以构建集规划、勘察设计、咨询监理、建设管理于一体的完整发展体系。至2020年底，完成380.4公里、262个车站线路的建设任务，同步建成了罗湖、福田、深圳北站、深圳东站等重要交通枢纽，完成近百项市政代建工程。续建和新开工线路16条（含延长线）、在建里程达到231.4公里、151座车站。全力推进深汕铁路、穗莞深城际深圳机场至前海段、深大城际、深惠城际、大鹏支线、穗莞深城际前海至皇岗口岸段等“1条国铁，5条城际”共340公里项目建设。

在轨道运营领域，秉承“从心出发，为爱到达”的服务理念，打造“舒适、安全、快捷”的地铁运营优质服务品牌。至2020年底，承担着深圳市10条地铁线路、380公里的运营任务。全年安全运送乘客共14.6亿人次，至11月底公交分担率48%。同时，还承担着33.6公里的平南铁路和11.7公里的龙华区有轨电车运营服务。紧跟国家“一带一路”发展步伐，不断拓宽国外市场，为以色列、埃塞俄比亚、越南、埃及等海外轨道交通项目提供包含运营、维修、咨询在内的多项服务。

在站城一体领域，努力践行“以公共交通为导向”的TOD发展模式，充分利用上盖空间再造土地资源，以地铁上盖及沿线物业的升值效益反哺轨道交通建设运营，实现城市轨道交通的可持续发展。取得15个项目土地开发权，8个项目相继入市。

在资产经营领域，拓展轨道交通沿线商业、酒店、写字楼、广告传媒、通讯信息、文创拓展等相关业务，打造了以“深铁置业大厦”“深铁金融科技大厦”“北站枢纽”“锦荟广场”“深铁塘朗城君璞酒店”“深铁皇冠假日酒店”等一系列代表作品。

坚持科技创新，“一键上报”疫情信息系统入选中国数字化转型成功案例；两个国家工程实验室揭牌；获得国家级科学技术奖项31项，省级科学技术奖项21项，市级科学技术奖项10项。其中获国家科学技术2项、广东省科学技术奖2项、深圳市科学技术奖6项、中国土木工程詹天佑奖9项，技术创新及品牌优势等软实力逐年提高。

重视人才队伍建设。运用“3+2”平台（成立创新研究院、院士工作站、博士后基地和两个国家级工程实验室），以重大项目带动突破，培养人才，人才结构不断优化。其中员工中博士学历50人、硕士研究生学历887人；具备正高级职称59人、副高级职称772人。

承担社会责任。自2015年以来，累计为老年人、残疾人等乘客提供约1.4亿人次的免费客运服务。共建成并移交2.2万套保障性住房，在建人才房共7000余套。对点帮扶河源市东源县船塘镇小水村，通过基础设施建设、党建帮扶、产业扶贫等多种方式陆续实施了61个扶贫项目。持续开展产业工人关爱行动，通过培养“能工巧匠”，促进建筑业农民工向“新时代产业工人”转型。2020年，深圳市地铁集团有限公司获“全国五一劳动奖状”“深圳质量百强企业”“广东省企业文化示范基地”“企业文化建设典范企业”“金蜜蜂·永续发展奖”“最具品牌传播力企业”“第四届中国青年志愿服务项目大赛金奖”“中国城市轨道交通行业信息化最佳实践优秀案例”“中国公益慈善项目大赛银奖”“深圳市科技进步奖”一等奖等一系列荣誉。

港铁轨道交通（深圳）有限公司

港铁轨道交通（深圳）有限公司是香港铁路有限公司全资子公司，成立于2004年3月，负责特许经营深圳市轨道交通4号线30年。地铁4号线是深圳最早开工建设的线路，全长约31.3公里。4号线从福田口岸起，是连接福田至观澜的轨道交通南北走向重要干线。

2020年，运营服务提升客流较为密集的民乐站站厅客流管理区域的环境舒适度；提升列车服务周末运能，加强周末列车班次，周末行车间隔压缩至最少3.5分钟；4号线三期车站全部推广开放式服务，“智慧客服”落地新车站；4号线三期车站每站增设自动扶梯和垂梯，增设灯光警示带；车站全面完成“厕所革命”升级改造，增加厕位提升服务。

深圳市现代有轨电车有限公司

深圳市现代有轨电车有限公司成立于2016年1月28日，是由中国中铁股份有限公司与深圳市地铁集团有限公司共同投资成立的合资公司。经营范围包括：地铁、轻轨交通项目的建设、运营、开发和综合利用；投资兴办实业（具体项目另行申报）；国内贸易（不含专营、专控、专卖商品）；经营广告业务；自有物业管理；轨道交通相关业务咨询及教育培训；劳务派遣；进出口经营，有轨电车维修。

运营服务。2020年，深圳有轨电车实现安全运营1161天，运送乘客712万人次，日均客运量2.0万人次，客运强度1663人次/公里·日；运行图兑现率99.77%，发车正点率99.81%；开行115682列次，运行里程342万车公里。处理无责投诉累计22件，回复率100%。8月8日起，进行第四次提速调图提高出行效率，运行速度提升17.6%，“清湖—新澜”方向电车单程运行时间将由29分钟缩短至25分钟，“清湖—下围”方向电车单程运行时间将由22分钟缩短至19分钟。全线AFC系统设备全部改造完成，270台车载终端开始启用全国交通一卡通刷卡功能，实现了无卡便捷刷卡（NFC）乘车的技术应用，为市民提供更加便捷的公共出行服务。

运营安全。工作日高峰期13列车，共线段行车间隔4分钟，非共线段行车间隔8分钟；非工作日上线9列车，共线段行车间隔6分钟，非共线段行车间隔12分钟。开展安全检查26次，发现安全问题64项，整改完成率100%，有效防范了安全生产责任事故的发生。

企业安全管理。11月，通过外部认证评审，深圳市现代有轨电车有限公司获三标管理体系认证证书，成为国内有轨电车行业首家通过三标管理体系认证的运营企业，在行业范围内树立新的标杆，进一步提升公司品牌形象和市场竞争力。同时，以95.8分的评审成绩通过安全生产标准化一级达标的要求，为公司持续健康稳定发展打下坚实基础。

珠海公交轨道交通有限公司

珠海公交轨道交通有限公司成立于2012年7月，原珠海公交现代电车有限公司，隶属于珠海公共交通运输集团有限公司。2013年8月，划转为珠海城市建设集团有限公司的全资子公司。2020年4月，划转为珠海公交集团全资子公司。公司经营范围包括城市有轨电车运营管理；城市有轨电车旅客运输；城市有轨电车工程技术咨询服务；城市有轨电车运营管理咨询服务；城市有轨电车设备、设施维护及修理；城市有轨电车职业技能培训；物业租赁；物业管理；公共场所发布广告；销售纪念品。

2020年，珠海有轨电车1号线共计安全试运行312天（因新冠肺炎疫情影响，停运54天），开行2.9万列次，运行图兑现率99.09%，发车正点率98.59%，试运营里程为24.2万公里，客流总计81.6万人次。受理热线电话713单，回复率达到100%；好人好事416件，为乘客挽回经济损失约5万元；收到乘客表扬172单。全面加强维护保养工作，保障设备设施完好，认真开展安全检查、各层级开展应急演练及安全培训等。重大节日、特护期、防台风期间领导带班专人值班，确保有轨电车安全运营。

自新冠肺炎疫情发生以来，珠海公交轨道交通有限公司全面开展返岗员工情况排查，做好在岗员工各项防护工作，加强防疫相关知识培训，对各类设施、设备和公共空间进行消毒杀菌。电车全部开启全新风模式，加强列车的通风换气。3月20日，珠海市有轨电车恢复运营后，要求乘客务必佩戴口罩，扫描二维码登记乘车信息，排队接受体温测量，出现发热症状的乘客禁止乘车，发现有疑似病例立即上报。同时，严格控制车辆满载率，避免出现车厢乘客拥挤，安排乘客保持1米以上距离乘坐，降低交叉感染的机率。此外，提前向市民发布恢复运营通知公告，并在电车车载电视、站台PIS屏全面宣传新冠肺炎疫情防控知识，倡导乘客科学理性对待新冠肺炎疫情，提高防范意识。后续根据疫情发展及客流需求，优化调整有轨电车运营方案，逐步增加上线车辆、缩短发车间隔，恢复正常运营组织，全力以赴做到科学防疫。

佛山市铁路投资建设集团有限公司

佛山市铁路投资建设集团有限公司成立于2009年3月。至2020年年底，公司资产总额达到570.43亿元，比上年增长13.91%；所有者权益223.45亿元，比上年增长16.53%；营业收入1.99亿元。拥有下属企业20家，其中，全资企业4家，控股、参股企业16家。

2020年，公司围绕“一条主线”“两个保障”“四个发展”的年度总目标，务实进取、砥砺前行，在生产经营、改革创新、企业管理、风险防控、党的建设等方面同向发力，实现了年度“七个新”，分别为《佛山市铁路投资建设集团有限公司“十四五”战略规划》出台，擘画铁投高质量发展“新”蓝图；资产、人力、下属企业经营指标节节攀升，迈上企业经营规模“新”台阶；3号线年度投资计划超额完成，达成工程建设推进“新”突破；三水城际、3号线顺德创意园TOD项目落地，取得资源开发“新”进展；建设事业总部正式成立，推进集团顶层设计“新”变革；总工程师及配套机构人员逐步就位，锚定公司技术管理“新”格局；佛山地铁大厦全面进驻，实现集团办公环境“新”提升。

2020年，聚焦主业，稳中求进，贯彻落实好“十二个坚持”。凝心聚力强统筹，坚持保障3号线工程建设稳推进；落实责任督进度，坚持紧盯2号线一期工程监管不懈怠；主动作为勇担当，坚持紧抓运营管理练内功；未雨绸缪促蓝图，坚持谋划新线筹备早介入；优化布局育产业，坚持促进轨道交通配套业务早落地；夯实责任保大局，坚持织密安全生产防线不含糊；高举旗帜指方向，坚持加强党的建设不动摇；深化改革施良策，坚持优化内控治理提效率；以人为本筑同心，坚持完善人才机制出实效；以文化人树品牌，坚持推动群宣工作促和谐；使命担当展作为，坚持履行国企责任不推卸；激浊扬清弘正气，坚持严守法纪不逾矩。

佛山市南海区铁路投资有限公司

佛山市南海区铁路投资有限公司由南海区公有资产管理办公室（现南海区国有资产监督管理局）于2010年6月注资成立，业务包括区域内铁路、轻轨项目及附属设施工程和火车客货运站场工程的投资建设及管理（不含铁路运输及运输站场经营）。

佛山市南海区铁路投资有限公司紧抓粤港澳大湾区建设发展机遇，与时俱进、攻坚克难、锐意进取，公司规模不断壮大，整体实力日益提升，至2020年底，公司系统总资产约200.85亿元。公司系统在册企业5家，分别为佛山市南海区铁路投资有限公司、佛山市南海大业佳诚投资有限公司、佛山市南海恒峰投资有限公司、佛山市南海恒尚投资有限公司以及佛山市南海区新型公共交通运营管理有限公司。佛山市南海区铁路投资有限公司实行董事会领导下的总经理负责制，并根据工作职能划分，设立8个部门，分别是行政人事部、技术管理部、工程管理部、质量安全部、合同法务部、投资开发部、预算财务部、运营管理部。公司系统员工总数104人，其中专业技术人员58人。

2020年，公司系统负责建设多个省市区重点工程项目，主要包括广东南海一汽大众铁路专用线工程（该工程成功申报国家第三批多式联运示范工程项目）、新交通试验段及配套市政道路工程、南海区有轨电车里水示范段工程及配套市政道路工程。此外，公司系统还参与相关项目的投资开发工作，促进国有资产保值增值，推动区域经济社会发展。

东莞市轨道交通有限公司

东莞市轨道交通有限公司成立于2009年，是东莞市属十大国有企业之一，主要负责东莞市城市轨道交通工程建设、运营管理和资源开发。公司按照“一体化”的经营模式，以主动、用心为服务理念，全面贯彻东莞建设“湾区都市、品质东莞”的战略部署，全力以赴“建设好、运营好、经营好”东莞轨道交通，创造良好的社会效益、经济效益和环境效益，为东莞人民及来莞人员提供安全快捷舒适的地铁服务，为东莞融入粤港澳大湾区、建设高品质现代化都市作出贡献。

2020年，东莞市轨道交通有限公司围绕建设“湾区都市、品质东莞”的目标，安全稳妥有序地推进工程建设、运营管理、资源开发三大业务。

突出主攻疫情防控。严格落实防控责任，科学部署防控措施，精准施策从容应对，立足地铁运营、工程建设和公司员工三大阵地，迅速成立由主要领导挂帅的疫情防控指挥部，科学制定《新型冠状病毒肺炎防控总体方案》等“1+4”防控文件，第一时间组建由309名党员和入党积极分子组成的战役突击队，千方百计做好口罩、测温枪、消毒液等防控物资采购，严格要求落实在建工程管理、全线车站消毒、乘客体温检测等防控措施，表现突出的一线员工王文亭同志被上级党组织特批火线入党，公司内部及所辖地铁运营、商贸开发、工程建设区域均未出现人员感染，经受住了疫情考验，实现工程率先复工复产，促进经营工作有序开展，为城市运行、复工复产和人民生活提供了硬核保障。运营分公司获“东莞市先进基层党组织”和“东莞市抗击新冠肺炎疫情先进集体”称号。

突出抓基础优服务。全面优化行车组织管理，在保证收发车时间不变的基础上，结合疫情客流变化情况，适当延长行车间隔，满足特殊时期市民出行需要。全年实现2号线安全运营366天，运营340万列公里，开行列车9.5万列次，客运量3505万人次，日均客运量9.6万人次，运营收入1.3亿元，运行正点率99.98%，运行图兑现率99.99%，正点率和兑现率均优于行业平均水平。高效推进车辆增购项目和架修工作，完成全国一卡通改造、TVM扫码购票升级和CCTV扩容工作，进一步提升2号线微信、支付宝和银联二维码扫码购票率。持续做好运营品牌推广，深入开展世界无车日、“我是地铁人”市民体验、“我与地铁共战役”画展、“美粤那些事儿”寻找最美地铁乘客、轨道交通志愿服务等活动。地铁护卫QC小组和电子工厂QC小组获2020年度“广东省南粤之星金奖QC小组”荣誉称号。

突出主抓重点项目。贯彻落实“一手抓疫情防控、一手抓复工复产”部署要求，切实压实责任，主动加强指导，及时协助施工单位解决复工过程问题，公司负责的轨道交通大厦和东莞南站共构工程均在第一时间实现复工复产，其中，轨道交通大厦完成安装装修、设备调试、消防验收和单位工程验收，物业公司进驻管理；东莞南站共构工程完成一二期主体结构封顶，并及时将施工场地移交铁路施工方；车辆段集体宿舍完成主体封顶。

突出抓资源经营。加快轨道交通大厦租售，实现2号线广通商资源收入5501.3万元（超额完成年度目标），有力提升资源开发反哺运营补亏能力。重点做好轨道交通大厦招商，世界500强碧桂园集团进驻开展物业管理，世界排名前三的香港毕马威及部分优秀企业已签约或决定入驻办公，公司积累了设置条件招拍挂、夹土空间开发利用、上盖项目施工管理、项目招商运营等TID开发全过程管理经验。

南宁轨道交通集团有限责任公司

2020年以来，南宁轨道交通集团有限责任公司建设精品地铁和实现国有资产保值增值为目标，按照“防疫情、保稳定、促发展”的工作要求，进一步解放思想、改革创新、担当实干，项目建设、地铁运营、经营开发与党建工作均取得显著成绩，有力推动了南宁市轨道交通事业高质量发展，为落实“强首府”战略、建成“四个城市”作出了新的更大贡献。

至2020年底，轨道交通4号线一期西段和2号线东延线开通初期运营；轨道交通5号线建设有序推进，实现全线短轨通；创优工作喜获丰收，南宁轨道交通集团有限责任公司成功入选2020年南宁市市长质量奖，轨道交通3号线入选2020－2021年度中国建设工程鲁班奖、自治区建筑工程最高质量奖“真武阁杯”奖、广西建设工程施工科技进步奖；地产销售快速增长，全年销售近33亿元，比上年增长60%。

三亚市轨道交通有限公司

三亚市轨道交通有限公司成立于2015年10月，注册资本金3.67亿元。公司以轨道交通建设及运营管理为核心，以带动城市发展、完善城市功能、提高市民生活质量为目标，着力打造三亚轨道交通新生活。主要负责投资、建设、运营和维护三亚有轨电车示范线PPP项目。三亚轨道交通始终以轨道交通建设及运营为核心，以带动城市发展、完善城市功能、提高市民出行质量为目标，着力打造三亚轨道交通新生活。坚持以“安全第一、环境舒适、服务至上”的经营理念，致力于每一位乘客提供舒适、快捷旅游观光的乘车体验，服务于国家自由贸易港和国际热带滨海旅游城市的建设。

工程建设。有轨电车示范线项目于3月2日初步复工，

3月15日全面复工。4月30日，启动空载试运行。8月12日上午，开展突发事件综合应急演练。8月13日，完成“三权”移交。8月16日通过初期运营安全评估。9月18日，开展模拟载客实战演练，9月23日上午，三亚市政府副市长何世刚，对三亚有轨电车示范线初期运营前交通安全情况进行实地调研，并于调研后确定10月10日开通初期运营。

运营管理。10月10日，三亚市有轨电车示范线项目开通初期运营。三亚市轨道交通有限公司上下密切关注客流量、运营安全及服务质量。通过调研谈话了解一线工作情况，为提升客流量集思广益；强化线上宣传推广，线下进社区、学校、超市多频次一对一宣传，开发多种票卡开展营销活动。期间走访商铺430余家，发放文明乘车指南1300余份，现场解答问题160余件，提供乘车咨询、安全宣讲、答疑解惑500多人次；与三亚市公共交通集团有限公司洽谈，争取线路客流，优化城市公共交通系统，调整部分与有轨电车线路重合的公交线路走向、停靠站点，避免资源浪费。通过努力，运营客流量每周不断攀升，投诉量直线下降，不断受到市民游客的好评。至2020年底，累计总客流量为22.2万人次，最高日客流量6182人次。

安全管控。工程建设方面杜绝发生一般及以上等级工程质量责任事故；根据工程进展，分部工程、单位工程验收合格率100%。杜绝发生一般及以上等级安全生产责任事故。2020年1月，三亚有轨电车示范线PPP项目获“三亚市2019年度建设工程安全文明工地”称号。运营方面及时修订应急预案，有效指引员工开展应急抢险工作，与三亚市交通局、三亚市交警支队、天涯区政府等相关单位对接，主动完善沿线标识标线，安装“禁止闯入轨行区”告示牌，成立运营安全秩序维护队，维护沿线路口交通秩序。开展安全演练，提高应急处突能力。2020年共组织开展大型综合演练1次，公司级应急演练24次，部门级演练50余次，内容涵盖火灾、交通事故、车辆救援、信号故障、客伤、恶劣天气、大面积停电等重点项目，范围覆盖生产一线员工。至2020年底，安全行车33万公里，取得瞩目的安全管理成绩，并为此受到业内单位的一致好评。

品牌建设。三亚轨道交通与省市各大媒体保持沟通，对公司生产运营重要节点进行正面宣传报道，扩大项目的影响力和美誉度；有轨电车运营后，推动宣传工作走进市民生活，宣传轨道交通的安全舒适环保等方面，有效提升客流量。

重庆市轨道交通（集团）有限公司

重庆市轨道交通（集团）有限公司成立于1992年，是重庆市承担城市轨道交通建设、运营和沿线资源开发一体化发展的大型国有控股企业。2020年，重庆市轨道交通（集团）有限公司全力战疫情、战复工、战洪水、战脱贫，加速构建“一张网、多模式、全覆盖”的轨道交通网络，各项工作在逆境中创造新业绩、实现新提升，推动轨道交通高质量发展。

工程建设。国博线悦来-沙河坝段和1号线小什字-朝天门段年底投入运营；5号线北延伸段、9号线二期、10号线二期等续建项目持续发力，各阶段建设目标有序实施；夯实品质提升成果，重点做好施工围挡及大门、建筑施工垃圾和扬尘治理。同时，联合专业院校开展噪声防控关键技术研究，持续推进尖璧段、环线朝天门大桥、高家花园大桥以及鹅公岩大桥声屏障建设，全面提升文明施工水平。

运营服务。重庆市城市轨道交通运营线路有9条、运营车站177座，运营线路总里程343.3公里，全年安全运送乘客8.4亿人次；列车服务可靠度30万列公里/次、列车退出正线运营故障率0.05次/万列公里，第三方乘客满意度调查满意率为86.2%。9月，环线和4号线成功实现全国首例基于CBTC的轨道互联互通跨线运营工程示范；10号线快速车上线试运营，轨道交通运行效率和运营服务水平进一步提高；完成国博线1期智慧化改造，推进轨道与地面公交换乘接驳工作，持续增强轨道交通公共服务水平。

资源经营。全年取得经营收入2.6亿元，同时按照重庆市政府关于落实好减免租金的相关政策，对符合标准的服务业小微企业和个体工商户减免商业租金约418万元，减免广告经营单位资源占用费约1510万元，为支持中小微企业渡过难关、稳定社会经济正常运行作出了贡献。推动轨道TOD第一批示范项目专项规划，同时引入万科、龙湖、复星等10多家知名城市运营商参与轨道综合开发方案设计及控规调整。

防疫复工。重庆市轨道交通（集团）有限公司一手优化调整运营组织方案，一手抓科学防治，阻断疫情传播通道。每日线网、车站车场及办公区域消毒覆盖率达100%，累计测量乘客体温3.5亿人次，2020年全年轨道交通无大规模病毒传播案例，2万余职工“零疑似”“零感染”。同时采取措施降低疫情负面影响，提前谋划复工复产工作，确保工程进度和投资任务；9月30日运营客流再创新高，达到387.2万人次，11月运营客流恢复至疫情前水平。

行车安全。8月，重庆遭遇1981年以来最大洪水过境，在汛情严重的2号线牛角沱至临江门区段，一些轨道墩柱被水淹没，在其他交通工具停运的情况下，重庆轨道集团快速响应、有效应对，保障了轨道桥梁和行车安全，保证沿岸市民的正常、平安出行。

科技创新。一是率先突破CBTC系统互联互通技术难关，首次在国内完成多条线路基于同一标准体系的共线和跨线运营的工程示范，实现环线和4号线互联互通直快列车上线载客试运营。从环线重庆图书馆站直接开行至4号线唐家沱站仅需35分钟，互联互通跨线直快列车比普通列车单程可节约乘客旅行时间13分钟，节省乘客出行时间。二是重庆市轨道交通（集团）有限公司联合成都轨道交通集团有限公司，完成成渝两地轨道交通二维码在双方运营交通工具上的乘车应用，实现成渝城区公共交通票务“互联互通”。全面推动以5G、物联网、大数据为代表的智慧交通“新基建”换挡升级，联合重庆移动、上海移动研究院、八维通成立5G+创新实验室，携手运营商打造5G试点车站，悦来、国博站实现5G网络全覆盖。

企业文化。重庆市轨道交通（集团）有限公司获得全国交通建设系统“最美职工之家”“世界轨道交通发展研究会行业贡献奖”“全国交通运输文化建设卓越单位”等多项荣誉；1个班组获得团中央、应急管理部2019年度全国青年安全生产示范岗；1人当选全国劳动模范；1人获得共青团中央、人力资源社会保障部第二十届全国青年岗位能手称号；1人当选交通运输部全国交通运输系统抗击新冠肺炎疫情先进个人，2人当选全国交通运输文化建设先进个人。

重庆市铁路（集团）有限公司

重庆市铁路（集团）有限公司成立于2013年12月，是重庆市专业从事市域（郊）铁路、城轨快线投资、建设和运营管理的市属国有重点骨干企业。公司拥有控参股企业5户。包括重庆市铁路集团产业发展有限公司（全资）、重庆万南铁路有限责任公司（控股）、南涪铁路有限责任公司（参股）、重庆市渝合铁路有限公司（参股）、重庆轨道江跳线建设运营有限公司（参股）。承担市域（郊）铁路、城轨快线项目建设6个，开展前期工作研究项目8个，累计建设里程约429公里；运营货运铁路1条，年运输能力约435万吨。

至2020年底，重庆市铁路（集团）有限公司发展成为重庆市市域（郊）铁路、城轨快线投资、建设和运营管理的主力军，践行“轨道交通引领城市发展格局”理念，奋力推进城市交通一体化高质量发展，在战疫情、战洪灾、战复工复产中作出突出贡献，全年完成投资60.42亿元，投资完成率达100.8%。城轨快线15号线一期工程、27号线可研报告获得重庆市发展改革委批复；江跳线、渝合线、璧铜线等项目高速推进，江跳线A包江津区境内土建工程施工基本完成，大渡口、九龙坡区境内土建工程全面推进，为按期建成通车奠定基础；B包完成36个系统设备包件招标，双流制车辆完成交直流全自动切换核心技术试验。渝合线一期工程改建襄渝左线“5桥2隧”节点控制性工程全面开工建设。璧铜线项目全线可行性研究获批，节点工程全面开展桥梁施工，桩基完成75%、承台完成50%、墩柱完成15%。以做深“四网”融合为目标，立足构建轨道上的都市区，深入开展城轨快线和市域（郊）铁路网络化发展顶层设计，主城都市区快速轨道交通网络规划与技术体系形成，全面推进基于BIM的工程项目管控信息化建设，启动江跳线“两站一区间”、璧铜线节点工程BIM技术管理应用试点，奠定数字建管智能运维发展基础，新申报国家级示范项目1项、市级科研项目3项，BIM信息化管理试点应用取得成效。

重庆市轨道交通设计研究院有限责任公司

重庆市轨道交通设计研究院有限责任公司成立于2003年10月，注册资本金600万元，为重庆城市交通开发投资（集团）有限公司控股子公司。拥有轨道交通工程、建筑工程、桥梁工程设计、咨询、监理等多项资质，坚持以主营业务体系为驱动，以科技创新为先导，立足重庆，面向全国，为城市轨道交通规划、建设提供科学系统的技术服务。至2020年底，参与建设重庆总长98公里的单轨以及约400公里的地铁项目，有力支撑和服务重庆轨道交通快速发展。

2020年，坚持以习近平新时代中国特色社会主义思想为指导，深入贯彻习近平总书记大力推动成渝双城经济圈建设指示精神，认真落实重庆城市交通开发投资（集团）有限公司决策部署，以党建引领全局，以推动高质量发展为主题和推进创新发展为目标，深化经营管理，推进改革创新，综合实力大幅提升。

以“主营业务”为方向。坚持把发展主营业务作为立身之本、强企之基，在重庆城市交通开发投资（集团）有限公司推进“城市交通一体化建设”坐标系中高位推进，服务城市轨道交通主战场的地位愈加巩固。一是巩固传统核心业务。承接重庆轨道交通第四期第一批共计5条线路的设计总承包工作、第四期全部线路网络总体设计工作等项目。推进9号线一期等10余项在建轨道交通项目设计工作；重庆江北国际机场T3B航站楼及第四跑道建设工程旅客捷运系统可行性研等4项咨询项目已达到结题条件；稳步推进重庆市主城区公共交通场站布局规划等5项咨询项目，5号线一期南端等9项监理项目。有力扎稳重庆轨道交通领域设计市场。二是拓展新兴市场领域。承接市郊铁路预可研项目、机场捷运系统设计项目、公交一体化项目、西彭园区系列新建厂房设计项目，为实现多元化综合发展奠定信心。三是推进业务资质建设。取得市政行业（桥梁工程）专业乙级设计资质证书，完成建筑行业（建筑工程）专业乙级设计资质延续申报工作。

以“技术创新”为先导。重庆市轨道交通设计研究院有限责任公司高度重视创新驱动发展战略、加大科技投入，不断推动信息化、数字化、智能化应用。一是科研项目进展有序，结题2项、新立项1项、新申报6项，获批专利21项（其中发明专利1项、实用新型专利8项，外观设计12项）。二是承担国家部委、市级多项重点轨道交通全生命周期课题研究以及13项国家行业标准规范的编制工作，其中包括国家标准3项、行业标准1项、地方标准7项和团体标准2项。三是坚持以科研创新为根本，持续推广山地城市桥梁装配式结构、新型跨座式单轨轨道梁等新技术的应用，新研发的装配式单轨梁、地铁高架桥、地铁轨枕等技术均处于行业领先水平并应用于长客试验线，其中自主研发的新型跨座式单轨轨道梁技术，项目预制装配化率达70%，可使单跨在4小时内完成吊装。

以“履行社会责任”为己任。重庆市轨道交通设计研究院有限责任公司始终把履行社会责任作为国企力行的第一担当，主动作为、担当有为。一是认真贯彻执行《重庆轨道交通绿色标准》相关要求，在新线提前进行减震降噪设计，为降低噪声污染做出积极贡献。二是严格兑现国企脱贫攻坚和防范重大风险的工作要求，群策群力，组建设计团队免费开展 “重庆市云阳县协合村环境整治提升工程”扶贫工作，优化提升村容环境，助力深化脱贫攻坚；为重庆市彭水县三义乡开展扶贫捐赠，捐赠办公电脑50台；全年累计采购扶贫农特产品近8万元。三是疫情期间党员自愿捐款2万余元支援疫情防控工作。

以“创先争优”为动力。深化创先争优活动，打造精品工程，激发内在动力，不断推动公司高质量发展。2020年，重庆市轨道交通设计研究院有限责任公司获中国安装工程优质奖、市政工程金杯奖等项目奖项，交通运输行业精神文明建设先进单位（重庆市仅五家单位获此荣誉）、重庆五一劳动奖状、全国交通运输文化建设卓越单位、全国交通运输安全文化建设优秀单位等荣誉称号。

成都轨道交通集团有限公司

成都轨道交通集团有限公司（由成都地铁有限责任公司于2017年2月更名）成立于2004年10月，注册资本67亿元，是负责成都城市轨道交通规划、建设、运营、TOD综合开发和轨道沿线资源经营的大型国有全资企业。2020年，成都轨道交通集团有限公司坚持以“打造一流轨道交通综合运营商”为战略定位，持续推进“加速成网、深化改革、发展转型”三大攻坚战，线网能级、产业能级、治理能级大幅跃升，基本实现从单一轨道交通建设运营企业向轨道交通综合运营商的跨越。

加速成网赢得决定性胜利，轨道交通引领城市格局成效显著。以引领城市发展格局为使命，完成2020版城市轨道交通线网优化。部署落实防疫要求，提前开展设备材料招采储备，组织春风行动，在成都市率先复工复产；狠抓管线迁改、市政接驳等关键环节，不断优化工筹节点，组织异地调试，科学简化验收流程，全力推动项目高效建设，按期实现轨道交通6号线一二、三期、8号线一期、9号线一期、17号线一期及18号线一、二期5条新线共计216.3公里开通初期运营，8号线二期、27号线一期、30号线一期及资阳线全面开工，全年完成投资670.4亿元，建设强度持续位居全国前列。狠抓精细化管理、精致化服务，完成42个重点车站绿化升级、123座车站导向标识改造升级，自助口罩机、母婴候车室等一批便民设备设施点位向乘客开放。推广应用5G、人脸识别等新技术，实施智慧城轨建设。各项关键运营指标持续稳居全国第一方阵，轨道交通占公交出行分担率超过60%。

场站开发迈出实质性步伐，TOD城市综合运营理念深入人心。推动建立“1+2+N”等19项国内领先的TOD开放创新政策体系，出台实施战略规划、项目合作开发、地下空间开发利用等10项制度，顶层设计基本完备。全速推动14个TOD示范项目建设，携手保利、万科等投建运一体化专业领军企业先后完成昌公堰、行政学院等5个项目股权合作开发，陆肖、双凤桥项目入市销售，开盘即热销，成都TOD模式获全国关注、行业认可、市场青睐。坚持世界眼光和国际视野，举办首场TOD综合开发项目合作招商推介大会，发布2020年成都TOD首份“机会清单”，联合日本欧力士、港铁、苏宁、万科、华西医院等行业企事业单位，探索组建零售、酒店、医疗、康养、体育等专业化合资运营子公司，其中与万科合资组建的物业管理公司、与港铁组建的商业公司投入运营。

改革转型取得阶段性成效，国有资本运营配置效率持续提升。立足国有资本投资运营公司定位，坚持市场化导向，大力推动公司管理体系、人才结构、运营模式改革转型，抢占轨道经济“新蓝海”，全年非票务收入首次超过票务收入，成都轨道交通集团有限公司转型发展再上新台阶。按照市场化运作模式，形成以集团总部为资本运营主体、下属二级公司为投资经营主体、三级子公司为专业化运营主体的管理架构；创新下属企业工资总额结构性改革，推动“一企一策”考核全面落地。深入推行“人才强企”战略，大刀阔斧推进“三项制度”改革，全面实行中层管理人员竞聘制、组阁制、任期制、退出制，面向全球招引选配经济金融、财务管理、战略规划方面高素质人才。以提高质量效益为导向，加强轨道交通产业链上下游竞争类业务布局，与中国中车、中国铁建等行业头部企业开展战略合作，7个股权多元化及合资企业注册落地，公司产业化、专业化发展体系初步形成。

贵阳市城市轨道交通集团有限公司

贵阳市城市轨道交通集团有限公司是2019年2月在贵阳市城市轨道交通有限公司和贵阳铁路建设投资有限公司（两家公司均组建于2009年）的基础上重组成立的市属国有企业，注册资金106.5亿元。主要承担轨道交通项目的投资、融资、建设、运营管理和部分沿线土地一级开发；轨道交通项目相关广告设计、制作及发布；轨道交通相关物业管理、房地产开发、资产经营、轨道业务咨询、大数据相关资源开发，物流服务，宾馆、旅游、餐饮、娱乐项目投资及管理。

工程建设。3月初，部署落实防疫要求，实现所有轨道交通在建项目人员到岗率100%、复工率100%。2020年，实现轨道交通2号线一期、二期土建基本完工，机电工程完成80%，电客车成功到段，实现一期、二期同步开通试运行；轨道交通3号线一期征收工作完成签约率98%、拆除率90%，土建工程完成47%；轨道交通S1线一期完成社会投资人招标，实质启动项目征收工作，完成房屋签约60%，实现年内规模开工；市域铁路西南环线线下工程基本完工，稳步推进站房及配套设施建设；有轨电车T2线一期示范线工可取得批复，初设通过专家评审，开展施工准备工作；有轨电车花溪至大学城段示范线有序推进线路方案优化及工可报告编制等前期工作。

运营安全。2020年，贵阳市城市轨道交通1号线运送乘客3698.3万人次，日均客运量10.1万人次；列车正点率99.95%，运行图兑现率99.99%，各项指标均远优于国家标准；日均服务时长约18小时。疫情期间，更是实现“零停运、零感染、零事故”，为城市运行、复工复产和人民生活提供了保障。

质量安全。2020年，贵阳市城市轨道交通集团有限公司在保障疫情防控的基础上，扎实推进安全生产专项整治3年行动，认真落实建设单位安全生产主体责任，全力开展建筑工程、运营管理、消防管理、特种设备、控制保护区、地下物业空间等各领域专项整治工作。进一步完善组织机构，压实各级责任、健全规章制度，实施风险分级管控，强化隐患排查治理，优化应急管理，深入开展安全教育培训，确保全年未发生一般及以上安全事故，安全生产形势总体可控。

资源经营。一是土地打捆运作方面，会同贵安新区通过土地挂牌引入社会投资人资金，在解决市域铁路西南环线资金缺口的基础上，保证国有房开企业基本收益，实现双赢。二是土地一二级开发方面，完成清镇市一级开发项目15.76公顷土地挂牌出让工作；贵阳地铁湖山郡一期完成竣工验收，移交业主；二期1号、2号、5号、6号楼均进入主体施工阶段；贵阳地铁清水湾项目一期、二期完工；金朱西路站项目完成C1、C2栋定制式销售，收取定金2500万元。三是大数据产业方面，“刷脸支付”一期平台上线运营，实现全市域轨道交通和BRT车站“刷脸支付”功能全覆盖，“一应黔行”APP登录各主流手机应用市场，注册人数超过10万人，绑定支付账户超过40万人；建成城市级人脸认证算力中心和“一卡通”综合清结算平台，形成对城市级公共交通领域日均百万级交易数据进行清分结算和市域内不可替代的数据前端采集能力。四是广告通讯方面，实现1号线所有车站和轨行区移动5G信号全面覆盖；完成2号线一期、二期民用通信地下空间租赁合同签订及现场实施，合同总金额2688万元；完成2号线一期、二期广告媒体资源以及自动售货设备、银行自助设备场地的价值评估工作；完成2号线平面广告媒体资源招租(商）方案编制及集团内部决策程序。五是综合经营方面，取得3号线一期中曹司站和花溪南停车场地块作价出资批复；完成2号线一期、二期物业空间和零星商铺租金评估及招租方案编制，以及3号线一期桐木岭站、花果园东站等物业空间商业定位、发展建议策划等前期工作；大力拓展档案综合性寄存和管理服务，承接大型央企、国企退休人事档案整理加工业务以及档案寄存服务，实现产值约800万元；1号线中山西路站地下商业街被资源经营专委会命名为2020年全国“城轨交通商业特色街（区）”。

昆明轨道交通集团有限公司

昆明轨道交通集团有限公司于2008年12月由昆明市政府批准成立，2009年3月正式组建，2013年10月成立集团公司并挂牌运营。注册资本金50亿元，为昆明市政府全资国有企业。经营范围：城市轨道交通项目投资、建设、营运及管理；城市轨道交通项目的投融资业务；城市轨道交通项目沿线的土地综合开发；城市轨道交通的综合配套开发及物业管理；城市轨道交通沿线广告的制作、代理、发布；国内贸易、物资供销；房地产开发及经营；货物及技术进出口业务（依法须经批准的项目，经相关部门批准后方可开展经营活动）。

地铁建设工作稳步推进。4号线、6号线二期于9月23日开通初期运营，完成年度建设目标任务。1号线西北延、2号线二期、5号线工程克服困难努力加快建设：1号线西北延具备条件车站全部开工，得胜桥站、弥勒寺站主体结构及部分附属结构完成封顶，金碧广场站主体结构基本完成，弥勒寺至金碧广场区间贯通；2号线二期广福路站主体结构实现封顶，宝丰村站进展有序，广福路站-盘龙村站等3个区间实现贯通；5号线16座车站实现主体结构封顶、17个区间实现贯通。

地铁运营工作安全有序。3月18日地铁率先在全市公共交通中恢复运营，体现了“人民地铁”服务人民的社会担当。千方百计克服疫情带来的不利影响，年末客流量恢复至上年同期水平的74.2%；地铁运行指标整体较好，列车正点率99.99%、运行图兑现率100%，乘客满意度良好，未发生有责乘客投诉、重大运营突发事件。启用智慧通行APP、云闪付APP、微信乘车码和支付宝乘车码，推出一日票、三日票和七日票，满足乘客多样化需求，全年运送乘客1.5亿乘次。地铁在公共交通中的分担率从2017年的17.33%提升至2020年的30.2%。

资源开发工作持续深化。确立了以TOD为引领的资源开发模式，充分挖掘站点周边和站场土地资源，启动5号线世博车辆段综合物业开发项目建设，该项目为昆明首例场段上盖开发项目，将成为昆明首个综合“轨道+社区”的示范性项目，启动3号线石租车辆段、5号线渔村停车场、8号线花渔沟停车场等TOD项目前期研究、报批等相关工作。

债务风险防范处置成效明显。严格按照“一企一策、一债一化解”方案，强化公司债务预警管理，有效防范债务逾期风险，全年无违约情况发生，100%偿还到期债务。昆明轨道交通集团有限公司获AAA主体评级，成为市属企业境内外信用评级最高企业。

安全生产总体平稳可控。2020年公司全年无安全生产、消防安全责任事故，无人员伤亡，单位工程质量合格率100%，环保目标及污染排放达标，未发生新冠肺炎感染事件，公司安全生产总体形势持续稳定向好。

西安市轨道交通集团有限公司

西安市轨道交通集团有限公司成立于2005年11月，为西安市政府直属国有独资企业，负责西安城市轨道交通系统工程建设、运营管理和资源开发经营。设12个职能业务部门，下设2个中心和4个子（分）公司，共有员工13562人。公司围绕“建设全国一流地铁”的总目标，应轨道交通发展规律，加快企业转型升级，确立“城市建设的引领者和生活方式的提供商”的企业愿景，形成轨道交通建设、运营、开发和投融资“四位一体”的发展新格局。公司先后获西安市五一劳动奖状，地铁2号线获FIDIC大奖，地铁4号线获雁塔杯、长安杯和国家优质工程奖，下属建设、运营分公司先后获西安市先进集体荣誉称号，6名同志获西安市劳动模范荣誉称号。

规划建设情况。2006年以来，西安市轨道交通经过三轮五次建设规划申报，共获批12条线422公里（含14号线西段29.31公里）。2020年，西安市城市轨道交通在建8条线路169.5公里（不含当年已开通初期运营线路），开通运营7条线路210.4公里。西安市轨道交通集团有限公司不断创新建管模式，推行“大标段”和“市区共建”模式，进一步加快工程建设进度。三期建设规划7个项目在15个月内全部开工建设，地铁5号线、6号线一期和9号线按期开通初期运营，海外中标的波哥大地铁1号线项目进展有序，西安轨道交通形成高强度建设、网络化运营新格局。同时我们着眼未来，系统谋划新一轮线网规划研究，初步形成3个层次、25条线路、总规模约1200公里的线网专业规划，为加快推动西安都市圈和关中城市群发展奠定坚实基础。

运营管理情况。持续狠抓运营管理，推行标准化作业，不断提升运营服务水平。2017年引入“互联网+大数据”等新技术，在全国率先实现“全线网、全兼容、全覆盖”手机扫码乘车，拓展了线上购票服务。2020年，扫码出行乘车量占日出行总量的60%以上。2019年推出“智慧安检”“刷脸过闸”，进一步方便了市民乘车。2020年，线网运营时长18时42分，最小行车间隔为2分15秒，日均客运量198.3万人次/日，最高达到404.8万人次，线网客流总量和客流强度位居全国前列，运营分公司连续9年获“陕西顾客满意度测评行业最佳单位”，北大街站被中央宣传部命名为第五批“全国学雷锋活动示范点”。

融合发展情况。西安市轨道交通集团有限公司围绕打造“城市建设引领者和生活方式提供商”的企业愿景，改变过去以轨道交通建设为主的单一经营格局，主动承担全市“铁投”职能，接管了西安火车站丹凤门广场改扩建项目，启动了高铁东城片区综合开发项目，在较短时间内完成西户老旧铁路、草堂有轨电车两个项目方案研究，得到各级领导的肯定。坚持以TOD理念为引导，按照“抢先式、抢救式”的思路，围绕“人随线走”和“线随人走”，加快地铁综合上盖开发，邀请京投、万科等知名房企，共同对上盖开发业态、产业定位进行深化研究，系统梳理出12个站场TOD开发项目，编制了14个重点站一体化设计方案，对已建成的线路，有条件上盖开发的全力推进上盖，建成和平车辆段等4个上盖开发展示中心。

西咸新区轨道交通投资建设有限公司

西咸新区轨道交通投资建设有限公司于2013年11月成立，注册资本金8.5亿元，由陕西省西咸新区开发建设管理委员会和陕西西咸新区发展集团有限公司共同投资，各持股50%，主要负责西咸新区范围内轨道交通项目的投资、建设、运营、管理及相关资源开发经营工作。

2020年，紧紧围绕年度目标任务，部署落实疫情要求，统筹谋划，多措并举，超额完成全年各项目标任务。地铁5号线二期按期开通初期运营，全线日均客流2.3万人次。地铁16号线一期全面开工建设，4座车站开始主体结构施工。在未来的发展中，西咸新区轨道交通投资建设有限公司将坚持“铸造精品工程”的目标，建立科学的管理模式和高效的运作机制，为完善和提升新区便捷畅通的交通服务功能和经济社会快速发展做出新的更大贡献。

兰州市轨道交通有限公司

兰州市轨道交通有限公司成立于2011年10月10日，注册资本25.91亿元，为兰州市政府直属国有独资企业，负责组织实施轨道交通的建设、运营管理及与轨道交通相关资源开发的任务。公司决策机构由党委会、董事会及经理层组成。兰州市轨道交通有限公司内设党群宣传办公室、办公室、党委组织部（人力资源处）等19个机构。下设4个全资子公司和1个分公司，分别为地铁置业公司、轨道物业公司、轨道建设公司、西综公司和运营分公司。公司现有员工2400余人。

安全生产情况。2020年安全生产工作整体基本受控，但安全生产形势依然严峻。2020年初按照“坚定信心、同舟共济、科学防治、精准施策”的总要求，坚决打好疫情防控阻击战，精准打出疫情防控组合拳。依据“科学、合理、适度、分批、分类”原则，坚持疫情防控和复工复产同部署、同推进，严格落实属地化管理与人员排查，严格执行疫情日报和零报告制度，全年开展防疫专项检查14次，累计排查6338人次，确保轨道交通范围内无疫情出现。同时，与兰州市文明办、兰州市住房和城乡建设局等部门沟通，保证创建文明城市工作在轨道交通领域全面落实。

工程项目建设。提前谋划、倒排工期、分段包保、蹲点现场，统筹施工要素，迅速复工达产。2号线一期工程车站主体累计完成92%，附属工程累计完成65%，盾构区间双线贯通，管线迁改累计完成80%，排洪南路停车场累计完成65%，其中运用库及综合维修楼主体完成，短轨铺设累计完成10.8%。东方红广场枢纽站周边综合整治项目及过街通道基本建成并已向市民部分开放。东岗、陈官营配套消防站及治安用房工程项目建成。附属人防工程奥体中心及迎门滩站主体结构、机电安装及装饰装修均进入收尾阶段，西关站人防工程主体结构累计完成37%，部分出入口完成。科创园一期外立面幕墙施工及C、D楼机电安装装饰装修已完成，进入开园倒计时。轨道·城市曙光A、B区主体结构全部封顶，年内进行机电安装及装饰装修。S696#市政道路通过竣工验收，进行移交。

运营服务。兰州轨道交通1号线一期工程于2019年6月23日开通试运营，其中，甘肃省政府站于2020年9月28日投入试运营，至此，兰州轨道交通1号线一期工程全线车站实现通车运营。至2020年底，除去疫情期间，日均客运量增加至18.8万人次，累计客运量5248.1万人次，累计开行列车9.88万列次，运营总里程220.0万列公里，运行图兑现率100%，列车准点率99.99%，客流强度为0.7万人次/公里，位列全国单线运营地铁城市第一。

资源开发经营。2020年年初，为盘活现有商业资源，实现经营效益，兰州市轨道交通有限公司整合资源经营力量，成立资源经营中心，着力推进现有项目营销、招商工作及资源经营管理机制体制建设。经过近一年时间，资源经营管理框架初步形成，资源经营工作初见成效。2020年公司所属轨道·城市曙光销售、媒体资源及文创产品经营、商业项目租赁等累计实现收入2.95亿元，占目标任务2.09亿元的141.1%，超额完成目标任务。同时，兰州科技创新园一期进入验收及开园准备阶段；完成兰州科技创新园二期土地手续办理、项目立项备案、设计方案优化等前期工作；积极搜寻土地资源信息并推动落地，竞得榆中县3.17公顷建设用地，市场运作和自主开发能力显著提升。此外，梳理轨道交通沿线边角地块25处，完成移交7处；媒体及文创资源开发收效明显；与金融单位共同研究提出兰州轨道交通“P+R”停车场运营方案；1号线沿线充电桩及停车场项目部分建成并投入使用，轨道沿线资源开发向智能化迈进。

企业文化建设。2020年兰州市轨道交通有限公司名列全市抗击疫情专题诚信红榜，获市级文明单位、全市十大诚信单位、全市网络舆论引导工作先进集体等荣誉称号。在行业劳动竞赛活动中，运营分公司2人获评“列车先锋”，2人获评“维修能手”，2人获评“服务明星”，2个集体获评“先进班组”，1人获评“甘肃省劳动模范”，6人获评“甘肃省技术标兵”。全年开展各类素质提升活动67项，在国家二类通信工竞赛中，公司获“团体二等奖”。持续推广QC小组活动，全年注册QC课题22个，发表成果12项，在甘肃省第四十次质量管理小组成果发表会上，获得2项特等奖、2项一等奖，同时，“起源”QC小组荣获最佳发布奖，公司获最佳组织奖。公司招标采购管理提升项目获市属国有企业自主创新三等奖。轨道·城市曙光项目三标段被评为甘肃省文明工地、绿色施工示范工地及智慧工地示范工程。

乌鲁木齐城市轨道集团有限公司

乌鲁木齐城市轨道集团有限公司成立于2011年8月，是由乌鲁木齐市国有资产监督管理委员会、国开发展基金有限公司、新疆维吾尔自治区国有资产投资经营有限责任公司共同出资成立。公司性质为国有控股公司，注册资金9.1亿元。公司经营范围为乌鲁木齐市轨道交通项目的投资、融资、建设、运营管理和综合资源开发及其相关服务；轨道交通项目相关广告设计、制作及发布；轨道交通相关物业管理、资产经营、商务服务、鉴证咨询服务、工程建设管理及咨询、企业项目管理及咨询、劳务服务、仓储服务、技术开发、技术服务、技术培训等。2020年，公司聚焦反恐维稳、经济发展、城市建设“三件大事”，在地铁运营、工程建设、安全生产、资源经营、科技创新、企业文化等领域开拓奋进、攻坚克难，努力推动公司事业健康发展。

地铁运营。开展“以客为先、用心服务”专项活动，持续提升运营服务质量，将地铁民生成果惠及各族乘客。全年轨道交通1号线运营263天（受疫情影响，2月2日至3月10日、7月17日至9月19日共停运103天），开行列车64140列，累计运送乘客1911.4万人次，日均客流量7.3万人次，单日（2020年1月15日）最高客流量11.6万人次。严格落实运营领域常态化疫情防控工作，守护乘客、防护自我，员工实现“零感染”。

工程建设。开展轨道交通1号线收尾工程、2号线一期等重点项目。

安全生产。持续推进各地铁项目安全风险管理体系、隐患排查治理体系建设，坚持常态化防疫与安全生产“双促进”，强化日常检查与重点盯控，持续做好安全月、质量月、疫情期间、复工筹备期、节假日等重要时间节点监督检查，督促参建单位落实安全生产和疫情防控各项措施。全年实现“零事故”。

资源经营。全年陆续完成燕儿窝停车场春雨环保设备厂、新疆大学站友谊医院、电建小区、白玉华庭小区，二道桥站雄鹰国际，中营工站好家乡、十二师，三工站兵团104团、新天润房地产公司等项目征收工作，完成市城管局、南门站人民剧场、友谊医院等临时占地场地移交工作，完成三屯碑项目地下车库、便利店招商及场地租赁工作。

科技创新。《轨道交通区间隧道工程通过活动断层的关键技术及应用》获2020年度城市轨道交通科技进步一等奖。该创新为国内首例，并为后续地铁建设提供直接的工程经验，弥补了地铁工程遇到活动断层情况下相关设计、施工等技术空白。

企业文化。承办2020年新疆交通运输行业职工技能大赛暨第二届乌鲁木齐市轨道交通行业职业技能大赛，组织11个专业、686人参加预赛，推荐交通信号、行车调度、交通通信专业优秀选手参加全国技能大赛；发动党团员、干部职工参与疫情防控工作，抽调104人参与社区、机场、医院、防疫指挥部疫情防控，募集疫情防控党员专项捐款3.67万元；推进脱贫攻坚，为南疆蔬菜大棚建设捐助100万元；主动承担国有企业社会责任，对受疫情影响较大的地铁广告、设备、车库、便利店等承租方减免租金1000余万元。

（本章节所有稿件均由各单位提供）

2 中国城市轨道交通协会暨第一届、第二届常务理事及以上会员单位名录

中国城市轨道交通协会　　表12-2-1

序号	编号	单位名称	单位地址	邮编	网址
1		中国城市轨道交通协会	北京市西城区莲花池东路甲5号院1号楼白云时代大厦A座19/20层	100038	http://www.camet.org.cn

轮值会长单位名录　　表12-2-2

序号	编号	单位名称	单位地址	邮编	网址
1	FH	北京市地铁运营有限公司	北京市西城区西直门外大街2号地铁大厦	100044	http://www.bjsubway.com
2	FH	上海申通地铁集团有限公司	上海市桂林路909号	201103	http://www.shmetro.com
3	FH	广州地铁集团有限公司	广州市海珠区新港东路1238号万胜广场A塔	510335	http://www.gzmtr.com
4	FH	重庆市轨道交通(集团)有限公司	重庆市渝北区金开大道西段210号（大竹林轻轨综合基地）	401120	http://www.cqmetro.cn
5	FH	深圳市地铁集团有限公司	深圳市福田区福中一路1016号地铁大厦30楼3010号	518026	http://www.szmc.net

副会长单位名录　　表12-2-3

序号	编号	单位名称	单位地址	邮编	网址
1	FH	北京市基础设施投资有限公司	北京市朝阳区小营北路6号京投大厦2号楼9层	100101	http://www.bii.com.cn
2	FH	北京市轨道交通建设管理有限公司	北京市丰台区角门北京轨道交通建设管理有限责任公司	100068	http://www.bjgdjs.com
3	FH	天津轨道交通集团有限公司	天津市西青区学府工业园才智道38号	300000	http://www.tjgdjt.com
4	FH	香港铁路有限公司	香港九龙湾德福广场港铁总部大楼		http://www.mtr.com.hk
5	FH	南京地铁集团有限公司	南京市玄武区中山路228号	210008	http://www.njmetro.com.cn

副会长单位名录（续前表）

表12-2-3

序号	编号	单位名称	单位地址	邮编	网址
6	FH	成都轨道交通集团有限公司	成都市天府大道中段396号地铁大厦	610071	http://www.cdmetro.cn
7	FH	武汉地铁集团有限公司	武汉市武昌欢乐大道77号B座11楼	430070	http://www.wuhanrt.com
8	FH	中国铁建股份有限公司	北京市海淀区复兴路40号	100855	http://www.crcc.cn
9	FH	中国中铁股份有限公司	北京市海淀区复兴路69号中国中铁大厦	100039	http://www.crecg.com
10	FH	中国中车股份有限公司	北京市海淀区西四环中路16号院5号楼	100036	http://www.crrcgc.cc
11	FH	湘电集团有限公司	湘潭市岳塘区电工北路66号	411101	http://www.xemc.com.cn
12	FH	中国国际工程咨询有限公司	北京市车公庄西路32号	100048	http://www.ciecc.com.cn
13	FH	中国城市规划设计研究院	北京市车公庄西路5号	100044	http://www.caupd.com/index.asp
14	FH	北京城建设计发展集团股份有限公司	北京市阜成门北大街5号	100037 (100071)	http://www.bjucd.com
15	FH	中国铁道科学研究院集团有限公司	北京市海淀区大柳树路2号院	100081	http://www.rails.com.cn
16	FH	交通运输部科学研究院	北京市朝阳区惠新里240号	100029	http://www.moccats.com.cn
17	FH	北京交通大学	北京市西外上园村3号	100044	http://www.njtu.edu.cn

常务理事单位名录

表12-2-4

序号	编号	单位名称	单位地址	邮编	网址
1	CHW	沈阳地铁集团有限公司	沈阳市沈河区东滨河路28-3号	110011	http://www.symtc.com
2	CHW	长春市轨道交通集团有限公司	长春市南关区华庆路999号华庆路与南湖中街交汇处	130012	http://www.ccqg.com
3	CHW	大连地铁集团有限公司	辽宁省大连市沙河口区五四路150-156号	116021	http://www.dlsubway.com.cn
4	CHW	西安市轨道交通集团有限公司	西安市经济技术开发区凤城八路126号	710021	https://www.xianrail.com/
5	CHW	哈尔滨地铁集团有限公司	哈尔滨市南岗区西大直街357号	150080	http://www.harbin-metro.com
6	CHW	宁波市轨道交通集团有限公司	宁波市宁穿路3399号1253室	315101	http://www.nbmetro.com
7	CHW	无锡地铁集团有限公司	无锡市南长区清扬路228号地铁大厦主楼2506室	214131	http://www.wxmetro.net
8	CHW	苏州市轨道交通集团有限公司	苏州市金阊区干将西路668号苏州轨道交通大厦	215004	http://www.sz-mtr.com
9	CHW	合肥市轨道交通集团有限公司	合肥市淮河路256号西小楼	230001	http://www.hfgdjt.com
10	CHW	南昌轨道交通集团有限公司	南昌市红谷滩新区丰和中大道912号地铁大厦2507室	330038	http://www.ncmtr.com
11	CHW	郑州地铁集团有限公司	郑州市郑东新区站南路与康宁街交叉口轨道交通调度中心	450000	http://www.zzmetro.cn
12	CHW	长沙市轨道交通集团有限公司	长沙市雨花区杜花路166号	410014	http://www.hncsmtr.com
13	CHW	佛山市铁路投资建设集团有限公司	佛山市汾江南路206财富大厦8F-9F	528000	http://www.fmetro.net
14	CHW	杭州市地铁集团有限责任公司	杭州市江干区九和路516号	310017	http://www.hzmetro.com

常务理事单位名录（续前表）　　表12-2-4

序号	编号	单位名称	单位地址	邮编	网址
15	CHW	重庆市铁路（集团）有限公司	重庆市渝北区泰山大道东段梧桐路6号交通开投大厦20楼	400020	http://www.cqrailway.com
16	CHW	重庆轨道交通产业投资有限公司	重庆市渝北区龙兴镇迎龙大道19号	400020	http://107a175717.atobo.com.cn
17	CHW	福州地铁集团有限公司	福州市台江区达道路156号福州市轨道交通指挥中心	350001	http://www.fzmtr.com
18	CHW	昆明轨道交通集团有限公司	昆明市永安路41号昆明轨道交通有限公司	650011	http://www.kmgdgs.com
19	CHW	济南轨道交通集团有限公司	济南市高新区舜华路2000号舜泰广场2号楼19层	250101	http://www.jnditie.com/
20	CHW	南宁轨道交通集团有限责任公司	南宁市青秀区云景路69号	530023	http://www.nngdjt.com
21	CHW	苏州高新有轨电车集团有限公司	苏州高新区马涧路2000号	215000	http://www.sndtram.com
22	CHW	贵阳市城市轨道交通集团有限公司	贵阳市观山湖区龙滩坝路腾祥迈德国际A1座	550081	http://www.gyurt.com
23	CHW	北京城市快轨建设管理有限公司	北京市东城区东直门外大街39号院2号楼7层	100027	/
24	CHW	北京京港地铁有限公司	北京市丰台区嘉园路地铁4号线车辆段	100068	http://www.mtr.bj.cn
25	CHW	青岛地铁集团有限公司	青岛市市北区常宁路6号	226071	http://www.qd-metro.com
26	CHW	东莞市轨道交通有限公司	东莞市南城区东莞大道116号	523073	http://www.dggdjt.com
27	CHW	石家庄市轨道交通集团有限责任公司	石家庄市秦岭大街116号	500000	http://www.sjzmetro.cn
28	CHW	兰州市轨道交通有限公司	兰州市城关区东岗东路55号	730030	http://www.lzgdjt.com
29	CHW	沈阳浑南现代有轨电车运营有限公司	沈阳市浑南新区大羊安村东侧浑南有轨电车车辆段	110167	http://www.syygdc.com
30	CHW	南京河西新城新型有轨电车建设有限公司	南京市浦口区七里桥北路一号顶山都市产业园六栋	210031	/
31	CHW	武汉光谷交通建设有限公司	武汉市高新区高新大道666号辉瑞大楼4楼	430000	http://www.whggjtjs.com
32	CHW	洛阳市轨道交通有限责任公司	洛阳市经济技术开发区开元大道56号	471023	http://www.lysubway.com.cn
33	CHW	包头市地铁投资（集团）有限公司	包头市稀土高新区富强南路与黄河大街交叉口建设大厦东副楼209	140030	http://btmtr.cn
34	CHW	柳州市轨道交通投资发展集团有限公司	柳州市城中区东环大道232号之一聚贤佳苑	545006	http://www.gxlzgdjt.com/
35	CHW	芜湖市轨道交通有限公司	芜湖市鸠江区政务文化中心E区510	241012	/
36	CHW	呼和浩特市城市轨道交通建设管理有限公司	呼和浩特市如意开发区如意大街西蒙奈伦广场7号楼B座	031000	www.hhhtmetro.com
37	CHW	桂林市轨道交通集团有限公司	桂林市秀峰区翠竹路75号鼎福大厦B座14楼	541001	/
38	CHW	中国雄安集团有限公司	保定市容城县雄安市民服务中心	071700	http://www.chinaxiongan.cn
39	CHW	中铁电气化局集团有限公司	北京市丰台区金家村1号电气化大厦	100036	http://www.eeb.cn
40	CHW	中铁隧道局集团有限公司	广州市南沙区广意路23号	511458	http://www.crtg.com/
41	CHW	北京城建集团	北京市海淀区北太平庄路18号城建大厦B座20层	100088	http://www.bucg.com
42	CHW	中国交通建设股份有限公司	北京市西城区德胜门外大街85号A座	100088	http://www.cccltd.cn

常务理事单位名录（续前表）

表12-2-4

序号	编号	单位名称	单位地址	邮编	网址
43	CHW	上海隧道工程股份有限公司	上海市徐汇区宛平南路1099号	200023	http://www.stec.sh.cn
44	CHW	中铁十五局集团有限公司	上海市静安区共和新路666号	200070	http://www.cr15g.com
45	CHW	中铁开发投资集团有限公司	昆明市呈贡区彩云南路交叉口中铁总部大厦	650200	/
46	CHW	中车长春轨道客车股份有限公司	长春市青荫路435号	130062	http://www.crrcgc.cc/ckgf
47	CHW	中车大连机车车辆有限公司	大连市沙河口区中长街51号	116022	http://www.crrcgc.cc/dl
48	CHW	中车唐山机车车辆有限公司	唐山市丰润区厂前路3号	063035	http://www.crrcgc.cc/ts
49	CHW	中车南京浦镇车辆有限公司	南京市浦镇龙虎巷5号	210031	http://www.crrcgc.cc/pz
50	CHW	中车投资集团有限公司	北京市西城区金融大街19号富凯大厦1001	100140	/
51	CHW	北京地铁车辆装备有限公司	北京市丰台区苇子坑23号	100079	/
52	CHW	中国铁路通信信号股份有限公司	北京市丰台区科技园区汽车博物馆南路1号院中国通号大厦	100070	http://www.crsc.com.cn
53	CHW	北京和利时系统工程有限公司	北京经济技术开发区地盛中路2号院	100176	http://helishi2011.famens.com
54	CHW	中车株洲电力机车有限公司	株洲市石峰区田心路1号	412001	http://www.crrcgc.cc/zj
55	CHW	株洲中车时代电气股份有限公司	株洲市石峰区时代路	412001	http://www.timeselectric.cn
56	CHW	中车青岛四方机车车辆股份有限公司	青岛市城阳区棘洪滩镇锦宏东路88号	266111	http://www.crrcgc.cc/sfgf
57	CHW	北汽福田汽车股份有限公司北京福田雷萨泵送机械分公司	北京市昌平区沙河镇沙阳路	102206	http://loxa51595328.cn.lmjx.net
58	CHW	中车青岛四方车辆研究所有限公司	青岛市四方区瑞昌路231号	266031	http://www.crrcgc.cc/sfs
59	CHW	卡斯柯信号有限公司	上海市静安区民德路158号铭德国际广场24楼	200071	http://www.casco.com.cn
60	CHW	上海电气泰雷兹交通自动化系统有限公司	上海浦东新区金海路1000号金领之都28幢	201206	http://www.thalessec.com.cn/
61	CHW	华为技术有限公司	北京市东城区永定门西滨河路8号院7号楼中海地产广场东塔18楼	100077	http://www.huawei.com/cn
62	CHW	上海富欣智能交通控制有限公司	上海市张江高科技园区亮秀路112号2号楼4层	201203	http://www.fitsco.com.cn/
63	CHW	上海嘉成轨道交通安全保障系统股份公司	上海市普陀区祁连山南路2891弄未来岛科技园105号408室	200331	http://www.shjiacheng.com
64	CHW	北京磁浮交通发展有限公司	北京市丰台区五圈路诺德中心三期13号楼	100124	http://www.maglev.cn
65	CHW	广州白云电器设备股份有限公司	广州市白云区江高镇大岭南路18号	510540	http://www.bydq.com
66	CHW	新誉集团有限公司	常州市武进高新技术产业开发区凤林南路199号	213166	www.newunited.com.cn
67	CHW	北京轨道交通技术装备集团有限公司	北京市东城区东直门外大街39院2号楼航空服务楼315室	100027	http://www.rtte.cn/Home/nav/32.html
68	CHW	比亚迪汽车工业有限公司	深圳市坪山新区比亚迪路3009号	518118	http://www.bydauto.com.cn/
69	CHW	上海电气集团股份有限公司	上海市徐汇区钦江路212号	200233	http://www.shanghai-electric.com
70	CHW	中车株洲电力机车研究所有限公司	株洲市石峰区时代路169号	412001	http://www.crrcgc.cc/zzs

常务理事单位名录（续前表） 表12-2-4

序号	编号	单位名称	单位地址	邮编	网址
71	CHW	西门子交通设备（中国）有限公司	北京市朝阳区望京中环南路7号西门子大厦27层	100102	https://new.siemens.com/cn
72	CHW	今创集团股份有限公司	常州市武进区姚观镇今创路88号		http://www.ktk.com.cn/
73	CHW	京投轨道交通科技控股有限公司	北京市朝阳区小营北路6号京投大厦	100101	www.biitt.cn
74	CHW	中国中铁工程设计咨询集团有限公司	北京市丰台区广安路15号	100055	http://www.cec-cn.com.cn
75	CHW	中铁第一勘察设计院集团有限公司	西安市西影路2号	710043	http://www.fsdi.com.cn
76	CHW	中铁二院工程集团有限责任公司	成都市通锦路3号	610031	http://www.creegc.com
77	CHW	中国铁路设计集团有限公司	天津市河北区中山路10号	300142	http://www.tsdig.com
78	CHW	中铁第四勘察设计院集团有限公司	武汉市武昌杨园和平大道745号	430063	http://www.crfsdi.com.cn
79	CHW	中铁上海设计院集团有限公司	上海市静安区共和新路1265号	200070	http://www.sty.sh.cn
80	CHW	上海市隧道工程轨道交通设计研究院	上海市中山西路1999号	200235	http://www.stedi.cn
81	CHW	广州地铁设计研究院有限公司	广州市环市西路204号7楼	510010	http://www.dtsjy.com
82	CHW	中国城市建设研究院有限公司	北京市西城区德胜门外大街36号德胜凯旋大厦A座	100120	http://www.cucd.cn
83	CHW	中国电子科技集团公司第十四研究所	南京市江宁区将军大道39号	211106	http://14.cetc.com.cn
84	CHW	中铁通信信号勘测设计院有限公司	北京市万寿路南口金家村1号院13号楼	100036	http://www.crcsdi.cn
85	CHW	西南交通大学	成都市二环路北一段111号	610031	http://www.swjtu.edu.cn
86	CHW	同济大学	上海市四平路1239号土木工程学院	200092	https://www.tongji.edu.cn
87	CHW	上海工程技术大学	上海市松江区龙腾路333号	201620	http://www.sues.edu.cn
88	CHW	广州城市轨道交通培训学院股份有限公司	广州市海珠区新港东路广州地铁赤沙车辆段培训楼	510310	/
89	CHW	国信招标集团股份有限公司	北京市海淀区首体南路22号国兴大厦10层	100044	http://www.gxzb.com.cn
90	CHW	上海国展展览中心有限公司	上海市娄山关路55号新虹桥大厦8楼	200336	/
91	CHW	中国船级社质量认证公司	北京市东城区东皇城根南街40号	100007	http://www.ccs-c.com.cn
92	CHW	富莱斯勒贸易（深圳）有限公司	深圳市福田区福田街道福华三路与益田路交汇处国际商会中心	518034	http://www.linkcity.com.cn/
93	CHW	德高中国	上海市长宁区仙霞路333号东方维京大厦	200336	www.jcdecaux.com.cn
94	CHW	上海复星铁路投资有限公司	上海市中山东二路600号BFC外滩金融中心S1幢9楼	200010	http://www.sunvisioncapital.com.cn

（中国城市轨道交通协会秘书处）

索引

说明：

（1）本索引主体采用主题索引、内容分析法，按主题词首字的汉语拼音字母顺序排列。

（2）栏目标题用黑体标明，表格内容在后加注（表）。

（3）索引词后的数字代表内容所在页码，数字后面的a、b表示栏别。

D

E

F

G

H

J

K

L

M

N

O

P

Q

R

S

T

U

V

W

X

Y

Z

图书在版编目（CIP）数据

中国城市轨道交通年鉴. 2021/中国城市轨道交通协会年鉴编纂委员会编. --上海：上海书店出版社，2021.12

ISBN 978-7-5458-2082-9

Ⅰ. ①中… Ⅱ. ①中… Ⅲ. ①城市铁路—中国—2021—年鉴 Ⅳ. ①U239.5-54

中国版本图书馆CIP数据核字（2021）第173703号

出品人 包叙定
俞光耀
主 编 周晓勤

责任编辑 顾 佳
装帧设计 郭建荣

中国城市轨道交通年鉴（2021）

中国城市轨道交通协会年鉴编纂委员会 编

出版	上海书店出版社 （201101 上海号景路159弄C座）
发行	上海人民出版社发行中心
印刷	上海丽佳®制版印刷有限公司
开本	889mm×1194mm，1/16
印张	27
字数	580千
版次	2021年12月第1版
印次	2021年12月第1次印刷
ISBN	978-7-5458-2082-9/U.11
定价	480元

封面“年鉴”两字取自米芾字帖合成